Bundeseinheitlicher

Tatbestandskatalog

Straßenverkehrsordnungswidrigkeiten

W0232256

Stand: 09. November 2021

14. Auflage

Verlag für Polizei- und
Behördenaufgaben

hmV.P.A.-Nr. 890-8060/KBA
hmV.P.A.-Nr. 890-8060/KBA/L
hmV.P.A.-Nr. 890-8060/KBA/L/14

Verlag für Polizei- und Behörden-Aufgaben
Staudach 24 • 84323 Massing
Telefon: (0 87 24) 96 59 48 • Telefax (0 87 24) 96 59 49
www.hmv-vpa.de

ISBN-Nr. 978-3-946671-29-9
ISBN-Nr. 978-3-946671-36 7
ISBN-Nr. 978-3-946671-38-1

1 Inhaltsverzeichnis

2. Abkürzungsverzeichnis

A- (0, 1 oder 2)	Wertung der Ordnungswidrigkeit gem. Anlage 12 FeV als schwerwiegende Zuwiderhandlung und Punktezahl gem. Anlage 13 FeV
ADR	Europäisches Übereinkommen über die internationale Beförderung gefährlicher Güter auf der Straße *(Accord européen relatif au transport international des marchandises Dangereuses par Route)*
B- (0, 1 oder 2)	Wertung der Ordnungswidrigkeit gem. Anlage 12 FeV als weniger schwerwiegende Zuwiderhandlung und Punktezahl gem. Anlage 13 FeV
B	mit Behinderung
BKat	„Bundes-"Bußgeldkatalog (Anlage zur Bußgeldkatalog-Verordnung)
BKat mit Nr.	Tatbestand ist unter der angegebenen Nr. im „Bundes-"Bußgeldkatalog enthalten
- BKat	im „Bundes-"Bußgeldkatalog nicht enthalten
BKatV	Verordnung über die Erteilung einer Verwarnung, Regelsätze für Geldbußen und die Anordnung eines Fahrverbots wegen Ordnungswidrigkeiten im Straßenverkehr (Bußgeldkatalog-Verordnung)
Bstb.	Buchstabe
eKFV	Elektrokleinstfahrzeuge-Verordnung
FAER	Fahreignungsregister
Fahrg.	Fahrgast
FaP	Fahrerlaubnis auf Probe gemäß Anlage 12 FeV
FaP-Pkt	Kategorie zur Fahrerlaubnis auf Probe gemäß Anlage 12 FeV Punkte gemäß Anlage 13 FeV
(FaP-Pkt)	Kategorie zur Fahrerlaubnis auf Probe mit Punktzahl, sofern im Einzelfall eine Geldbuße ab 60,00 Euro festgesetzt wird, die Zuwiderhandlung nicht in der Anlage 12 zur FeV aufgeführt, aber dennoch ein Fahrverbot ausgesprochen wurde; ausgenommen Erhöhungen aufgrund der wirtschaftlichen Verhältnisse gemäß § 28a StVG
FeV	Fahrerlaubnis-Verordnung
FV	Fahrverbot
FV ... M	Fahrverbot ... Monat(e)
FZV	Fahrzeug-Zulassungsverordnung
G	mit Gefährdung
gef.	gefährlichen
GGBefG	Gefahrgutbeförderungsgesetz
GGVSEB	Gefahrgutverordnung Straße, Eisenbahn und Binnenschifffahrt
iVm	In Verbindung mit
KBA	Kraftfahrt-Bundesamt
Pkt	Punkte gemäß Anlage 13 FeV
RSEB	Richtlinien zur Durchführung der GGVSEB
S	mit Schädigung
StVG	Straßenverkehrsgesetz
StVO	Straßenverkehrs-Ordnung
StVZO	Straßenverkehrs-Zulassungs-Ordnung
Tab.:	Tabelle
TBNR	Tatbestandsnummer des Bundeseinheitlichen Tatbestandskataloges
VO	Verordnung
VwV VZR	Allgemeine Verwaltungsvorschrift zur Datenübermittlung mit dem Verkehrszentralregister (VwV VZR)

3 Allgemeine Festlegungen

3.1 Bundeseinheitlicher Tatbestandskatalog

Der Bundeseinheitliche Tatbestandskatalog beinhaltet die im Einvernehmen mit den den mitteilungspflichtigen Stellen übergeordneten obersten Landesbehörden gemäß § 4 Abs. 3 VwV VZR festgelegten Tatbestände inkl. der Tatbestandsnummern.

3.2 Mitteilungen an das Fahreignungsregister (FAER)

Für die Übermittlung von strafrechtlichen Mitteilungen ist die "**Schlüsseltabelle für strafgerichtliche Mitteilungen**" (Anlage der SDÜ-VZR-MIT) zu verwenden.

Mitteilungen über Ordnungswidrigkeiten sind nur noch mit der Tatbestandsnummer dieses Kataloges an das FAER zu übermitteln.

Nach dem 5. Gesetz zur Änderung des Straßenverkehrsgesetzes und anderer Gesetze vom 28.08.2013 (BGBl Teil I, S. 3313 ff.) in Verbindung mit der 9. Verordnung zur Änderung der Fahrerlaubnis-Verordnung und anderer straßenverkehrsrechtlicher Vorschriften vom 05.11.2013 (BGBl. I, S. 3920 ff.) und der 10. Verordnung zur Änderung der Fahrerlaubnis-Verordnung und anderer straßenverkehrsrechtlicher Vorschriften vom 16.04.2014 (BGBl. I, S. 348) ist **seit dem 01.05.2014** Folgendes zu beachten:

Nach § 28 Abs. 3 StVG werden alle rechtskräftigen Entscheidungen wegen einer Ordnungswidrigkeit nach den §§ 24, 24a oder § 24c StVG im FAER eingetragen, soweit sie in der Anlage 13 zu § 40 FeV aufgeführt sind **und** gegen den Betroffenen ein Fahrverbot angeordnet **oder** eine Geldbuße von mindestens 60 Euro festge-setzt wurde. Die Eintragung wird entsprechend der Anlage 13 mit einem Punkt oder zwei Punkten bewertet (Darstellung in der Spalte "FaP-Pkt." z. B. A - 1).

Beträgt der Regelsatz bei einer Ordnungswidrigkeit, die in der Anlage 13 aufgeführt ist weniger als 60 Euro, erfolgt die Eintragung im FAER nur, wenn diese unter Abweichung vom Regelsatz mit einer Geldbuße von mindestens 60 Euro geahndet wird (Darstellung in der Spalte "FaP-Pkt." (A - 1).

Entscheidungen wegen Ordnungswidrigkeiten, die **nicht** in der Anlage 13 zu § 40 FeV aufgeführt sind oder solche, die zwar dort aufgeführt sind, deren Geldbuße aber **weniger** als 60 Euro beträgt, werden im FAER nur eingetragen, wenn ein Fahrverbot ausgesprochen wurde. Eine Bewertung mit Punkten und die Bewertung nach dem Kategoriensystem zur Fahrerlaubnis auf Probe unterbleiben in diesen Fällen
(Darstellung in der Spalte "FaP-Pkt." = 0).

Entscheidungen wegen Ordnungswidrigkeiten, die **nicht** in der Anlage 13 zu § 40 FeV aufgeführt sind oder solche, die zwar dort aufgeführt sind, deren Geldbuße aber **weniger** als 60 Euro beträgt **ohne** dass ein Fahrverbot ausgesprochen wurde, sind dem FAER nicht mitzuteilen (Darstellung in der Spalte "FaP-Pkt." = 0).

Ordnungswidrigkeiten gemäß § 10 GefBefG werden im FAER gespeichert soweit sie in der Anlage 13 zu § 40 FeV aufgeführt sind. Die Höhe der Geldbuße bleibt hierbei außer Betracht (§ 28 Abs. 3 Bstb. c StVG)

3.3 Hinweise für die Anwendung

Im Auftrag der für die Straßenverkehrsordnungswidrigkeiten zuständigen obersten Landesbehörden sind im nachfolgenden Katalog bei den jeweiligen Tatbeständen Regelsätze für Verwarnungs- oder Bußgelder und Regel-Fahrverbote vermerkt.
Ebenfalls im Auftrag der obersten Landesbehörden sind Hinweise für das Bußgeldverfahren und für die Anwendung des Kataloges vorangestellt.

3.4 Gender Mainstreaming

Gleichstellungspolitische Auswirkungen der Regelungen sind nicht gegeben. Die Verordnung bietet keine Grundlage für verdeckte Benachteiligungen, Beteiligungsdefizite oder die Verfestigung tradierter Rollen. Soweit personenbezogene Bezeichnungen im Maskulinum stehen, wird diese Form verallgemeinernd verwendet und bezieht sich auf beide Geschlechter.

4 Hinweise zur Anwendung des Bundeseinheitlichen Tatbestandskataloges

4.1 Anwendung und systematischer Aufbau

4.1.1 Vorrang landesinterner Regelungen

Die Bundesländer entscheiden eigenständig über eine der nachfolgenden Formen zur Einführung des Bundeseinheitlichen Tatbestandskataloges:

- Einführung der Tatbestandsbeschreibung unter Beibehaltung des bisherigen landesinternen Schlüsselungssystems: In diesem Falle werden nur die Tatbestandsbeschreibungen vereinheitlicht, die bundeseinheitliche Tatbestandsnummer (TBNR) lediglich programmintern als zusätzliche Information bei Mitteilungen an das KBA aufgenommen. Für das Bußgeldverfahren hat die TBNR keine Bedeutung.
- Einführung als Tatbestandskatalog des jeweiligen Bundeslandes: Dann gelten für die Anwendung die nachfolgenden Regelungen.
- Einführung nur eines Teils des Bundeseinheitlichen Tatbestandskataloges als Tatbestandskatalog des jeweiligen Bundeslandes: Dann gelten ebenfalls für die Anwendung die nachfolgenden Regelungen, jedoch unter der Maßgabe, dass einzelne (lediglich in anderen Bundesländern verwendete) Tatbestände nicht zur Anwendung zu bringen sind.

Näheres regeln die Einführungserlasse der Bundesländer.

4.1.2 Aufbau der bundeseinheitlichen Tatbestandsnummer

Die Tatbestandsnummer (TBNR) besteht aus 6 Ziffern.

Es bedeuten:

- die 1. Ziffer	= Vorschrift, in der die OWi enthalten ist:
	„1" = StVO
	„2" = FeV
	„3" = StVZO
	„4" = StVG
	„5" = Ferienreiseverordnung oder GGVSEB
	„6" = Elektrokleinsfahrzeuge-Verordnung
	„7" = Kenn-Nr. für die Tabellen
	„8" = FZV
	„9" = Auffangtatbestand zur freien Verfügung, sofern kein auf den Sachverhalt zutreffender Tatbestand vorgesehen ist
- die 2. und 3. Ziffer =	Paragraf des Tat- bzw. Grundtatbestandes
- die 4. ,5. und 6. Ziffer =	Kenn-Nr. des Einzeltatbestandes (z. B. 999 = da Anzahl von 99 benennbaren Verstößen bereits überschritten ist)

- von Schlüsselzahl 000 bis 099 = Tatbestände aus dem Verwarnungsgeldbereich, die **nicht** im Bußgeldkatalog enthalten sind
- von Schlüsselzahl 100 bis 499 = Tatbestände aus dem Verwarnungsgeldbereich, die im Bußgeldkatalog enthalten sind
- von Schlüsselzahl 500 bis 599 = Tatbestände aus dem Bußgeldbereich, die **nicht** im Bußgeldkatalog enthalten sind
- von Schlüsselzahl 600 bis 999 = Tatbestände aus dem Bußgeldbereich, die im Bußgeldkatalog enthalten sind

Die Nummerierung erfolgt grundsätzlich in **6er-Sprüngen**, um Lücken für spätere Änderungen zu haben.

Nicht in 6er-Sprüngen werden zugeordnet:	- Tatbestände mit Behinderung/Gefährdung/Sachbeschädigung - tabellarisch dargestellte Tatbestände - Verstöße nach **den §§ 41 und 42 StVO** werden **in 3er-Sprüngen** vergeben. - Verstöße nach **den §§ 12 und 13 StVO**
Anmerkung zum Aufbau der TBNR für einen Auffangtatbestand	Der Tatbestandskatalog enthält die überwiegende Anzahl der im Massenverfahren auftretenden Tatbestände. Nur in seltenen Ausnahmen kann eine Lücke bestehen. Für diesen Fall ist die nachfolgende TBNR als Auffangtatbestand geschaffen. **Von ihr darf nur Gebrauch gemacht werden, wenn nach vorheriger Prüfung in der Bußgeldbehörde keine TBNR zutrifft.**

- die 1. Ziffer	=	„9"
- die 2., 3. u. 4. Ziffer	=	„000 bis 999" Möglichkeiten
- die 5. Ziffer	=	Kategorie zu FaP gem. Anlage 12 FeV
		0 = Keine (z.B. KfSachVG)
		1 = A
		2 = B
- die 6. Ziffer	=	Punkte gem. Anlage 13 FeV
		(0 bis 2)

Beispiel: „900012" oder „999912"

Aufbau der §§ 12 und 13 StVO:

Der Aufbau für Verstöße nach §§ 12 und 13 StVO ist wie folgt festgelegt:
- von Schlüsselzahl 000 bis 099 = Tatbestände aus dem Verwarnungs-geldbereich, die **nicht** im Bußgeldkatalog enthalten sind
- von Schlüsselzahl 100 bis 499 = Tatbestände aus dem Verwarnungs-geldbereich, die im Bußgeldkatalog enthalten sind

Anmerkung zu Halten und Parken - § 12, § 41 Abs. 1 iVm Anlage 2, § 42 Abs. 2 iVm Anlage 3 StVO:

Aus Gründen der Übersichtlichkeit sind im Bußgeldkatalog in Buchform grund-sätzlich nur die Grundtatbestände angeführt. Die Kennzahlen der qualifizierten Tatbestände ergeben sich entsprechend der nachfolgend genannten Systematik BKatNr. 51a – 51a.3, 52a – 52a.4, 54a – 54a.3, 58 – 58.1.1

112..0	Grundtatbestand	**Halten**
112..1	"	mit Behinderung
112..2	"	mit Gefährdung
112..3	"	mit Unfall
112..4	Grundtatbestand	**Parken**
112..5	"	mit Behinderung
112..6	"	länger als 1/3 Stunde(n)
112..7	"	länger als 1/3 Std. mit Beh.
112..8	"	mit Gefährdung
112..9	"	mit Unfall

Endet die Kennzahl des Grundtatbestandes auf **4**, ist lediglich das Parken, nicht aber das Halten im Tatbestand erfasst.
Kennzahlen 112262 bis 112375, 141412 bis 141415, 141103 bis 142265:

112..2	Grundtatbestand	**Parken**	10,00 Euro
112..3	"	mit Behinderung	15,00 Euro
112..4	"	länger als 3 Stunden	20,00 Euro
112..5	"	länger als 3 Std. mit Beh.	30,00 Euro

Kennzahlen, die von der o. g. Systematik abweichen, enden auf **6 oder höher.**

Anmerkung zu Einrich-tungen zur Überwachung der Parkzeit § 13 Abs. 1 und 2 StVO:

Entgegen der sonstigen Systematik des Bußgeldkataloges enden die Grundtatbestände immer auf die Endziffer **0**. Aus Gründen der Übersichtlichkeit sind nachfolgend immer nur die Grundtatbestände genannt.Die qualifizierten Tatbestädne ergeben sich nach folgendem Schema:

113..0	Grundtatbestand		20,00 Euro
113..1	"	länger als 30 Minuten	25,00 Euro
113..2	"	länger als 1 Stunde	30,00 Euro
113..3	"	länger als 2 Stunden	35,00 Euro
113..4	"	länger als 3 Stunden	40,00 Euro

Reihenfolge der Tat-bestände

Die Tatbestände sind in folgender Reihenfolge aufgeführt:
1. Schlüsselzahl der Vorschrift, in der die OWi enthalten ist
2. Paragraf des Tat- bzw. Grundtatbestandes
3. Absatz des Paragrafen des Tat- bzw. Grundtatbestandes
4. Tatbestände aus dem Verwarnungsgeldbereich, die nicht im Bußgeldkatalog enthalten sind
5. Tatbestände aus dem Bußgeldkatalog (Verwarnungsgeldbereich) nach auf-steigender Bußgeldkatalog-Nr.

6. Tatbestände aus dem Bußgeldbereich, die nicht im Bußgeldkatalog enthalten sind
7. Tatbestände aus dem Bußgeldkatalog (Bußgeldbereich) nach aufsteigender Bußgeldkatalog-Nr.

Anmerkung:
Wenn innerhalb eines Paragrafen des Tat- bzw. Grundtatbestandes ein nächster Absatz folgt, beginnt die o. g. Reihenfolge unter Beachtung der Lücken erneut ab Ziffer „4".

Tabellen: Zur besseren Übersichtlichkeit und zur auszugsweisen Handhabung sind folgende Tatbestände zusätzlich in Tabellenform dargestellt:

- Geschwindigkeitsüberschreitungen
- Abstandsunterschreitungen
- Halt- u. Parkverstöße
- Überladungen

4.1.3 Anwendbarkeit und Umfang

Der Tatbestandskatalog enthält die Tatbestände des Bußgeldkataloges sowie weitere häufig vorkommende Tatbestände von Ordnungswidrigkeiten im Straßenverkehr (StVO, FeV, StVZO, StVG, Ferienreise-VO, GGVSEB, MobHV, FZV).

Fehlende Tatbestände können unter Angabe der nachstehenden TBNR ebenfalls bearbeitet werden. Dabei ist der jeweilige Tatbestand möglichst kurz, aber präzise in Anlehnung an vorhandene Tatbestände zu formulieren.
Auffangtatbestand: 9.....

Die Gliederung des Kataloges entspricht der Gliederung der StVO und der StVZO. Die Untergliederung erfolgt in aufsteigender Reihenfolge der betreffenden Paragrafen. Als zusätzliches Gliederungsmerkmal wurden die Nrn. des BKat verwendet.

Die wichtigsten Fahrzeugmängel sind bei den betreffenden Paragrafen der StVZO eingeordnet. Soweit Mängeltatbestände fehlen, sind ggf. die allgemeinen Tatvorwürfe (§ 23 StVO bzw. § 31 StVZO) zu verwenden.

In den Fällen, in denen ein verwarnungsfähiger Tatbestand abweichend vom Regelsatz als nicht geringfügige Ordnungswidrigkeit anzusehen ist, ist dieselbe TBNR wie für den geringfügigen Verstoß zu verwenden.

5. Inhalt des Bußgeldbescheides (§ 66 OWiG) und der Mitteilung an das KBA

Der Tatbestandstext des Bußgeldbescheides und der Tatbestandstext an das KBA müssen der bundeseinheitlichen Fassung entsprechen.

Bei der Formulierung der einzelnen Tatbestandstexte wurde die Rechtsprechung des BGH zugrunde gelegt. Der BGH hat in seiner Grundsatzentscheidung vom 08.10.1970 (NJW 1970, S. 2222) Folgendes ausgeführt:

„Mit dem Bußgeldverfahren wird eine schnelle und Verwaltungskosten einsparende Ahndung der Ordnungswidrigkeit bezweckt und deshalb verbietet sich eine ausführliche Schilderung von selbst. Ein in Rechtsfragen unerfahrener Bürger muss den Vorwurf verstehen können. Die Tatbestandsmerkmale sind als geschichtlicher Lebensvorgang konkret zu schildern, wobei der Umfang der Schilderung von der Gestaltung des Einzelfalles bestimmt wird. Eine unzureichende Schilderung beeinträchtigt nicht die Rechtswirksamkeit des Bußgeldbescheides. Konkretisierungsmängel sind nicht ‚unheilbar', sondern können im gerichtlichen Verfahren behoben werden."

Deshalb werden die Tatbestandstexte auch für Verkehrsunfälle als ausreichend angesehen. Individuelle Angaben können im Feld Bemerkungen ergänzt werden.

Sind im Tatbestandstext **variable** Werte anzugeben „"); **); ***)" usw." kann sich die Übermittlung lt. **SDÜ-VZR-MIT** über die Felder: „Feldname: TXTB1 (bis TXTB4)" erstrecken.

Die **Variablen** im Bundeseinheitlichen Tatbestandskatalog sind wie folgt festgelegt:

Geschwindigkeit:	3 Stellen ohne Komma in „km/h"
Abstand:	6 Stellen mit Komma an der 4. Stelle in „m"
Höhe/Breite/Länge:	5 Stellen mit Komma an der 3. Stelle in „m"
Prozent:	6 Stellen mit Komma an der 4. Stelle
Gewichte:	6 Stellen ohne Komma in „kg"
Promille:	4 Stellen mit Komma an der 2. Stelle in „mg/l" oder „Promille"

Sind im **Tatbestandstext** „*"); **"); ***") usw." angebracht, so müssen diese Angaben lt. **SDÜ-VZR-MIT in „Feldname: BE210"** konkretisiert werden.

Sind in den **Rechtsgrundlagen** „*"); **"); ***") usw." angebracht, so müssen diese Angaben lt. **SDÜ-VZR-MIT in „Feldname: REGRU"** konkretisiert werden.

Bei Tatbeständen, die eine Behinderung oder Gefährdung beinhalten, bedeutet das Zeichen +), dass in den Tatvorwürfen **(SDÜVZR-MIT: „Feldname: BE210")** zu konkretisieren ist, worin die Behinderung oder Gefährdung bestand.

6 Tateinheit, Tatmehrheit

(Tateinheit, vgl. Nr. 7.4.6 und 7.4.10)

Häufig in <u>Tateinheit (§ 19 OWiG)</u> begangene Verstöße sind im Bundeseinheitlichen Tatbestandskatalog berücksichtigt. Soweit dies nicht der Fall ist, ist der Tatbestand mit dem höchsten vorgesehenen Regelsatz aus-zuwählen. Handelt es sich um Bußgeldregelsätze von mehr als 55,00 Euro, so kann der angewendete Regelsatz erhöht werden (§ 3 Abs. 5 BKatV). Es ist zweckmäßig, die nicht verfolgten Zuwiderhandlungen aktenkundig zu machen. Bei Tateinheit zwischen gleichgewichtigen Ordnungswidrigkeiten ist die Bearbeitung im herkömmlichen Verfahren notwendig.

Fälle der <u>Tatmehrheit (§ 20 OWiG)</u> sind nicht in den Tatbestandskatalog aufgenommen worden. Die in Tat-mehrheit zueinander stehenden Ordnungswidrigkeiten sind jeweils einzeln zu ahnden; jede einzelne Geldbuße ist im Bußgeldbescheid gesondert auszuweisen und § 20 OWiG **(SDÜ-VZR-MIT: „Feldname: REGRU")** anzu-geben. Von der Verfolgung nicht ins Gewicht fallender Ordnungswidrigkeiten kann abgesehen werden.

6.1 Grobformel zur Unterscheidung von Tateinheit und Tatmehrheit bei gleichzeitig begangenen Verkehrsverstößen

Tateinheit ist gegeben, wenn die Ausführungshandlungen der gleichzeitig verwirklichten Tatbestände einander über-schneiden.

Als tateinheitliche Verstöße im Zusammenhang mit dem Führen eines Fahrzeuges werden von der Rechtsprechung solche gewertet, die zur selben Zeit am selben Ort von derselben Person begangen werden und gemeinsam durch das Merkmal „Führen eines Fahrzeuges im öffentlichen Verkehr" verbunden sind. Das gilt insbesondere, wenn sich eine Dauertat und ein anderer Verkehrsverstoß zeitlich überlagern.

<u>Beispiele für Tateinheit:</u>

- Fahren mit einem technisch mangelhaften Fahrzeug und während dieser Fahrt begangene
- Zuwiderhandlungen gegen StVO-Verbote; Mangelhafte Bereifung und Überholen im Überholverbot (BGH VRS 52, 129); Überladung, mangelhafte Bremsanlage und zu hohe Geschwindigkeit (OLG Karlsruhe VRS 51, 76).

- Fahren mit nicht angelegtem Sicherheitsgurt und Begehung eines Geschwindigkeits- oder Abstandsverstoßes (OLG Hamm DAR 2006, 338; OLG Rostock VRS 107, 461; OLG Stuttgart VRS 112, 59)

Von Tatmehrheit spricht man im Unterschied dazu, wenn der Täter zwar gleichzeitig mehrere Tatbestände verwirklicht hat, die Ausführungshandlungen einander aber nicht überschneiden (Handlungsmehrheit = Tatmehrheit). Das ist regelmäßig der Fall, wenn

- ein Begehungsdelikt zeitlich mit einem Unterlassungsdelikt begangen wird oder
- mehrere Unterlassungsdelikte zeitgleich begangen werden.

<u>Beispiele für Tatmehrheit:</u>

- Nichtvornahme der Eintragung in das Schaublatt des Fahrtenschreibers und während der Fahrt begangene Überholverstöße (OLG Hamm VRS 60, 50);
- Fahrt mit mangelhaften Reifen und unterlassene Anmeldung zur Hauptuntersuchung (OLG Stuttgart, Justiz 1981, 25);

6.2 Grobformel zur Unterscheidung von Tateinheit und Tatmehrheit bei nacheinander begangenen Verkehrsverstößen

Bei nacheinander begangenen Verkehrsverstößen ist Tateinheit dann gegeben, wenn
- eine Dauerordnungswidrigkeit vorliegt (z. B. ununterbrochene Überschreitung einer einzigen

bestimmten Geschwindigkeitsbegrenzung);

- oder die Handlungen aufgrund natürlicher Handlungseinheit zu einer einzigen Handlung im Rechtssinn miteinander verbunden sind. Mehrere natürliche Handlungen bilden danach eine natürliche Handlungseinheit, wenn es sich (1) um rechtlich gleichartige Tätigkeitsdelikte handelt, die (2) in einem engen räumlichen und zeitlichen Zusammenhang stehen, (3) von einem einheitlichen Willen getragen sind und außerdem (4) nach der Lebensauffassung (bzw. aus der Perspektive eines unbefangenen Drittbeobachters) als ein einheitliches Geschehen erscheinen (BGH NStZ 1990, 490).

<u>Beispiele für Tateinheit:</u>

- Durchfahren eines Geschwindigkeitstrichters mit einheitlich zu hoher Geschwindigkeit (OLG Zweibrücken DAR 2003, 281; Thüringer OLG VRS 108, 270; a. M. Brandenburisches OLG NStZ 2005, 709);

- Übergang einer Geschwindigkeitsüberschreitung vom Außerorts- in den Innerortsbereich (BayObLG VM 1976, 26);

- Verletzung aufeinander folgender Geschwindigkeitsbegrenzungen (OLG Düsseldorf NZV 1994, 42.)

Mehrere Handlungen und damit Tatmehrheit sind dagegen gegeben,

- wenn zwischen den tatbestandlichen Handlungen ein Abschnitt tatbestandslosen Handelns liegt oder

- wenn sich die den Kraftfahrer umgebenden verkehrlichen Verhältnisse so geändert haben, dass ein neuer Verkehrsvorgang vorliegt.

<u>Beispiele für Tatmehrheit:</u>

- mehrere Überschreitungen derselben Höchstgeschwindigkeit, wenn der Kraftfahrer dazwischen nicht nur verkehrsbedingt die Geschwindigkeit auf das zulässige Maß oder auf einen unterhalb dessen liegenden Wert reduziert hat (BayObLG DAR 2002, 78; VRS 93, 141; NStZ – RR 1997, 279; Göhler, OWiG, Rn. 17 vor § 19 OWiG. Schleswig-Holsteinisches OLG v. 14.09.1981 (1 Ss OWi 506/81) und vom 26.04.1984 (1 Ss OWi 199/84)

- kontinuierliche Geschwindigkeitsüberschreitung auf unterschiedlichen Straßen (OLG Celle NZV 1995, 197).

7 Höhe der Geldbußen und der Verwarnungsgelder

7.1 Zumessungscharakter der BKatV

Abweichen vom Regelsatz

- Der Bußgeldkatalog stellt Zumessungsregeln für die Bemessung der Geldbuße dar. Sie sind aufgestellt, um für sehr häufig vorkommende OWi eine gleichmäßige Behandlung durchzusetzen. Je häufiger die Verstöße in der Praxis sind, desto stärker ist eine gewisse Schematisierung notwendig, um unterschiedliche Beurteilungen in allgemeinen Bewertungsfragen durch zahlreiche Verwaltungs-agehörige zu vermeiden. Solche unterschiedlichen Bewertungen könnten aus der Sicht der Betroffenen nicht nachvollzogen werden und würden daher auf Unverständnis stoßen. Buß- und Verwarnungsgeldkatalog wollen deshalb aus übergeordnet erscheinenden Gerechtigkeitser-wägungen bei massenhaft vorkommenden Zuwiderhandlungen eine möglichst gerechte Erledigung herbeiführen. In diesem Sinne sind sie für sämtliche Bußgeldbehörden bindend.

- Die Regelfallkonstruktion der BKatV lässt bei Fällen, die sich von der üblichen Begehungsweise unterscheiden, jedoch einen Ermessensspielraum. Die Bußgeldregelsätze gelten nur, sofern fahrlässige Begehungsweise und gewöhnliche Tatumstände (Abschnitt I des Bußgeldkataloges) oder vorsätzliche Begehungsweise und gewöhnliche Tatumstände (Abschnitt II des Bußgeldkataloges) vorliegen. Die Bußgeldbehörden sind also verpflichtet, objektive oder subjektive Tatumstände, die die Handlung im Vergleich zum Regelfall als weniger schwerwiegend kennzeichnen, zugunsten des Betroffenen zu berücksichtigen und somit im Einzelfall die Regelgeldbuße zu unterschreiten. Die Bußgeldbehörden sind berechtigt, bei Tatumständen, die die Handlung im Vergleich zum Regelfall als schwerwiegender kennzeichnen, im Einzelfall die Regelgeldbuße zu überschreiten. Dies ist insbesondere der Fall, wenn die Tatbestände des Abschnittes I des Bußgeldkatalogs vorsätzlich verwirklicht werden und für diesen Fall kein gesonderter Tatbestand im Abschnitt II des Bußgeldkatalogs geregelt ist.

- Die Buß- und Verwarnungsgeldregelsätze gehen (außer in Nr. 152.1, 241.1, 241.2, 242.1, 242.2 BKat) außerdem davon aus, dass gegen den Betroffenen nicht bereits Eintragungen im FAER vorliegen.
  Früher begangene OWi (und Straftaten) können also zum Nachteil des Betroffenen verwertet werden, soweit (in sachlicher und zeitlicher Hinsicht) ein innerer Zusammenhang zu der neuen OWi gegeben ist; jedoch können auch frühere Taten, die nicht zu einer „Vorverurteilung" geführt haben, zum Nachteil des Betroffenen ins Gewicht fallen, wenn sich daraus in Bezug auf die neue Tat ergibt, dass der Betroffene die in einem bestimmten Bereich geltenden Gebote und Verbote missachtet oder sich auch nur fahrlässig wiederholt darüber hinweggesetzt hat, so dass ihm ein gesteigerter Vorwurf anzulasten ist. Für die Bemessung der Geldbuße können Anzahl und Art der Eintragungen im FAER daher Bedeutung haben; die Anzahl der Punkte hingegen ist unerheblich.

7.2 Verfahren beim Abweichen vom Regelsatz

- In den Fällen, in denen von der Regelgeldbuße gem. § 17 OWiG abgewichen wird, ist § 17 OWiG anzugeben. Der entsprechende Hinweis ist in der Mitteilung an das KBA anzugeben (**SDÜ-VZR-MIT: „Feldname: REGRU"**).

- In Fällen, in denen anstatt der Regelgeldbuße mit Rücksicht auf **die wirtschaftlichen Verhältnisse** des Betroffenen nur eine Geldbuße in Höhe eines Verwarnungsgeldes verhängt wird, ist **§ 28a StVG** anzugeben. Die entsprechenden Angaben sind in der Mitteilung an das KBA stets anzugeben (**SDÜ-VZR-MIT: „Feldname: REGRU"**). Ferner ist in den Fällen des § 28a StVG lt. **SDÜ-VZR-MIT: in „Feldname: BG28A"** der entsprechende Schlüssel aufzunehmen.

7.3 Tatbestandskatalog ergänzt BKatV

Die im Tatbestandskatalog enthaltenen Tatbestände:

- übernehmen die Regelungen der BKatV,

- gliedern die dort enthaltenen Tatbestandsbeschreibungen in häufige Begehungsvarianten auf,

- setzen die allgemeinen Erhöhungsregeln der BKatV um (vgl. Nr. 7.4.3),

- stellen weitere Tatbestände auf, die die BKatV nicht berücksichtigt. (Die Regelsätze sind im Auftrag der Bundesländer vermerkt worden.)

7.4 Wesentliche Regelungen der BKatV

- Auf folgende wesentliche Regelungen der BKatV, die in den einzelnen Tatbeständen bereits berücksichtigt worden sind, wird besonders aufmerksam gemacht.

7.4.1 Regelfallkonstruktion

(§ 1 Abs. 2 BKatV, § 3 Abs. 1 BKatV)

Die im Bußgeldkatalog bestimmten Beträge sind Regelsätze, die von fahrlässiger Begehung und gewöhnlichen Tatumständen (Abschnitt I des Bußgeldkataloges) oder von vorsätzlicher Begehung und gewöhnlichen Tatumständen (Abschnitt II des Bußgeldkataloges) ausgehen. Etwaige Eintragungen des Betroffenen im Fahreignungsregister sind nicht berücksichtigt, soweit nicht in den Nummern 152.1, 241.1, 241.2, 242.1, 242.2 des Bußgeldkataloges etwas anderes bestimmt ist.

7.4.2 Generelle Regelung zur Erhöhung

(§ 3 Abs. 3 BKatV)

Die Regelsätze erhöhen sich bei Vorliegen einer Gefährdung oder Sachbeschädigung nach der Tabelle 4 des Anhangs des Bußgeldkataloges.

Bei einem Regelsatz für den Grundtatbestand von Euro	mit Gefährdung auf Euro	mit Sachbeschädigung auf Euro
60	75	90
70	85	105
75	90	110
80	100	120
90	110	135
95	115	140
100	120	145
110	135	165
120	145	175
130	160	195
135	165	200
140	170	205
150	180	220
160	195	235
165	200	240
180	220	265
190	230	280
200	240	290
210	255	310
235	285	345
240	290	350
250	300	360
270	325	390
280	340	410
285	345	415
290	350	420
320	385	465
350	420	505
360	435	525
380	460	555
400	480	580
405	490	590
425	510	615
440	530	640
480	580	715
500	600	720
560	675	810
570	685	825
600	720	865
635	765	920
680	820	985
700	840	1000
760	915	1000

Bei einem Regelsatz für den Grundtatbestand von Euro	mit Sachbeschädigung auf Euro
60	75
70	85
75	90
80	100
100	120
150	180

7.4.4 Besondere Erhöhungssätze

(§ 3 Abs. 2 BKatV)

Wird ein Tatbestand der Nummer 119, der Nummer 198.1 in Verbindung mit Tabelle 3 des Anhangs oder der Nummern 212, 214.1, 214.2 oder 223 des Bußgeldkatalogs, für den ein Regelsatz von mehr als 55 Euro vorgesehen ist, vom Halter eines Kraftfahrzeugs verwirklicht, so ist derjenige Regelsatz anzuwenden, der in diesen Fällen für das Anordnen oder Zulassen der Inbetriebnahme eines Kraftfahrzeugs durch den Halter vorgesehen ist.

(§ 3 Abs. 4 BKatV)

Wird von dem Führer eines kennzeichnungspflichtigen Kraftfahrzeugs mit gefährlichen Gütern oder eines Kraftomnibusses mit Fahrgästen ein Tatbestand

1. der Nummern 8.1, 8.2, 15, 19, 19.1, 19.1.1, 19.1.2, 21, 21.1, 21.2, 212, 214.1, 214.2, 223 oder

2. der Nummern 12.5, 12.6 oder 12.7, jeweils in Verbindung mit der Tabelle 2 des Anhangs, oder

3. der Nummern 198.1 oder 198.2, jeweils in Verbindung mit der Tabelle 3 des Anhangs,

des Bußgeldkataloges verwirklicht, so erhöht sich der dort genannte Regelsatz, sofern dieser einen Betrag von mehr als 55 Euro vorsieht, auch in den Fällen des Absatzes 3, jeweils um die Hälfte.

Der nach Satz 1 erhöhte Regelsatz ist auch anzuwenden, wenn der Halter die Inbetriebnahme eines kennzeichnungspflichtigen Kraftfahrzeugs mit gefährlichen Gütern oder eines Kraftomnibusses mit Fahrgästen in den Fällen

1. der Nummern 189.1.1, 189.1.2, 189.2.1, 189.2.2, 189.3.1, 189.3.2, 213 oder

2. der Nummern 199.1, 199.2, jeweils in Verbindung mit der Tabelle 3 des Anhangs, oder 224

des Bußgeldkatalogs anordnet oder zulässt.

7.4.5 Vorsätzlich begangene Ordnungswidrigkeiten

(§ 3 Abs. 4a BKatV)

Wird ein Tatbestand des Abschnitts I des Bußgeldkataloges vorsätzlich verwirklicht, für den ein Regelsatz von mehr als 55,00 Euro vorgesehen ist, so ist der dort genannte Regelsatz, auch in den Fällen, in denen eine Erhöhung nach den Absätzen 2, 3 oder 4 vorgenommen worden ist, zu verdoppeln. Der ermittelte Betrag wird auf den nächsten vollen Euro-Betrag abgerundet. Die entsprechenden Angaben sind auch in der Mitteilung an das KBA **(SDÜ-VZR-MIT: „Feldname: REGRU")** stets anzugeben.

7.4.6 Tateinheit im Bußgeldbereich (vergl. Nr. 6)

(§ 3 Abs. 5 BKatV)

Werden durch eine Handlung mehrere Tatbestände des Bußgeldkataloges verwirklicht, so ist nur ein Regelsatz, bei unterschiedlichen Regelsätzen der höchste, anzuwenden. Dieser kann angemessen erhöht werden.

7.4.7 Nichtmotorisierte Verkehrsteilnehmer

(§ 3 Abs. 6 BKatV)

Bei Ordnungswidrigkeiten nach § 24 des Straßenverkehrsgesetzes, die von nichtmotorisierten Verkehrsteilnehmern begangen werden, ist, sofern der Bußgeldregelsatz mehr als 55,00 Euro beträgt und der Bußgeldkatalog nicht besondere Tatbestände für diese Verkehrsteilnehmer enthält, der Regelsatz um die Hälfte zu ermäßigen. Beträgt der nach Satz 1 ermäßigte Regelsatz weniger als 60,00 Euro, so soll eine Geldbuße nur festgesetzt werden, wenn eine Verwarnung mit Verwarnungsgeld nicht erteilt werden kann.

7.4.8 Fußgänger, Radfahrer

(§ 2 Abs. 4 BKatV)

Bei Fußgängern soll das Verwarnungsgeld in der Regel 5,00 Euro, bei Radfahrern 15,00 Euro betragen, sofern der Bußgeldkatalog nichts anderes bestimmt.

7.4.9 Minderung von Verwarnungsgeldregelsätzen

(§ 2 Abs. 5 BKatV)

Ist im Bußgeldkatalog ein Regelsatz für das Verwarnungsgeld von mehr als 20,00 Euro vorgesehen, so kann er bei offenkundig außergewöhnlich schlechten wirtschaftlichen Verhältnissen des Betroffenen bis auf 20,00 Euro ermäßigt werden.

7.4.10 Tateinheit-Tatmehrheit im Verwarnungsgeldbereich

(§ 2 Abs. 6, 7, 8 BKatV)

Werden durch dieselbe Handlung mehrere geringfügige Ordnungswidrigkeiten begangen, für die jeweils eine Verwarnung mit Verwarnungsgeld in Betracht kommt, so wird nur ein Verwarnungsgeld, und zwar das höchste der in Betracht kommenden, erhoben. Hat der Betroffene durch mehrere Handlungen geringfügige Ordnungswidrigkeiten begangen oder gegen dieselbe Vorschrift mehrfach verstoßen, so sind die einzelnen Verstöße getrennt zu verwarnen. Es ist jedoch zu prüfen, ob die Handlung oder die Handlungen insgesamt noch geringfügig sind.

7.4.11 Erhöhung der Verwarnungsgeld- und der Bußgeldregelsätze

Die im Bußgeldkatalog bestimmten Regelsätze (Verwarnungsgeldregelsätze und Bußgeldregelsätze) sind bei Hinzutreten einer Gefährdung oder Sachbeschädigung angemessen zu erhöhen, soweit diese Merkmale nicht bereits im Tatbestand enthalten sind.

8 Fahrverbot

Alleinige Rechtsgrundlage für die Verhängung eines Fahrverbotes bei Verkehrsordnungswidrigkeiten bleibt auch unter Geltung der BKatV § 25 StVG (BGH NZV 1992, 117; BGH NZV 1992, 286). Er ist in den Rechtsgrundlagen bei denjenigen Tatbeständen, die mit einem Regelfahrverbot verbunden sind, besonders erwähnt. Außerdem wird, sofern der betreffende Tatbestand in der BKatV enthalten ist, diese zitiert.

Diese Vorschrift der BKatV und § 25 StVG sind auch in den Bußgeldbescheiden stets anzugeben.

Es sind dies bei:

8.1 Grober Verletzung der Pflichten

§ 4 Abs. 1 BKatV, sofern ein Tatbestand

1.   der Nummern 9.1 bis 9.3, der Nummern 11.1 bis 11.3, jeweils in Verbindung mit der Tabelle 1 des Anhangs,
2.   der Nummern 12.6.3, 12.6.4 oder 12.6.5, 12.7.3, 12.7.4 oder 12.7.5 der Tabelle 2 des Anhangs,
3.   der Nummern 19.1.1, 19.1.2, 21.1, 21.2, 39.1, 41, 50, 50.1, 50.2, 50.3, 50a, 50a1, 50a.2, 50a.3, 83.3, 89b.2, 132.1, 132.2, 132.3, 132.3.1, 132.3.2, 135, 135.1, 135.2, 152.1 oder
4.   der Nummern 244, 246.2, 246.3 oder 250a

des Bußgeldkataloges verwirklicht wird.

8.2 Beharrlicher Verletzung der Pflichten

§ 4 Abs. 2 BKatV, sofern das Fahrverbot wegen beharrlicher Verletzung der Pflichten eines Kraftfahrzeugführers verhängt wird. Dabei ist außerdem Folgendes zu beachten:

Wird ein Fahrverbot wegen beharrlicher Verletzung der Pflichten eines Kraftfahrzeugführers zum ersten Mal angeordnet, so ist seine Dauer in der Regel auf einen Monat festzusetzen.

Die entsprechenden Angaben sind auch in der Mitteilung an das KBA (SDÜ-VZR-MIT: „Feldname: REGRU") stets anzugeben.

8.3 Ordnungswidrigkeiten nach § 24a StVG

§ 4 Abs. 3 BKatV, sofern das Fahrverbot wegen Verstoßes gegen die Promillegrenze oder das Drogen-verbot (Nrn. 241, 241.1, 241.2, 242, 242.1, 242.2) mit der im BKat vorgesehenen Dauer verhängt wird.

Auf die Angabe des § 25 StVG darf in keinem Falle verzichtet werden. Das gilt auch:

- in den Fällen des § 24a StVG und
- sofern die BKatV für den entsprechenden Tatbestand kein Regelfahrverbot vorsieht, das Fahrverbot aber wegen der Umstände des Einzelfalles verhängt wird.

8.4 Absehen vom Fahrverbot

Wird in den Fahrverbots-Regelfällen der BKatV von der Anordnung eines Fahrverbots ausnahmsweise abgesehen, so soll der für den betreffenden Tatbestand bestimmte Regelsatz angemessen erhöht werden. Es ist § 4 Abs. 4 BKatV **(SDÜ-VZR-MIT: „Feldname: REGRU")** anzugeben.

8.5 Fahrverbot nach § 25 Abs. 2a StVG

Wird in den Fahrverbots-Fällen das Fahrverbot erst mit Ablauf von vier Monaten seit Eintritt der Rechtskraft wirksam, so ist **(SDÜVZR-MIT: „Feldname: REGRU")** § 25 Abs. 2a StVG anzugeben.

9 Angabe der Punktezahl

In der Ausfertigung des Bußgeldbescheides für den Betroffenen sollte die Punktezahl (Anl. 13 zur FeV) mit Hinweis auf die unverbindliche Bewertung angegeben werden.

10 Auskunft aus dem FAER

(§§ 30, 30a, 30b StVG; §§ 60, 61, 62 FeV)

Für die Entscheidung über die Höhe der Geldbuße und über die Verhängung eines FV im Einzelfall, ist eine Auskunft aus dem FAER einzuholen. Das Verfahren ist in den Standards für die Übermittlung von Anfragen an das VZR und Auskünften aus dem VZR (SDÜVZR-ANF) *) geregelt.

11 Mitteilungen an das FAER

(§§ 28, 28a StVG; § 59 FeV)

Inhalt sowie Art und Weise der Datenübermittlung an das VZR sind in den Standards für die Übermittlung von Mitteilungen an das VZR (SDÜ-VZR-MIT) **) geregelt.

---

*) Die Standards für das Anfrage- und Auskunftsverfahren beim Fahreignungsregister (SDÜ-FAER-ANF) sind im Bundesanzeiger Banz AT v. 11.07.2018 B10 sowie im Verkehrsblatt (VkBl.) Amtsblatt des Bundesministeriums für Verkehr und digitale Infrastruktur der Bundesrepublik Deutschland 2018 - Heft 10, S. 356 - veröffentlicht.

**) Die Standards für die Übermittlung von Mitteilungen an das Fahreignungsregister (SDÜ-FAER-MIT) sind im Bundesanzeiger Banz v. 11.07.2018 B9 sowie im Verkehrsblatt (VkBl.) - Amtsblatt des Bundesministeriums für Verkehr und digitale Infrastruktur der Bundesrepublik Deutschland 2018 - Heft 10, S. 356 - veröffentlicht.

Tatbestände

Grundregeln - § 1 StVO

TBNR	Tatbestandstext	FaP-Pkt	Euro	FV
101000	Sie kamen von der Fahrbahn ab und verursachten Sachschaden § 1 Abs. 2, § 49 StVO; § 24 Abs. 1, 3 Nr. 5 StVG; -- BKat	0	35,00	
101006	Sie gerieten ins Schleudern und verursachten Sachschaden. § 1 Abs. 2, § 49 StVO; § 24 Abs. 1, 3 Nr. 5 StVG; -- BKat	0	35,00	
101012	Sie streiften beim Vorbeifahren ein Fahrzeug und verursachten Sachschaden. § 1 Abs. 2, § 49 StVO; § 24 Abs. 1, 3 Nr. 5 StVG; -- BKat	0	35,00	
101018	Sie ließen beim Befahren der Straße die im Verkehr erforderliche Rücksicht außer Acht und beschmutzten dabei Andere. § 1 Abs. 2, § 49 StVO; § 24 Abs. 1, 3 Nr. 5 StVG; -- BKat	0	10,00	
101024	Sie stellten das Fahrzeug so ab, dass ein anderes Fahrzeug nicht wegfahren konnte. § 1 Abs. 2, § 49 StVO; § 24 Abs. 1, 3 Nr. 5 StVG; -- BKat	0	20,00	
101030	Sie ließen an einer Fahrbahnverengung die im Verkehr erforderliche Sorgfalt außer Acht, so dass es zum Unfall kam. § 1 Abs. 2, § 49 StVO; § 24 Abs. 1, 3 Nr. 5 StVG; -- BKat	0	35,00	
101036	Sie behinderten +) Andere, indem Sie ihnen das Einordnen im sogenannten Reißverschlussverfahren nicht ermöglichten. § 1 Abs. 2, § 49 StVO; § 24 Abs. 1, 3 Nr. 5 StVG; -- BKat	0	20,00	
101042	Sie fuhren in den Kreuzungsbereich/Einmündungsbereich *) ein, ohne dem dort verkehrsbedingt wartenden Fahrzeug die Möglichkeit zu geben, diesen zu verlassen. § 1 Abs. 2, § 49 StVO; § 24 Abs. 1, 3 Nr. 5 StVG; -- BKat	0	30,00	
101043	Sie fuhren in den Kreuzungsbereich/Einmündungsbereich *) ein, ohne dem dort verkehrsbedingt wartenden Fahrzeug die Möglichkeit zu geben, diesen zu verlassen. Es kam zum Unfall. § 1 Abs. 2, § 49 StVO; § 24 Abs. 1, 3 Nr. 5 StVG; -- BKat	0	35,00	
101048	Sie behinderten +) durch das Parken auf einer Fußgängerfurt Der Lichtzeichenanlage Andere. § 1 Abs. 2, § 49 StVO; § 24 Abs. 1, 3 Nr. 5 StVG; -- BKat	0	20,00	
101060	Sie behinderten +) durch das Parken Andere. § 1 Abs. 2, § 49 StVO; § 24 Abs. 1, 3 Nr. 5 StVG; -- Bkat	0	20,00	

TBNR   Bemerkungen
101042 – 101043   *) Zutreffendes angeben

Grundregeln - § 1 StVO

TBNR	Tatbestandstext	FaP-Pkt	Euro	FV
101100	Sie belästigten durch Außer-Acht-Lassen der im Straßen-verkehr erforderlichen Sorgfalt Andere mehr als nach den Umständen unvermeidbar. § 1 Abs. 2, § 49 StVO; § 24 Abs. 1, 3 Nr. 5 StVG; 1.1 Bkat	0	10,00	
101106	Sie behinderten +) durch Außer-Acht-Lassen der im Straßen-verkehr erforderlichen Sorgfalt Andere mehr als nach den Umständen unvermeidbar. § 1 Abs. 2, § 49 StVO; § 24 Abs. 1, 3 Nr. 5 StVG; 1.2 BKat	0	20,00	
101112	Sie gefährdeten +) durch Außer-Acht-Lassen der im Straßen-Verkehr erforderlichen Sorgfalt Andere. § 1 Abs. 2, § 49 StVO; § 24 Abs. 1, 3 Nr. 5 StVG; 1.3 BKat	0	30,00	
101118	Sie schädigten durch Außer-Acht-Lassen der im Straßen-erforderlichen Sorgfalt Andere. § 1 Abs. 2, § 49 StVO; § 24 Abs. 1, 3 Nr. 5 StVG; 1.4 BKat	0	35,00	
101124	Sie schädigten durch Außer-Acht-Lassen der im Straßen-verkehr erforderlichen Sorgfalt andere Verkehrsteilnehmer durch Auffahren auf ein vorausfahrendes Fahrzeug. § 1 Abs. 2, § 49 StVO; § 24 Abs. 1, 3 Nr. 5 StVG; 1.4 BKat	0	35,00	
101130	Sie schädigten durch Außer-Acht-Lassen der im Straßen-verkehr erforderlichen Sorgfalt andere Verkehrsteilnehmer durch Auffahren auf ein stehendes Fahrzeug. § 1 Abs. 2, § 49 StVO; § 24 Abs. 1, 3 Nr. 5 StVG; 1.4 BKat	0	35,00	
101136	Sie beschädigten beim Fahren in eine/aus einer Parklücke ein stehendes Fahrzeug. § 1 Abs. 2, § 49 StVO; § 24 Abs. 1, 3 Nr. 5 StVG; 1.5 BKat	0	30,00	
101500	Sie fuhren mit einem Kraftrad auf dem Hinterrad und gefährdeten +) dadurch Andere. § 1 Abs. 2, § 49 StVO; § 24 Abs. 1, 3 Nr. 5 StVG; -- BKat	0	50,00	

Straßenbenutzung durch Fahrzeuge - § 2 Abs. 1 StVO

TBNR	Tatbestandstext	FaP-Pkt	Euro	FV
102000	Sie benutzten vorschriftswidrig nicht die Fahrbahn. § 2 Abs. 1, § 49 StVO; § 24 Abs. 1, 3 Nr. 5 StVG; -- BKat	0	10,00	
102001	Sie benutzten vorschriftswidrig nicht die Fahrbahn und behinderten +) dadurch Andere. § 2 Abs. 1, § 1 Abs. 2, § 49 StVO; § 24 Abs. 1, 3 Nr. 5 StVG; -- BKat; § 19 OWiG	0	15,00	
102002	Sie benutzten vorschriftswidrig nicht die Fahrbahn und gefährdeten +) dadurch Andere. § 2 Abs. 1, § 1 Abs. 2, § 49 StVO; § 24 Abs. 1, 3 Nr. 5 StVG; -- BKat; § 19 OwiG	0	20,00	
102003	Sie benutzten vorschriftswidrig nicht die Fahrbahn. Es kam zum Unfall. § 2 Abs. 1, § 1 Abs. 2, § 49 StVO; § 24 Abs. 1, 3 Nr. 5 StVG; -- BKat; § 19 OWiG	0	25,00	

TBNR   Bemerkungen

Straßenbenutzung durch Fahrzeuge - § 2 Abs. 1 StVO

TBNR	Tatbestandstext	FaP-Pkt	Euro	FV
102100	Sie benutzten vorschriftswidrig den Gehweg. § 2 Abs. 1, § 49 StVO; § 24 Abs. 1, 3 Nr. 5 StVG; 2 BKat	0	55,00	
102712	Sie benutzten vorschriftswidrig den Gehweg und behinderten +) dadurch Andere. § 2 Abs. 1, § 1 Abs. 2, § 49 StVO; § 24 Abs. 1, 3 Nr. 5 StVG; 2.1 BKat; § 19 OWiG	0	70,00	
102713	Sie benutzten vorschriftswidrig den Gehweg und gefährdeten +) dadurch Andere. § 2 Abs. 1, § 1 Abs. 2, § 49 StVO; § 24 Abs. 1, 3 Nr. 5 StVG; 2.2 BKat; § 19 OWiG	0	80,00	
102714	Sie benutzten vorschriftswidrig den Gehweg. Es kam zum Unfall. § 2 Abs. 1, § 1 Abs. 2, § 49 StVO; § 24 Abs. 1, 3 Nr. 5 StVG; 2.3 BKat; § 19 OWiG	0	100,00	
102106	Sie benutzten vorschriftswidrig den Seitenstreifen. § 2 Abs. 1, § 49 StVO; § 24 Abs. 1, 3 Nr. 5 StVG; 2 BKat	0	55,00	
102718	Sie benutzten vorschriftswidrig den Seitenstreifen und behinderten +) dadurch Andere. § 2 Abs. 1, § 1 Abs. 2, § 49 StVO; § 24 Abs. 1, 3 Nr. 5 StVG; 2.1 BKat; § 19 OWiG	0	70,00	
102719	Sie benutzten vorschriftswidrig den Seitenstreifen und gefährdeten +) dadurch Andere. § 2 Abs. 1, § 1 Abs. 2, § 49 StVO; § 24 Abs. 1, 3 Nr. 5 StVG; 2.2 BKat; § 19 OWiG	0	80,00	
102720	Sie benutzten vorschriftswidrig den Seitenstreifen. Es kam zum Unfall § 2 Abs. 1, § 1 Abs. 2, § 49 StVO; § 24 Abs. 1, 3 Nr. 5 StVG; 2.3 BKat; § 19 OWiG	0	100,00	
102112	Sie benutzten verbotenerweise die Verkehrsinsel. § 2 Abs. 1, § 49 StVO; § 24 Abs. 1, 3 Nr. 5 StVG; 2 BKat	0	55,00	
102724	Sie benutzten verbotenerweise die Verkehrsinsel und behinderten +) dadurch Andere. § 2 Abs. 1, § 1 Abs. 2, § 49 StVO; § 24 Abs. 1, 3 Nr. 5 StVG; 2.1 BKat; § 19 OWiG	0	70,00	
102725	Sie benutzten verbotenerweise die Verkehrsinsel und gefährdeten +) dadurch Andere. § 2 Abs. 1, § 1 Abs. 2, § 49 StVO; § 24 Abs. 1, 3 Nr. 5 StVG; 2.2 BKat; § 19 OwiG	0	80,00	
102726	Sie benutzten verbotenerweise die Verkehrsinsel. Es kam zum Unfall. § 2 Abs. 1, § 1 Abs. 2, § 49 StVO; § 24 Abs. 1, 3 Nr. 5 StVG; 2.3 BKat; § 19 OwiG	0	100,00	

TBNR **Bemerkungen**

Straßenbenutzung durch Fahrzeuge - § 2 Abs. 1 StVO

TBNR	Tatbestandstext	FaP-Pkt	Euro	FV
102118	Sie benutzten verbotenerweise den Grünstreifen. § 2 Abs. 1, § 49 StVO; § 24 Abs. 1, 3 Nr. 5 StVG; 2 BKat	0	55,00	
102730	Sie benutzten verbotenerweise den Grünstreifen und behinderten +) dadurch Andere. § 2 Abs. 1, § 1 Abs. 2, § 49 StVO; § 24 Abs. 1, 3 Nr. 5 StVG; 2.1 BKat; § 19 OWiG	0	70,00	
102731	Sie benutzten verbotenerweise den Grünstreifen und gefährdeten +) dadurch Andere. § 2 Abs. 1, § 1 Abs. 2, § 49 StVO; § 24 Abs. 1, 3 Nr. 5 StVG; 2.2 BKat; § 19 OwiG	0	80,00	
102732	Sie benutzten verbotenerweise den Grünstreifen. Es kam zum Unfall. § 2 Abs. 1, § 1 Abs. 2, § 49 StVO; § 24 Abs. 1, 3 Nr. 5 StVG; 2.3 BKat; § 19 OwlG	0	100,00	
102126	Sie benutzten vorschriftswidrig den linksseitig angelegten Radweg. § 2 Abs. 1, § 49 StVO; § 24 Abs. 1, 3 Nr. 5 StVG; 2 BKat	0	55,00	
102736	Sie benutzten vorschriftswidrig den linksseitig angelegten Radweg und behinderten +) dadurch Andere. § 2 Abs. 1, § 1 Abs. 2, § 49 StVO; § 24 Abs. 1, 3 Nr. 5 StVG; 2.1 BKat; § 19 OWiG	0	70,00	
102737	Sie benutzten vorschriftswidrig den linksseitig angelegten Radweg und gefährdeten +) dadurch Andere. § 2 Abs. 1, § 1 Abs. 2, § 49 StVO; § 24 Abs. 1, 3 Nr. 5 StVG; 2.2 BKat; § 19 OWiG	0	80,00	
102738	Sie benutzten vorschriftswidrig den linksseitig angelegten Radweg. Es kam zum Unfall. § 2 Abs. 1, § 1 Abs. 2, § 49 StVO; § 24 Abs. 1, 3 Nr. 5 StVG; 2.3 BKat; § 19 OWiG	0	100,00	
102600	Sie benutzten den Seitenstreifen zum Zweck des schnel- leren Vorwärts kommens. § 2 Abs. 1, § 49 StVO; § 24 Abs. 1, 3 Nr. 5 StVG; 88 BKat	A - 1	75,00	
102601	Sie benutzten den Seitenstreifen zum Zweck des schnel- leren Vorwärtskommens und gefährdeten +) dadurch Andere. § 2 Abs. 1, § 1 Abs. 2, § 49 StVO; § 24 Abs. 1, 3 Nr. 5 StVG; 88 BKat; § 3 Abs. 3 BKatV; § 19 OWiG	A - 1	90,00	
102602	Sie benutzten den Seitenstreifen zum Zweck des schnel- leren Vorwärtskommens. Es kam zum Unfall. § 2 Abs. 1, § 1 Abs. 2, § 49 StVO; § 24 Abs. 1, 3 Nr. 5 StVG; 88 BKat; § 3 Abs. 3 BKatV; § 19 OWiG	A - 1	110,00	

TBNR   Bemerkungen

Straßenbenutzung durch Fahrzeuge - § 2 Abs. 1 StVO

TBNR	Tatbestandstext	FaP-Pkt	Euro	FV
102124	Sie benutzten bei zwei getrennten Fahrbahnen nicht die rechte Fahrbahn. § 2 Abs. 1, § 49 StVO; § 24 Abs. 1, 3 Nr. 5 StVG; 3.3 BKat	0	25,00	
102125	Sie benutzten bei zwei getrennten Fahrbahnen nicht die rechte Fahrbahn und gefährdeten +) dadurch Andere. § 2 Abs. 1, § 1 Abs. 2, § 49 StVO; § 24 Abs. 1, 3 Nr. 5 StVG; 3.3.1 BKat; § 19 OWiG	0	35,00	
102603	Sie benutzten bei zwei getrennten Fahrbahnen nicht die rechte Fahrbahn. Es kam zum Unfall. § 2 Abs. 1, § 1 Abs. 2, § 49 StVO; § 24 Abs. 1, 3 Nr. 5 StVG; 3.3.2 BKat; § 19 OWiG	0	40,00	
102606	Sie fuhren in der Ein-/Ausfahrt *) der Autobahn/Kraftfahrstraße **) entgegen der Fahrtrichtung. § 2 Abs. 1, § 49 StVO; § 24 Abs. 1, 3 Nr. 5 StVG; 83.1 BKat	A - 1	75,00	
102607	Sie fuhren in der Ein-/Ausfahrt *) der Autobahn/Kraftfahrstraße **) entgegen der Fahrtrichtung und gefährdeten +) dadurch Andere. § 2 Abs. 1, § 1 Abs. 2, § 49 StVO; § 24 Abs. 1, 3 Nr. 5 StVG; 83.1 BKat; § 3 Abs. 3 BKatV; § 19 OWiG	A - 1	90,00	
102608	Sie fuhren in der Ein-/Ausfahrt *) der Autobahn/Kraftfahrstraße **) entgegen der Fahrtrichtung. Es kam zum Unfall. § 2 Abs. 1, § 1 Abs. 2, § 49 StVO; § 24 Abs. 1, 3 Nr. 5 StVG; 83.1 BKat; § 3 Abs. 3 BKatV; § 19 OWiG	A - 1	110,00	
102612	Sie fuhren auf der Nebenfahrbahn/dem Seitenstreifen *) der Autobahn/Kraftfahrstraße **) entgegen der Fahrtrichtung. § 2 Abs. 1, § 49 StVO; § 24 Abs. 1, 3 Nr. 5 StVG; 83.2 BKat	A - 1	130,00	
102613	Sie fuhren auf der Nebenfahrbahn/dem Seitenstreifen *) der Autobahn/Kraftfahrstraße **) entgegen der Fahrtrichtung und gefährdeten +) dadurch Andere. § 2 Abs. 1, § 1 Abs. 2, § 49 StVO; § 24 Abs. 1, 3 Nr. 5 StVG; 83.2 BKat; § 3 Abs. 3 BKatV; § 19 OWiG	A - 1	160,00	
102614	Sie fuhren auf der Nebenfahrbahn/dem Seitenstreifen *) der Autobahn/Kraftfahrstraße **) entgegen der Fahrtrichtung. Es kam zum Unfall. § 2 Abs. 1, § 1 Abs. 2, § 49 StVO; § 24 Abs. 1, 3 Nr. 5 StVG; 83.2 BKat; § 3 Abs. 3 BKatV; § 19 OWiG	A - 1	195,00	

TBNR   Bemerkungen
102606 – 102614 *) Zutreffendes angeben
                     **) Zutreffendes angeben

Straßenbenutzung durch Fahrzeuge - § 2 Abs. 1, 2 StVO

TBNR	Tatbestandstext	FaP-Pkt	Euro	FV
102618	Sie fuhren auf der durchgehenden Fahrbahn der Autobahn/ Kraftfahrstraße *) entgegen der Fahrtrichtung. § 2 Abs. 1, § 49 StVO; § 24 Abs. 1, 3 Nr. 5, § 25 StVG; 83.3 BKat; § 4 Abs. 1 BKatV	A - 2	200,00	1 M
102619	Sie fuhren auf der durchgehenden Fahrbahn der Autobahn/ Kraftfahrstraße *) entgegen der Fahrtrichtung und gefährdeten +) dadurch Andere. § 2 Abs. 1, § 1 Abs. 2, § 49 StVO; § 24 Abs. 1, 3 Nr. 5, § 25 StVG; 83.3 BKat; § 3 Abs. 3, § 4 Abs. 1 BKatV; § 19 OWiG	A - 2	240,00	1 M
102620	Sie fuhren auf der durchgehenden Fahrbahn der Autobahn/- Kraftfahrstraße *) entgegen der Fahrtrichtung. Es kam zum Unfall. § 2 Abs. 1, § 1 Abs. 2, § 49 StVO; § 24 Abs. 1, 3 Nr. 5, § 25 StVG; 83.3 BKat; § 3 Abs. 3, § 4 Abs. 1 BKatV; § 19 OWiG	A - 2	290,00	1 M
102006	Sie fuhren nicht möglichst weit rechts. § 2 Abs. 2, § 49 StVO; § 24 Abs. 1, 3 Nr. 5 StVG; -- BKat	0	5,00	
102130	Sie benutzten nicht die rechte Fahrbahnseite. § 2 Abs. 2, § 49 StVO; § 24 Abs. 1, 3 Nr. 5 StVG; 3.1 Bkat	0	15,00	
102131	Sie benutzten nicht die rechte Fahrbahnseite und behinderten +) dadurch Andere. § 2 Abs. 2, § 1 Abs. 2, § 49 StVO; § 24 Abs. 1, 3 Nr. 5 StVG; 3.1.1 BKat; § 19 OWiG	0	25,00	
102136	Sie benutzten nicht den rechten Fahrstreifen und behinderten +) dadurch Andere. § 2 Abs. 2, § 1 Abs. 2, § 49 StVO; § 24 Abs. 1, 3 Nr. 5 StVG; 3.2 BKat; § 19 OWiG	0	20,00	

TBNR   **Bemerkungen**

102618 – 102620   *) Zutreffendes angeben

Straßenbenutzung durch Fahrzeuge - § 2 Abs. 2 StVO

TBNR	Tatbestandstext	FaP-Pkt	Euro	FV
102142	Sie missachteten als Radfahrer das Rechtsfahrgebot, indem Sie den markierten Schutzstreifen nicht benutzten. § 2 Abs. 2, § 49 StVO; § 24 Abs. 1, 3 Nr. 5 StVG; 3.4 BKat	0	15,00	
102143	Sie missachteten als Radfahrer das Rechtsfahrgebot, indem Sie den markierten Schutzstreifen nicht benutzten, und behinderten +) dadurch Andere. § 2 Abs. 2, § 1 Abs. 2, § 49 StVO; § 24 Abs. 1, 3 Nr. 5 StVG; 3.4.1 BKat; § 19 OWiG	0	20,00	
102144	Sie missachteten als Radfahrer das Rechtsfahrgebot, indem Sie den markierten Schutzstreifen nicht benutzten, und gefährdeten +) dadurch Andere. § 2 Abs. 2, § 1 Abs. 2, § 49 StVO; § 24 Abs. 1, 3 Nr. 5 StVG; 3.4.2 BKat; § 19 OWiG	0	25,00	
102145	Sie missachteten als Radfahrer das Rechtsfahrgebot, indem Sie den markierten Schutzstreifen nicht benutzten. Es kam zum Unfall. § 2 Abs. 2, § 1 Abs. 2, § 49 StVO; § 24 Abs. 1, 3 Nr. 5 StVG; 3.4.3 BKat; § 19 OWiG	0	30,00	
102624	Sie verstießen bei Gegenverkehr gegen das Rechtsfahrgebot und gefährdeten +) dadurch Andere. § 2 Abs. 2, § 1 Abs. 2, § 49 StVO; § 24 Abs. 1, 3 Nr. 5 StVG; 4.1 BKat; § 19 OWiG	A - 1	80,00	
102625	Sie verstießen bei Gegenverkehr gegen das Rechtsfahrgebot. Es kam zum Unfall. § 2 Abs. 2, § 1 Abs. 2, § 49 StVO; § 24 Abs. 1, 3 Nr. 5 StVG; 4.1 BKat; § 3 Abs. 3 BKatV; § 19 OWiG	A - 1	100,00	
102630	Sie verstießen beim Überholtwerden gegen das Rechtsfahrgebot und gefährdeten +) dadurch Andere. § 2 Abs. 2, § 1 Abs. 2, § 49 StVO; § 24 Abs. 1, 3 Nr. 5 StVG; 4.1 BKat; § 19 OwiG	A - 1	80,00	

TBNR   Bemerkungen

Straßenbenutzung durch Fahrzeuge - § 2 Abs. 2 StVO

TBNR	Tatbestandstext	FaP-Pkt	Euro	FV
102631	Sie verstießen beim Überholtwerden gegen das Rechtsfahr-gebot. Es kam zum Unfall. § 2 Abs. 2, § 1 Abs. 2, § 49 StVO; § 24 Abs. 1, 3 Nr. 5 StVG; 4.1 BKat; § 3 Abs. 3 BKatV; § 19 OWiG	A - 1	100,00	
102636	Sie verstießen an einer Kuppe gegen das Rechtsfahrgebot und gefährdeten +) dadurch Andere. § 2 Abs. 2, § 1 Abs. 2, § 49 StVO; § 24 Abs. 1, 3 Nr. 5 StVG; 4.1 BKat; § 19 OWiG	A - 1	80,00	
102637	Sie verstießen an einer Kuppe gegen das Rechtsfahrgebot. Es kam zum Unfall. § 2 Abs. 2, § 1 Abs. 2, § 49 StVO; § 24 Abs. 1, 3 Nr. 5 StVG; 4.1 BKat; § 3 Abs. 3 BKatV; § 19 OWiG	A - 1	100,00	
102642	Sie verstießen bei Unübersichtlichkeit gegen das Rechts-fahrgebot und gefährdeten +) dadurch Andere. § 2 Abs. 2, § 1 Abs. 2, § 49 StVO; § 24 Abs. 1, 3 Nr. 5 StVG; 4.1 BKat; § 19 OWiG	A - 1	80,00	
102643	Sie verstießen bei Unübersichtlichkeit gegen das Rechts-fahrgebot. Es kam zum Unfall. § 2 Abs. 2, § 1 Abs. 2, § 49 StVO; § 24 Abs. 1, 3 Nr. 5 StVG; 4.1 BKat; § 3 Abs. 3 BKatV; § 19 OWiG	A - 1	100,00	
102648	Sie verstießen in einer Kurve gegen das Rechtsfahrgebot und gefährdeten +) dadurch Andere. § 2 Abs. 2, § 1 Abs. 2, § 49 StVO; § 24 Abs. 1, 3 Nr. 5 StVG; 4.1 BKat; § 19 OWiG	A - 1	80,00	
102649	Sie verstießen in einer Kurve gegen das Rechtsfahrgebot. Es kam zum Unfall. § 2 Abs. 2, § 1 Abs. 2, § 49 StVO; § 24 Abs. 1, 3 Nr. 5 StVG; 4.1 BKat; § 3 Abs. 3 BKatV; § 19 OWiG	A - 1	100,00	
102654	Sie verstießen durch Linksabbiegen in engem Bogen gegen das Rechtsfahrgebot und gefährdeten +) dadurch Andere. § 2 Abs. 2, § 1 Abs. 2, § 49 StVO; § 24 Abs. 1, 3 Nr. 5 StVG; 4.1 BKat; § 19 OWiG	A - 1	80,00	
102655	Sie verstießen durch Linksabbiegen in engem Bogen gegen das Rechtsfahrgebot. Es kam zum Unfall. § 2 Abs. 2, § 1 Abs. 2, § 49 StVO; § 24 Abs. 1, 3 Nr. 5 StVG; 4.1 BKat; § 3 Abs. 3 BKatV; § 19 OWiG	A - 1	100,00	
102660	Sie verstießen durch Rechtsabbiegen in weitem Bogen gegen das Rechtsfahrgebot und gefährdeten +) dadurch Andere. § 2 Abs. 2, § 1 Abs. 2, § 49 StVO; § 24 Abs. 1, 3 Nr. 5 StVG; 4.1 BKat; § 19 OwiG	A - 1	80,00	

TBNR   Bemerkungen

Straßenbenutzung durch Fahrzeuge - § 2 Abs. 2 StVO

TBNR	Tatbestandstext	FaP-Pkt	Euro	FV
102661	Sie verstießen durch Rechtsabbiegen in weitem Bogen gegen das Rechtsfahrgebot. Es kam zum Unfall. § 2 Abs. 2, § 1 Abs. 2, § 49 StVO; § 24 Abs. 1, 3 Nr. 5 StVG; 4.1 BKat; § 3 Abs. 3 BKatV; § 19 OWiG	A - 1	100,00	
102666	Sie gerieten auf die linke Fahrbahnseite und gefährdeten +) dadurch Andere. § 2 Abs. 2, § 1 Abs. 2, § 49 StVO; § 24 Abs. 1, 3 Nr. 5 StVG; 4.1 BKat; § 19 OWiG	A - 1	80,00	
102667	Sie gerieten auf die linke Fahrbahnseite und stießen mit - dem entgegenkommenden Fahrzeug zusammen. Es kam zum Unfall. § 2 Abs. 2, § 1 Abs. 2, § 49 StVO; § 24 Abs. 1, 3 Nr. 5 StVG; 4.1 BKat; § 3 Abs. 3 BKatV; § 19 OWiG	A - 1	100,00	
102668	Sie gerieten auf die linke Fahrbahnseite und stießen mit einem stehenden Fahrzeug zusammen. Es kam zum Unfall. § 2 Abs. 2, § 1 Abs. 2, § 49 StVO; § 24 Abs. 1, 3 Nr. 5 StVG; 4.1 BKat; § 3 Abs. 3 BKatV; § 19 OWiG	A - 1	100,00	
102672	Sie verstießen auf der Autobahn/Kraftfahrstraße *) gegen das Rechtsfahrgebot und behinderten +) dadurch Andere. § 2 Abs. 2, § 1 Abs. 2, § 49 StVO; § 24 Abs. 1, 3 Nr. 5 StVG; 4.2 BKat; § 19 OWiG	A - 1	80,00	
102673	Sie verstießen auf der Autobahn/Kraftfahrstraße *) gegen das Rechtsfahrgebot. Es kam zum Unfall. § 2 Abs. 2, § 1 Abs. 2, § 49 StVO; § 24 Abs. 1, 3 Nr. 5 StVG; 4.2 BKat; § 3 Abs. 3 BKatV; § 19 OwiG	A - 1	100,00	

Straßenbenutzung durch Fahrzeuge - § 2 Abs. 3, 3a StVO

TBNR	Tatbestandstext	FaP-Pkt	Euro	FV
102148	Sie ließen die in Längsrichtung fahrende Schienenbahn nicht durchfahren. § 2 Abs. 3, § 49 StVO; § 24 Abs. 1, 3 Nr. 5 StVG; 5 BKat	0	5,00	
102706	Sie fuhren bei Glatteis, Schneeglätte, Schneematsch, Eis- oder Reifglätte ohne die vorgeschriebenen Reifen für winterliche Wetterverhältnisse. § 2 Abs. 3a, § 49 StVO; § 24 Abs. 1, 3 Nr. 5 StVG; 5a BKat	B - 1	60,00	
102707	Sie fuhren bei Glatteis, Schneeglätte, Schneematsch, Eis- oder Reifglätte ohne die vorgeschriebenen Reifen für winterliche Wetterverhältnisse und behinderten +) dadurch Andere. § 2 Abs. 3a, § 1 Abs. 2, § 49 StVO; § 24 Abs. 1, 3 Nr. 5 StVG; 5a.1 BKat; § 19 OWiG	B - 1	80,00	

TBNR   **Bemerkungen**
102672; 102673 *) Zutreffendes angeben

Straßenbenutzung durch Fahrzeuge - § 2 Abs. 3, 3a StVO

TBNR	Tatbestandstext	FaP-Pkt	Euro	FV
102708	Sie fuhren bei Glatteis, Schneeglätte, Schneematsch, Eis- oder Reifglätte ohne die vorgeschriebenen Reifen für winterliche Wetterverhältnisse und gefährdeten +) dadurch Andere. § 2 Abs. 3a, § 1 Abs. 2, § 49 StVO; § 24 Abs. 1, 3 Nr. 5 StVG; 5a.1 BKat; § 3 Abs. 3 BKatV; § 19 OWiG	B - 1	100,00	
102709	Sie fuhren bei Glatteis, Schneeglätte, Schneematsch, Eis- oder Reifglätte ohne die vorgeschriebenen Reifen für winterliche Wetterverhältnisse. Es kam zum Unfall. § 2 Abs. 3a, § 1 Abs. 2, § 49 StVO; § 24 Abs. 1, 3 Nr. 5 StVG; 5a.1 BKat; § 3 Abs. 3 BKatV; § 19 OWiG	B - 1	120,00	
102690	Sie verhielten sich als Führer eines kennzeichnungspflichtigen Kraftfahrzeugs mit gefährlichen Gütern bei einer Sichtweite unter 50 m/Schneeglätte oder Glatteis *) nicht so, dass die Gefährdung Anderer ausgeschlossen war. § 2 Abs. 3a, § 49 StVO; § 24 Abs. 1, 3 Nr. 5 StVG; 6 BKat	B - 1	140,00	
102691	Sie verhielten sich als Führer eines kennzeichnungspflichtigen Kraftfahrzeugs mit gefährlichen Gütern bei einer Sichtweite unter 50 m/Schneeglätte oder Glatteis *) nicht so, dass eine Gefährdung Anderer ausgeschlossen war. Es kam zum Unfall. § 2 Abs. 3a, § 1 Abs. 2, § 49 StVO; § 24 Abs. 1, 3 Nr. 5 StVG; 6 BKat; § 19 OWiG; § 3 Abs. 3 BkatV	B - 1	205,00	
102696	Sie suchten als Führer eines kennzeichnungspflichtigen Kraftfahrzeugs mit gefährlichen Gütern bei einer Sichtweite unter 50 m/Schneeglätte oder Glatteis *), obwohl nötig, nicht den nächsten geeigneten Platz zum Parken auf. § 2 Abs. 3a, § 49 StVO; § 24 Abs. 1, 3 Nr. 5 StVG; 6 BKat	B - 1	140,00	

Straßenbenutzung durch Fahrzeuge - § 2 Abs. 4 StVO

TBNR	Tatbestandstext	FaP-Pkt	Euro	FV
102167	Sie fuhren als Radfahrer/Mofafahrer *) nebeneinander und behinderten +) dadurch Andere. § 2 Abs. 4, § 49 StVO; § 24 Abs. 1, 3 Nr. 5 StVG; 7.2.1 BKat;	0	20,00	
102168	Sie fuhren als Radfahrer/Mofafahrer *) nebeneinander und gefährdeten +) dadurch Andere. § 2 Abs. 4, § 1 Abs. 2, § 49 StVO; § 24 Abs. 1, 3 Nr. 5 StVG; 7.2.2 BKat; § 19 OWiG	0	25,00	
102169	Sie fuhren als Radfahrer/Mofafahrer *) nebeneinander. Es kam zum Unfall. § 2 Abs. 4, § 1 Abs. 2, § 49 StVO; § 24 Abs. 1, 3 Nr. 5 StVG; 7.2.3 BKat; § 19 OWiG	0	30,00	

TBNR   **Bemerkungen**
102690 – 102169   *) Zutreffendes angeben

Straßenbenutzung durch Fahrzeuge - § 2 Abs. 4 StVO

TBNR	Tatbestandstext	FaP-Pkt	Euro	FV
102173	Sie befuhren den Radweg in nicht zulässiger Richtung, obwohl ein Radweg oder Seitenstreifen in zulässiger Richtung vorhanden war. § 2 Abs. 4, § 49 StVO; § 24 Abs. 1, 3 Nr. 5 StVG; 7.3 BKat	0	20,00	
102174	Sie befuhren den Radweg in nicht zulässiger Richtung, obwohl ein Radweg oder Seitenstreifen in zulässiger Richtung vorhanden war, und behinderten +) dadurch Andere. § 2 Abs. 4, § 1 Abs. 2, § 49 StVO; § 24 Abs. 1, 3 Nr. 5 StVG; 7.3.1 BKat; § 19 OWiG	0	25,00	
102175	Sie befuhren den Radweg in nicht zulässiger Richtung, obwohl ein Radweg oder Seitenstreifen in zulässiger Richtung vorhanden war, und gefährdeten +) dadurch Andere. § 2 Abs. 4, § 1 Abs. 2, § 49 StVO; § 24 Abs. 1, 3 Nr. 5 StVG; 7.3.2 BKat; § 19 OWiG	0	30,00	
102176	Sie befuhren den Radweg in nicht zulässiger Richtung, obwohl ein Radweg oder Seitenstreifen in zulässiger Richtung vorhanden war. Es kam zum Unfall. § 2 Abs. 4, § 1 Abs. 2, § 49 StVO; § 24 Abs. 1, 3 Nr. 5 StVG; 7.3.3 BKat; § 19 OWiG	0	35,00	
102180	Sie benutzten als Radfahrer vorschriftswidrig den rechten Seitenstreifen, obwohl ein Radweg vorhanden war, und behinderten +) dadurch Andere. § 2 Abs. 4, § 49 StVO; § 24 Abs. 1, 3 Nr. 5 StVG; 7.2.1 BKat	0	20,00	
102181	Sie benutzten als Radfahrer vorschriftswidrig den rechten Seitenstreifen, obwohl ein Radweg vorhanden war, und gefährdeten +) dadurch Andere. § 2 Abs. 4, § 1 Abs. 2, § 49 StVO; § 24 Abs. 1, 3 Nr. 5 StVG; 7.2.2 BKat; § 19 OWiG	0	25,00	
102182	Sie benutzten als Radfahrer vorschriftswidrig den rechten Seitenstreifen, obwohl ein Radweg vorhanden war. Es kam zum Unfall. § 2 Abs. 4, § 1 Abs. 2, § 49 StVO; § 24 Abs. 1, 3 Nr. 5 StVG; 7.2.3 BKat; § 19 OWiG	0	30,00	
102018	Sie benutzten als Mofafahrer vorschriftswidrig den Radweg innerhalb einer geschlossenen Ortschaft. § 2 Abs. 4, § 49 StVO; § 24 Abs. 1, 3 Nr. 5 StVG; -- BKat	0	20,00	
102019	Sie benutzten als Mofafahrer vorschriftswidrig den Radweg innerhalb einer geschlossenen Ortschaft und behinderten +) dadurch Andere. § 2 Abs. 4, § 1 Abs. 2, § 49 StVO; § 24 Abs. 1, 3 Nr. 5 StVG; -- BKat; § 19 OWiG	0	25,00	

TBNR	Bemerkungen

Straßenbenutzung durch Fahrzeuge - § 2 Abs. 4 StVO

TBNR	Tatbestandstext	FaP-Pkt	Euro	FV
102020	Sie benutzten als Mofafahrer vorschriftswidrig den Radweg innerhalb einer geschlossenen Ortschaft und gefährdeten +) dadurch Andere. § 2 Abs. 4, § 1 Abs. 2, § 49 StVO; § 24 Abs. 1, 3 Nr. 5 StVG; -- BKat; § 19 OWiG	0	30,00	
102021	Sie benutzten als Mofafahrer vorschriftswidrig den Radweg innerhalb einer geschlossenen Ortschaft. Es kam zum Unfall. § 2 Abs. 4, § 1 Abs. 2, § 49 StVO; § 24 Abs. 1, 3 Nr. 5 StVG; -- BKat; § 19 OWiG	0	35,00	

Geschwindigkeit - § 3 Abs. 1 StVO

TBNR	Tatbestandstext	FaP-Pkt	Euro	FV
103600	Sie fuhren in Anbetracht der besonderen örtlichen Straßen- oder Verkehrsverhältnisse mit nicht angepasster Geschwindigkeit. § 3 Abs. 1, § 49 StVO; § 24 Abs. 1, 3 Nr. 5 StVG; 8.1 BKat	A - 1	100,00	
103601	Sie fuhren in Anbetracht der besonderen örtlichen Straßen- oder Verkehrsverhältnisse mit nicht angepasster Geschwindigkeit und gefährdeten +) dadurch Andere. § 3 Abs. 1, § 1 Abs. 2, § 49 StVO; § 24 Abs. 1, 3 Nr. 5 StVG; 8.1 BKat; § 3 Abs. 3 BKatV; § 19 OWiG	A - 1	120,00	
103602	Sie fuhren in Anbetracht der besonderen örtlichen Straßen- oder Verkehrsverhältnisse mit nicht angepasster Geschwindigkeit. Es kam zum Unfall. § 3 Abs. 1, § 1 Abs. 2, § 49 StVO; § 24 Abs. 1, 3 Nr. 5 StVG; 8.1 BKat; § 3 Abs. 3 BKatV; § 19 OWiG	A - 1	145,00	
103606	Sie fuhren ein kennzeichnungspflichtiges Kraftfahrzeug mit gefährlichen Gütern in Anbetracht der besonderen örtlichen Straßen- oder Verkehrsverhältnisse mit nicht angepasster Geschwindigkeit. § 3 Abs. 1, § 49 StVO; § 24 Abs. 1, 3 Nr. 5 StVG; 8.1 BKat; § 3 Abs. 4 BKatV	A - 1	150,00	
103607	Sie fuhren ein kennzeichnungspflichtiges Kraftfahrzeug mit gefährlichen Gütern in Anbetracht der besonderen örtlichen Straßen- oder Verkehrsverhältnisse mit nicht angepasster Geschwindigkeit und gefährdeten +) dadurch Andere. § 3 Abs. 1, § 1 Abs. 2, § 49 StVO; § 24 Abs. 1, 3 Nr. 5 StVG; 8.1 BKat; § 3 Abs. 3, 4 BKatV; § 19 OWiG	A - 1	180,00	
103608	Sie fuhren ein kennzeichnungspflichtiges Kraftfahrzeug mit gefährlichen Gütern in Anbetracht der besonderen örtlichen Straßen- oder Verkehrsverhältnisse mit nicht angepasster Geschwindigkeit. Es kam zum Unfall. § 3 Abs. 1, § 1 Abs. 2, § 49 StVO; § 24 Abs. 1, 3 Nr. 5 StVG; 8.1 BKat; § 3 Abs. 3, 4 BKatV; § 19 OWiG	A - 1	217,50	

TBNR	Bemerkungen

Geschwindigkeit - § 3 Abs. 1 StVO

TBNR	Tatbestandstext	FaP-Pkt	Euro	FV
103612	Sie fuhren einen Kraftomnibus mit Fahrgästen in Anbetracht der besonderen örtlichen Straßen- oder Verkehrsverhältnisse mit nicht angepasster Geschwindigkeit. § 3 Abs. 1, § 49 StVO; § 24 Abs. 1, 3 Nr. 5 StVG; 8.1 BKat; § 3 Abs. 4 BKatV	A - 1	150,00	
103613	Sie fuhren einen Kraftomnibus mit Fahrgästen in Anbetracht der besonderen örtlichen Straßen- oder Verkehrsverhältnisse mit nicht angepasster Geschwindigkeit und gefährdeten +) dadurch Andere. § 3 Abs. 1, § 1 Abs. 2, § 49 StVO; § 24 Abs. 1, 3 Nr. 5 StVG; , 8.1 BKat; § 3 Abs. 3, 4 BKatV; § 19 OWiG	A - 1	180,00	
103614	Sie fuhren einen Kraftomnibus mit Fahrgästen in Anbetracht der besonderen örtlichen Straßen- oder Verkehrsverhältnisse mit nicht angepasster Geschwindigkeit. Es kam zum Unfall. § 3 Abs. 1, § 1 Abs. 2, § 49 StVO; § 24 Abs. 1, 3 Nr. 5 StVG; 8.1 BKat; § 3 Abs. 3, 4 BKatV; § 19 OWiG	A - 1	217,50	
103618	Sie fuhren bei schlechten Sicht- oder Wetterverhältnissen mit nicht angepasster Geschwindigkeit. § 3 Abs. 1, § 49 StVO; § 24 Abs. 1, 3 Nr. 5 StVG; 8.1 BKat	A - 1	100,00	
103619	Sie fuhren bei schlechten Sicht- oder Wetterverhältnissen mit nicht angepasster Geschwindigkeit und gefährdeten +) dadurch Andere. § 3 Abs. 1, § 1 Abs. 2, § 49 StVO; § 24 Abs. 1, 3 Nr. 5 StVG; 8.1 BKat; § 3 Abs. 3 BKatV; § 19 OWiG	A - 1	120,00	
103620	Sie fuhren bei schlechten Sicht- oder Wetterverhältnissen mit nicht angepasster Geschwindigkeit. Es kam zum Unfall. § 3 Abs. 1, § 1 Abs. 2, § 49 StVO; § 24 Abs. 1, 3 Nr. 5 StVG; 8.1 BKat; § 3 Abs. 3 BKatV; § 19 OWiG	A - 1	145,00	
103624	Sie fuhren mit einem kennzeichnungspflichtigen Kraftfahrzeug mit gefährlichen Gütern bei schlechten Sicht- oder Wetterverhältnissen mit nicht angepasster Geschwindigkeit. § 3 Abs. 1, § 49 StVO; § 24 Abs. 1, 3 Nr. 5 StVG; 8.1 BKat; § 3 Abs. 4 BKatV	A - 1	150,00	
103625	Sie fuhren mit einem kennzeichnungspflichtigen Kraftfahrzeug mit gefährlichen Gütern bei schlechten Sicht- oder Wetterverhältnissen mit nicht angepasster Geschwindigkeit und gefährdeten +) dadurch Andere. § 3 Abs. 1, § 1 Abs. 2, § 49 StVO; § 24 Abs. 1, 3 Nr. 5 StVG; 8.1 BKat; § 3 Abs. 3, 4 BKatV; § 19 OWiG	A - 1	180,00	
103626	Sie fuhren mit einem kennzeichnungspflichtigen Kraftfahrzeug mit gefährlichen Gütern bei schlechten Sicht- oder Wetterverhältnissen mit nicht angepasster Geschwindigkeit. Es kam zum Unfall. § 3 Abs. 1, § 1 Abs. 2, § 49 StVO; § 24 Abs. 1, 3 Nr. 5 StVG; 8.1 BKat; § 3 Abs. 3, 4 BKatV; § 19 OWiG	A - 1	217,50	

TBNR   Bemerkungen

Geschwindigkeit - § 3 Abs. 1 StVO

TBNR	Tatbestandstext	FaP-Pkt	Euro	FV
103630	Sie fuhren einen Kraftomnibus mit Fahrgästen bei schlechten Sicht- oder Wetterverhältnissen mit nicht angepasster Geschwindigkeit. § 3 Abs. 1, § 49 StVO; § 24 Abs. 1, 3 Nr. 5 StVG; 8.1 BKat; § 3 Abs. 4 BKatV	A - 1	150,00	
103631	Sie fuhren einen Kraftomnibus mit Fahrgästen bei schlechten Sicht- oder Wetterverhältnissen mit nicht angepasster Geschwindigkeit und gefährdeten +) dadurch Andere. § 3 Abs. 1, § 1 Abs. 2, § 49 StVO; § 24 Abs. 1, 3 Nr. 5 StVG; 8.1 BKat; § 3 Abs. 3, 4 BKatV; § 19 OWiG	A - 1	180,00	
103632	Sie fuhren einen Kraftomnibus mit Fahrgästen bei schlechten Sicht- oder Wetterverhältnissen mit nicht angepasster Geschwindigkeit. Es kam zum Unfall. § 3 Abs. 1, § 1 Abs. 2, § 49 StVO; § 24 Abs. 1, 3 Nr. 5 StVG; 8.1 BKat; § 3 Abs. 3, 4 BKatV; § 19 OWiG	A - 1	217,50	
103854	Sie verursachten infolge nicht angepasster Geschwindigkeit einen Unfall. § 3 Abs. 1, § 1 Abs. 2, § 49 StVO; § 24 Abs. 1, 3 Nr. 5 StVG; 8.2 BKat; § 19 OWiG	0	35,00	
103633	Sie überschritten die zulässige Höchstgeschwindigkeit innerhalb geschlossener Ortschaften bei einer Sichtweite von weniger als 50 m durch Nebel, Schneefall oder Regen für mehr als 5 Minuten Dauer (bis 15 km/h) bis zu ... km/h. Zulässige Geschwindigkeit: *)... km/h. § 3 Abs. 3, § 49 StVO; § 24 Abs. 1, 3 Nr. 5 StVG; 9.1 BKat (Lkw usw.) Tab.: 703000	A - 1	160,00	
103634	Sie überschritten die zulässige Höchstgeschwindigkeit innerhalb geschlossener Ortschaften bei einer Sichtweite von weniger als 50 m durch Nebel, Schneefall oder Regen in mehr als 2 Fällen nach Fahrtantritt (bis 15 km/h) bis zu ... km/h. Zulässige Geschwindigkeit: *)... km/h. § 3 Abs. 3, § 49 StVO; § 24 Abs. 1, 3 Nr. 5 StVG; 9.1 BKat (Lkw usw.) Tab.: 703000	A - 1	160,00	
103635	Sie überschritten die zulässige Höchstgeschwindigkeit innerhalb geschlossener Ortschaften bei einer Sichtweite von weniger als 50 m durch Nebel, Schneefall oder Regen um ... (bis 15) km/h. Zulässige Geschwindigkeit: 50 km/h. Festgestellte Geschwindigkeit (nach Toleranzabzug): *)... km/h. § 3 Abs. 1, § 49 StVO; § 24 Abs. 1, 3 Nr. 5 StVG; 9 BKat (Lkw usw.) Tab.: 703000	A - 1	80,00	

TBNR	Bemerkungen
103635	*) Festgestellte Geschwindigkeit angeben
103633; 103634	Zusätzlich Sachverhalt erläutern

Geschwindigkeit - § 3 Abs. 1 StVO

TBNR	Tatbestandstext	FaP-Pkt	Euro	FV
103636	Sie überschritten die zulässige Höchstgeschwindigkeit innerhalb geschlossener Ortschaften bei einer Sichtweite von weniger als 50 m durch Nebel, Schneefall oder Regen um ... (von 16 - 20) km/h. Zulässige Geschwindigkeit: 50 km/h. Festgestellte Geschwindigkeit (nach Toleranzabzug): *)... km/h. § 3 Abs. 1, § 49 StVO; § 24 Abs. 1, 3 Nr. 5 StVG; 9.1 BKat (Lkw usw.) Tab.: 703000	A - 1	160,00	
103637	Sie überschritten die zulässige Höchstgeschwindigkeit innerhalb geschlossener Ortschaften bei einer Sichtweite von weniger als 50 m durch Nebel, Schneefall oder Regen um ... (von 21 - 25) km/h. Zulässige Geschwindigkeit: 50 km/h. Festgestellte Geschwindigkeit (nach Toleranzabzug): *)... km/h. § 3 Abs. 1, § 49 StVO; § 24 Abs. 1, 3 Nr. 5, § 25 StVG; 9.1 BKat; § 4 Abs. 1 BKatV, (Lkw usw.) Tab.: 703000	A - 1	175,00	
103638	Sie überschritten die zulässige Höchstgeschwindigkeit innerhalb geschlossener Ortschaften bei einer Sichtweite von weniger als 50 m durch Nebel, Schneefall oder Regen um ... (von 26 - 30) km/h. Zulässige Geschwindigkeit: 50 km/h. Festgestellte Geschwindigkeit (nach Toleranzabzug): *)... km/h. § 3 Abs. 1, § 49 StVO; § 24 Abs. 1, 3 Nr. 5, § 25 StVG; 9.1 BKat;§ 4 Abs. 1 BKatV, (Lkw usw.) Tab.: 703000	A - 2	235,00	1 M
103639	Sie überschritten die zulässige Höchstgeschwindigkeit innerhalb geschlossener Ortschaften bei einer Sichtweite von weniger als 50 m durch Nebel, Schneefall oder Regen um ... (von 31 - 40) km/h. Zulässige Geschwindigkeit: 50 km/h. Festgestellte Geschwindigkeit (nach Toleranzabzug): *)... km/h. § 3 Abs. 1, § 49 StVO; § 24 Abs. 1, 3 Nr. 5, § 25 StVG; 9.1 BKat; § 4 Abs. 1 BKatV, (Lkw usw.) Tab.: 703000	A - 2	340,00	1 M
103640	Sie überschritten die zulässige Höchstgeschwindigkeit innerhalb geschlossener Ortschaften bei einer Sichtweite von weniger als 50 m durch Nebel, Schneefall oder Regen um ... (von 41 - 50) km/h. Zulässige Geschwindigkeit: 50 km/h. Festgestellte Geschwindigkeit (nach Toleranzabzug): *)... km/h. § 3 Abs. 1, § 49 StVO; § 24 Abs. 1, 3 Nr. 5, § 25 StVG; 9.1 BKat; § 4 Abs. 1 BKatV, (Lkw usw.) Tab.: 703000	A - 2	560,00	2 M
103641	Sie überschritten die zulässige Höchstgeschwindigkeit innerhalb geschlossener Ortschaften bei einer Sichtweite von weniger als 50 m durch Nebel, Schneefall oder Regen um ... (von 51 - 60) km/h. Zulässige Geschwindigkeit: 50 km/h. Festgestellte Geschwindigkeit (nach Toleranzabzug): *)... km/h. § 3 Abs. 1, § 49 StVO; § 24 Abs. 1, 3 Nr. 5, § 25 StVG; 9.1 BKat; § 4 Abs. 1 BKatV, (Lkw usw.) Tab.: 703000	A - 2	700,00	3 M

TBNR	Bemerkungen
103636 -103641	*) Festgestellte Geschwindigkeit angeben

Geschwindigkeit - § 3 Abs. 1 StVO

TBNR	Tatbestandstext	FaP-Pkt	Euro	FV
103642	Sie überschritten die zulässige Höchstgeschwindigkeit innerhalb geschlossener Ortschaften bei einer Sichtweite von weniger als 50 m durch Nebel, Schneefall oder Regen um ... (über 60) km/h. Zulässige Geschwindigkeit: 50 km/h. Festgestellte Geschwindigkeit (nach Toleranzabzug): *)... km/h. § 3 Abs. 1, § 49 StVO; § 24 Abs. 1, 3 Nr. 5, § 25 StVG; 9.1 BKat; § 4 Abs. 1 BKatV (Lkw usw.) Tab.: 703000	A - 2	800,00	3 M
103645	Sie überschritten die zulässige Höchstgeschwindigkeit außerhalb geschlossener Ortschaften bei einer Sichtweite von weniger als 50 m durch Nebel, Schneefall oder Regen für mehr als 5 Minuten Dauer (bis 15 km/h) bis zu ... km/h. Zulässige Geschwindigkeit: *)... km/h. § 3 Abs. 3, § 49 StVO; § 24 Abs. 1, 3 Nr. 5 StVG; 9.1 BKat (Lkw usw.) Tab.: 703001	A - 1	140,00	
103646	Sie überschritten die zulässige Höchstgeschwindigkeit außerhalb geschlossener Ortschaften bei einer Sichtweite von weniger als 50 m durch Nebel, Schneefall oder Regen in mehr als 2 Fällen nach Fahrtantritt (bis 15 km/h) bis zu ... km/h. Zulässige Geschwindigkeit: *)... km/h. § 3 Abs. 3, § 49 StVO; § 24 Abs. 1, 3 Nr. 5 StVG; 9.1 BKat (Lkw usw.) Tab.: 703001	A - 1	140,00	
103647	Sie überschritten die zulässige Höchstgeschwindigkeit außerhalb geschlossener Ortschaften bei einer Sichtweite von weniger als 50 m durch Nebel, Schneefall oder Regen um ... (bis 15) km/h. Zulässige Geschwindigkeit: 50 km/h. Festgestellte Geschwindigkeit (nach Toleranzabzug): *)... km/h. § 3 Abs. 1, § 49 StVO; § 24 Abs. 1, 3 Nr. 5 StVG; 9 BKat (Lkw usw.) Tab.: 703001	A - 1	80,00	
103648	Sie überschritten die zulässige Höchstgeschwindigkeit außerhalb geschlossener Ortschaften bei einer Sichtweite von weniger als 50 m durch Nebel, Schneefall oder Regen um ... (von 16 - 20) km/h. Zulässige Geschwindigkeit: 50 km/h. Festgestellte Geschwindigkeit (nach Toleranzabzug): *)... km/h. § 3 Abs. 1, § 49 StVO; § 24 Abs. 1, 3 Nr. 5 StVG; 9.1 BKat (Lkw usw.) Tab.: 703000	A - 1	140,00	
103649	Sie überschritten die zulässige Höchstgeschwindigkeit außerhalb geschlossener Ortschaften bei einer Sichtweite von weniger als 50 m durch Nebel, Schneefall oder Regen um ... (von 21 - 25) km/h. Zulässige Geschwindigkeit: 50 km/h. Festgestellte Geschwindigkeit (nach Toleranzabzug): *)... km/h. § 3 Abs. 1, § 49 StVO; § 24 Abs. 1, 3 Nr. 5 StVG; 9.1 BKat (Lkw usw.) Tab.: 703001	A - 1	150,00	

TBNR	Bemerkungen
103640 – 103649	*) Festgestellte Geschwindigkeit angeben
103645: 103646	Zusätzlich Sachverhalt erläutern

Geschwindigkeit - § 3 Abs. 1 StVO

TBNR	Tatbestandstext	FaP-Pkt	Euro	FV
103650	Sie überschritten die zulässige Höchstgeschwindigkeit außerhalb geschlossener Ortschaften bei einer Sichtweite von weniger als 50 m durch Nebel, Schneefall oder Regen um ... (von 26 - 30) km/h. Zulässige Geschwindigkeit: 50 km/h. Festgestellte Geschwindigkeit (nach Toleranzabzug): *)... km/h. § 3 Abs. 1, § 49 StVO; § 24 Abs. 1, 3 Nr. 5, § 25 StVG; 9.1 BKat; § 4 Abs. 1 BKatV (Lkw usw.) Tab.: 703001	A - 1	175,00	
103651	Sie überschritten die zulässige Höchstgeschwindigkeit außerhalb geschlossener Ortschaften bei einer Sichtweite von weniger als 50 m durch Nebel, Schneefall oder Regen um ... (von 31 - 40) km/h. Zulässige Geschwindigkeit: 50 km/h. Festgestellte Geschwindigkeit (nach Toleranzabzug): *)... km/h. § 3 Abs. 1, § 49 StVO; § 24 Abs. 1, 3 Nr. 5, § 25 StVG; 9.1 BKat;§ 4 Abs. 1 BKatV (Lkw usw.) Tab.: 703001	A - 2	255,00	1 M
103652	Sie überschritten die zulässige Höchstgeschwindigkeit außerhalb geschlossener Ortschaften bei einer Sichtweite von weniger als 50 m durch Nebel, Schneefall oder Regen um ... (von 41 - 50) km/h. Zulässige Geschwindigkeit: 50 km/h. Festgestellte Geschwindigkeit (nach Toleranzabzug): *)... km/h. § 3 Abs. 1, § 49 StVO; § 24 Abs. 1, 3 Nr. 5, § 25 StVG; 9.1 BKat; § 4 Abs. 1 BKatV (Lkw usw.) Tab.: 703001	A - 2	480,00	1 M
103653	Sie überschritten die zulässige Höchstgeschwindigkeit außerhalb geschlossener Ortschaften bei einer Sichtweite von weniger als 50 m durch Nebel, Schneefall oder Regen um ... (von 51 - 60) km/h. Zulässige Geschwindigkeit: 50 km/h. Festgestellte Geschwindigkeit (nach Toleranzabzug): *)... km/h. § 3 Abs. 1, § 49 StVO; § 24 Abs. 1, 3 Nr. 5, § 25 StVG; 9.1 BKat; § 4 Abs. 1 BKatV (Lkw usw.) Tab.: 703001	A - 2	600,00	2 M
103654	Sie überschritten die zulässige Höchstgeschwindigkeit außerhalb geschlossener Ortschaften bei einer Sichtweite von weniger als 50 m durch Nebel, Schneefall oder Regen um ... (über 60) km/h. Zulässige Geschwindigkeit: 50 km/h. Festgestellte Geschwindigkeit (nach Toleranzabzug): *)... km/h. § 3 Abs. 1, § 49 StVO; § 24 Abs. 1, 3 Nr. 5, § 25 StVG; 9.1 BKat; § 4 Abs. 1 BKatV (Lkw usw.) Tab.: 703001	A - 2	700,00	3 M

TBNR   **Bemerkungen**
103650 – 103654   *) Festgestellte Geschwindigkeit angeben

Geschwindigkeit - § 3 Abs. 1 StVO

TBNR	Tatbestandstext	FaP-Pkt	Euro	FV
103657	Sie überschritten die zulässige Höchstgeschwindigkeit innerhalb geschlossener Ortschaften bei einer Sichtweite von weniger als 50 m durch Nebel, Schneefall oder Regen um ... (bis 10) km/h. Zulässige Geschwindigkeit: 50 km/h. Festgestellte Geschwindigkeit (nach Toleranzabzug): *)... km/h. § 3 Abs. 1, § 49 StVO; § 24 Abs. 1, 3 Nr. 5 StVG; 9 BKat (gef. Güter usw.) Tab.: 703002	A - 1	80,00	
103658	Sie überschritten die zulässige Höchstgeschwindigkeit innerhalb geschlossener Ortschaften bei einer Sichtweite von weniger als 50 m durch Nebel, Schneefall oder Regen um ... (von 11 - 15) km/h. Zulässige Geschwindigkeit: 50 km/h. Festgestellte Geschwindigkeit (nach Toleranzabzug): *)... km/h. § 3 Abs. 1, § 49 StVO; § 24 Abs. 1, 3 Nr. 5 StVG; 9.2 BKat (gef. Güter usw.) Tab.: 703002	A - 1	120,00	
103659	Sie überschritten die zulässige Höchstgeschwindigkeit innerhalb geschlossener Ortschaften bei einer Sichtweite von weniger als 50 m durch Nebel, Schneefall oder Regen für mehr als 5 Minuten Dauer (bis 15 km/h) bis zu ... km/h. Zulässige Geschwindigkeit: *)... km/h. § 3 Abs. 3, § 49 StVO; § 24 Abs. 1, 3 Nr. 5 StVG; 9.2 BKat (gef. Güter usw.) Tab.: 703002	A - 1	320,00	
103660	Sie überschritten die zulässige Höchstgeschwindigkeit innerhalb geschlossener Ortschaften bei einer Sichtweite von weniger als 50 m durch Nebel, Schneefall oder Regen in mehr als 2 Fällen nach Fahrtantritt (bis 15 km/h) bis zu ... km/h. Zulässige Geschwindigkeit: *)... km/h. § 3 Abs. 3, § 49 StVO; § 24 Abs. 1, 3 Nr. 5 StVG; 9.2 BKat	A - 1	320,00	
103661	Sie überschritten die zulässige Höchstgeschwindigkeit innerhalb geschlossener Ortschaften bei einer Sichtweite von weniger als 50 m durch Nebel, Schneefall oder Regen um ... (von 16 - 20) km/h. Zulässige Geschwindigkeit: 50 km/h. Festgestellte Geschwindigkeit (nach Toleranzabzug): *)... km/h. § 3 Abs. 1, § 49 StVO; § 24 Abs. 1, 3 Nr. 5 StVG; 9.2 BKat (gef. Güter usw.) Tab.: 703002	A - 1	320,00	
103662	Sie überschritten die zulässige Höchstgeschwindigkeit innerhalb geschlossener Ortschaften bei einer Sichtweite von weniger als 50 m durch Nebel, Schneefall oder Regen um ... (von 21 - 25) km/h. Zulässige Geschwindigkeit: 50 km/h. Festgestellte Geschwindigkeit (nach Toleranzabzug): *)... km/h. § 3 Abs. 1, § 49 StVO; § 24 Abs. 1, 3 Nr. 5, § 25 StVG; 9.2 BKat; § 4 Abs. 1 BKatV (gef. Güter usw.) Tab.: 703002	A – 2	360,00	1 M

TBNR	Bemerkungen
103657 – 103662	*) Festgestellte Geschwindigkeit angeben
103659; 103660	Zusätzlich Sachverhalt erläutern

Geschwindigkeit - § 3 Abs. 1 StVO

TBNR	Tatbestandstext	FaP-Pkt	Euro	FV
103663	Sie überschritten die zulässige Höchstgeschwindigkeit innerhalb geschlossener Ortschaften bei einer Sichtweite von weniger als 50 m durch Nebel, Schneefall oder Regen um ... (von 26 - 30) km/h. Zulässige Geschwindigkeit: 50 km/h. Festgestellte Geschwindigkeit (nach Toleranzabzug): *)... km/h. § 3 Abs. 1, § 49 StVO; § 24 Abs. 1, 3 Nr. 5, § 25 StVG; 9.2 BKat; § 4 Abs. 1 BKatV (gef. Güter usw.) Tab.: 703002	A - 2	480,00	1 M
103664	Sie überschritten die zulässige Höchstgeschwindigkeit innerhalb geschlossener Ortschaften bei einer Sichtweite von weniger als 50 m durch Nebel, Schneefall oder Regen um ... (von 31 - 40) km/h. Zulässige Geschwindigkeit: 50 km/h. Festgestellte Geschwindigkeit (nach Toleranzabzug): *)... km/h. § 3 Abs. 1, § 49 StVO; § 24 Abs. 1, 3 Nr. 5, § 25 StVG; 9.2 BKat; § 4 Abs. 1 BKatV (gef. Güter usw.) Tab.: 703002	A - 2	640,00	2 M
103665	Sie überschritten die zulässige Höchstgeschwindigkeit innerhalb geschlossener Ortschaften bei einer Sichtweite von weniger als 50 m durch Nebel, Schneefall oder Regen um ... (von 41 - 50) km/h. Zulässige Geschwindigkeit: 50 km/h. Festgestellte Geschwindigkeit (nach Toleranzabzug): *)... km/h. § 3 Abs. 1, § 49 StVO; § 24 Abs. 1, 3 Nr. 5, § 25 StVG; 9.2 BKat; § 4 Abs. 1 BKatV (gef. Güter usw.) Tab.: 703002	A - 2	800,00	3 M
103666	Sie überschritten die zulässige Höchstgeschwindigkeit innerhalb geschlossener Ortschaften bei einer Sichtweite von weniger als 50 m durch Nebel, Schneefall oder Regen um ... (von 51 - 60) km/h. Zulässige Geschwindigkeit: 50 km/h. Festgestellte Geschwindigkeit (nach Toleranzabzug): *)... km/h. § 3 Abs. 1, § 49 StVO; § 24 Abs. 1, 3 Nr. 5, § 25 StVG; 9.2 BKat; § 4 Abs. 1 BKatV (gef. Güter usw.) Tab.: 703002	A - 2	900,00	3 M
103667	Sie überschritten die zulässige Höchstgeschwindigkeit innerhalb geschlossener Ortschaften bei einer Sichtweite von weniger als 50 m durch Nebel, Schneefall oder Regen um ... (über 60) km/h. Zulässige Geschwindigkeit: 50 km/h. Festgestellte Geschwindigkeit (nach Toleranzabzug): *)... km/h. § 3 Abs. 1, § 49 StVO; § 24 Abs. 1, 3 Nr. 5, § 25 StVG; 9.2 BKat; § 4 Abs. 1 BKatV (gef. Güter usw.) Tab.: 703002	A - 2	950,00	3 M
103670	Sie überschritten die zulässige Höchstgeschwindigkeit außerhalb geschlossener Ortschaften bei einer Sichtweite von weniger als 50 m durch Nebel, Schneefall oder Regen für mehr als 5 Minuten Dauer (bis 15 km/h) bis zu ... km/h. Zulässige Geschwindigkeit: *)... km/h. § 3 Abs. 3, § 49 StVO; § 24 Abs. 1, 3 Nr. 5 StVG; 9.2 BKat (gef. Güter usw.) Tab.: 703003	A - 1	240,00	

TBNR	Bemerkungen
103663 – 103670	*) Festgestellte Geschwindigkeit angeben

Geschwindigkeit - § 3 Abs. 1 StVO

TBNR	Tatbestandstext	FaP-Pkt	Euro	FV
103671	Sie überschritten die zulässige Höchstgeschwindigkeit außerhalb geschlossener Ortschaften bei einer Sichtweite von weniger als 50 m Durch Nebel, Schneefall oder Regen in mehr als 2 Fällen nach fahrtantritt (bis 15 km/h) bis zu ... km/h. Zulässige Geschwindigkeit: *)... km/h. § 3 Abs. 3, § 49 StVO; § 24 Abs. 1, 3 Nr. 5 StVG; 9.2 BKat (gef. Güter usw.) Tab.: 703003	A - 1	240,00	
103672	Sie überschritten die zulässige Höchstgeschwindigkeit außerhalb geschlossener Ortschaften bei einer Sichtweite von weniger als 50 m durch Nebel, Schneefall oder Regen um ... (bis 15) km/h. Zulässige Geschwindigkeit: 50 km/h. Festgestellte Geschwindigkeit (nach Toleranzabzug): *)... km/h. § 3 Abs. 1, § 49 StVO; § 24 Abs. 1, 3 Nr. 5 StVG; 9 BKat (gef. Güter usw.) Tab.: 703003	A - 1	80,00	
103673	Sie überschritten die zulässige Höchstgeschwindigkeit außerhalb geschlossener Ortschaften bei einer Sichtweite von weniger als 50 m durch Nebel, Schneefall oder Regen um ... (von 16 - 20) km/h. Zulässige Geschwindigkeit: 50 km/h. Festgestellte Geschwindigkeit (nach Toleranzabzug): *)... km/h. § 3 Abs. 1, § 49 StVO; § 24 Abs. 1, 3 Nr. 5 StVG; 9.2 BKat (gef. Güter usw.) Tab.: 703003	A - 1	240,00	
103674	Sie überschritten die zulässige Höchstgeschwindigkeit außerhalb geschlossener Ortschaften bei einer Sichtweite von weniger als 50 m durch Nebel, Schneefall oder Regen um ... (von 21 - 25) km/h. Zulässige Geschwindigkeit: 50 km/h. Festgestellte Geschwindigkeit (nach Toleranzabzug): *)... km/h. § 3 Abs. 1, § 49 StVO; § 24 Abs. 1, 3 Nr. 5 StVG; 9.2 BKat (gef. Güter usw.) Tab.: 703003	A - 1	280,00	
103675	Sie überschritten die zulässige Höchstgeschwindigkeit außerhalb geschlossener Ortschaften bei einer Sichtweite von weniger als 50 m durch Nebel, Schneefall oder Regen um ... (von 26 - 30) km/h. Zulässige Geschwindigkeit: 50 km/h. Festgestellte Geschwindigkeit (nach Toleranzabzug): *)... km/h. § 3 Abs. 1, § 49 StVO; § 24 Abs. 1, 3 Nr. 5, § 25 StVG; 9.2 BKat; § 4 Abs. 1 BKatV (gef. Güter usw.) Tab.: 703003	A - 2	400,00	1 M
103676	Sie überschritten die zulässige Höchstgeschwindigkeit außerhalb geschlossener Ortschaften bei einer Sichtweite von weniger als 50 m durch Nebel, Schneefall oder Regen um ... (von 31 - 40) km/h. Zulässige Geschwindigkeit: 50 km/h. Festgestellte Geschwindigkeit (nach Toleranzabzug): *)... km/h. § 3 Abs. 1, § 49 StVO; § 24 Abs. 1, 3 Nr. 5, § 25 StVG; 9.2 BKat; § 4 Abs. 1 BKatV (gef. Güter usw.) Tab.: 703003	A - 2	560,00	1 M

TBNR	Bemerkungen
103671 – 103676	*) Festgestellte Geschwindigkeit angeben

Geschwindigkeit - § 3 Abs. 1 StVO

TBNR	Tatbestandstext	FaP-Pkt	Euro	FV
103677	Sie überschritten die zulässige Höchstgeschwindigkeit außerhalb geschlossener Ortschaften bei einer Sichtweite von weniger als 50 m durch Nebel, Schneefall oder Regen um ... (von 41 - 50) km/h. Zulässige Geschwindigkeit: 50 km/h. Festgestellte Geschwindigkeit (nach Toleranzabzug): *)... km/h. § 3 Abs. 1, § 49 StVO; § 24 Abs. 1, 3 Nr. 5, § 25 StVG; 9.2 BKat; § 4 Abs. 1 BKatV (gef. Güter usw.) Tab.: 703003	A - 2	700,00	2 M
103678	Sie überschritten die zulässige Höchstgeschwindigkeit außerhalb geschlossener Ortschaften bei einer Sichtweite von weniger als 50 m durch Nebel, Schneefall oder Regen um ... (von 51 - 60) km/h. Zulässige Geschwindigkeit: 50 km/h. Festgestellte Geschwindigkeit (nach Toleranzabzug): *)... km/h. § 3 Abs. 1, § 49 StVO; § 24 Abs. 1, 3 Nr. 5, § 25 StVG; 9.2 BKat; § 4 Abs. 1 BKatV (gef. Güter usw.) Tab.: 703003	A - 2	800,00	3 M
103679	Sie überschritten die zulässige Höchstgeschwindigkeit außerhalb geschlossener Ortschaften bei einer Sichtweite von weniger als 50 m durch Nebel, Schneefall oder Regen um ... (über 60) km/h. Zulässige Geschwindigkeit: 50 km/h. Festgestellte Geschwindigkeit (nach Toleranzabzug): *)... km/h. § 3 Abs. 1, § 49 StVO; § 24 Abs. 1, 3 Nr. 5, § 25 StVG; 9.2 BKat; § 4 Abs. 1 BKatV (gef. Güter usw.) Tab.: 703003	A - 2	900,00	3 M
103683	Sie überschritten die zulässige Höchstgeschwindigkeit innerhalb geschlossener Ortschaften bei einer Sichtweite von weniger als 50 m durch Nebel, Schneefall oder Regen um ... (bis 20) km/h. Zulässige Geschwindigkeit: 50 km/h. Festgestellte Geschwindigkeit (nach Toleranzabzug): *)... km/h. § 3 Abs. 1, § 49 StVO; § 24 Abs. 1, 3 Nr. 5 StVG; 9 BKat (andere Kfz) Tab.: 703004	A – 1	80,00	
103684	Sie überschritten die zulässige Höchstgeschwindigkeit innerhalb geschlossener Ortschaften bei einer Sichtweite von weniger als 50 m durch Nebel, Schneefall oder Regen um ... (21 - 25) km/h. Zulässige Geschwindigkeit: 50 km/h. Festgestellte Geschwindigkeit (nach Toleranzabzug): *)... km/h. § 3 Abs. 1, § 49 StVO; § 24 Abs. 1, 3 Nr. 5, § 25 StVG; 9 BKat; § 4 Abs.1 BKatV (andere Kfz) Tab.: 703004	A - 1	115,00	

TBNR   **Bemerkungen**
103677- 103684   *) Festgestellte Geschwindigkeit angeben

Geschwindigkeit - § 3 Abs. 1 StVO

TBNR	Tatbestandstext	FaP-Pkt	Euro	FV
103685	Sie überschritten die zulässige Höchstgeschwindigkeit innerhalb geschlossener Ortschaften bei einer Sichtweite von weniger als 50 m durch Nebel, Schneefall oder Regen um ... (von 26 - 30) km/h. Zulässige Geschwindigkeit: 50 km/h. Festgestellte Geschwindigkeit (nach Toleranzabzug): *)... km/h. § 3 Abs. 1, § 49 StVO; § 24 Abs. 1, 3 Nr. 5, § 25 StVG; 9.3 BKat; § 4 Abs. 1 BKatV (andere Kfz) Tab.: 703004	A - 1	180,00	
103686	Sie überschritten die zulässige Höchstgeschwindigkeit innerhalb geschlossener Ortschaften bei einer Sichtweite von weniger als 50 m durch Nebel, Schneefall oder Regen um ... (von 31 - 40) km/h. Zulässige Geschwindigkeit: 50 km/h. Festgestellte Geschwindigkeit (nach Toleranzabzug): *)... km/h. § 3 Abs. 1, § 49 StVO; § 24 Abs. 1, 3 Nr. 5, § 25 StVG; 9.3 BKat; § 4 Abs. 1 BKatV (andere Kfz) Tab.: 703004	A - 2	260,00	1 M
103687	Sie überschritten die zulässige Höchstgeschwindigkeit innerhalb geschlossener Ortschaften bei einer Sichtweite von weniger als 50 m durch Nebel, Schneefall oder Regen um ... (von 41 - 50) km/h. Zulässige Geschwindigkeit: 50 km/h. Festgestellte Geschwindigkeit (nach Toleranzabzug): *)... km/h. § 3 Abs. 1, § 49 StVO; § 24 Abs. 1, 3 Nr. 5, § 25 StVG; 9.3 BKat; § 4 Abs. 1 BKatV (andere Kfz) Tab.: 703004	A - 2	400,00	1 M
103688	Sie überschritten die zulässige Höchstgeschwindigkeit innerhalb geschlossener Ortschaften bei einer Sichtweite von weniger als 50 m durch Nebel, Schneefall oder Regen um ... (von 51 - 60) km/h. Zulässige Geschwindigkeit: 50 km/h. Festgestellte Geschwindigkeit (nach Toleranzabzug): *)... km/h. § 3 Abs. 1, § 49 StVO; § 24 Abs. 1, 3 Nr. 5, § 25 StVG; 9.3 BKat; § 4 Abs. 1 BKatV (andere Kfz) Tab.: 703004	A - 2	560,00	2 M
103689	Sie überschritten die zulässige Höchstgeschwindigkeit innerhalb geschlossener Ortschaften bei einer Sichtweite von weniger als 50 m durch Nebel, Schneefall oder Regen um ... (von 61 - 70) km/h. Zulässige Geschwindigkeit: 50 km/h. Festgestellte Geschwindigkeit (nach Toleranzabzug): *)... km/h. § 3 Abs. 1, § 49 StVO; § 24 Abs. 1, 3 Nr. 5, § 25 StVG; 9.3 BKat; § 4 Abs. 1 BKatV (andere Kfz) Tab.: 703004	A - 2	700,00	3 M

TBNR	Bemerkungen
103685 – 103689	*) Festgestellte Geschwindigkeit angeben

Geschwindigkeit - § 3 Abs. 1 StVO

TBNR	Tatbestandstext	FaP-Pkt	Euro	FV
103690	Sie überschritten die zulässige Höchstgeschwindigkeit innerhalb geschlossener Ortschaften bei einer Sichtweite von weniger als 50 m durch Nebel, Schneefall oder Regen um ... (über 70) km/h. Zulässige Geschwindigkeit: 50 km/h. Festgestellte Geschwindigkeit (nach Toleranzabzug): *)... km/h. § 3 Abs. 1, § 49 StVO; § 24 Abs. 1, 3 Nr. 5, § 25 StVG; 9.3 BKat; § 4 Abs. 1 BKatV (andere Kfz) Tab.: 703004	A - 2	800,00	3 M
103694	Sie überschritten die zulässige Höchstgeschwindigkeit außerhalb geschlossener Ortschaften bei einer Sichtweite von weniger als 50 m durch Nebel, Schneefall oder Regen um ... (bis 20) km/h. Zulässige Geschwindigkeit: 50 km/h. Festgestellte Geschwindigkeit (nach Toleranzabzug): *)... km/h. § 3 Abs. 1, § 49 StVO; § 24 Abs. 1, 3 Nr. 5 StVG; 9 BKat (andere Kfz) Tab.: 703005	A - 1	80,00	
103695	Sie überschritten die zulässige Höchstgeschwindigkeit außerhalb geschlossener Ortschaften bei einer Sichtweite von weniger als 50 m durch Nebel, Schneefall oder Regen um ... (21 - 25) km/h. Zulässige Geschwindigkeit: 50 km/h. Festgestellte Geschwindigkeit (nach Toleranzabzug): *)... km/h. § 3 Abs. 1, § 49 StVO; § 24 Abs. 1, 3 Nr. 5 StVG; 9 BKat (andere Kfz) Tab.: 703005	A – 1	100,00	
103696	Sie überschritten die zulässige Höchstgeschwindigkeit außerhalb geschlossener Ortschaften bei einer Sichtweite von weniger als 50 m durch Nebel, Schneefall oder Regen um ... (bis 26-30) km/h. Zulässige Geschwindigkeit: 50 km/h. Festgestellte Geschwindigkeit (nach Toleranzabzug): *)... km/h. § 3 Abs. 1, § 49 StVO; § 24 Abs. 1, 3 Nr. 5, § 25 StVG; 9 BKat; § 4 Abs. 1 BKatV (andere Kfz) Tab.: 703005	A - 1	150,00	
103697	Sie überschritten die zulässige Höchstgeschwindigkeit außerhalb geschlossener Ortschaften bei einer Sichtweite von weniger als 50 m durch Nebel, Schneefall oder Regen um ... (von 31 - 40) km/h. Zulässige Geschwindigkeit: 50 km/h. Festgestellte Geschwindigkeit (nach Toleranzabzug): *)... km/h. § 3 Abs. 1, § 49 StVO; § 24 Abs. 1, 3 Nr. 5; § 25 StVG; 9.3 BKat; § 4 Abs. 1 BKatV (andere Kfz) Tab.: 703005	A - 1	200,00	

TBNR	Bemerkungen
103690 – 103697	*) Festgestellte Geschwindigkeit angeben

Geschwindigkeit - § 3 Abs. 1 StVO

TBNR	Tatbestandstext	FaP-Pkt	Euro	FV
103698	Sie überschritten die zulässige Höchstgeschwindigkeit außerhalb geschlossener Ortschaften bei einer Sichtweite von weniger als 50 m durch Nebel, Schneefall oder Regen um ... (von 41 - 50) km/h. Zulässige Geschwindigkeit: 50 km/h. Festgestellte Geschwindigkeit (nach Toleranzabzug): *)... km/h. § 3 Abs. 1, § 49 StVO; § 24 Abs. 1, 3 Nr. 5, § 25 StVG; 9.3 BKat;§ 4 Abs. 1 BKatV (andere Kfz) Tab.: 703005	A - 2	320,00	1 M
103699	Sie überschritten die zulässige Höchstgeschwindigkeit außerhalb geschlossener Ortschaften bei einer Sichtweite von weniger als 50 m durch Nebel, Schneefall oder Regen um ... (von 51 - 60) km/h. Zulässige Geschwindigkeit: 50 km/h. Festgestellte Geschwindigkeit (nach Toleranzabzug): *)... km/h. § 3 Abs. 1, § 49 StVO; § 24 Abs. 1, 3 Nr. 5, § 25 StVG; 9.3 BKat; § 4 Abs. 1 BKatV (andere Kfz) Tab.: 703005	A - 2	480,00	1 M
103700	Sie überschritten die zulässige Höchstgeschwindigkeit außerhalb geschlossener Ortschaften bei einer Sichtweite von weniger als 50 m durch Nebel, Schneefall oder Regen um ... (von 61 - 70) km/h. Zulässige Geschwindigkeit: 50 km/h. Festgestellte Geschwindigkeit (nach Toleranzabzug): *)... km/h. § 3 Abs. 1, § 49 StVO; § 24 Abs. 1, 3 Nr. 5, § 25 StVG; 9.3 BKat; § 4 Abs. 1 BKatV (andere Kfz) Tab.: 703005	A - 2	600,00	2 M
103701	Sie überschritten die zulässige Höchstgeschwindigkeit außerhalb geschlossener Ortschaften bei einer Sichtweite von weniger als 50 m durch Nebel, Schneefall oder Regen um ... (über 70) km/h. Zulässige Geschwindigkeit: 50 km/h. Festgestellte Geschwindigkeit (nach Toleranzabzug): *)... km/h. § 3 Abs. 1, § 49 StVO; § 24 Abs. 1, 3 Nr. 5, § 25 StVG; 9.3 BKat; § 4 Abs. 1 BKatV (andere Kfz) Tab.: 703005	A - 2	700,00	3 M

Geschwindigkeit - § 3 Abs. 2, 2a StVO

TBNR	Tatbestandstext	FaP-Pkt	Euro	FV
103000	Sie fuhren ohne triftigen Grund so langsam, dass der Verkehrsfluss behindert wurde. § 3 Abs. 2, § 49 StVO; § 24 Abs. 1, 3 Nr. 5 StVG; -- BKat	0	20,00	
103708	Sie gefährdeten +) als Fahrzeugführer ein Kind/einen Hilfsbedürftigen/einen älteren Menschen *), insbesondere durch nicht ausreichend verminderte Geschwindigkeit/mangelnde Bremsbereitschaft/unzureichenden Seitenabstand beim Vorbeifahren/unzureichenden Seitenabstand beim Überholen **). § 3 Abs. 2a, § 49 StVO; § 24 Abs. 1, 3 Nr. 5 StVG; 10 Bkat	A - 1	80,00	

TBNR	Bemerkungen
103698 – 103701	*) Festgestellte Geschwindigkeit angeben

Geschwindigkeit - § 3 Abs. 2, 2a, 3 StVO

TBNR	Tatbestandstext	FaP-Pkt	Euro	FV
103709	Sie schädigten als Fahrzeugführer ein Kind/einen Hilfs-bedürftigen/einen älteren Menschen *), insbesondere durch nicht ausreichend verminderte Geschwindigkeit/mangelnde Bremsbereitschaft/unzureichenden Seitenabstand beim Vor-beifahren/unzureichenden Seitenabstand beim Überholen **). § 3 Abs. 2a, § 1 Abs. 2, § 49 StVO; § 24 Abs. 1, 3 Nr. 5 StVG; 10 BKat;§ 19 OwiG	A - 1	100,00	
103178	Sie überschritten die zulässige Höchstgeschwindigkeit innerhalb geschlossener Ortschaften um ... (bis 10) km/h. Zulässige Geschwindigkeit: *)... km/h. Festgestellte Geschwindigkeit (nach Toleranzabzug): **)... km/h. § 3 Abs. 3, § 49 StVO; § 24 Abs. 1, 3 Nr. 5 StVG; 11.1.1 BKat (Lkw usw.) Tab.: 703006	0	40,00	
103715	Sie überschritten die zulässige Höchstgeschwindigkeit innerhalb geschlossener Ortschaften um ... (von 11 - 15) km/h. Zulässige Geschwindigkeit: *)... km/h. Festgestellte Geschwindigkeit (nach Toleranzabzug): **)... km/h. § 3 Abs. 3, § 49 StVO; § 24 Abs. 1, 3 Nr. 5 StVG; 11.1.2 BKat (Lkw usw.) Tab.: 703006	0	60,00	
103716	Sie überschritten die zulässige Höchstgeschwindigkeit innerhalb geschlossener Ortschaften um ... (von 16 - 20) km/h. Zulässige Geschwindigkeit: *)... km/h. Festgestellte Geschwindigkeit (nach Toleranzabzug): **)... km/h. § 3 Abs. 3, § 49 StVO; § 24 Abs. 1, 3 Nr. 5 StVG; 11.1.4 BKat (Lkw usw.) Tab.: 703006	A - 1	160,00	
103717	Sie überschritten die zulässige Höchstgeschwindigkeit innerhalb geschlossener Ortschaften um ... (von 21 - 25) km/h. Zulässige Geschwindigkeit: *)... km/h. Festgestellte Geschwindigkeit (nach Toleranzabzug): **)... km/h. § 3 Abs. 3, § 49 StVO; § 24 Abs. 1, 3 Nr. 5, § 25 StVG; 11.1.5 BKat, § 4 Abs. 1 BKatV (Lkw usw.) Tab.: 703006	A - 1	175,00	
103718	Sie überschritten die zulässige Höchstgeschwindigkeit innerhalb geschlossener Ortschaften um ... (von 26 - 30) km/h. Zulässige Geschwindigkeit: *)... km/h. Festgestellte Geschwindigkeit (nach Toleranzabzug): **)... km/h. § 3 Abs. 3, § 49 StVO; § 24 Abs. 1, 3 Nr. 5, § 25 StVG; 11.1.6 BKat; § 4 Abs. 1 BKatV (Lkw usw.) Tab.: 703006	A - 2	235,00	1 M

TBNR	Bemerkungen
103709	*) geschützte Person(en) angeben, **) Ursache angeben
103178 – 103717	*) Zulässige Geschwindigkeit angeben, **) Festgestellte Geschwindigkeit angeben

Geschwindigkeit - § 3 Abs. 3 StVO

TBNR	Tatbestandstext	FaP-Pkt	Euro	FV
103719	Sie überschritten die zulässige Höchstgeschwindigkeit innerhalb geschlossener Ortschaften um ... (von 31 - 40) km/h. Zulässige Geschwindigkeit: *)... km/h. Festgestellte Geschwindigkeit (nach Toleranzabzug): **)... km/h. § 3 Abs. 3, § 49 StVO; § 24 Abs. 1, 3 Nr. 5, § 25 StVG; 11.1.7 BKat; § 4 Abs. 1 BKatV (Lkw usw.) Tab.: 703006	A - 2	340,00	1 M
103720	Sie überschritten die zulässige Höchstgeschwindigkeit innerhalb geschlossener Ortschaften um ... (von 41 - 50) km/h. Zulässige Geschwindigkeit: *)... km/h. Festgestellte Geschwindigkeit (nach Toleranzabzug): **)... km/h. § 3 Abs. 3, § 49 StVO; § 24 Abs. 1, 3 Nr. 5, § 25 StVG; 11.1.8 BKat; § 4 Abs. 1 BKatV (Lkw usw.) Tab.: 703006	A - 2	560,00	2 M
103721	Sie überschritten die zulässige Höchstgeschwindigkeit innerhalb geschlossener Ortschaften um ... (von 51 - 60) km/h. Zulässige Geschwindigkeit: *)... km/h. Festgestellte Geschwindigkeit (nach Toleranzabzug): **)... km/h. § 3 Abs. 3, § 49 StVO; § 24 Abs. 1, 3 Nr. 5, § 25 StVG; 11.1.9 BKat; § 4 Abs. 1 BKatV (Lkw usw.) Tab.: 703006	A - 2	700,00	3 M
103722	Sie überschritten die zulässige Höchstgeschwindigkeit innerhalb geschlossener Ortschaften um ... (über 60) km/h. Zulässige Geschwindigkeit: *)... km/h. Festgestellte Geschwindigkeit (nach Toleranzabzug): **)... km/h. § 3 Abs. 3, § 49 StVO; § 24 Abs. 1, 3 Nr. 5, § 25 StVG; 11.1.10 BKat; § 4 Abs. 1 BKatV (Lkw usw.) Tab.: 703006	A - 2	800,00	3 M
103184	Sie überschritten die zulässige Höchstgeschwindigkeit außerhalb geschlossener Ortschaften um ... (bis 10) km/h. Zulässige Geschwindigkeit: *)... km/h. Festgestellte Geschwindigkeit (nach Toleranzabzug): **)... km/h. § 3 Abs. 3, § 49 StVO; § 24 Abs. 1, 3 Nr. 5 StVG; 11.1.1 BKat (Lkw usw.) Tab.: 703007	0	30,00	
103185	Sie überschritten die zulässige Höchstgeschwindigkeit außerhalb geschlossener Ortschaften um ... (von 11 - 15) km/h. Zulässige Geschwindigkeit: *)... km/h. Festgestellte Geschwindigkeit (nach Toleranzabzug): **)... km/h. § 3 Abs. 3, § 49 StVO; § 24 Abs. 1, 3 Nr. 5 StVG; 11.1.2 BKat (Lkw usw.) Tab.: 703007	0	50,00	

TBNR   **Bemerkungen**
103719 - 103185   *) Zulässige Geschwindigkeit angeben
                  **) Festgestellte Geschwindigkeit angeben

Geschwindigkeit - § 3 Abs. 3 StVO

TBNR	Tatbestandstext	FaP-Pkt	Euro	FV
103726	Sie überschritten die zulässige Höchstgeschwindigkeit für mehr als 5 Minuten Dauer (bis 15 km/h) bis zu ... km/h. Zulässige Geschwindigkeit: *)... km/h. § 3 Abs. 3, § 49 StVO; § 24 Abs. 1, 3 Nr. 5 StVG; 11.1.3 BKat (LKW usw.) Tab.: 703019	A - 1	140,00	
103727	Sie überschritten die zulässige Höchstgeschwindigkeit in mehr als 2 Fällen nach Fahrtantritt (bis 15 km/h) bis zu ... km/h. Zulässige Geschwindigkeit: *)... km/h. § 3 Abs. 3, § 49 StVO; § 24 Abs. 1, 3 Nr. 5 StVG; 11.1.3 BKat (Lkw usw.) Tab.: 703019	A - 1	140,00	
103728	Sie überschritten die zulässige Höchstgeschwindigkeit außerhalb geschlossener Ortschaften um ... (von 16 - 20) km/h. Zulässige Geschwindigkeit: *)... km/h. Festgestellte Geschwindigkeit (nach Toleranzabzug): **)... km/h. § 3 Abs. 3, § 49 StVO; § 24 Abs. 1, 3 Nr. 5 StVG; 11.1.4 BKat (Lkw usw.) Tab.: 703007	A - 1	140,00	
103729	Sie überschritten die zulässige Höchstgeschwindigkeit außerhalb geschlossener Ortschaften um ... (von 21 - 25) km/h. Zulässige Geschwindigkeit: *)... km/h. Festgestellte Geschwindigkeit (nach Toleranzabzug): **)... km/h. § 3 Abs. 3, § 49 StVO; § 24 Abs. 1, 3 Nr. 5 StVG; 11.1.5 BKat (Lkw usw.) Tab.: 703007	A - 1	150,00	
103730	Sie überschritten die zulässige Höchstgeschwindigkeit außerhalb geschlossener Ortschaften um ... (von 26 - 30) km/h. Zulässige Geschwindigkeit: *)... km/h. Festgestellte Geschwindigkeit (nach Toleranzabzug): **)... km/h. § 3 Abs. 3, § 49 StVO; § 24 Abs. 1, 3 Nr. 5, § 25 StVG; 11.1.6 BKat; § 4 Abs. 1 BKatV (Lkw usw.) Tab.: 703007	A - 1	175,00	
103731	Sie überschritten die zulässige Höchstgeschwindigkeit außerhalb geschlossener Ortschaften um ... (von 31 - 40) km/h. Zulässige Geschwindigkeit: *)... km/h. Festgestellte Geschwindigkeit (nach Toleranzabzug): **)... km/h. § 3 Abs. 3, § 49 StVO; § 24 Abs. 1, 3 Nr. 5, § 25 StVG; 11.1.7 BKat; § 4 Abs. 1 BKatV (Lkw usw.) Tab.: 703007	A - 2	255,00	1 M

TBNR	Bemerkungen
103726, 103727	*) Zulässige Geschwindigkeit angeben
103729 – 103731	*) Zulässige Geschwindigkeit angeben, **) Festgestellte Geschwindigkeit angeben

Geschwindigkeit - § 3 Abs. 3 StVO

TBNR	Tatbestandstext	FaP-Pkt	Euro	FV
103732	Sie überschritten die zulässige Höchstgeschwindigkeit außerhalb geschlossener Ortschaften um ... (von 41 - 50) km/h. Zulässige Geschwindigkeit: *)... km/h. Festgestellte Geschwindigkeit (nach Toleranzabzug): **)... km/h. § 3 Abs. 3, § 49 StVO; § 24 Abs. 1, 3 Nr. 5, § 25 StVG; 11.1.8 BKat; § 4 Abs. 1 BKatV (Lkw usw.) Tab.: 703007	A - 2	480,00	1 M
103733	Sie überschritten die zulässige Höchstgeschwindigkeit außerhalb geschlossener Ortschaften um ... (von 51 - 60) km/h. Zulässige Geschwindigkeit: *)... km/h. Festgestellte Geschwindigkeit (nach Toleranzabzug): **)... km/h. § 3 Abs. 3, § 49 StVO; § 24 Abs. 1, 3 Nr. 5, § 25 StVG; 11.1.9 BKat; § 4 Abs. 1 BKatV (Lkw usw.) Tab.: 703007	A - 2	600,00	2 M
103734	Sie überschritten die zulässige Höchstgeschwindigkeit außerhalb geschlossener Ortschaften um ... (über 60) km/h. Zulässige Geschwindigkeit: *)... km/h. Festgestellte Geschwindigkeit (nach Toleranzabzug): **)... km/h. § 3 Abs. 3, § 49 StVO; § 24 Abs. 1, 3 Nr. 5, § 25 StVG; 11.1.10 BKat; § 4 Abs. 1 BKatV (Lkw usw.) Tab.: 703007	A - 2	700,00	3 M
103736	Sie überschritten die zulässige Höchstgeschwindigkeit innerhalb geschlossener Ortschaften um ... (bis 10) km/h. Zulässige Geschwindigkeit: *)... km/h. Festgestellte Geschwindigkeit (nach Toleranzabzug): **)... km/h. § 3 Abs. 3, § 49 StVO; § 24 Abs. 1, 3 Nr. 5 StVG; 11.2.1 BKat (gef. Güter usw.) Tab.: 703008	0	70,00	
103737	Sie überschritten die zulässige Höchstgeschwindigkeit innerhalb geschlossener Ortschaften um ... (von 11 - 15) km/h. Zulässige Geschwindigkeit: *)... km/h. Festgestellte Geschwindigkeit (nach Toleranzabzug): **)... km/h. § 3 Abs. 3, § 49 StVO; § 24 Abs. 1, 3 Nr. 5 StVG; 11.2.2 BKat (gef. Güter usw.) Tab.: 703008	A - 1	120,00	
103740	Sie überschritten die zulässige Höchstgeschwindigkeit innerhalb geschlossener Ortschaften um ... (von 16 - 20) km/h. Zulässige Geschwindigkeit: *)... km/h. Festgestellte Geschwindigkeit (nach Toleranzabzug): **)... km/h. § 3 Abs. 3, § 49 StVO; § 24 Abs. 1, 3 Nr. 5 StVG; 11.2.4 BKat (gef. Güter usw.) Tab.: 703008	A - 1	320,00	
103741	Sie überschritten die zulässige Höchstgeschwindigkeit innerhalb geschlossener Ortschaften um ... (von 21 - 25) km/h. Zulässige Geschwindigkeit: *)... km/h. Festgestellte Geschwindigkeit (nach Toleranzabzug): **)... km/h. § 3 Abs. 3, § 49 StVO; § 24 Abs. 1, 3 Nr. 5, § 25 StVG; 11.2.5 BKat; § 4 Abs. 1 BKatV (gef. Güter usw.) Tab.: 703008	A - 2	360,00	1 M

TBNR	Bemerkungen
103732 – 103741	*) Zulässige Geschwindigkeit angeben, **) Festgestellte Geschwindigkeit angeben

Geschwindigkeit - § 3 Abs. 3 StVO

TBNR	Tatbestandstext	FaP-Pkt	Euro	FV
103742	Sie überschritten die zulässige Höchstgeschwindigkeit innerhalb geschlossener Ortschaften um ... (von 26 - 30) km/h. Zulässige Geschwindigkeit: *)... km/h. Festgestellte Geschwindigkeit (nach Toleranzabzug): **)... km/h. § 3 Abs. 3, § 49 StVO; § 24 Abs. 1, 3 Nr. 5, § 25 StVG; 11.2.6 BKat; § 4 Abs. 1 BKatV (gef. Güter usw.) Tab.: 703008	A - 2	480,00	1 M
103743	Sie überschritten die zulässige Höchstgeschwindigkeit innerhalb geschlossener Ortschaften um ... (von 31 - 40) km/h. Zulässige Geschwindigkeit: *)... km/h. Festgestellte Geschwindigkeit (nach Toleranzabzug): **)... km/h. § 3 Abs. 3, § 49 StVO; § 24 Abs. 1, 3 Nr. 5, § 25 StVG; 11.2.7 BKat; § 4 Abs. 1 BKatV (gef. Güter usw.) Tab.: 703008	A - 2	640,00	2 M
103744	Sie überschritten die zulässige Höchstgeschwindigkeit innerhalb geschlossener Ortschaften um ... (von 41 - 50) km/h. Zulässige Geschwindigkeit: *)... km/h. Festgestellte Geschwindigkeit (nach Toleranzabzug): **)... km/h. § 3 Abs. 3, § 49 StVO; § 24 Abs. 1, 3 Nr. 5, § 25 StVG; 11.2.8 BKat; § 4 Abs. 1 BKatV (gef. Güter usw.) Tab.: 703008	A - 2	800,00	3 M
103745	Sie überschritten die zulässige Höchstgeschwindigkeit innerhalb geschlossener Ortschaften um ... (von 51 - 60) km/h. Zulässige Geschwindigkeit: *)... km/h. Festgestellte Geschwindigkeit (nach Toleranzabzug): **)... km/h. § 3 Abs. 3, § 49 StVO; § 24 Abs. 1, 3 Nr. 5, § 25 StVG; 11.2.9 BKat; § 4 Abs. 1 BKatV (gef. Güter usw.) Tab.: 703008	A - 2	900,00	3 M
103746	Sie überschritten die zulässige Höchstgeschwindigkeit innerhalb geschlossener Ortschaften um ... (über 60) km/h. Zulässige Geschwindigkeit: *)... km/h. Festgestellte Geschwindigkeit (nach Toleranzabzug): **)... km/h. § 3 Abs. 3, § 49 StVO; § 24 Abs. 1, 3 Nr. 5, § 25 StVG; 11.2.10 BKat; § 4 Abs. 1 BKatV (gef. Güter usw.) Tab.: 703008	A - 2	950,00	3 M
103748	Sie überschritten die zulässige Höchstgeschwindigkeit außerhalb geschlossener Ortschaften um ... (bis 10) km/h. Zulässige Geschwindigkeit: *)... km/h. Festgestellte Geschwindigkeit (nach Toleranzabzug): **)... km/h. § 3 Abs. 3, § 49 StVO; § 24 Abs. 1, 3 Nr. 5 StVG; 11.2.1 BKat (gef. Güter usw.) Tab.: 703009	0	60,00	

TBNR	Bemerkungen
103742 – 103748	*) Zulässige Geschwindigkeit angeben, **) Festgestellte Geschwindigkeit angeben

44

Geschwindigkeit - § 3 Abs. 3 StVO

TBNR	Tatbestandstext	FaP-Pkt	Euro	FV
103749	Sie überschritten die zulässige Höchstgeschwindigkeit außerhalb geschlossener Ortschaften um ... (von 11 - 15) km/h. Zulässige Geschwindigkeit: *)... km/h. Festgestellte Geschwindigkeit (nach Toleranzabzug): **)... km/h. § 3 Abs. 3, § 49 StVO; § 24 Abs. 1, 3 Nr. 5 StVG; 11.2.2 BKat (gef. Güter usw.) Tab.: 703009	0	70,00	
103750	Sie überschritten die zulässige Höchstgeschwindigkeit für mehr als 5 Minuten Dauer (bis 15 km/h) bis zu ... km/h. Zulässige Geschwindigkeit: *)... km/h. § 3 Abs. 3, § 49 StVO; § 24 Abs. 1, 3 Nr. 5 StVG; 11.2.3 BKat (gef. Güter usw.) Tab.: 703021	A - 1	240,00	
103751	Sie überschritten die zulässige Höchstgeschwindigkeit in mehr als 2 Fällen nach Fahrtantritt (bis 15 km/h) bis zu ... km/h. Zulässige Geschwindigkeit: *)... km/h. § 3 Abs. 3, § 49 StVO; § 24 Abs. 1, 3 Nr. 5 StVG;11.2.3 BKat (gef. Güter usw.) Tab.: 703021	A - 1	240,00	
103752	Sie überschritten die zulässige Höchstgeschwindigkeit außerhalb geschlossener Ortschaften um ... (von 16 - 20) km/h. Zulässige Geschwindigkeit: *)... km/h. Festgestellte Geschwindigkeit (nach Toleranzabzug): **)... km/h. § 3 Abs. 3, § 49 StVO; § 24 Abs. 1, 3 Nr. 5 StVG; 11.2.4 BKat (gef. Güter usw.) Tab.: 703009	A - 1	240,00	
103753	Sie überschritten die zulässige Höchstgeschwindigkeit außerhalb geschlossener Ortschaften um ... (von 21 - 25) km/h. Zulässige Geschwindigkeit: *)... km/h. Festgestellte Geschwindigkeit (nach Toleranzabzug): **)... km/h. § 3 Abs. 3, § 49 StVO; § 24 Abs. 1, 3 Nr. 5 StVG; 11.2.5 BKat (gef. Güter usw.) Tab.: 703009	A - 1	280,00	
103754	Sie überschritten die zulässige Höchstgeschwindigkeit außerhalb geschlossener Ortschaften um ... (von 26 - 30) km/h. Zulässige Geschwindigkeit: *)... km/h. Festgestellte Geschwindigkeit (nach Toleranzabzug): **)... km/h. § 3 Abs. 3, § 49 StVO; § 24 Abs. 1, 3 Nr. 5, § 25 StVG; 11.2.6 BKat; § 4 Abs. 1 BKatV (gef. Güter usw.) Tab.: 703009	A - 2	400,00	1 M

TBNR   **Bemerkungen**
103749 - 103754 *) Zulässige Geschwindigkeit angeben, **) Festgestellte
                 Geschwindigkeit angeben
103750 +103751 **) zusätzlich: Sachverhalt erläutern
103752

Geschwindigkeit - § 3 Abs. 3 StVO

TBNR	Tatbestandstext	FaP-Pkt	Euro	FV
103755	Sie überschritten die zulässige Höchstgeschwindigkeit außerhalb geschlossener Ortschaften um ... (von 31 - 40) km/h. Zulässige Geschwindigkeit: *)... km/h. Festgestellte Geschwindigkeit (nach Toleranzabzug): **)... km/h. § 3 Abs. 3, § 49 StVO; § 24 Abs. 1, 3 Nr. 5, § 25 StVG; 11.2.7 BKat; § 4 Abs. 1 BKatV (gef. Güter usw.) Tab.: 703009	A - 2	560,00	1 M
103756	Sie überschritten die zulässige Höchstgeschwindigkeit außerhalb geschlossener Ortschaften um ... (von 41 - 50) km/h. Zulässige Geschwindigkeit: *)... km/h. Festgestellte Geschwindigkeit (nach Toleranzabzug): **)... km/h. § 3 Abs. 3, § 49 StVO; § 24 Abs. 1, 3 Nr. 5, § 25 StVG; 11.2.8 BKat; § 4 Abs. 1 BKatV (gef. Güter usw.) Tab.: 703009	A - 2	700,00	2 M
103757	Sie überschritten die zulässige Höchstgeschwindigkeit außerhalb geschlossener Ortschaften um ... (von 51 - 60) km/h. Zulässige Geschwindigkeit: *)... km/h. Festgestellte Geschwindigkeit (nach Toleranzabzug): **)... km/h. § 3 Abs. 3, § 49 StVO; § 24 Abs. 1, 3 Nr. 5, § 25 StVG; 11.2.9 BKat; § 4 Abs. 1 BKatV (gef. Güter usw.) Tab.: 703009	A - 2	800,00	3 M
103758	Sie überschritten die zulässige Höchstgeschwindigkeit außerhalb geschlossener Ortschaften um ... (über 60) km/h. Zulässige Geschwindigkeit: *)... km/h. Festgestellte Geschwindigkeit (nach Toleranzabzug): **)... km/h. § 3 Abs. 3, § 49 StVO; § 24 Abs. 1, 3 Nr. 5, § 25 StVG; 11.2.10 BKat; § 4 Abs. 1 BKatV (gef. Güter usw.) Tab.: 703009	A - 2	900,00	3 M
103202	Sie überschritten die zulässige Höchstgeschwindigkeit innerhalb geschlossener Ortschaften um ... (bis 10) km/h. Zulässige Geschwindigkeit: *)... km/h. Festgestellte Geschwindigkeit (nach Toleranzabzug): **)... km/h. § 3 Abs. 3, § 49 StVO; § 24 Abs. 1, 3 Nr. 5 StVG; 11.3.1 BKat (andere Kfz) Tab.: 703010	0	30,00	
103203	Sie überschritten die zulässige Höchstgeschwindigkeit innerhalb geschlossener Ortschaften um ... (von 11 - 15) km/h. Zulässige Geschwindigkeit: *)... km/h. Festgestellte Geschwindigkeit (nach Toleranzabzug): **)... km/h. § 3 Abs. 3, § 49 StVO; § 24 Abs. 1, 3 Nr. 5 StVG; 11.3.2 BKat (andere Kfz) Tab.: 703010	0	50,00	

TBNR	Bemerkungen
103755 – 103203	*) Zulässige Geschwindigkeit angeben,**) Festgestellte Geschwindigkeit angeben

Geschwindigkeit - § 3 Abs. 3 StVO

TBNR	Tatbestandstext	FaP-Pkt	Euro	FV
103761	Sie überschritten die zulässige Höchstgeschwindigkeit innerhalb geschlossener Ortschaften um ... (von 16 - 20) km/h. Zulässige Geschwindigkeit: *)... km/h. Festgestellte Geschwindigkeit (nach Toleranzabzug): **)... km/h. § 3 Abs. 3, § 49 StVO; § 24 Abs. 1, 3 Nr. 5, § 25 StVG; 11.3.3 BKat; § 4 Abs. 1 BKatV (andere Kfz) Tab.: 703010	0	70,00	
103762	Sie überschritten die zulässige Höchstgeschwindigkeit i innerhalb geschlossener Ortschaften um ... (von 21 - 25) km/h. Zulässige Geschwindigkeit: *)... km/h. Festgestellte Geschwindigkeit (nach Toleranzabzug): **)... km/h. § 3 Abs. 3, § 49 StVO; § 24 Abs. 1, 3 Nr. 5, § 25 StVG; 11.3.4 BKat; § 4 Abs. 1 BKatV (andere Kfz) Tab.: 703010	A - 1	115,00	
103763	Sie überschritten die zulässige Höchstgeschwindigkeit innerhalb geschlossener Ortschaften um ... (von 26 - 30) km/h. Zulässige Geschwindigkeit: *)... km/h. Festgestellte Geschwindigkeit (nach Toleranzabzug): **)... km/h. § 3 Abs. 3, § 49 StVO; § 24 Abs. 1, 3 Nr. 5 StVG; 11.3.5 BKat (andere Kfz) Tab.: 703010	A - 1	180,00	
103764	Sie überschritten die zulässige Höchstgeschwindigkeit innerhalb geschlossener Ortschaften um ... (von 31 - 40) km/h. Zulässige Geschwindigkeit: *)... km/h. Festgestellte Geschwindigkeit (nach Toleranzabzug): **)... km/h. § 3 Abs. 3, § 49 StVO; § 24 Abs. 1, 3 Nr. 5, § 25 StVG; 11.3.6 BKat; § 4 Abs. 1 BKatV (andere Kfz) Tab.: 703010	A - 2	260,00	1 M
103765	Sie überschritten die zulässige Höchstgeschwindigkeit innerhalb geschlossener Ortschaften um ... (von 41 - 50) km/h. Zulässige Geschwindigkeit: *)... km/h. Festgestellte Geschwindigkeit (nach Toleranzabzug): **)... km/h. § 3 Abs. 3, § 49 StVO; § 24 Abs. 1, 3 Nr. 5, § 25 StVG; 11.3.7 BKat; § 4 Abs. 1 BKatV (andere Kfz) Tab.: 703010	A - 2	400,00	1 M
103766	Sie überschritten die zulässige Höchstgeschwindigkeit innerhalb geschlossener Ortschaften um ... (von 51 - 60) km/h. Zulässige Geschwindigkeit: *)... km/h. Festgestellte Geschwindigkeit (nach Toleranzabzug): **)... km/h. § 3 Abs. 3, § 49 StVO; § 24 Abs. 1, 3 Nr. 5, § 25 StVG; 11.3.8 BKat; § 4 Abs. 1 BKatV (andere Kfz) Tab.: 703010	A - 2	560,00	2 M

TBNR	Bemerkungen
103761 – 103766	*) Zulässige Geschwindigkeit angeben, **) Festgestellte Geschwindigkeit angeben

Geschwindigkeit - § 3 Abs. 3 StVO

TBNR	Tatbestandstext	FaP-Pkt	Euro	FV
103767	Sie überschritten die zulässige Höchstgeschwindigkeit innerhalb geschlossener Ortschaften um ... (von 61 - 70) km/h. Zulässige Geschwindigkeit: *)... km/h. Festgestellte Geschwindigkeit (nach Toleranzabzug): **)... km/h. § 3 Abs. 3, § 49 StVO; § 24 Abs. 1, 3 Nr. 5, § 25 StVG; 11.3.9 BKat; § 4 Abs. 1 BKatV (andere Kfz)　　Tab.: 703010	A - 2	700,00	3 M
103768	Sie überschritten die zulässige Höchstgeschwindigkeit innerhalb geschlossener Ortschaften um ... (über 70) km/h. Zulässige Geschwindigkeit: *)... km/h. Festgestellte Geschwindigkeit (nach Toleranzabzug): **)... km/h. § 3 Abs. 3, § 49 StVO; § 24 Abs. 1, 3 Nr. 5, § 25 StVG; 11.3.10 BKat; § 4 Abs. 1 BKatV (andere Kfz)　　Tab.: 703010	A - 2	800,00	3 M
103208	Sie überschritten die zulässige Höchstgeschwindigkeit außerhalb geschlossener Ortschaften um ... (bis 10) km/h. Zulässige Geschwindigkeit: *)... km/h. Festgestellte Geschwindigkeit (nach Toleranzabzug): **)... km/h. § 3 Abs. 3, § 49 StVO; § 24 Abs. 1, 3 Nr. 5 StVG; 11.3.1 BKat (andere Kfz)　　Tab.: 703011	0	20,00	
103209	Sie überschritten die zulässige Höchstgeschwindigkeit außerhalb geschlossener Ortschaften um ... (von 11 - 15) km/h. Zulässige Geschwindigkeit: *)... km/h. Festgestellte Geschwindigkeit (nach Toleranzabzug): **)... km/h. § 3 Abs. 3, § 49 StVO; § 24 Abs. 1, 3 Nr. 5 StVG; 11.3.2 BKat (andere Kfz)　　Tab.: 703011	0	40,00	
103773	Sie überschritten die zulässige Höchstgeschwindigkeit außerhalb geschlossener Ortschaften um ... (von 16 - 20) km/h. Zulässige Geschwindigkeit: *)... km/h. Festgestellte Geschwindigkeit (nach Toleranzabzug): **)... km/h. § 3 Abs. 3, § 49 StVO; § 24 Abs. 1, 3 Nr. 5 StVG; 11.3.3 BKat (andere Kfz)　　Tab.: 703011	0	60,00	
103774	Sie überschritten die zulässige Höchstgeschwindigkeit außerhalb geschlossener Ortschaften um ... (von 21 - 25) km/h. Zulässige Geschwindigkeit: *)... km/h. Festgestellte Geschwindigkeit (nach Toleranzabzug): **)... km/h. § 3 Abs. 3, § 49 StVO; § 24 Abs. 1, 3 Nr. 5 StVG; 11.3.4 BKat (andere Kfz)　　Tab.: 703011	A -1	100,00	

TBNR	Bemerkungen
103767 – 103774	*) Zulässige Geschwindigkeit angeben, **) Festgestellte Geschwindigkeit angeben

Geschwindigkeit - § 3 Abs. 3 StVO

TBNR	Tatbestandstext	FaP-Pkt	Euro	FV
103775	Sie überschritten die zulässige Höchstgeschwindigkeit außerhalb geschlossener Ortschaften um ... (von 26 - 30) km/h. Zulässige Geschwindigkeit: *)... km/h. Festgestellte Geschwindigkeit (nach Toleranzabzug): **)... km/h. § 3 Abs. 3, § 49 StVO; § 24 Abs. 1, 3 Nr. 5, § 25 StVG; 11.3.5 BKat; § 4 Abs. 1 BKatV (andere Kfz) Tab.: 703011	A - 1	150,00	
103776	Sie überschritten die zulässige Höchstgeschwindigkeit außerhalb geschlossener Ortschaften um ... (von 31 - 40) km/h. Zulässige Geschwindigkeit: *)... km/h. Festgestellte Geschwindigkeit (nach Toleranzabzug): **)... km/h. § 3 Abs. 3, § 49 StVO; § 24 Abs. 1, 3 Nr. 5, § 25 StVG; 11.3.6 BKat; § 4 Abs.1 BKatV (andere Kfz) Tab.: 703011	A - 1	200,00	
103777	Sie überschritten die zulässige Höchstgeschwindigkeit außerhalb geschlossener Ortschaften um ... (von 41 - 50) km/h. Zulässige Geschwindigkeit: *)... km/h. Festgestellte Geschwindigkeit (nach Toleranzabzug): **)... km/h. § 3 Abs. 3, § 49 StVO; § 24 Abs. 1, 3 Nr. 5, § 25 StVG; 11.3.7 BKat; § 4 Abs. 1 BKatV (andere Kfz) Tab.: 703011	A - 2	320,00	1 M
103778	Sie überschritten die zulässige Höchstgeschwindigkeit außerhalb geschlossener Ortschaften um ... (von 51 - 60) km/h. Zulässige Geschwindigkeit: *)... km/h. Festgestellte Geschwindigkeit (nach Toleranzabzug): **)... km/h. § 3 Abs. 3, § 49 StVO; § 24 Abs. 1, 3 Nr. 5, § 25 StVG; 11.3.8 BKat; § 4 Abs. 1 BKatV (andere Kfz) Tab.: 703011	A - 2	480,00	1 M
103779	Sie überschritten die zulässige Höchstgeschwindigkeit außerhalb geschlossener Ortschaften um ... (von 61 - 70) km/h. Zulässige Geschwindigkeit: *)... km/h. Festgestellte Geschwindigkeit (nach Toleranzabzug): **)... km/h. § 3 Abs. 3, § 49 StVO; § 24 Abs. 1, 3 Nr. 5, § 25 StVG; 11.3.9 BKat; § 4 Abs. 1 BKatV (andere Kfz) Tab.: 703011	A - 2	600,00	2 M
103780	Sie überschritten die zulässige Höchstgeschwindigkeit außerhalb geschlossener Ortschaften um ... (über 70) km/h. Zulässige Geschwindigkeit: *)... km/h. Festgestellte Geschwindigkeit (nach Toleranzabzug): **)... km/h. § 3 Abs. 3, § 49 StVO; § 24 Abs. 1, 3 Nr. 5, § 25 StVG; 11.3.10 BKat; § 4 Abs. 1 BKatV (andere Kfz) Tab.: 703011	A - 2	700,00	3 M

TBNR   Bemerkungen
103775 – 103780 *) Zulässige Geschwindigkeit angeben, **) Festgestellte Geschwindigkeit
                   angeben

Geschwindigkeit - § 3 Abs. 4 StVO

TBNR	Tatbestandstext	FaP-Pkt	Euro	FV
103214	Sie überschritten die zulässige Höchstgeschwindigkeit mit Schneeketten innerhalb geschlossener Ortschaften um ... (bis 10) km/h. Zulässige Geschwindigkeit: 50 km/h. Festgestellte Geschwindigkeit (nach Toleranzabzug): *)... km/h. § 3 Abs. 4, § 49 StVO; § 24 Abs. 1, 3 Nr. 5 StVG; 11.1.1 BKat (Lkw usw.) Tab.: 703012	0	40,00	
103785	Sie überschritten die zulässige Höchstgeschwindigkeit mit Schneeketten innerhalb geschlossener Ortschaften um ... (von 11 - 15) km/h. Zulässige Geschwindigkeit: 50 km/h. Festgestellte Geschwindigkeit (nach Toleranzabzug): *)... km/h. § 3 Abs. 4, § 49 StVO; § 24 Abs. 1, 3 Nr. 5 StVG; 11.1.2 BKat (Lkw usw.) Tab.: 703012	0	60,00	
103786	Sie überschritten die zulässige Höchstgeschwindigkeit mit Schneeketten innerhalb geschlossener Ortschaften um ... (von 16 - 20) km/h. Zulässige Geschwindigkeit: 50 km/h. Festgestellte Geschwindigkeit (nach Toleranzabzug): *)... km/h. § 3 Abs. 4, § 49 StVO; § 24 Abs. 1, 3 Nr. 5 StVG; 11.1.4 BKat (Lkw usw.) Tab.: 703012	A - 1	160,00	
103787	Sie überschritten die zulässige Höchstgeschwindigkeit mit Schneeketten innerhalb geschlossener Ortschaften um ... (von 21 - 25) km/h. Zulässige Geschwindigkeit: 50 km/h. Festgestellte Geschwindigkeit (nach Toleranzabzug): *)... km/h. § 3 Abs. 4, § 49 StVO; § 24 Abs. 1, 3 Nr. 5,§ 25 StVG; 11.1.5 BKat; § 4 Abs. 1 BKatV (Lkw usw.) Tab.: 703012	A - 1	175,00	
103788	Sie überschritten die zulässige Höchstgeschwindigkeit mit Schneeketten innerhalb geschlossener Ortschaften um ... (von 26 - 30) km/h. Zulässige Geschwindigkeit: 50 km/h. Festgestellte Geschwindigkeit (nach Toleranzabzug): *)... km/h. § 3 Abs. 4, § 49 StVO; § 24 Abs. 1, 3 Nr. 5, § 25 StVG; 11.1.6 BKat; § 4 Abs. 1 BKatV (Lkw usw.) Tab.: 703012	A - 2	235,00	1 M
103789	Sie überschritten die zulässige Höchstgeschwindigkeit mit Schneeketten innerhalb geschlossener Ortschaften um ... (von 31 - 40) km/h. Zulässige Geschwindigkeit: 50 km/h. Festgestellte Geschwindigkeit (nach Toleranzabzug): *)... km/h. § 3 Abs. 4, § 49 StVO; § 24 Abs. 1, 3 Nr. 5, § 25 StVG; 11.1.7 BKat; § 4 Abs. 1 BKatV (Lkw usw.) Tab.: 703012	A - 2	340,00	1 M

TBNR	Bemerkungen
103214 – 103789	*) Festgestellte Geschwindigkeit angeben

Geschwindigkeit - § 3 Abs. 4 StVO

TBNR	Tatbestandstext	FaP-Pkt	Euro	FV
103790	Sie überschritten die zulässige Höchstgeschwindigkeit mit Schneeketten innerhalb geschlossener Ortschaften um ... (von 41 - 50) km/h. Zulässige Geschwindigkeit: 50 km/h. Festgestellte Geschwindigkeit (nach Toleranzabzug): *)... km/h. § 3 Abs. 4, § 49 StVO; § 24 Abs. 1, 3 Nr. 5, § 25 StVG; 11.1.8 BKat; § 4 Abs. 1 BKatV (Lkw usw.) Tab.: 703012	A - 2	560,00	2 M
103791	Sie überschritten die zulässige Höchstgeschwindigkeit mit Schneeketten innerhalb geschlossener Ortschaften um ... (von 51 - 60) km/h. Zulässige Geschwindigkeit: 50 km/h. Festgestellte Geschwindigkeit (nach Toleranzabzug): *)... km/h. § 3 Abs. 4, § 49 StVO; § 24 Abs. 1, 3 Nr. 5, § 25 StVG; 11.1.9 BKat; § 4 Abs. 1 BKatV (Lkw usw.) Tab.: 703012	A - 2	700,00	3 M
103792	Sie überschritten die zulässige Höchstgeschwindigkeit mit Schneeketten innerhalb geschlossener Ortschaften um ... (über 60) km/h. Zulässige Geschwindigkeit: 50 km/h. Festgestellte Geschwindigkeit (nach Toleranzabzug): *)... km/h. § 3 Abs. 4, § 49 StVO; § 24 Abs. 1, 3 Nr. 5, § 25 StVG; 11.1.10 BKat; § 4 Abs. 1 BKatV (Lkw usw.) Tab.: 703012	A - 2	800,00	3 M
103220	Sie überschritten die zulässige Höchstgeschwindigkeit mit Schneeketten außerhalb geschlossener Ortschaften um ... (bis 10) km/h. Zulässige Geschwindigkeit: 50 km/h. Festgestellte Geschwindigkeit (nach Toleranzabzug): *)... km/h. § 3 Abs. 4, § 49 StVO; § 24 Abs. 1, 3 Nr. 5 StVG; 11.1.1 BKat (Lkw usw.) Tab.: 703013	0	30,00	
103221	Sie überschritten die zulässige Höchstgeschwindigkeit mit Schneeketten außerhalb geschlossener Ortschaften um ... (von 11 - 15) km/h. Zulässige Geschwindigkeit: 50 km/h. Festgestellte Geschwindigkeit (nach Toleranzabzug): *)... km/h. § 3 Abs. 4, § 49 StVO; § 24 Abs. 1, 3 Nr. 5 StVG; 11.1.2 BKat (Lkw usw.) Tab.: 703013	0	50,00	

TBNR	**Bemerkungen**
103790 – 103221	*) Festgestellte Geschwindigkeit angeben

Geschwindigkeit - § 3 Abs. 4 StVO

TBNR	Tatbestandstext	FaP-Pkt	Euro	FV
103798	Sie überschritten die zulässige Höchstgeschwindigkeit mit Schneeketten außerhalb geschlossener Ortschaften um ... (von 16 - 20) km/h. Zulässige Geschwindigkeit: 50 km/h. Festgestellte Geschwindigkeit (nach Toleranzabzug): *)... km/h. § 3 Abs. 4, § 49 StVO; § 24 Abs. 1, 3 Nr. 5 StVG; 11.1.4 BKat (Lkw usw.) Tab.: 703013	A - 1	140,00	
103799	Sie überschritten die zulässige Höchstgeschwindigkeit mit Schneeketten außerhalb geschlossener Ortschaften um ... (von 21 - 25) km/h. Zulässige Geschwindigkeit: 50 km/h. Festgestellte Geschwindigkeit (nach Toleranzabzug): *)... km/h. § 3 Abs. 4, § 49 StVO; § 24 Abs. 1, 3 Nr. 5 StVG; 11.1.5 BKat (Lkw usw.) Tab.: 703013	A - 1	150,00	
103800	Sie überschritten die zulässige Höchstgeschwindigkeit mit Schneeketten außerhalb geschlossener Ortschaften um ... (von 26 - 30) km/h. Zulässige Geschwindigkeit: 50 km/h. Festgestellte Geschwindigkeit (nach Toleranzabzug): *)... km/h. § 3 Abs. 4, § 49 StVO; § 24 Abs. 1, 3 Nr. 5; § 25 StVG; 11.1.6 BKat; § 4 Abs. 1 BKatV (Lkw usw.) Tab.: 703013	A - 1	175,00	
103801	Sie überschritten die zulässige Höchstgeschwindigkeit mit Schneeketten außerhalb geschlossener Ortschaften um ... (von 31 - 40) km/h. Zulässige Geschwindigkeit: 50 km/h. Festgestellte Geschwindigkeit (nach Toleranzabzug): *)... km/h. § 3 Abs. 4, § 49 StVO; § 24 Abs. 1, 3 Nr. 5, § 25 StVG; 11.1.7 BKat; § 4 Abs. 1 BKatV (Lkw usw.) Tab.: 703013	A - 2	255,00	1 M
103802	Sie überschritten die zulässige Höchstgeschwindigkeit mit Schneeketten außerhalb geschlossener Ortschaften um ... (von 41 - 50) km/h. Zulässige Geschwindigkeit: 50 km/h. Festgestellte Geschwindigkeit (nach Toleranzabzug): *)... km/h. § 3 Abs. 4, § 49 StVO; § 24 Abs. 1, 3 Nr. 5, § 25 StVG; 11.1.8 BKat; § 4 Abs. 1 BKatV (Lkw usw.) Tab.: 703013	A - 2	480,00	1 M

TBNR   **Bemerkungen**
103798 – 103802   *) Festgestellte Geschwindigkeit angeben

Geschwindigkeit - § 3 Abs. 4 StVO

TBNR	Tatbestandstext	FaP-Pkt	Euro	FV
103803	Sie überschritten die zulässige Höchstgeschwindigkeit mit Schneeketten außerhalb geschlossener Ortschaften um ... (von 51 - 60) km/h. Zulässige Geschwindigkeit: 50 km/h. Festgestellte Geschwindigkeit (nach Toleranzabzug): *)... km/h. § 3 Abs. 4, § 49 StVO; § 24 Abs. 1, 3 Nr. 5, § 25 StVG; 11.1.9 BKat; § 4 Abs. 1 BKatV (Lkw usw.) Tab.: 703013	A - 2	600,00	2 M
103804	Sie überschritten die zulässige Höchstgeschwindigkeit mit Schneeketten außerhalb geschlossener Ortschaften um ... (über 60) km/h. Zulässige Geschwindigkeit: 50 km/h. Festgestellte Geschwindigkeit (nach Toleranzabzug): *)... km/h. § 3 Abs. 4, § 49 StVO; § 24 Abs. 1, 3 Nr. 5, § 25 StVG; 11.1.10 BKat; § 4 Abs. 1 BKatV (Lkw usw.) Tab.: 703013	A - 2	700,00	3 M
103808	Sie überschritten die zulässige Höchstgeschwindigkeit mit Schneeketten innerhalb geschlossener Ortschaften um ... (bis 10) km/h. Zulässige Geschwindigkeit: 50 km/h. Festgestellte Geschwindigkeit (nach Toleranzabzug): *)... km/h. § 3 Abs. 4, § 49 StVO; § 24 Abs. 1, 3 Nr. 5 StVG; 11.2.1 BKat (gef. Güter usw.) Tab.: 703014	0	70,00	
103809	Sie überschritten die zulässige Höchstgeschwindigkeit mit Schneeketten innerhalb geschlossener Ortschaften um ... (von 11 - 15) km/h. Zulässige Geschwindigkeit: 50 km/h. Festgestellte Geschwindigkeit (nach Toleranzabzug): *)... km/h. § 3 Abs. 4, § 49 StVO; § 24 Abs. 1, 3 Nr. 5 StVG; 11.2.2 BKat (gef. Güter usw.) Tab.: 703014	A - 1	120,00	
103810	Sie überschritten die zulässige Höchstgeschwindigkeit mit Schneeketten innerhalb geschlossener Ortschaften um ... (von 16 - 20) km/h. Zulässige Geschwindigkeit: 50 km/h. Festgestellte Geschwindigkeit (nach Toleranzabzug): *)... km/h. § 3 Abs. 4, § 49 StVO; § 24 Abs. 1, 3 Nr. 5 StVG; 11.2.4 BKat (gef. Güter usw.) Tab.: 703014	A - 1	320,00	

TBNR	Bemerkungen
103803 – 103810	*) Festgestellte Geschwindigkeit angeben

Geschwindigkeit - § 3 Abs. 4 StVO

TBNR	Tatbestandstext	FaP-Pkt	Euro	FV
103811	Sie überschritten die zulässige Höchstgeschwindigkeit mit Schneeketten innerhalb geschlossener Ortschaften um ... (von 21 - 25) km/h. Zulässige Geschwindigkeit: 50 km/h. Festgestellte Geschwindigkeit (nach Toleranzabzug): *)... km/h. § 3 Abs. 4, § 49 StVO; § 24 Abs. 1, 3 Nr. 5, § 25 StVG; 11.2.5 BKat; § 4 Abs. 1 BKatV (gef. Güter usw.) Tab.: 703014	A - 2	360,00	1 M
103812	Sie überschritten die zulässige Höchstgeschwindigkeit mit Schneeketten innerhalb geschlossener Ortschaften um ... (von 26 - 30) km/h. Zulässige Geschwindigkeit: 50 km/h. Festgestellte Geschwindigkeit (nach Toleranzabzug): *)... km/h. § 3 Abs. 4, § 49 StVO; § 24 Abs. 1, 3 Nr. 5, § 25 StVG; 11.2.6 BKat; § 4 Abs. 1 BKatV (gef. Güter usw.) Tab.: 703014	A - 2	480,00	1 M
103813	Sie überschritten die zulässige Höchstgeschwindigkeit mit Schneeketten innerhalb geschlossener Ortschaften um ... (von 31 - 40) km/h. Zulässige Geschwindigkeit: 50 km/h. Festgestellte Geschwindigkeit (nach Toleranzabzug): *)... km/h. § 3 Abs. 4, § 49 StVO; § 24 Abs. 1, 3 Nr. 5, § 25 StVG; 11.2.7 BKat; § 4 Abs. 1 BKatV (gef. Güter usw.) Tab.: 703014	A - 2	640,00	2 M
103814	Sie überschritten die zulässige Höchstgeschwindigkeit mit Schneeketten innerhalb geschlossener Ortschaften um ... (von 41 - 50) km/h. Zulässige Geschwindigkeit: 50 km/h. Festgestellte Geschwindigkeit (nach Toleranzabzug): *)... km/h. § 3 Abs. 4, § 49 StVO; § 24 Abs. 1, 3 Nr. 5, § 25 StVG; 11.2.8 BKat; § 4 Abs. 1 BKatV (gef. Güter usw.) Tab.: 703014	A - 2	800,00	3 M
103815	Sie überschritten die zulässige Höchstgeschwindigkeit mit Schneeketten innerhalb geschlossener Ortschaften um ... (von 51 - 60) km/h. Zulässige Geschwindigkeit: 50 km/h. Festgestellte Geschwindigkeit (nach Toleranzabzug): *)... km/h. § 3 Abs. 4, § 49 StVO; § 24 Abs. 1, 3 Nr. 5, § 25 StVG; 11.2.9 BKat; § 4 Abs. 1 BKatV (gef. Güter usw.) Tab.: 703014	A - 2	900,00	3 M

TBNR   **Bemerkungen**
103811 – 103815   *) Festgestellte Geschwindigkeit angeben

Geschwindigkeit - § 3 Abs. 4 StVO

TBNR	Tatbestandstext	FaP-Pkt	Euro	FV
103816	Sie überschritten die zulässige Höchstgeschwindigkeit mit Schneeketten innerhalb geschlossener Ortschaften um ... (über 60) km/h. Zulässige Geschwindigkeit: 50 km/h. Festgestellte Geschwindigkeit (nach Toleranzabzug): *)... km/h. § 3 Abs. 4, § 49 StVO; § 24 Abs. 1, 3 Nr. 5, § 25 StVG; 11.2.10 BKat; § 4 Abs. 1 BKatV (gef. Güter usw.) Tab.: 703014	A - 2	950,00	3 M
103820	Sie überschritten die zulässige Höchstgeschwindigkeit mit Schneeketten außerhalb geschlossener Ortschaften um ... (bis 10) km/h. Zulässige Geschwindigkeit: 50 km/h. Festgestellte Geschwindigkeit (nach Toleranzabzug): *)... km/h. § 3 Abs. 4, § 49 StVO; § 24 Abs. 1, 3 Nr. 5 StVG; 11.2.1 BKat (gef. Güter usw.) Tab.: 703015	0	60,00	
103821	Sie überschritten die zulässige Höchstgeschwindigkeit mit Schneeketten außerhalb geschlossener Ortschaften um ... (von 11 - 15) km/h. Zulässige Geschwindigkeit: 50 km/h. Festgestellte Geschwindigkeit (nach Toleranzabzug): *)... km/h. § 3 Abs. 4, § 49 StVO; § 24 Abs. 1, 3 Nr. 5 StVG; 11.2.2 BKat (gef. Güter usw.) Tab.: 703015	0	70,00	
103822	Sie überschritten die zulässige Höchstgeschwindigkeit mit Schneeketten außerhalb geschlossener Ortschaften um ... (von 16 - 20) km/h. Zulässige Geschwindigkeit: 50 km/h. Festgestellte Geschwindigkeit (nach Toleranzabzug): *)... km/h. § 3 Abs. 4, § 49 StVO; § 24 Abs. 1, 3 Nr. 5 StVG; 11.2.4 BKat (gef. Güter usw.) Tab.: 703015	A - 1	240,00	
103823	Sie überschritten die zulässige Höchstgeschwindigkeit mit Schneeketten außerhalb geschlossener Ortschaften um ... (von 21 - 25) km/h. Zulässige Geschwindigkeit: 50 km/h. Festgestellte Geschwindigkeit (nach Toleranzabzug): *)... km/h. § 3 Abs. 4, § 49 StVO; § 24 Abs. 1, 3 Nr. 5 StVG; 11.2.5 BKat (gef. Güter usw.) Tab.: 703015	A - 1	280,00	

TBNR   Bemerkungen
103816 – 103823   *) Festgestellte Geschwindigkeit angeben

Geschwindigkeit - § 3 Abs. 4 StVO

TBNR	Tatbestandstext	FaP-Pkt	Euro	FV
103824	Sie überschritten die zulässige Höchstgeschwindigkeit mit Schneeketten außerhalb geschlossener Ortschaften um ... (von 26 - 30) km/h. Zulässige Geschwindigkeit: 50 km/h. Festgestellte Geschwindigkeit (nach Toleranzabzug): *)... km/h. § 3 Abs. 4, § 49 StVO; § 24 Abs. 1, 3 Nr. 5, § 25 StVG; 11.2.6 BKat; § 4 Abs. 1 BKatV (gef. Güter usw.) Tab.: 703015	A - 2	400,00	1 M
103825	Sie überschritten die zulässige Höchstgeschwindigkeit mit Schneeketten außerhalb geschlossener Ortschaften um ... (von 31 - 40) km/h. Zulässige Geschwindigkeit: 50 km/h. Festgestellte Geschwindigkeit (nach Toleranzabzug): *)... km/h. § 3 Abs. 4, § 49 StVO; § 24 Abs. 1, 3 Nr. 5, § 25 StVG; 11.2.7 BKat; § 4 Abs. 1 BKatV (gef. Güter usw.) Tab.: 703015	A - 2	560,00	1 M
103826	Sie überschritten die zulässige Höchstgeschwindigkeit mit Schneeketten außerhalb geschlossener Ortschaften um ... (von 41 - 50) km/h. Zulässige Geschwindigkeit: 50 km/h. Festgestellte Geschwindigkeit (nach Toleranzabzug): *)... km/h. § 3 Abs. 4, § 49 StVO; § 24 Abs. 1, 3 Nr. 5, § 25 StVG; 11.2.8 BKat; § 4 Abs. 1 BKatV (gef. Güter usw.) Tab.: 703015	A - 2	700,00	2 M
103827	Sie überschritten die zulässige Höchstgeschwindigkeit mit Schneeketten außerhalb geschlossener Ortschaften um ... (von 51 - 60) km/h. Zulässige Geschwindigkeit: 50 km/h. Festgestellte Geschwindigkeit (nach Toleranzabzug): *)... km/h. § 3 Abs. 4, § 49 StVO; § 24 Abs. 1, 3 Nr. 5, § 25 StVG; 11.2.9 BKat; § 4 Abs. 1 BKatV (gef. Güter usw.) Tab.: 703015	A - 2	800,00	3 M
103828	Sie überschritten die zulässige Höchstgeschwindigkeit mit Schneeketten außerhalb geschlossener Ortschaften um ... (über 60) km/h. Zulässige Geschwindigkeit: 50 km/h. Festgestellte Geschwindigkeit (nach Toleranzabzug): *)... km/h. § 3 Abs. 4, § 49 StVO; § 24 Abs. 1, 3 Nr. 5, § 25 StVG; 11.2.10 BKat; § 4 Abs. 1 BKatV (gef. Güter usw.) Tab.: 703015	A - 2	900,00	3 M

TBNR	Bemerkungen
103824 – 103828	*) Festgestellte Geschwindigkeit angeben

Geschwindigkeit - § 3 Abs. 4 StVO

TBNR	Tatbestandstext	FaP-Pkt	Euro	FV
103238	Sie überschritten die zulässige Höchstgeschwindigkeit mit Schneeketten innerhalb geschlossener Ortschaften um ... (bis 10) km/h. Zulässige Geschwindigkeit: 50 km/h. Festgestellte Geschwindigkeit (nach Toleranzabzug): *)... km/h. § 3 Abs. 4, § 49 StVO; § 24 Abs. 1, 3 Nr. 5 StVG; 11.3.1 BKat (andere Kfz) Tab.: 703016	0	30,00	
103239	Sie überschritten die zulässige Höchstgeschwindigkeit mit Schneeketten innerhalb geschlossener Ortschaften um ... (von 11 - 15) km/h. Zulässige Geschwindigkeit: 50 km/h. Festgestellte Geschwindigkeit (nach Toleranzabzug): *)... km/h. § 3 Abs. 4, § 49 StVO; § 24 Abs. 1, 3 Nr. 5 StVG; 11.3.2 BKat (andere Kfz) Tab.: 703016	0	50,00	
103833	Sie überschritten die zulässige Höchstgeschwindigkeit mit Schneeketten innerhalb geschlossener Ortschaften um ... (von 16 - 20) km/h. Zulässige Geschwindigkeit: 50 km/h. Festgestellte Geschwindigkeit (nach Toleranzabzug): *)... km/h. § 3 Abs. 4, § 49 StVO; § 24 Abs. 1, 3 Nr. 5 StVG; 11.3.3 BKat (andere Kfz) Tab.: 703016	0	70,00	
103834	Sie überschritten die zulässige Höchstgeschwindigkeit mit Schneeketten innerhalb geschlossener Ortschaften um ... (von 21 - 25) km/h. Zulässige Geschwindigkeit: 50 km/h. Festgestellte Geschwindigkeit (nach Toleranzabzug): *)... km/h. § 3 Abs. 4, § 49 StVO; § 24 Abs. 1, 3 Nr. 5, § 25 StVG; 11.3.4 BKat; § 4 Abs. 1 BKatV (andere Kfz) Tab.: 703016	A - 1	115,00	
103835	Sie überschritten die zulässige Höchstgeschwindigkeit mit Schneeketten innerhalb geschlossener Ortschaften um ... (von 26 - 30) km/h. Zulässige Geschwindigkeit: 50 km/h. Festgestellte Geschwindigkeit (nach Toleranzabzug): *)... km/h. § 3 Abs. 4, § 49 StVO; § 24 Abs. 1, 3 Nr. 5, § 25 StVG; 11.3.5 BKat; § 4 Abs. 1 BKatV (andere Kfz) Tab.: 703016	A - 1	180,00	

TBNR   **Bemerkungen**
103238 – 103835   *) Festgestellte Geschwindigkeit angeben

Geschwindigkeit - § 3 Abs. 4 StVO

TBNR	Tatbestandstext	FaP-Pkt	Euro	FV
103836	Sie überschritten die zulässige Höchstgeschwindigkeit mit Schneeketten innerhalb geschlossener Ortschaften um ... (von 31 - 40) km/h. Zulässige Geschwindigkeit: 50 km/h. Festgestellte Geschwindigkeit (nach Toleranzabzug): *)... km/h. § 3 Abs. 4, § 49 StVO; § 24 Abs. 1, 3 Nr. 5, § 25 StVG; 11.3.6 BKat; § 4 Abs. 1 BKatV (andere Kfz) Tab.: 703016	A - 2	260,00	1 M
103837	Sie überschritten die zulässige Höchstgeschwindigkeit mit Schneeketten nnerhalb geschlossener Ortschaften um ... (von 41 - 50) km/h. Zulässige Geschwindigkeit: 50 km/h. Festgestellte Geschwindigkeit (nach Toleranzabzug): *)... km/h. § 3 Abs. 4, § 49 StVO; § 24 Abs. 1, 3 Nr. 5, § 25 StVG; 11.3.7 BKat; § 4 Abs. 1 BKatV (andere Kfz) Tab.: 703016	A - 2	400,00	1 M
103838	Sie überschritten die zulässige Höchstgeschwindigkeit mit Schneeketten innerhalb geschlossener Ortschaften um ... (von 51 - 60) km/h. Zulässige Geschwindigkeit: 50 km/h. Festgestellte Geschwindigkeit (nach Toleranzabzug): *)... km/h. § 3 Abs. 4, § 49 StVO; § 24 Abs. 1, 3 Nr. 5, § 25 StVG; 11.3.8 BKat; § 4 Abs. 1 BKatV (andere Kfz) Tab.: 703016	A - 2	560,00	2 M
103839	Sie überschritten die zulässige Höchstgeschwindigkeit mit Schneeketten innerhalb geschlossener Ortschaften um ... (von 61 - 70) km/h. Zulässige Geschwindigkeit: 50 km/h. Festgestellte Geschwindigkeit (nach Toleranzabzug): *)... km/h. § 3 Abs. 4, § 49 StVO; § 24 Abs. 1, 3 Nr. 5, § 25 StVG; 11.3.9 BKat; § 4 Abs. 1 BKatV (andere Kfz) Tab.: 703016	A - 2	700,00	3 M
103840	Sie überschritten die zulässige Höchstgeschwindigkeit mit Schneeketten innerhalb geschlossener Ortschaften um ... (über 70) km/h. Zulässige Geschwindigkeit: 50 km/h. Festgestellte Geschwindigkeit (nach Toleranzabzug): *)... km/h. § 3 Abs. 4, § 49 StVO; § 24 Abs. 1, 3 Nr. 5, § 25 StVG; 11.3.10 BKat; § 4 Abs. 1 BKatV (andere Kfz) Tab.: 703016	A - 2	800,00	3 M

TBNR   **Bemerkungen**
103836 – 103840   *) Festgestellte Geschwindigkeit angeben

Geschwindigkeit - § 3 Abs. 4 StVO

TBNR	Tatbestandstext	FaP-Pkt	Euro	FV
103244	Sie überschritten die zulässige Höchstgeschwindigkeit mit Schneeketten außerhalb geschlossener Ortschaften um ... (bis 10) km/h. Zulässige Geschwindigkeit: 50 km/h. Festgestellte Geschwindigkeit (nach Toleranzabzug): *)... km/h. § 3 Abs. 4, § 49 StVO; § 24 Abs. 1, 3 Nr. 5 StVG; 11.3.1 BKat (andere Kfz) Tab.: 703017	0	20,00	
103245	Sie überschritten die zulässige Höchstgeschwindigkeit mit Schneeketten außerhalb geschlossener Ortschaften um ... (von 11 - 15) km/h. Zulässige Geschwindigkeit: 50 km/h. Festgestellte Geschwindigkeit (nach Toleranzabzug): *)... km/h. § 3 Abs. 4, § 49 StVO; § 24 Abs. 1, 3 Nr. 5 StVG; 11.3.2 BKat (andere Kfz) Tab.: 703017	0	40,00	
103845	Sie überschritten die zulässige Höchstgeschwindigkeit mit Schneeketten außerhalb geschlossener Ortschaften um ... (von 16 - 20) km/h. Zulässige Geschwindigkeit: 50 km/h. Festgestellte Geschwindigkeit (nach Toleranzabzug): *)... km/h. § 3 Abs. 4, § 49 StVO; § 24 Abs. 1, 3 Nr. 5 StVG; 11.3.3 BKat (andere Kfz) Tab.: 703017	0	60,00	
103846	Sie überschritten die zulässige Höchstgeschwindigkeit mit Schneeketten außerhalb geschlossener Ortschaften um ... (von 21 - 25) km/h. Zulässige Geschwindigkeit: 50 km/h. Festgestellte Geschwindigkeit (nach Toleranzabzug): *)... km/h. § 3 Abs. 4, § 49 StVO; § 24 Abs. 1, 3 Nr. 5 StVG; 11.3.4 BKat (andere Kfz) Tab.: 703017	A - 1	100,00	
103847	Sie überschritten die zulässige Höchstgeschwindigkeit mit Schneeketten außerhalb geschlossener Ortschaften um ... (von 26 - 30) km/h. Zulässige Geschwindigkeit: 50 km/h. Festgestellte Geschwindigkeit (nach Toleranzabzug): *)... km/h. § 3 Abs. 4, § 49 StVO; § 24 Abs. 1, 3 Nr. 5, § 25 StVG; 11.3.5 BKat; § 4 Abs.1 BKatV (andere Kfz) Tab.: 703017	A - 1	150,00	
103848	Sie überschritten die zulässige Höchstgeschwindigkeit mit Schneeketten außerhalb geschlossener Ortschaften um ... (von 31 - 40) km/h. Zulässige Geschwindigkeit: 50 km/h. Festgestellte Geschwindigkeit (nach Toleranzabzug): *)... km/h. § 3 Abs. 4, § 49 StVO; § 24 Abs. 1, 3 Nr. 5, § 25 StVG; 11.3.6 BKat; § 4 Abs.1 BKatV (andere Kfz) Tab.: 703017	A - 1	200,00	

TBNR   **Bemerkungen**
103244 – 103848   *) Festgestellte Geschwindigkeit angeben

Geschwindigkeit - § 3 Abs. 4 StVO

TBNR	Tatbestandstext	FaP-Pkt	Euro	FV
103849	Sie überschritten die zulässige Höchstgeschwindigkeit mit Schneeketten außerhalb geschlossener Ortschaften um ... (von 41 - 50) km/h. Zulässige Geschwindigkeit: 50 km/h. Festgestellte Geschwindigkeit (nach Toleranzabzug): *)... km/h. § 3 Abs. 4, § 49 StVO; § 24 Abs. 1, 3 Nr. 5, § 25 StVG; 11.3.7 BKat; § 4 Abs. 1 BKatV (andere Kfz) Tab.: 703017	A - 2	320,00	1 M
103850	Sie überschritten die zulässige Höchstgeschwindigkeit mit Schneeketten außerhalb geschlossener Ortschaften um ... (von 51 - 60) km/h. Zulässige Geschwindigkeit: 50 km/h. Festgestellte Geschwindigkeit (nach Toleranzabzug): *)... km/h. § 3 Abs. 4, § 49 StVO; § 24 Abs. 1, 3 Nr. 5, § 25 StVG; 11.3.8 BKat; § 4 Abs. 1 BKatV (andere Kfz) Tab.: 703017	A - 2	480,00	1 M
103851	Sie überschritten die zulässige Höchstgeschwindigkeit mit Schneeketten außerhalb geschlossener Ortschaften um ... (von 61 - 70) km/h. Zulässige Geschwindigkeit: 50 km/h. Festgestellte Geschwindigkeit (nach Toleranzabzug): *)... km/h. § 3 Abs. 4, § 49 StVO; § 24 Abs. 1, 3 Nr. 5, § 25 StVG; 11.3.9 BKat; § 4 Abs. 1 BKatV (andere Kfz) Tab.: 703017	A - 2	600,00	2 M
103852	Sie überschritten die zulässige Höchstgeschwindigkeit mit Schneeketten außerhalb geschlossener Ortschaften um ... (über 70) km/h. Zulässige Geschwindigkeit: 50 km/h. Festgestellte Geschwindigkeit (nach Toleranzabzug): *)... km/h. § 3 Abs. 4, § 49 StVO; § 24 Abs. 1, 3 Nr. 5, § 25 StVG; 11.3.10 BKat; § 4 Abs. 1 BKatV (andere Kfz) Tab.: 703017	A - 2	700,00	3 M

TBNR	Bemerkungen
103849 – 103852	*) Festgestellte Geschwindigkeit angeben

Abstand - § 4 Abs. 1 StVO

TBNR	Tatbestandstext	FaP-Pkt	Euro	FV
104100	Sie hielten bei einer Geschwindigkeit von *)... km/h (bis 80 km/h) den erforderlichen Abstand von ...,.. m zum vorausfahrenden Fahrzeug nicht ein. Ihr Abstand betrug **) ...,.. m. Toleranzen sind zu Ihren Gunsten berücksichtigt. § 4 Abs. 1, § 49 StVO; § 24 Abs. 1, 3 Nr. 5 StVG; 12.1 BKat	0	25,00	
104101	Sie hielten bei einer Geschwindigkeit von *)... km/h (bis 80 km/h) den erforderlichen Abstand von ...,.. m zum vorausfahrenden Fahrzeug nicht ein, so dass die Insassen dieses Fahrzeugs gefährdet +) wurden. Ihr Abstand betrug **) ...,.. m. Toleranzen sind zu Ihren Gunsten berücksichtigt. § 4 Abs. 1, § 1 Abs. 2, § 49 StVO; § 24 Abs. 1, 3 Nr. 5 StVG; 12.2 BKat; § 19 OWiG	0	30,00	
104102	Sie hielten bei einer Geschwindigkeit von *)... km/h (bis 80 km/h) den erforderlichen Abstand von ...,.. m zum vorausfahrenden Fahrzeug nicht ein. Ihr Abstand betrug **) ...,.. m. Es kam zum Unfall. Toleranzen sind zu Ihren Gunsten berücksichtigt. § 4 Abs. 1, § 1 Abs. 2, § 49 StVO; § 24 Abs. 1, 3 Nr. 5 StVG; 12.3 BKat; § 19 OWiG	0	35,00	
104106	Sie fuhren infolge zu geringen Abstands auf das abbrems-ende Fahrzeug auf. Es kam zum Unfall. § 4 Abs. 1, § 1 Abs. 2, § 49 StVO; § 24 Abs. 1, 3 Nr. 5 StVG; 12.3 BKat; § 19 OWiG	0	35,00	
104112	Sie hielten bei einer Geschwindigkeit von *)... km/h (über 80 km/h) den erforderlichen Abstand von ...,.. m zum vorausfahrenden Fahrzeug nicht ein. Ihr Abstand betrug **) ...,.. m. Toleranzen sind zu Ihren Gunsten berücksichtigt. § 4 Abs. 1, § 49 StVO; § 24 Abs. 1, 3 Nr. 5 StVG; 12.4 BKat	0	35,00	
104600	Sie hielten bei einer Geschwindigkeit von *)... km/h (81 - 100 km/h)den erforderlichen Abstand von ...,.. m zum vorausfahrenden Fahrzeug nicht ein. Ihr Abstand betrug **) ...,.. m und damit weniger als 5/10 des halben Tachowertes. Toleranzen sind zu Ihren Gunsten berücksichtigt. § 4 Abs. 1, § 49 StVO; § 24 Abs. 1, 3 Nr. 5 StVG; 12.5.1 BKat Tab.: 704000	A - 1	75,00	

TBNR   Bemerkungen
104100 – 104600 *) Festgestellte Geschwindigkeit angeben; **) Abstand angeben

Abstand - § 4 Abs. 1 StVO

TBNR	Tatbestandstext	FaP-Pkt	Euro	FV
104601	Sie hielten bei einer Geschwindigkeit von *)... km/h (81 - 100 km/h) den erforderlichen Abstand von ...,.. m zum vorausfahrenden Fahrzeug nicht ein. Ihr Abstand betrug **) ...,.. m und damit weniger als 4/10 des halben Tachowertes. Toleranzen sind zu Ihren Gunsten berücksichtigt. § 4 Abs. 1, § 49 StVO; § 24 Abs. 1, 3 Nr. 5 StVG; 12.5.2 BKat Tab.: 704000	A - 1	100,00	
104602	Sie hielten bei einer Geschwindigkeit von *)... km/h (81 - 100 km/h) den erforderlichen Abstand von ...,.. m zum vorausfahrenden Fahrzeug nicht ein. Ihr Abstand betrug **) ...,.. m und damit weniger als 3/10 des halben Tachowertes. Toleranzen sind zu Ihren Gunsten berücksichtigt. § 4 Abs. 1, § 49 StVO; § 24 Abs. 1, 3 Nr. 5 StVG; 12.5.3 BKat Tab.: 704000	A - 1	160,00	
104603	Sie hielten bei einer Geschwindigkeit von *)... km/h (81 - 100 km/h)den erforderlichen Abstand von ...,.. m zum vorausfahrenden Fahrzeug nicht ein. Ihr Abstand betrug **) ...,.. m und damit weniger als 2/10 des halben Tachowertes. Toleranzen sind zu Ihren Gunsten berücksichtigt. § 4 Abs. 1, § 49 StVO; § 24 Abs. 1, 3 Nr. 5 StVG; 12.5.4 BKat Tab.: 704000	A - 1	240,00	
104604	Sie hielten bei einer Geschwindigkeit von *)... km/h (81 - 100 km/h) den erforderlichen Abstand von ...,.. m zum vorausfahrenden Fahrzeug nicht ein. Ihr Abstand betrug **) ...,.. m und damit weniger als 1/10 des halben Tachowertes. Toleranzen sind zu Ihren Gunsten berücksichtigt. § 4 Abs. 1, § 49 StVO; § 24 Abs. 1, 3 Nr. 5 StVG; 12.5.5 BKat Tab.: 704000	A - 1	320,00	
104606	Sie hielten bei einer Geschwindigkeit von *)... km/h (101 - 130 km/h) den erforderlichen Abstand von ...,.. m zum vorausfahrenden Fahrzeug nicht ein. Ihr Abstand betrug **) ...,.. m und damit weniger als 5/10 des halben Tachowertes. Toleranzen sind zu Ihren Gunsten berücksichtigt. § 4 Abs. 1, § 49 StVO; § 24 Abs. 1, 3 Nr. 5 StVG; 12.6.1 BKat Tab.: 704001	A - 1	75,00	
104607	Sie hielten bei einer Geschwindigkeit von *)... km/h (101 - 130 km/h) den erforderlichen Abstand von ...,.. m zum vorausfahrenden Fahrzeug nicht ein. Ihr Abstand betrug **) ...,.. m und damit weniger als 4/10 des halben Tachowertes. Toleranzen sind zu Ihren Gunsten berücksichtigt. § 4 Abs. 1, § 49 StVO; § 24 Abs. 1, 3 Nr. 5 StVG; 12.6.2 BKat Tab.: 704001	A - 1	100,00	

TBNR **Bemerkungen**
104601 – 104607 *) Festgestellte Geschwindigkeit angeben; **) Abstand angeben

Abstand - § 4 Abs. 1 StVO

TBNR	Tatbestandstext	FaP-Pkt	Euro	FV
104608	Sie hielten bei einer Geschwindigkeit von *)... km/h (101 - 130 km/h) den erforderlichen Abstand von ...,.. m zum vorausfahrenden Fahrzeug nicht ein. Ihr Abstand betrug **) ...,.. m und damit weniger als 3/10 des halben Tachowertes. Toleranzen sind zu Ihren Gunsten berücksichtigt. § 4 Abs. 1, § 49 StVO; § 24 Abs. 1, 3 Nr. 5, § 25 StVG; 12.6.3 BKat; § 4 Abs. 1 BKatV Tab.: 704001	A - 2	160,00	1 M
104609	Sie hielten bei einer Geschwindigkeit von *)... km/h (101 - 130 km/h) den erforderlichen Abstand von ...,.. m zum vorausfahrenden Fahrzeug nicht ein. Ihr Abstand betrug **) ...,.. m und damit weniger als 2/10 des halben Tachowertes. Toleranzen sind zu Ihren Gunsten berücksichtigt. § 4 Abs. 1, § 49 StVO; § 24 Abs. 1, 3 Nr. 5, § 25 StVG; 12.6.4 BKat; § 4 Abs. 1 BKatV Tab.: 704001	A - 2	240,00	2 M
104610	Sie hielten bei einer Geschwindigkeit von *)... km/h (101 - 130 km/h) den erforderlichen Abstand von ...,.. m zum vorausfahrenden Fahrzeug nicht ein. Ihr Abstand betrug **) ...,.. m und damit weniger als 1/10 des halben Tachowertes. Toleranzen sind zu Ihren Gunsten berücksichtigt. § 4 Abs. 1, § 49 StVO; § 24 Abs. 1, 3 Nr. 5, § 25 StVG; 12.6.5 BKat; § 4 Abs. 1 BKatV Tab.: 704001	A - 2	320,00	3 M
104612	Sie hielten bei einer Geschwindigkeit von *)... km/h (über 130 km/h) den erforderlichen Abstand von ...,.. m zum vorausfahrenden Fahrzeug nicht ein. Ihr Abstand betrug **) ...,.. m und damit weniger als 5/10 des halben Tachowertes. Toleranzen sind zu Ihren Gunsten berücksichtigt. § 4 Abs. 1, § 49 StVO; § 24 Abs. 1, 3 Nr. 5 StVG; 12.7.1 BKat Tab.: 704002	A - 1	100,00	
104613	Sie hielten bei einer Geschwindigkeit von *)... km/h (über 130 km/h)den erforderlichen Abstand von ...,.. m zum vorausfahrenden Fahrzeug nicht ein. Ihr Abstand betrug **) ...,.. m und damit weniger als 4/10 des halben Tachowertes. Toleranzen sind zu Ihren Gunsten berücksichtigt. § 4 Abs. 1, § 49 StVO; § 24 Abs. 1, 3 Nr. 5 StVG; 12.7.2 BKat Tab.: 704002	A - 1	180,00	

TBNR   **Bemerkungen**
104608 – 104613 *) Festgestellte Geschwindigkeit angeben, **) Abstand angeben

Abstand - § 4 Abs. 1 StVO

TBNR	Tatbestandstext	FaP-Pkt	Euro	FV
104614	Sie hielten bei einer Geschwindigkeit von *)... km/h (über 130 km/h) den erforderlichen Abstand von ...,.. m zum vorausfahrenden Fahrzeug nicht ein. Ihr Abstand betrug **) ...,.. m und damit weniger als 3/10 des halben Tachowertes. Toleranzen sind zu Ihren Gunsten berücksichtigt. § 4 Abs. 1, § 49 StVO; § 24 Abs. 1, 3 Nr. 5, § 25 StVG; 12.7.3 BKat; § 4 Abs. 1 BKatV Tab.: 704002	A - 2	240,00	1 M
104615	Sie hielten bei einer Geschwindigkeit von *)... km/h (über 130 km/h) den erforderlichen Abstand von ...,.. m zum vorausfahrenden Fahrzeug nicht ein. Ihr Abstand betrug **) ...,.. m und damit weniger als 2/10 des halben Tachowertes. Toleranzen sind zu Ihren Gunsten berücksichtigt. § 4 Abs. 1, § 49 StVO; § 24 Abs. 1, 3 Nr. 5, § 25 StVG; 12.7.4 BKat; § 4 Abs. 1 BKatV Tab.: 704002	A - 2	320,00	2 M
104616	Sie hielten bei einer Geschwindigkeit von *)... km/h (über 130 km/h) den erforderlichen Abstand von ...,.. m zum vorausfahrenden Fahrzeug nicht ein. Ihr Abstand betrug **) ...,.. m und damit weniger als 1/10 des halben Tachowertes. Toleranzen sind zu Ihren Gunsten berücksichtigt. § 4 Abs. 1, § 49 StVO; § 24 Abs. 1, 3 Nr. 5, § 25 StVG; 12.7.5 BKat; § 4 Abs. 1 BKatV Tab.: 704002	A - 2	400,00	3 M
104618	Sie hielten mit einem kennzpfl. Kfz. m. gef. Gütern/KOM m. Fahrg. ***) bei einer Geschwindigkeit von *)... km/h (81 - 100 km/h) den erforderlichen Abstand von ...,.. m zum vorausfahrenden Fahrzeug nicht ein. Ihr Abstand betrug **) ...,.. m und damit weniger als 5/10 des halben Tachowertes. Toleranzen sind zu Ihren Gunsten berücksichtigt. § 4 Abs. 1, § 49 StVO; § 24 Abs. 1, 3 Nr. 5 StVG; 12.5.1 BKat; § 3 Abs. 4 BKatV (Kfz m. gef. Gütern oder KOM m. Fahrgästen) Tab.: 704003	A - 1	112,50	
104619	Sie hielten mit einem kennzpfl. Kfz. m. gef. Gütern/KOM m. Fahrg. ***) bei einer Geschwindigkeit von *)... km/h (81 - 100 km/h) den erforderlichen Abstand von ...,.. m zum vorausfahrenden Fahrzeug nicht ein. Ihr Abstand betrug **) ...,.. m und damit weniger als 4/10 des halben Tachowertes. Toleranzen sind zu Ihren Gunsten berücksichtigt. § 4 Abs. 1, § 49 StVO; § 24 Abs. 1, 3 Nr. 5 StVG; 12.5.2 BKat; § 3 Abs. 4 BKatV (Kfz m. gef. Gütern oder KOM m. Fahrgästen) Tab.: 704003	A - 1	150,00	

TBNR   Bemerkungen
104614 - 104619 *)   Festgestellte Geschwindigkeit angeben, **) Abstand angeben
104618 - 104619***) Zutreffendes angeben

Abstand - § 4 Abs. 1 StVO

TBNR	Tatbestandstext	FaP-Pkt	Euro	FV
104620	Sie hielten mit einem kennzpfl. Kfz. m. gef. Gütern/KOM m. Fahrg. ***) bei einer Geschwindigkeit von *)... km/h (81 - 100 km/h) den erforderlichen Abstand von ...,.. m zum vorausfahrenden Fahrzeug nicht ein. Ihr Abstand betrug **) ...,.. m und damit weniger als 3/10 des halben Tachowertes. Toleranzen sind zu Ihren Gunsten berücksichtigt. § 4 Abs. 1, § 49 StVO; § 24 Abs. 1, 3 Nr. 5 StVG; 12.5.3 BKat; § 3 Abs. 4 BKatV (Kfz m. gef. Gütern oder KOM m. Fahrgästen) Tab.: 704003	A - 1	240,00	
104621	Sie hielten mit einem kennzpfl. Kfz. m. gef. Gütern/KOM m. Fahrg. ***) bei einer Geschwindigkeit von *)... km/h (81 - 100 km/h) den erforderlichen Abstand von ...,.. m zum vorausfahrenden Fahrzeug nicht ein. Ihr Abstand betrug **) ...,.. m und damit weniger als 2/10 des halben Tachowertes. Toleranzen sind zu Ihren Gunsten berücksichtigt. § 4 Abs. 1, § 49 StVO; § 24 Abs. 1, 3 Nr. 5 StVG; 12.5.4 BKat; § 3 Abs. 4 BKatV (Kfz m. gef. Gütern oder KOM m. Fahrgästen) Tab.: 704003	A - 1	360,00	
104622	Sie hielten mit einem kennzpfl. Kfz. m. gef. Gütern/KOM m. Fahrg. ***) bei einer Geschwindigkeit von *)... km/h (81 - 100 km/h) den erforderlichen Abstand von ...,.. m zum vorausfahrenden Fahrzeug nicht ein. Ihr Abstand betrug **) ...,.. m und damit weniger als 1/10 des halben Tachowertes. Toleranzen sind zu Ihren Gunsten berücksichtigt. § 4 Abs. 1, § 49 StVO; § 24 Abs. 1, 3 Nr. 5 StVG; 12.5.5 BKat; § 3 Abs. 4 BKatV (Kfz m. gef. Gütern oder KOM m. Fahrgästen) Tab.: 704003	A - 1	480,00	
104624	Sie hielten mit einem kennzpfl. Kfz. m. gef. Gütern/KOM m. Fahrg. ***) bei einer Geschwindigkeit von *)... km/h (101 - 130 km/h) den erforderlichen Abstand von ...,.. m zum vorausfahrenden Fahrzeug nicht ein. Ihr Abstand betrug **) ...,.. m und damit weniger als 5/10 des halben Tachowertes. Toleranzen sind zu Ihren Gunsten berücksichtigt. § 4 Abs. 1, § 49 StVO; § 24 Abs. 1, 3 Nr. 5 StVG; 12.6.1 BKat; § 3 Abs. 4 BKatV (Kfz m. gef. Gütern oder KOM m. Fahrgästen) Tab.: 704004	A - 1	112,50	

TBNR	Bemerkungen
104620 – 104624	*) Festgestellte Geschwindigkeit angeben, **) Abstand angeben ***) Zutreffendes angeben

Abstand - § 4 Abs. 1 StVO

TBNR	Tatbestandstext	FaP-Pkt	Euro	FV
104625	Sie hielten mit einem kennzpfl. Kfz. m. gef. Gütern/KOM m. Fahrg. ***) bei einer Geschwindigkeit von *)... km/h (101 - 130 km/h) den erforderlichen Abstand von ...,.. m zum vorausfahrenden Fahrzeug nicht ein. Ihr Abstand betrug **) ...,.. m und damit weniger als 4/10 des halben Tachowertes. Toleranzen sind zu Ihren Gunsten berücksichtigt. § 4 Abs. 1, § 49 StVO; § 24 Abs. 1, 3 Nr. 5 StVG; 12.6.2 BKat; § 3 Abs. 4 BKatV (Kfz m. gef. Gütern oder KOM m. Fahrgästen) Tab.: 704004	A - 1	150,00	
104626	Sie hielten mit einem kennzpfl. Kfz. m. gef. Gütern/KOM m. Fahrg. ***) bei einer Geschwindigkeit von *)... km/h (101 - 130 km/h) den erforderlichen Abstand von ...,.. m zum vorausfahrenden Fahrzeug nicht ein. Ihr Abstand betrug **) ...,.. m und damit weniger als 3/10 des halben Tachowertes. Toleranzen sind zu Ihren Gunsten berücksichtigt. § 4 Abs. 1, § 49 StVO; § 24 Abs. 1, 3 Nr. 5, § 25 StVG; 12.6.3 BKat;§ 3 Abs. 4, § 4 Abs. 1 BKatV (Kfz m. gef. Gütern oder KOM m. Fahrgästen) Tab.: 704004	A - 2	240,00	1 M
104627	Sie hielten mit einem kennzpfl. Kfz. m. gef. Gütern/KOM m. Fahrg. ***) bei einer Geschwindigkeit von *)... km/h (101 - 130 km/h) den erforderlichen Abstand von ...,.. m zum vorausfahrenden Fahrzeug nicht ein. Ihr Abstand betrug **) ...,.. m und damit weniger als 2/10 des halben Tachowertes. Toleranzen sind zu Ihren Gunsten berücksichtigt. § 4 Abs. 1, § 49 StVO; § 24 Abs. 1, 3 Nr. 5, § 25 StVG; 12.6.4 BKat; § 3 Abs. 4, § 4 Abs. 1 BKatV (Kfz m. gef. Gütern oder KOM m. Fahrgästen) Tab.: 704004	A - 2	360,00	2 M
104628	Sie hielten mit einem kennzpfl. Kfz. m. gef. Gütern/KOM m. Fahrg. ***) bei einer Geschwindigkeit von *)... km/h (101 - 130 km/h) den erforderlichen Abstand von ...,.. m zum vorausfahrenden Fahrzeug nicht ein. Ihr Abstand betrug **) ...,.. m und damit weniger als 1/10 des halben Tachowertes. Toleranzen sind zu Ihren Gunsten berücksichtigt. § 4 Abs. 1, § 49 StVO; § 24 Abs. 1, 3 Nr. 5, § 25 StVG; 12.6.5 BKat; § 3 Abs. 4, § 4 Abs. 1 BKatV (Kfz m. gef. Gütern oder KOM m. Fahrgästen) Tab.: 704004	A - 2	480,00	3 M

TBNR	Bemerkungen
104625 – 104628	*) Festgestellte Geschwindigkeit angeben, **) Abstand angeben, ***) Zutreffendes angeben

Abstand - § 4 Abs. 1 StVO

TBNR	Tatbestandstext	FaP-Pkt	Euro	FV
104630	Sie hielten mit einem kennzpfl. Kfz. m. gef. Gütern/KOM m. Fahrg. ***) bei einer Geschwindigkeit von *)... km/h (über 130 km/h) den erforderlichen Abstand von ...,.. m zum vorausfahrenden Fahrzeug nicht ein. Ihr Abstand betrug **) ...,.. m und damit weniger als 5/10 des halben Tachowertes. Toleranzen sind zu Ihren Gunsten berücksichtigt. § 4 Abs. 1, § 49 StVO; § 24 Abs. 1, 3 Nr. 5 StVG; 12.7.1 BKat; § 3 Abs. 4 BKatV (Kfz m. gef. Gütern oder KOM m. Fahrgästen) Tab.: 704005	A - 1	150,00	
104631	Sie hielten mit einem kennzpfl. Kfz. m. gef. Gütern/KOM m. Fahrg. ***) bei einer Geschwindigkeit von *)... km/h (über 130 km/h) den erforderlichen Abstand von ...,.. m zum vorausfahrenden Fahrzeug nicht ein. Ihr Abstand betrug **) ...,.. m und damit weniger als 4/10 des halben Tachowertes. Toleranzen sind zu Ihren Gunsten berücksichtigt. § 4 Abs. 1, § 49 StVO; § 24 Abs. 1, 3 Nr. 5 StVG; 12.7.2 BKat; § 3 Abs. 4 BKatV (Kfz m. gef. Gütern oder KOM m. Fahrgästen) Tab.: 704005	A - 1	270,00	
104632	Sie hielten mit einem kennzpfl. Kfz. m. gef. Gütern/KOM m. Fahrg. ***) bei einer Geschwindigkeit von *)... km/h (über 130 km/h) den erforderlichen Abstand von ...,.. m zum vorausfahrenden Fahrzeug nicht ein. Ihr Abstand betrug **) ...,.. m und damit weniger als 3/10 des halben Tachowertes. Toleranzen sind zu Ihren Gunsten berücksichtigt. § 4 Abs. 1, § 49 StVO; § 24 Abs. 1, 3 Nr. 5, § 25 StVG; 12.7.3 BKat; § 3 Abs. 4, § 4 Abs. 1 BKatV (Kfz m. gef. Gütern oder KOM m. Fahrgästen) Tab.: 704005	A - 2	360,00	1 M
104633	Sie hielten mit einem kennzpfl. Kfz. m. gef. Gütern/KOM m. Fahrg. ***) bei einer Geschwindigkeit von *)... km/h (über 130 km/h) den erforderlichen Abstand von ...,.. m zum vorausfahrenden Fahrzeug nicht ein. Ihr Abstand betrug **) ...,.. m und damit weniger als 2/10 des halben Tachowertes. Toleranzen sind zu Ihren Gunsten berücksichtigt. § 4 Abs. 1, § 49 StVO; § 24 Abs. 1, 3 Nr. 5, § 25 StVG; 12.7.4 BKat; § 3 Abs. 4, § 4 Abs. 1 BKatV (Kfz m. gef. Gütern oder KOM m. Fahrgästen) Tab.: 704005	A - 2	480,00	2 M

TBNR	Bemerkungen
104630 – 104633	*) Festgestellte Geschwindigkeit angeben, **) Abstand angeben ***) Zutreffendes angeben

Abstand - § 4 Abs. 1 StVO

TBNR	Tatbestandstext	FaP-Pkt	Euro	FV
104634	Sie hielten mit einem kennzpfl. Kfz. m. gef. Gütern/KOM m. Fahrg. ***) bei einer Geschwindigkeit von *)... km/h (über 130 km/h) den erforderlichen Abstand von ...,.. m zum vorausfahrenden Fahrzeug nicht ein. Ihr Abstand betrug **) ...,.. m und damit weniger als 1/10 des halben Tachowertes. Toleranzen sind zu Ihren Gunsten berücksichtigt. § 4 Abs. 1, § 49 StVO; § 24 Abs. 1, 3 Nr. 5, § 25 StVG; 12.7.5 BKat; § 3 Abs. 4, § 4 Abs. 1 BKatV (Kfz m. gef. Gütern oder KOM m. Fahrgästen) Tab.: 704005	A - 2	600,00	3 M

Abstand - § 4 Abs. 1, 2, 3 StVO

TBNR	Tatbestandstext	FaP-Pkt	Euro	FV
104118	Sie bremsten als Vorausfahrender stark ohne zwingenden Grund, so dass es zur Gefährdung +) des nachfolgenden Verkehrsteilnehmers kam. § 4 Abs. 1, § 1 Abs. 2, § 49 StVO; § 24 Abs. 1, 3 Nr. 5 StVG; 13.1 BKat; § 19 OWiG	0	20,00	
104119	Sie bremsten als Vorausfahrender stark ohne zwingenden Grund, so dass es zum Unfall kam. § 4 Abs. 1, § 1 Abs. 2, § 49 StVO; § 24 Abs. 1, 3 Nr. 5 StVG; 13.2 BKat; § 19 OWiG	0	30,00	
104124	Sie hielten außerhalb geschlossener Ortschaften nicht den zum Einscheren erforderlichen Abstand von dem vorausfahrenden Fahrzeug. § 4 Abs. 2, § 49 StVO; § 24 Abs. 1, 3 Nr. 5 StVG; 14 BKat	0	25,00	
104636	Sie hielten als Führer des Lastkraftwagens (zulässige Gesamtmasse über 3,5 t)/Kraftomnibusses *) bei einer Geschwindigkeit von mehr als 50 km/h auf einer Autobahn den Mindestabstand von 50 m zum vorausfahrenden Fahrzeug nicht ein. § 4 Abs. 3, § 49 StVO; § 24 Abs. 1, 3 Nr. 5 StVG; 15 BKat	B - 1	80,00	
104642	Sie hielten als Führer des kennzeichnungspflichtigen Kraftfahrzeugs mit gefährlichen Gütern (zulässige Gesamtmasse über 3,5 t)/Kraftomnibusses mit Fahrgästen *) bei einer Geschwindigkeit von mehr als 50 km/h auf einer Autobahn den Mindestabstand von 50 m zum vorausfahrenden Fahrzeug nicht ein. § 4 Abs. 3, § 49 StVO; § 24 Abs. 1, 3 Nr. 5 StVG; 15 BKat; § 3 Abs. 4 BKatV	B - 1	120,00	

TBNR	Bemerkungen
104634	*) Festgestellte Geschwindigkeit angeben, **) Abstand angeben ***) Zutreffendes angeben
104636; 104642	*) Zutreffendes angeben

Überholen - § 5 Abs. 1 StVO

TBNR	Tatbestandstext	FaP-Pkt	Euro	FV
105100	Sie überholten innerhalb geschlossener Ortschaften verbotswidrig rechts. § 5 Abs. 1, § 49 StVO; § 24 Abs. 1, 3 Nr. 5 StVG; 16 BKat	0	30,00	
105101	Sie überholten innerhalb geschlossener Ortschaften verbotswidrig rechts. Es kam zum Unfall. § 5 Abs. 1, § 1 Abs. 2, § 49 StVO; § 24 Abs. 1, 3 Nr. 5 StVG; 16.1 BKat; § 19 OWiG	0	35,00	
105600	Sie überholten außerhalb geschlossener Ortschaften verbotswidrig rechts. § 5 Abs. 1, § 49 StVO; § 24 Abs. 1, 3 Nr. 5 StVG; 17 BKat	A - 1	100,00	
105601	Sie überholten außerhalb geschlossener Ortschaften verbotswidrig rechts und gefährdeten +) dadurch Andere. § 5 Abs. 1, § 1 Abs. 2, § 49 StVO; § 24 Abs. 1, 3 Nr. 5 StVG; 17 BKat; § 3 Abs. 3 BKatV; § 19 OWiG	A - 1	120,00	
105602	Sie überholten außerhalb geschlossener Ortschaften verbotswidrig rechts. Es kam zum Unfall. § 5 Abs. 1, § 1 Abs. 2, § 49 StVO; § 24 Abs. 1, 3 Nr. 5 StVG; 17 BKat; § 3 Abs. 3 BKatV; § 19 OwiG	A - 1	145,00	

Überholen - § 5 Abs. 2, 3 StVO

TBNR	Tatbestandstext	FaP-Pkt	Euro	FV
105604	Sie überholten, obwohl die von Ihnen gefahrene Geschwindigkeit nicht wesentlich höher als die des überholten Fahrzeugs war. § 5 Abs. 2, § 49 StVO; § 24 Abs. 1, 3 Nr. 5 StVG; 18 BKat	A - 1	80,00	
105605	Sie überholten, obwohl die von Ihnen gefahrene Geschwindigkeit nicht wesentlich höher als die des überholten Fahrzeugs war. Es kam zum Unfall. § 5 Abs. 2, § 1 Abs. 2, § 49 StVO; § 24 Abs. 1, 3 Nr. 5 StVG; 18 BKat; § 3 Abs. 3 BKatV; § 19 OWiG	A - 1	120,00	
105606	Sie überholten, obwohl Sie nicht übersehen konnten, dass während des gesamten Überholvorgangs jede Behinderung des Gegenverkehrs ausgeschlossen war. § 5 Abs. 2, § 49 StVO; § 24 Abs. 1, 3 Nr. 5 StVG; 19 BKat	A - 1	100,00	
105607	Sie überholten, obwohl Sie nicht übersehen konnten, dass während des gesamten Überholvorgangs jede Behinderung des Gegenverkehrs ausgeschlossen war, und gefährdeten +) dadurch Andere. § 5 Abs. 2, § 1 Abs. 2, § 49 StVO; § 24 Abs. 1, 3 Nr. 5 StVG; 19 BKat;§ 3 Abs. 3 BKatV; § 19 OWiG	A - 1	120,00	

TBNR   **Bemerkungen**

Überholen - § 5 Abs. 2, 3 StVO

TBNR	Tatbestandstext	FaP-Pkt	Euro	FV
105608	Sie überholten, obwohl Sie nicht übersehen konnten, dass während des gesamten Überholvorgangs jede Behinderung des Gegenverkehrs ausgeschlossen war. Es kam zum Unfall. § 5 Abs. 2, § 1 Abs. 2, § 49 StVO; § 24 Abs. 1, 3 Nr. 5 StVG; 19 BKat; § 3 Abs. 3 BKatV; § 19 OWiG	A - 1	145,00	
105609	Sie überholten bei unklarer Verkehrslage. § 5 Abs. 3, § 49 StVO; § 24 Abs. 1, 3 Nr. 5 StVG; 19 BKat	A - 1	100,00	
105610	Sie überholten bei unklarer Verkehrslage und gefährdeten +) dadurch Andere. § 5 Abs. 3, § 1 Abs. 2, § 49 StVO; § 24 Abs. 1, 3 Nr. 5 StVG; 19 BKat; § 3 Abs. 3 BKatV; § 19 OWiG	A - 1	120,00	
105611	Sie überholten bei unklarer Verkehrslage. Es kam zum Unfall. § 5 Abs. 3, § 1 Abs. 2, § 49 StVO; § 24 Abs. 1, 3 Nr. 5 StVG; 19 BKat; § 3 Abs. 3 BKatV; § 19 OWiG	A - 1	145,00	
105612	Sie überholten an einem Bahnübergang, obwohl Sie nicht übersehen konnten, dass während des gesamten Überholvorgangs jede Behinderung des Gegenverkehrs ausgeschlossen war. § 5 Abs. 2, § 19 Abs. 1, § 49 StVO; § 24 Abs. 1, 3 Nr. 5 StVG; 19.1 BKat; § 19 OWiG	A - 1	150,00	
105613	Sie überholten an einem Bahnübergang, obwohl Sie nicht übersehen konnten, dass während des gesamten Überholvorgangs jede Behinderung des Gegenverkehrs ausgeschlossen war, und gefährdeten +) dadurch Andere. § 5 Abs. 2, § 1 Abs. 2, § 19 Abs. 1, § 49 StVO; § 24 Abs. 1, 3 Nr. 5, § 25 StVG; 19.1.1 BKat; § 4 Abs. 1 BKatV; § 19 OWiG	A - 2	250,00	1 M
105614	Sie überholten an einem Bahnübergang, obwohl Sie nicht übersehen konnten, dass während des gesamten Überholvorgangs jede Behinderung des Gegenverkehrs ausgeschlossen war. Es kam zum Unfall. § 5 Abs. 2, § 1 Abs. 2, § 19 Abs. 1, § 49 StVO; § 24 Abs. 1, 3 Nr. 5, § 25 StVG; 19.1.2 BKat; § 4 Abs. 1 BKatV; § 19 OWiG	A - 2	300,00	1 M
105615	Sie überholten an einem Bahnübergang bei unklarer Verkehrslage. § 5 Abs. 3, § 19 Abs. 1, § 49 StVO; § 24 Abs. 1, 3 Nr. 5 StVG; 19.1 BKat	A - 1	150,00	
105616	Sie überholten an einem Bahnübergang bei unklarer Verkehrslage und gefährdeten +) dadurch Andere. § 5 Abs. 3, § 1 Abs. 2, § 19 Abs. 1, § 49 StVO; § 24 Abs. 1, 3 Nr. 5, § 25 StVG; 19.1.1 BKat; § 4 Abs. 1 BKatV; § 19 OWiG	A - 2	250,00	1 M

TBNR   **Bemerkungen**

Überholen - § 5 Abs. 2, 3 StVO

TBNR	Tatbestandstext	FaP-Pkt	Euro	FV
105617	Sie überholten an einem Bahnübergang bei unklarer Verkehrslage. Es kam zum Unfall. § 5 Abs. 3, § 1 Abs. 2, § 19 Abs. 1, § 49 StVO; § 24 Abs. 1, 3 Nr. 5, § 25 StVG; 19.1.2 BKat; § 4 Abs. 1 BKatV; § 19 OWiG	A - 2	300,00	1 M
105618	Sie überholten, obwohl Sie nicht übersehen konnten, dass während des gesamten Überholvorgangs jede Behinderung des Gegenverkehrs ausgeschlossen war. Sie missachteten dabei Überholverbotszeichen 276/277 *). § 5 Abs. 2, § 41 Abs. 1 iVm Anlage 2, § 49 StVO; § 24 Abs. 1, 3 Nr. 5 StVG; 19.1 BKat; § 19 OWiG	A - 1	150,00	
105619	Sie überholten, obwohl Sie nicht übersehen konnten, dass während des gesamten Überholvorgangs jede Behinderung des Gegenverkehrs ausgeschlossen war. Sie missachteten dabei Überholverbotszeichen 276/277 *) und gefährdeten +) dadurch Andere. § 5 Abs. 2, § 1 Abs. 2, § 41 Abs. 1 iVm Anlage 2, § 49 StVO; § 24 Abs. 1, 3 Nr. 5, § 25 StVG; 19.1.1 BKat; § 4 Abs. 1 BKatV; § 19 OWiG	A - 2	250,00	1 M
105620	Sie überholten, obwohl Sie nicht übersehen konnten, dass während des gesamten Überholvorgangs jede Behinderung des Gegenverkehrs ausgeschlossen war. Sie missachteten dabei Überholverbotszeichen 276/277 *). Es kam zum Unfall. § 5 Abs. 2, § 1 Abs. 2, § 41 Abs. 1 iVm Anlage 2, § 49 StVO; § 24 Abs. 1, 3 Nr. 5, § 25 StVG; 19.1.2 BKat; § 4 Abs. 1 BKatV; § 19 OWiG	A - 2	300,00	1 M
105621	Sie überholten mit einem mehrspurigen Kraftfahrzeug/Kraftrad mit Beiwagen *) ein ein- oder mehrspuriges Fahrzeug, obwohl Sie nicht übersehen konnten, dass während des gesamten Überholvorgangs jede Behinderung des Gegenverkehrs ausgeschlossen war. Sie missachteten dabei Überholverbotszeichen 277.1. § 5 Abs. 2, § 41 Abs. 1 iVm Anlage 2, § 49 StVO; § 24 Abs. 1, 3 Nr. 5 StVG; 19.1 BKat; § 19 OWiG	A – 1	150,00	
105622	Sie überholten mit einem mehrspurigen Kraftfahrzeug/Kraftrad mit Beiwagen *) ein ein- oder mehrspuriges Fahrzeug, obwohl Sie nicht übersehen konnten, dass während des gesamten Überholvorgangs jede Behinderung des Gegenverkehrs ausgeschlossen war. Sie missachteten dabei Überholverbotszeichen 277.1 und gefährdeten +) dadurch Andere. § 5 Abs. 2, § 41 Abs. 1 iVm Anlage 2, § 1 Abs. 2; § 49 StVO; § 24 Abs. 1, 3 Nr. 5, § 25 StVG; 19.1.1 BKat; § 4 Abs. 1 BKatV; § 19 OWiG	A – 2	250,00	1 M

TBNR	Bemerkungen
105618 - 105622	*) Zutreffendes angeben

Überholen - § 5 Abs. 2, 3 StVO

TBNR	Tatbestandstext	FaP-Pkt	Euro	FV
105623	Sie überholten mit einem mehrspurigen Kraftfahrzeug/Kraftrad mit Beiwagen *) ein ein- oder mehrspuriges Fahrzeug, obwohl Sie nicht übersehen konnten, dass während des gesamten Überholvorgangs jede Behinderung des Gegenverkehrs ausgeschlossen war. Sie missachteten dabei Überholverbotszeichen 277.1. Es kam zum Unfall. § 5 Abs. 2, § 41 Abs. 1 iVm Anlage 2, § 1 Abs. 2, § 49 StVO; § 24 Abs. 1, 3 Nr. 5, § 25 StVG; 19.1.2 BKat; § 4 Abs. 1 BKatV; § 19 OWiG	A – 2	300,00	1 M
105624	Sie überholten bei unklarer Verkehrslage und missachteten dabei Überholverbotszeichen 276/277 *). § 5 Abs. 3, § 41 Abs. 1 iVm Anlage 2, § 49 StVO; § 24 Abs. 1, 3 Nr. 5 StVG; 19.1 BKat; § 19 OWIG	A - 1	150,00	
105625	Sie überholten bei unklarer Verkehrslage, missachteten dabei Überholverbotszeichen 276/277 *) und gefährdeten +) dadurch Andere. § 5 Abs. 3, § 1 Abs. 2, § 41 Abs. 1 iVm Anlage 2, § 49 StVO; § 24 Abs. 1, 3 Nr. 5, § 25 StVG; 19.1.1 BKat; § 4 Abs. 1 BKatV; § 19 OWiG	A - 2	250,00	1 M
105626	Sie überholten bei unklarer Verkehrslage und missachteten dabei Überholverbotszeichen 276/277 *). Es kam zum Unfall. § 5 Abs. 3, § 1 Abs. 2, § 41 Abs. 1 iVm Anlage 2, § 49 StVO; § 24 Abs. 1, 3 Nr. 5, § 25 StVG; 19.1.2 BKat; § 4 Abs. 1 BKatV; § 19 OWiG	A - 2	300,00	1 M
105627	Sie überholten mit einem mehrspurigen Kraftfahrzeug/Kraftrad mit Beiwagen *) bei unklarer Verkehrslage ein ein- oder mehrspuriges Fahrzeug und missachteten dabei Überholverbotszeichen 277.1. § 5 Abs. 3, § 41 Abs. 1 iVm Anlage 2, § 49 StVO; § 24 Abs. 1, 3 Nr. 5 StVG; 19.1 BKat; § 19 OWiG	A – 1	150,00	
105628	Sie überholten mit einem mehrspurigen Kraftfahrzeug/Kraftrad mit Beiwagen *) bei unklarer Verkehrslage ein ein- oder mehrspuriges Fahrzeug, missachteten dabei Überholverbotszeichen 277.1 und gefährdeten +) dadurch Andere. § 5 Abs. 3, § 41 Abs. 1 iVm Anlage 2, § 1 Abs. 2, § 49 StVO; § 24 Abs. 1, 3 Nr. 5, § 25 StVG; 19.1.1 BKat; § 4 Abs. 1BKatV; § 19 OWiG	A – 2	250,00	1 M
105629	Sie überholten mit einem mehrspurigen Kraftfahrzeug/Kraftrad mit Beiwagen *) bei unklarer Verkehrslage ein ein- oder mehrspuriges Fahrzeug und missachteten dabei Überholverbotszeichen 277.1. Es kam zum Unfall. § 5 Abs. 3, § 41 Abs. 1 iVm Anlage 2, § 1 Abs. 2, § 49 StVO; § 24 Abs. 1, 3 Nr. 5, § 25 StVG; 19.1.2 BKat; § 4 Abs. 1 BKatV; § 19 OWiG	A – 2	300,00	1 M

TBNR	Bemerkungen
105623 - 105629	*) Zutreffendes angeben

Überholen - § 5 Abs. 2, 3 StVO

TBNR	Tatbestandstext	FaP-Pkt	Euro	FV
105630	Sie überholten, obwohl Sie nicht übersehen konnten, dass während des gesamten Überholvorgangs jede Behinderung des Gegenverkehrs ausgeschlossen war. Sie fuhren verbotswidrig über die Fahrstreifenbegrenzung (Zeichen 295/296 *)). § 5 Abs. 2, § 41 Abs. 1 iVm Anlage 2, § 49 StVO; § 24 Abs. 1, 3 Nr. 5 StVG;19.1 BKat; § 19 OWiG	A - 1	150,00	
105631	Sie überholten, obwohl Sie nicht übersehen konnten, dass während des gesamten Überholvorgangs jede Behinderung des Gegenverkehrs ausgeschlossen war. Sie fuhren verbotswidrig über die Fahrstreifenbegrenzung (Zeichen 295/296 *)) und gefährdeten +) dadurch Andere. § 5 Abs. 2, § 1 Abs. 2, § 41 Abs. 1 iVm Anlage 2, § 49 StVO; § 24 Abs. 1, 3 Nr. 5, § 25 StVG; 19.1.1 BKat; § 4 Abs. 1 BKatV; § 19 OWiG	A - 2	250,00	1 M
105632	Sie überholten, obwohl Sie nicht übersehen konnten, dass während des gesamten Überholvorgangs jede Behinderung des Gegenverkehrs ausgeschlossen war. Sie fuhren verbotswidrig über die Fahrstreifenbegrenzung (Zeichen 295/296 *)). Es kam zum Unfall. § 5 Abs. 2, § 1 Abs. 2, § 41 Abs. 1 iVm Anlage 2, § 49 StVO; § 24 Abs. 1, 3 Nr. 5, § 25 StVG; 19.1.2 BKat; § 4 Abs. 1 BKatV; § 19 OWiG	A - 2	300,00	1 M
105636	Sie überholten bei unklarer Verkehrslage und missachteten dabei die Fahrstreifenbegrenzung (Zeichen 295/296 *)). § 5 Abs. 3, § 41 Abs. 1 iVm Anlage 2, § 49 StVO; § 24 Abs. 1, 3 Nr. 5 StVG;19.1 BKat; § 19 OWiG	A - 1	150,00	
105637	Sie überholten bei unklarer Verkehrslage, missachteten dabei die Fahrstreifenbegrenzung (Zeichen 295/296 *)) und gefährdeten +) dadurch Andere. § 5 Abs. 3, § 1 Abs. 2, § 41 Abs. 1 iVm Anlage 2, § 49 StVO; § 24 Abs. 1, 3 Nr. 5, § 25 StVG; 19.1.1 BKat; § 4 Abs. 1 BKatV; § 19 OwiG	A - 2	250,00	1 M
105638	Sie überholten bei unklarer Verkehrslage und missachteten dabei die Fahrstreifenbegrenzung (Zeichen 295/296 *)). Es kam zum Unfall. § 5 Abs. 3, § 1 Abs. 2, § 41 Abs. 1 iVm Anlage 2, § 49 StVO; § 24 Abs. 1, 3 Nr. 5, § 25 StVG; 19.1.2 BKat; § 4 Abs. 1 BKatV; § 19 OWiG	A - 2	300,00	1 M
105642	Sie überholten, obwohl Sie nicht übersehen konnten, dass während des gesamten Überholvorgangs jede Behinderung des Gegenverkehrs ausgeschlossen war. Sie folgten nicht der durch Pfeile vorgeschriebenen Fahrtrichtung (Zeichen 297). § 5 Abs. 2, § 41 Abs. 1 iVm Anlage 2, § 49 StVO; § 24 Abs. 1, 3 Nr. 5 StVG; 19.1 BKat; § 19 OWiG	A - 1	150,00	

TBNR	Bemerkungen
105630 – 105638	*) Zutreffendes angeben

Überholen - § 5 Abs. 2, 3 StVO

TBNR	Tatbestandstext	FaP-Pkt	Euro	FV
105643	Sie überholten, obwohl Sie nicht übersehen konnten, dass während des gesamten Überholvorgangs jede Behinderung des Gegenverkehrs ausgeschlossen war. Sie folgten nicht der durch Pfeile vorgegebenen Fahrtrichtung (Zeichen 297) und gefährdeten +) dadurch Andere. § 5 Abs. 2, § 1 Abs. 2, § 41 Abs. 1 iVm Anlage 2, § 49 StVO; § 24 Abs. 1, 3 Nr. 5, § 25 StVG; 19.1.1 BKat; § 4 Abs. 1 BKatV; § 19 OWiG	A - 2	250,00	1 M
105644	Sie überholten, obwohl Sie nicht übersehen konnten, dass während des gesamten Überholvorgangs jede Behinderung des Gegenverkehrs ausgeschlossen war. Sie folgten nicht der durch Pfeile vorgegebenen Fahrtrichtung (Zeichen 297). Es kam zum Unfall. § 5 Abs. 2, § 1 Abs. 2, § 41 Abs. 1 iVm Anlage 2, § 49 StVO; § 24 Abs. 1, 3 Nr. 5, § 25 StVG; 19.1.2 BKat; § 4 Abs. 1 BKatV; § 19 OWiG	A - 2	300,00	1 M
105648	Sie überholten bei unklarer Verkehrslage und folgten nicht der durch Pfeile vorgeschriebenen Fahrtrichtung (Zeichen 297). § 5 Abs. 3, § 41 Abs. 1 iVm Anlage 2, § 49 StVO; § 24 Abs. 1, 3 Nr. 5 StVG; 19.1 BKat; § 19 OWiG	A - 1	150,00	
105649	Sie überholten bei unklarer Verkehrslage und folgten nicht der durch Pfeile vorgeschriebenen Fahrtrichtung (Zeichen 297). Sie gefährdeten +) dadurch Andere. § 5 Abs. 3, § 1 Abs. 2, § 41 Abs. 1 iVm Anlage 2, § 49 StVO; § 24 Abs. 1, 3 Nr. 5, § 25 StVG; 19.1.1 BKat; § 4 Abs. 1 BKatV; § 19 OWiG	A - 2	250,00	1 M
105650	Sie überholten bei unklarer Verkehrslage und folgten nicht der durch Pfeile vorgeschriebenen Fahrtrichtung (Zeichen 297). Es kam zum Unfall. § 5 Abs. 3, § 1 Abs. 2, § 41 Abs. 1 iVm Anlage 2, § 49 StVO; § 24 Abs. 1, 3 Nr. 5, § 25 StVG; 19.1.2 BKat; § 4 Abs. 1 BKatV § 19 OWiG	A - 2	300,00	1 M

Überholen - § 5 Abs. 3a StVO

TBNR	Tatbestandstext	FaP-Pkt	Euro	FV
105660	Sie überholten mit einem Kraftfahrzeug mit einer zulässigen Gesamtmasse über 7,5 t, obwohl die Sichtweite durch Nebel, Schneefall oder Regen weniger als 50 m betrug. § 5 Abs. 3a, § 49 StVO; § 24 Abs. 1, 3 Nr. 5 StVG; 21 BKat	A - 1	120,00	
105661	Sie überholten mit einem Kraftfahrzeug mit einer zulässigen Gesamtmasse über 7,5 t, obwohl die Sichtweite durch Nebel, Schneefall oder Regen weniger als 50 m betrug, und gefährdeten +) dadurch Andere. § 5 Abs. 3a, § 1 Abs. 2, § 49 StVO; § 24 Abs. 1, 3 Nr. 5, § 25 StVG; 21.1 BKat; § 4 Abs. 1 BKatV; § 19 OWiG	A - 2	200,00	1 M

TBNR **Bemerkungen**

Überholen - § 5 Abs. 3a StVO

TBNR	Tatbestandstext	FaP-Pkt	Euro	FV
105662	Sie überholten mit einem Kraftfahrzeug mit einer zulässigen Gesamtmasse über 7,5 t, obwohl die Sichtweite durch Nebel, Schneefall oder Regen weniger als 50 m betrug. Es kam zum Unfall. § 5 Abs. 3a, § 1 Abs. 2, § 49 StVO; § 24 Abs. 1, 3 Nr. 5, § 25 StVG, 21.2 BKat; § 4 Abs. 1 BKatV; § 19 OWiG	A - 2	240,00	1 M
105666	Sie überholten mit einem kennzpfl. Kfz. m. gef. Gütern/KOM m. Fahrgästen *) mit einer zulässigen Gesamtmasse über 7,5 t, obwohl die Sichtweite durch Nebel, Schneefall oder Regen weniger als 50 m betrug. § 5 Abs. 3a, § 49 StVO; § 24 Abs. 1, 3 Nr. 5 StVG; 21 BKat; § 3 Abs. 4 BKatV	A - 1	180,00	
105667	Sie überholten mit einem kennzpfl. Kfz. m. gef. Gütern/KOM m. Fahrgästen *) mit einer zulässigen Gesamtmasse über 7,5 t, obwohl die Sichtweite durch Nebel, Schneefall oder Regen weniger als 50 m betrug, und gefährdeten +) dadurch Andere. § 5 Abs. 3a, § 1 Abs. 2, § 49 StVO; § 24 Abs. 1, 3 Nr. 5, § 25 StVG, 21.1 BKat; § 3 Abs. 4, § 4 Abs. 1 BKatV; § 19 OWiG	A - 2	300,00	1 M
105668	Sie überholten mit einem kennzpfl. Kfz. m. gef. Gütern/KOM m. Fahrgästen *) mit einer zulässigen Gesamtmasse über 7,5 t, obwohl die Sichtweite durch Nebel, Schneefall oder Regen weniger als 50 m betrug. Es kam zum Unfall. § 5 Abs. 3a, § 1 Abs. 2, § 49 StVO; § 24 Abs. 1, 3 Nr. 5, § 25 StVG; 21.2 BKat; § 3 Abs. 4, § 4 Abs. 1 BKatV; § 19 OWiG	A - 2	360,00	1 M

Überholen - § 5 Abs. 4 StVO

TBNR	Tatbestandstext	FaP-Pkt	Euro	FV
105112	Sie hielten beim Überholen keinen ausreichenden Seitenabstand zu anderen Verkehrsteilnehmern ein. § 5 Abs. 4, § 49 StVO; § 24 Abs. 1, 3 Nr. 5 StVG; 23 BKat	0	30,00	
105113	Sie streiften beim Überholen das in gleicher Richtung fahrende Fahrzeug. Es kam zum Unfall. § 5 Abs. 4, § 1 Abs. 2, § 49 StVO; § 24 Abs. 1, 3 Nr. 5 StVG; 23.1 BKat; § 19 OWiG	0	35,00	
105118	Sie ordneten sich nach dem Überholen nicht wieder sobald wie möglich nach rechts ein. § 5 Abs. 4, § 49 StVO; § 24 Abs. 1, 3 Nr. 5 StVG; 24 BKat	0	10,00	
105119	Sie ordneten sich nach dem Überholen nicht wieder sobald wie möglich nach rechts ein und behinderten +) dadurch Andere. § 5 Abs. 4, § 1 Abs. 2, § 49 StVO; § 24 Abs. 1, 3 Nr. 5 StVG; 25 BKat; § 19 OWiG	0	20,00	

TBNR   Bemerkungen
105666 – 105668 *) Zutreffendes angeben

Überholen - § 5 Abs. 4 StVO

TBNR	Tatbestandstext	FaP-Pkt	Euro	FV
105124	Sie behinderten +) beim Wiedereinordnen nach dem Überholen den Überholten. § 5 Abs. 4, § 49 StVO; § 24 Abs. 1, 3 Nr. 5 StVG; 25 BKat	0	20,00	
105125	Sie gefährdeten +) beim Wiedereinordnen nach dem Überholen Andere. § 5 Abs. 4, § 1 Abs. 2, § 49 StVO; § 24 Abs. 1, 3 Nr. 5 StVG; 25 BKat; § 19 OWiG	0	30,00	
105126	Sie schnitten beim Wiedereinordnen nach dem Überholen Andere. Es kam zum Unfall. § 5 Abs. 4, § 1 Abs. 2, § 49 StVO; § 24 Abs. 1, 3 Nr. 5 StVG; 25 BKat; § 19 OWiG	0	35,00	
105672	Sie scherten zum Überholen aus und gefährdeten +) dadurch den nach folgenden Verkehr. § 5 Abs. 4, § 49 StVO; § 24 Abs. 1, 3 Nr. 5 StVG; 22 BKat	A - 1	80,00	
105673	Sie scherten zum Überholen aus, ohne auf das überholende Fahrzeug zu achten, so dass es zum Unfall kam. § 5 Abs. 4, § 1 Abs. 2, § 49 StVO; § 24 Abs. 1, 3 Nr. 5 StVG; 22 BKat; § 3 Abs. 3 BKatV; § 19 OWiG	A - 1	100,00	

Überholen - § 5 Abs. 4a, 5, 6 und 7 StVO

TBNR	Tatbestandstext	FaP-Pkt	Euro	FV
105130	Sie scherten zum Überholen aus, ohne es rechtzeitig und deutlich anzukündigen. § 5 Abs. 4a, § 49 StVO; § 24 Abs. 1, 3 Nr. 5 StVG; 29 BKat	0	10,00	
105131	Sie scherten zum Überholen aus, ohne es rechtzeitig und deutlich anzukündigen, und behinderten +) dadurch Andere. § 5 Abs. 4a, § 1 Abs. 2, § 49 StVO; § 24 Abs. 1, 3 Nr. 5 StVG; 29 BKat; § 19 OWiG	0	20,00	
105132	Sie scherten zum Überholen aus, ohne es rechtzeitig und deutlich anzukündigen, und gefährdeten +) dadurch Andere. § 5 Abs. 4a, § 1 Abs. 2, § 49 StVO; § 24 Abs. 1, 3 Nr. 5 StVG; 29 BKat; § 19 OWiG	0	30,00	
105136	Sie ordneten sich nach dem Überholen wieder ein, ohne es rechtzeitig und deutlich anzukündigen. § 5 Abs. 4a, § 49 StVO; § 24 Abs. 1, 3 Nr. 5 StVG; 29 BKat	0	10,00	
105137	Sie ordneten sich nach dem Überholen wieder ein, ohne es rechtzeitig und deutlich anzukündigen, und gefährdeten +) dadurch Andere. § 5 Abs. 4a, § 1 Abs. 2, § 49 StVO; § 24 Abs. 1, 3 Nr. 5 StVG; 29 BKat; § 19 OWiG	0	30,00	

TBNR	Bemerkungen

Überholen - § 5 Abs. 4a, 5, 6 und 7 StVO

TBNR	Tatbestandstext	FaP-Pkt	Euro	FV
105000	Sie kündigten das Überholen mit Fernlicht an und blendeten dadurch den Gegenverkehr. § 5 Abs. 5, § 49 StVO; § 24 Abs. 1, 3 Nr. 5 StVG; -- BKat	0	20,00	
105142	Sie hinderten einen anderen Verkehrsteilnehmer am Überholen, indem Sie Ihre Geschwindigkeit erhöhten. § 5 Abs. 6, § 49 StVO; § 24 Abs. 1, 3 Nr. 5 StVG; 26 BKat	0	30,00	
105148	Sie ermäßigten nicht ihre Geschwindigkeit/warteten nicht *) als Fahrer eines langsameren Fahrzeugs, um so mehreren unmittelbar folgenden Fahrzeugen das Überholen zu ermöglichen. § 5 Abs. 6, § 49 StVO; § 24 Abs. 1, 3 Nr. 5 StVG; 27 BKat	0	10,00	
105154	Sie überholten vorschriftswidrig links, obwohl ein anderer Verkehrsteilnehmer seine Absicht, nach links abzubiegen, angekündigt und sich eingeordnet hatte. § 5 Abs. 7, § 49 StVO; § 24 Abs. 1, 3 Nr. 5 StVG; 28 BKat	0	25,00	
105155	Sie überholten vorschriftswidrig links, obwohl ein anderer Verkehrsteilnehmer seine Absicht, nach links abzubiegen, angekündigt und sich eingeordnet hatte. Es kam zum Unfall. § 5 Abs. 7, § 1 Abs. 2, § 49 StVO; § 24 Abs. 1, 3 Nr. 5 StVG; 28.1 BKat; § 19 OWiG	0	30,00	
105006	Sie überholten ein Schienenfahrzeug vorschriftswidrig links. § 5 Abs. 7, § 49 StVO; § 24 Abs. 1, 3 Nr. 5 StVG; -- BKat	0	35,00	

Vorbeifahren - § 6 StVO

TBNR	Tatbestandstext	FaP-Pkt	Euro	FV
106100	Sie fuhren an einer Fahrbahnverengung/einem Hindernis auf der Fahrbahn/einem haltenden Fahrzeug auf der Fahrbahn *) links vorbei, ohne das entgegenkommende Fahrzeug durchfahren zu lassen. § 6, § 49 StVO; § 24 Abs. 1, 3 Nr. 5 StVG; 30 BKat	0	20,00	
106101	Sie fuhren an einer Fahrbahnverengung/einem Hindernis auf der Fahrbahn/einem haltenden Fahrzeug auf der Fahrbahn *) links vorbei, ohne das entgegenkommende Fahrzeug durchfahren zu lassen, und gefährdeten +) dadurch Andere. § 6, § 1 Abs. 2, § 49 StVO; § 24 Abs. 1, 3 Nr. 5 StVG; 30.1 BKat; § 19 OWiG	0	30,00	
106102	Sie fuhren an einer Fahrbahnverengung/einem Hindernis auf der Fahrbahn/einem haltenden Fahrzeug auf der Fahrbahn *) links vorbei, ohne das entgegenkommende Fahrzeug durchfahren zu lassen. Es kam zum Unfall. § 6, § 1 Abs. 2, § 49 StVO; § 24 Abs. 1, 3 Nr. 5 StVG; 30.2 BKat; § 19 OWiG	0	35,00	

TBNR	Bemerkungen
105148	*) Zutreffendes angeben
106100 – 106102	*) Zutreffendes angeben

Vorbeifahren - § 6 StVO

TBNR	Tatbestandstext	FaP-Pkt	Euro	FV
106106	Sie scherten vor einer Fahrbahnverengung/einem Hindernis auf der Fahrbahn/einem haltenden Fahrzeug auf der Fahrbahn *) aus, ohne es rechtzeitig und deutlich anzukündigen. § 6, § 49 StVO; § 24 Abs. 1, 3 Nr. 5 StVG; 29 BKat;	0	10,00	
106112	Sie kündigten nach dem Vorbeifahren an einer Fahrbahnverengung/einem Hindernis auf der Fahrbahn/einem haltenden Fahrzeug auf der Fahrbahn *) das Wiedereinordnen nicht rechtzeitig und deutlich an. § 6, § 49 StVO; § 24 Abs. 1, 3 Nr. 5 StVG; 29 BKat;	0	10,00	

Fahrstreifenbenutzung - § 7 StVO

TBNR	Tatbestandstext	FaP-Pkt	Euro	FV
107124	Sie benutzten auf der Fahrbahn mit für beide Richtungen drei oder fünf durch Leitlinien (Zeichen 340) markierten Fahrstreifen den mittleren zum Überholen. § 7 Abs. 3a, § 49 StVO; § 24 Abs. 1, 3 Nr. 5 StVG; 31a BKat	0	30,00	
107600	Sie benutzten auf der Fahrbahn mit für beide Richtungen drei oder fünf durch Leitlinien (Zeichen 340) markierten Fahrstreifen den mittleren zum Überholen und gefährdeten +) dadurch Andere. § 7 Abs. 3a, § 1 Abs. 2, § 49 StVO; § 24 Abs. 1, 3 Nr. 5 StVG; 31a.1 BKat; § 19 OWiG	0	40,00	
107601	Sie benutzten auf der Fahrbahn mit für beide Richtungen drei oder fünf durch Leitlinien (Zeichen 340) markierten Fahrstreifen den mittleren zum Überholen. Es kam zum Unfall. § 7 Abs. 3a, § 1 Abs. 2, § 49 StVO; § 24 Abs. 1, 3 Nr. 5 StVG; 31a.1 BKat; § 3 Abs. 3 BKatV; § 19 OWiG	0	50,00	
107130	Sie benutzten auf der Fahrbahn mit für beide Richtungen vier durch Leitlinien (Zeichen 340) markierten Fahrstreifen einen der beiden in Fahrtrichtung linken, ausschließlich dem Gegenverkehr vorbehaltenen, zum Überholen. § 7 Abs. 3b, § 49 StVO; § 24 Abs. 1, 3 Nr. 5 StVG; 31a BKat	0	30,00	
107606	Sie benutzten auf der Fahrbahn mit für beide Richtungen vier durch Leitlinien (Zeichen 340) markierten Fahrstreifen einen der beiden in Fahrtrichtung linken, ausschließlich dem Gegenverkehr vorbehaltenen, zum Überholen. Sie gefährdeten +) dadurch Andere. § 7 Abs. 3b, § 1 Abs. 2, § 49 StVO; § 24 Abs. 1, 3 Nr. 5 StVG; 31a.1 BKat; § 19 OWiG	0	40,00	

TBNR	Bemerkungen
106106 – 106112	*) Zutreffendes angeben

Fahrstreifenbenutzung - § 7 StVO

TBNR	Tatbestandstext	FaP-Pkt	Euro	FV
107607	Sie benutzten auf der Fahrbahn mit für beide Richtungen vier durch Leitlinien (Zeichen 340) markierten Fahrstreifen einen der beiden in Fahrtrichtung linken, ausschließlich dem Gegenverkehr vorbehaltenen, zum Überholen. Es kam zum Unfall. § 7 Abs. 3b, § 1 Abs. 2, § 49 StVO; § 24 Abs. 1, 3 Nr. 5 StVG; 31a.1 BKat; § 3 Abs. 3 BKatV; § 19 OWiG	0	50,00	
107136	Sie benutzten auf der Fahrbahn mit für beide Richtungen sechs durch Leitlinien (Zeichen 340) markierten Fahrstreifen einen der drei in Fahrtrichtung linken, ausschließlich dem Gegenverkehr vorbehaltenen, zum Überholen. § 7 Abs. 3b, § 49 StVO; § 24 Abs. 1, 3 Nr. 5 StVG; 31a BKat	0	30,00	
107612	Sie benutzten auf der Fahrbahn mit für beide Richtungen sechs durch Leitlinien (Zeichen 340) markierten Fahrstreifen einen der drei in Fahrtrichtung linken, ausschließlich dem Gegenverkehr vorbehaltenen, zum Überholen. Sie gefährdeten +) dadurch Andere. § 7 Abs. 3b, § 1 Abs. 2, § 49 StVO; § 24 Abs. 1, 3 Nr. 5 StVG; 31a.1 BKat; § 19 OWiG	0	40,00	
107613	Sie benutzten auf der Fahrbahn mit für beide Richtungen sechs durch Leitlinien (Zeichen 340) markierten Fahrstreifen einen der drei in Fahrtrichtung linken, ausschließlich dem Gegenverkehr vorbehaltenen, zum Überholen. Es kam zum Unfall. § 7 Abs. 3b, § 1 Abs. 2, § 49 StVO; § 24 Abs. 1, 3 Nr. 5 StVG; 31a.1 BKat; § 3 Abs. 3 BKatV; § 19 OWiG	0	50,00	
107112	Sie benutzten mit einem Lastkraftwagen mit einer zulässigen Gesamtmasse von mehr als 3,5 t außerhalb geschlossener Ortschaften den linken Fahrstreifen zu einem anderen Zweck als dem des Linksabbiegens. § 7 Abs. 3c, § 49 StVO; § 24 Abs. 1, 3 Nr. 5 StVG; 31b BKat	0	15,00	
107113	Sie benutzten mit einem Lastkraftwagen mit einer zulässigen Gesamtmasse von mehr als 3,5 t außerhalb geschlossener Ortschaften den linken Fahrstreifen zu einem anderen Zweck als dem des Linksabbiegens und behinderten +) dadurch Andere. § 7 Abs. 3c, § 1 Abs. 2, § 49 StVO; § 24 Abs. 1, 3 Nr. 5 StVG; 31b.1 BKat; § 19 OWiG	0	20,00	
107118	Sie benutzten mit einem Kraftfahrzeug mit Anhänger außerhalb geschlossener Ortschaften den linken Fahrstreifen zu einem anderen Zweck als dem des Linksabbiegens. § 7 Abs. 3c, § 49 StVO; § 24 Abs. 1, 3 Nr. 5 StVG; 31b Bkat	0	15,00	

TBNR   Bemerkungen

Fahrstreifenbenutzung - § 7 StVO

TBNR	Tatbestandstext	FaP-Pkt	Euro	FV
107119	Sie benutzten mit einem Kraftfahrzeug mit Anhänger außerhalb geschlossener Ortschaften den linken Fahrstreifen zu einem anderen Zweck als dem des Linksabbiegens und behinderten +) dadurch Andere. § 7 Abs. 3c, § 1 Abs. 2, § 49 StVO; § 24 Abs. 1, 3 Nr. 5 StVG; 31b.1 BKat; § 19 OWiG	0	20,00	
107100	Sie wechselten den Fahrstreifen und gefährdeten +) dabei Andere. § 7 Abs. 5, § 49 StVO; § 24 Abs. 1, 3 Nr. 5 StVG; 31 BKat	0	30,00	
107101	Sie wechselten den Fahrstreifen und verursachten dabei einen Unfall. § 7 Abs. 5, § 1 Abs. 2, § 49 StVO; § 24 Abs. 1, 3 Nr. 5 StVG; 31.1 BKat; § 19 OWiG	0	35,00	
107106	Sie wechselten den Fahrstreifen, ohne dies rechtzeitig und deutlich anzukündigen. § 7 Abs. 5, § 49 StVO; § 24 Abs. 1, 3 Nr. 5 StVG; 29 Bkat	0	10,00	

Abgehende Fahrstreifen, Ein- u. Ausfädelungsstreifen - § 7a StVO

TBNR	Tatbestandstext	FaP-Pkt	Euro	FV
107012	Sie fuhren auf dem Ausfädelungsstreifen schneller als der Verkehr auf dem durchgehenden Fahrstreifen. § 7a Abs. 3, § 49 StVO; § 24 Abs. 1, 3 Nr. 5 StVG; -- BKat	0	25,00	
107013	Sie fuhren auf dem Ausfädelungsstreifen schneller als der Verkehr auf dem durchgehenden Fahrstreifen und gefährdeten +) dadurch Andere. § 7a Abs. 3, § 1 Abs. 2, § 49 StVO; § 24 Abs. 1, 3 Nr. 5 StVG; -- BKat; § 19 OWiG	0	30,00	
107018	Sie fuhren auf dem Ausfädelungsstreifen nicht mit mäßiger Geschwindigkeit und besonderer Vorsicht an dem stockenden oder stehenden Verkehr auf den durchgehenden Fahrstreifen vorbei. § 7a Abs. 3, § 49 StVO; § 24 Abs. 1, 3 Nr. 5 StVG; -- BKat	0	25,00	
107019	Sie fuhren auf dem Ausfädelungsstreifen nicht mit mäßiger Geschwindigkeit und besonderer Vorsicht an dem stockenden oder stehenden Verkehr auf den durchgehenden Fahrstreifen vorbei und gefährdeten +) dadurch Andere. § 7a Abs. 3, § 1 Abs. 2, § 49 StVO; § 24 Abs. 1, 3 Nr. 5 StVG; -- BKat; § 19 OWiG	0	30,00	

TBNR   Bemerkungen

Vorfahrt - § 8 StVO

TBNR	Tatbestandstext	FaP-Pkt	Euro	FV
108100	Sie fuhren nicht mit mäßiger Geschwindigkeit an die bevorrechtigte Straße heran. Hierdurch wurde der Vorfahrtberechtigte irritiert. § 8 Abs. 2, § 49 StVO; § 24 Abs. 1, 3 Nr. 5 StVG; 32 BKat	0	10,00	
108106	Sie missachteten die Vorfahrt des von rechts kommenden Fahrzeugs,so dass ein Vorfahrtberechtigter wesentlich behindert +) wurde. § 8 Abs. 2, § 49 StVO; § 24 Abs. 1, 3 Nr. 5 StVG; 33 BKat	0	25,00	
108112	Sie missachteten die Vorfahrt des bevorrechtigten Fahrzeugs, so dass ein Anderer wesentlich behindert +) wurde. Vorfahrtregelung durch Zeichen 205/206 *). § 8 Abs. 2, § 49 StVO; § 24 Abs. 1, 3 Nr. 5 StVG; 33 BKat	0	25,00	
108118	Sie fuhren aus einem Feld-/Waldweg auf die Straße, ohne die Vorfahrt des bevorrechtigten Fahrzeugs zu beachten. Dadurch wurde ein Vorfahrtberechtigter wesentlich behindert +). § 8 Abs. 2, § 49 StVO; § 24 Abs. 1, 3 Nr. 5 StVG; 33 BKat	0	25,00	
108600	Sie missachteten die Vorfahrt des von rechts kommenden Fahrzeugs, so dass ein Vorfahrtberechtigter gefährdet +) wurde. § 8 Abs. 2, § 49 StVO; § 24 Abs. 1, 3 Nr. 5 StVG; 34 BKat	A - 1	100,00	
108601	Sie missachteten die Vorfahrt des von rechts kommenden Fahrzeugs. Es kam zum Unfall. § 8 Abs. 2, § 1 Abs. 2, § 49 StVO; § 24 Abs. 1, 3 Nr. 5 StVG; 34 BKat; § 3 Abs. 3 BKatV; § 19 OWiG	A - 1	120,00	
108606	Sie missachteten die Vorfahrt des bevorrechtigten Fahrzeugs, so dass ein Vorfahrtberechtigter gefährdet +) wurde. Vorfahrtregelung durch Zeichen 205/206 *). § 8 Abs. 2, § 49 StVO; § 24 Abs. 1, 3 Nr. 5 StVG; 34 BKat	A - 1	100,00	
108607	Sie missachteten die Vorfahrt des bevorrechtigten Fahrzeugs. Es kam zum Unfall. Vorfahrtregelung durch Zeichen 205/206 *). § 8 Abs. 2, § 1 Abs. 2, § 49 StVO; § 24 Abs. 1, 3 Nr. 5 StVG; 34 BKat; § 3 Abs. 3 BKatV; § 19 OWiG	A -1	120,00	
108612	Sie fuhren aus einem Feld-/Waldweg auf die Straße, ohne die Vorfahrt des bevorrechtigten Fahrzeugs zu beachten. Dadurch wurde ein Vorfahrtberechtigter gefährdet +). § 8 Abs. 2, § 49 StVO; § 24 Abs. 1, 3 Nr. 5 StVG; 34 Bkat	A - 1	100,00	

TBNR | **Bemerkungen**
108606; 108607; *) Zutreffendes angeben
108112

Vorfahrt - § 8 StVO

TBNR	Tatbestandstext	FaP-Pkt	Euro	FV
108613	Sie fuhren aus einem Feld-/Waldweg auf die Straße, ohne die Vorfahrt des bevorrechtigten Fahrzeugs zu beachten. Es kam zum Unfall. § 8 Abs. 2, § 1 Abs. 2, § 49 StVO; § 24 Abs. 1, 3 Nr. 5 StVG; 34 BKat; § 3 Abs. 3 BKatV; § 19 OwiG	A - 1	120,00	

Abbiegen, Wenden und Rückwärtsfahren - § 9 Abs. 1 StVO

TBNR	Tatbestandstext	FaP-Pkt	Euro	FV
109100	Sie bogen ab, ohne die Fahrtrichtungsänderung rechtzeitig und deutlich anzukündigen. § 9 Abs. 1, § 49 StVO; § 24 Abs. 1, 3 Nr. 5 StVG; 29 BKat	0	10,00	
109101	Sie bogen ab, ohne die Fahrtrichtungsänderung rechtzeitig und deutlich anzukündigen, so dass ein nachfolgendes Fahrzeug gefährdet +) wurde. § 9 Abs. 1, § 1 Abs. 2, § 49 StVO; § 24 Abs. 1, 3 Nr. 5 StVG; 29 BKat; § 19 OWiG	0	30,00	
109102	Sie bogen ab, ohne die Fahrtrichtungsänderung rechtzeitig und deutlich anzukündigen. Es kam zum Unfall. § 9 Abs. 1, § 1 Abs. 2, § 49 StVO; § 24 Abs. 1, 3 Nr. 5 StVG; 29 BKat; § 19 OWiG	0	35,00	
109106	Sie bogen nach links/rechts *) ab, ohne sich vorher ordnungsgemäß eingeordnet zu haben. § 9 Abs. 1, § 49 StVO; § 24 Abs. 1, 3 Nr. 5 StVG; 35 BKat	0	10,00	
109107	Sie bogen nach links/rechts *) ab, ohne sich vorher ordnungsgemäß eingeordnet zu haben, und gefährdeten +) dadurch Andere. § 9 Abs. 1, § 1 Abs. 2, § 49 StVO; § 24 Abs. 1, 3 Nr. 5 StVG; 35.1 BKat; § 19 OWiG	0	30,00	
109108	Sie bogen nach links/rechts *) ab, ohne sich vorher ordnungsgemäß eingeordnet zu haben. Es kam zum Unfall. § 9 Abs. 1, § 1 Abs. 2, § 49 StVO; § 24 Abs. 1, 3 Nr. 5 StVG; 35.2 BKat; § 19 OWiG	0	35,00	
109112	Sie bogen nach links/rechts *) ab, ohne auf den nachfolgenden Verkehr zu achten. § 9 Abs. 1, § 49 StVO; § 24 Abs. 1, 3 Nr. 5 StVG; 35 BKat	0	10,00	
109113	Sie bogen nach links/rechts *) ab, ohne auf den nachfolgenden Verkehr zu achten, und gefährdeten +) dadurch Andere. § 9 Abs. 1, § 1 Abs. 2, § 49 StVO; § 24 Abs. 1, 3 Nr. 5 StVG; 35.1 BKat; § 19 OWiG	0	30,00	

TBNR	Bemerkungen
109106 – 109113	*) Zutreffendes angeben

Abbiegen, Wenden und Rückwärtsfahren - § 9 Abs. 1 StVO

TBNR	Tatbestandstext	FaP-Pkt	Euro	FV
109114	Sie bogen nach links/rechts *) ab, ohne auf den nachfolgenden Verkehr zu achten. Es kam zum Unfall. § 9 Abs. 1, § 1 Abs. 2, § 49 StVO; § 24 Abs. 1, 3 Nr. 5 StVG; 35.2 OWiG	0	35,00	
109118	Sie ordneten sich nach links auf den Schienen ein und behinderten +) dadurch ein Schienenfahrzeug. § 9 Abs. 1, § 49 StVO; § 24 Abs. 1, 3 Nr. 5 StVG; 36 Bkat	0	10,00	

Abbiegen, Wenden und Rückwärtsfahren - § 9 Abs. 2 StVO

TBNR	Tatbestandstext	FaP-Pkt	Euro	FV
109177	Sie überquerten als Radfahrer nach einer Kreuzung oder Einmündung die Fahrbahn und beachteten dabei nicht den Fahrzeugverkehr. § 9 Abs. 2, § 49 StVO; § 24 Abs. 1, 3 Nr. 5 StVG; 38 BKat	0	15,00	
109178	Sie überquerten als Radfahrer nach einer Kreuzung oder Einmündung die Fahrbahn und beachteten dabei nicht den Fahrzeugverkehr. Sie behinderten +) dadurch Andere. § 9 Abs. 2, § 1 Abs. 2, § 49 StVO; § 24 Abs. 1, 3 Nr. 5 StVG; 38.1 BKat; § 19 OWiG	0	20,00	
109179	Sie überquerten als Radfahrer nach einer Kreuzung oder Einmündung die Fahrbahn und beachteten dabei nicht den Fahrzeugverkehr. Sie gefährdeten +) dadurch Andere. § 9 Abs. 2, § 1 Abs. 2, § 49 StVO; § 24 Abs. 1, 3 Nr. 5 StVG; 38.2 BKat; § 19 OWiG	0	25,00	
109180	Sie überquerten als Radfahrer nach einer Kreuzung oder Einmündung die Fahrbahn und beachteten dabei nicht den Fahrzeugverkehr. Es kam zum Unfall. § 9 Abs. 2, § 1 Abs. 2, § 49 StVO; § 24 Abs. 1, 3 Nr. 5 StVG; 38.3 BKat; § 19 OWiG	0	30,00	
109183	Sie bogen als Radfahrer nach links ab, ohne der Radverkehrsführung im Kreuzungs- oder Einmündungsbereich zu folgen. § 9 Abs. 2, § 49 StVO; § 24 Abs. 1, 3 Nr. 5 StVG; 38 BKat	0	15,00	
109184	Sie bogen als Radfahrer nach links ab, ohne der Radverkehrsführung im Kreuzungs- oder Einmündungsbereich zu folgen. Sie behinderten +) dadurch Andere. § 9 Abs. 2, § 1 Abs. 2, § 49 StVO; § 24 Abs. 1, 3 Nr. 5 StVG; 38.1 BKat; § 19 OWiG	0	20,00	
109185	Sie bogen als Radfahrer nach links ab, ohne der Radverkehrsführung im Kreuzungs- oder Einmündungsbereich zu folgen. Sie gefährdeten +) dadurch Andere. § 9 Abs. 2, § 1 Abs. 2, § 49 StVO; § 24 Abs. 1, 3 Nr. 5 StVG; 38.2 BKat; § 19 OWiG	0	25,00	

TBNR	Bemerkungen
109114	*) Zutreffendes angeben

Abbiegen, Wenden und Rückwärtsfahren - § 9 Abs. 2 StVO

TBNR	Tatbestandstext	FaP-Pkt	Euro	FV
109186	Sie bogen als Radfahrer nach links ab, ohne der Radverkehrsführung im Kreuzungs- oder Einmündungsbereich zu folgen. Es kam zum Unfall. § 9 Abs. 2, § 1 Abs. 2, § 49 StVO; § 24 Abs. 1, 3 Nr. 5 StVG; 38.3 BKat; § 19 OwiG	0	30,00	

Abbiegen, Wenden und Rückwärtsfahren - § 9 Abs. 3 StVO

TBNR	Tatbestandstext	FaP-Pkt	Euro	FV
109136	Sie bogen ab, ohne ein entgegenkommendes/in gleicher Richtung fahrendes *) Fahrzeug durchfahren zu lassen. § 9 Abs. 3, § 49 StVO; § 24 Abs. 1, 3 Nr. 5 StVG; 39 BKat	0	40,00	
109600	Sie bogen ab, ohne ein entgegenkommendes/in gleicher Richtung fahrendes *) Fahrzeug durchfahren zu lassen, und gefährdeten +) dadurch Andere. § 9 Abs. 3, § 1 Abs. 2, § 49 StVO; § 24 Abs. 1, 3 Nr. 5, § 25 StVG; 39.1 BKat; § 4 Abs. 1 BKatV; § 19 OWiG	A - 1	140,00	1 M
109601	Sie bogen ab, ohne ein entgegenkommendes/in gleicher Richtung fahrendes *) Fahrzeug durchfahren zu lassen. Es kam zum Unfall. § 9 Abs. 3, § 1 Abs. 2, § 49 StVO; § 24 Abs. 1, 3 Nr. 5, § 25 StVG; 39.1 BKat; § 4 Abs. 1 BKatV; § 3 Abs. 3 BKatV; § 19 OWiG	A - 1	170,00	1 M
109142	Sie bogen ab, ohne einen in entgegenkommender/gleicher *) Richtung geradeaus weiterfahrenden Benutzer des Sonderfahrstreifens (Zeichen 245) durchfahren zu lassen. § 9 Abs. 3, § 49 StVO; § 24 Abs. 1, 3 Nr. 5 StVG; 39 BKat	0	40,00	
109606	Sie bogen ab, ohne einen in entgegenkommender/gleicher *) Richtung geradeaus weiterfahrenden Benutzer des Sonderfahrstreifens (Zeichen 245) durchfahren zu lassen, und gefährdeten +) dadurch Andere. § 9 Abs. 3, § 1 Abs. 2, § 49 StVO; § 24 Abs. 1, 3 Nr. 5, § 25 StVG; 39.1 BKat; § 4 Abs. 1 BKatV; § 19 OWiG	A - 1	140,00	1 M
109607	Sie bogen ab, ohne einen in entgegenkommender/gleicher *) Richtung geradeaus weiterfahrenden Benutzer des Sonderfahrstreifens (Zeichen 245) durchfahren zu lassen. Es kam zum Unfall. § 9 Abs. 3, § 1 Abs. 2, § 49 StVO; § 24 Abs. 1, 3 Nr. 5, § 25 StVG; 39.1 BKat; § 4 Abs. 1 BKatV; § 3 Abs. 3 BKatV; § 19 OWiG	A - 1	170,00	1 M
109612	Sie bogen ab, ohne einen in entgegenkommender/gleicher *) Richtung geradeaus weiterfahrenden Radfahrer durchfahren zu lassen, und gefährdeten +) dadurch Andere. § 9 Abs. 3, § 1 Abs. 2, § 49 StVO; § 24 Abs. 1, 3 Nr. 5, § 25 StVG; 39.1 BKat; § 4 Abs. 1 BKatV; § 19 OWiG	A -1	140,00	1 M

TBNR	Bemerkungen
109136 – 109612	*) Zutreffendes angeben

Abbiegen, Wenden und Rückwärtsfahren - § 9 Abs. 3 StVO

TBNR	Tatbestandstext	FaP-Pkt	Euro	FV
109613	Sie bogen ab, ohne einen in entgegenkommender/gleicher *) Richtung geradeaus weiterfahrenden Radfahrer durchfahren zu lassen. Es kam zum Unfall. § 9 Abs. 3, § 1 Abs. 2, § 49 StVO; § 24 Abs. 1, 3 Nr. 5, § 25 StVG; 39.1 BKat; § 4 Abs. 1 BKatV; § 3 Abs. 3 BKatV; § 19 OWiG	A - 1	170,00	1 M
109618	Sie bogen ab, ohne ein in entgegenkommender/gleicher *) Richtung geradeaus weiterfahrendes Fahrrad mit Hilfsmotor durchfahren zu lassen, und gefährdeten +) dadurch Andere. § 9 Abs. 3, § 1 Abs. 2, § 49 StVO; § 24 Abs. 1, 3 Nr. 5, § 25 StVG; 39.1 BKat; § 4 Abs. 1 BKatV; § 19 OWiG	A - 1	140,00	1 M
109619	Sie bogen ab, ohne ein in entgegenkommender/gleicher *) Richtung geradeaus weiterfahrendes Fahrrad mit Hilfsmotor durchfahren zu lassen. Es kam zum Unfall. § 9 Abs. 3, § 1 Abs. 2, § 49 StVO; § 24 Abs. 1, 3 Nr. 5, § 25 StVG; 39.1 BKat; § 4 Abs. 1 BKatV; § 3 Abs. 3 BKatV; § 19 OwiG	A - 1	170,00	1 M
109624	Sie bogen ab, ohne auf Fußgänger besondere Rücksicht zu nehmen, und gefährdeten +) diese. § 9 Abs. 3, § 1 Abs. 2, § 49 StVO; § 24 Abs. 1, 3 Nr. 5, § 25 StVG; 41 BKat; § 4 Abs. 1 BKatV; § 19 OWiG	A - 1	140,00	1 M
109625	Sie bogen ab, ohne auf Fußgänger besondere Rücksicht zu. nehmen. Es kam zum Unfall. § 9 Abs. 3, § 1 Abs. 2, § 49 StVO; § 24 Abs. 1, 3 Nr. 5, 25 StVG; 41 BKat; § 4 Abs. 1 BKatV ; § 3 Abs. 3 BKatV; § 19 OWiG	A - 1	170,00	1 M

Abbiegen, Wenden und Rückwärtsfahren - § 9 Abs. 4 StVO

TBNR	Tatbestandstext	FaP-Pkt	Euro	FV
109148	Sie bogen als Linksabbieger nicht vor dem entgegen-kommenden Linksabbieger ab, obwohl dies möglich war. § 9 Abs. 4, § 49 StVO; § 24 Abs. 1, 3 Nr. 5 StVG; 42 BKat	0	10,00	
109630	Sie bogen als Linksabbieger nicht vor dem entgegen-kommenden Linksabbieger ab, obwohl dies möglich war, und gefährdeten +) dadurch Andere. § 9 Abs. 4, § 1 Abs. 2, § 49 StVO; § 24 Abs. 1, 3 Nr. 5 StVG; 42.1 BKat; § 19 OWiG	A - 1	70,00	
109631	Sie bogen als Linksabbieger nicht vor dem entgegenkom-menden Linksabbieger ab, obwohl dies möglich war. Es kam zum Unfall. § 9 Abs. 4, § 1 Abs. 2, § 49 StVO; § 24 Abs. 1, 3 Nr. 5 StVG; 42.1 BKat; § 3 Abs. 3 BKatV; § 19 OWiG	A - 1	85,00	
109172	Sie bogen als Linksabbieger ab, ohne den entgegenkom-menden Rechtsabbieger durchfahren zu lassen. § 9 Abs. 4, § 49 StVO; § 24 Abs. 1, 3 Nr. 5 StVG; 39 BKat	0	40,00	

TBNR	Bemerkungen
109613 – 109619	*) Zutreffendes angeben

Abbiegen, Wenden und Rückwärtsfahren - § 9 Abs. 4 StVO

TBNR	Tatbestandstext	FaP-Pkt	Euro	FV
109654	Sie bogen als Linksabbieger ab, ohne den entgegenkommenden Rechtsabbieger durchfahren zu lassen, und gefährdeten +) dadurch Andere. § 9 Abs. 4, § 1 Abs. 2, § 49 StVO; § 24 Abs. 1, 3 Nr. 5, § 25 StVG; 39.1 BKat; § 4 Abs. 1 BKatV; § 19 OWiG	A - 1	140,00	1 M
109655	Sie bogen als Linksabbieger ab, ohne den entgegenkommenden Rechtsabbieger durchfahren zu lassen. Es kam zum Unfall. § 9 Abs. 4, § 1 Abs. 2, § 49 StVO; § 24 Abs. 1, 3 Nr. 5, § 25 StVG; 39.1 BKat; § 4 Abs. 1 BKatV; § 3 Abs. 3 BKatV; § 19 OwiG	A - 1	170,00	1 M

Abbiegen, Wenden und Rückwärtsfahren - § 9 Abs. 5 StVO

TBNR	Tatbestandstext	FaP-Pkt	Euro	FV
109636	Sie bogen in das Grundstück ab und ließen dabei die Ihnen obliegende besondere Vorsicht außer Acht und gefährdeten +) dadurch Andere. § 9 Abs. 5, § 49 StVO; § 24 Abs. 1, 3 Nr. 5 StVG; 44 BKat	A - 1	80,00	
109637	Sie bogen in das Grundstück ab und ließen dabei die Ihnen obliegende besondere Vorsicht außer Acht. Es kam zum Unfall. § 9 Abs. 5, § 1 Abs. 2, § 49 StVO; § 24 Abs. 1, 3 Nr. 5 StVG; 44 BKat; § 3 Abs. 3 BKatV; § 19 OWiG	A - 1	100,00	
109642	Sie wendeten auf der Straße und ließen dabei die Ihnen obliegende besondere Vorsicht außer Acht und gefährdeten +) dadurch Andere. § 9 Abs. 5, § 49 StVO; § 24 Abs. 1, 3 Nr. 5 StVG; 44 BKat	A - 1	80,00	
109643	Sie wendeten auf der Straße und ließen dabei die Ihnen obliegende besondere Vorsicht außer Acht. Es kam zum Unfall. § 9 Abs. 5, § 1 Abs. 2, § 49 StVO; § 24 Abs. 1, 3 Nr. 5 StVG; 44 BKat; § 3 Abs. 3 BKatV; § 19 OWiG	A - 1	100,00	
109648	Sie ließen beim Rückwärtsfahren die Ihnen obliegende besondere Vorsicht außer Acht und gefährdeten +) dadurch Andere. § 9 Abs. 5, § 49 StVO; § 24 Abs. 1, 3 Nr. 5 StVG; 44 BKat	A - 1	80,00	
109649	Sie ließen beim Rückwärtsfahren die Ihnen obliegende besondere Vorsicht außer Acht. Es kam zum Unfall. § 9 Abs. 5, § 1 Abs. 2, § 49 StVO; § 24 Abs. 1, 3 Nr. 5 StVG; 44 BKat; § 3 Abs. 3 BKatV; § 19 OWiG	A - 1	100,00	

TBNR	Bemerkungen

Abbiegen, Wenden und Rückwärtsfahren - § 9 Abs. 6 StVO

TBNR	Tatbestandstext	FaP-Pkt	Euro	FV
109660	Sie fuhren innerorts mit einem Kraftfahrzeug mit einer Gesamt- masse über 3,5 t beim Rechtsabbiegen nicht mit Schrittge- schwindigkeit, obwohl mit Rad- oder Fußgängerverkehr zu rechnen war. § 9 Abs. 6, § 49 StVO; § 24 Abs. 1, 3 Nr. 5 StVG; 45 BKat	A – 1	70,00	
109661	Sie fuhren innerorts mit einem Kraftfahrzeug mit einer Gesamt- masse über 3,5 t beim Rechtsabbiegen nicht mit Schrittge- schwindigkeit, obwohl mit Rad- oder Fußgängerverkehr zu rechnen war, und gefährdeten +) dadurch Andere. § 9 Abs. 6, § 1 Abs.2, § 49 StVO; § 24 Abs. 1, 3 Nr. 5 StVG; 45 BKat; § 3 Abs. 3 BKatV; § 19 OWiG	A – 1	85,00	
109662	Sie fuhren innerorts mit einem Kraftfahrzeug mit einer Gesamt- masse über 3,5 t beim Rechtsabbiegen nicht mit Schrittge- schwindigkeit, obwohl mit Rad- oder Fußgängerverkehr zu rechnen war. Es kam zum Unfall. § 9 Abs. 6, § 1 Abs.2, § 49 StVO; § 24 Abs. 1, 3 Nr. 5 StVG; 45 BKat; § 3 Abs. 3 BKatV; § 19 OWiG	A – 1	105,00	

Einfahren und Anfahren - § 10 StVO

TBNR	Tatbestandstext	FaP-Pkt	Euro	FV
110100	Sie fuhren aus einem Grundstück auf die Straße und gefähr- deten +)dadurch Andere. § 10, § 49 StVO; § 24 Abs. 1, 3 Nr. 5 StVG; 47 BKat	0	30,00	
110101	Sie fuhren aus einem Grundstück auf die Straße. Es kam zum Unfall. § 10, § 1 Abs. 2, § 49 StVO; § 24 Abs. 1, 3 Nr. 5 StVG; 47.1 BKat; § 19 OWiG	0	35,00	
110106	Sie fuhren aus einer Fußgängerzone (Zeichen 242.1, 242.2) auf die Straße und gefährdeten +) dadurch Andere. § 10, § 49 StVO; § 24 Abs. 1, 3 Nr. 5 StVG; 47 BKat	0	30,00	
110107	Sie fuhren aus einer Fußgängerzone (Zeichen 242.1, 242.2) auf die Straße. Es kam zum Unfall. § 10, § 1 Abs. 2, § 49 StVO; § 24 Abs. 1, 3 Nr. 5 StVG; 47.1 BKat; § 19 OWiG	0	35,00	
110112	Sie fuhren aus einem verkehrsberuhigten Bereich (Zeichen 325.1, 325.2) auf die Straße und gefährdeten +) dadurch Andere. § 10, § 49 StVO; § 24 Abs. 1, 3 Nr. 5 StVG; 47 BKat	0	30,00	
110113	Sie fuhren aus einem verkehrsberuhigten Bereich (Zeichen 325.1, 325.2) auf die Straße. Es kam zum Unfall. § 10, § 1 Abs. 2, § 49 StVO; § 24 Abs. 1, 3 Nr. 5 StVG; 47.1 BKat; § 19 OWiG	0	35,00	

TBNR   Bemerkungen

Einfahren und Anfahren - § 10 StVO

TBNR	Tatbestandstext	FaP-Pkt	Euro	FV
110118	Sie fuhren von einem anderen Straßenteil auf die Fahrbahn und gefährdeten +) dadurch Andere. § 10, § 49 StVO; § 24 Abs. 1, 3 Nr. 5 StVG; 47 BKat	0	30,00	
110119	Sie fuhren von einem anderen Straßenteil auf die Fahrbahn. Es kam zum Unfall. § 10, § 1 Abs. 2, § 49 StVO; § 24 Abs. 1, 3 Nr. 5 StVG; 47.1 BKat; § 19 OWiG	0	35,00	
110124	Sie fuhren über einen abgesenkten Bordstein hinweg auf die Fahrbahn und gefährdeten +) dadurch Andere. § 10, § 49 StVO; § 24 Abs. 1, 3 Nr. 5 StVG; 47 BKat	0	30,00	
110125	Sie fuhren über einen abgesenkten Bordstein hinweg auf die Fahrbahn. Es kam zum Unfall. § 10, § 1 Abs. 2, § 49 StVO; § 24 Abs. 1, 3 Nr. 5 StVG; 47.1 BKat; § 19 OWiG	0	35,00	
110130	Sie fuhren vom Fahrbahnrand an und gefährdeten +) dadurch Andere. § 10, § 49 StVO; § 24 Abs. 1, 3 Nr. 5 StVG; 47 BKat	0	30,00	
110131	Sie fuhren vom Fahrbahnrand an. Es kam zum Unfall. § 10, § 1 Abs. 2, § 49 StVO; § 24 Abs. 1, 3 Nr. 5 StVG; 47.1 BKat; § 19 OWiG	0	35,00	

Einfahren und Anfahren - § 10 StVO

TBNR	Tatbestandstext	FaP-Pkt	Euro	FV
110142	Sie fuhren aus einem Grundstück auf die Straße, ohne den Fahrtrichtungsanzeiger zu benutzen. § 10, § 49 StVO; § 24 Abs. 1, 3 Nr. 5 StVG; 29 BKat	0	10,00	
110148	Sie fuhren aus einer Fußgängerzone (Zeichen 242.1, 242.2) auf die Straße, ohne den Fahrtrichtungsanzeiger zu benutzen. § 10, § 49 StVO; § 24 Abs. 1, 3 Nr. 5 StVG; 29 Bkat	0	10,00	
110154	Sie fuhren von einem verkehrsberuhigten Bereich (Zeichen 325.1, 325.2) auf die Straße, ohne den Fahrtrichtungsanzeiger zu benutzen. § 10, § 49 StVO; § 24 Abs. 1, 3 Nr. 5 StVG; 29 BKat	0	10,00	
110160	Sie fuhren von einem Straßenteil auf die Fahrbahn, ohne den Fahrtrichtungsanzeiger zu benutzen. § 10, § 49 StVO; § 24 Abs. 1, 3 Nr. 5 StVG; 29 BKat	0	10,00	
110166	Sie fuhren über einen abgesenkten Bordstein auf die Fahrbahn, ohne den Fahrtrichtungsanzeiger zu benutzen. § 10, § 49 StVO; § 24 Abs. 1, 3 Nr. 5 StVG; 29 BKat	0	10,00	
110172	Sie fuhren vom Fahrbahnrand der Straße an, ohne den Fahrtrichtungsanzeiger zu benutzen. § 10, § 49 StVO; § 24 Abs. 1, 3 Nr. 5 StVG; 29 BKat	0	10,00	

TBNR   Bemerkungen

Besondere Verkehrslagen - § 11 StVO

TBNR	Tatbestandstext	FaP-Pkt	Euro	FV
111100	Sie fuhren trotz stockenden Verkehrs in die Kreuzung/Einmündung *) ein und behinderten +) dadurch Andere. § 11 Abs. 1, § 1 Abs. 2, § 49 StVO; § 24 Abs. 1, 3 Nr. 5 StVG; 49 BKat; § 19 OWiG	0	20,00	
111101	Sie fuhren trotz stockenden Verkehrs in die Kreuzung/Einmündung *) ein. Es kam zum Unfall. § 11 Abs. 1, § 1 Abs. 2, § 49 StVO; § 24 Abs. 1, 3 Nr. 5 StVG; 49 BKat; § 19 OWiG	0	35,00	
111600	Sie bildeten auf einer Autobahn oder Außerortsstraße keine vorschriftsmäßige *) Gasse zur Durchfahrt von Polizei- oder Hilfsfahrzeugen, obwohl der Verkehr stockte. § 11 Abs. 2, § 49 StVO; § 24 Abs. 1, 3 Nr. 5, § 25 StVG; 50 BKat; § 4 Abs. 1 BKatV	A - 2	200,00	1 M
111601	Sie bildeten auf einer Autobahn oder Außerortsstraße keine vorschriftsmäßige *) Gasse zur Durchfahrt von Polizei- oder Hilfsfahrzeugen, obwohl der Verkehr stockte und behinderten +) diese. § 11 Abs. 2, § 1 Abs. 2, § 49 StVO; § 24 Abs. 1, 3 Nr. 5, § 25 StVG; 50.1 BKat; § 4 Abs. 1 BKatV; § 19 OWiG	A - 2	240,00	1 M
111602	Sie bildeten auf einer Autobahn oder Außerortsstraße keine vorschriftsmäßige *) Gasse zur Durchfahrt von Polizei- oder Hilfsfahrzeugen, obwohl der Verkehr stockte und gefährdeten +) diese. § 11 Abs. 2, § 1 Abs. 2, § 49 StVO; § 24 Abs. 1, 3 Nr. 5, § 25 StVG; 50.2 BKat; § 4 Abs. 1 BKatV; § 19 OWiG	A - 2	280,00	1 M
111603	Sie bildeten auf einer Autobahn oder Außerortsstraße keine vorschriftsmäßige *) Gasse zur Durchfahrt von Polizei- oder Hilfsfahrzeugen, obwohl der Verkehr stockte. Es kam zum Unfall. § 11 Abs. 2, § 1 Abs. 2, § 49 StVO; § 24 Abs. 1, 3 Nr. 5, § 25 StVG; 50.3 BKat; § 4 Abs. 1 BKatV; § 19 OWiG	A - 2	320,00	1 M
111606	Sie benutzten mit Ihrem Fahrzeug auf einer Autobahn oder Außerortsstraße unberechtigt eine freie Gasse für die Durchfahrt von Polizei- oder Hilfsfahrzeugen. § 11 Abs. 2, § 49 StVO; § 24 Abs. 1, 3 Nr. 5, § 25 StVG; 50a BKat; § 4 Abs. 1 BKatV	A – 2	240,00	1 M
111607	Sie benutzten mit Ihrem Fahrzeug auf einer Autobahn oder Außerortsstraße unberechtigt eine freie Gasse für die Durchfahrt von Polizei- oder Hilfsfahrzeugen und behinderten +) diese. § 11 Abs. 2, § 1 Abs. 2, § 49 StVO; § 24 Abs. 1, 3 Nr. 5, § 25 StVG; 50a.1 BKat; § 4 Abs. 1 BKatV; § 19 OWiG	A – 2	280,00	1 M

TBNR	Bemerkungen
111100; 111101;	*) Zutreffendes angeben
111600 – 100603	*) näher erläutern

Besondere Verkehrslagen - § 11 StVO

TBNR	Tatbestandstext	FaP-Pkt	Euro	FV
111608	Sie benutzten mit Ihrem Fahrzeug auf einer Autobahn oder Außerortsstraße unberechtigt eine freie Gasse für die Durchfahrt von Polizei- oder Hilfsfahrzeugen und gefährdeten +) diese. § 11 Abs. 2, § 1 Abs. 2, § 49 StVO; § 24 Abs. 1, 3 Nr. 5, § 25 StVG; 50a.2 BKat; § 4 Abs. 1 BKatV; § 19 OWiG	A – 2	300,00	1 M
111609	Sie benutzten mit Ihrem Fahrzeug auf einer Autobahn oder Außerortsstraße unberechtigt eine freie Gasse für die Durchfahrt von Polizei- oder Hilfsfahrzeugen. Es kam zum Unfall. § 11 Abs. 2, § 1 Abs. 2, § 49 StVO; § 24 Abs. 1, 3 Nr. 5, § 25 StVG; 50a.3 BKat; § 4 Abs. 1 BKatV; § 19 OWiG	A - 2	320,00	1 M

Halten und Parken - § 12 Abs. 1 StVO

TBNR	Tatbestandstext	FaP-Pkt	Euro	FV
112100	Sie hielten an einer engen/unübersichtlichen *) Straßenstelle. § 12 Abs. 1, § 49 StVO; § 24 Abs. 1, 3 Nr. 5 StVG; 51 BKat Tab.: 712001	0	20,00	
112101	Sie hielten an einer engen/unübersichtlichen *) Straßenstelle und behinderten +) dadurch den fließenden Verkehr. § 12 Abs. 1, § 1 Abs. 2, § 49 StVO; § 24 Abs. 1, 3 Nr. 5 StVG; 51.1 BKat; § 19 OWiG Tab.: 712001	0	35,00	
112102	Sie parkten an einer engen/unübersichtlichen *) Straßenstelle. § 12 Abs. 1, § 49 StVO; § 24 Abs. 1, 3 Nr. 5 StVG; 51b BKat Tab.: 712001	0	35,00	
112103	Sie parkten an einer engen/unübersichtlichen *) Straßenstelle und behinderten +) dadurch den fließenden Verkehr. § 12 Abs. 1, § 1 Abs. 2, § 49 StVO; § 24 Abs. 1, 3 Nr. 5 StVG; 51b.1 BKat; § 19 OWiG Tab.: 712001	0	55,00	
112104	Sie parkten länger als 1 Stunde an einer engen/unübersichtlichen *) Straßenstelle. § 12 Abs. 1, § 49 StVO; § 24 Abs. 1, 3 Nr. 5 StVG; 51b.2 BKat Tab.: 712001	0	55,00	
112105	Sie parkten länger als 1 Stunde an einer engen/unübersichtlichen *) Straßenstelle und behinderten +) dadurch den fließenden Verkehr. § 12 Abs. 1, § 1 Abs. 2, § 49 StVO; § 24 Abs. 1, 3 Nr. 5 StVG; 51b.2.1 BKat; § 19 OWiG Tab.: 712001	0	55,00	
112600	Sie parkten an einer engen/unübersichtlichen *) Straßenstelle. Bei der vorhandenen Restfahrbahnbreite war eine Durchfahrt für Rettungsfahrzeuge im Einsatz nicht mehr gewährleistet. § 12 Abs. 1, § 1 Abs. 2, § 49 StVO; § 24 Abs. 1, 3 Nr. 5 StVG; 51b.3 BKat; § 19 OWiG	B - 1	100,00	

TBNR	Bemerkungen
112100 – 112600	*) Zutreffendes angeben.

Halten und Parken - § 12 Abs. 1 StVO

TBNR	Tatbestandstext	FaP-Pkt	Euro	FV
112110	Sie hielten im Bereich einer scharfen Kurve. § 12 Abs. 1, § 49 StVO; § 24 Abs. 1, 3 Nr. 5 StVG; 51 BKat Tab.: 712002	0	20,00	
112111	Sie hielten im Bereich einer scharfen Kurve und behinderten +) dadurch den fließenden Verkehr. § 12 Abs. 1, § 1 Abs. 2, § 49 StVO; § 24 Abs. 1, 3 Nr. 5 StVG; 51.1 BKat; § 19 OWiG Tab.: 712002	0	35,00	
112112	Sie parkten im Bereich einer scharfen Kurve. § 12 Abs. 1, § 49 StVO; § 24 Abs. 1, 3 Nr. 5 StVG; 51b BKat Tab.: 712002	0	35,00	
112113	Sie parkten im Bereich einer scharfen Kurve und behinderten +) dadurch den fließenden Verkehr. § 12 Abs. 1, § 1 Abs. 2, § 49 StVO; § 24 Abs. 1, 3 Nr. 5 StVG; 51b.1 BKat; § 19 OWiG Tab.: 712002	0	55,00	
112114	Sie parkten länger als 1 Stunde im Bereich einer scharfen Kurve. § 12 Abs. 1, § 49 StVO; § 24 Abs. 1, 3 Nr. 5 StVG; 51b.2 BKat Tab.: 712002	0	55,00	
112115	Sie parkten länger als 1 Stunde im Bereich einer scharfen Kurve und behinderten +) dadurch den fließenden Verkehr. § 12 Abs. 1, § 49 StVO; § 24 Abs. 1, 3 Nr. 5 StVG; 51b.2.1 BKat; § 19 OWiG Tab.: 712002	0	55,00	
112606	Sie parkten im Bereich einer scharfen Kurve. Die Verkehrs- fläche im Kurvenbereich war dadurch so stark eingeengt, dass eine Durchfahrt für Rettungsfahrzeuge im Einsatz nicht mehr gewährleistet war. § 12 Abs. 1, § 1 Abs. 2, § 49 StVO; § 24 Abs. 1, 3 Nr. 5 StVG; 51b.3 BKat; § 19 OWiG	B - 1	100,00	
112120	Sie hielten verbotswidrig auf einem Einfädelungsstreifen bzw. auf einem Ausfädelungsstreifen. § 12 Abs. 1, § 49 StVO; § 24 Abs. 1, 3 Nr. 5 StVG; 51 BKat	0	20,00	
112121	Sie hielten verbotswidrig auf einem Einfädelungsstreifen bzw. auf einem Ausfädelungsstreifen und behinderten +) dadurch Andere. § 12 Abs. 1, § 1 Abs. 2, § 49 StVO; § 24 Abs. 1, 3 Nr. 5 StVG; 51.1 BKat; § 19 OWiG	0	35,00	
112210	Sie hielten vor oder in einer amtlich gekennzeichneten Feuer- wehrzufahrt. § 12 Abs. 1, § 49 StVO; § 24 Abs. 1, 3 Nr. 5 StVG; 51 BKat Tab.: 712012	0	20,00	

TBNR	Bemerkungen

Halten und Parken - § 12 Abs. 1 StVO

TBNR	Tatbestandstext	FaP-Pkt	Euro	FV
112211	Sie hielten vor oder in einer amtlich gekennzeichneten Feuerwehrzufahrt und behinderten +) dadurch Andere. § 12 Abs. 1, § 1 Abs. 2, § 49 StVO; § 24 Abs. 1, 3 Nr. 5 StVG; 51.1 BKat; § 19 OWiG	0	35,00	
112216	Sie parkten vor oder in einer amtlich gekennzeichneten Feuerwehrzufahrt. § 12 Abs. 1, § 49 StVO; § 24 Abs. 1, 3 Nr. 5 StVG; 53 BKat Tab.: 712012	0	55,00	
112612	Sie parkten vor oder in einer amtlich gekennzeichneten Feuerwehrzufahrt und behinderten +) dadurch ein Rettungsfahrzeug im Einsatz. § 12 Abs. 1, § 1 Abs. 2, § 49 StVO; § 24 Abs. 1, 3 Nr. 5 StVG; 53.1 BKat; § 19 OWiG Tab.: 712012	B - 1	100,00	

Halten und Parken - § 12 Abs. 3

TBNR	Tatbestandstext	FaP-Pkt	Euro	FV
112262	Sie parkten weniger als 5 Meter vor der Kreuzung/Einmün-.dung *) § 12 Abs. 3, § 49 StVO; § 24 Abs. 1, 3 Nr. 5 StVG; 54 BKat Tab.: 712019	0	10,00	
112263	Sie parkten weniger als 5 Meter vor der Kreuzung/Einmündung *) und behinderten +) dadurch Andere. § 12 Abs. 3, § 1 Abs. 2, § 49 StVO; § 24 Abs. 1, 3 Nr. 5 StVG; 54.1 BKat; § 19 OWiG Tab.: 712019	0	15,00	
112264	Sie parkten länger als 3 Stunden weniger als 5 Meter vor der Kreuzung/Einmündung *). § 12 Abs. 3, § 49 StVO; § 24 Abs. 1, 3 Nr. 5 StVG; 54.2 BKat Tab.: 712019	0	20,00	
112265	Sie parkten länger als 3 Stunden weniger als 5 Meter vor der Kreuzung/Einmündung *) und behinderten +) dadurch Andere. § 12 Abs. 3, § 1 Abs. 2, § 49 StVO; § 24 Abs. 1, 3 Nr. 5 StVG; 54.2.1 BKat; § 19 OWiG Tab.: 712019	0	30,00	
112266	Sie parkten weniger als 8 Meter vor der Kreuzung/Einmündung *), obwohl in Fahrtrichtung rechts neben der Fahrbahn ein Radweg baulich angelegt ist. § 12 Abs. 3, § 49 StVO; § 24 Abs. 1, 3 Nr. 5 StVG; 54 BKat Tab.: 712024	0	10,00	

TBNR   **Bemerkungen**
112262 – 112266   *) Zutreffendes angeben

Halten und Parken - § 12 Abs. 3 StVO

TBNR	Tatbestandstext	FaP-Pkt	Euro	FV
112267	Sie parkten weniger als 8 Meter vor der Kreuzung/Ein-mündung *), obwohl in Fahrtrichtung rechts neben der Fahr-bahn ein Radweg baulich angelegt ist und behinderten +) dadurch Andere. § 12 Abs. 3, § 1 Abs. 2, § 49 StVO; § 24 Abs. 1, 3 Nr. 5 StVG; 54.1 BKat; § 19 OWiG Tab.: 712024	0	15,00	
112268	Sie parkten länger als 3 Stunden weniger als 8 Meter vor der Kreuzung/Einmündung *), obwohl in Fahrtrichtung rechts neben der Fahrbahn ein Radweg baulich angelegt ist. § 12 Abs. 3, § 49 StVO; § 24 Abs. 1, 3 Nr. 5 StVG; 54.2 BKat Tab.: 712024	0	20,00	
112269	Sie parkten länger als 3 Stunden weniger als 8 Meter vor der Kreuzung/Einmündung *), obwohl in Fahrtrichtung rechts neben der Fahrbahn ein Radweg baulich angelegt ist und be-hinderten +) dadurch Andere. § 12 Abs. 3, § 49 StVO; § 24 Abs. 1, 3 Nr. 5 StVG; 54.2 BKat Tab.: 712024	0	30,00	
112272	Sie parkten weniger als 5 Meter hinter der Kreuzung/Einmün-dung *). § 12 Abs. 3, § 49 StVO; § 24 Abs. 1, 3 Nr. 5 StVG; 54 BKat Tab.: 712020	0	10,00	
112273	Sie parkten weniger als 5 Meter hinter der Kreuzung/Einmün-dung *) und behinderten +) dadurch Andere. § 12 Abs. 3, § 1 Abs. 2, § 49 StVO; § 24 Abs. 1, 3 Nr. 5 StVG; 54.1 BKat; § 19 OWiG Tab.: 712020	0	15,00	

TBNR   **Bemerkungen**
112267 – 112273 *) Zutreffendes angeben

Halten und Parken - § 12 Abs. 3 StVO

TBNR	Tatbestandstext	FaP-Pkt	Euro	FV
112274	Sie parkten länger als 3 Stunden weniger als 5 Meter hinter der Kreuzung/Einmündung *). § 12 Abs. 3, § 49 StVO; § 24 Abs. 1, 3 Nr. 5 StVG; 54.2 BKat Tab.: 712020	0	20,00	
112275	Sie parkten länger als 3 Stunden weniger als 5 Meter hinter der Kreuzung/Einmündung *) und behinderten +) dadurch Andere. § 12 Abs. 3, § 1 Abs. 2, § 49 StVO; § 24 Abs. 1, 3 Nr. 5 StVG; 54.2.1 BKat; § 19 OWiG Tab.: 712020	0	30,00	
112282	Sie parkten verbotswidrig und verhinderten dadurch die Benutzung gekennzeichneter Parkflächen. § 12 Abs. 3, § 49 StVO; § 24 Abs. 1, 3 Nr. 5 StVG; 54 BKat Tab.: 712021	0	10,00	
112283	Sie parkten verbotswidrig und verhinderten dadurch die Benutzung gekennzeichneter Parkflächen und behinderten +) dadurch Andere. § 12 Abs. 3, § 1 Abs. 2, § 49 StVO; § 24 Abs. 1, 3 Nr. 5 StVG; 54.1 BKat; § 19 OWiG Tab.: 712021	0	15,00	
112284	Sie parkten länger als 3 Stunden verbotswidrig und verhinderten dadurch die Benutzung gekennzeichneter Parkflächen. § 12 Abs. 3, § 49 StVO; § 24 Abs. 1, 3 Nr. 5 StVG; 54.2 BKat Tab.: 712021	0	20,00	
112285	Sie parkten länger als 3 Stunden verbotswidrig und verhinderten dadurch die Benutzung gekennzeichneter Parkflächen und behinderten +) dadurch Andere. § 12 Abs. 3, § 1 Abs. 2, § 49 StVO; § 24 Abs. 1, 3 Nr. 5 StVG; 54.2.1 BKat; § 19 OWiG Tab.: 712021	0	30,00	
112292	Sie parkten im Bereich einer Grundstückein- bzw. -ausfahrt. § 12 Abs. 3, § 49 StVO; § 24 Abs. 1, 3 Nr. 5 StVG; 54 BKat Tab.: 712022	0	10,00	
112293	Sie parkten im Bereich einer Grundstückein- bzw. -ausfahrt und behinderten +) dadurch Andere. § 12 Abs. 3, § 1 Abs. 2, § 49 StVO; § 24 Abs. 1, 3 Nr. 5 StVG; 54.1 BKat; § 19 OWiG Tab.: 712022	0	15,00	
112294	Sie parkten länger als 3 Stunden im Bereich einer Grundstückein- bzw. -ausfahrt. § 12 Abs. 3, § 49 StVO; § 24 Abs. 1, 3 Nr. 5 StVG; 54.2 BKat Tab.: 712022	0	20,00	

TBNR   Bemerkungen
112274 – 112275 *) Zutreffendes angeben

Halten und Parken - § 12 Abs. 3

TBNR	Tatbestandstext	FaP-Pkt	Euro	FV
112295	Sie parkten länger als 3 Stunden im Bereich einer Grundstücksein- bzw. -ausfahrt und behinderten +) dadurch Andere. § 12 Abs. 3, § 1 Abs. 2, § 49 StVO; § 24 Abs. 1, 3 Nr. 5 StVG; 54.2.1 BKat; § 19 OWiG Tab.: 712022	0	30,00	
112302	Sie parkten auf einer schmalen Fahrbahn gegenüber einer Grundstücksein- bzw. -ausfahrt. § 12 Abs. 3, § 49 StVO; § 24 Abs. 1, 3 Nr. 5 StVG; 54 BKat Tab.: 712023	0	10,00	
112303	Sie parkten auf einer schmalen Fahrbahn gegenüber einer Grundstücksein- bzw. -ausfahrt und behinderten +) dadurch Andere. § 12 Abs. 3, § 1 Abs. 2, § 49 StVO; § 24 Abs. 1, 3 Nr. 5 StVG; 54.1 BKat; § 19 OWiG Tab.: 712023	0	15,00	
112304	Sie parkten länger als 3 Stunden auf einer schmalen Fahrbahn gegenüber einer Grundstücksein- bzw. -ausfahrt. § 12 Abs. 3, § 49 StVO; § 24 Abs. 1, 3 Nr. 5 StVG; 54.2 BKat Tab.: 712023	0	20,00	
112305	Sie parkten länger als 3 Stunden auf einer schmalen Fahrbahn gegenüber einer Grundstücksein- bzw. -ausfahrt und behinderten +) dadurch Andere. § 12 Abs. 3, § 1 Abs. 2, § 49 StVO; § 24 Abs. 1, 3 Nr. 5 StVG; 54.2.1 BKat; § 19 OWiG Tab.: 712023	0	30,00	
112322	Sie parkten auf einem Gehweg, auf dem das Parken erlaubt ist, verbotswidrig über einem Schachtdeckel oder sonstigen Verschluss. § 12 Abs. 3, § 49 StVO; § 24 Abs. 1, 3 Nr. 5 StVG; 54 BKat Tab.: 712025	0	10,00	
112323	Sie parkten auf einem Gehweg, auf dem das Parken erlaubt ist, verbotswidrig über einem Schachtdeckel oder sonstigen Verschluss und behinderten +) dadurch Andere. § 12 Abs. 3, § 1 Abs. 2, § 49 StVO; § 24 Abs. 1, 3 Nr. 5 StVG; 54.1 BKat; § 19 OWiG Tab.: 712025	0	15,00	
112324	Sie parkten auf einem Gehweg, auf dem das Parken erlaubt ist, verbotswidrig länger als 3 Stunden über einem Schachtdeckel oder sonstigen Verschluss. § 12 Abs. 3, § 49 StVO; § 24 Abs. 1, 3 Nr. 5 StVG; 54.2 BKat Tab.: 712025	0	20,00	

TBNR   Bemerkungen

Halten und Parken - § 12 Abs. 3

TBNR	Tatbestandstext	FaP-Pkt	Euro	FV
112325	Sie parkten auf einem Gehweg, auf dem das Parken erlaubt ist, verbotswidrig länger als 3 Stunden über einem Schachtdeckel oder sonstigen Verschluss und behinderten +) dadurch Andere. § 12 Abs. 3, § 1 Abs. 2, § 49 StVO; § 24 Abs. 1, 3 Nr. 5 StVG; 54.2.1 BKat; § 19 OWiG Tab.: 712025	0	30,00	
112372	Sie parkten vor einer Bordsteinabsenkung. § 12 Abs. 3, § 49 StVO; § 24 Abs. 1, 3 Nr. 5 StVG; 54 BKat Tab.: 712029	0	10,00	
112373	Sie parkten vor einer Bordsteinabsenkung und behinderten +) dadurch Andere. § 12 Abs. 3, § 1 Abs. 2, § 49 StVO; § 24 Abs. 1, 3 Nr. 5 StVG; 54.1 BKat; § 19 OWiG Tab.: 712029	0	15,00	
112374	Sie parkten länger als 3 Stunden vor einer Bordsteinabsenkung. § 12 Abs. 3, § 49 StVO; § 24 Abs. 1, 3 Nr. 5 StVG; 54.2 BKat Tab.: 712029	0	20,00	
112375	Sie parkten länger als 3 Stunden vor einer Bordsteinabsenkung und behinderten +) dadurch Andere. § 12 Abs. 3, § 1 Abs. 2, § 49 StVO; § 24 Abs. 1, 3 Nr. 5 StVG; 54.2.1 BKat; § 19 OWiG Tab.: 712029	0	30,00	

Halten und Parken - § 12 Abs. 3a, 3b StVO

TBNR	Tatbestandstext	FaP-Pkt	Euro	FV
112396	Sie parkten Ihr Kraftfahrzeug mit einer zulässigen Gesamtmasse von mehr als 7,5 t regelmäßig in einem besonderen Gebiet *), obwohl dies für diese Zeit verboten war. § 12 Abs. 3a, § 49 StVO; § 24 Abs. 1, 3 Nr. 5 StVG; 56 BKat	0	30,00	
112397	Sie parkten Ihren Kraftfahrzeuganhänger mit einer zulässigen Gesamtmasse von mehr als 2 t regelmäßig in einem besonderen Gebiet *), obwohl dies für diese Zeit verboten war. § 12 Abs. 3a, § 49 StVO; § 24 Abs. 1, 3 Nr. 5 StVG; 56 BKat	0	30,00	
112398	Sie parkten den Kraftfahrzeuganhänger ohne Zugfahrzeug länger als zwei Wochen *). § 12 Abs. 3b, § 49 StVO; § 24 Abs. 1, 3 Nr. 5 StVG; 57 BKat	0	20,00	

TBNR	Bemerkungen
112396 – 112397	*) Tatzeitraum sowie besonderes Gebiet angeben
112398	*) Tatzeitraum angeben

Halten und Parken - § 12 Abs. 4 StVO

TBNR	Tatbestandstext	FaP-Pkt	Euro	FV
112040	Sie hielten verbotswidrig auf der linken Fahrbahnseite/dem linken Seitenstreifen *). § 12 Abs. 4, § 49 StVO; § 24 Abs. 1, 3 Nr. 5 StVG; -- BKat Tab.: 712030	0	10,00	
112041	Sie hielten verbotswidrig auf der linken Fahrbahnseite/dem linken Seitenstreifen *) und behinderten +) dadurch Andere. § 12 Abs. 4, § 1 Abs. 2, § 49 StVO; § 24 Abs. 1, 3 Nr. 5 StVG; -- BKat; § 19 OWiG Tab.: 712030	0	15,00	
112042	Sie parkten verbotswidrig auf der linken Fahrbahnseite/dem linken Seitenstreifen *). § 12 Abs. 4, § 49 StVO; § 24 Abs. 1, 3 Nr. 5 StVG; -- BKat Tab.: 712030	0	15,00	
112043	Sie parkten verbotswidrig auf der linken Fahrbahnseite/dem linken Seitenstreifen *) und behinderten +) dadurch Andere. § 12 Abs. 4, § 1 Abs. 2, § 49 StVO; § 24 Abs. 1, 3 Nr. 5 StVG; -- BKat; § 19 OWiG Tab.: 712030	0	25,00	
112044	Sie parkten länger als 1 Stunde verbotswidrig auf der linken Fahrbahnseite/dem linken Seitenstreifen *). § 12 Abs. 4, § 49 StVO; § 24 Abs. 1, 3 Nr. 5 StVG; -- BKat Tab.: 712030	0	25,00	
112045	Sie parkten länger als 1 Stunde verbotswidrig auf der linken Fahrbahnseite/dem linken Seitenstreifen *) und behinderten +) dadurch Andere. § 12 Abs. 4, § 1 Abs. 2, § 49 StVO; § 24 Abs. 1, 3 Nr. 5 StVG; -- BKat; § 19 OWiG Tab.: 712030	0	35,00	
112050	Sie hielten verbotswidrig auf dem Gehweg. § 12 Abs. 4, § 49 StVO; § 24 Abs. 1, 3 Nr. 5 StVG; -- BKat Tab.: 712031	0	50,00	
112051	Sie hielten verbotswidrig auf dem Gehweg und behinderten +) dadurch Andere. § 12 Abs. 4, § 1 Abs. 2, § 49 StVO; § 24 Abs. 1, 3 Nr. 5 StVG; -- BKat; § 19 OWiG Tab.: 712031	0	55,00	
112552	Sie hielten verbotswidrig auf dem Gehweg und gefährdeten +) dadurch Andere. § 12 Abs. 4, § 1 Abs. 2, § 49 StVO; § 24 Abs. 1, 3 Nr. 5 StVG; -- BKat; § 19 OWiG Tab.: 712031	0	70,00	
112553	Sie hielten verbotswidrig auf dem Gehweg. Es kam zum Unfall. § 12 Abs. 4, § 1 Abs. 2, § 49 StVO; § 24 Abs. 1, 3 Nr. 5 StVG; -- BKat; § 19 OWiG Tab.: 712031	0	90,00	

TBNR	Bemerkungen
112040 – 112045	*) Zutreffendes angeben

Halten und Parken - § 12 Abs. 4 StVO

TBNR	Tatbestandstext	FaP-Pkt	Euro	FV
112454	Sie parkten verbotswidrig auf dem Gehweg. § 12 Abs. 4, § 49 StVO; § 24 Abs. 1, 3 Nr. 5 StVG; 52a BKat Tab.: 712031	0	55,00	
112655	Sie parkten verbotswidrig auf dem Gehweg und behinderten +) dadurch Andere. § 12 Abs. 4, § 1 Abs. 2, § 49 StVO; § 24 Abs. 1, 3 Nr. 5 StVG; 52a.1 BKat; § 19 OWiG Tab.: 712031	B – 1	70,00	
112656	Sie parkten länger als 1 Stunde verbotswidrig auf dem Gehweg. § 12 Abs. 4, § 49 StVO; § 24 Abs. 1, 3 Nr. 5 StVG; 52a.2 BKat Tab.: 712031	B - 1	70,00	
112657	Sie parkten länger als 1 Stunde verbotswidrig auf dem Gehweg und behinderten +) dadurch Andere. § 12 Abs. 4, § 1 Abs. 2, § 49 StVO; § 24 Abs. 1, 3 Nr. 5 StVG; 52a.2.1 BKat; § 19 OWiG Tab.: 712031	B – 1	80,00	
112658	Sie parkten verbotswidrig auf dem Gehweg und gefährdeten +) dadurch Andere. § 12 Abs. 4, § 1 Abs. 2, § 49 StVO; § 24 Abs. 1, 3 Nr. 5 StVG; 52a.3 BKat; § 19 OWiG Tab.: 712031	B – 1	80,00	
112659	Sie parkten verbotswidrig auf dem Gehweg. Es kam zum Unfall. § 12 Abs. 4, § 1 Abs. 2, § 49 StVO; § 24 Abs. 1, 3 Nr. 5 StVG; 52a.4 BKat; § 19 OWiG Tab.: 712031	B – 1	100,00	
112060	Sie hielten nicht am rechten Fahrbahnrand. § 12 Abs. 4, § 49 StVO; § 24 Abs. 1, 3 Nr. 5 StVG; -- BKat Tab.: 712032	0	10,00	
112061	Sie hielten nicht am rechten Fahrbahnrand und behinderten +) dadurch Andere. § 12 Abs. 4, § 1 Abs. 2, § 49 StVO; § 24 Abs. 1, 3 Nr. 5 StVG; -- BKat; § 19 OWiG Tab.: 712032	0	15,00	
112062	Sie parkten nicht am rechten Fahrbahnrand. § 12 Abs. 4, § 49 StVO; § 24 Abs. 1, 3 Nr. 5 StVG; -- BKat Tab.: 712032	0	15,00	
112063	Sie parkten nicht am rechten Fahrbahnrand und behinderten +) dadurch Andere. § 12 Abs. 4, § 1 Abs. 2, § 49 StVO; § 24 Abs. 1, 3 Nr. 5 StVG; -- BKat; § 19 OWiG Tab.: 712032	0	25,00	

TBNR   Bemerkungen

Halten und Parken - § 12 Abs. 4 StVO

TBNR	Tatbestandstext	FaP-Pkt	Euro	FV
112064	Sie parkten länger als 1 Stunde nicht am rechten Fahrbahnrand. § 12 Abs. 4, § 49 StVO; § 24 Abs. 1, 3 Nr. 5 StVG; -- BKat Tab.: 712032	0	25,00	
112065	Sie parkten länger als 1 Stunde nicht am rechten Fahrbahnrand und behinderten +) dadurch Andere. § 12 Abs. 4, § 1 Abs. 2, § 49 StVO; § 24 Abs. 1, 3 Nr. 5 StVG; -- BKat; § 19 OWiG Tab.: 712032	0	35,00	
112076	Sie parkten in der Einbahnstraße entgegen der Fahrtrichtung. § 12 Abs. 4, § 49 StVO; § 24 Abs. 1, 3 Nr. 5 StVG; -- BKat	0	15,00	
112460	Sie hielten unzulässig in der zweiten Reihe. § 12 Abs. 4, § 49 StVO; § 24 Abs. 1, 3 Nr. 5 StVG; 51a BKat Tab.: 712033	0	55,00	
112661	Sie hielten unzulässig in der zweiten Reihe und behinderten +) dadurch Andere. § 12 Abs. 4, § 1 Abs. 2, § 49 StVO; § 24 Abs. 1, 3 Nr. 5 StVG; 51a.1 BKat; § 19 OWiG Tab.: 712033	B - 1	70,00	
112662	Sie hielten unzulässig in der zweiten Reihe und gefährdeten +) dadurch Andere. § 12 Abs. 4, § 1 Abs. 2, § 49 StVO; § 24 Abs. 1, 3 Nr. 5 StVG; 51a.2 BKat; § 19 OWiG Tab.: 712033	B – 1	80,00	
112663	Sie hielten unzulässig in der zweiten Reihe. Es kam zum Unfall. § 12 Abs. 4, § 1 Abs. 2, § 49 StVO; § 24 Abs. 1, 3 Nr. 5 StVG; 51a.3 BKat; § 19 OWiG Tab.: 712033	B - 1	100,00	
112464	Sie parkten unzulässig in der zweiten Reihe. § 12 Abs. 4, § 49 StVO; § 24 Abs. 1, 3 Nr. 5 StVG; 58 BKat Tab.: 712033	0	55,00	
112665	Sie parkten unzulässig in der zweiten Reihe und behinderten +) dadurch Andere. § 12 Abs. 4, § 1 Abs. 2, § 49 StVO; § 24 Abs. 1, 3 Nr. 5 StVG; 58.1 BKat; § 19 OWiG Tab.: 712033	B - 1	80,00	
112666	Sie parkten länger als 15 Minuten unzulässig in der zweiten Reihe. § 12 Abs. 4, § 49 StVO; § 24 Abs. 1, 3 Nr. 5 StVG; 58.2 BKat Tab.: 712033	B - 1	85,00	
112667	Sie parkten länger als 15 Minuten unzulässig in der zweiten Reihe und behinderten +) dadurch Andere. § 12 Abs. 4, § 1 Abs. 2, § 49 StVO; § 24 Abs. 1, 3 Nr. 5 StVG; 58.2.1 BKat; § 19 OWiG Tab.: 712033	B - 1	90,00	

TBNR   **Bemerkungen**

Halten und Parken - § 12 Abs. 4 StVO

TBNR	Tatbestandstext	FaP-Pkt	Euro	FV
112668	Sie parkten unzulässig in der zweiten Reihe und gefährdeten +) dadurch Andere. § 12 Abs. 4, § 1 Abs. 2, § 49 StVO; § 24 Abs. 1, 3 Nr. 5 StVG; 58.1.1 BKat; § 19 OWiG Tab.: 712033	B - 1	90,00	
112669	Sie parkten unzulässig in der zweiten Reihe. Es kam zum Unfall. § 12 Abs. 4, § 1 Abs. 2, § 49 StVO; § 24 Abs. 1, 3 Nr. 5 StVG; 58.1.2 BKat; § 19 OWiG Tab.: 712033	B - 1	110,00	
112426	Sie hielten im Fahrraum von Schienenfahrzeugen. § 12 Abs. 4, § 49 StVO; § 24 Abs. 1, 3 Nr. 5 StVG; 59 BKat Tab.: 712034	0	20,00	
112427	Sie hielten im Fahrraum von Schienenfahrzeugen und behinderten +) dadurch Andere. § 12 Abs. 4, § 1 Abs. 2, § 49 StVO; § 24 Abs. 1, 3 Nr. 5 StVG; 59.1 BKat; § 19 OWiG Tab.: 712034	0	30,00	
112428	Sie parkten im Fahrraum von Schienenfahrzeugen. § 12 Abs. 4, § 49 StVO; § 24 Abs. 1, 3 Nr. 5 StVG; 60 BKat Tab.: 712034	0	55,00	
112618	Sie parkten im Fahrraum von Schienenfahrzeugen und behinderten +) dadurch Andere. § 12 Abs. 4, § 1 Abs. 2, § 49 StVO; § 24 Abs. 1, 3 Nr. 5 StVG; 60.1 BKat; § 19 OWiG Tab.: 712034	0	70,00	
112070	Sie hielten auf einem unbeschilderten Radweg. § 12 Abs. 4, § 49 StVO; § 24 Abs. 1, 3 Nr. 5 StVG; -- BKat Tab.: 712037	0	50,00	
112071	Sie hielten auf einem unbeschilderten Radweg und behinderten +) dadurch Andere. § 12 Abs. 4, § 1 Abs. 2, § 49 StVO; § 24 Abs. 1, 3 Nr. 5 StVG; -- BKat; § 19 OWiG Tab.: 712037	0	55,00	
112572	Sie hielten auf einem unbeschilderten Radweg und gefährdeten +) dadurch Andere. § 12 Abs. 4, § 1 Abs. 2, § 49 StVO; § 24 Abs. 1, 3 Nr. 5 StVG; -- BKat; § 19 OWiG Tab.: 712037	0	70,00	
112573	Sie hielten auf einem unbeschilderten Radweg. Es kam zum Unfall. § 12 Abs. 4, § 1 Abs. 2, § 49 StVO; § 24 Abs. 1, 3 Nr. 5 StVG; -- BKat; § 19 OWiG Tab.: 712037	0	90,00	

TBNR   **Bemerkungen**

Halten und Parken - § 12 Abs. 4 StVO

TBNR	Tatbestandstext	FaP-Pkt	Euro	FV
112474	Sie parkten auf einem unbeschilderten Radweg. § 12 Abs. 4, § 49 StVO; § 24 Abs. 1, 3 Nr. 5 StVG; 52a BKat Tab.: 712036	0	55,00	
112675	Sie parkten auf einem unbeschilderten Radweg und behinderten +) dadurch Andere. § 12 Abs. 4, § 1 Abs. 2, § 49 StVO; § 24 Abs. 1, 3 Nr. 5 StVG; 52a.1 BKat;§ 19 OWiG Tab.: 712036	B - 1	70,00	
112676	Sie parkten länger als 1 Stunde auf einem unbeschilderten Radweg. § 12 Abs. 4, § 49 StVO; § 24 Abs. 1, 3 Nr. 5 StVG; 52a.2 BKat Tab.: 712036	B - 1	70,00	
112677	Sie parkten länger als 1 Stunde auf einem unbeschilderten Radweg und behinderten +) dadurch Andere. § 12 Abs. 4, § 1 Abs. 2, § 49 StVO; § 24 Abs. 1, 3 Nr. 5 StVG; 52a.2.1 BKat; § 19 OWiG Tab.: 712036	B - 1	80,00	
112678	Sie parkten auf einem unbeschilderten Radweg und ge- fährdeten +) dadurch Andere § 12 Abs. 4, § 1 Abs. 2, § 49 StVO; § 24 Abs. 1, 3 Nr. 5 StVG; 52a.3 BKat; § 19 OWiG Tab.: 712037	B – 1	80,00	
112679	Sie parkten auf einem unbeschilderten Radweg. Es kam zum Unfall. § 12 Abs. 4, § 1 Abs. 2, § 49 StVO; § 24 Abs. 1, 3 Nr. 5 StVG; 52a.4 BKat; § 19 OWiG Tab.: 712037	B – 1	100,00	

Halten und Parken - § 12 Abs. 4a StVO

TBNR	Tatbestandstext	FaP-Pkt	Euro	FV
112484	Sie parkten bei zulässigem Gehwegparken (Zeichen 315) nicht auf dem Gehweg. § 12 Abs. 4a, § 49 StVO; § 24 Abs. 1, 3 Nr. 5 StVG; 52a BKat Tab.: 712035	0	55,00	
112685	Sie parkten bei zulässigem Gehwegparken (Zeichen 315) nicht auf dem Gehweg und behinderten +) dadurch Andere. § 12 Abs. 4a, § 1 Abs. 2, § 49 StVO; § 24 Abs. 1, 3 Nr. 5 StVG; 52a.1 BKat; § 19 OWiG Tab.: 712035	B - 1	70,00	
112686	Sie parkten länger als 1 Stunde bei zulässigem Gehweg- parken (Zeichen 315) nicht auf dem Gehweg. § 12 Abs. 4a, § 49 StVO; § 24 Abs. 1, 3 Nr. 5 StVG; 52a.2 BKat Tab.: 712035	B - 1	70,00	

TBNR   Bemerkungen

Halten und Parken - § 12 Abs. 4a StVO

TBNR	Tatbestandstext	FaP-Pkt	Euro	FV
112687	Sie parkten länger als 1 Stunde bei zulässigem Gehweg-parken (Zeichen 315) nicht auf dem Gehweg und be-hinderten +) dadurch Andere. § 12 Abs. 4a, § 1 Abs. 2, § 49 StVO; § 24 Abs. 1, 3 Nr. 5 StVG; 52a.2.1 BKat;§ 19 OWiG Tab.: 712035	B - 1	80,00	
112688	Sie parkten bei zulässigem Gehwegparken (Zeichen 315) nicht auf dem rechten Gehweg und gefährdeten +) dadurch Andere. § 12 Abs. 4a, § 1 Abs. 2, § 49 StVO; § 24 Abs. 1, 3 Nr. 5 StVG; 52a.3 BKat; § 19 OWiG Tab.: 712035	B – 1	80,00	
112689	Sie parkten bei zulässigem Gehwegparken (Zeichen 315) nicht auf dem rechten Gehweg. Es kam zum Unfall. § 12 Abs. 4a, § 1 Abs. 2, § 49 StVO; § 24 Abs. 1, 3 Nr. 5 StVG; 52a.4 BKat; § 19 OWiG Tab.: 712035	B – 1	100,00	
112494	Sie parkten bei zulässigem Gehwegparken (Zeichen 315) in der Einbahnstraße nicht auf dem Gehweg. § 12 Abs. 4a, § 49 StVO; § 24 Abs. 1, 3 Nr. 5 StVG; 52a BKat Tab.: 712036	0	55,00	
112695	Sie parkten bei zulässigem Gehwegparken (Zeichen 315) in der Einbahnstraße nicht auf dem Gehweg und behinderten +) dadurch Andere. § 12 Abs. 4a, § 1 Abs. 2, § 49 StVO; § 24 Abs. 1, 3 Nr. 5 StVG; 52a.1 BKat; § 19 OWiG Tab.: 712036	B – 1	70,00	
112696	Sie parkten länger als 1 Stunde bei zulässigem Gehwegparken in der Einbahnstraße (Zeichen 315) nicht auf dem Gehweg. § 12 Abs. 4a, § 49 StVO; § 24 Abs. 1, 3 Nr. 5 StVG; 52a.2 BKat Tab.: 712036	B – 1	70,00	
112697	Sie parkten länger als 1 Stunde bei zulässigem Gehwegparken in der Einbahnstraße (Zeichen 315) nicht auf dem Gehweg und behinderten +) dadurch Andere. § 12 Abs. 4a, § 1 Abs. 2, § 49 StVO; § 24 Abs. 1, 3 Nr. 5 StVG; 52a.2.1 BKat; § 19 OWiG Tab.: 712036	B – 1	80,00	
112698	Sie parkten bei zulässigem Gehwegparken (Zeichen 315) in der Einbahnstraße nicht auf dem Gehweg und gefährdeten +) dadurch Andere. § 12 Abs. 4a, § 1 Abs. 2, § 49 StVO; § 24 Abs. 1, 3 Nr. 5 StVG; 52a.3 BKat; § 19 OWiG Tab.: 712036	B – 1	80,00	

TBNR	Bemerkungen

Halten und Parken - § 12 Abs. 4a, 5 StVO

TBNR	Tatbestandstext	FaP-Pkt	Euro	FV
112699	Sie parkten bei zulässigem Gehwegparken (Zeichen 315) in der Einbahnstraße nicht auf dem Gehweg. Es kam zum Unfall. § 12 Abs. 4a, § 1 Abs. 2, § 49 StVO; § 24 Abs. 1, 3 Nr. 5 StVG; 52a.4 BKat; § 19 OWiG Tab.: 712036	B – 1	100,00	
112446	Sie missachteten den Vorrang eines anderen Fahrzeugführers beim Einfahren in eine freie Parklücke. § 12 Abs. 5, § 49 StVO; § 24 Abs. 1, 3 Nr. 5 StVG; 61 BKat	0	10,00	

TBNR	Bemerkungen

Halten und Parken - § 12 Abs. 6 StVO

TBNR	Tatbestandstext	FaP-Pkt	Euro	FV
112456	Sie hielten/parkten *) nicht Platz sparend. § 12 Abs. 6, § 49 StVO; § 24 Abs. 1, 3 Nr. 5 StVG; 62 BKat	0	10,00	

Einrichtungen zur Überwachung der Parkzeit - § 13 Abs. 1, 2 StVO

TBNR	Tatbestandstext	FaP-Pkt	Euro	FV
113100	Sie parkten an einer abgelaufenen Parkuhr. § 13 Abs. 1, 2, § 49 StVO; § 24 Abs. 1, 3 Nr. 5 StVG; 63.1 BKat Tab.: 713000	0	20,00	
113101	Sie parkten an einer abgelaufenen Parkuhr - länger als 30 Minuten. § 13 Abs. 1, 2, § 49 StVO; § 24 Abs. 1, 3 Nr. 5 StVG; 63.2 BKat Tab.: 713000	0	25,00	
113102	Sie parkten an einer abgelaufenen Parkuhr - länger als 1 Stunde. § 13 Abs. 1, 2, § 49 StVO; § 24 Abs. 1, 3 Nr. 5 StVG; 63.3 BKat Tab.: 713000	0	30,00	
113103	Sie parkten an einer abgelaufenen Parkuhr - länger als 2 Stunden. § 13 Abs. 1, 2, § 49 StVO; § 24 Abs. 1, 3 Nr. 5 StVG; 63.4 BKat Tab.: 713000	0	35,00	
113104	Sie parkten an einer abgelaufenen Parkuhr - länger als 3 Stunden. § 13 Abs. 1, 2, § 49 StVO; § 24 Abs. 1, 3 Nr. 5 StVG; 63.5 BKat Tab.: 713000	0	40,00	
113120	Sie überschritten an einer Parkuhr die zulässige/im Bereich eines Parkscheinautomaten die auf dem Parkschein ange- gebene *) Parkzeit. § 13 Abs. 1, 2, § 49 StVO; § 24 Abs. 1, 3 Nr. 5 StVG; 63.1 BKat Tab.: 713001	0	20,00	
113121	Sie überschritten an einer Parkuhr die zulässige/im Bereich eines Parkscheinautomaten die auf dem Parkschein ange- gebene *) Parkzeit - länger als 30 Minuten. § 13 Abs. 1, 2, § 49 StVO; § 24 Abs. 1, 3 Nr. 5 StVG; 63.2 BKat Tab.: 713001	0	25,00	
113122	Sie überschritten an einer Parkuhr die zulässige/im Bereich eines Parkscheinautomaten die auf dem Parkschein ange- gebene *) Parkzeit - länger als 1 Stunde. § 13 Abs. 1, 2, § 49 StVO; § 24 Abs. 1, 3 Nr. 5 StVG; 63.3 BKat Tab.: 713001	0	30,00	
113123	Sie überschritten an einer Parkuhr die zulässige/im Bereich eines Parkscheinautomaten die auf dem Parkschein ange- gebene *) Parkzeit - länger als 2 Stunden. § 13 Abs. 1, 2, § 49 StVO; § 24 Abs. 1, 3 Nr. 5 StVG; 63.4 BKat Tab.: 713001	0	35,00	

TBNR   Bemerkungen
112456   *) Zutreffendes angeben
113120 – 113124 *) Zutreffendes angeben

Einrichtungen zur Überwachung der Parkzeit - § 13 Abs. 1, 2 StVO

TBNR	Tatbestandstext	FaP-Pkt	Euro	FV
113124	Sie überschritten an einer Parkuhr die zulässige/im Bereich eines Parkscheinautomaten die auf dem Parkschein angegebene *) Parkzeit - länger als 3 Stunden. § 13 Abs. 1, 2, § 49 StVO; § 24 Abs. 1, 3 Nr. 5 StVG; 63.5 BKat Tab.: 713001	0	40,00	
113140	Sie parkten im Bereich eines Parkscheinautomaten ohne gültigen Parkschein. § 13 Abs. 1, 2, § 49 StVO; § 24 Abs. 1, 3 Nr. 5 StVG; 63.1 BKat	0	20,00	
113141	Sie parkten im Bereich eines Parkscheinautomaten ohne gültigen Parkschein - länger als 30 Minuten. § 13 Abs. 1, 2, § 49 StVO; § 24 Abs. 1, 3 Nr. 5 StVG; 63.2 BKat Tab.: 713002	0	25,00	
113142	Sie parkten im Bereich eines Parkscheinautomaten ohne gültigen Parkschein - länger als 1 Stunde. § 13 Abs. 1, 2, § 49 StVO; § 24 Abs. 1, 3 Nr. 5 StVG; 63.3 BKat Tab.: 713002	0	30,00	
113143	Sie parkten im Bereich eines Parkscheinautomaten ohne gültigen Parkschein - länger als 2 Stunden. § 13 Abs. 1, 2, § 49 StVO; § 24 Abs. 1, 3 Nr. 5 StVG; 63.4 BKat Tab.: 713002	0	35,00	
113144	Sie parkten im Bereich eines Parkscheinautomaten ohne gültigen Parkschein - länger als 3 Stunden. § 13 Abs. 1, 2, § 49 StVO; § 24 Abs. 1, 3 Nr. 5 StVG; 63.5 BKat Tab.: 713002	0	40,00	
113150	Sie parkten im Bereich eines Parkscheinautomaten, ohne den Parkschein von außen gut lesbar im oder am Fahrzeug angebracht zu haben. § 13 Abs. 1, 2, § 49 StVO; § 24 Abs. 1, 3 Nr. 5 StVG; 63.1 BKat Tab.: 713012	0	20,00	
113151	Sie parkten im Bereich eines Parkscheinautomaten, ohne den Parkschein von außen gut lesbar im oder am Fahrzeug angebracht zu haben - länger als 30 Minuten. § 13 Abs. 1, 2, § 49 StVO; § 24 Abs. 1, 3 Nr. 5 StVG; 63.2 BKat Tab.: 713012	0	25,00	
113152	Sie parkten im Bereich eines Parkscheinautomaten, ohne den Parkschein von außen gut lesbar im oder am Fahrzeug angebracht zu haben - länger als 1 Stunde. § 13 Abs. 1, 2, § 49 StVO; § 24 Abs. 1, 3 Nr. 5 StVG; 63.3 BKat Tab.: 713012	0	30,00	
131533	Sie parkten im Bereich eines Parkscheinautomaten, ohne den Parkschein von außen gut lesbar im oder am Fahrzeug angebracht zu haben - länger als 2 Stunden. § 13 Abs. 1, 2, § 49 StVO; § 24 Abs. 1, 3 Nr. 5 StVG; 63.4 BKat Tab.: 713012	0	35,00	

TBNR   **Bemerkungen**

Einrichtungen zur Überwachung der Parkzeit - § 13 Abs. 1, 2 StVO

TBNR	Tatbestandstext	FaP-Pkt	Euro	FV
113154	Sie parkten im Bereich eines Parkscheinautomaten, ohne den Parkschein von außen gut lesbar im oder am Fahrzeug angebracht zu haben - länger als 3 Stunden. § 13 Abs. 1, 2, § 49 StVO; § 24 Abs. 1, 3 Nr. 5 StVG; 63.5 BKat Tab.: 713012	0	40,00	
113160	Sie überschritten an einer nicht funktionsfähigen Parkuhr/ im Bereich eines nicht funktionsfähigen Parkscheinautomaten*) bei Verwendung einer Parkscheibe (Bild 318) die zulässige Höchstparkdauer. § 13 Abs. 1, 2, § 49 StVO; § 24 Abs. 1, 3 Nr. 5 StVG; 63.1 BKat Tab.: 713003	0	20,00	
113161	Sie überschritten an einer nicht funktionsfähigen Parkuhr/ im Bereich eines nicht funktionsfähigen Parkscheinautomaten*) bei Verwendung einer Parkscheibe (Bild 318) die zulässige Höchstparkdauer - länger als 30 Minuten. § 13 Abs. 1, 2, § 49 StVO; § 24 Abs. 1, 3 Nr. 5 StVG; 63.2 BKat Tab.: 713003	0	25,00	
113162	Sie überschritten an einer nicht funktionsfähigen Parkuhr/ im Bereich eines nicht funktionsfähigen Parkscheinautomaten*) bei Verwendung einer Parkscheibe (Bild 318) die zulässige Höchstparkdauer - länger als 1 Stunde. § 13 Abs. 1, 2, § 49 StVO; § 24 Abs. 1, 3 Nr. 5 StVG; 63.3 BKat Tab.: 713003	0	30,00	
113163	Sie überschritten an einer nicht funktionsfähigen Parkuhr/ im Bereich eines nicht funktionsfähigen Parkscheinautomaten) bei Verwendung einer Parkscheibe (Bild 318) die zulässige Höchstparkdauer - länger als 2 Stunden. § 13 Abs. 1, 2, § 49 StVO; § 24 Abs. 1, 3 Nr. 5 StVG; 63.4 BKat Tab.: 713003	0	35,00	
113164	Sie überschritten an einer nicht funktionsfähigen Parkuhr/ im Bereich eines nicht funktionsfähigen Parkscheinautomaten*) bei Verwendung einer Parkscheibe (Bild 318) die zulässige Höchstparkdauer - länger als 3 Stunden. § 13 Abs. 1, 2, § 49 StVO; § 24 Abs. 1, 3 Nr. 5 StVG; 63.5 BKat Tab.: 713003	0	40,00	
113180	Sie parkten an einer nicht funktionsfähigen Parkuhr/im Bereich eines nicht funktionsfähigen Parkscheinautomaten *), ohne eine Parkscheibe (Bild 318) von außen gut lesbar im oder am Fahrzeug angebracht zu haben. § 13 Abs. 1, 2, § 49 StVO; § 24 Abs. 1, 3 Nr. 5 StVG; 63.1 BKat Tab.: 713004	0	20,00	

TBNR   **Bemerkungen**
113160 – 113180   *) Zutreffendes angeben

Einrichtungen zur Überwachung der Parkzeit - § 13 Abs. 1, 2 StVO

TBNR	Tatbestandstext	FaP-Pkt	Euro	FV
113181	Sie parkten an einer nicht funktionsfähigen Parkuhr/im Bereich eines nicht funktionsfähigen Parkscheinautomaten *), ohne eine Parkscheibe (Bild 318) von außen gut lesbar im oder am Fahrzeug angebracht zu haben - länger als 30 Minuten. § 13 Abs. 1, 2, § 49 StVO; § 24 Abs. 1, 3 Nr. 5 StVG; 63.2 BKat Tab.: 713004	0	25,00	
113182	Sie parkten an einer nicht funktionsfähigen Parkuhr/im Bereich eines nicht funktionsfähigen Parkscheinautomaten *), ohne eine Parkscheibe (Bild 318) von außen gut lesbar im oder am Fahrzeug angebracht zu haben - länger als 1 Stunde. § 13 Abs. 1, 2, § 49 StVO; § 24 Abs. 1, 3 Nr. 5 StVG; 63.3 BKat Tab.: 713004	0	30,00	
113183	Sie parkten an einer nicht funktionsfähigen Parkuhr/im Bereich eines nicht funktionsfähigen Parkscheinautomaten *), ohne eine Parkscheibe (Bild 318) von außen gut lesbar im oder am Fahrzeug angebracht zu haben - länger als 2 Stunden. § 13 Abs. 1, 2, § 49 StVO; § 24 Abs. 1, 3 Nr. 5 StVG; 63.4 BKat Tab.: 713004	0	35,00	
113184	Sie parkten an einer nicht funktionsfähigen Parkuhr/im Bereich eines nicht funktionsfähigen Parkscheinautomaten *), ohne eine Parkscheibe (Bild 318) von außen gut lesbar im oder am Fahrzeug angebracht zu haben - länger als 3 Stunden. § 13 Abs. 1, 2, § 49 StVO; § 24 Abs. 1, 3 Nr. 5 StVG; 63.5 BKat Tab.: 713004	0	40,00	
113200	Sie parkten an einer nicht funktionsfähigen Parkuhr/im Bereich eines nicht funktionsfähigen Parkscheinautomaten *), ohne die Parkscheibe (Bild 318) richtig eingestellt zu haben. § 13 Abs. 1, 2, § 49 StVO; § 24 Abs. 1, 3 Nr. 5 StVG; 63.1 BKat Tab.: 713005	0	20,00	
113201	Sie parkten an einer nicht funktionsfähigen Parkuhr/im Bereich eines nicht funktionsfähigen Parkscheinautomaten *), ohne die Parkscheibe (Bild 318) richtig eingestellt zu haben - länger als 30 Minuten. § 13 Abs. 1, 2, § 49 StVO; § 24 Abs. 1, 3 Nr. 5 StVG; 63.2 BKat Tab.: 713005	0	25,00	
113202	Sie parkten an einer nicht funktionsfähigen Parkuhr/im Bereich eines nicht funktionsfähigen Parkscheinautomaten *), ohne die Parkscheibe (Bild 318) richtig eingestellt zu haben - länger als 1 Stunde. § 13 Abs. 1, 2, § 49 StVO; § 24 Abs. 1, 3 Nr. 5 StVG; 63.3 BKat Tab.: 713005	0	30,00	

TBNR	Bemerkungen
113181 – 113202	*) Zutreffendes angeben

Einrichtungen zur Überwachung der Parkzeit - § 13 Abs. 1, 2 StVO

TBNR	Tatbestandstext	FaP-Pkt	Euro	FV
113203	Sie parkten an einer nicht funktionsfähigen Parkuhr/im Bereich eines nicht funktionsfähigen Parkscheinautomaten *), ohne die Parkscheibe (Bild 318) richtig eingestellt zu haben - länger als 2 Stunden. § 13 Abs. 1, 2, § 49 StVO; § 24 Abs. 1, 3 Nr. 5 StVG; 63.4 BKat Tab.: 713005	0	35,00	
113204	Sie parkten an einer nicht funktionsfähigen Parkuhr/im Bereich eines nicht funktionsfähigen Parkscheinautomaten *), ohne die Parkscheibe (Bild 318) richtig eingestellt zu haben - länger als 3 Stunden. § 13 Abs. 1, 2, § 49 StVO; § 24 Abs. 1, 3 Nr. 5 StVG; 63.5 BKat Tab.: 713005	0	40,00	
113220	Sie überschritten im Bereich eines eingeschränkten Haltverbots für eine Zone (Zeichen 290.1, 290.2) die zulässige Höchstparkdauer. § 13 Abs. 1, 2, § 49 StVO; § 24 Abs. 1, 3 Nr. 5 StVG; 63.1 BKat Tab.: 713006	0	20,00	
113221	Sie überschritten im Bereich eines eingeschränkten Haltverbots für eine Zone (Zeichen 290.1, 290.2) die zulässige Höchstparkdauer - länger als 30 Minuten. § 13 Abs. 1, 2, § 49 StVO; § 24 Abs. 1, 3 Nr. 5 StVG; 63.2 BKat Tab.: 713006	0	25,00	
113222	Sie überschritten im Bereich eines eingeschränkten Haltverbots für eine Zone (Zeichen 290.1, 290.2) die zulässige Höchstparkdauer - länger als 1 Stunde. § 13 Abs. 1, 2, § 49 StVO; § 24 Abs. 1, 3 Nr. 5 StVG; 63.3 BKat Tab.: 713006	0	30,00	
113223	Sie überschritten im Bereich eines eingeschränkten Haltverbots für eine Zone (Zeichen 290.1, 290.2) die zulässige Höchstparkdauer - länger als 2 Stunden. § 13 Abs. 1, 2, § 49 StVO; § 24 Abs. 1, 3 Nr. 5 StVG; 63.4 BKat Tab.: 713006	0	35,00	
113224	Sie überschritten im Bereich eines eingeschränkten Haltverbots für eine Zone (Zeichen 290.1, 290.2) die zulässige Höchstparkdauer - länger als 3 Stunden. § 13 Abs. 1, 2, § 49 StVO; § 24 Abs. 1, 3 Nr. 5 StVG; 63.5 BKat Tab.: 713006	0	40,00	

TBNR	Bemerkungen
113203 - 113204	*) Zutreffendes angeben

Einrichtungen zur Überwachung der Parkzeit - § 13 Abs. 1, 2 StVO

TBNR	Tatbestandstext	FaP-Pkt	Euro	FV
113240	Sie parkten im Bereich eines eingeschränkten Haltverbots für eine Zone (Zeichen 290.1, 290.2), ohne die durch Zusatzzeichen vorgeschriebene Parkscheibe (Bild 318) von außen gut lesbar im oder am Fahrzeug angebracht zu haben. § 13 Abs. 1, 2, § 49 StVO; § 24 Abs. 1, 3 Nr. 5 StVG; 63.1 BKat Tab.: 713007	0	20,00	
113241	Sie parkten im Bereich eines eingeschränkten Haltverbots für eine Zone (Zeichen 290.1, 290.2), ohne die durch Zusatzzeichen vorgeschriebene Parkscheibe (Bild 318) von außen gut lesbar im oder am Fahrzeug angebracht zu haben - länger als 30 Minuten. § 13 Abs. 1, 2, § 49 StVO; § 24 Abs. 1, 3 Nr. 5 StVG; 63.2 BKat Tab.: 713007	0	25,00	
113242	Sie parkten im Bereich eines eingeschränkten Haltverbots für eine Zone (Zeichen 290.1, 290.2), ohne die durch Zusatzzeichen vorgeschriebene Parkscheibe (Bild 318) von außen gut lesbar im oder am Fahrzeug angebracht zu haben - länger als 1 Stunde. § 13 Abs. 1, 2, § 49 StVO; § 24 Abs. 1, 3 Nr. 5 StVG; 63.3 BKat Tab.: 713007	0	30,00	
113243	Sie parkten im Bereich eines eingeschränkten Haltverbots für eine Zone (Zeichen 290.1, 290.2), ohne die durch Zusatzzeichen vorgeschriebene Parkscheibe (Bild 318) von außen gut lesbar im oder am Fahrzeug angebracht *) zu haben - länger als 2 Stunden. § 13 Abs. 1, 2, § 49 StVO; § 24 Abs. 1, 3 Nr. 5 StVG; 63.4 BKat Tab.: 713007	0	35,00	
113244	Sie parkten im Bereich eines eingeschränkten Haltverbots für eine Zone (Zeichen 290.1, 290.2), ohne die durch Zusatzzeichen vorgeschriebene Parkscheibe (Bild 318) von außen gut lesbar im oder am Fahrzeug angebracht zu haben - länger als 3 Stunden. § 13 Abs. 1, 2, § 49 StVO; § 24 Abs. 1, 3 Nr. 5 StVG; 63.5 BKat Tab.: 713007	0	40,00	
113260	Sie parkten im Bereich eines eingeschränkten Haltverbots für eine Zone (Zeichen 290.1, 290.2), ohne die Parkscheibe (Bild 318) richtig eingestellt zu haben. § 13 Abs. 1, 2, § 49 StVO; § 24 Abs. 1, 3 Nr. 5 StVG; 63.1 BKat Tab.: 713008	0	20,00	

TBNR   Bemerkungen

Einrichtungen zur Überwachung der Parkzeit - § 13 Abs. 1, 2 StVO

TBNR	Tatbestandstext	FaP-Pkt	Euro	FV
113261	Sie parkten im Bereich eines eingeschränkten Haltverbots für eine Zone (Zeichen 290.1, 290.2), ohne die Parkscheibe (Bild 318) richtig eingestellt zu haben - länger als 30 Minuten. § 13 Abs. 1, 2, § 49 StVO; § 24 Abs. 1, 3 Nr. 5 StVG; 63.2 BKat Tab.: 713008	0	25,00	
113262	Sie parkten im Bereich eines eingeschränkten Haltverbots für eine Zone (Zeichen 290.1, 290.2), ohne die Parkscheibe (Bild 318) richtig eingestellt zu haben - länger als 1 Stunde. § 13 Abs. 1, 2, § 49 StVO; § 24 Abs. 1, 3 Nr. 5 StVG; 63.3 BKat Tab.: 713008	0	30,00	
113263	Sie parkten im Bereich eines eingeschränkten Haltverbots für eine Zone (Zeichen 290.1, 290.2), ohne die Parkscheibe (Bild 318) richtig eingestellt zu haben - länger als 2 Stunden. § 13 Abs. 1, 2, § 49 StVO; § 24 Abs. 1, 3 Nr. 5 StVG; 63.4 BKat Tab.: 713008	0	35,00	
113264	Sie parkten im Bereich eines eingeschränkten Haltverbots für eine Zone (Zeichen 290.1, 290.2), ohne die Parkscheibe (Bild 318) richtig eingestellt zu haben - länger als 3 Stunden. § 13 Abs. 1, 2, § 49 StVO; § 24 Abs. 1, 3 Nr. 5 StVG; 63.5 BKat Tab.: 713008	0	40,00	
113280	Sie überschritten bei Zeichen 314/315 *) mit Zusatzzeichen die zulässige Höchstparkdauer. § 13 Abs. 1, 2, § 49 StVO; § 24 Abs. 1, 3 Nr. 5 StVG; 63.1 BKat Tab.: 713009	0	20,00	
113281	Sie überschritten bei Zeichen 314/315 *) mit Zusatzzeichen die zulässige Höchstparkdauer - länger als 30 Minuten. § 13 Abs. 1, 2, § 49 StVO; § 24 Abs. 1, 3 Nr. 5 StVG; 63.2 BKat Tab.: 713009	0	25,00	
113282	Sie überschritten bei Zeichen 314/315 *) mit Zusatzzeichen die zulässige Höchstparkdauer - länger als 1 Stunde. § 13 Abs. 1, 2, § 49 StVO; § 24 Abs. 1, 3 Nr. 5 StVG; 63.3 BKat Tab.: 713009	0	30,00	

TBNR   Bemerkungen
113280 – 113282 *) Zutreffendes Zeichen angeben

Einrichtungen zur Überwachung der Parkzeit - § 13 Abs. 1, 2 StVO

TBNR	Tatbestandstext	FaP-Pkt	Euro	FV
113283	Sie überschritten bei Zeichen 314/315 *) mit Zusatzzeichen die zulässige Höchstparkdaue - länger als 2 Stunden. § 13 Abs. 1, 2, § 49 StVO; § 24 Abs. 1, 3 Nr. 5 StVG; 63.4 BKat Tab.: 713009	0	35,00	
113284	Sie überschritten bei Zeichen 314/315 *) mit Zusatzzeichen die zulässige Höchstparkdauer - länger als 3 Stunden. § 13 Abs. 1, 2, § 49 StVO; § 24 Abs. 1, 3 Nr. 5 StVG; 63.5 BKat Tab.: 713009	0	40,00	
113300	Sie parkten bei Zeichen 314/315 *), ohne die durch Zusatzzeichen vorgeschriebene Parkscheibe (Bild 318) von außen gut lesbar im oder am Fahrzeug angebracht zu haben. § 13 Abs. 1, 2, § 49 StVO; § 24 Abs. 1, 3 Nr. 5 StVG; 63.1 BKat Tab.: 713010	0	20,00	
113301	Sie parkten bei Zeichen 314/315 *), ohne die durch Zusatzzeichen vorgeschriebene Parkscheibe (Bild 318) von außen gut lesbar im oder am Fahrzeug angebracht zu haben - länger als 30 Minuten. § 13 Abs. 1, 2, § 49 StVO; § 24 Abs. 1, 3 Nr. 5 StVG; 63.2 BKat Tab.: 713010	0	25,00	
113302	Sie parkten bei Zeichen 314/315 *), ohne die durch Zusatzzeichen vorgeschriebene Parkscheibe (Bild 318) von außen gut lesbar im oder am Fahrzeug angebracht zu haben - länger als 1 Stunde. § 13 Abs. 1, 2, § 49 StVO; § 24 Abs. 1, 3 Nr. 5 StVG; 63.3 BKat Tab.: 713010	0	30,00	
113303	Sie parkten bei Zeichen 314/315 *), ohne die durch Zusatzzeichen vorgeschriebene Parkscheibe (Bild 318) von außen gut lesbar im oder am Fahrzeug angebracht zu haben - länger als 2 Stunden. § 13 Abs. 1, 2, § 49 StVO; § 24 Abs. 1, 3 Nr. 5 StVG; 63.4 BKat Tab.: 713010	0	35,00	
113304	Sie parkten bei Zeichen 314/315 *), ohne die durch Zusatzzeichen vorgeschriebene Parkscheibe (Bild 318) von außen gut lesbar im oder am Fahrzeug angebracht zu haben - länger als 3 Stunden. § 13 Abs. 1, 2, § 49 StVO; § 24 Abs. 1, 3 Nr. 5 StVG; 63.5 BKat Tab.: 713010	0	40,00	

TBNR	Bemerkungen
113283 – 113304	*) Zutreffendes Zeichen angeben

Einrichtungen zur Überwachung der Parkzeit - § 13 Abs. 1, 2 StVO

TBNR	Tatbestandstext	FaP-Pkt	Euro	FV
113320	Sie parkten bei Zeichen 314/315 *), ohne die durch Zusatzzeichen vorgeschriebene Parkscheibe (Bild 318) richtig eingestellt zu haben. § 13 Abs. 1, 2, § 49 StVO; § 24 Abs. 1, 3 Nr. 5 StVG; 63.1 BKat Tab.: 713011	0	20,00	
113321	Sie parkten bei Zeichen 314/315 *), ohne die durch Zusatzzeichen vorgeschriebene Parkscheibe (Bild 318) richtig eingestellt zu haben - länger als 30 Minuten. § 13 Abs. 1, 2, § 49 StVO; § 24 Abs. 1, 3 Nr. 5 StVG; 63.2 BKat Tab.: 713011	0	25,00	
113322	Sie parkten bei Zeichen 314/315 *), ohne die durch Zusatzzeichen vorgeschriebene Parkscheibe (Bild 318) richtig eingestellt zu haben - länger als 1 Stunde. § 13 Abs. 1, 2, § 49 StVO; § 24 Abs. 1, 3 Nr. 5 StVG; 63.3 BKat Tab.: 713011	0	30,00	
113323	Sie parkten bei Zeichen 314/315 *), ohne die durch Zusatzzeichen vorgeschriebene Parkscheibe (Bild 318) richtig eingestellt zu haben - länger als 2 Stunden. § 13 Abs. 1, 2, § 49 StVO; § 24 Abs. 1, 3 Nr. 5 StVG; 63.4 BKat Tab.: 713011	0	35,00	
113324	Sie parkten bei Zeichen 314/315 *), ohne die durch Zusatzzeichen vorgeschriebene Parkscheibe (Bild 318) richtig eingestellt zu haben - länger als 3 Stunden. § 13 Abs. 1, 2, § 49 StVO; § 24 Abs. 1, 3 Nr. 5 StVG; 63.5 BKat Tab.: 713011	0	40,00	
113330	Sie überschritten im Bereich einer Parkraumbewirtschaftungszone (Zeichen 314.1, 314.2) die zulässige Höchstparkdauer. § 13 Abs. 1, 2, § 49 StVO; § 24 Abs. 1, 3 Nr. 5 StVG; 63.1 BKat Tab.: 713014	0	20,00	
113331	Sie überschritten im Bereich einer Parkraumbewirtschaftungszone (Zeichen 314.1, 314.2) die zulässige Höchstparkdauer - länger als 30 Minuten. § 13 Abs. 1, 2, § 49 StVO; § 24 Abs. 1, 3 Nr. 5 StVG; 63.2 BKat Tab.: 713014	0	25,00	

TBNR   **Bemerkungen**
113320 – 113324   *) Zutreffendes Zeichen angeben

Einrichtungen zur Überwachung der Parkzeit - § 13 Abs. 1, 2 StVO

TBNR	Tatbestandstext	FaP-Pkt	Euro	FV
113332	Sie überschritten im Bereich einer Parkraumbewirtschaftungs-zone (Zeichen 314.1, 314.2) die zulässige Höchstparkdauer - länger als 1 Stunde. § 13 Abs. 1, 2, § 49 StVO; § 24 Abs. 1, 3 Nr. 5 StVG; 63.3 BKat Tab.: 713014	0	30,00	
113333	Sie überschritten im Bereich einer Parkraumbewirtschaftungs-zone (Zeichen 314.1, 314.2) die zulässige Höchstparkdauer - länger als 2 Stunden. § 13 Abs. 1, 2, § 49 StVO; § 24 Abs. 1, 3 Nr. 5 StVG; 63.4 BKat Tab.: 713014	0	35,00	
113334	Sie überschritten im Bereich einer Parkraumbewirtschaftungs-zone (Zeichen 314.1, 314.2) die zulässige Höchstparkdauer - länger als 3 Stunden. § 13 Abs. 1, 2, § 49 StVO; § 24 Abs. 1, 3 Nr. 5 StVG; 63.5 BKat Tab.: 713014	0	40,00	
113340	Sie parkten im Bereich einer Parkraumbewirtschaftungszone (Zeichen 314.1, 314.2), ohne die durch Zusatzzeichen vorgeschriebene Parkscheibe (Bild 318) von außen gut lesbar im oder am Fahrzeug angebracht zu haben. § 13 Abs. 1, 2, § 49 StVO; § 24 Abs. 1, 3 Nr. 5 StVG; 63.1 BKat Tab.: 713015	0	20,00	
113341	Sie parkten im Bereich einer Parkraumbewirtschaftungszone (Zeichen 314.1, 314.2), ohne die durch Zusatzzeichen vorgeschriebene Parkscheibe (Bild 318) von außen gut lesbar im oder am Fahrzeug angebracht zu haben - länger als 30 Minuten. § 13 Abs. 1, 2, § 49 StVO; § 24 Abs. 1, 3 Nr. 5 StVG; 63.2 BKat Tab.: 713015	0	25,00	
113342	Sie parkten im Bereich einer Parkraumbewirtschaftungszone (Zeichen 314.1, 314.2), ohne die durch Zusatzzeichen vorgeschriebene Parkscheibe (Bild 318) von außen gut lesbar im oder am Fahrzeug angebracht zu haben - länger als 1 Stunde. § 13 Abs. 1, 2, § 49 StVO; § 24 Abs. 1, 3 Nr. 5 StVG; 63.3 BKat Tab.: 713015	0	30,00	
113343	Sie parkten im Bereich einer Parkraumbewirtschaftungszone (Zeichen 314.1, 314.2), ohne die durch Zusatzzeichen vorgeschriebene Parkscheibe (Bild 318) von außen gut lesbar im oder am Fahrzeug angebracht zu haben - länger als 2 Stunden. § 13 Abs. 1, 2, § 49 StVO; § 24 Abs. 1, 3 Nr. 5 StVG; 63.4 BKat Tab.: 713015	0	35,00	

TBNR   **Bemerkungen**

Einrichtungen zur Überwachung der Parkzeit - § 13 Abs. 1, 2 StVO

TBNR	Tatbestandstext	FaP-Pkt	Euro	FV
113344	Sie parkten im Bereich einer Parkraumbewirtschaftungszone (Zeichen 314.1, 314.2), ohne die durch Zusatzzeichen vorgeschriebene Parkscheibe (Bild 318) von außen gut lesbar im oder am Fahrzeug angebracht zu haben - länger als 3 Stunden. § 13 Abs. 1, 2, § 49 StVO; § 24 Abs. 1, 3 Nr. 5 StVG; 63.5 BKat Tab.: 713015	0	40,00	
113350	Sie parkten im Bereich einer Parkraumbewirtschaftungszone (Zeichen 314.1, 314.2), ohne die Parkscheibe (Bild 318) richtig eingestellt zu haben. § 13 Abs. 1, 2, § 49 StVO; § 24 Abs. 1, 3 Nr. 5 StVG; 63.1 BKat Tab.: 713016	0	20,00	
113351	Sie parkten im Bereich einer Parkraumbewirtschaftungszone (Zeichen 314.1, 314.2), ohne die Parkscheibe (Bild 318) richtig eingestellt zu haben - länger als 30 Minuten. § 13 Abs. 1, 2, § 49 StVO; § 24 Abs. 1, 3 Nr. 5 StVG; 63.2 BKat Tab.: 713016	0	25,00	
113352	Sie parkten im Bereich einer Parkraumbewirtschaftungszone (Zeichen 314.1, 314.2), ohne die Parkscheibe (Bild 318) richtig eingestellt zu haben - länger als 1 Stunde. § 13 Abs. 1, 2, § 49 StVO; § 24 Abs. 1, 3 Nr. 5 StVG; 63.3 BKat Tab.: 713016	0	30,00	
113353	Sie parkten im Bereich einer Parkraumbewirtschaftungszone (Zeichen 314.1, 314.2), ohne die Parkscheibe (Bild 318) richtig eingestellt zu haben - länger als 2 Stunden. § 13 Abs. 1, 2, § 49 StVO; § 24 Abs. 1, 3 Nr. 5 StVG; 63.4 BKat Tab.: 713016	0	35,00	
113354	Sie parkten im Bereich einer Parkraumbewirtschaftungszone (Zeichen 314.1, 314.2), ohne die Parkscheibe (Bild 318) richtig eingestellt zu haben - länger als 3 Stunden. § 13 Abs. 1, 2, § 49 StVO; § 24 Abs. 1, 3 Nr. 5 StVG; 63.5 BKat Tab.: 713016	0	40,00	

TBNR   Bemerkungen

Sorgfaltspflichten beim Ein- und Aussteigen - § 14 StVO

TBNR	Tatbestandstext	FaP-Pkt	Euro	FV
114100	Sie gefährdeten +) beim Ein- bzw. Aussteigen andere Verkehrsteilnehmer. § 14 Abs. 1, § 49 StVO; § 24 Abs. 1, 3 Nr. 5 StVG; 64 BKat	0	40,00	
114106	Sie schädigten beim Ein- bzw. Aussteigen andere Verkehrsteilnehmer. § 14 Abs. 1, § 1 Abs. 2, § 49 StVO; § 24 Abs. 1, 3 Nr. 5 StVG; 64.1 BKat; § 19 OWiG	0	50,00	
114000	Sie verließen Ihr Kraftfahrzeug, ohne es gegen unbefugte Benutzung zu sichern *). § 14 Abs. 2, § 49 StVO; § 24 Abs. 1, 3 Nr. 5 StVG; -- BKat	0	15,00	
114112	Sie verließen Ihr Fahrzeug, ohne die nötigen Maßnahmen getroffen zu haben, um Unfälle oder Verkehrsstörungen zu vermeiden. Dadurch kam es zu einer Verkehrsstörung *). § 14 Abs. 2, § 1 Abs. 2, § 49 StVO; § 24 Abs. 1, 3 Nr. 5 StVG; 65 BKat; § 19 OWiG	0	15,00	
114118	Sie verließen Ihr Fahrzeug, ohne die nötigen Maßnahmen getroffen zu haben, um Unfälle oder Verkehrsstörungen zu vermeiden. Es kam zum Unfall. § 14 Abs. 2, § 1 Abs. 2, § 49 StVO; § 24 Abs. 1, 3 Nr. 5 StVG; 65.1 BKat; § 19 OWiG	0	25,00	

Liegenbleiben von Fahrzeugen - § 15 StVO

TBNR	Tatbestandstext	FaP-Pkt	Euro	FV
115000	Sie sicherten Ihr liegen gebliebenes mehrspuriges Fahrzeug nicht vorschriftsmäßig ab. § 15, § 49 StVO; § 24 Abs. 1, 3 Nr. 5 StVG; -- BKat	0	30,00	
115006	Sie beleuchteten Ihr liegen gebliebenes mehrspuriges Fahrzeug nicht vorvorschriftsmäßig. § 15, § 17 Abs. 4, § 49 StVO; § 24 Abs. 1, 3 Nr. 5 StVG; -- BKat; § 19 OWiG	0	30,00	
115012	Sie machten Ihr liegen gebliebenes mehrspuriges Fahrzeug nicht vorschriftsmäßig kenntlich. § 15, § 49 StVO; § 24 Abs. 1, 3 Nr. 5 StVG; -- BKat	0	30,00	
115600	Sie sicherten Ihr liegen gebliebenes mehrspuriges Fahrzeug nicht mit den vorgeschriebenen Sicherungsmitteln ab und gefährdeten +) dadurch Andere. § 15, § 1 Abs. 2, § 49 StVO; § 24 Abs. 1, 3 Nr. 5 StVG; 66 BKat; § 19 OWiG	B - 1	60,00	

TBNR   Bemerkungen
114112 *) Art der Verkehrsstörung angeben
114000 *) Unterlassene Sicherheitsvorkehrung angeben

Liegenbleiben von Fahrzeugen - § 15 StVO

TBNR	Tatbestandstext	FaP-Pkt	Euro	FV
115601	Sie sicherten Ihr liegen gebliebenes mehrspuriges Fahrzeug nicht mit den vorgeschriebenen Sicherungsmitteln ab. Es kam zum Unfall. § 15, § 1 Abs. 2, § 49 StVO; § 24 Abs. 1, 3 Nr. 5 StVG; 66 BKat; § 3 Abs. 3 BKatV; § 19 OWiG	B - 1	75,00	
115606	Sie beleuchteten Ihr liegen gebliebenes mehrspuriges Fahrzeug nicht mit der vorgeschriebenen Lichtquelle und gefährdeten +) dadurch Andere. § 15, § 17 Abs. 4, § 1 Abs. 2, § 49 StVO; § 24 Abs. 1, 3 Nr. 5 StVG; 66 BKat; § 19 OWiG	B - 1	60,00	
115607	Sie beleuchteten Ihr liegen gebliebenes mehrspuriges Fahrzeug nicht mit der vorgeschriebenen Lichtquelle. Es kam zum Unfall. § 15, § 17 Abs. 4, § 1 Abs. 2, § 49 StVO; § 24 Abs. 1, 3 Nr. 5 StVG; 66 BKat; § 3 Abs. 3 BKatV; § 19 OWiG	B - 1	75,00	

Abschleppen von Fahrzeugen - § 15a StVO

TBNR	Tatbestandstext	FaP-Pkt	Euro	FV
115100	Sie verließen beim Abschleppen eines auf der Autobahn liegengebliebenen Fahrzeugs die Autobahn (Zeichen 330.1) nicht bei der nächsten Ausfahrt. § 15a Abs. 1, § 49 StVO; § 24 Abs. 1, 3 Nr. 5 StVG; 67 BKat	0	20,00	
115106	Sie fuhren beim Abschleppen eines außerhalb der Autobahn liegengebliebenen Fahrzeugs auf die Autobahn (Zeichen 330.1) ein. § 15a Abs. 1, 2, § 49 StVO; § 24 Abs. 1, 3 Nr. 5 StVG; 67 BKat	0	20,00	
115112	Sie schalteten beim Abschleppen das Warnblinklicht nicht ein. § 15a Abs. 3, § 49 StVO; § 24 Abs. 1, 3 Nr. 5 StVG; 68 BKat	0	5,00	
115118	Sie schleppten mit Ihrem Fahrzeug ein Kraftrad ab. § 15a Abs. 4, § 49 StVO; § 24 Abs. 1, 3 Nr. 5 StVG; 69 BKat	0	10,00	

Warnzeichen - § 16 StVO

TBNR	Tatbestandstext	FaP-Pkt	Euro	FV
116000	Sie gaben missbräuchlich Schallzeichen. § 16 Abs. 1, § 49 StVO; § 24 Abs. 1, 3 Nr. 5 StVG; -- BKat	0	5,00	
116006	Sie gaben missbräuchlich Leuchtzeichen. § 16 Abs. 1, § 49 StVO; § 24 Abs. 1, 3 Nr. 5 StVG; -- BKat	0	5,00	
116100	Sie gaben missbräuchlich Schallzeichen und belästigten dadurch Andere. § 16 Abs. 1, § 1 Abs. 2, § 49 StVO; § 24 Abs. 1, 3 Nr. 5 StVG; 70 BKat; § 19 OWiG	0	10,00	

TBNR	Bemerkungen

Warnzeichen - § 16 StVO

TBNR	Tatbestandstext	FaP-Pkt	Euro	FV
116106	Sie gaben missbräuchlich Leuchtzeichen und belästigten dadurch Andere. § 16 Abs. 1, § 1 Abs. 2, § 49 StVO; § 24 Abs. 1, 3 Nr. 5 StVG; 70 BKat; § 19 OWiG	0	10,00	
116112	Sie schalteten als Führer eines Omnibusses des Linienverkehrs nicht das Warnblinklicht ein, obwohl Sie sich einer Haltestelle näherten, für die die Straßenverkehrsbehörde ein solches Verhalten angeordnet hat. § 16 Abs. 2, § 49 StVO; § 24 Abs. 1, 3 Nr. 5 StVG; 71 BKat	0	10,00	
116118	Sie schalteten als Führer eines gekennzeichneten Schulbusses nicht das Warnblinklicht ein, obwohl Sie sich einer Haltestelle näherten, für die die Straßenverkehrsbehörde ein solches Verhalten angeordnet hat. § 16 Abs. 2, § 49 StVO; § 24 Abs. 1, 3 Nr. 5 StVG; 71 BKat	0	10,00	
116124	Sie schalteten als Führer eines Omnibusses des Linienverkehrs nicht das Warnblinklicht ein, obwohl an einer Haltestelle, für die die Straßenverkehrsbehörde ein solches Verhalten angeordnet hat, Fahrgäste ein- bzw. ausstiegen. § 16 Abs. 2, § 49 StVO; § 24 Abs. 1, 3 Nr. 5 StVG; 71 BKat	0	10,00	
116130	Sie schalteten als Führer eines gekennzeichneten Schulbusses nicht das Warnblinklicht ein, obwohl an einer Haltestelle, für die die Straßenverkehrsbehörde ein solches Verhalten angeordnet hat, Fahrgäste ein- bzw. ausstiegen. § 16 Abs. 2, § 49 StVO; § 24 Abs. 1, 3 Nr. 5 StVG; 71 BKat	0	10,00	
116136	Sie schalteten missbräuchlich das Warnblinklicht ein. § 16 Abs. 2, § 49 StVO; § 24 Abs. 1, 3 Nr. 5 StVG; 72 BKat	0	5,00	
116142	Sie gaben Schallzeichen ab, die aus einer Folge verschieden hoher Töne bestanden. § 16 Abs. 3, § 49 StVO; § 24 Abs. 1, 3 Nr. 5 StVG; 70 Bkat	0	10,00	

Beleuchtung - § 17 Abs. 1, 2 StVO

TBNR	Tatbestandstext	FaP-Pkt	Euro	FV
117100	Sie unterließen es, die vorgeschriebenen Beleuchtungseinrichtungen zu benutzen, obwohl es die Sichtverhältnisse erforderten. § 17 Abs. 1, § 49 StVO; § 24 Abs. 1, 3 Nr. 5 StVG; 73 BKat	0	20,00	
117101	Sie unterließen es, die vorgeschriebenen Beleuchtungseinrichtungen zu benutzen, obwohl es die Sichtverhältnisse erforderten, und gefährdeten +) dadurch Andere. § 17 Abs. 1, § 1 Abs. 2, § 49 StVO; § 24 Abs. 1, 3 Nr. 5 StVG; 73.1 BKat; § 19 OwiG	0	25,00	

TBNR   Bemerkungen

Beleuchtung - § 17 Abs. 1, 2 StVO

TBNR	Tatbestandstext	FaP-Pkt	Euro	FV
117102	Sie unterließen es, die vorgeschriebenen Beleuchtungsein-richtungen zu benutzen, obwohl es die Sichtverhältnisse er-forderten. Es kam zum Unfall. § 17 Abs. 1, § 1 Abs. 2, § 49 StVO; § 24 Abs. 1, 3 StVG; 73.2 BKat; § 19 OWiG	0	35,00	
117106	Sie benutzten das Fahrzeug, obwohl die Beleuchtungsein-richtungen verdeckt/verschmutzt *) waren. § 17 Abs. 1, § 49 StVO; § 24 Abs. 1, 3 Nr. 5 StVG; 73 BKat	0	20,00	
117107	Sie benutzten das Fahrzeug, obwohl die Beleuchtungsein-richtungen verdeckt/verschmutzt *) waren. Sie gefährdeten +) dadurch Andere. § 17 Abs. 1, § 1 Abs. 2, § 49 StVO; § 24 Abs. 1, 3 Nr. 5 StVG; 73.1 BKat; § 19 OWiG	0	25,00	
117108	Sie benutzten das Fahrzeug, obwohl die Beleuchtungsein-richtungen verdeckt/verschmutzt *) waren. Es kam zum Unfall. § 17 Abs. 1, § 1 Abs. 2, § 49 StVO; § 24 Abs. 1, 3 Nr. 5 StVG; 73.2 BKat; § 19 OWiG	0	35,00	
117112	Sie blendeten nicht rechtzeitig ab, obwohl Fahrzeuge entgegen-kamen. § 17 Abs. 2, § 49 StVO; § 24 Abs. 1, 3 Nr. 5 StVG; 73 BKat	0	20,00	
117113	Sie blendeten nicht rechtzeitig ab, obwohl Fahrzeuge entgegen-kamen, und gefährdeten +) dadurch Andere. § 17 Abs. 2, § 1 Abs. 2, § 49 StVO; § 24 Abs. 1, 3 Nr. 5 StVG; 73.1 BKat; § 19 OWiG	0	25,00	
117114	Sie blendeten nicht rechtzeitig ab, obwohl Fahrzeuge entgegen-kamen. Es kam zum Unfall. § 17 Abs. 2, § 1 Abs. 2, § 49 StVO; § 24 Abs. 1, 3 Nr. 5 StVG; 73.2 BKat; § 19 OWiG	0	35,00	
117118	Sie blendeten nicht rechtzeitig ab, obwohl ein anderes Fahr-zeug mit geringem Abstand vor Ihnen fuhr. § 17 Abs. 2, § 49 StVO; § 24 Abs. 1, 3 Nr. 5 StVG; 73 BKat	0	20,00	
117119	Sie blendeten nicht rechtzeitig ab, obwohl ein anderes Fahr-zeug mit geringem Abstand vor Ihnen fuhr, und gefährdeten +) dadurch Andere. § 17 Abs. 2, § 1 Abs. 2, § 49 StVO; § 24 Abs. 1, 3 Nr. 5 StVG; 73.1 BKat; § 19 OWiG	0	25,00	

TBNR   **Bemerkungen**
117106 – 117108 *) Zutreffendes angeben

Beleuchtung - § 17 Abs. 1, 2 StVO

TBNR	Tatbestandstext	FaP-Pkt	Euro	FV
117120	Sie blendeten nicht rechtzeitig ab, obwohl ein anderes Fahrzeug mit geringem Abstand vor Ihnen fuhr. Es kam zum Unfall. § 17 Abs. 2, § 1 Abs. 2, § 49 StVO; § 24 Abs. 1, 3 Nr. 5 StVG; 73.2 BKat; § 19 OWiG	0	35,00	
117124	Sie fuhren nur mit Begrenzungsleuchten (Standlicht), obwohl Sie die vorgeschriebenen Beleuchtungseinrichtungen (Abblendlicht) benutzen mussten. § 17 Abs. 2, § 49 StVO; § 24 Abs. 1, 3 Nr. 5 StVG; 74 Bkat	0	10,00	
117125	Sie fuhren nur mit Begrenzungsleuchten (Standlicht), obwohl Sie die vorgeschriebenen Beleuchtungseinrichtungen (Abblendlicht) benutzen mussten, und gefährdeten +) dadurch Andere. § 17 Abs. 2, § 1 Abs. 2, § 49 StVO; § 24 Abs. 1, 3 Nr. 5 StVG; 74.1 BKat; § 19 OWiG	0	15,00	
117126	Sie fuhren nur mit Begrenzungsleuchten (Standlicht), obwohl Sie die vorgeschriebenen Beleuchtungseinrichtungen (Abblendlicht) benutzenmussten. Es kam zum Unfall. § 17 Abs. 2, § 1 Abs. 2, § 49 StVO; § 24 Abs. 1, 3 Nr. 5 StVG; 74.2 BKat; § 19 OWiG	0	35,00	
117130	Sie fuhren mit Fernlicht, obwohl die Straße mit durchgehender ausreichender Beleuchtung versehen war. § 17 Abs. 2, § 49 StVO; § 24 Abs. 1, 3 Nr. 5 StVG; 74 BKat	0	10,00	
117131	Sie fuhren mit Fernlicht, obwohl die Straße mit durchgehender ausreichender Beleuchtung versehen war, und gefährdeten +) dadurchAndere. § 17 Abs. 2, § 1 Abs. 2, § 49 StVO; § 24 Abs. 1, 3 Nr. 5 StVG; 74.1 BKat; § 19 OWiG	0	15,00	
117132	Sie fuhren mit Fernlicht, obwohl die Straße mit durchgehender ausreichender Beleuchtung versehen war. Es kam zum Unfall. § 17 Abs. 2, § 1 Abs. 2, § 49 StVO; § 24 Abs. 1, 3 Nr. 5 StVG; 74.2 BKat; § 19 OWiG	0	35,00	

Beleuchtung - § 17 Abs. 2a, 3 StVO

TBNR	Tatbestandstext	FaP-Pkt	Euro	FV
117136	Sie führten das Kraftrad am Tage ohne eingeschaltetes Abblendlicht oder ohne eingeschaltete Tagfahrleuchten. § 17 Abs. 2a, § 49 StVO; § 24 Abs. 1, 3 Nr. 5 StVG; 74 BKat	0	10,00	
117137	Sie führten das Kraftrad am Tage ohne eingeschaltetes Abblendlicht oder ohne eingeschaltete Tagfahrleuchten und gefährdeten +) dadurch Andere. § 17 Abs. 2a, § 1 Abs. 2, § 49 StVO; § 24 Abs. 1, 3 Nr. 5 StVG; 74.1 BKat; § 19 OWiG	0	15,00	

TBNR   Bemerkungen

Beleuchtung - § 17 Abs. 2a, 3 StVO

TBNR	Tatbestandstext	FaP-Pkt	Euro	FV
117138	Sie führten das Kraftrad am Tage ohne eingeschaltetes Abblendlicht oder ohne eingeschaltete Tagfahrleuchten. Es kam zum Unfall. § 17 Abs. 2a, § 1 Abs. 2, § 49 StVO; § 24 Abs. 1, 3 Nr. 5 StVG; 74.2 BKat; § 19 OWiG	0	35,00	
117142	Sie benutzten missbräuchlich die Nebelscheinwerfer. § 17 Abs. 3, § 49 StVO; § 24 Abs. 1, 3 Nr. 5 StVG; 73 BKat	0	20,00	
117143	Sie benutzten missbräuchlich die Nebelscheinwerfer und gefährdeten +) dadurch Andere. § 17 Abs. 3, § 1 Abs. 2, § 49 StVO; § 24 Abs. 1, 3 Nr. 5 StVG; 73.1 BKat; § 19 OWiG	0	25,00	
117144	Sie benutzten missbräuchlich die Nebelscheinwerfer. Es kam. zum Unfall: § 17 Abs. 3, § 1 Abs. 2, § 49 StVO; § 24 Abs. 1, 3 Nr. 5 StVG; 73.2 BKat; § 19 OWiG	0	35,00	
117148	Sie fuhren mit eingeschalteter Nebelschlussleuchte, obwohl keine Sichtbehinderung durch Nebel mit einer Sichtweite von weniger als 50 m gegeben war. § 17 Abs. 3, § 49 StVO; § 24 Abs. 1, 3 Nr. 5 StVG; 73 BKat	0	20,00	
117149	Sie fuhren mit eingeschalteter Nebelschlussleuchte, obwohl keine Sichtbehinderung durch Nebel mit einer Sichtweite von weniger als 50 m gegeben war, und gefährdeten +) dadurch Andere. § 17 Abs. 3, § 1 Abs. 2, § 49 StVO; § 24 Abs. 1, 3 Nr. 5 StVG; 73.1 BKat; § 19 OWiG	0	25,00	
117150	Sie fuhren mit eingeschalteter Nebelschlussleuchte, obwohl keine Sichtbehinderung durch Nebel mit einer Sichtweite von weniger als 50 m gegeben war. Es kam zum Unfall. § 17 Abs. 3, § 1 Abs. 2, § 49 StVO; § 24 Abs. 1, 3 Nr. 5 StVG; 73.2 BKat; § 19 OWiG	0	35,00	
117154	Sie fuhren am Tage innerhalb einer geschlossenen Ortschaft ohne Abblendlicht, obwohl die Sicht durch Nebel, Schneefall oder Regen erheblich behindert war. § 17 Abs. 3, § 49 StVO; § 24 Abs. 1, 3 Nr. 5 StVG; 75 BKat	0	25,00	
117155	Sie fuhren am Tage innerhalb einer geschlossenen Ortschaft ohne Abblendlicht, obwohl die Sicht durch Nebel, Schneefall oder Regen erheblich behindert war. Es kam zum Unfall. § 17 Abs. 3, § 1 Abs. 2, § 49 StVO; § 24 Abs. 1, 3 Nr. 5 StVG; 75.1 BKat; § 19 OWiG	0	35,00	

TBNR	Bemerkungen

Beleuchtung - § 17 Abs. 2a, 3 StVO

TBNR	Tatbestandstext	FaP-Pkt	Euro	FV
117600	Sie fuhren am Tage außerhalb einer geschlossenen Ortschaft ohne Abblendlicht, obwohl die Sicht durch Nebel, Schneefall oder Regen erheblich behindert war. § 17 Abs. 3, § 49 StVO; § 24 Abs. 1, 3 Nr. 5 StVG; 76 Bkat	B - 1	60,00	
117601	Sie fuhren am Tage außerhalb einer geschlossenen Ortschaft ohne Abblendlicht, obwohl die Sicht durch Nebel, Schneefall oder Regen erheblich behindert war, und gefährdeten +) dadurch Andere. § 17 Abs. 3, § 1 Abs. 2, § 49 StVO; § 24 Abs. 1, 3 Nr. 5 StVG; 76 BKat; § 3 Abs. 3 BKatV; § 19 OWiG	B - 1	75,00	
117602	Sie fuhren am Tage außerhalb einer geschlossenen Ortschaft ohne Abblendlicht, obwohl die Sicht durch Nebel, Schneefall oder Regen erheblich behindert war. Es kam zum Unfall. § 17 Abs. 3, § 1 Abs. 2, § 49 StVO; § 24 Abs. 1, 3 Nr. 5 StVG; 76 BKat; § 3 Abs. 3 BKatV; § 19 OWiG	B - 1	90,00	

Beleuchtung - § 17 Abs. 4, 5, 6 StVO

TBNR	Tatbestandstext	FaP-Pkt	Euro	FV
117160	Sie stellten außerhalb einer geschlossenen Ortschaft das Fahrzeug unbeleuchtet auf der Fahrbahn ab. § 17 Abs. 4, § 49 StVO; § 24 Abs. 1, 3 Nr. 5 StVG; 77 BKat	0	20,00	
117161	Sie stellten außerhalb einer geschlossenen Ortschaft das Fahrzeug unbeleuchtet auf der Fahrbahn ab. Es kam zum Unfall. § 17 Abs. 4, § 1 Abs. 2, § 49 StVO; § 24 Abs. 1, 3 Nr. 5 StVG; 77.1 BKat; § 19 OWiG	0	35,00	
117166	Sie hielten mit Ihrem Fahrzeug (mehr als 3,5 t zulässige Gesamtmasse)/Anhänger *) auf der Fahrbahn, ohne es/ihn **) durch eigene Lichtquellen zu beleuchten. § 17 Abs. 4, § 49 StVO; § 24 Abs. 1, 3 Nr. 5 StVG; 77 BKat	0	20,00	
117167	Sie hielten mit Ihrem Fahrzeug (mehr als 3,5 t zulässige Gesamtmasse)/Anhänger *) auf der Fahrbahn, ohne es/ihn **) durch eigene Lichtquellen zu beleuchten. Es kam zum Unfall. § 17 Abs. 4, § 1 Abs. 2, § 49 StVO; § 24 Abs. 1, 3 Nr. 5 StVG; 77.1 BKat; § 19 OWiG	0	35,00	
117172	Sie hielten mit Ihrem Fahrzeug an der Stelle, die von der Straßenbeleuchtung nicht ausreichend beleuchtet wurde, ohne das Fahrzeug auf zugelassene Weise kenntlich zu machen. § 17 Abs. 4, § 49 StVO; § 24 Abs. 1, 3 Nr. 5 StVG; 77 BKat	0	20,00	

TBNR	Bemerkungen
117166; 117167	*) Zutreffendes angeben, **) Zutreffendes angeben

Beleuchtung - § 17 Abs. 4, 5, 6 StVO

TBNR	Tatbestandstext	FaP-Pkt	Euro	FV
117173	Sie hielten mit Ihrem Fahrzeug an der Stelle, die von der Straßen beleuchtung nicht ausreichend beleuchtet wurde, ohne das Fahrzeug auf zugelassene Weise kenntlich zu machen. Es kam zum Unfall. § 17 Abs. 4, § 1 Abs. 2, § 49 StVO; § 24 Abs. 1, 3 Nr. 5 StVG; 77.1 BKat; § 19 OWiG	0	35,00	
117178	Sie ließen Ihr Fahrzeug unbeleuchtet auf der Fahrbahn stehen. § 17 Abs. 4, § 49 StVO; § 24 Abs. 1, 3 Nr. 5 StVG; 77 BKat	0	20,00	
117179	Sie ließen Ihr Fahrzeug unbeleuchtet auf der Fahrbahn stehen. Es kam zum Unfall. § 17 Abs. 4, § 1 Abs. 2, § 49 StVO; § 24 Abs. 1, 3 Nr. 5 StVG; 77.1 BKat; § 19 OWiG	0	35,00	
117184	Sie benutzten missbräuchlich den Suchscheinwerfer. § 17 Abs. 6, § 49 StVO; § 24 Abs. 1, 3 Nr. 5 StVG; 73 BKat	0	20,00	
117185	Sie benutzten missbräuchlich den Suchscheinwerfer und gefährdeten +) dadurch Andere. § 17 Abs. 6, § 1 Abs. 2, § 49 StVO; § 24 Abs. 1, 3 Nr. 5 StVG; 73.1 BKat; § 19 OWiG	0	25,00	
117186	Sie benutzten missbräuchlich den Suchscheinwerfer. Es kam zum Unfall. § 17 Abs. 6, § 1 Abs. 2, § 49 StVO; § 24 Abs. 1, 3 Nr. 5 StVG; 73.2 BKat; § 19 OWiG	0	35,00	

Autobahnen und Kraftfahrstraßen - § 18 Abs. 1 StVO

TBNR	Tatbestandstext	FaP-Pkt	Euro	FV
118100	Sie benutzten die Autobahn/Kraftfahrstraße *) mit einem nicht motorisierten Fahrzeug. § 18 Abs. 1, § 49 StVO; § 24 Abs. 1, 3 Nr. 5 StVG; 78 BKat; § 2 Abs. 4 BKatV	0	10,00	
118106	Sie benutzten die Autobahn, obwohl die durch die Bauart bestimmte Höchstgeschwindigkeit des von Ihnen geführten Fahrzeugs/mitgeführten Anhängers *) 60 km/h oder weniger betrug. § 18 Abs. 1, § 49 StVO; § 24 Abs. 1, 3 Nr. 5 StVG; 78 BKat	0	20,00	
118112	Sie benutzten die Autobahn, obwohl Ihr Fahrzeug mit Ladung die zulässige Höhe von 4 Meter überschritt, jedoch nicht höher als 4,20 Meter war. Gemessene Höhe: *)..,.. m. § 18 Abs. 1, § 49 StVO; § 24 Abs. 1, 3 Nr. 5 StVG; 78 BKat	0	20,00	

TBNR	Bemerkungen
118100; 118106;	*) Zutreffendes angeben
118112	*) gem. Höhe angeben

Autobahnen und Kraftfahrstraßen - § 18 Abs. 1 StVO

TBNR	Tatbestandstext	FaP-Pkt	Euro	FV
118118	Sie benutzten die Autobahn, obwohl Ihr Fahrzeug mit Ladung die zulässige Breite von *)..... m überschritt. Gemessene Breite: **)..,.. m. § 18 Abs. 1, § 49 StVO; § 24 Abs. 1, 3 Nr. 5 StVG; 78 BKat	0	20,00	
118124	Sie benutzten die Kraftfahrstraße, obwohl die durch die Bauart bestimmte Höchstgeschwindigkeit des von Ihnen geführten Fahrzeugs/mitgeführten Anhängers *) 60 km/h oder weniger betrug. § 18 Abs. 1, § 49 StVO; § 24 Abs. 1, 3 Nr. 5 StVG; 78 BKat	0	20,00	
118130	Sie benutzten die Kraftfahrstraße, obwohl Ihr Fahrzeug mit Ladung die zulässige Höhe von 4 Meter überschritt, jedoch nicht höher als 4,20 Meter war. Gemessene Höhe: *)..,.. m. § 18 Abs. 1, § 49 StVO; § 24 Abs. 1, 3 Nr. 5 StVG; 78 BKat	0	20,00	
118136	Sie benutzten die Kraftfahrstraße, obwohl Ihr Fahrzeug mit Ladung die zulässige Breite von *)..,.. m überschritt. Gemessene Breite: **)..,.. m. § 18 Abs. 1, § 49 StVO; § 24 Abs. 1, 3 Nr. 5 StVG; 78 BKat	0	20,00	
118500	Sie benutzten die Autobahn, obwohl das von Ihnen geführte Fahrzeug mit Ladung höher als 4 Meter (gemessene Höhe: *) ..,.. m) war, und verursachten durch Auslösung der automatischen Höhenkontrolle an der Einfahrt eines Tunnels eine Vollsperrung Ihrer Fahrtrichtung/des von Ihnen benutzten Fahrstreifens **). § 18 Abs. 1, § 49 StVO; § 24 Abs. 1, 3 Nr. 5 StVG; -- BKat	0	240,00	
118506	Sie führten das Fahrzeug auf der Autobahn, obwohl die zugelassene Höhe über alles von 4 Meter (gemessene Höhe: *) ..,.. m) überschritten war, und verursachten durch Auslösung der automatischen Höhenkontrolle an der Einfahrt eines Tunnels eine Vollsperrung Ihrer Fahrtrichtung/des von Ihnen benutzten Fahrstreifens **). § 18 Abs. 1, § 49 StVO; § 24 Abs. 1, 3 Nr. 5 StVG; -- BKat	0	240,00	
118512	Sie führten das Fahrzeug, dessen Ladung/Plane *) nicht so befestigt war, dass es zu jeder Zeit nicht höher als 4 Meter war, und verursachten durch Auslösung der automatischen Höhenkontrolle an der Einfahrt eines Tunnels eine Vollsperrung Ihrer Fahrtrichtung/des von Ihnen benutzten Fahrstreifens **). § 18 Abs. 1, § 22 Abs. 1, 2, § 49 StVO; § 24 Abs. 1, 3 Nr. 5 StVG; -- BKat; § 19 OWiG	0	160,00	

TBNR	Bemerkungen
118124	*) Zutreffendes angeben
118130	*) gem. Höhe angeben
118500; 118506	*) gem. Höhe angeben; **) Zutreffendes angeben
118118; 118136	*) zul. Breite angeben; **) gem. Breite angeben
118512	*) Zutreffendes angeben, **) Zutreffendes angeben

Autobahnen und Kraftfahrstraßen - § 18 Abs. 1 StVO

TBNR	Tatbestandstext	FaP-Pkt	Euro	FV
118600	Sie benutzten die Autobahn, obwohl Ihr Fahrzeug mit Ladung die zulässige Höhe von 4 Meter überschritt und höher als 4,20 Meter war. Gemessene Höhe: *)..,.. m. § 18 Abs. 1, § 49 StVO; § 24 Abs. 1, 3 Nr. 5 StVG; 79 BKat	B - 1	70,00	
118606	Sie benutzten die Kraftfahrstraße, obwohl Ihr Fahrzeug mit Ladung die zulässige Höhe von 4 Meter überschritt und höher als 4,20 Meter war. Gemessene Höhe: *)..,.. m. § 18 Abs. 1, § 49 StVO; § 24 Abs. 1, 3 Nr. 5 StVG; 79 BKat	B - 1	70,00	

Autobahnen und Kraftfahrstraßen - § 18 Abs. 2, 3 StVO

TBNR	Tatbestandstext	FaP-Pkt	Euro	FV
118142	Sie fuhren außerhalb einer gekennzeichneten Anschlussstelle auf die Autobahn ein. § 18 Abs. 2, § 49 StVO; § 24 Abs. 1, 3 Nr. 5 StVG; 80 BKat	0	25,00	
118148	Sie fuhren außerhalb einer Kreuzung/Einmündung *) auf die Kraftfahrstraße ein. § 18 Abs. 2, § 49 StVO; § 24 Abs. 1, 3 Nr. 5 StVG; 80 BKat	0	25,00	
118612	Sie fuhren außerhalb einer gekennzeichneten Anschlussstelle auf die Autobahn ein und gefährdeten +) dadurch Andere. § 18 Abs. 2, § 1 Abs. 2, § 49 StVO; § 24 Abs. 1, 3 Nr. 5 StVG 80.1 BKat; § 19 OWiG	A - 1	75,00	
118613	Sie fuhren außerhalb einer gekennzeichneten Anschlussstelle auf die Autobahn ein. Es kam zum Unfall. § 18 Abs. 2, § 1 Abs. 2, § 49 StVO; § 24 Abs. 1, 3 Nr. 5 StVG; 80.1 BKat; § 3 Abs. 3 BKatV; § 19 OWiG	A - 1	90,00	
118618	Sie fuhren außerhalb einer Kreuzung/Einmündung *) auf die Kraftfahrstraße ein und gefährdeten +) dadurch Andere. Kraft § 18 Abs. 2, § 1 Abs. 2, § 49 StVO; § 24 Abs. 1, 3 Nr. 5 StVG; 80.1 BKat; § 19 OWiG	A - 1	75,00	
118619	Sie fuhren außerhalb einer Kreuzung/Einmündung *) auf die Kraftfahrstraße ein. Es kam zum Unfall. § 18 Abs. 2, § 1 Abs. 2, § 49 StVO; § 24 Abs. 1, 3 Nr. 5 StVG; 80.1 BKat; § 3 Abs. 3 BKatV; § 19 OWiG	A - 1	90,00	
118624	Sie fuhren auf die Fahrbahn ein, ohne die Vorfahrt des auf der durchgehenden Fahrbahn fahrenden Kraftfahrzeuges zu beachten. § 18 Abs. 3, § 49 StVO; § 24 Abs. 1, 3 Nr. 5 StVG; 82 Bkat	A - 1	75,00	

TBNR   **Bemerkungen**
118600, 118606 *) gem. Höhe angeben
118148; 118618;*) Zutreffendes angeben
118619

Autobahnen und Kraftfahrstraßen - § 18 Abs. 2, 3 StVO

TBNR	Tatbestandstext	FaP-Pkt	Euro	FV
118625	Sie fuhren auf die Fahrbahn ein, ohne die Vorfahrt des auf der durchgehenden Fahrbahn fahrenden Kraftfahrzeuges zu beachten und gefährdeten +) dadurch Andere. § 18 Abs. 3, § 49 StVO; § 24 Abs. 1, 3 Nr. 5 StVG; 82 BKat; § 3 Abs. 3 BKatV;	A - 1	90,00	
118626	Sie fuhren auf die Fahrbahn ein, ohne die Vorfahrt des auf der durchgehenden Fahrbahn fahrenden Kraftfahrzeuges zu beachten. Es kam zum Unfall. § 18 Abs. 3, § 1 Abs. 2, § 49 StVO; § 24 Abs. 1, 3 Nr. 5 StVG; 82 BKat; § 3 Abs. 3 BKatV; § 19 OwiG	A - 1	110,00	

Autobahnen und Kraftfahrstraßen - § 18 Abs. 5 StVO

TBNR	Tatbestandstext	FaP-Pkt	Euro	FV
118160	Sie überschritten die zulässige Höchstgeschwindigkeit außerhalb geschlossener Ortschaften um ... (bis 10) km/h. Zulässige Geschwindigkeit: *)... km/h. Festgestellte Geschwindigkeit (nach Toleranzabzug): **)... km/h. § 18 Abs. 5, § 49 StVO; § 24 Abs. 1, 3 Nr. 5 StVG; 11.1.1 BKat (Lkw usw.) Tab.: 718000	0	30,00	
118161	Sie überschritten die zulässige Höchstgeschwindigkeit außerhalb geschlossener Ortschaften um ... (von 11 - 15) km/h. Zulässige Geschwindigkeit: *)... km/h. Festgestellte Geschwindigkeit (nach Toleranzabzug): **)... km/h. § 18 Abs. 5, § 49 StVO; § 24 Abs. 1, 3 Nr. 5 StVG; 11.1.2 BKat (Lkw usw.) Tab.: 718000	0	50,00	
118630	Sie überschritten die zulässige Höchstgeschwindigkeit außerhalb geschlossener Ortschaften für mehr als 5 Minuten Dauer (bis 15 km/h) bis zu ... km/h. Zulässige Geschwindigkeit: *)... km/h. § 18 Abs. 5, § 49 StVO; § 24 Abs. 1, 3 Nr. 5 StVG; 11.1.3 BKat (Lkw usw.) Tab.: 718005	A - 1	140,00	
118631	Sie überschritten die zulässige Höchstgeschwindigkeit außerhalb geschlossener Ortschaften in mehr als 2 Fällen nach Fahrtantritt (bis 15 km/h) bis zu ... km/h. Zulässige Geschwindigkeit: *)... km/h. § 18 Abs. 5, § 49 StVO; § 24 Abs. 1, 3 Nr. 5 StVG; 11.1.3 BKat (Lkw usw.) Tab.: 718005	A - 1	140,00	

TBNR	Bemerkungen
118160 – 118631	*) Zulässige Geschwindigkeit angeben, **) Festgestellte Geschwindigkeit angeben

Autobahnen und Kraftfahrstraßen - § 18 Abs. 5 StVO

TBNR	Tatbestandstext	FaP-Pkt	Euro	FV
118632	Sie überschritten die zulässige Höchstgeschwindigkeit außerhalb geschlossener Ortschaften um ... (von 16 - 20) km/h. Zulässige Geschwindigkeit: *)... km/h. Festgestellte Geschwindigkeit (nach Toleranzabzug): **)... km/h. § 18 Abs. 5, § 49 StVO; § 24 Abs. 1, 3 Nr. 5 StVG; 11.1.4 Bkat (Lkw usw.)　Tab.: 718000	A - 1	140,00	
118633	Sie überschritten die zulässige Höchstgeschwindigkeit außerhalb geschlossener Ortschaften um ... (von 21 - 25) km/h. Zulässige Geschwindigkeit: *)... km/h. Festgestellte Geschwindigkeit (nach Toleranzabzug): **)... km/h. § 18 Abs. 5, § 49 StVO; § 24 Abs. 1, 3 Nr. 5 StVG; 11.1.5 BKat (Lkw usw.)　Tab.: 718000	A - 1	150,00	
118634	Sie überschritten die zulässige Höchstgeschwindigkeit außerhalb geschlossener Ortschaften um ... (von 26 - 30) km/h. Zulässige Geschwindigkeit: *)... km/h. Festgestellte Geschwindigkeit (nach Toleranzabzug): **)... km/h. § 18 Abs. 5, § 49 StVO; § 24 Abs. 1, 3 Nr. 5, § 25 StVG; 11.1.6 BKat; § 4 Abs. 1 BKatV (Lkw usw.)　Tab.: 718000	A - 1	175,00	
118635	Sie überschritten die zulässige Höchstgeschwindigkeit außerhalb geschlossener Ortschaften um ... (von 31 - 40) km/h. Zulässige Geschwindigkeit: *)... km/h. Festgestellte Geschwindigkeit (nach Toleranzabzug): **)... km/h. § 18 Abs. 5, § 49 StVO; § 24 Abs. 1, 3 Nr. 5, § 25 StVG; 11.1.7 BKat; § 4 Abs. 1 BKatV (Lkw usw.)　Tab.: 718000	A -2	255,00	1 M

TBNR　　　**Bemerkungen**
118632 – 118635　*) Zulässige Geschwindigkeit angeben, **) Festgestellte Geschwindigkeit
　　　　　　　angeben

Autobahnen und Kraftfahrstraßen - § 18 Abs. 5 StVO

TBNR	Tatbestandstext	FaP-Pkt	Euro	FV
118636	Sie überschritten die zulässige Höchstgeschwindigkeit außerhalb geschlossener Ortschaften um ... (von 41 - 50) km/h. Zulässige Geschwindigkeit: *)... km/h. Festgestellte Geschwindigkeit (nach Toleranzabzug): **)... km/h. § 18 Abs. 5, § 49 StVO; § 24 Abs. 1, 3 Nr. 5, § 25 StVG; 11.1.8 BKat; § 4 Abs. 1 BKatV (Lkw usw.) Tab.: 718000	A - 2	480,00	1 M
118637	Sie überschritten die zulässige Höchstgeschwindigkeit außerhalb geschlossener Ortschaften um ... (von 51 - 60) km/h. Zulässige Geschwindigkeit: *)... km/h. Festgestellte Geschwindigkeit (nach Toleranzabzug): **)... km/h. § 18 Abs. 5, § 49 StVO; § 24 Abs. 1, 3 Nr. 5, § 25 StVG; 11.1.9 BKat; § 4 Abs. 1 BKatV (Lkw usw.) Tab.: 718000	A - 2	600,00	2 M
118638	Sie überschritten die zulässige Höchstgeschwindigkeit außerhalb geschlossener Ortschaften um ... (über 60) km/h. Zulässige Geschwindigkeit: *)... km/h. Festgestellte Geschwindigkeit (nach Toleranzabzug): **)... km/h. § 18 Abs. 5, § 49 StVO; § 24 Abs. 1, 3 Nr. 5, § 25 StVG; 11.1.10 BKat; § 4 Abs. 1 BKatV (Lkw usw.) Tab.: 718000	A - 2	700,00	3 M
118640	Sie überschritten die zulässige Höchstgeschwindigkeit außerhalb geschlossener Ortschaften um ... (bis 10) km/h. Zulässige Geschwindigkeit: *)... km/h. Festgestellte Geschwindigkeit (nach Toleranzabzug): **)... km/h. § 18 Abs. 5, § 49 StVO; § 24 Abs. 1, 3 Nr. 5 StVG; 11.2.1 BKat (gef. Güter usw.) Tab.: 718001	0	60,00	
118641	Sie überschritten die zulässige Höchstgeschwindigkeit außerhalb geschlossener Ortschaften um ... (von 11 - 15) km/h. Zulässige Geschwindigkeit: *)... km/h. Festgestellte Geschwindigkeit (nach Toleranzabzug): **)... km/h. § 18 Abs. 5, § 49 StVO; § 24 Abs. 1, 3 Nr. 5 StVG; 11.2.2 BKat (gef. Güter usw.) Tab.: 718001	0	70,00	

TBNR	Bemerkungen
118636 – 118641	*) Zulässige Geschwindigkeit angeben, **) Festgestellte Geschwindigkeit angeben

Autobahnen und Kraftfahrstraßen - § 18 Abs. 5 StVO

TBNR	Tatbestandstext	FaP-Pkt	Euro	FV
118642	Sie überschritten die zulässige Höchstgeschwindigkeit außerhalb geschlossener Ortschaften für mehr als 5 Minuten Dauer (bis 15 km/h) bis zu ... km/h. Zulässige Geschwindigkeit: *)... km/h. § 18 Abs. 5, § 49 StVO; § 24 Abs. 1, 3 Nr. 5 StVG; 11.2.3 BKat (gef. Güter usw.) Tab.: 718006	A - 1	240,00	
118643	Sie überschritten die zulässige Höchstgeschwindigkeit außerhalb geschlossener Ortschaften in mehr als 2 Fällen nach Fahrtantritt (bis 15 km/h) bis zu ... km/h. Zulässige Geschwindigkeit: *)... km/h. § 18 Abs. 5, § 49 StVO; § 24 Abs. 1, 3 Nr. 5 StVG; 11.2.3 BKat (gef. Güter usw.) Tab.: 718006	A - 1	240,00	
118644	Sie überschritten die zulässige Höchstgeschwindigkeit außerhalb geschlossener Ortschaften um ... (von 16 - 20) km/h. Zulässige Geschwindigkeit: *)... km/h. Festgestellte Geschwindigkeit (nach Toleranzabzug): **)... km/h. § 18 Abs. 5, § 49 StVO; § 24 Abs. 1, 3 Nr. 5 StVG; 11.2.4 BKat (gef. Güter usw.) Tab.: 718001	A - 1	240,00	
118645	Sie überschritten die zulässige Höchstgeschwindigkeit außerhalb geschlossener Ortschaften um ... (von 21 - 25) km/h. Zulässige Geschwindigkeit: *)... km/h. Festgestellte Geschwindigkeit (nach Toleranzabzug): **)... km/h. § 18 Abs. 5, § 49 StVO; § 24 Abs. 1, 3 Nr. 5 StVG; 11.2.5 BKat (gef. Güter usw.) Tab.: 718001	A - 1	280,00	
118646	Sie überschritten die zulässige Höchstgeschwindigkeit außerhalb geschlossener Ortschaften um ... (von 26 - 30) km/h. Zulässige Geschwindigkeit: *)... km/h. Festgestellte Geschwindigkeit (nach Toleranzabzug): **)... km/h. § 18 Abs. 5, § 49 StVO; § 24 Abs. 1, 3 Nr. 5, § 25 StVG; 11.2.6 BKat; § 4 Abs. 1 BKatV (gef. Güter usw.) Tab.: 718001	A - 2	400,00	1 M
118647	Sie überschritten die zulässige Höchstgeschwindigkeit außerhalb geschlossener Ortschaften um ... (von 31 - 40) km/h. Zulässige Geschwindigkeit: *)... km/h. Festgestellte Geschwindigkeit (nach Toleranzabzug): **)... km/h. § 18 Abs. 5, § 49 StVO; § 24 Abs. 1, 3 Nr. 5, § 25 StVG; 11.2.7 BKat; § 4 Abs. 1 BKatV (gef. Güter usw.) Tab.: 718001	A - 2	560,00	1 M

TBNR Bemerkungen
118642 – 118647 *) Zulässige Geschwindigkeit angeben, **) Festgestellte Geschwindigkeit angeben

Autobahnen und Kraftfahrstraßen - § 18 Abs. 5 StVO

TBNR	Tatbestandstext	FaP-Pkt	Euro	FV
118648	Sie überschritten die zulässige Höchstgeschwindigkeit außerhalb geschlossener Ortschaften um ... (von 41 - 50) km/h. Zulässige Geschwindigkeit: *)... km/h. Festgestellte Geschwindigkeit (nach Toleranzabzug): **)... km/h. § 18 Abs. 5, § 49 StVO; § 24 Abs. 1, 3 Nr. 5, § 25 StVG; 11.2.8 BKat; § 4 Abs. 1 BKatV (gef. Güter usw.) Tab.: 718001	A - 2	700,00	2 M
118649	Sie überschritten die zulässige Höchstgeschwindigkeit außerhalb geschlossener Ortschaften um ... (von 51 - 60) km/h. Zulässige Geschwindigkeit: *)... km/h. Festgestellte Geschwindigkeit (nach Toleranzabzug): **)... km/h. § 18 Abs. 5, § 49 StVO; § 24 Abs. 1, 3 Nr. 5, § 25 StVG; 11.2.9 BKat; § 4 Abs. 1 BKatV (gef. Güter usw.) Tab.: 718001	A - 2	800,00	3 M
118650	Sie überschritten die zulässige Höchstgeschwindigkeit außerhalb geschlossener Ortschaften um ... (über 60) km/h. Zulässige Geschwindigkeit: *)... km/h. Festgestellte Geschwindigkeit (nach Toleranzabzug): **)... km/h. § 18 Abs. 5, § 49 StVO; § 24 Abs. 1, 3 Nr. 5, § 25 StVG; 11.2.10 BKat; § 4 Abs. 1 BKatV (gef. Güter usw.) Tab.: 718001	A - 2	900,00	3 M

Autobahnen und Kraftfahrstraßen - § 18 Abs. 7 StVO

TBNR	Tatbestandstext	FaP-Pkt	Euro	FV
118666	Sie wendeten in der Einfahrt/Ausfahrt *) der Autobahn/ Kraftfahrstraße **). § 18 Abs. 7, § 49 StVO; § 24 Abs. 1, 3 Nr. 5 StVG; 83.1 BKat	A - 1	75,00	
118667	Sie wendeten in der Einfahrt/Ausfahrt *) der Autobahn/ Kraftfahrstraße **) und gefährdeten +) dadurch Andere. § 18 Abs. 7, § 1 Abs. 2, § 49 StVO; § 24 Abs. 1, 3 Nr. 5 StVG; 83.1 BKat; § 3 Abs. 3 BKatV; § 19 OWiG	A - 1	90,00	
118668	Sie wendeten in der Einfahrt/Ausfahrt *) der Autobahn/ Kraftfahrstraße **). Es kam zum Unfall. § 18 Abs. 7, § 1 Abs. 2, § 49 StVO; § 24 Abs. 1, 3 Nr. 5 StVG; 83.1 BKat; § 3 Abs. 3 BKatV; § 19 OWiG	A - 1	110,00	

TBNR   **Bemerkungen**
118648 - 118650 *) Zulässige Geschwindigkeit angeben, **) Festgestellte Geschwindigkeit angeben
118666 – 118668 *) Zutreffendes angeben, **) Zutreffendes angeben

Autobahnen und Kraftfahrstraßen - § 18 Abs. 7 StVO

TBNR	Tatbestandstext	FaP-Pkt	Euro	FV
118672	Sie fuhren in der Einfahrt/Ausfahrt *) der Autobahn/ Kraftfahrstraße **) rückwärts. § 18 Abs. 7, § 49 StVO; § 24 Abs. 1, 3 Nr. 5 StVG; 83.1 BKat	A - 1	75,00	
118673	Sie fuhren in der Einfahrt/Ausfahrt *) der Autobahn/ Kraftfahrstraße **) rückwärts und gefährdeten +) dadurch Andere. § 18 Abs. 7, § 1 Abs. 2, § 49 StVO; § 24 Abs. 1, 3 Nr. 5 StVG; 83.1 BKat; § 3 Abs. 3 BKatV; § 19 OWiG	A - 1	90,00	
118674	Sie fuhren in der Einfahrt/Ausfahrt *) der Autobahn/ Kraftfahrstraße **) rückwärts. Es kam zum Unfall. § 18 Abs. 7, § 1 Abs. 2, § 49 StVO; § 24 Abs. 1, 3 Nr. 5 StVG; 83.1 BKat; § 3 Abs. 3 BKatV; § 19 OWiG	A - 1	110,00	
118678	Sie wendeten auf der Nebenfahrbahn/dem Seitenstreifen *) der Autobahn/Kraftfahrstraße **). § 18 Abs. 7, § 49 StVO; § 24 Abs. 1, 3 Nr. 5 StVG; 83.2 BKat	A - 1	130,00	
118679	Sie wendeten auf der Nebenfahrbahn/dem Seitenstreifen *) der Autobahn/Kraftfahrstraße **) und gefährdeten +) dadurch Andere. § 18 Abs. 7, § 1 Abs. 2, § 49 StVO; § 24 Abs. 1, 3 Nr. 5 StVG; 83.2 BKat; § 3 Abs. 3 BKatV; § 19 OWiG	A - 1	160,00	
118680	Sie wendeten auf der Nebenfahrbahn/dem Seitenstreifen *) der Autobahn/Kraftfahrstraße **). Es kam zum Unfall. § 18 Abs. 7, § 1 Abs. 2, § 49 StVO; § 24 Abs. 1, 3 Nr. 5 StVG; 83.2 BKat; § 3 Abs. 3 BKatV; § 19 OWiG	A - 1	195,00	
118684	Sie fuhren auf der Nebenfahrbahn/dem Seitenstreifen *) der Autobahn/Kraftfahrstraße **) rückwärts. § 18 Abs. 7, § 49 StVO; § 24 Abs. 1, 3 Nr. 5 StVG; 83.2 BKat	A - 1	130,00	
118685	Sie fuhren auf der Nebenfahrbahn/dem Seitenstreifen *) der Autobahn/Kraftfahrstraße **) rückwärts und gefährdeten +) dadurch Andere. § 18 Abs. 7, § 1 Abs. 2, § 49 StVO; § 24 Abs. 1, 3 Nr. 5 StVG; 83.2 BKat; § 3 Abs. 3 BKatV; § 19 OwiG	A - 1	160,00	
118686	Sie fuhren auf der Nebenfahrbahn/dem Seitenstreifen *) der Autobahn/Kraftfahrstraße **) rückwärts. Es kam zum Unfall. § 18 Abs. 7, § 1 Abs. 2, § 49 StVO; § 24 Abs. 1, 3 Nr. 5 StVG; 83.2 BKat; § 3 Abs. 3 BKatV; § 19 OWiG	A - 1	195,00	
118690	Sie wendeten auf der durchgehenden Fahrbahn der Auto-bahn/Kraftfahrstraße *). § 18 Abs. 7, § 49 StVO; § 24 Abs. 1, 3 Nr. 5, § 25 StVG; 83.3 BKat; § 4 Abs. 1 BKatV	A - 2	200,00	1 M

TBNR   Bemerkungen
118672 – 118690   *) Zutreffendes angeben, **) Zutreffendes angeben

Autobahnen und Kraftfahrstraßen - § 18 Abs. 7 StVO

TBNR	Tatbestandstext	FaP-Pkt	Euro	FV
118691	Sie wendeten auf der durchgehenden Fahrbahn der Autobahn/Kraftfahrstraße *) und gefährdeten +) dadurch Andere. § 18 Abs. 7, § 1 Abs. 2, § 49 StVO; § 24 Abs. 1, 3 Nr. 5, § 25 StVG; 83.3 BKat; § 3 Abs. 3, § 4 Abs. 1 BKatV; § 19 OWiG	A - 2	240,00	1 M
118692	Sie wendeten auf der durchgehenden Fahrbahn der Autobahn/Kraftfahrstraße *). Es kam zum Unfall. § 18 Abs. 7, § 1 Abs. 2, § 49 StVO; § 24 Abs. 1, 3 Nr. 5, § 25 StVG; 83.3 BKat; § 3 Abs. 3, § 4 Abs. 1 BKatV; § 19 OWiG	A - 2	290,00	1 M
118696	Sie fuhren auf der durchgehenden Fahrbahn der Autobahn/Kraftfahrstraße *) rückwärts. § 18 Abs. 7, § 49 StVO; § 24 Abs. 1, 3 Nr. 5, § 25 StVG; 83.3 BKat; § 4 Abs. 1 BKatV	A - 2	200,00	1 M
118697	Sie fuhren auf der durchgehenden Fahrbahn der Autobahn/Kraftfahrstraße *) rückwärts und gefährdeten +) dadurch Andere. § 18 Abs. 7, § 1 Abs. 2, § 49 StVO; § 24 Abs. 1, 3 Nr. 5, § 25 StVG; 83.3 BKat; § 3 Abs. 3, § 4 Abs. 1 BKatV; § 19 OWiG	A - 2	240,00	1 M
118698	Sie fuhren auf der durchgehenden Fahrbahn der Autobahn/Kraftfahrstraße *) rückwärts. Es kam zum Unfall. § 18 Abs. 7, § 1 Abs. 2, § 49 StVO; § 24 Abs. 1, 3 Nr. 5, § 25 StVG; 83.3 BKat; § 3 Abs. 3, § 4 Abs. 1 BKatV; § 19 OWiG	A - 2	290,00	1 M

Autobahnen und Kraftfahrstraßen - § 18 Abs. 8, 9, 10, 11 StVO

TBNR	Tatbestandstext	FaP-Pkt	Euro	FV
118012	Sie hielten auf der Autobahn/Kraftfahrstraße *) und behinderten +) dadurch Andere. § 18 Abs. 8, § 1 Abs. 2, § 49 StVO; § 24 Abs. 1, 3 Nr. 5 StVG; -- BKat; § 19 OWiG	0	35,00	
118178	Sie hielten auf der Autobahn/Kraftfahrstraße *). § 18 Abs. 8, § 49 StVO; § 24 Abs. 1, 3 Nr. 5 StVG; 84 BKat	0	30,00	
118704	Sie parkten auf der Autobahn/Kraftfahrstraße *). § 18 Abs. 8, § 49 StVO; § 24 Abs. 1, 3 Nr. 5 StVG; 85 BKat	B - 1	70,00	
118705	Sie parkten auf der Autobahn/Kraftfahrstraße *) und gehinderten +) dadurch Andere. § 18 Abs. 8, § 1 Abs. 2, § 49 StVO; § 24 Abs. 1, 3 Nr. 5 StVG; 85 BKat; § 3 Abs. 3 BKatV; § 19 OWiG	B - 1	85,00	

TBNR	Bemerkungen
118691 – 118698	*) Zutreffendes angeben
118012 – 118705	*) Zutreffendes angeben

Autobahnen und Kraftfahrstraßen - § 18 Abs. 8, 9, 10, 11 StVO

TBNR	Tatbestandstext	FaP-Pkt	Euro	FV
118706	Sie parkten auf der Autobahn/Kraftfahrstraße *). Es kam zum Unfall. § 18 Abs. 8, § 1 Abs. 2, § 49 StVO; § 24 Abs. 1, 3 Nr. 5 StVG; 85 BKat; § 3 Abs. 3 BKatV; § 19 OWiG	B - 1	105,00	
118184	Sie betraten/überschritten *) als Fußgänger die Autobahn. § 18 Abs. 9, § 49 StVO; § 24 Abs. 1, 3 Nr. 5 StVG; 86 BKat	0	10,00	
118190	Sie betraten/überschritten *) als Fußgänger die Kraftfahrstraße an einer nicht dafür vorgesehenen Stelle. § 18 Abs. 9, § 49 StVO; § 24 Abs. 1, 3 Nr. 5 StVG; 86 BKat	0	10,00	
118196	Sie verließen die Autobahn an der Stelle, die nicht durch eine Ausfahrttafel (Zeichen 332) und durch ein Pfeilschild (Zeichen 333) oder eines dieser Zeichen gekennzeichnet war. § 18 Abs. 10, § 49 StVO; § 24 Abs. 1, 3 Nr. 5 StVG; 87 BKat	0	25,00	
118202	Sie verließen die Kraftfahrstraße, obwohl die Ausfahrt nur an Kreuzungen oder Einmündungen erlaubt ist. § 18 Abs. 10, § 49 StVO; § 24 Abs. 1, 3 Nr. 5 StVG; 87 BKat	0	25,00	
118712	Sie benutzten mit einem Lastkraftwagen mit einer Gesamtmasse über 7,5 t einschließlich Anhänger/einer Zugmaschine *) den äußerst linken Fahrstreifen bei Schneeglätte oder Glatteis/ den äußerst linken Fahrstreifen, obwohl die Sichtweite bei erheblichem Schneefall oder Regen auf 50 m oder weniger eingeschränkt war **). § 18 Abs. 11, § 49 StVO; § 24 Abs. 1, 3 Nr. 5 StVG; 87a Bkat	B - 1	80,00	

TBNR   **Bemerkungen**
118706 – 118190   *) Zutreffendes angeben
118712   *) Zutreffendes angeben, **) Zutreffendes angeben

Bahnübergänge - § 19 StVO

TBNR	Tatbestandstext	FaP-Pkt	Euro	FV
119600	Sie fuhren mit nicht angepasster Geschwindigkeit an einen Bahnübergang heran. § 19 Abs. 1, § 49 StVO; § 24 Abs. 1, 3 Nr. 5 StVG; 8.1 BKat	A - 1	100,00	
119606	Sie missachteten mit einem Fahrzeug den Vorrang eines Schienenfahrzeuges. § 19 Abs. 1, § 49 StVO; § 24 Abs. 1, 3 Nr. 5 StVG; 89 BKat	A - 1	80,00	
119607	Sie missachteten mit einem Fahrzeug den Vorrang eines Schienenfahrzeuges und gefährdeten +) dadurch Andere. § 19 Abs. 1, § 1 Abs. 2, § 49 StVO; § 24 Abs. 1, 3 Nr. 5 StVG; 89 BKat; § 3 Abs. 3 BKat; § 19 OWiG	A - 1	100,00	
119608	Sie missachteten mit einem Fahrzeug den Vorrang eines Schienenfahrzeuges. Es kam zum Unfall § 19 Abs. 1, § 1 Abs. 2, § 49 StVO; § 24 Abs. 1, 3 Nr. 5 StVG; 89 BKat; § 3 Abs. 3 BKat; § 19 OWiG	A - 1	120,00	
119612	Sie überholten unzulässig ein Kraftfahrzeug an einem Bahnübergang. § 19 Abs. 1, § 49 StVO; § 24 Abs. 1, 3 Nr. 5 StVG; 89a BKat	A - 1	70,00	
119613	Sie überholten unzulässig ein Kraftfahrzeug an einem Bahn-übergang und gefährdeten +) dadurch Andere. § 19 Abs. 1, § 1 Abs. 2, § 49 StVO; § 24 Abs. 1, 3 Nr. 5 StVG; 89a BKat; § 3 Abs. 3 BKatV; § 19 OWiG	A - 1	85,00	
119614	Sie überholten unzulässig ein Kraftfahrzeug an einem Bahnübergang. Es kam zum Unfall. § 19 Abs. 1, § 1 Abs. 2, § 49 StVO; § 24 Abs. 1, 3 Nr. 5 StVG; 89a BKat; § 3 Abs. 3 BKatV; § 19 OWiG	A - 1	105,00	
119618	Sie überquerten mit einem Fahrzeug den Bahnübergang unter Verstoß gegen die Wartepflicht, obwohl sich ein Schienenfahrzeug näherte. § 19 Abs. 2, § 49 StVO; § 24 Abs. 1, 3 Nr. 5 StVG; 89b.1 BKat	A - 1	80,00	
119619	Sie überquerten mit einem Fahrzeug den Bahnübergang unter Verstoß gegen die Wartepflicht, obwohl sich ein Schienenfahrzeug näherte, und gefährdeten +) dadurch Andere. § 19 Abs. 2, § 1 Abs. 2, § 49 StVO; § 24 Abs. 1, 3 Nr. 5 StVG; 89b.1 BKat; § 3 Abs. 3 BKatV; § 19 OWiG	A - 1	100,00	

TBNR   Bemerkungen

Bahnübergänge - § 19 StVO

TBNR	Tatbestandstext	FaP-Pkt	Euro	FV
119620	Sie überquerten mit einem Fahrzeug den Bahnübergang unter Verstoß gegen die Wartepflicht, obwohl sich ein Schienenfahrzeug näherte. Es kam zum Unfall. § 19 Abs. 2, § 1 Abs. 2, § 49 StVO; § 24 Abs. 1, 3 Nr. 5 StVG; 89b.1 BKat; § 3 Abs. 3 BKatV; § 19 OWiG	A - 1	120,00	
119624	Sie überquerten mit einem Fahrzeug den Bahnübergang unter Verstoß gegen die Wartepflicht, obwohl rotes Blinklicht gegeben wurde oder gelbe Lichtzeichen gegeben wurden oder rote Lichtzeichen gegeben wurden. § 19 Abs. 2, § 49 StVO; § 24 Abs. 1, 3 Nr. 5, § 25 StVG; 89b.2 BKat; § 4 Abs. 1 BKatV	A - 2	240,00	1 M
119625	Sie überquerten mit einem Fahrzeug den Bahnübergang unter Verstoß gegen die Wartepflicht, obwohl rotes Blinklicht gegeben wurde oder gelbe Lichtzeichen gegeben wurden oder rote Lichtzeichen gegeben wurden, und gefährdeten +) dadurch Andere. § 19 Abs. 2, § 1 Abs. 2, § 49 StVO; § 24 Abs. 1, 3 Nr. 5, § 25 StVG; 89b.2 BKat; § 3 Abs. 3, § 4 Abs. 1 BKatV; § 19 OWiG	A - 2	290,00	1 M
119626	Sie überquerten mit einem Fahrzeug den Bahnübergang unter Verstoß gegen die Wartepflicht, obwohl rotes Blinklicht gegeben wurde oder gelbe Lichtzeichen gegeben wurden oder rote Lichtzeichen gegeben wurden. Es kam zum Unfall. § 19 Abs. 2, § 1 Abs. 2, § 49 StVO; § 24 Abs. 1, 3 Nr. 5, § 25 StVG; 89b.2 BKat; § 3 Abs. 3, § 4 Abs. 1 BKatV; § 19 OWiG	A - 2	350,00	1 M
119627	Sie überquerten mit einem Fahrzeug den Bahnübergang unter Verstoß gegen die Wartepflicht, obwohl die Schranken sich senkten oder ein Bahnbediensteter "Halt" gebot oder ein hörbares Signal, wie das Pfeifsignal des herannahenden Zuges, ertönte. § 19 Abs. 2, § 49 StVO; § 24 Abs. 1, 3 Nr. 5, § 25 StVG; 89b.2 BKat; § 4 Abs. 1 BKatV	A - 2	240,00	1 M
119628	Sie überquerten mit einem Fahrzeug den Bahnübergang unter Verstoß gegen die Wartepflicht, obwohl die Schranken sich senkten oder ein Bahnbediensteter "Halt" gebot oder ein hörbares Signal, wie das Pfeifsignal des herannahenden Zuges, ertönte, und gefährdeten +) dadurch Andere. § 19 Abs. 2, § 1 Abs. 2, § 49 StVO; § 24 Abs. 1, 3 Nr. 5, § 25 StVG; 89b.2 BKat; § 3 Abs. 3, § 4 Abs. 1 BKatV; § 19 OWiG	A - 2	290,00	1 M
119629	Sie überquerten mit einem Fahrzeug den Bahnübergang unter Verstoß gegen die Wartepflicht, obwohl die Schranken sich senkten oder ein Bahnbediensteter "Halt" gebot oder ein hörbares Signal, wie das Pfeifsignal des herannahenden Zuges, ertönte. Es kam zum Unfall. § 19 Abs. 2, § 1 Abs. 2, § 49 StVO; § 24 Abs. 1, 3 Nr. 5, § 25 StVG; 89b.2 BKat; § 3 Abs. 3, § 4 Abs. 1 BKatV; § 19 OWiG	A - 2	350,00	1 M

TBNR **Bemerkungen**

Bahnübergänge - § 19 StVO

TBNR	Tatbestandstext	FaP-Pkt	Euro	FV
119630	Sie überquerten mit einem Kraftfahrzeug den Bahnübergang trotz geschlossener Schranke/Halbschranke *). § 19 Abs. 2, § 49 StVO; § 24 Abs. 1, 3 Nr. 5, § 25 StVG; 244 BKat; § 4 Abs. 1 BKatV	A - 2	700,00	3 M
119636	Sie überquerten als nichtmotorisierter Verkehrsteilnehmer *) den Bahnübergang trotz geschlossener Schranke/Halbschranke **). § 19 Abs. 2, § 49 StVO; § 24 Abs. 1, 3 Nr. 5 StVG; 245 BKat	A - 1	350,00	
119100	Sie verletzten vor einem Bahnübergang eine Wartepflicht. § 19 Abs. 2, 3, 4, 5, § 49 StVO; § 24 Abs. 1, 3 Nr. 5 StVG; 90 Bkat	0	10,00	

Öffentliche Verkehrsmittel und Schulbusse - § 20 Abs. 2 StVO

TBNR	Tatbestandstext	FaP-Pkt	Euro	FV
120100	Sie fuhren bei an einer Haltestelle haltendem Omnibus des Linienverkehrs/haltender Straßenbahn/haltendem gekennzeichneten Schulbus *) mit ein- oder aussteigenden Fahrgästen rechts nicht mit Schrittgeschwindigkeit vorbei. § 20 Abs. 2, § 49 StVO; § 24 Abs. 1, 3 Nr. 5 StVG; 91 BKat	0	15,00	
120600	Sie fuhren bei an einer Haltestelle haltendem Omnibus des Linienverkehrs/haltender Straßenbahn/haltendem gekennzeichneten Schulbus *) mit ein- oder aussteigenden Fahrgästen rechts nicht mit Schrittgeschwindigkeit vorbei und behinderten +) dadurch Fahrgäste. § 20 Abs. 2, § 49 StVO; § 24 Abs. 1, 3 Nr. 5 StVG; 92.1 BKat	A - 1	60,00	
120601	Sie fuhren bei an einer Haltestelle haltendem Omnibus des Linienverkehrs/haltender Straßenbahn/haltendem gekennzeichneten Schulbus *) mit ein- oder aussteigenden Fahrgästen rechts nicht mit Schrittgeschwindigkeit vorbei und gefährdeten +) dadurch Fahrgäste. § 20 Abs. 2, § 1 Abs. 2, § 49 StVO; § 24 Abs. 1, 3 Nr. 5 StVG; 92.2 BKat; § 19 OWiG	A - 1	70,00	
120606	Sie fuhren bei an einer Haltestelle haltendem Omnibus des Linienverkehrs/haltender Straßenbahn/haltendem gekennzeichneten Schulbus *) mit ein- oder aussteigenden Fahrgästen rechts nicht mit ausreichendem Abstand vorbei und behinderten +) dadurch Fahrgäste. § 20 Abs. 2, § 49 StVO; § 24 Abs. 1, 3 Nr. 5 StVG; 92.1 BKat	A - 1	60,00	

TBNR	Bemerkungen
119630	*) Zutreffendes angeben
119636	*) Verkehrsteilnehmer angeben, **) Zutreffendes angeben
120100 – 120606	*) Zutreffende Fahrzeugart angeben

Öffentliche Verkehrsmittel und Schulbusse - § 20 Abs. 2 StVO

TBNR	Tatbestandstext	FaP-Pkt	Euro	FV
120607	Sie fuhren bei an einer Haltestelle haltendem Omnibus des Linienverkehrs/haltender Straßenbahn/haltendem gekennzeichneten Schulbus *) mit ein- oder aussteigenden Fahrgästen rechts nicht mit ausreichendem Abstand vorbei und gefährdeten +) dadurch Fahrgäste. § 20 Abs. 2, § 1 Abs. 2, § 49 StVO; § 24 Abs. 1, 3 Nr. 5 StVG; 92.2 BKat; § 19 OWiG	A - 1	70,00	
120612	Sie fuhren bei an einer Haltestelle haltendem Omnibus des Linienverkehrs/haltender Straßenbahn/haltendem gekennzeichneten Schulbus *) mit ein- oder aussteigenden Fahrgästen rechts vorbei, obwohl Sie hätten warten müssen und behinderten +) dadurch Fahrgäste. § 20 Abs. 2, § 49 StVO; § 24 Abs. 1, 3 Nr. 5 StVG; 92.1 BKat	A - 1	60,00	
120613	Sie fuhren bei an einer Haltestelle haltendem Omnibus des Linienverkehrs/haltender Straßenbahn/haltendem gekennzeichneten Schulbus *) mit ein- oder aussteigenden Fahrgästen rechts vorbei, obwohl Sie hätten warten müssen, und gefährdeten +) dadurch Fahrgäste. § 20 Abs. 2, § 1 Abs. 2, § 49 StVO; § 24 Abs. 1, 3 Nr. 5 StVG; 92.2 BKat; § 19 OWiG	A - 1	70,00	
120106	Sie überschritten die zul. Schrittgeschwindigkeit innerhalb geschlossener Ortschaften um ... (bis 10) km/h bei der Vorbeifahrt rechts bei an einer Haltestelle haltendem/haltender *) Linienbus/Straßenbahn/gekennzeichneten Schulbus **). Zulässige Geschwindigkeit: ***)...km/h. Festgestellte Geschwindigkeit (nach Toleranzabzug): ****)... km/h. § 20 Abs. 2, § 49 StVO; § 24 Abs. 1, 3 Nr. 5 StVG; 11.1.1 BKat (Lkw usw.) Tab.: 720000	0	40,00	
120617	Sie überschritten die zul. Schrittgeschwindigkeit innerhalb geschlossener Ortschaften um ... (von 11 - 15) km/h bei der Vorbeifahrt rechts bei an einer Haltestelle haltendem/haltender*) Linienbus/Straßenbahn/gekennzeichneten Schulbus **). Zulässige Geschwindigkeit: ***)...km/h. Festgestellte Geschwindigkeit (nach Toleranzabzug): ****)... km/h. § 20 Abs. 2, § 49 StVO; § 24 Abs. 1, 3 Nr. 5 StVG; 11.1.2 BKat (Lkw usw.) Tab.: 720000	0	60,00	

TBNR	Bemerkungen
120607 – 120617	*) Zutreffende Fahrzeugart angeben
120106 – 120617	*) Zutreffendes angeben, **) Zutreffende Fahrzeugart angeben, ***) Zulässige Geschwindigkeit angeben, ****) Festgestellte Geschwindigkeit angeben

Öffentliche Verkehrsmittel und Schulbusse - § 20 Abs. 2 StVO

TBNR	Tatbestandstext	FaP-Pkt	Euro	FV
120618	Sie überschritten die zul. Schrittgeschwindigkeit innerhalb geschlossener Ortschaften um ... (von 16 - 20) km/h bei der Vorbeifahrt rechts bei an einer Haltestelle haltendem/haltender *) Linienbus/Straßenbahn/gekennzeichneten Schulbus **). Zulässige Geschwindigkeit: ***)...km/h. Festgestellte Geschwindigkeit (nach Toleranzabzug): ****)... km/h. § 20 Abs. 2, § 49 StVO; § 24 Abs. 1, 3 Nr. 5 StVG; 11.1.4 BKat (Lkw usw.) Tab.: 720000	A - 1	160,00	
120619	Sie überschritten die zul. Schrittgeschwindigkeit innerhalb geschlossener Ortschaften um ... (von 21 - 25) km/h bei der Vorbeifahrt rechts bei an einer Haltestelle haltendem/haltender *) Linienbus/Straßenbahn/gekennzeichneten Schulbus **). Zulässige Geschwindigkeit: ***)...km/h. Festgestellte Geschwindigkeit (nach Toleranzabzug): ****)... km/h. § 20 Abs. 2, § 49 StVO; § 24 Abs. 1, 3 Nr. 5, § 25 StVG; 11.1.5 BKat; § 4 Abs. 1 BKatV (Lkw usw.) Tab.: 720000	A - 1	175,00	
120620	Sie überschritten die zul. Schrittgeschwindigkeit innerhalb geschlossener Ortschaften um ... (von 26 - 30) km/h bei der Vorbeifahrt rechts bei an einer Haltestelle haltendem/haltender *) Linienbus/Straßenbahn/gekennzeichneten Schulbus **). Zulässige Geschwindigkeit: ***)...km/h. Festgestellte Geschwindigkeit (nach Toleranzabzug): ****)... km/h. § 20 Abs. 2, § 49 StVO; § 24 Abs. 1, 3 Nr. 5, § 25 StVG; 11.1.6 BKat; § 4 Abs. 1 BKatV (Lkw usw.) Tab.: 720000	A - 2	235,00	1 M
120621	Sie überschritten die zul. Schrittgeschwindigkeit innerhalb geschlossener Ortschaften um ... (von 31 - 40) km/h bei der Vorbeifahrt rechts bei an einer Haltestelle haltendem/haltender *) Linienbus/Straßenbahn/gekennzeichneten Schulbus **). Zulässige Geschwindigkeit: ***)...km/h. Festgestellte Geschwindigkeit (nach Toleranzabzug): ****)... km/h. § 20 Abs. 2, § 49 StVO; § 24 Abs. 1, 3 Nr. 5, § 25 StVG; 11.1.7 BKat; § 4 Abs. 1 BKatV (Lkw usw.) Tab.: 720000	A - 2	340,00	1 M

TBNR   **Bemerkungen**
120618 – 120621 *) Zutreffendes angeben, **) Zutreffende Fahrzeugart angeben,
) Zulässige Geschwindigkeit angeben, *) Festgestellte Geschwindigkeit
angeben

Öffentliche Verkehrsmittel und Schulbusse - § 20 Abs. 2 StVO

TBNR	Tatbestandstext	FaP-Pkt	Euro	FV
120622	Sie überschritten die zul. Schrittgeschwindigkeit innerhalb geschlossener Ortschaften um ... (von 41 - 50) km/h bei der Vorbeifahrt rechts an einer Haltestelle haltendem/haltender *) Linienbus/Straßenbahn/gekennzeichneten Schulbus **). Zulässige Geschwindigkeit: ***)...km/h. Festgestellte Geschwindigkeit (nach Toleranzabzug): ****)... km/h. § 20 Abs. 2, § 49 StVO; § 24 Abs. 1, 3 Nr. 5, § 25 StVG; 11.1.8 BKat; § 4 Abs. 1 BKatV (Lkw usw.) Tab.: 720000	A - 2	560,00	2 M
120623	Sie überschritten die zul. Schrittgeschwindigkeit innerhalb geschlossener Ortschaften um ... (von 51 - 60) km/h bei der Vorbeifahrt rechts an einer Haltestelle haltendem/haltender *) Linienbus/Straßenbahn/gekennzeichneten Schulbus **). Zulässige Geschwindigkeit: ***)...km/h. Festgestellte Geschwindigkeit (nach Toleranzabzug): ****)... km/h. § 20 Abs. 2, § 49 StVO; § 24 Abs. 1, 3 Nr. 5, § 25 StVG; 11.1.9 BKat; § 4 Abs. 1 BKatV (Lkw usw.) Tab.: 720000	A - 2	700,00	3 M
120624	Sie überschritten die zul. Schrittgeschwindigkeit innerhalb geschlossener Ortschaften um ... (über 60) km/h bei der Vorbeifahrt rechts an einer Haltestelle haltendem/haltender *) Linienbus/Straßenbahn/gekennzeichneten Schulbus **). Zulässige Geschwindigkeit: ***)...km/h. Festgestellte Geschwindigkeit (nach Toleranzabzug): ****)... km/h. § 20 Abs. 2, § 49 StVO; § 24 Abs. 1, 3 Nr. 5, § 25 StVG; 11.1.10 BKat; § 4 Abs. 1 BKatV (Lkw usw.) Tab.: 720000	A - 2	800,00	3 M
120112	Sie überschritten die zul. Schrittgeschwindigkeit außerhalb geschlossener Ortschaften um ... (bis 10) km/h bei der Vorbeifahrt rechts an einer Haltestelle haltendem/haltender *) Linienbus/Straßenbahn/gekennzeichneten Schulbus **). Zulässige Geschwindigkeit: ***)...km/h. Festgestellte Geschwindigkeit (nach Toleranzabzug): ****)... km/h. § 20 Abs. 2, § 49 StVO; § 24 Abs. 1, 3 Nr. 5 StVG; 11.1.1 BKat (Lkw usw.) Tab.: 720001	0	30,00	

TBNR   **Bemerkungen**
120622 – 120112 *) Zutreffendes angeben, **) Zutreffende Fahrzeugart angeben,
) Zulässige Geschwindigkeit angeben, *) Festgestellte Geschwindigkeit
          angeben

Öffentliche Verkehrsmittel und Schulbusse - § 20 Abs. 2 StVO

TBNR	Tatbestandstext	FaP-Pkt	Euro	FV
120113	Sie überschritten die zul. Schrittgeschwindigkeit außerhalb geschlossener Ortschaften um ... (von 11 - 15) km/h bei der Vorbeifahrt rechts an an einer Haltestelle haltendem/haltender *) Linienbus/Straßenbahn/gekennzeichneten Schulbus **). Zulässige Geschwindigkeit: ***)...km/h. Festgestellte Geschwindigkeit (nach Toleranzabzug): ****)... km/h. § 20 Abs. 2, § 49 StVO; § 24 Abs. 1, 3 Nr. 5 StVG; 11.1.2 BKat (Lkw usw.) Tab.: 720001	0	50,00	
120630	Sie überschritten die zul. Schrittgeschwindigkeit außerhalb - geschlossener Ortschaften um ... (von 16 - 20) km/h bei der Vorbeifahrt rechts an einer Haltestelle haltendem/haltender *) Linienbus/Straßenbahn/gekennzeichneten Schulbus **). Zulässige Geschwindigkeit: ***)...km/h. Festgestellte Geschwindigkeit (nach Toleranzabzug): ****)... km/h. § 20 Abs. 2, § 49 StVO; § 24 Abs. 1, 3 Nr. 5 StVG; 11.1.4 BKat (Lkw usw.) Tab.: 720001	A - 1	140,00	
120631	Sie überschritten die zul. Schrittgeschwindigkeit außerhalb geschlossener Ortschaften um ... (von 21 - 25) km/h bei der Vorbeifahrt rechts an einer Haltestelle haltendem/haltender *) Linienbus/Straßenbahn/gekennzeichneten Schulbus **). Zulässige Geschwindigkeit: ***)...km/h. Festgestellte Geschwindigkeit (nach Toleranzabzug): ****)... km/h. § 20 Abs. 2, § 49 StVO; § 24 Abs. 1, 3 Nr. 5 StVG; 11.1.5 BKat (Lkw usw.) Tab.: 720001	A - 1	150,00	
120632	Sie überschritten die zul. Schrittgeschwindigkeit außerhalb geschlossener Ortschaften um ... (von 26 - 30) km/h bei der Vorbeifahrt rechts an einer Haltestelle haltendem/haltender *) Linienbus/Straßenbahn/gekennzeichneten Schulbus **). Zulässige Geschwindigkeit: ***)...km/h. Festgestellte Geschwindigkeit (nach Toleranzabzug): ****)... km/h. § 20 Abs. 2, § 49 StVO; § 24 Abs. 1, 3 Nr. 5 , § 25 StVG; 11.1.6 BKat, § 4 Abs. 1 BKatV (Lkw usw.) Tab.: 720001	A - 1	175,00	

TBNR	Bemerkungen
120113 – 120632	*) Zutreffendes angeben, **) Zutreffende Fahrzeugart angeben, ***) Zulässige Geschwindigkeit angeben, ****) Festgestellte Geschwindigkeit angeben

Öffentliche Verkehrsmittel und Schulbusse - § 20 Abs. 2 StVO

TBNR	Tatbestandstext	FaP-Pkt	Euro	FV
120633	Sie überschritten die zul. Schrittgeschwindigkeit außerhalb geschlossener Ortschaften um ... (von 31 - 40) km/h bei der Vorbeifahrt rechts bei an einer Haltestelle haltendem/haltender *) Linienbus/Straßenbahn/gekennzeichneten Schulbus **). Zulässige Geschwindigkeit: ***)...km/h. Festgestellte Geschwindigkeit (nach Toleranzabzug): ****)... km/h. § 20 Abs. 2, § 49 StVO; § 24 Abs. 1, 3 Nr. 5, § 25 StVG; 11.1.7 BKat; § 4 Abs. 1 BKatV (Lkw usw.) Tab.: 720001	A - 2	255,00	1 M
120634	Sie überschritten die zul. Schrittgeschwindigkeit außerhalb geschlossener Ortschaften um ... (von 41 - 50) km/h bei der Vorbeifahrt rechts bei an einer Haltestelle haltendem/haltender *) Linienbus/Straßenbahn/gekennzeichneten Schulbus **). Zulässige Geschwindigkeit: ***)...km/h. Festgestellte Geschwindigkeit (nach Toleranzabzug): ****)... km/h. § 20 Abs. 2, § 49 StVO; § 24 Abs. 1, 3 Nr. 5, § 25 StVG; 11.1.8 BKat; § 4 Abs. 1 BKatV (Lkw usw.) Tab.: 720001	A - 2	480,00	1 M
120635	Sie überschritten die zul. Schrittgeschwindigkeit außerhalb geschlossener Ortschaften um ... (von 51 - 60) km/h bei der Vorbeifahrt rechts bei an einer Haltestelle haltendem/haltender *) Linienbus/Straßenbahn/gekennzeichneten Schulbus **). Zulässige Geschwindigkeit: ***)...km/h. Festgestellte Geschwindigkeit (nach Toleranzabzug): ****)... km/h. § 20 Abs. 2, § 49 StVO; § 24 Abs. 1, 3 Nr. 5, § 25 StVG; 11.1.9 BKat; § 4 Abs. 1 BKatV (Lkw usw.) Tab.: 720001	A - 2	600,00	2 M
120636	Sie überschritten die zul. Schrittgeschwindigkeit außerhalb geschlossener Ortschaften um ... (über 60) km/h bei der Vorbeifahrt rechts bei an einer Haltestelle haltendem/haltender *) Linienbus/Straßenbahn/gekennzeichneten Schulbus **). Zulässige Geschwindigkeit: ***)...km/h. Festgestellte Geschwindigkeit (nach Toleranzabzug): ****)... km/h. § 20 Abs. 2, § 49 StVO; § 24 Abs. 1, 3 Nr. 5, § 25 StVG; 11.1.10 BKat; § 4 Abs. 1 BKatV (Lkw usw.) Tab.: 720001	A - 2	700,00	3 M

TBNR	Bemerkungen
120633 – 120636	*) Zutreffendes angeben, **) Zutreffende Fahrzeugart angeben, ***) Zulässige Geschwindigkeit angeben, ****) Festgestellte Geschwindigkeit angeben

Öffentliche Verkehrsmittel und Schulbusse - § 20 Abs. 2 StVO

TBNR	Tatbestandstext	FaP-Pkt	Euro	FV
120640	Sie überschritten die zul. Schrittgeschwindigkeit innerhalb geschlossener Ortschaften um ... (bis 10) km/h bei der Vorbeifahrt rechts an einer Haltestelle haltendem/haltender *) Linienbus/Straßenbahn/gekennzeichneten Schulbus **). Zulässige Geschwindigkeit: ***)...km/h. Festgestellte Geschwindigkeit (nach Toleranzabzug): ****)... km/h. § 20 Abs. 2, § 49 StVO; § 24 Abs. 1, 3 Nr. 5 StVG; 11.2.1 BKat (gef. Güter usw.) Tab.: 720002	0	70,00	
120641	Sie überschritten die zul. Schrittgeschwindigkeit innerhalb geschlossener Ortschaften um ... (von 11 - 15) km/h bei der Vorbeifahrt rechts an einer Haltestelle haltendem/haltender *) Linienbus/Straßenbahn/gekennzeichneten Schulbus **). Zulässige Geschwindigkeit: ***)...km/h. Festgestellte Geschwindigkeit (nach Toleranzabzug): ****)... km/h. § 20 Abs. 2, § 49 StVO; § 24 Abs. 1, 3 Nr. 5 StVG; 11.2.2 BKat (gef. Güter usw.) Tab.: 720002	A - 1	120,00	
120642	Sie überschritten die zul. Schrittgeschwindigkeit innerhalb geschlossener Ortschaften um ... (von 16 - 20) km/h bei der Vorbeifahrt rechts an einer Haltestelle haltendem/haltender *) Linienbus/Straßenbahn/gekennzeichneten Schulbus **). Zulässige Geschwindigkeit: ***)...km/h. Festgestellte Geschwindigkeit (nach Toleranzabzug): ****)... km/h. § 20 Abs. 2, § 49 StVO; § 24 Abs. 1, 3 Nr. 5 StVG; 11.2.4 BKat (gef. Güter usw.) Tab.: 720002	A - 1	320,00	
120643	Sie überschritten die zul. Schrittgeschwindigkeit innerhalb geschlossener Ortschaften um ... (von 21 - 25) km/h bei der Vorbeifahrt rechts an einer Haltestelle haltendem/haltender *) Linienbus/Straßenbahn/gekennzeichneten Schulbus **). Zulässige Geschwindigkeit: ***)...km/h. Festgestellte Geschwindigkeit (nach Toleranzabzug): ****)... km/h. § 20 Abs. 2, § 49 StVO; § 24 Abs. 1, 3 Nr. 5, § 25 StVG; 11.2.5 BKat; § 4 Abs. 1 BKatV (gef. Güter usw.) Tab.: 720002	A - 2	360,00	1 M

TBNR   **Bemerkungen**
120640 – 120643   *) Zutreffendes angeben, **) Zutreffende Fahrzeugart angeben,
) Zulässige Geschwindigkeit angeben, *) Festgestellte Geschwindigkeit
       angeben

Öffentliche Verkehrsmittel und Schulbusse - § 20 Abs. 2 StVO

TBNR	Tatbestandstext	FaP-Pkt	Euro	FV
120644	Sie überschritten die zul. Schrittgeschwindigkeit innerhalb geschlossener Ortschaften um ... (von 26 - 30) km/h bei der Vorbeifahrt rechts bei an einer Haltestelle haltendem/haltender *) Linienbus/Straßenbahn/gekennzeichneten Schulbus **). Zulässige Geschwindigkeit: ***)...km/h. Festgestellte Geschwindigkeit (nach Toleranzabzug): ****)... km/h. § 20 Abs. 2, § 49 StVO; § 24 Abs. 1, 3 Nr. 5, § 25 StVG; 11.2.6 BKat; § 4 Abs. 1 BKatV (gef. Güter usw.) Tab.: 720002	A - 2	480,00	1 M
120645	Sie überschritten die zul. Schrittgeschwindigkeit innerhalb geschlossener Ortschaften um ... (von 31 - 40) km/h bei der Vorbeifahrt rechts bei an einer Haltestelle haltendem/haltender *) Linienbus/Straßenbahn/gekennzeichneten Schulbus **). Zulässige Geschwindigkeit: ***)...km/h. Festgestellte Geschwindigkeit (nach Toleranzabzug): ****)... km/h. § 20 Abs. 2, § 49 StVO; § 24 Abs. 1, 3 Nr. 5, § 25 StVG; 11.2.7 BKat; § 4 Abs. 1 BKatV (gef. Güter usw.) Tab.: 720002	A - 2	640,00	2 M
120646	Sie überschritten die zul. Schrittgeschwindigkeit innerhalb geschlossener Ortschaften um ... (von 41 - 50) km/h bei der Vorbeifahrt rechts bei an einer Haltestelle haltendem/haltender *) Linienbus/Straßenbahn/gekennzeichneten Schulbus **). Zulässige Geschwindigkeit: ***)...km/h. Festgestellte Geschwindigkeit (nach Toleranzabzug): ****)... km/h. § 20 Abs. 2, § 49 StVO; § 24 Abs. 1, 3 Nr. 5, § 25 StVG; 11.2.8 BKat; § 4 Abs. 1 BKatV (gef. Güter usw.) Tab.: 720002	A - 2	800,00	3 M
120647	Sie überschritten die zul. Schrittgeschwindigkeit innerhalb geschlossener Ortschaften um ... (von 51 - 60) km/h bei der Vorbeifahrt bei an einer Haltestelle haltendem/haltender *) Linienbus/Straßenbahn/gekennzeichneten Schulbus **). Zulässige Geschwindigkeit: ***)...km/h. Festgestellte Geschwindigkeit (nach Toleranzabzug): ****)... km/h. § 20 Abs. 2, § 49 StVO; § 24 Abs. 1, 3 Nr. 5, § 25 StVG; 11.2.9 BKat; § 4 Abs. 1 BKatV (gef. Güter usw.) Tab.: 720002	A - 2	900,00	3 M

TBNR	Bemerkungen
120644 – 120647	*) Zutreffendes angeben, **) Zutreffende Fahrzeugart angeben, ***) Zulässige Geschwindigkeit angeben, ****) Festgestellte Geschwindigkeit angeben

Öffentliche Verkehrsmittel und Schulbusse - § 20 Abs. 2 StVO

TBNR	Tatbestandstext	FaP-Pkt	Euro	FV
120648	Sie überschritten die zul. Schrittgeschwindigkeit innerhalb geschlossener Ortschaften um ... (über 60) km/h bei der Vorbeifahrt rechts bei an einer Haltestelle haltendem/haltender *) Linienbus/Straßenbahn/gekennzeichneten Schulbus **). Zulässige Geschwindigkeit: ***)...km/h. Festgestellte Geschwindigkeit (nach Toleranzabzug): ****)... km/h. § 20 Abs. 2, § 49 StVO; § 24 Abs. 1, 3 Nr. 5, § 25 StVG; 11.2.10 BKat; § 4 Abs. 1 BKatV (gef. Güter usw.) Tab.: 720002	A - 2	950,00	3 M
120652	Sie überschritten die zul. Schrittgeschwindigkeit außerhalb geschlossener Ortschaften um ... (bis 10) km/h bei der Vorbeifahrt rechts bei an einer Haltestelle haltendem/haltender *) Linienbus/Straßenbahn/gekennzeichneten Schulbus **). Zulässige Geschwindigkeit: ***)...km/h. Festgestellte Geschwindigkeit (nach Toleranzabzug): ****)... km/h. § 20 Abs. 2, § 49 StVO; § 24 Abs. 1, 3 Nr. 5 StVG; 11.2.1 BKat (gef. Güter usw.) Tab.: 720003	0	60,00	
120653	Sie überschritten die zul. Schrittgeschwindigkeit außerhalb geschlossener Ortschaften um ... (von 11 - 15) km/h bei der Vorbeifahrt rechts bei an einer Haltestelle haltendem/haltender *) Linienbus/Straßenbahn/gekennzeichneten Schulbus **). Zulässige Geschwindigkeit: ***)...km/h. Festgestellte Geschwindigkeit (nach Toleranzabzug): ****)... km/h. § 20 Abs. 2, § 49 StVO; § 24 Abs. 1, 3 Nr. 5 StVG; 11.2.2 BKat (gef. Güter usw.) Tab.: 720003	0	70,00	
120654	Sie überschritten die zul. Schrittgeschwindigkeit außerhalb geschlossener Ortschaften um ... (von 16 - 20) km/h bei der Vorbeifahrt rechts bei an einer Haltestelle haltendem/haltender *) Linienbus/Straßenbahn/gekennzeichneten Schulbus **). Zulässige Geschwindigkeit: ***)...km/h. Festgestellte Geschwindigkeit (nach Toleranzabzug): ****)... km/h. § 20 Abs. 2, § 49 StVO; § 24 Abs. 1, 3 Nr. 5 StVG; 11.2.4 BKat (gef. Güter usw.) Tab.: 720003	A - 1	240,00	

TBNR	Bemerkungen
120648 – 120654	*) Zutreffendes angeben, **) Zutreffende Fahrzeugart angeben, ***) Zulässige Geschwindigkeit angeben, ****) Festgestellte Geschwindigkeit angeben

Öffentliche Verkehrsmittel und Schulbusse - § 20 Abs. 2 StVO

TBNR	Tatbestandstext	FaP-Pkt	Euro	FV
120655	Sie überschritten die zul. Schrittgeschwindigkeit außerhalb geschlossener Ortschaften um ... (von 21 - 25) km/h bei der Vorbeifahrt rechts bei an einer Haltestelle haltendem/haltender *) Linienbus/Straßenbahn/gekennzeichneten Schulbus **). Zulässige Geschwindigkeit: ***)...km/h. Festgestellte Geschwindigkeit (nach Toleranzabzug): ****)... km/h. § 20 Abs. 2, § 49 StVO; § 24 Abs. 1, 3 Nr. 5 StVG; 11.2.5 BKat (gef. Güter usw.) Tab.: 720003	A - 1	280,00	
120656	Sie überschritten die zul. Schrittgeschwindigkeit außerhalb geschlossener Ortschaften um ... (von 26 - 30) km/h bei der Vorbeifahrt rechts bei an einer Haltestelle haltendem/haltender *) Linienbus/Straßenbahn/gekennzeichneten Schulbus **). Zulässige Geschwindigkeit: ***)...km/h. Festgestellte Geschwindigkeit (nach Toleranzabzug): ****)... km/h. § 20 Abs. 2, § 49 StVO; § 24 Abs. 1, 3 Nr. 5, § 25 StVG; 11.2.6 BKat; § 4 Abs. 1 BKatV (gef. Güter usw.) Tab.: 720003	A - 2	400,00	1 M
120657	Sie überschritten die zul. Schrittgeschwindigkeit außerhalb geschlossener Ortschaften um ... (von 31 - 40) km/h bei der Vorbeifahrt rechts bei an einer Haltestelle haltendem/haltender *) Linienbus/Straßenbahn/gekennzeichneten Schulbus **). Zulässige Geschwindigkeit: ***)...km/h. Festgestellte Geschwindigkeit (nach Toleranzabzug): ****)... km/h. § 20 Abs. 2, § 49 StVO; § 24 Abs. 1, 3 Nr. 5, § 25 StVG; 11.2.7 BKat; § 4 Abs. 1 BKatV (gef. Güter usw.) Tab.: 720003	A - 2	560,00	1 M
120658	Sie überschritten die zul. Schrittgeschwindigkeit außerhalb geschlossener Ortschaften um ... (von 41 - 50) km/h bei der Vorbeifahrt rechts bei an einer Haltestelle haltendem/haltender *) Linienbus/Straßenbahn/gekennzeichneten Schulbus **). Zulässige Geschwindigkeit: ***)...km/h. Festgestellte Geschwindigkeit (nach Toleranzabzug): ****)... km/h. § 20 Abs. 2, § 49 StVO; § 24 Abs. 1, 3 Nr. 5, § 25 StVG; 11.2.8 BKat; § 4 Abs. 1 BKatV (gef. Güter usw.) Tab.: 720003	A - 2	700,00	2 M

TBNR	Bemerkungen
120655 – 120658	*) Zutreffendes angeben, **) Zutreffende Fahrzeugart angeben, ***) Zulässige Geschwindigkeit angeben, ****) Festgestellte Geschwindigkeit angeben

Öffentliche Verkehrsmittel und Schulbusse - § 20 Abs. 2 StVO

TBNR	Tatbestandstext	FaP-Pkt	Euro	FV
120659	Sie überschritten die zul. Schrittgeschwindigkeit außerhalb geschlossener Ortschaften um ... (von 51 - 60) km/h bei der Vorbeifahrt rechts bei an einer Haltestelle haltendem/haltender *) Linienbus/Straßenbahn/gekennzeichneten Schulbus **). Zulässige Geschwindigkeit: ***)...km/h. Festgestellte Geschwindigkeit (nach Toleranzabzug): ****)... km/h. § 20 Abs. 2, § 49 StVO; § 24 Abs. 1, 3 Nr. 5, § 25 StVG; 11.2.9 BKat; § 4 Abs. 1 BKatV (gef. Güter usw.) Tab.: 720003	A - 2	800,00	3 M
120660	Sie überschritten die zul. Schrittgeschwindigkeit außerhalb geschlossener Ortschaften um ... (über 60) km/h bei der Vorbeifahrt rechts bei an einer Haltestelle haltendem/haltender *) Linienbus/Straßenbahn/gekennzeichneten Schulbus **). Zulässige Geschwindigkeit: ***)...km/h. Festgestellte Geschwindigkeit (nach Toleranzabzug): ****)... km/h. § 20 Abs. 2, § 49 StVO; § 24 Abs. 1, 3 Nr. 5, § 25 StVG; 11.2.10 BKat; § 4 Abs. 1 BKatV (gef. Güter usw.) Tab.: 720003	A - 2	900,00	3 M
120130	Sie überschritten die zul. Schrittgeschwindigkeit innerhalb geschlossener Ortschaften um ... (bis 10) km/h bei der Vorbeifahrt rechts bei an einer Haltestelle haltendem/haltender *) Linienbus/Straßenbahn/gekennzeichneten Schulbus **). Zulässige Geschwindigkeit: ***)...km/h. Festgestellte Geschwindigkeit (nach Toleranzabzug): ****)... km/h. § 20 Abs. 2, § 49 StVO; § 24 Abs. 1, 3 Nr. 5 StVG; 11.3.1 BKat (andere Kfz) Tab.: 720004	0	30,00	
120131	Sie überschritten die zul. Schrittgeschwindigkeit innerhalb geschlossener Ortschaften um ... (von 11 - 15) km/h bei der Vorbeifahrt rechts bei an einer Haltestelle haltendem/haltender *) Linienbus/Straßenbahn/gekennzeichneten Schulbus **). Zulässige Geschwindigkeit: ***)...km/h. Festgestellte Geschwindigkeit (nach Toleranzabzug): ****)... km/h. § 20 Abs. 2, § 49 StVO; § 24 Abs. 1, 3 Nr. 5 StVG; 11.3.2 BKat (andere Kfz) Tab.: 720004	0	50,00	

TBNR **Bemerkungen**
120659 – 120131 *) Zutreffendes angeben, **) Zutreffende Fahrzeugart angeben,
) Zulässige Geschwindigkeit angeben, *) Festgestellte Geschwindigkeit angeben

Öffentliche Verkehrsmittel und Schulbusse - § 20 Abs. 2 StVO

TBNR	Tatbestandstext	FaP-Pkt	Euro	FV
120665	Sie überschritten die zul. Schrittgeschwindigkeit innerhalb geschlossener Ortschaften um ... (von 16 - 20) km/h bei der Vorbeifahrt rechts bei an einer Haltestelle haltendem/haltender *) Linienbus/Straßenbahn/gekennzeichneten Schulbus **). Zulässige Geschwindigkeit: ***)...km/h. Festgestellte Geschwindigkeit (nach Toleranzabzug): ****)... km/h. § 20 Abs. 2, § 49 StVO; § 24 Abs. 1, 3 Nr. 5 StVG; 11.3.3 BKat (andere Kfz) Tab.: 720004	0	70,00	
120666	Sie überschritten die zul. Schrittgeschwindigkeit innerhalb geschlossener Ortschaften um ... (von 21 - 25) km/h bei der Vorbeifahrt rechts bei an einer Haltestelle haltendem/haltender *) Linienbus/Straßenbahn/gekennzeichneten Schulbus **). Zulässige Geschwindigkeit: ***)...km/h. Festgestellte Geschwindigkeit (nach Toleranzabzug): ****)... km/h. § 20 Abs. 2, § 49 StVO; § 24 Abs. 1, 3 Nr. 5, § 25 StVG; 11.3.4 BKat, § 4 Abs. 1 BKatV (andere Kfz) Tab.: 720004	A - 1	115,00	
120667	Sie überschritten die zul. Schrittgeschwindigkeit innerhalb geschlossener Ortschaften um ... (von 26 - 30) km/h bei der Vorbeifahrt rechts bei an einer Haltestelle haltendem/haltender *) Linienbus/Straßenbahn/gekennzeichneten Schulbus **). Zulässige Geschwindigkeit: ***)...km/h. Festgestellte Geschwindigkeit (nach Toleranzabzug): ****)... km/h. § 20 Abs. 2, § 49 StVO; § 24 Abs. 1, 3 Nr. 5, § 25 StVG; 11.3.5 BKat; § 4 Abs. 1 BKatV (andere Kfz) Tab.: 720004	A - 1	180,00	
120668	Sie überschritten die zul. Schrittgeschwindigkeit innerhalb geschlossener Ortschaften um ... (von 31 - 40) km/h bei der Vorbeifahrt rechts bei an einer Haltestelle haltendem/haltender *) Linienbus/Straßenbahn/gekennzeichneten Schulbus **). Zulässige Geschwindigkeit: ***)...km/h. Festgestellte Geschwindigkeit (nach Toleranzabzug): ****)... km/h. § 20 Abs. 2, § 49 StVO; § 24 Abs. 1, 3 Nr. 5, § 25 StVG; 11.3.6 BKat; § 4 Abs. 1 BKatV (andere Kfz) Tab.: 720004	A - 2	260,00	1 M

TBNR	Bemerkungen
120132 – 120668	*) Zutreffendes angeben, **) Zutreffende Fahrzeugart angeben, ***) Zulässige Geschwindigkeit angeben, ****) Festgestellte Geschwindigkeit angeben

Öffentliche Verkehrsmittel und Schulbusse - § 20 Abs. 2 StVO

TBNR	Tatbestandstext	FaP-Pkt	Euro	FV
120669	Sie überschritten die zul. Schrittgeschwindigkeit innerhalb geschlossener Ortschaften um ... (von 41 - 50) km/h bei der Vorbeifahrt rechts bei an einer Haltestelle haltendem/haltender *) Linienbus/Straßenbahn/gekennzeichneten Schulbus **). Zulässige Geschwindigkeit: ***)...km/h. Festgestellte Geschwindigkeit (nach Toleranzabzug): ****)... km/h. § 20 Abs. 2, § 49 StVO; § 24 Abs. 1, 3 Nr. 5, § 25 StVG; 11.3.7 BKat; § 4 Abs. 1 BKatV (andere Kfz) Tab.: 720004	A - 2	400,00	1 M
120670	Sie überschritten die zul. Schrittgeschwindigkeit innerhalb geschlossener Ortschaften um ... (von 51 - 60) km/h bei der Vorbeifahrt rechts bei an einer Haltestelle haltendem Linienbus/ Straßenbahn/gekennzeichneten Schulbus **). Zulässige Geschwindigkeit: ***)...km/h. Festgestellte Geschwindigkeit (nach Toleranzabzug): ****)... km/h. § 20 Abs. 2, § 49 StVO; § 24 Abs. 1, 3 Nr. 5, § 25 StVG; 11.3.8 BKat; § 4 Abs. 1 BKatV (andere Kfz) Tab.: 720004	A - 2	560,00	2 M
120671	Sie überschritten die zul. Schrittgeschwindigkeit innerhalb geschlossener Ortschaften um ... (von 61 - 70) km/h bei der Vorbeifahrt rechts bei an einer Haltestelle haltendem/haltender *) Linienbus/Straßenbahn/gekennzeichneten Schulbus **). Zulässige Geschwindigkeit: ***)...km/h. Festgestellte Geschwindigkeit (nach Toleranzabzug): ****)... km/h. § 20 Abs. 2, § 49 StVO; § 24 Abs. 1, 3 Nr. 5, § 25 StVG; 11.3.9 BKat; § 4 Abs. 1 BKatV (andere Kfz) Tab.: 720004	A - 2	700,00	3 M
120672	Sie überschritten die zul. Schrittgeschwindigkeit innerhalb geschlossener Ortschaften um ... (über 70) km/h bei der Vorbeifahrt rechts bei an einer Haltestelle haltendem/haltender *) Linienbus/Straßenbahn/gekennzeichneten Schulbus **). Zulässige Geschwindigkeit: ***)...km/h. Festgestellte Geschwindigkeit (nach Toleranzabzug): ****)... km/h. § 20 Abs. 2, § 49 StVO; § 24 Abs. 1, 3 Nr. 5, § 25 StVG; 11.3.10 BKat; § 4 Abs. 1 BKatV (andere Kfz) Tab.: 720004	A - 2	800,00	3 M

TBNR   Bemerkungen
120669 – 120672   *) Zutreffendes angeben, **)   Zutreffende Fahrzeugart angeben,
) Zulässige Geschwindigkeit angeben, *) Festgestellte Geschwindigkeit
                  angeben

Öffentliche Verkehrsmittel und Schulbusse - § 20 Abs. 2 StVO

TBNR	Tatbestandstext	FaP-Pkt	Euro	FV
120136	Sie überschritten die zul. Schrittgeschwindigkeit außerhalb geschlossener Ortschaften um ... (bis 10) km/h bei der Vorbeifahrt rechts bei an einer Haltestelle haltendem/haltender *) Linienbus/Straßenbahn/gekennzeichneten Schulbus **). Zulässige Geschwindigkeit: ***)...km/h. Festgestellte Geschwindigkeit (nach Toleranzabzug): ****)... km/h. § 20 Abs. 2, § 49 StVO; § 24 Abs. 1, 3 Nr. 5 StVG; 11.3.1 BKat (andere Kfz) Tab.: 720005	0	20,00	
120137	Sie überschritten die zul. Schrittgeschwindigkeit außerhalb geschlossener Ortschaften um ... (von 11 - 15) km/h bei der Vorbeifahrt rechts bei an einer Haltestelle haltendem/haltender *) Linienbus/Straßenbahn/gekennzeichneten Schulbus **). Zulässige Geschwindigkeit: ***)...km/h. Festgestellte Geschwindigkeit (nach Toleranzabzug): ****)... km/h. § 20 Abs. 2, § 49 StVO; § 24 Abs. 1, 3 Nr. 5 StVG; 11.3.2 BKat (andere Kfz) Tab.: 720005	0	40,00	
120677	Sie überschritten die zul. Schrittgeschwindigkeit außerhalb geschlossener Ortschaften um ... (von 16 - 20) km/h bei der Vorbeifahrt rechts bei an einer Haltestelle haltendem/haltender *) Linienbus/Straßenbahn/gekennzeichneten Schulbus **). Zulässige Geschwindigkeit: ***)...km/h. Festgestellte Geschwindigkeit (nach Toleranzabzug): ****)... km/h. § 20 Abs. 2, § 49 StVO; § 24 Abs. 1, 3 Nr. 5 StVG; 11.3.3 BKat (andere Kfz) Tab.: 720005	0	60,00	
120678	Sie überschritten die zul. Schrittgeschwindigkeit außerhalb geschlossener Ortschaften um ... (von 21 - 25) km/h bei der Vorbeifahrt rechts bei an einer Haltestelle haltendem/haltender *) Linienbus/Straßenbahn/gekennzeichneten Schulbus **). Zulässige Geschwindigkeit: ***)...km/h. Festgestellte Geschwindigkeit (nach Toleranzabzug): ****)... km/h. § 20 Abs. 2, § 49 StVO; § 24 Abs. 1, 3 Nr. 5 StVG; 11.3.4 BKat (andere Kfz) Tab.: 720005	A - 1	100,00	

TBNR   Bemerkungen
120136 – 120678   *) Zutreffendes angeben, **) Zutreffende Fahrzeugart angeben,
) Zulässige Geschwindigkeit angeben, *) Festgestellte Geschwindigkeit
angeben

Öffentliche Verkehrsmittel und Schulbusse - § 20 Abs. 2 StVO

TBNR	Tatbestandstext	FaP-Pkt	Euro	FV
120679	Sie überschritten die zul. Schrittgeschwindigkeit außerhalb geschlossener Ortschaften um ... (von 26 - 30) km/h bei der Vorbeifahrt rechts bei an einer Haltestelle haltendem/haltender *) Linienbus/Straßenbahn/gekennzeichneten Schulbus **). Zulässige Geschwindigkeit: ***)...km/h. Festgestellte Geschwindigkeit (nach Toleranzabzug): ****)... km/h. § 20 Abs. 2, § 49 StVO; § 24 Abs. 1, 3 Nr. 5, § 25 StVG; 11.3.5 BKat; § 4 Abs. 1 BKatV (andere Kfz) Tab.: 720005	A - 1	150,00	
120680	Sie überschritten die zul. Schrittgeschwindigkeit außerhalb geschlossener Ortschaften um ... (von 31 - 40) km/h bei der Vorbeifahrt rechts bei an einer Haltestelle haltendem/haltender *) Linienbus/Straßenbahn/gekennzeichneten Schulbus **). Zulässige Geschwindigkeit: ***)...km/h. Festgestellte Geschwindigkeit (nach Toleranzabzug): ****)... km/h. § 20 Abs. 2, § 49 StVO; § 24 Abs. 1, 3 Nr. 5, § 25 StVG; 11.3.6 BKat; § 4 Abs. 1 BKatV (andere Kfz) Tab.: 720005	A - 1	200,00	
120681	Sie überschritten die zul. Schrittgeschwindigkeit außerhalb geschlossener Ortschaften um ... (von 41 - 50) km/h bei der Vorbeifahrt rechts bei an einer Haltestelle haltendem/haltender *) Linienbus/Straßenbahn/gekennzeichneten Schulbus **). Zulässige Geschwindigkeit: ***)...km/h. Festgestellte Geschwindigkeit (nach Toleranzabzug): ****)... km/h. § 20 Abs. 2, § 49 StVO; § 24 Abs. 1, 3 Nr. 5, § 25 StVG; 11.3.7 BKat; § 4 Abs. 1 BKatV (andere Kfz) Tab.: 720005	A - 2	320,00	1 M
120682	Sie überschritten die zul. Schrittgeschwindigkeit außerhalb geschlossener Ortschaften um ... (von 51 - 60) km/h bei der Vorbeifahrt rechts bei an einer Haltestelle haltendem/haltender *) Linienbus/Straßenbahn/gekennzeichneten Schulbus **). Zulässige Geschwindigkeit: ***)...km/h. Festgestellte Geschwindigkeit (nach Toleranzabzug): ****)... km/h. § 20 Abs. 2, § 49 StVO; § 24 Abs. 1, 3 Nr. 5, § 25 StVG; 11.3.8 BKat; § 4 Abs. 1 BKatV (andere Kfz) Tab.: 720005	A - 2	480,00	1 M

TBNR   Bemerkungen
120679 – 120682   *) Zutreffendes angeben, **) Zutreffende Fahrzeugart angeben,
) Zulässige Geschwindigkeit angeben, *) Festgestellte Geschwindigkeit
                angeben

Öffentliche Verkehrsmittel und Schulbusse - § 20 Abs. 2 StVO

TBNR	Tatbestandstext	FaP-Pkt	Euro	FV
120683	Sie überschritten die zul. Schrittgeschwindigkeit außerhalb geschlossener Ortschaften um ... (von 61 - 70) km/h bei der Vorbeifahrt rechts bei an einer Haltestelle haltendem/haltender *) Linienbus/Straßenbahn/gekennzeichneten Schulbus **). Zulässige Geschwindigkeit: ***)...km/h. Festgestellte Geschwindigkeit (nach Toleranzabzug): ****)... km/h. § 20 Abs. 2, § 49 StVO; § 24 Abs. 1, 3 Nr. 5, § 25 StVG; 11.3.9 BKat; § 4 Abs. 1 BKatV (andere Kfz) Tab.: 720005	A - 2	600,00	2 M
120684	Sie überschritten die zul. Schrittgeschwindigkeit außerhalb geschlossener Ortschaften um ... (über 70) km/h bei der Vorbeifahrt rechts bei an einer Haltestelle haltendem/haltender *) Linienbus/Straßenbahn/gekennzeichneten Schulbus **). Zulässige Geschwindigkeit: ***)...km/h. Festgestellte Geschwindigkeit (nach Toleranzabzug): ****)... km/h. § 20 Abs. 2, § 49 StVO; § 24 Abs. 1, 3 Nr. 5, § 25 StVG; 11.3.10 BKat; § 4 Abs. 1 BKatV (andere Kfz) Tab.: 720005	A - 2	700,00	3 M

Öffentliche Verkehrsmittel und Schulbusse - § 20 Abs. 3, 4 StVO

TBNR	Tatbestandstext	FaP-Pkt	Euro	FV
120690	Sie überholten einen Omnibus des Linienverkehrs/gekennzeichneten Schulbus *) mit eingeschaltetem Warnblinklicht bei Annäherung an eine Haltestelle. § 20 Abs. 3, § 49 StVO; § 24 Abs. 1, 3 Nr. 5 StVG; 93 BKat	A - 1	60,00	
120142	Sie fuhren bei an einer Haltestelle haltendem Omnibus des Linienverkehrs/gekennzeichneten Schulbus *) mit eingeschaltetem Warnblinklicht nicht mit Schrittgeschwindigkeit vorbei. § 20 Abs. 4, § 49 StVO; § 24 Abs. 1, 3 Nr. 5 StVG; 94 BKat	0	15,00	
120696	Sie fuhren bei an einer Haltestelle haltendem Omnibus des Linienverkehrs/gekennzeichneten Schulbus *) mit eingeschaltetem Warnblinklicht nicht mit Schrittgeschwindigkeit vorbei und behinderten +) dadurch Fahrgäste. § 20 Abs. 4, § 49 StVO; § 24 Abs. 1, 3 Nr. 5 StVG; 95.1 BKat	A - 1	60,00	
120702	Sie fuhren bei an einer Haltestelle haltendem Omnibus des Linienverkehrs/gekennzeichneten Schulbus *) mit eingeschaltetem Warnblinklicht nicht mit Schrittgeschwindigkeit vorbei und gefährdeten +) dadurch Fahrgäste. § 20 Abs. 4, § 1 Abs. 2, § 49 StVO; § 24 Abs. 1, 3 Nr. 5 StVG; 95.2 BKat; § 19 OWiG	A - 1	70,00	

TBNR	Bemerkungen
120683 – 120684	*) Zutreffendes angeben, **) Zutreffende Fahrzeugart angeben, ***) Zulässige Geschwindigkeit angeben, ****) Festgestellte Geschwindigkeit angeben
120690 – 120702	*) Zutreffende Fahrzeugart angeben

Öffentliche Verkehrsmittel und Schulbusse - § 20 Abs. 3, 4 StVO

TBNR	Tatbestandstext	FaP-Pkt	Euro	FV
120148	Sie fuhren im Gegenverkehr auf derselben Fahrbahn bei an einer Haltestelle haltendem Omnibus des Linienverkehrs/gekenn- zeichneten Schulbus *) mit eingeschaltetem Warnblinklicht schnel- ler als mit Schrittgeschwindigkeit vorbei. § 20 Abs. 4, § 49 StVO; § 24 Abs. 1, 3 Nr. 5 StVG; 94 BKat	0	15,00	
120708	Sie fuhren im Gegenverkehr auf derselben Fahrbahn bei an einer Haltestelle haltendem Omnibus des Linienverkehrs/gekenn- zeichneten Schulbus *) mit eingeschaltetem Warnblinklicht schnel- ler als mit Schrittgeschwindigkeit vorbei und behinderten +) dadurch Fahrgäste. § 20 Abs. 4, § 49 StVO; § 24 Abs. 1, 3 Nr. 5 StVG; 95.1 BKat	A -1	60,00	
120714	Sie fuhren im Gegenverkehr auf derselben Fahrbahn bei an einer Haltestelle haltendem Omnibus des Linienverkehrs/gekenn- zeichneten Schulbus *) mit eingeschaltetem Warnblinklicht schnel- ler als mit Schrittgeschwindigkeit vorbei und gefährdeten +) dadurch Fahrgäste. § 20 Abs. 4, § 1 Abs. 2, § 49 StVO; § 24 Abs. 1, 3 Nr. 5 StVG; 95.2 BKat; § 19 OWiG	A -1	70,00	
120720	Sie fuhren bei an einer Haltestelle haltendem Omnibus des Linienverkehrs/gekennzeichneten Schulbus *) mit eingeschal- tetem Warnblinklicht nicht mit ausreichendem Abstand vorbei und behinderten +) dadurch Fahrgäste. § 20 Abs. 4, § 49 StVO; § 24 Abs. 1, 3 Nr. 5 StVG; 95.1 BKat	A - 1	60,00	
120726	Sie fuhren bei an einer Haltestelle haltendem Omnibus des Linienverkehrs/gekennzeichneten Schulbus *) mit eingeschal- tetem Warnblinklicht nicht mit ausreichendem Abstand vorbei und gefährdeten +) dadurch Fahrgäste. § 20 Abs. 4, § 1 Abs. 2, § 49 StVO; § 24 Abs. 1, 3 Nr. 5 StVG; # 95.2 Bkat; § 19 OWiG	A - 1	70,00	

TBNR   **Bemerkungen**
120148 – 120726   *) Zutreffende Fahrzeugart angeben

Öffentliche Verkehrsmittel und Schulbusse - § 20 Abs. 4 StVO

TBNR	Tatbestandstext	FaP-Pkt	Euro	FV
120732	Sie fuhren im Gegenverkehr auf derselben Fahrbahn bei an einer Haltestelle haltendem Omnibus des Linienverkehrs/ gekennzeichneten Schulbus *), der Warnblinklicht eingeschaltet hatte, nicht mit ausreichendem Abstand vorbei und behinderten +) dadurch Fahrgäste. § 20 Abs. 4, § 49 StVO; § 24 Abs. 1, 3 Nr. 5 StVG; 95.1 BKat	A - 1	60,00	
120738	Sie fuhren im Gegenverkehr auf derselben Fahrbahn bei an einer Haltestelle haltendem Omnibus des Linienverkehrs/ gekennzeichneten Schulbus *), der Warnblinklicht eingeschaltet hatte, nicht mit ausreichen dem Abstand vorbei und gefährdeten +) dadurch Fahrgäste. § 20 Abs. 4, § 1 Abs. 2, § 49 StVO; § 24 Abs. 1, 3 Nr. 5 StVG; 95.2 BKat; § 19 OWiG	A - 1	70,00	
120744	Sie fuhren bei an einer Haltestelle haltendem Omnibus des Linienverkehrs/gekennzeichneten Schulbus *) mit eingeschaltetem Warnblinklicht, obwohl Sie hätten warten müssen, vorbei und behinderten +) dadurch Fahrgäste. § 20 Abs. 4, § 49 StVO; § 24 Abs. 1, 3 Nr. 5 StVG; 95.1 BKat	A - 1	60,00	
120750	Sie fuhren bei an einer Haltestelle haltendem Omnibus des Linienverkehrs/gekennzeichneten Schulbus *) mit eingeschaltetem Warnblinklicht, obwohl Sie hätten warten müssen, vorbei und gefährdeten +) dadurch Fahrgäste. § 20 Abs. 4, § 1 Abs. 2, § 49 StVO; § 24 Abs. 1, 3 Nr. 5 StVG; 95.2 BKat; § 19 OWiG	A - 1	70,00	
120756	Sie fuhren im Gegenverkehr auf derselben Fahrbahn bei an einer Haltestelle haltendem Omnibus des Linienverkehrs/ gekennzeichneten Schulbus *) mit eingeschaltetem Warn- blinklicht vorbei, obwohl Sie hätten warten müssen und be- hinderten +) dadurch Fahrgäste. § 20 Abs. 4, § 49 StVO; § 24 Abs. 1, 3 Nr. 5 StVG; 95.1 BKat	A - 1	60,00	
120762	Sie fuhren im Gegenverkehr auf derselben Fahrbahn bei an einer Haltestelle haltendem Omnibus des Linienverkehrs/ gekennzeichneten Schulbus *) mit eingeschaltetem Warn- blinklicht vorbei, obwohl Sie hätten warten müssen und ge- fährdeten +) dadurch Fahrgäste. § 20 Abs. 4, § 1 Abs. 2, § 49 StVO; § 24 Abs. 1, 3 Nr. 5 StVG; 95.2 Bkat; § 19 OWiG	A - 1	70,00	

TBNR **Bemerkungen**
120732 – 120762 *) Zutreffende Fahrzeugart angeben

Öffentliche Verkehrsmittel und Schulbusse - § 20 Abs. 4 StVO

TBNR	Tatbestandstext	FaP-Pkt	Euro	FV
120154	Sie überschritten die zulässige Schrittgeschwindigkeit innerhalb geschlossener Ortschaften um ... (bis 10) km/h bei an einer Haltestelle haltendem Linienbus/gekennzeichneten Schulbus *) mit eingeschaltetem Warnblinklicht. Zulässige Geschwindigkeit: **)... km/h. Festgestellte Geschwindigkeit (nach Toleranzabzug): ***)... km/h. § 20 Abs. 4, § 49 StVO; § 24 Abs. 1, 3 Nr. 5 StVG; 11.1.1 BKat (Lkw usw.) Tab.: 720006	0	40,00	
120767	Sie überschritten die zulässige Schrittgeschwindigkeit innerhalb geschlossener Ortschaften um ... (von 11 - 15) km/h bei an einer Haltestelle haltendem Linienbus/gekennzeichneten Schulbus *) mit eingeschaltetem Warnblinklicht. Zulässige Geschwindigkeit: **)... km/h. Festgestellte Geschwindigkeit (nach Toleranzabzug): ***)... km/h. § 20 Abs. 4, § 49 StVO; § 24 Abs. 1, 3 Nr. 5 StVG; 11.1.2 BKat (Lkw usw.) Tab.: 720006	0	60,00	
120768	Sie überschritten die zulässige Schrittgeschwindigkeit innerhalb geschlossener Ortschaften um ... (von 16 - 20) km/h bei an einer Haltestelle haltendem Linienbus/gekennzeichneten Schulbus *) mit eingeschaltetem Warnblinklicht. Zulässige Geschwindigkeit: **)... km/h. Festgestellte Geschwindigkeit (nach Toleranzabzug): ***)... km/h. § 20 Abs. 4, § 49 StVO; § 24 Abs. 1, 3 Nr. 5 StVG; 11.1.4 BKat (Lkw usw.) Tab.: 720006	A - 1	160,00	
120769	Sie überschritten die zulässige Schrittgeschwindigkeit innerhalb geschlossener Ortschaften um ... (von 21 - 25) km/h bei an einer Haltestelle haltendem Linienbus/gekennzeichneten Schulbus *) mit eingeschaltetem Warnblinklicht. Zulässige Geschwindigkeit: **)... km/h. Festgestellte Geschwindigkeit (nach Toleranzabzug): ***)... km/h. § 20 Abs. 4, § 49 StVO; § 24 Abs. 1, 3 Nr. 5, § 25 StVG; 11.1.5 BKat; § 4 Abs. 1 BKatV (Lkw usw.) Tab.: 720006	A - 1	175,00	

TBNR   **Bemerkungen**
120154 – 120769 *) Zutreffende Fahrzeugart angeben, **) Zulässige Geschwindigkeit angeben,
              ***) Festgestellte Geschwindigkeit angeben

Öffentliche Verkehrsmittel und Schulbusse - § 20 Abs. 4 StVO

TBNR	Tatbestandstext	FaP-Pkt	Euro	FV
120770	Sie überschritten die zulässige Schrittgeschwindigkeit innerhalb geschlossener Ortschaften um ... (von 26 - 30) km/h bei an einer Haltestelle haltendem Linienbus/gekennzeichneten Schulbus *) mit eingeschaltetem Warnblinklicht. Zulässige Geschwindigkeit: **)... km/h. Festgestellte Geschwindigkeit (nach Toleranzabzug): ***)... km/h. § 20 Abs. 4, § 49 StVO; § 24 Abs. 1, 3 Nr. 5, § 25 StVG; 11.1.6 BKat; § 4 Abs. 1 BKatV (Lkw usw.) Tab.: 720006	A - 2	235,00	1 M
120771	Sie überschritten die zulässige Schrittgeschwindigkeit innerhalb geschlossener Ortschaften um ... (von 31 - 40) km/h bei an einer Haltestelle haltendem Linienbus/gekennzeichneten Schulbus *) mit eingeschaltetem Warnblinklicht. Zulässige Geschwindigkeit: **)... km/h. Festgestellte Geschwindigkeit (nach Toleranzabzug): ***)... km/h. § 20 Abs. 4, § 49 StVO; § 24 Abs. 1, 3 Nr. 5, § 25 StVG; 11.1.7 BKat; § 4 Abs. 1 BKatV (Lkw usw.) Tab.: 720006	A - 2	3400,00	1 M
120772	Sie überschritten die zulässige Schrittgeschwindigkeit innerhalb geschlossener Ortschaften um ... (von 41 - 50) km/h bei an einer Haltestelle haltendem Linienbus/gekennzeichneten Schulbus *) mit ein geschaltetem Warnblinklicht. Zulässige Geschwindigkeit: **)... km/h. Festgestellte Geschwindigkeit (nach Toleranzabzug): ***)... km/h. § 20 Abs. 4, § 49 StVO; § 24 Abs. 1, 3 Nr. 5, § 25 StVG; 11.1.8 BKat; § 4 Abs. 1 BKatV (Lkw usw.) Tab.: 720006	A - 2	560,00	2 M
120773	Sie überschritten die zulässige Schrittgeschwindigkeit innerhalb geschlossener Ortschaften um ... (von 51 - 60) km/h bei an einer Haltestelle haltendem Linienbus/gekennzeichneten Schulbus *) mit eingeschaltetem Warnblinklicht. Zulässige Geschwindigkeit: **)... km/h. Festgestellte Geschwindigkeit (nach Toleranzabzug): ***)... km/h. § 20 Abs. 4, § 49 StVO; § 24 Abs. 1, 3 Nr. 5, § 25 StVG; 11.1.9 BKat; § 4 Abs. 1 BKatV (Lkw usw.) Tab.: 720006	A - 2	700,00	3 M

TBNR	Bemerkungen
120770 – 120773	*) Zutreffende Fahrzeugart angeben, **) Zulässige Geschwindigkeit angeben, ***) Festgestellte Geschwindigkeit angeben

Öffentliche Verkehrsmittel und Schulbusse - § 20 Abs. 4 StVO

TBNR	Tatbestandstext	FaP-Pkt	Euro	FV
120774	Sie überschritten die zulässige Schrittgeschwindigkeit innerhalb geschlossener Ortschaften um ... (über 60) km/h bei an einer Haltestelle haltendem Linienbus/gekennzeichneten Schulbus *) mit eingeschaltetem Warnblinklicht. Zulässige Geschwindigkeit: **)... km/h. Festgestellte Geschwindigkeit (nach Toleranzabzug): ***)... km/h. § 20 Abs. 4, § 49 StVO; § 24 Abs. 1, 3 Nr. 5, § 25 StVG; 11.1.10 BKat; § 4 Abs.1 BKatV (Lkw usw.) Tab.: 720006	A - 2	800,00	3 M
120160	Sie überschritten die zulässige Schrittgeschwindigkeit außerhalb geschlossener Ortschaften um ... (bis 10) km/h bei an einer Haltestelle haltendem Linienbus/gekennzeichneten Schulbus *) mit eingeschaltetem Warnblinklicht. Zulässige Geschwindigkeit: **)... km/h. Festgestellte Geschwindigkeit (nach Toleranzabzug): ***)... km/h. § 20 Abs. 4, § 49 StVO; § 24 Abs. 1, 3 Nr. 5 StVG; 11.1.1 BKat (Lkw usw.) Tab.: 720007	0	30,00	
120161	Sie überschritten die zulässige Schrittgeschwindigkeit außerhalb geschlossener Ortschaften um ... (von 11 - 15) km/h bei an einer Haltestelle haltendem Linienbus/gekennzeichneten Schulbus *) mit eingeschaltetem Warnblinklicht. Zulässige Geschwindigkeit: **)... km/h. Festgestellte Geschwindigkeit (nach Toleranzabzug): ***)... km/h. § 20 Abs. 4, § 49 StVO; § 24 Abs. 1, 3 Nr. 5 StVG; 11.1.2 BKat (Lkw usw.) Tab.: 720007	0	50,00	
120778	Sie überschritten die zulässige Schrittgeschwindigkeit außerhalb geschlossener Ortschaften um ... (von 16 - 20) km/h bei an einer Haltestelle haltendem Linienbus/gekennzeichneten Schulbus *) mit eingeschaltetem Warnblinklicht. Zulässige Geschwindigkeit: **)... km/h. Festgestellte Geschwindigkeit (nach Toleranzabzug): ***)... km/h. § 20 Abs. 4, § 49 StVO; § 24 Abs. 1, 3 Nr. 5 StVG; 11.1.4 BKat (Lkw usw.) Tab.: 720007	A - 1	140,00	

TBNR   Bemerkungen
120774 – 120778 *) Zutreffende Fahrzeugart angeben, **) Zulässige Geschwindigkeit angeben, ***) festgestellte Geschwindigkeit angeben

TBNR	Tatbestandstext	FaP-Pkt	Euro	FV
120779	Sie überschritten die zulässige Schrittgeschwindigkeit außerhalb geschlossener Ortschaften um ... (von 21 - 25) km/h bei an einer Haltestelle haltendem Linienbus/gekennzeichneten Schulbus *) mit eingeschaltetem Warnblinklicht. Zulässige Geschwindigkeit: **)... km/h. Festgestellte Geschwindigkeit (nach Toleranzabzug): ***)... km/h. § 20 Abs. 4, § 49 StVO; § 24 Abs. 1, 3 Nr. 5 StVG; 11.1.5 BKat (Lkw usw.) Tab.: 720007	A - 1	150,00	
120780	Sie überschritten die zulässige Schrittgeschwindigkeit außerhalb geschlossener Ortschaften um ... (von 26 - 30) km/h bei an einer Haltestelle haltendem Linienbus/gekennzeichneten Schulbus *) mit eingeschaltetem Warnblinklicht. Zulässige Geschwindigkeit: **)... km/h. Festgestellte Geschwindigkeit (nach Toleranzabzug): ***)... km/h. § 20 Abs. 4, § 49 StVO; § 24 Abs. 1, 3 Nr. 5, § 25 StVG; 11.1.6 BKat; § 4 Abs. 1 BKatV (Lkw usw.) Tab.: 720007	A - 1	175,00	
120781	Sie überschritten die zulässige Schrittgeschwindigkeit außerhalb geschlossener Ortschaften um ... (von 31 - 40) km/h bei an einer Haltestelle haltendem Linienbus/gekennzeichneten Schulbus *) mit eingeschaltetem Warnblinklicht. Zulässige Geschwindigkeit: **)... km/h. Festgestellte Geschwindigkeit (nach Toleranzabzug): ***)... km/h. § 20 Abs. 4, § 49 StVO; § 24 Abs. 1, 3 Nr. 5, § 25 StVG; 11.1.7 BKat; § 4 Abs. 1 BKatV (Lkw usw.) Tab.: 720007	A - 2	255,00	1 M
120782	Sie überschritten die zulässige Schrittgeschwindigkeit außerhalb geschlossener Ortschaften um ... (von 41 - 50) km/h bei an einer Haltestelle haltendem Linienbus/gekennzeichneten Schulbus *) mit eingeschaltetem Warnblinklicht. Zulässige Geschwindigkeit: **)... km/h. Festgestellte Geschwindigkeit (nach Toleranzabzug): ***)... km/h. § 20 Abs. 4, § 49 StVO; § 24 Abs. 1, 3 Nr. 5, § 25 StVG; 11.1.8 BKat; § 4 Abs. 1 BKatV (Lkw usw.) Tab.: 720007	A - 2	480,00	1 M

TBNR   **Bemerkungen**
120779 – 120782   *) Zutreffende Fahrzeugart angeben, **) Zulässige Geschwindigkeit angeben,
                  ***) festgestellte Geschwindigkeit angeben

Öffentliche Verkehrsmittel und Schulbusse - § 20 Abs. 4 StVO

TBNR	Tatbestandstext	FaP-Pkt	Euro	FV
120783	Sie überschritten die zulässige Schrittgeschwindigkeit außerhalb geschlossener Ortschaften um ... (von 51 - 60) km/h bei an einer Haltestelle haltendem Linienbus/gekennzeichneten Schulbus *) mit eingeschaltetem Warnblinklicht. Zulässige Geschwindigkeit: **)... km/h. Festgestellte Geschwindigkeit (nach Toleranzabzug): ***)... km/h. § 20 Abs. 4, § 49 StVO; § 24 Abs. 1, 3 Nr. 5, § 25 StVG; 11.1.9 BKat; § 4 Abs. 1 BKatV (Lkw usw.) Tab.: 720007	A - 2	600,00	2 M
120784	Sie überschritten die zulässige Schrittgeschwindigkeit außerhalb geschlossener Ortschaften um ... (über 60) km/h bei an einer Haltestelle haltendem Linienbus/gekennzeichneten Schulbus *) mit eingeschaltetem Warnblinklicht. Zulässige Geschwindigkeit: **)... km/h. Festgestellte Geschwindigkeit (nach Toleranzabzug): ***)... km/h. § 20 Abs. 4, § 49 StVO; § 24 Abs. 1, 3 Nr. 5, § 25 StVG; 11.1.10 BKat; § 4 Abs.1 BKatV (Lkw usw.) Tab.: 720007	A - 2	700,00	3 M
120788	Sie überschritten die zulässige Schrittgeschwindigkeit innerhalb geschlossener Ortschaften um ... (bis 10) km/h bei an einer Haltestelle haltendem Linienbus/gekennzeichneten Schulbus *) mit eingeschaltetem Warnblinklicht. Zulässige Geschwindigkeit: **)... km/h. Festgestellte Geschwindigkeit (nach Toleranzabzug): ***)... km/h. § 20 Abs. 4, § 49 StVO; § 24 Abs. 1, 3 Nr. 5 StVG; 11.2.1 BKat (gef. Güter usw.) Tab.: 720008	0	70,00	
120789	Sie überschritten die zulässige Schrittgeschwindigkeit innerhalb geschlossener Ortschaften um ... (von 11 - 15) km/h bei an einer Haltestelle haltendem Linienbus/gekennzeichneten Schulbus *) mit eingeschaltetem Warnblinklicht. Zulässige Geschwindigkeit: **)... km/h. Festgestellte Geschwindigkeit (nach Toleranzabzug): ***)... km/h. § 20 Abs. 4, § 49 StVO; § 24 Abs. 1, 3 Nr. 5 StVG; 11.2.2 BKat (gef. Güter usw.) Tab.: 720008	A - 1	120,00	

TBNR   **Bemerkungen**
120783 – 120789   *) Zutreffende Fahrzeugart angeben, **) Zulässige Geschwindigkeit angeben,
          ***) festgestellte Geschwindigkeit angeben

Öffentliche Verkehrsmittel und Schulbusse - § 20 Abs. 4 StVO

TBNR	Tatbestandstext	FaP-Pkt	Euro	FV
120790	Sie überschritten die zulässige Schrittgeschwindigkeit innerhalb geschlossener Ortschaften um ... (von 16 - 20) km/h bei an einer Haltestelle haltendem Linienbus/gekennzeichneten Schulbus *) mit eingeschaltetem Warnblinklicht. Zulässige Geschwindigkeit: **)... km/h. Festgestellte Geschwindigkeit (nach Toleranzabzug): ***)... km/h. § 20 Abs. 4, § 49 StVO; § 24 Abs. 1, 3 Nr. 5 StVG; 11.2.4 BKat (gef. Güter usw.) Tab.: 720008	A - 1	320,00	
120791	Sie überschritten die zulässige Schrittgeschwindigkeit innerhalb geschlossener Ortschaften um ... (von 21 - 25) km/h bei an einer Haltestelle haltendem Linienbus/gekennzeichneten Schulbus *) mit eingeschaltetem Warnblinklicht. Zulässige Geschwindigkeit: **)... km/h. Festgestellte Geschwindigkeit (nach Toleranzabzug): ***)... km/h. § 20 Abs. 4, § 49 StVO; § 24 Abs. 1, 3 Nr. 5, § 25 StVG; 11.2.5 BKat; § 4 Abs. 1 BKatV (gef. Güter usw.) Tab.: 720008	A - 2	360,00	1 M
120792	Sie überschritten die zulässige Schrittgeschwindigkeit innerhalb geschlossener Ortschaften um ... (von 26 - 30) km/h bei an einer Haltestelle haltendem Linienbus/gekennzeichneten Schulbus *) mit eingeschaltetem Warnblinklicht. Zulässige Geschwindigkeit: **)... km/h. Festgestellte Geschwindigkeit (nach Toleranzabzug): ***)... km/h. § 20 Abs. 4, § 49 StVO; § 24 Abs. 1, 3 Nr. 5, § 25 StVG; 11.2.6 BKat; § 4 Abs. 1 BKatV (gef. Güter usw.) Tab.: 720008	A - 2	480,00	1 M
120793	Sie überschritten die zulässige Schrittgeschwindigkeit innerhalb geschlossener Ortschaften um ... (von 31 - 40) km/h bei an einer Haltestelle haltendem Linienbus/gekennzeichneten Schulbus *) mit eingeschaltetem Warnblinklicht. Zulässige Geschwindigkeit: **)... km/h. Festgestellte Geschwindigkeit (nach Toleranzabzug): ***)... km/h. § 20 Abs. 4, § 49 StVO; § 24 Abs. 1, 3 Nr. 5, § 25 StVG; 11.2.7 BKat; § 4 Abs. 1 BKatV (gef. Güter usw.) Tab.: 720008	A - 2	640,00	2 M

TBNR   **Bemerkungen**
120790 – 120793   *) Zutreffende Fahrzeugart angeben, **) Zulässige Geschwindigkeit angeben,
                  ***) Festgestellte Geschwindigkeit angeben

Öffentliche Verkehrsmittel und Schulbusse - § 20 Abs. 4 StVO

TBNR	Tatbestandstext	FaP-Pkt	Euro	FV
120794	Sie überschritten die zulässige Schrittgeschwindigkeit innerhalb geschlossener Ortschaften um ... (von 41 - 50) km/h bei an einer Haltestelle haltendem Linienbus/gekennzeichneten Schulbus *) mit eingeschaltetem Warnblinklicht. Zulässige Geschwindigkeit: **)... km/h. Festgestellte Geschwindigkeit (nach Toleranzabzug): ***)... km/h. § 20 Abs. 4, § 49 StVO; § 24 Abs. 1, 3 Nr. 5, § 25 StVG; 11.2.8 BKat; § 4 Abs. 1 BKatV (gef. Güter usw.) Tab.: 720008	A - 2	800,00	3 M
120795	Sie überschritten die zulässige Schrittgeschwindigkeit innerhalb geschlossener Ortschaften um ... (von 51 - 60) km/h bei an einer Haltestelle haltendem Linienbus/gekennzeichneten Schulbus *) mit eingeschaltetem Warnblinklicht. Zulässige Geschwindigkeit: **)... km/h. Festgestellte Geschwindigkeit (nach Toleranzabzug): ***)... km/h. § 20 Abs. 4, § 49 StVO; § 24 Abs. 1, 3 Nr. 5, § 25 StVG; 11.2.9 BKat; § 4 Abs. 1 BKatV (gef. Güter usw.) Tab.: 720008	A - 2	900,00	3 M
120796	Sie überschritten die zulässige Schrittgeschwindigkeit innerhalb geschlossener Ortschaften um ... (über 60) km/h bei an einer Haltestelle haltendem Linienbus/gekennzeichneten Schulbus *) mit eingeschaltetem Warnblinklicht. Zulässige Geschwindigkeit: **)... km/h. Festgestellte Geschwindigkeit (nach Toleranzabzug): ***)... km/h. § 20 Abs. 4, § 49 StVO; § 24 Abs. 1, 3 Nr. 5, § 25 StVG; 11.2.10 BKat; § 4 Abs.1 BKatV (gef. Güter usw.) Tab.: 720008	A - 2	950,00	3 M
120800	Sie überschritten die zulässige Schrittgeschwindigkeit außerhalb geschlossener Ortschaften um ... (bis 10) km/h bei an einer Haltestelle haltendem Linienbus/gekennzeichneten Schulbus *) mit eingeschaltetem Warnblinklicht. Zulässige Geschwindigkeit: **)... km/h. Festgestellte Geschwindigkeit (nach Toleranzabzug): ***)... km/h. § 20 Abs. 4, § 49 StVO; § 24 Abs. 1, 3 Nr. 5 StVG; 11.2.1 BKat (gef. Güter usw.) Tab.: 720009	0	60,00	

TBNR   **Bemerkungen**
120794 – 120800   *) Zutreffende Fahrzeugart angeben, **) Zulässige Geschwindigkeit angeben,
                  ***) Festgestellte Geschwindigkeit angeben

Öffentliche Verkehrsmittel und Schulbusse - § 20 Abs. 4 StVO

TBNR	Tatbestandstext	FaP-Pkt	Euro	FV
120801	Sie überschritten die zulässige Schrittgeschwindigkeit außerhalb geschlossener Ortschaften um ... (von 11 - 15) km/h bei an einer Haltestelle haltendem Linienbus/gekennzeichneten Schulbus *) mit eingeschaltetem Warnblinklicht. Zulässige Geschwindigkeit: **)... km/h. Festgestellte Geschwindigkeit (nach Toleranzabzug): ***)... km/h. § 20 Abs. 4, § 49 StVO; § 24 Abs. 1, 3 Nr. 5 StVG; 11.2.2 BKat (gef. Güter usw.) Tab.: 720009	0	70,00	
120802	Sie überschritten die zulässige Schrittgeschwindigkeit außerhalb geschlossener Ortschaften um ... (von 16 - 20) km/h bei an einer Haltestelle haltendem Linienbus/gekennzeichneten Schulbus *) mit eingeschaltetem Warnblinklicht. Zulässige Geschwindigkeit: **)... km/h. Festgestellte Geschwindigkeit (nach Toleranzabzug): ***)... km/h. § 20 Abs. 4, § 49 StVO; § 24 Abs. 1, 3 Nr. 5 StVG; 11.2.4 BKat (gef. Güter usw.) Tab.: 720009	A - 1	240,00	
120803	Sie überschritten die zulässige Schrittgeschwindigkeit außerhalb geschlossener Ortschaften um ... (von 21 - 25) km/h bei an einer Haltestelle haltendem Linienbus/gekennzeichneten Schulbus *) mit eingeschaltetem Warnblinklicht. Zulässige Geschwindigkeit: **)... km/h. Festgestellte Geschwindigkeit (nach Toleranzabzug): ***)... km/h. § 20 Abs. 4, § 49 StVO; § 24 Abs. 1, 3 Nr. 5 StVG; 11.2.5 BKat (gef. Güter usw.) Tab.: 720009	A - 1	280,00	
120804	Sie überschritten die zulässige Schrittgeschwindigkeit außerhalb geschlossener Ortschaften um ... (von 26 - 30) km/h bei an einer Haltestelle haltendem Linienbus/gekennzeichneten Schulbus *) mit eingeschaltetem Warnblinklicht. Zulässige Geschwindigkeit: **)... km/h. Festgestellte Geschwindigkeit (nach Toleranzabzug): ***)... km/h. § 20 Abs. 4, § 49 StVO; § 24 Abs. 1, 3 Nr. 5, § 25 StVG; 11.2.6 BKat; § 4 Abs. 1 BKatV (gef. Güter usw.) Tab.: 720009	A - 2	400,00	1 M

TBNR   **Bemerkungen**
120801 – 120804   *) Zutreffende Fahrzeugart angeben, **) Zulässige Geschwindigkeit angeben, ***) festgestellte Geschwindigkeit angeben

TBNR	Tatbestandstext	FaP-Pkt	Euro	FV
120805	Sie überschritten die zulässige Schrittgeschwindigkeit außerhalb geschlossener Ortschaften um ... (von 31 - 40) km/h bei an einer Haltestelle haltendem Linienbus/gekennzeichneten Schulbus *) mit eingeschaltetem Warnblinklicht. Zulässige Geschwindigkeit: **)... km/h. Festgestellte Geschwindigkeit (nach Toleranzabzug): ***)... km/h. § 20 Abs. 4, § 49 StVO; § 24 Abs. 1, 3 Nr. 5, § 25 StVG; 11.2.7 BKat; § 4 Abs. 1 BKatV (gef. Güter usw.) Tab.: 720009	A - 2	560,00	1 M
120806	Sie überschritten die zulässige Schrittgeschwindigkeit außerhalb geschlossener Ortschaften um ... (von 41 - 50) km/h bei an einer Haltestelle haltendem Linienbus/gekennzeichneten Schulbus *) mit eingeschaltetem Warnblinklicht. Zulässige Geschwindigkeit: **)... km/h. Festgestellte Geschwindigkeit (nach Toleranzabzug): ***)... km/h. § 20 Abs. 4, § 49 StVO; § 24 Abs. 1, 3 Nr. 5, § 25 StVG; 11.2.8 BKat; § 4 Abs. 1 BKatV (gef. Güter usw.) Tab.: 720009	A - 2	700,00	2 M
120807	Sie überschritten die zulässige Schrittgeschwindigkeit außerhalb geschlossener Ortschaften um ... (von 51 - 60) km/h bei an einer Haltestelle haltendem Linienbus/gekennzeichneten Schulbus *) mit eingeschaltetem Warnblinklicht. Zulässige Geschwindigkeit: **)... km/h. Festgestellte Geschwindigkeit (nach Toleranzabzug): ***)... km/h. § 20 Abs. 4, § 49 StVO; § 24 Abs. 1, 3 Nr. 5, § 25 StVG; 11.2.9 BKat; § 4 Abs. 1 BKatV (gef. Güter usw.) Tab.: 720009	A - 2	800,00	3 M
120808	Sie überschritten die zulässige Schrittgeschwindigkeit außerhalb geschlossener Ortschaften um ... (über 60) km/h bei an einer Haltestelle haltendem Linienbus/gekennzeichneten Schulbus *) mit eingeschaltetem Warnblinklicht. Zulässige Geschwindigkeit: **)... km/h. Festgestellte Geschwindigkeit (nach Toleranzabzug): ***)... km/h. § 20 Abs. 4, § 49 StVO; § 24 Abs. 1, 3 Nr. 5, § 25 StVG; 11.2.10 BKat; § 4 Abs.1 BKatV (gef. Güter usw.) Tab.: 720009	A - 2	900,00	3 M

TBNR   Bemerkungen
120805 – 120808 *) Zutreffende Fahrzeugart angeben, **) Zulässige Geschwindigkeit angeben,
                      ***) Festgestellte Geschwindigkeit angeben

Öffentliche Verkehrsmittel und Schulbusse - § 20 Abs. 4 StVO

TBNR	Tatbestandstext	FaP-Pkt	Euro	FV
120178	Sie überschritten die zulässige Schrittgeschwindigkeit innerhalb geschlossener Ortschaften um ... (bis 10) km/h bei an einer Haltestelle haltendem Linienbus/gekennzeichneten Schulbus *) mit eingeschaltetem Warnblinklicht. Zulässige Geschwindigkeit: **)... km/h. Festgestellte Geschwindigkeit (nach Toleranzabzug): ***)... km/h. § 20 Abs. 4, § 49 StVO; § 24 Abs. 1, 3 Nr. 5 StVG; 11.3.1 BKat (andere Kfz) Tab.: 720010	0	30,00	
120179	Sie überschritten die zulässige Schrittgeschwindigkeit innerhalb geschlossener Ortschaften um ... (von 11 - 15) km/h bei an einer Haltestelle haltendem Linienbus/gekennzeichneten Schulbus *) mit eingeschaltetem Warnblinklicht. Zulässige Geschwindigkeit: **)... km/h. Festgestellte Geschwindigkeit (nach Toleranzabzug): ***)... km/h. § 20 Abs. 4, § 49 StVO; § 24 Abs. 1, 3 Nr. 5 StVG; 11.3.2 BKat (andere Kfz) Tab.: 720010	0	50,00	
120813	Sie überschritten die zulässige Schrittgeschwindigkeit innerhalb geschlossener Ortschaften um ... (von 16 - 20) km/h bei an einer Haltestelle haltendem Linienbus/gekennzeichneten Schulbus *) mit eingeschaltetem Warnblinklicht. Zulässige Geschwindigkeit: **)... km/h. Festgestellte Geschwindigkeit (nach Toleranzabzug): ***)... km/h. § 20 Abs. 4, § 49 StVO; § 24 Abs. 1, 3 Nr. 5 StVG; 11.3.3 BKat (andere Kfz) Tab.: 720010	0	70,00	
120814	Sie überschritten die zulässige Schrittgeschwindigkeit innerhalb geschlossener Ortschaften um ... (von 21 - 25) km/h bei an einer Haltestelle haltendem Linienbus/gekennzeichneten Schulbus *) mit eingeschaltetem Warnblinklicht. Zulässige Geschwindigkeit: **)... km/h Festgestellte Geschwindigkeit (nach Toleranzabzug): ***)... km/h. § 20 Abs. 4, § 49 StVO; § 24 Abs. 1, 3 Nr. 5, § 25 StVG; 11.3.4 BKat; § 4 Abs. 1 BKatV (andere Kfz) Tab.: 720010	A - 1	115,00	

TBNR   Bemerkungen
120178 – 120814 *) Zutreffende Fahrzeugart angebe, **) Zulässige Geschwindigkeit angeben,
***) Festgestellte Geschwindigkeit angeben

Öffentliche Verkehrsmittel und Schulbusse - § 20 Abs. 4 StVO

TBNR	Tatbestandstext	FaP-Pkt	Euro	FV
120815	Sie überschritten die zulässige Schrittgeschwindigkeit inner- halb geschlossener Ortschaften um ... (von 26 - 30) km/h bei an einer Haltestelle haltendem Linienbus/gekennzeichneten Schul- bus *) mit eingeschaltetem Warnblinklicht. Zulässige Geschwin- digkeit: **)... km/h. Festgestellte Geschwindigkeit (nach Toleranzabzug): ***)... km/h. § 20 Abs. 4, § 49 StVO; § 24 Abs. 1, 3 Nr. 5, § 25 StVG; 11.3.5 BKat; § 4 Abs. 1 BKatV (andere Kfz) Tab.: 720010	A - 1	180,00	
120816	Sie überschritten die zulässige Schrittgeschwindigkeit inner- halb geschlossener Ortschaften um ... (von 31 - 40) km/h bei an einer Haltestelle haltendem Linienbus/gekennzeichneten Schulbus *) mit eingeschaltetem Warnblinklicht. Zulässige Ge- schwindigkeit: **)... km/h. Festgestellte Geschwindigkeit (nach Toleranzabzug): ***)... km/h. § 20 Abs. 4, § 49 StVO; § 24 Abs. 1, 3 Nr. 5, § 25 StVG 11.3.6 BKat; § 4 Abs. 1 BkatV (andere Kfz) Tab.: 720010	A - 2	260,00	1 M
120817	Sie überschritten die zulässige Schrittgeschwindigkeit inner- halb geschlossener Ortschaften um ... (von 41 - 50) km/h bei an einer Haltestelle haltendem Linienbus/gekennzeichneten Schul- bus *) mit eingeschaltetem Warnblinklicht. Zulässige Geschwin- digkeit: **)... km/h. Festgestellte Geschwindigkeit (nach Toleranzabzug): ***)... km/h. § 20 Abs. 4, § 49 StVO; § 24 Abs. 1, 3 Nr. 5, § 25 StVG; 11.3.7 BKat; § 4 Abs. 1 BKatV (andere Kfz) Tab.: 720010	A - 2	400,00	1 M
120818	Sie überschritten die zulässige Schrittgeschwindigkeit inner- halb geschlossener Ortschaften um ... (von 51 - 60) km/h bei an einer Haltestelle haltendem Linienbus/gekennzeichneten Schul- bus *) mit eingeschaltetem Warnblinklicht. Zulässige Geschwin- digkeit: **)... km/h Festgestellte Geschwindigkeit (nach Toleranzabzug): ***)... km/h. § 20 Abs. 4, § 49 StVO; § 24 Abs. 1, 3 Nr. 5, § 25 StVG; 11.3.8 BKat; § 4 Abs. 1 BKatV (andere Kfz) Tab.: 720010	A - 2	560,00	2 M

TBNR   **Bemerkungen**
120815 – 120818 *) Zutreffende Fahrzeugart angeben, **) Zulässige Geschwindigkeit angeben,
          ***) Festgestellte Geschwindigkeit angeben

Öffentliche Verkehrsmittel und Schulbusse - § 20 Abs. 4 StVO

TBNR	Tatbestandstext	FaP-Pkt	Euro	FV
120819	Sie überschritten die zulässige Schrittgeschwindigkeit innerhalb geschlossener Ortschaften um ... (von 61 - 70) km/h bei an einer Haltestelle haltendem Linienbus/gekennzeichneten Schulbus *) mit eingeschaltetem Warnblinklicht. Zulässige Geschwindigkeit: **)... km/h. Festgestellte Geschwindigkeit (nach Toleranzabzug): ***)... km/h. § 20 Abs. 4, § 49 StVO; § 24 Abs. 1, 3 Nr. 5, § 25 StVG; 11.3.9 BKat; § 4 Abs. 1 BKatV (andere Kfz) Tab.: 720010	A - 2	700,00	3 M
120820	Sie überschritten die zulässige Schrittgeschwindigkeit innerhalb geschlossener Ortschaften um ... (über 70) km/h bei an einer Haltestelle haltendem Linienbus/gekennzeichneten Schulbus *) mit eingeschaltetem Warnblinklicht. Zulässige Geschwindigkeit: **)... km/h. Festgestellte Geschwindigkeit (nach Toleranzabzug): ***)... km/h. § 20 Abs. 4, § 49 StVO; § 24 Abs. 1, 3 Nr. 5, § 25 StVG; 11.3.10 BKat;§ 4 Abs.1 BKatV (andere Kfz) Tab.: 720010	A - 2	800,00	3 M
120184	Sie überschritten die zulässige Schrittgeschwindigkeit außerhalb geschlossener Ortschaften um ... (bis 10) km/h bei an einer Haltestelle haltendem Linienbus/gekennzeichneten Schulbus *) mit eingeschaltetem Warnblinklicht. Zulässige Geschwindigkeit: **)... km/h. Festgestellte Geschwindigkeit (nach Toleranzabzug): ***)... km/h. § 20 Abs. 4, § 49 StVO; § 24 Abs. 1, 3 Nr. 5 StVG; 11.3.1 BKat (andere Kfz) Tab.: 720011	0	20,00	
120185	Sie überschritten die zulässige Schrittgeschwindigkeit außerhalb geschlossener Ortschaften um ... (von 11 - 15) km/h bei an einer Haltestelle haltendem Linienbus/gekennzeichneten Schulbus *) mit eingeschaltetem Warnblinklicht. Zulässige Geschwindigkeit: **)... km/h. Festgestellte Geschwindigkeit (nach Toleranzabzug): ***)... km/h. § 20 Abs. 4, § 49 StVO; § 24 Abs. 1, 3 Nr. 5 StVG; 11.3.2 BKat (andere Kfz) Tab.: 720011	0	40,00	

TBNR   **Bemerkungen**
120819 – 120185 *) Zutreffende Fahrzeugart angeben, **) Zulässige Geschwindigkeit angeben,
                 ***) Festgestellte Geschwindigkeit angeben

Öffentliche Verkehrsmittel und Schulbusse - § 20 Abs. 4 StVO

TBNR	Tatbestandstext	FaP-Pkt	Euro	FV
120625	Sie überschritten die zulässige Schrittgeschwindigkeit außerhalb geschlossener Ortschaften um ... (von 16 - 20) km/h bei an einer Haltestelle haltendem Linienbus/gekennzeichneten Schulbus *) mit eingeschaltetem Warnblinklicht. Zulässige Geschwindigkeit: **)... km/h. Festgestellte Geschwindigkeit (nach Toleranzabzug): ***)... km/h. § 20 Abs. 4, § 49 StVO; § 24 Abs. 1, 3 Nr. 5 StVG; 11.3.3 BKat (andere Kfz) Tab.: 720011	0	60,00	
120826	Sie überschritten die zulässige Schrittgeschwindigkeit außerhalb geschlossener Ortschaften um . . (von 21 - 25) km/h bei an einer Haltestelle haltendem Linienbus/gekennzeichneten Schulbus *) mit eingeschaltetem Warnblinklicht. Zulässige Geschwindigkeit: **)... km/h. Festgestellte Geschwindigkeit (nach Toleranzabzug): ***)... km/h. § 20 Abs. 4, § 49 StVO; § 24 Abs. 1, 3 Nr. 5 StVG; 11.3.4 BKat (andere Kfz) Tab.: 720011	A - 1	100,00	
120827	Sie überschritten die zulässige Schrittgeschwindigkeit außerhalb geschlossener Ortschaften um ... (von 26 - 30) km/h bei an einer Haltestelle haltendem Linienbus/gekennzeichneten Schulbus *) mit eingeschaltetem Warnblinklicht. Zulässige Geschwindigkeit: **)... km/h. Festgestellte Geschwindigkeit (nach Toleranzabzug): ***)... km/h. § 20 Abs. 4, § 49 StVO; § 24 Abs. 1, 3 Nr. 5, § 25 StVG; 11.3.5 BKat; § 4 Abs. 1 BKatV (andere Kfz) Tab.: 720011	A - 1	150,00	
120828	Sie überschritten die zulässige Schrittgeschwindigkeit außerhalb geschlossener Ortschaften um ... (von 31 - 40) km/h bei an einer Haltestelle haltendem Linienbus/gekennzeichneten Schulbus *) mit eingeschaltetem Warnblinklicht. Zulässige Geschwindigkeit: **)... km/h. Festgestellte Geschwindigkeit (nach Toleranzabzug): ***)... km/h. § 20 Abs. 4, § 49 StVO; § 24 Abs. 1, 3 Nr. 5, § 25 StVG; 11.3.6 BKat; § 4 Abs. 1 BKatV (andere Kfz) Tab.: 720011	A - 1	200,00	

TBNR   **Bemerkungen**
120186 – 120828 *) Zutreffende Fahrzeugart angeben, **) Zulässige Geschwindigkeit angeben,
               ***) Festgestellte Geschwindigkeit angeben

Öffentliche Verkehrsmittel und Schulbusse - § 20 Abs. 4 StVO

TBNR	Tatbestandstext	FaP-Pkt	Euro	FV
120829	Sie überschritten die zulässige Schrittgeschwindigkeit außerhalb geschlossener Ortschaften um ... (von 41 - 50) km/h bei an einer Haltestelle haltendem Linienbus/gekennzeichneten Schulbus *) mit eingeschaltetem Warnblinklicht. Zulässige Geschwindigkeit: **)... km/h. Festgestellte Geschwindigkeit (nach Toleranzabzug): ***)... km/h. § 20 Abs. 4, § 49 StVO; § 24 Abs. 1, 3 Nr. 5, § 25 StVG; 11.3.7 BKat; § 4 Abs. 1 BKatV (andere Kfz) Tab.: 720011	A - 2	320,00	1 M
120830	Sie überschritten die zulässige Schrittgeschwindigkeit außerhalb geschlossener Ortschaften um ... (von 51 - 60) km/h bei an einer Haltestelle haltendem Linienbus/gekennzeichneten Schulbus *) mit eingeschaltetem Warnblinklicht. Zulässige Geschwindigkeit: **)... km/h. Festgestellte Geschwindigkeit (nach Toleranzabzug): ***)... km/h. § 20 Abs. 4, § 49 StVO; § 24 Abs. 1, 3 Nr. 5, § 25 StVG; 11.3.8 BKat; § 4 Abs. 1 BKatV (andere Kfz) Tab.: 720011	A - 2	480,00	1 M
120831	Sie überschritten die zulässige Schrittgeschwindigkeit außerhalb geschlossener Ortschaften um ... (von 61 - 70) km/h bei an einer Haltestelle haltendem Linienbus/gekennzeichneten Schulbus *) mit eingeschaltetem Warnblinklicht. Zulässige Geschwindigkeit: **)... km/h. Festgestellte Geschwindigkeit (nach Toleranzabzug): ***)... km/h. § 20 Abs. 4, § 49 StVO; § 24 Abs. 1, 3 Nr. 5, § 25 StVG; 11.3.9 BKat; § 4 Abs. 1 BKatV (andere Kfz) Tab.: 720011	A - 2	600,00	2 M
120832	Sie überschritten die zulässige Schrittgeschwindigkeit außerhalb geschlossener Ortschaften um ... (über 70) km/h bei an einer Haltestelle haltendem Linienbus/gekennzeichneten Schulbus *) mit eingeschaltetem Warnblinklicht. Zulässige Geschwindigkeit: **)... km/h. Festgestellte Geschwindigkeit (nach Toleranzabzug): ***)... km/h. § 20 Abs. 4, § 49 StVO; § 24 Abs. 1, 3 Nr. 5, § 25 StVG; .3.10 BKat; § 4 Abs.1 BKatV (andere Kfz) Tab.: 720011	A - 2	700,00	3 M

TBNR   **Bemerkungen**
120829 – 120832 *) Zutreffende Fahrzeugart angeben, **) Zulässige Geschwindigkeit angeben,
                 ***) Festgestellte Geschwindigkeit angeben

Öffentliche Verkehrsmittel und Schulbusse - § 20 Abs. 5 StVO

TBNR	Tatbestandstext	FaP-Pkt	Euro	FV
120190	Sie ermöglichten einem Omnibus des Linienverkehrs nicht das Abfahren von einer gekennzeichneten Haltestelle. § 20 Abs. 5, § 49 StVO; § 24 Abs. 1, 3 Nr. 5 StVG; 96 BKat	0	5,00	
120191	Sie ermöglichten einem Omnibus des Linienverkehrs nicht das Abfahren von einer gekennzeichneten Haltestelle und gefährdeten +) dadurch Andere. § 20 Abs. 5, § 1 Abs. 2, § 49 StVO; § 24 Abs. 1, 3 Nr. 5 StVG; 96.1 BKat;§ 3 Abs. 3 BKatV; § 19 OWiG	0	20,00	
120192	Sie ermöglichten einem Omnibus des Linienverkehrs nicht das Abfahren von einer gekennzeichneten Haltestelle. Es kam zum Unfall. § 20 Abs. 5, § 1 Abs. 2, § 49 StVO; § 24 Abs. 1, 3 Nr. 5 StVG; 96.2 BKat; § 3 Abs. 3 BKatV; § 19 OWiG	0	30,00	
120196	Sie ermöglichten einem Schulbus nicht das Abfahren von einer gekennzeichneten Haltestelle. § 20 Abs. 5, § 49 StVO; § 24 Abs. 1, 3 Nr. 5 StVG; 96 BKat	0	5,00	
120197	Sie ermöglichten einem Schulbus nicht das Abfahren von einer gekennzeichneten Haltestelle und gefährdeten +) dadurch Andere. § 20 Abs. 5, § 1 Abs. 2, § 49 StVO; § 24 Abs. 1, 3 Nr. 5 StVG; 96.1 BKat; § 3 Abs. 3 BKatV; § 19 OWiG	0	20,00	
120198	Sie ermöglichten einem Schulbus nicht das Abfahren von einer gekennzeichneten Haltestelle. Es kam zum Unfall. § 20 Abs. 5, § 1 Abs. 2, § 49 StVO; § 24 Abs. 1, 3 Nr. 5 StVG; 96.2 BKat; § 3 Abs. 3 BKatV; § 19 OWiG	0	30,00	

TBNR   **Bemerkungen**

Personenbeförderung - § 21 StVO

TBNR	Tatbestandstext	FaP-Pkt	Euro	FV
121100	Sie beförderten auf dem Kraftrad ohne besonderen Sitz eine Person. § 21 Abs. 1, § 49 StVO; § 24 Abs. 1, 3 Nr. 5 StVG; 97 BKat	0	5,00	
121101	Sie beförderten in einem Kraftfahrzeug mehr Personen, als mit Sicherheitsgurten ausgerüstete Sitzplätze vorhanden waren. § 21 Abs. 1, § 49 StVO; § 24 Abs. 1, 3 Nr. 5 StVG; 97 BKat	0	5,00	
121102	Sie beförderten in einem Kraftfahrzeug für das Sicherheitsgurte nicht für alle Sitzplätze vorgeschrieben sind, mehr Personen als Sitzplätze vorhanden waren. § 21 Abs. 1, § 49 StVO; § 24 Abs. 1, 3 Nr. 5 StVG; 97 BKat	0	5,00	
121106	Sie beförderten auf der Zugmaschine ohne geeignete Sitzgelegenheit Personen. § 21 Abs. 1, § 49 StVO; § 24 Abs. 1, 3 Nr. 5 StVG; 97 BKat	0	5,00	
121112	Sie beförderten in einem Wohnwagen hinter dem Kraftfahrzeug Personen. § 21 Abs. 1, § 49 StVO; § 24 Abs. 1, 3 Nr. 5 StVG; 97 BKat	0	5,00	
121118	Sie nahmen in einem Kraftfahrzeug ein Kind mit, ohne für die vorschriftsmäßige Sicherung zu sorgen. § 21 Abs. 1a, § 21a Abs. 1, § 49 StVO; § 24 Abs. 1, 3 Nr. 5 StVG; 98.1 BKat	0	30,00	
121124	Sie nahmen in einem Kraftfahrzeug mehrere Kinder mit, ohne für die vorschriftsmäßige Sicherung zu sorgen. § 21 Abs. 1a, § 21a Abs. 1, § 49 StVO; § 24 Abs. 1, 3 Nr. 5 StVG; 98.2 BKat	0	35,00	
121600	Sie beförderten als Kraftfahrzeugführer ein Kind ohne jede Sicherung /sorgten als Verantwortlicher nicht für eine Sicherung des Kindes *). § 21 Abs. 1a, § 21a Abs. 1, § 49 StVO; § 24 Abs. 1, 3 Nr. 5 StVG; 99.1 BKat	B - 1	60,00	
121606	Sie beförderten als Kraftfahrzeugführer mehrere Kinder ohne jede Sicherung/sorgten als Verantwortlicher nicht für eine Sicherung der Kinder *). § 21 Abs. 1a, § 21a Abs. 1, § 49 StVO; § 24 Abs. 1, 3 Nr. 5 StVG; 99.2 BKat	B - 1	70,00	
121130	Sie beförderten auf der Ladefläche oder in Laderäumen des Fahrzeuges Personen. § 21 Abs. 2, § 49 StVO; § 24 Abs. 1, 3 Nr. 5 StVG; 97 BKat	0	5,00	
121136	Sie beförderten auf der Ladefläche oder in Laderäumen des Anhängers, der nicht in der Land- und Forstwirtschaft eingesetzt war, Personen. § 21 Abs. 2, § 49 StVO; § 24 Abs. 1, 3 Nr. 5 StVG; 97 BKat	0	5,00	

TBNR	Bemerkungen
121600; 121606	*) Zutreffendes angeben

Personenbeförderung - § 21 StVO

TBNR	Tatbestandstext	FaP-Pkt	Euro	FV
121142	Sie beförderten auf der Ladefläche oder in Laderäumen des Anhängers, der in der Land- und Forstwirtschaft eingesetzt war, ohne geeignete Sitzgelegenheit Personen. § 21 Abs. 2, § 49 StVO; § 24 Abs. 1, 3 Nr. 5 StVG; 97 BKat	0	5,00	
121148	Sie standen während der Fahrt auf der Ladefläche des Fahrzeuges, ohne dass es zur Begleitung der Ladung/Arbeit auf der Ladefläche *) notwendig gewesen wäre. § 21 Abs. 2, § 49 StVO; § 24 Abs. 1, 3 Nr. 5 StVG; 97 Bkat	0	5,00	
121154	Sie ließen zu, dass Personen während der Fahrt auf der Ladefläche des Fahrzeuges gestanden haben, ohne dass es zur Begleitung der Ladung/Arbeit auf der Ladefläche *) notwendig gewesen wäre. § 21 Abs. 2, § 49 StVO; § 24 Abs. 1, 3 Nr. 5 StVG; 97 BKat	0	5,00	
121000	Sie beförderten auf einem Fahrrad eine Person, obwohl dieses nicht zur Personenbeförderung gebaut oder eingerichtet ist. § 21 Abs. 3, § 49 StVO; § 24 Abs. 1, 3 Nr. 5 StVG; -- BKat	0	5,00	
121160	Sie beförderten auf einem einsitzigen Fahrrad eine Person, die das siebente Lebensjahr bereits vollendet hatte. § 21 Abs. 3, § 49 StVO; § 24 Abs. 1, 3 Nr. 5 StVG; 97 BKat	0	5,00	
121166	Sie beförderten auf dem Fahrrad ein Kind, obwohl die vorgeschriebenen Sicherheitsvorrichtungen nicht vorhanden waren. § 21 Abs. 3, § 49 StVO; § 24 Abs. 1, 3 Nr. 5 StVG; 97 BKat	0	5,00	
121182	Sie beförderten hinter einem Fahrrad in einem Anhänger, der zur Beförderung von Kindern eingerichtet ist, mehr als zwei Kinder. § 21 Abs. 3, § 49 StVO; § 24 Abs. 1, 3 Nr. 5 StVG; 97 BKat	0	5,00	
121186	Sie beförderten hinter einem Fahrrad in einem Anhänger, der zur Beförderung von Kindern eingerichtet ist, eine Person, die das siebente Lebensjahr bereits vollendet hatte. § 21 Abs. 3, § 49 StVO; § 24 Abs. 1, 3 Nr. 5 StVG; 97 BKat	0	5,00	

TBNR	Bemerkungen
121148, 112154	*) Zutreffendes angeben

Sicherheitsgurte, Schutzhelme - § 21a StVO

TBNR	Tatbestandstext	FaP-Pkt	Euro	FV
121172	Sie hatten während der Fahrt den vorgeschriebenen Sicherheitsgurt nicht angelegt. § 21a Abs. 1, § 49 StVO; § 24 Abs. 1, 3 Nr. 5 StVG; 100 BKat	0	30,00	
121175	Sie hatten während der Fahrt das vorgeschriebene Rollstuhl-Rückhaltesystem/Rollstuhlnutzer-Rückhaltesystem *) nicht angelegt. § 21a Abs. 1, § 49 StVO; § 24 Abs. 1, 3 Nr. 5 StVG; 100.1 BKat	0	30,00	
121178	Sie trugen während der Fahrt keinen geeigneten Schutzhelm. § 21a Abs. 2, § 49 StVO; § 24 Abs. 1, 3 Nr. 5 StVG; 101 BKat	0	15,00	
121612	Sie beförderten auf einem Kraftrad ein Kind, obwohl es keinen Schutzhelm trug. § 21a Abs. 2, § 49 StVO; § 24 Abs. 1, 3 Nr. 5 StVG; 99.1 BKat	B - 1	60,00	
121618	Sie beförderten auf einem Kraftrad mehrere Kinder, obwohl sie keinen Schutzhelm trugen. § 21a Abs. 2, § 49 StVO; § 24 Abs. 1, 3 Nr. 5 StVG; 99.2 BKat	B - 1	70,00	

TBNR	Bemerkungen
121175	*) Zutreffendes angeben

Ladung - § 22 Abs. 1, 2, 3 StVO

TBNR	Tatbestandstext	FaP-Pkt	Euro	FV
122600	Sie unterließen es, die Ladung/Ladeeinrichtung *) des Lastkraftwagens/Kraftomnibusses **) bzw. dessen Anhängers verkehrssicher zu verstauen oder gegen Verrutschen, Umfallen, Hin- und Herrollen oder Herabfallen besonders zu sichern. § 22 Abs. 1, § 49 StVO; § 24 Abs. 1, 3 Nr. 5 StVG; 102.1 BKat	B - 1	60,00	
122602	Sie unterließen es, die Ladung/Ladeeinrichtung *) des Lastkraftwagens/Kraftomnibusses **) bzw. dessen Anhängers verkehrssicher zu verstauen oder gegen Verrutschen, Umfallen, Hin- und Herrollen oder Herabfallen besonders zu sichern, und gefährdeten +) dadurch Andere. § 22 Abs. 1, § 1 Abs. 2, § 49 StVO; § 24 Abs. 1, 3 Nr. 5 StVG; 102.1.1 BKat; § 19 OWiG	B - 1	75,00	
122603	Sie unterließen es, die Ladung/Ladeeinrichtung *) des Lastkraftwagens/Kraftomnibusses **) bzw. dessen Anhängers verkehrssicher zu verstauen oder gegen Verrutschen, Umfallen, Hin- und Herrollen oder Herabfallen besonders zu sichern. Es kam zum Unfall. § 22 Abs. 1, § 1 Abs. 2, § 49 StVO; § 24 Abs. 1, 3 Nr. 5 StVG; 102.1.1 BKat; § 3 Abs. 3 BKatV; § 19 OWiG	B - 1	100,00	
122100	Sie unterließen es, die Ladung/Ladeeinrichtung *) des Kraftfahrzeugs bzw. dessen Anhängers verkehrssicher zu verstauen oder gegen Verrutschen, Umfallen, Hin- und Herrollen oder Herabfallen besonders zu sichern. § 22 Abs. 1, § 49 StVO; § 24 Abs. 1, 3 Nr. 5 StVG; 102.2 BKat	0	35,00	
122608	Sie unterließen es, die Ladung/Ladeeinrichtung *) des Kraftfahrzeugs bzw. dessen Anhängers verkehrssicher zu verstauen oder gegen Verrutschen, Umfallen, Hin- und Herrollen oder Herabfallen besonders zu sichern, und gefährdeten +) dadurch Andere. § 22 Abs. 1, § 1 Abs. 2, § 49 StVO; § 24 Abs. 1, 3 Nr. 5 StVG; 102.2.1 BKat; § 19 OWiG	B - 1	60,00	
122609	Sie unterließen es, die Ladung/Ladeeinrichtung *) des Kraftfahrzeugs bzw. dessen Anhängers verkehrssicher zu verstauen oder gegen Verrutschen, Umfallen, Hin- und Herrollen oder Herabfallen besonders zu sichern. Es kam zum Unfall. § 22 Abs. 1, § 1 Abs. 2, § 49 StVO; § 24 Abs. 1, 3 Nr. 5 StVG; 102.2.1 BKat; § 3 Abs. 3 BKatV; § 19 OWiG	B - 1	75,00	
122106	Sie unterließen es, die Ladung/Ladeeinrichtung *) gegen vermeidbaren Lärm besonders zu sichern. § 22 Abs. 1, § 49 StVO; § 24 Abs. 1, 3 Nr. 5 StVG; 103 Bkat	0	10,00	

TBNR	Bemerkungen
122600; 122602; 122603; 122100 122608; 122609; 122106	*) Zutreffendes angeben
122600; 122602; 122603	**) Zutreffende Fahrzeugart angeben

Ladung - § 22 Abs. 1, 2, 3 StVO

TBNR	Tatbestandstext	FaP-Pkt	Euro	FV
122112	Sie führten das Fahrzeug, obwohl es mit der Ladung höher als zulässig war. § 22 Abs. 2, § 49 StVO; § 24 Abs. 1, 3 Nr. 5 StVG; 105 Bkat	0	20,00	
122118	Sie führten das Fahrzeug, obwohl es mit der Ladung breiter als zulässig war. § 22 Abs. 2, § 49 StVO; § 24 Abs. 1, 3 Nr. 5 StVG; 105 Bkat	0	20,00	
122124	Sie führten das für land- oder forstwirtschaftliche Zwecke eingesetzte Fahrzeug, obwohl es mit der Ladung breiter als zulässig war. § 22 Abs. 2, § 49 StVO; § 24 Abs. 1, 3 Nr. 5 StVG; 105 BKat	0	20,00	
122606	Sie führten das Fahrzeug, obwohl es mit Ladung höher als 4,20 Meter (gemessen: *)..,.. m) war. § 22 Abs. 2, § 49 StVO; § 24 Abs. 1, 3 Nr. 5 StVG; 104 BKat	B - 1	60,00	
122130	Sie führten das Fahrzeug, obwohl dessen Ladung unzulässig *) nach vorne hinausragte. § 22 Abs. 3, § 49 StVO; § 24 Abs. 1, 3 Nr. 5 StVG; 105 BKat	0	20,00	

Ladung - § 22 Abs. 4, 5 StVO

TBNR	Tatbestandstext	FaP-Pkt	Euro	FV
122136	Sie führten das Fahrzeug, obwohl dessen Ladung bei einer Beförderungsstrecke bis zu 100 km mehr als 3 m nach hinten hinausragte. § 22 Abs. 4, § 49 StVO; § 24 Abs. 1, 3 Nr. 5 StVG; 105 BKat	0	20,00	
122142	Sie führten das Fahrzeug, obwohl dessen Ladung bei einer Beförderungsstrecke von mehr als 100 km mehr als 1,5 m nach hinten hinausragte. § 22 Abs. 4, § 49 StVO; § 24 Abs. 1, 3 Nr. 5 StVG; 105 BKat	0	20,00	
122148	Sie führten das Fahrzeug, das mit Ladung länger als 20,75 m. war. § 22 Abs. 4, § 49 StVO; § 24 Abs. 1, 3 Nr. 5 StVG; 105 BKat	0	20,00	
122154	Sie führten das Fahrzeug, ohne die vorgeschriebenen Sicherungsmittel angebracht zu haben. § 22 Abs. 4, § 49 StVO; § 24 Abs. 1, 3 Nr. 5 StVG; 106 BKat	0	25,00	
122160	Sie unterließen es, an der über 1 m hinausragenden Ladung in der vor geschriebenen Höhe Sicherungsmittel anzubringen. § 22 Abs. 4, § 49 StVO; § 24 Abs. 1, 3 Nr. 5 StVG; 106 BKat	0	25,00	

TBNR	Bemerkungen
122606	*) Höhe angeben
122130	*) Maße angeben

Ladung - § 22 Abs. 4, 5 StVO

TBNR	Tatbestandstext	FaP-Pkt	Euro	FV
122166	Sie führten das Fahrzeug, dessen Ladung mehr als 40 cm seitlich über die Leuchten hinausragten, ohne die vorge-schriebenen Sicherungsmittel angebracht zu haben. § 22 Abs. 5, § 49 StVO; § 24 Abs. 1, 3 Nr. 5 StVG; 106 BKat	0	25,00	
122172	Sie führten das Fahrzeug, obwohl schlecht erkennbare Gegen-stände seitlich hinausragten. § 22 Abs. 5, § 49 StVO; § 24 Abs. 1, 3 Nr. 5 StVG; 106 Bkat	0	25,00	

Sonstige Pflichten von Fahrzeugführenden - § 23 StVO

TBNR	Tatbestandstext	FaP-Pkt	Euro	FV
123100	Sie führten das Fahrzeug, obwohl Ihre Sicht beeinträchtigt war. § 23 Abs. 1, § 49 StVO; § 24 Abs. 1, 3 Nr. 5 StVG; 107.1 BKat	0	10,00	
123106	Sie führten das Fahrzeug, obwohl Ihr Gehör durch Geräte beeinträchtigt war. § 23 Abs. 1, § 49 StVO; § 24 Abs. 1, 3 Nr. 5 StVG; 107.1 BKat	0	10,00	
123112	Sie führten das nicht vorschriftsmäßige *) Fahrzeug. § 23 Abs. 1, § 49 StVO; § 24 Abs. 1, 3 Nr. 5 StVG; 107.2 BKat	0	25,00	
123118	Sie führten das Fahrzeug, obwohl die Ladung/Besetzung **) nicht vorschriftsmäßig *) war. § 23 Abs. 1, § 49 StVO; § 24 Abs. 1, 3 Nr. 5 StVG; 107.2 BKat	0	25,00	
123119	Sie führten das Fahrzeug, obwohl die Verkehrssicherheit *) durch die Ladung/Besetzung **) litt. § 23 Abs. 1, § 49 StVO; § 24 Abs. 1, 3 Nr. 5 StVG; 107.2 BKat	0	25,00	
123130	Sie führten das Fahrzeug, obwohl die vorgeschriebenen Kenn-zeichen schlecht lesbar waren. § 23 Abs. 1, § 49 StVO; § 24 Abs. 1, 3 Nr. 5 StVG; 107.3 BKat	0	5,00	
123136	Sie führten das Fahrzeug, dessen Beleuchtungseinrichtung nicht vor handen/betriebsbereit *) war. § 23 Abs. 1, § 49 StVO; § 24 Abs. 1, 3 Nr. 5 StVG; 107.4 BKat	0	20,00	
123137	Sie führten das Fahrzeug, dessen Beleuchtungseinrichtung - nicht vor handen/betriebsbereit *) war, und gefährdeten +) da-durch Andere. § 23 Abs. 1, § 1 Abs. 2, § 49 StVO; § 24 Abs. 1, 3 Nr. 5 StVG; 107.4.1 BKat; § 19 OWiG	0	25,00	
123138	Sie führten das Fahrzeug, dessen Beleuchtungseinrichtung nicht vor handen/betriebsbereit *) war. Es kam zum Unfall. § 23 Abs. 1, § 1 Abs. 2, § 49 StVO; § 24 Abs. 1, 3 Nr. 5 StVG; 107.4.2 BKat; § 19 OWiG	0	35,00	

TBNR	Bemerkungen
123112; 123118;	*) Mangel angeben
123119	*) mangelnde Verkehrssicherheit der Ladung/Besetzung erläutern
123118; 123119	**) Zutreffendes angeben
123136 – 123138	*) Zutreffendes angeben

Sonstige Pflichten von Fahrzeugführenden - § 23 StVO

TBNR	Tatbestandstext	FaP-Pkt	Euro	FV
123142	Sie führten einen Anhänger mit, dessen Beleuchtungseinrichtung nicht vorhanden/betriebsbereit *) war. § 23 Abs. 1, § 49 StVO; § 24 Abs. 1, 3 Nr. 5 StVG; 107.4 BKat	0	20,00	
123143	Sie führten einen Anhänger mit, dessen Beleuchtungseinrichtung nicht vorhanden/betriebsbereit *) war, und gefährdeten +) dadurch Andere. § 23 Abs. 1, § 1 Abs. 2, § 49 StVO; § 24 Abs. 1, 3 Nr. 5 StVG; 107.4.1 BKat; § 19 OWiG	0	25,00	
123144	Sie führten einen Anhänger mit, dessen Beleuchtungseinrichtung nicht vorhanden/betriebsbereit *) war. Es kam zum Unfall. § 23 Abs. 1, § 1 Abs. 2, § 49 StVO; § 24 Abs. 1, 3 Nr. 5 StVG; 107.4.2 BKat; § 19 OWiG	0	35,00	
123600	Sie führten das nicht vorschriftsmäßige *) Fahrzeug, wodurch die Verkehrssicherheit wesentlich beeinträchtigt war. § 23 Abs. 1, § 49 StVO; § 24 Abs. 1, 3 Nr. 5 StVG; 108 BKat	B -1	80,00	
123601	Sie führten das nicht vorschriftsmäßige *) Fahrzeug, wodurch die Verkehrssicherheit wesentlich beeinträchtigt war. Es kam zum Unfall. § 23 Abs. 1, § 1 Abs. 2, § 49 StVO; § 24 Abs. 1, 3 Nr. 5 StVG; 108 BKat; § 3 Abs. 3 BKatV; § 19 OwiG	B - 1	120,00	
123606	Sie führten das Fahrzeug, obwohl die Ladung nicht vorschriftsmäßig *) war, wodurch die Verkehrssicherheit wesentlich litt. § 23 Abs. 1, § 49 StVO; § 24 Abs. 1, 3 Nr. 5 StVG; 108 BKat	B - 1	80,00	

TBNR   **Bemerkungen**
123142 – 123144 *) Zutreffendes angeben
123600, 123601, *) Mangel angeben
123606

Sonstige Pflichten von Fahrzeugführenden - § 23 StVO

TBNR	Tatbestandstext	FaP-Pkt	Euro	FV
123607	Sie führten das Fahrzeug, obwohl die Ladung nicht vorschrifts-mäßig *) war, wodurch die Verkehrssicherheit wesentlich litt. Es kam zum Unfall. § 23 Abs. 1, § 1 Abs. 2, § 49 StVO; § 24 Abs. 1, 3 Nr. 5 StVG; 108 BKat; § 3 Abs. 3 BKatV; § 19 OWiG	B - 1	120,00	
123612	Sie führten das Fahrzeug, obwohl die Besetzung nicht vorschrifts-mäßig *) war, wodurch die Verkehrssicherheit wesentlich litt. § 23 Abs. 1, § 49 StVO; § 24 Abs. 1, 3 Nr. 5 StVG; 108 BKat	B - 1	80,00	
123613	Sie führten das Fahrzeug, obwohl die Besetzung nicht vorschrifts-mäßig *) war, wodurch die Verkehrssicherheit wesentlich litt. Es kamzum Unfall. § 23 Abs. 1, § 1 Abs. 2, § 49 StVO; § 24 Abs. 1, 3 Nr. 5 StVG; 108 BKat; § 3 Abs. 3 BKatV; § 19 OWiG	B - 1	120,00	
123624	Sie benutzten als Führer des Kraftfahrzeuges ein elek-tronisches Gerät, das der Kommunikation, Information oder Organisation dient oder zu dienen bestimmt ist, in vorschrifts-widriger Weise *). § 23 Abs. 1a, § 49 StVO; § 24 Abs. 1, 3 Nr. 5 StVG; 246.1 BKat	A - 1	100,00	
123625	Sie benutzten als Führer des Kraftfahrzeuges ein elek-tronisches Gerät, das der Kommunikation, Information oder Organisation dient oder zu dienen bestimmt ist, in vorschrifts-widriger Weise *) und gefährdeten +) dadurch Andere. § 23 Abs. 1a, § 1 Abs. 2, § 49 StVO; § 24 Abs. 1, 3 Nr. 5, § 25 StVG; 246.2 BKat; § 4 Abs. 1 BKatV; § 19 OWiG	A - 2	150,00	1 M
123626	Sie benutzten als Führer des Kraftfahrzeuges ein elek-tronisches Gerät, das der Kommunikation, Information oder Organisation dient oder zu dienen bestimmt ist, in vorschrifts-widriger Weise *). Es kam zum Unfall. § 23 Abs. 1a, § 1 Abs. 2, § 49 StVO; § 24 Abs. 1, 3 Nr. 5, § 25 StVG; 246.3 BKat; § 4 Abs. 1 BKatV; § 19 OWiG	A - 2	200,00	1 M
123172	Sie benutzten als Radfahrer ein elektronisches Gerät, das der Kommunikation, Information oder Organisation dient oder zu dienen bestimmt ist, in vorschriftswidriger Weise *). § 23 Abs. 1a, § 49 StVO; § 24 Abs. 1, 3 Nr. 5 StVG; 246.4 BKat	0	55,00	
123630	Sie benutzten als Radfahrer ein elektronisches Gerät, das der Kommunikation, Information oder Organisation dient oder zu dienen bestimmt ist, in vorschriftswidriger Weise *) und gefährdeten +) dadurch Andere. § 23 Abs. 1a, § 1 Abs. 2, § 49 StVO; § 24 Abs. 1, 3 Nr. 5 StVG; 246.4 BKat; § 3 Abs. 6 BKatV; § 19 OWiG	0	75,00	

TBNR   **Bemerkungen**
123607, 123612,   *) Mangel angeben
123613
123624-123630   *) erläutern

Sonstige Pflichten von Fahrzeugführenden - § 23 StVO

TBNR	Tatbestandstext	FaP-Pkt	Euro	FV
123631	Sie benutzten als Radfahrer ein elektronisches Gerät, das der Kommunikation, Information oder Organisation dient oder zu dienen bestimmt ist, in vorschriftswidriger Weise *). Es kam zum Unfall. § 23 Abs. 1a, § 1 Abs. 2, § 49 StVO; § 24 Abs. 1, 3 Nr. 5 StVG; 246.4 BKat; § 3 Abs. 6 BKatV; § 19 OWiG	0	100,00	
123618	Sie betrieben als Führer des Kraftfahrzeugs verbotswidrig ein technisches Gerät, das dafür bestimmt ist, Verkehrsüberwachungsmaßnahmen anzuzeigen/zu stören *). § 23 Abs. 1b, § 49 StVO; § 24 Abs. 1, 3 Nr. 5 StVG; 247 Bkat	B - 1	75,00	
123619	Sie führten als Führer des Kraftfahrzeugs verbotswidrig ein technisches Gerät betriebsbereit mit, das dafür bestimmt ist, Verkehrsüberwachungsmaßnahmen anzuzeigen/zu stören *). § 23 Abs. 1b, § 49 StVO; § 24 Abs. 1, 3 Nr. 5 StVG; 247 BKat	B - 1	75,00	
123620	Sie verwendeten als Führer des Kraftfahrzeugs verbotswidrig eine Gerätefunktion eines technischen Gerätes zur Anzeige/Störung *) von Verkehrsüberwachungsmaßnahmen. § 23 Abs. 1c, § 49 StVO; § 24 Abs. 1, 3 Nr. 5 StVG; 247 BKat	B - 1	75,00	
123166	Sie zogen das Fahrzeug nicht auf dem kürzesten Weg aus dem Verkehr, obwohl unterwegs die Verkehrssicherheit wesentlich beeinträchtigende Mängel aufgetreten waren. § 23 Abs. 2, § 49 StVO; § 24 Abs. 1, 3 Nr. 5 StVG; 110 BKat	0	10,00	
123000	Sie hängten sich an ein fahrendes Fahrzeug. § 23 Abs. 3, § 49 StVO; § 24 Abs. 1, 3 Nr. 5 StVG; -- BKat	0	5,00	
123006	Sie fuhren freihändig. § 23 Abs. 3, § 49 StVO; § 24 Abs. 1, 3 Nr. 5 StVG; -- BKat	0	5,00	
123636	Sie hatten beim Führen des Kraftfahrzeuges das Gesicht r verdeckt oder verhüllt. § 23 Abs. 4, § 49 StVO; § 24 Abs. 1, 3 Nr. 5 StVG; 247a BKat	0	60,00	

TBNR	Bemerkungen
123631	*) erläutern
123618, 123620	*) Zutreffendes angeben

Fußgänger - § 25 StVO

TBNR	Tatbestandstext	FaP-Pkt	Euro	FV
125100	Sie gingen auf der Fahrbahn, obwohl ein Gehweg/Seiten-streifen *) vorhanden war. § 25 Abs. 1, § 49 StVO; § 24 Abs. 1, 3 Nr. 5 StVG; 111 BKat	0	5,00	
125106	Sie gingen außerhalb einer geschlossenen Ortschaft nicht am vorgeschriebenen linken Fahrbahnrand. § 25 Abs. 1, § 49 StVO; § 24 Abs. 1, 3 Nr. 5 StVG; 111 BKat	0	5,00	
125112	Sie überquerten als Fußgänger nicht auf dem kürzesten Weg/ an nicht vorgesehener Stelle/ohne Beachtung des Fahrzeug-verkehrs *) die Fahrbahn und gefährdeten +) dadurch Andere. § 25 Abs. 3, § 1 Abs. 2, § 49 StVO; § 24 Abs. 1, 3 Nr. 5 StVG; 112.1 BKat; § 19 OWiG	0	5,00	
125113	Sie überquerten als Fußgänger nicht auf dem kürzesten Weg/ an nicht vorgesehener Stelle/ohne Beachtung des Fahrzeug-verkehrs *) die Fahrbahn. Es kam zum Unfall. § 25 Abs. 3, § 1 Abs. 2, § 49 StVO; § 24 Abs. 1, 3 Nr. 5 StVG; 112.2 BKat; § 19 OWiG	0	10,00	
125006	Sie überstiegen die Absperrung. § 25 Abs. 4, § 49 StVO; § 24 Abs. 1, 3 Nr. 5 StVG; -- BKat	0	5,00	
125007	Sie überstiegen die Absperrung. Es kam zum Unfall. § 25 Abs. 4, § 1 Abs. 2, § 49 StVO; § 24 Abs. 1, 3 Nr. 5 StVG; -- BKat; § 19 OwiG	0	10,00	

Fußgängerüberweg - § 26 StVO

TBNR	Tatbestandstext	FaP-Pkt	Euro	FV
126600	Sie fuhren nicht mit mäßiger Geschwindigkeit an den Fuß-gängerüberweg heran, obwohl ein Bevorrechtigter diesen er-kennbar benutzen wollte. § 26 Abs. 1, § 49 StVO; § 24 Abs. 1, 3 Nr. 5 StVG; 113 BKat	A - 1	80,00	
126601	Sie fuhren nicht mit mäßiger Geschwindigkeit an den Fuß-gängerüberweg heran, obwohl ein Bevorrechtigter diesen er-kennbar benutzen wollte, und gefährdeten +) dadurch Andere. § 26 Abs. 1, § 1 Abs. 2, § 49 StVO; § 24 Abs. 1, 3 Nr. 5 StVG; 113 BKat; § 3 Abs. 3 BKatV; § 19 OWiG	A - 1	100,00	
126606	Sie ermöglichten einem Bevorrechtigten nicht das Überqueren der Fahrbahn, obwohl dieser den Fußgängerüberweg erkennbar benutzen wollte. § 26 Abs. 1, § 49 StVO; § 24 Abs. 1, 3 Nr. 5 StVG; 113 BKat	A - 1	80,00	

TBNR	Bemerkungen
125100; 125112; 125113	*) Zutreffendes angeben

Fußgängerüberweg - § 26 StVO

TBNR	Tatbestandstext	FaP-Pkt	Euro	FV
126607	Sie ermöglichten einem Bevorrechtigten nicht das Überqueren der Fahrbahn, obwohl dieser den Fußgängerüberweg erkennbar benutzen wollte, und gefährdeten +) dadurch Andere. § 26 Abs. 1, § 1 Abs. 2, § 49 StVO; § 24 Abs. 1, 3 Nr. 5 StVG; 113 BKat; § 3 Abs. 3 BKatV; § 19 OWiG	A - 1	100,00	
126608	Sie ermöglichten einem Bevorrechtigten nicht das Überqueren der Fahrbahn, obwohl dieser den Fußgängerüberweg erkennbar benutzen wollte. Es kam zum Unfall. § 26 Abs. 1, § 1 Abs. 2, § 49 StVO; § 24 Abs. 1, 3 Nr. 5 StVG; 113 BKat; § 3 Abs. 3 BKatV; § 19 OWiG	A - 1	120,00	
126100	Sie fuhren auf den Fußgängerüberweg, obwohl der Verkehr stockte. § 26 Abs. 2, § 49 StVO; § 24 Abs. 1, 3 Nr. 5 StVG; 114 BKat	0	5,00	
126612	Sie überholten an dem Fußgängerüberweg ein Fahrzeug. § 26 Abs. 3, § 49 StVO; § 24 Abs. 1, 3 Nr. 5 StVG; 113 BKat	A - 1	80,00	
126613	Sie überholten an dem Fußgängerüberweg ein Fahrzeug und gefährdeten +) dadurch Andere. § 26 Abs. 3, § 1 Abs. 2, § 49 StVO; § 24 Abs. 1, 3 Nr. 5 StVG; 113 BKat; § 3 Abs. 3 BKatV; § 19 OWiG	A - 1	100,00	
126614	Sie überholten an dem Fußgängerüberweg ein Fahrzeug. Es kam zum Unfall. § 26 Abs. 3, § 1 Abs. 2, § 49 StVO; § 24 Abs. 1, 3 Nr. 5 StVG; 113 BKat; § 3 Abs. 3 BKatV; § 19 OwiG	A - 1	120,00	

Verbände - § 27 StVO

TBNR	Tatbestandstext	FaP-Pkt	Euro	FV
127000	Sie veranlassten als Verantwortlicher nicht, dass eine Gruppe den Gehweg benutzte. § 27 Abs. 1, 5, § 49 StVO; § 24 Abs. 1, 3 Nr. 5 StVG; -- BKat	0	10,00	
127006	Sie unterbrachen einen geschlossenen Verband in der Bewe-. gung. § 27 Abs. 2, § 49 StVO; § 24 Abs. 1, 3 Nr. 5 StVG; -- BKat	0	5,00	
127007	Sie unterbrachen einen geschlossenen Verband in der Bewe-. gung. Es kam zum Unfall. § 27 Abs. 2, § 1 Abs. 2, § 49 StVO; § 24 Abs. 1, 3 Nr. 5 StVG; -- BKat; § 19 OWiG	0	20,00	
127012	Sie sorgten als Verantwortlicher nicht dafür, dass die für geschlossene Verbände geltenden Vorschriften befolgt wurden. § 27 Abs. 5, § 49 StVO; § 24 Abs. 1, 3 Nr. 5 StVG; -- BKat	0	10,00	

TBNR	Bemerkungen

Tiere - § 28 StVO

TBNR	Tatbestandstext	FaP-Pkt	Euro	FV
128000	Sie ließen als Verantwortlicher Tiere ohne geeignetes Begleitpersonal auf die Straße, wodurch sie Andere gefährdeten +). § 28 Abs. 1, § 1 Abs. 2, § 49 StVO; § 24 Abs. 1, 3 Nr. 5 StVG; -- BKat; § 19 OWiG	0	5,00	
128001	Sie ließen als Verantwortlicher Tiere ohne geeignetes Begleitpersonal auf die Straße. Es kam zum Unfall. § 28 Abs. 1, § 1 Abs. 2, § 49 StVO; § 24 Abs. 1, 3 Nr. 5 StVG; -- BKat; § 19 OWiG	0	10,00	
128006	Sie führten ein Tier von einem Kraftfahrzeug aus. § 28 Abs. 1, § 49 StVO; § 24 Abs. 1, 3 Nr. 5 StVG; -- Bkat	0	5,00	

Übermäßige Straßenbenutzung - § 29 StVO

TBNR	Tatbestandstext	FaP-Pkt	Euro	FV
129000	Sie fuhren in einem nicht genehmigten geschlossenen Verband. § 29 Abs. 2, § 49 StVO; § 24 Abs. 1, 3 Nr. 5 StVG; -- BKat	0	25,00	
129506	Sie sorgten als Verantwortlicher einer erlaubnispflichtigen Veranstaltung nicht dafür, dass Verkehrsvorschriften/Auflagen *) befolgt wurden. § 29 Abs. 2, § 49 StVO; § 24 Abs. 1, 3 Nr. 5 StVG; -- BKat	0	40,00	
129600	Sie führten als Verantwortlicher eine erlaubnispflichtige Veranstaltung ohne Erlaubnis durch. § 29 Abs. 2, § 49 StVO; § 24 Abs. 1, 3 Nr. 5 StVG; 115 BKat	0	40,00	
129606	Sie führten das Fahrzeug, dessen Abmessungen/Achslasten/Gesamtmasse*) die gesetzlich allgemein zugelassenen Grenzen **) tatsächlich überschritten, ohne dass eine Erlaubnis vorlag. § 29 Abs. 3, § 49 StVO; § 24 Abs. 1, 3 Nr. 5 StVG; 116 BKat	A - 1	60,00	
129612	Sie führten ohne entsprechende Erlaubnis das Fahrzeug, dessen Bauart Ihnen kein ausreichendes Sichtfeld ließ. § 29 Abs. 3, § 49 StVO; § 24 Abs. 1, 3 Nr. 5 StVG; 116 BKat	A - 1	60,00	

TBNR	Bemerkungen
129506	*) Zutreffendes angeben
129606	*) Tatsächliche Abmessungen, Achslasten oder Gesamtmasse angeben
129606	**) Zulässige Abmessungen, Achslasten oder Gesamtmasse angeben

Umweltschutz, Sonn- und Feiertagsfahrverbot - § 30 StVO

TBNR	Tatbestandstext	FaP-Pkt	Euro	FV
130612	Sie verursachten bei der Benutzung des Fahrzeugs unnötigen Lärm. § 30 Abs. 1, § 49 StVO; § 24 Abs. 1, 3 Nr. 5 StVG; 117 BKat	0	80,00	
130618	Sie verursachten bei der Benutzung des Fahrzeuges vermeidbare Abgasbelästigungen. § 30 Abs. 1, § 49 StVO; § 24 Abs. 1, 3 Nr. 5 StVG; 117 BKat	0	80,00	
130624	Sie belästigten Andere durch unnützes Hin- und Herfahren mit dem Fahrzeug innerhalb einer geschlossenen Ortschaft. § 30 Abs. 1, § 49 StVO; § 24 Abs. 1, 3 Nr. 5 StVG; 118 BKat	0	100,00	
130600	Sie fuhren verbotswidrig an dem Sonntag/Feiertag *) mit einem LKW mit einer zulässigen Gesamtmasse über 7,5 t/LKW mit Anhänger **). § 30 Abs. 3, § 49 StVO; § 24 Abs. 1, 3 Nr. 5 StVG; 119 BKat	0	120,00	
130603	Sie fuhren als Halter verbotswidrig an dem Sonntag/Feiertag *) mit einem LKW mit einer zulässigen Gesamtmasse über 7,5 t/LKW mit Anhänger **). § 30 Abs. 3, § 49 StVO; § 24 Abs. 1, 3 Nr. 5 StVG; 119 BKat; § 3 Abs. 2 BKatV	0	570,00	
130606	Sie ordneten an bzw. ließen zu, dass verbotswidrig an dem Sonntag/Feiertag *) mit einem LKW mit einer zulässigen Gesamtmasse über 7,5 t/LKW mit Anhänger **) gefahren wurde. § 30 Abs. 3, § 49 StVO; § 24 Abs. 1, 3 Nr. 5 StVG; 120 Bkat	0	570,00	

Sport und Spiel - § 31 StVO

TBNR	Tatbestandstext	FaP-Pkt	Euro	FV
131100	Sie benutzten mit Inline-Skates/Rollschuhen *) unzulässig die Fahrbahn/den Seitenstreifen/den Radweg **). § 31 Abs. 1, § 49 StVO; § 24 Abs. 1, 3 Nr. 5 StVG; 120a BKat	0	10,00	
131101	Sie benutzten mit Inline-Skates/Rollschuhen *) unzulässig die Fahrbahn/den Seitenstreifen/den Radweg **) und behinderten +) dadurch Andere. § 31 Abs. 1, § 1 Abs. 2, § 49 StVO; § 24 Abs. 1, 3 Nr. 5 StVG; 120a.1 BKat; § 19 OWiG	0	15,00	
131102	Sie benutzten mit Inline-Skates/Rollschuhen *) unzulässig die Fahrbahn/den Seitenstreifen/den Radweg **) und gefährdeten +) dadurch Andere. § 31 Abs. 1, § 1 Abs. 2, § 49 StVO; § 24 Abs. 1, 3 Nr. 5 StVG; 120a.2 BKat; § 19 OWiG	0	20,00	
131000	Sie benutzten mit Inline-Skates/Rollschuhen *) unzulässig die Fahrbahn/den Seitenstreifen/den Radweg **). Es kam zum Unfall. § 31 Abs. 1, § 1 Abs. 2, § 49 StVO; § 24 Abs. 1, 3 Nr. 5 StVG; -- BKat; § 19 OWiG	0	35,00	
131106	Sie nahmen bei durch Zusatzzeichen erlaubtem Inline-Skaten und Rollschuhfahren auf den übrigen Verkehr keine besondere Rücksicht. § 31 Abs. 2, § 49 StVO; § 24 Abs. 1, 3 Nr. 5 StVG; 120a Bkat	0	10,00	

TBNR   **Bemerkungen**
130600 – 130606,
131100 – 131000 *) Zutreffendes angeben, **) Zutreffendes angeben

Sport und Spiel - § 31 StVO

TBNR	Tatbestandstext	FaP-Pkt	Euro	FV
131107	Sie nahmen bei durch Zusatzzeichen erlaubtem Inline-Skaten und Rollschuhfahren auf den übrigen Verkehr keine besondere Rücksicht und behinderten +) dadurch Andere. § 31 Abs. 2, § 1 Abs. 2, § 49 StVO; § 24 Abs. 1, 3 Nr. 5 StVG; 120a.1 BKat; § 19 OWiG	0	15,00	
131108	Sie nahmen bei durch Zusatzzeichen erlaubtem Inline-Skaten und Rollschuhfahren auf den übrigen Verkehr keine besondere Rücksicht und gefährdeten +) dadurch Andere. § 31 Abs. 2, § 1 Abs. 2, § 49 StVO; § 24 Abs. 1, 3 Nr. 5 StVG; 120a.2 BKat; § 19 OWiG	0	20,00	
131006	Sie nahmen bei durch Zusatzzeichen erlaubtem Inline-Skaten und Rollschuhfahren auf den übrigen Verkehr keine besondere Rücksicht. Es kam zum Unfall. § 31 Abs. 2, § 1 Abs. 2, § 49 StVO; § 24 Abs. 1, 3 Nr. 5 StVG; -- BKat; § 19 OWiG	0	35,00	
131112	Sie ermöglichten bei durch Zusatzzeichen erlaubtem Inline-Skaten und Rollschuhfahren anderen Fahrzeugen nicht das Überholen. § 31 Abs. 2, § 49 StVO; § 24 Abs. 1, 3 Nr. 5 StVG; 120a BKat	0	10,00	
131113	Sie ermöglichten bei durch Zusatzzeichen erlaubtem Inline-Skaten und Rollschuhfahren anderen Fahrzeugen nicht das Überholen und behinderten +) dadurch Andere. § 31 Abs. 2, § 1 Abs. 2, § 49 StVO; § 24 Abs. 1, 3 Nr. 5 StVG; 120a.1 BKat; § 19 OWiG	0	15,00	
131114	Sie ermöglichten bei durch Zusatzzeichen erlaubtem Inline-Skaten und Rollschuhfahren anderen Fahrzeugen nicht das Überholen und gefährdeten +) dadurch Andere. § 31 Abs. 2, § 1 Abs. 2, § 49 StVO; § 24 Abs. 1, 3 Nr. 5 StVG; 120a.2 BKat; § 19 OWiG	0	20,00	
131012	Sie ermöglichten bei durch Zusatzzeichen erlaubtem Inline-Skaten und Rollschuhfahren anderen Fahrzeugen nicht das Überholen. Es kam zum Unfall. § 31 Abs. 2, § 1 Abs. 2, § 49 StVO; § 24 Abs. 1, 3 Nr. 5 StVG; -- BKat; § 19 OWiG	0	35,00	

Verkehrshindernisse - § 32 StVO

TBNR	Tatbestandstext	FaP-Pkt	Euro	FV
132100	Sie beschmutzten/benetzten *) die Straße und schafften dadurch einen verkehrswidrigen Zustand, der den Verkehr gefährden/erschweren **) konnte. § 32 Abs. 1, § 49 StVO; § 24 Abs. 1, 3 Nr. 5 StVG; 121 BKat	0	10,00	

TBNR   Bemerkungen
132100 *) Zutreffendes angeben, **) Zutreffendes angeben

Verkehrshindernisse - § 32 StVO

TBNR	Tatbestandstext	FaP-Pkt	Euro	FV
132106	Sie beseitigten nicht/nicht rechtzeitig *) einen verkehrswidrigen Zustand. § 32 Abs. 1, § 49 StVO; § 24 Abs. 1, 3 Nr. 5 StVG; 122 Bkat	0	10,00	
132112	Sie machten einen verkehrswidrigen Zustand nicht ausreichend kenntlich. § 32 Abs. 1, § 49 StVO; § 24 Abs. 1, 3 Nr. 5 StVG; 122 BKat	0	10,00	
132600	Sie brachten einen Gegenstand auf die Straße/ließen einen Gegenstand auf der Straße liegen *), wodurch der Verkehr gefährdet/erschwert **) werden konnte. § 32 Abs. 1, § 49 StVO; § 24 Abs. 1, 3 Nr. 5 StVG; 123 BKat	B - 1	60,00	
132606	Sie ließen das nicht zugelassene Fahrzeug an der Stelle stehen, wodurch der Verkehr gefährdet/erschwert *) werden konnte. § 32 Abs. 1, § 49 StVO; § 24 Abs. 1, 3 Nr. 5 StVG; 123 BKat	B - 1	60,00	
132118	Sie führten ein gefährliches Gerät ohne wirksamen Schutz mit. § 32 Abs. 2, § 49 StVO; § 24 Abs. 1, 3 Nr. 5 StVG; 124 Bkat	0	5,00	

Verkehrsbeeinträchtigungen - § 33 Abs. 1, 2 StVO

TBNR	Tatbestandstext	FaP-Pkt	Euro	FV
133000	Sie betrieben verbotswidrig einen Lautsprecher. § 33 Abs. 1, § 49 StVO; § 24 Abs. 1, 3 Nr. 5 StVG; -- BKat	0	25,00	
133006	Sie boten verbotswidrig Waren/Leistungen *) auf der Straße an. § 33 Abs. 1, § 49 StVO; § 24 Abs. 1, 3 Nr. 5 StVG; -- BKat	0	25,00	
133012	Sie betrieben verbotswidrig außerhalb einer geschlossenen Ortschaft Werbung und Propaganda durch Bild/Schrift/Licht/Ton *). § 33 Abs. 1, § 49 StVO; § 24 Abs. 1, 3 Nr. 5 StVG; -- BKat	0	25,00	
133018	Sie brachten verbotswidrig eine Einrichtung an/verwendeten verbotswidrig eine Einrichtung *), die einem Verkehrszeichen/einer Verkehrseinrichtung **) gleicht. § 33 Abs. 2, § 49 StVO; § 24 Abs. 1, 3 Nr. 5 StVG; -- BKat	0	15,00	
133024	Sie brachten verbotswidrig eine Einrichtung an/verwendeten verbotswidrig eine Einrichtung *), die die Wirkung eines Verkehrszeichens/einer Verkehrseinrichtung **) beeinträchtigen kann. § 33 Abs. 2, § 49 StVO; § 24 Abs. 1, 3 Nr. 5 StVG; -- BKat	0	15,00	

TBNR	Bemerkungen
132106,132600,132606, 133006,133012,133018, 133024	*) Zutreffendes angeben
132100, 132600,133018 133024	**) Zutreffendes angeben

TBNR	Tatbestandstext	FaP-Pkt	Euro	FV
134000	Sie hielten als Beteiligter an einem Verkehrsunfall nicht unverzüglich an. § 34 Abs. 1, § 49 StVO; § 24 Abs. 1, 3 Nr. 5 StVG; -- BKat	0	30,00	
134006	Sie unterließen es als Beteiligter an einem Verkehrsunfall, anderen am Unfallort anwesenden Beteiligten oder Geschädigten Ihre Beteiligung am Verkehrsunfall anzugeben. § 34 Abs. 1, § 49 StVO; § 24 Abs. 1, 3 Nr. 5 StVG; -- BKat	0	30,00	
134012	Sie unterließen es als Beteiligter an einem Verkehrsunfall, anderen am Unfallort anwesenden Beteiligten oder Geschädigten auf Verlangen Ihren Namen und Ihre Anschrift zu geben. § 34 Abs. 1, § 49 StVO; § 24 Abs. 1, 3 Nr. 5 StVG; -- BKat	0	30,00	
134018	Sie unterließen es als Beteiligter an einem Verkehrsunfall, anderen am Unfallort anwesenden Beteiligten oder Geschädigten auf Verlangen Ihren Führerschein oder Fahrzeugschein vorzuweisen. § 34 Abs. 1, § 49 StVO; § 24 Abs. 1, 3 Nr. 5 StVG; -- BKat	0	30,00	
134024	Sie unterließen es als Beteiligter an einem Verkehrsunfall, anderen am Unfallort anwesenden Beteiligten oder Geschädigten nach bestem Wissen Angaben über Ihre Haftpflichtversicherung zu machen. § 34 Abs. 1, § 49 StVO; § 24 Abs. 1, 3 Nr. 5 StVG; -- BKat	0	30,00	
134030	Sie unterließen es als Beteiligter an einem Verkehrsunfall, nachdem Sie eine nach den Umständen angemessene Zeit gewartet hatten, Ihren Namen und Ihre Anschrift am Unfallort zu hinterlassen. § 34 Abs. 1, § 49 StVO; § 24 Abs. 1, 3 Nr. 5 StVG; -- BKat	0	30,00	
134100	Sie sicherten als Beteiligter an einem Verkehrsunfall nicht den Verkehr. § 34 Abs. 1, § 49 StVO; § 24 Abs. 1, 3 Nr. 5 StVG; 125 BKat	0	30,00	
134101	Sie sicherten als Beteiligter an einem Verkehrsunfall nicht den Verkehr, so dass es zu einem weiteren Unfall kam. § 34 Abs. 1, § 1 Abs. 2, § 49 StVO; § 24 Abs. 1, 3 Nr. 5 StVG; 125.1 BKat; § 19 OWiG	0	35,00	
134106	Sie fuhren als Beteiligter an einem Verkehrsunfall mit geringfügigem Schaden nicht unverzüglich beiseite. § 34 Abs. 1, § 49 StVO; § 24 Abs. 1, 3 Nr. 5 StVG; 125 BKat	0	30,00	

TBNR   Bemerkungen

Unfall - § 34 StVO

TBNR	Tatbestandstext	FaP-Pkt	Euro	FV
134107	Sie fuhren als Beteiligter an einem Verkehrsunfall mit gering-fügigem Schaden nicht unverzüglich beiseite, so dass es zu einem weiteren Verkehrsunfall kam. § 34 Abs. 1, § 1 Abs. 2, § 49 StVO; § 24 Abs. 1, 3 Nr. 5 StVG; 125.1 BKat; § 19 OwiG	0	35,00	
134112	Sie beseitigten nach einem Verkehrsunfall Unfallspuren, bevor die notwendigen Feststellungen getroffen waren. § 34 Abs. 3, § 49 StVO; § 24 Abs. 1, 3 Nr. 5 StVG; 126 Bkat	0	30,00	

Sonderrechte - § 35 StVO

TBNR	Tatbestandstext	FaP-Pkt	Euro	FV
135100	Sie trugen bei Arbeiten außerhalb von Gehwegen und Absperrungen keine auffällige Warnkleidung. § 35 Abs. 6, § 49 StVO; § 24 Abs. 1, 3 Nr. 5 StVG; 127 BKat	0	5,00	
135000	Sie übten das Sonderrecht nicht mit der gebührenden Rücksicht auf die öffentliche Sicherheit und Ordnung aus. § 35 Abs. 8, § 49 StVO; § 24 Abs. 1, 3 Nr. 5 StVG; -- BKat	0	25,00	

Zeichen und Weisungen der Polizeibeamten - § 36 StVO

TBNR	Tatbestandstext	FaP-Pkt	Euro	FV
136000	Sie befolgten als Fußgänger nicht das Haltgebot des Polizeibeamten. § 36 Abs. 1, 2, § 49 StVO; § 24 Abs. 1, 3 Nr. 5 StVG; -- BKat	0	5,00	
136006	Sie befolgten als Fußgänger nicht das Zeichen des Polizeibeamten. § 36 Abs. 1, 2, § 49 StVO; § 24 Abs. 1, 3 Nr. 5 StVG; -- BKat	0	5,00	
136100	Sie befolgten nicht die Weisung des Polizeibeamten. § 36 Abs. 1, § 49 StVO; § 24 Abs. 1, 3 Nr. 5 StVG; 128 BKat	0	20,00	
136106	Sie befolgten nicht die verkehrsregelnde Weisung des Polizeibeamten. § 36 Abs. 1,3, § 49 StVO; § 24 Abs. 1, 3 Nr. 5 StVG; 128 BKat	0	20,00	
136112	Sie befolgten nicht die Anweisung des Polizeibeamten zur Durchführung einer Verkehrskontrolle oder Verkehrserhebung. § 36 Abs. 1, 5, § 49 StVO; § 24 Abs. 1, 3 Nr. 5 StVG; 128 BKat	0	20,00	
136600	Sie befolgten nicht das Zeichen des Polizeibeamten. § 36 Abs. 1, 2, § 49 StVO; § 24 Abs. 1, 3 Nr. 5 StVG; 129 BKat	B - 1	70,00	
136606	Sie befolgten nicht das Haltgebot des Polizeibeamten. § 36 Abs. 1, 2, § 49 StVO; § 24 Abs. 1, 3 Nr. 5 StVG; 129 BKat	A - 1	70,00	

TBNR   **Bemerkungen**

Zeichen und Weisungen der Polizeibeamten - § 36 StVO

TBNR	Tatbestandstext	FaP-Pkt	Euro	FV
136607	Sie befolgten nicht das Haltgebot des Polizeibeamten. Es kam zum Unfall. § 36 Abs. 1, 2, § 1 Abs. 2, § 49 StVO; § 24 Abs. 1, 3 Nr. 5 StVG; 129 BKat; § 3 Abs. 3 BKatV; § 19 OWiG	A - 1	105,00	
136612	Sie beachteten als Führer eines nichtmotorisierten Fahrzeugs nicht das Haltgebot des Polizeibeamten. § 36 Abs. 1, 2, § 49 StVO; § 24 Abs. 1, 3 Nr. 5 StVG; 129 BKat; § 3 Abs. 6 BKatV	(A - 1)	35,00	
136618	Sie beachteten als Führer eines nichtmotorisierten Fahrzeugs nicht das Zeichen des Polizeibeamten. § 36 Abs. 1, 2, § 49 StVO; § 24 Abs. 1, 3 Nr. 5 StVG; 129 BKat; § 3 Abs. 6 BKatV	(B - 1)	35,00	
136624	Sie befolgten nicht das Haltgebot des Polizeibeamten anlässlich einer Verkehrskontrolle oder Verkehrserhebung. § 36 Abs. 1, 5, § 49 StVO; § 24 Abs. 1, 3 Nr. 5 StVG; 129 Bkat	A - 1	70,00	

Wechsel- und Dauerlichtzeichen - § 37 StVO

TBNR	Tatbestandstext	FaP-Pkt	Euro	FV
137010	Sie hielten näher als 10 Meter vor einem Lichtzeichen und verdeckten dieses. § 37 Abs. 1, § 49 StVO; § 24 Abs. 1, 3 Nr. 5 StVG; -- BKat	0	10,00	
137011	Sie hielten näher als 10 Meter vor einem Lichtzeichen und verdeckten dieses, wodurch Andere behindert +) wurden. § 37 Abs. 1, § 1 Abs. 2, § 49 StVO; § 24 Abs. 1, 3 Nr. 5 StVG; -- BKat; § 19 OWiG	0	15,00	
137012	Sie parkten näher als 10 Meter vor einem Lichtzeichen und verdeckten dieses. § 37 Abs. 1, § 49 StVO; § 24 Abs. 1, 3 Nr. 5 StVG; -- BKat	0	15,00	
137013	Sie parkten näher als 10 Meter vor einem Lichtzeichen und verdeckten dieses, wodurch Andere behindert +) wurden. § 37 Abs. 1, § 1 Abs. 2, § 49 StVO; § 24 Abs. 1, 3 Nr. 5 StVG; -- BKat; § 19 OwiG	0	25,00	
137014	Sie parkten länger als 1 Stunde näher als 10 Meter vor einem Lichtzeichen und verdeckten dieses. § 37 Abs. 1, § 49 StVO; § 24 Abs. 1, 3 Nr. 5 StVG; -- BKat	0	25,00	
137015	Sie parkten länger als 1 Stunde näher als 10 Meter vor einem Lichtzeichen und verdeckten dieses, wodurch Andere behindert +) wurden. § 37 Abs. 1, § 1 Abs. 2, § 49 StVO; § 24 Abs. 1, 3 Nr. 5 StVG; -- BKat; § 19 OwiG	0	35,00	

TBNR   Bemerkungen

Wechsel- und Dauerlichtzeichen - § 37 StVO

TBNR	Tatbestandstext	FaP-Pkt	Euro	FV
137000	Sie missachteten das Rotlicht in Verbindung mit dem Gelblicht. § 37 Abs. 2, § 49 StVO; § 24 Abs. 1, 3 Nr. 5 StVG; -- BKat	0	15,00	
137006	Sie missachteten das Gelblicht der Lichtzeichenanlage, obwohl Sie gefahrlos hätten anhalten können. § 37 Abs. 2, § 49 StVO; § 24 Abs. 1, 3 Nr. 5 StVG; -- BKat	0	10,00	
137100	Sie missachteten als Fußgänger das Rotlicht der Lichtzeichen- anlage. § 37 Abs. 2, § 49 StVO; § 24 Abs. 1, 3 Nr. 5 StVG; 130 BKat	0	5,00	
137101	Sie missachteten als Fußgänger das Rotlicht der Lichtzeichen- anlage. Es kam zum Unfall. § 37 Abs. 2, § 1 Abs. 2, § 49 StVO; § 24 Abs. 1, 3 Nr. 5 StVG; 130.2 BKat; § 19 OWiG	0	10,00	
137106	Sie bogen mit dem Fahrzeug bei rotem Lichtzeichen mit rechts daneben angebrachtem Grünpfeil aus einem anderen als dem rechten Fahrstreifen nach rechts ab. § 37 Abs. 2, § 49 StVO; § 24 Abs. 1, 3 Nr. 5 StVG; 131.1 BKat	0	15,00	
137112	Sie bogen mit dem Fahrzeug bei rotem Lichtzeichen mit rechts daneben angebrachtem Grünpfeil nach rechts ab und be- hinderten +) den Fahrzeugverkehr der freigegebenen Richtung. § 37 Abs. 2, § 49 StVO; § 24 Abs. 1, 3 Nr. 5 StVG; 131.2 Bkat	0	35,00	
137500	Sie missachteten das "Halt" anordnende besondere Licht- zeichen "weißer waagerechter Lichtbalken" für eine Straßen- bahn/einen Bus/ein Taxi *). Es kam zum Unfall. § 37 Abs. 2, § 1 Abs. 2, § 49 StVO; § 24 Abs. 1, 3 Nr. 5, § 25 StVG; -- BKat; § 19 OWiG	0	240,00	1 M
137506	Sie missachteten das "Halt" anordnende besondere Licht- zeichen "weißer waagerechter Lichtbalken" für eine Straßen- bahn/einen Bus/ein Taxi *). Es kam zum Unfall. Das Licht- zeichen dauerte bereits länger als 1 Sekunde an. § 37 Abs. 2, § 1 Abs. 2, § 49 StVO; § 24 Abs. 1, 3 Nr. 5, § 25 StVG; -- BKat; § 19 OWiG	0	360,00	1 M
137600	Sie missachteten das Rotlicht der Lichtzeichenanlage. § 37 Abs. 2, § 49 StVO; § 24 Abs. 1, 3 Nr. 5 StVG; 132 BKat	A - 1	90,00	
137601	Sie missachteten das Rotlicht der Lichtzeichenanlage und gefährdeten +) dadurch Andere. § 37 Abs. 2, § 1 Abs. 2, § 49 StVO; § 24 Abs. 1, 3 Nr. 5, § 25 StVG; 132.1 BKat; § 4 Abs. 1 BKatV; § 19 OWiG	A - 2	200,00	1 M

TBNR	Bemerkungen
137500, 137506	*) Zutreffendes angeben

Wechsel- und Dauerlichtzeichen - § 37 StVO

TBNR	Tatbestandstext	FaP-Pkt	Euro	FV
137602	Sie missachteten das Rotlicht der Lichtzeichenanlage. Es kam zum Unfall. § 37 Abs. 2, § 1 Abs. 2, § 49 StVO; § 24 Abs. 1, 3 Nr. 5, § 25 StVG; 132.2 BKat; § 4 Abs. 1 BKatV; § 19 OWiG	A - 2	240,00	1 M
137612	Sie missachteten als Radfahrer/Fahrer eines Elektrokleinstfahrzeugs *) das Rotlicht der Lichtzeichenanlage. § 37 Abs. 2, § 49 StO; § 24 Abs. 1, 3 Nr. 5 StVG; 132a BKat	A -1	60,00	
137613	Sie missachteten als Radfahrer/Fahrer eines Eilektrokleinstfahrzeugs *) das Rotlicht der Lichtzeichenanlage und gefährdeten +) dadurch Andere. § 37 Abs. 2, § 1 Abs. 2, § 49 StVO; § 24 Abs. 1, 3 Nr. 5 StVG; 132a.1 BKat;	A - 1	100,00	
137614	Sie missachteten als Radfahrer/Fahrer eines Elektrokleinsfahrzeugs *) das Rotlicht der Lichtzeichenanlage. Es kam zum Unfall. § 37 Abs. 2, § 1 Abs. 2, § 49 StVO; § 24 Abs. 1, 3 Nr. 5 StVG; 132a.2 BKat;	A - 1	120,00	
137618	Sie missachteten das Rotlicht der Lichtzeichenanlage. Die Rotphase dauerte bereits länger als 1 Sekunde an. § 37 Abs. 2, § 49 StVO; § 24 Abs. 1, 3 Nr. 5, § 25 StVG; 132.3 BKat; § 4 Abs. 1 BKatV	A - 2	200,00	1 M
137619	Sie missachteten das Rotlicht der Lichtzeichenanlage und gefährdeten +) dadurch Andere. Die Rotphase dauerte bereits länger als 1 Sekunde an. § 37 Abs. 2, § 1 Abs. 2, § 49 StVO; § 24 Abs. 1, 3 Nr. 5, § 25 StVG; 132.3.1 BKat; § 4 Abs. 1 BKatV; § 19 OWiG	A - 2	320,00	1 M
137620	Sie missachteten das Rotlicht der Lichtzeichenanlage. Es kam zum Unfall. Die Rotphase dauerte bereits länger als 1 Sekunde an. § 37 Abs. 2, § 1 Abs. 2, § 49 StVO; § 24 Abs. 1, 3 Nr. 5, § 25 StVG; 132.3.2 BKat; § 4 Abs. 1 BKatV; § 19 OwiG	A - 2	360,00	1 M
137624	Sie missachteten als Radfahrer/Fahrer eines Elektrokleinsfahrzeugs *) das Rotlicht der Lichtzeichenanlage. Die Rotphase dauerte bereits länger als 1 Sekunde an. § 37 Abs. 2, § 49 StVO; § 24 Abs. 1, 3 Nr. 5 StVG; 132a.3 BKat;	A - 1	100,00	

TBNR   **Bemerkungen**
137612 – 137614   *)Zutreffendes angeben
137624

Wechsel- und Dauerlichtzeichen - § 37 StVO

TBNR	Tatbestandstext	FaP-Pkt	Euro	FV
137625	Sie missachteten als Radfahrer/Fahrer eines Elektrokleins-fahrzeugs *) das Rotlicht der Lichtzeichenanlage und gefährdeten +) Andere. Die Rotphase dauerte bereits länger als 1 Sekunde an. § 37 Abs. 2, § 1 Abs. 2, § 49 StVO; § 24 Abs. 1, 3 Nr. 5 StVG; 132a.3.1 BKat;	A - 1	160,00	
137626	Sie missachteten als Radfahrer/Fahrer eines Elektrokleins-fahrzeugs *) das Rotlicht der Lichtzeichen-anlage. Es kam zum Unfall. Die Rotphase dauerte bereits länger als 1 Sekunde an. § 37 Abs. 2, § 1 Abs. 2, § 49 StVO; § 24 Abs. 1, 3 Nr. 5 StVG; 132a.3.2 BKat;	A - 1	180,00	
137630	Sie bogen mit dem Fahrzeug bei rotem Lichtzeichen mit rechts daneben angebrachtem Grünpfeil nach rechts ab, ohne vorher anzuhalten. § 37 Abs. 2, § 49 StVO; § 24 Abs. 1, 3 Nr. 5 StVG; 133.1 BKat	A - 1	70,00	
137631	Sie bogen mit dem Fahrzeug bei rotem Lichtzeichen mit rechts daneben angebrachtem Grünpfeil nach rechts ab und ge-fährdeten +) dadurch den Fahrzeugverkehr der freigegebenen Verkehrsrichtungen. § 37 Abs. 2, § 49 StVO; § 24 Abs. 1, 3 Nr. 5 StVG; 133.2 Bkat	A - 1	100,00	
137632	Sie bogen mit dem Fahrzeug bei rotem Lichtzeichen mit rechts daneben angebrachtem Grünpfeil nach rechts ab. Es kam zum Unfall mit dem Fahrzeugverkehr der freigegebenen Verkehrs-richtungen. § 37 Abs. 2, § 1 Abs. 2, § 49 StVO; § 24 Abs. 1, 3 Nr. 5 StVG; 133.2 BKat; § 3 Abs. 3 BKatV; § 19 OWiG	A - 1	120,00	
137636	Sie bogen mit dem Fahrzeug bei rotem Lichtzeichen mit rechts daneben angebrachtem Grünpfeil nach rechts ab und be-hinderten +) dadurch den Fußgängerverkehr/Fahrradverkehr auf einer Radwegfurt *) der freigegebenen Verkehrsrichtungen. § 37 Abs. 2, § 49 StVO; § 24 Abs. 1, 3 Nr. 5 StVG; 133.3.1 BKat	A - 1	100,00	
137637	Sie bogen mit dem Fahrzeug bei rotem Lichtzeichen mit rechts daneben angebrachtem Grünpfeil nach rechts ab und ge-fährdeten +) dadurch den Fußgängerverkehr/Fahrradverkehr auf einer Radwegfurt *) der freigegebenen Verkehrsrichtungen. § 37 Abs. 2, § 49 StVO; § 24 Abs. 1, 3 Nr. 5 StVG; 133.3.2 Bkat	A - 1	150,00	
137638	Sie bogen mit dem Fahrzeug bei rotem Lichtzeichen mit rechts daneben angebrachtem Grünpfeil nach rechts ab. Es kam zum Unfall mit dem Fußgängerverkehr/Fahrradverkehr auf einer Radwegfurt *) der freigegebenen Verkehrsrichtungen. § 37 Abs. 2, § 1 Abs. 2, § 49 StVO; § 24 Abs. 1, 3 Nr. 5 StVG; 133.3.2 BKat; § 3 Abs. 3 BKatV; § 19 OwiG	A - 1	180,00	

TBNR	Bemerkungen
137636 – 137638	*) Zutreffendes angeben
137625, 137626	

Wechsel- und Dauerlichtzeichen - § 37 StVO

TBNR	Tatbestandstext	FaP-Pkt	Euro	FV
137642	Sie missachteten als Radfahrer/Fahrer eines Elektrokleinst-fahrzeugs *) das Dauerlichtzeichen "rote gekreuzte Schräg-balken". § 37 Abs. 3, § 49 StVO; § 24 Abs. 1, 3 Nr. 5 StVG; 132a BKat	A - 1	60,00	
137648	Sie missachteten das Dauerlichtzeichen "rote gekreuzte Schrägbalken". § 37 Abs. 3, § 49 StVO; § 24 Abs. 1, 3 Nr. 5 StVG; 132 BKat	A - 1	90,00	
137649	Sie missachteten das Dauerlichtzeichen "rote gekreuzte Schrägbalken" und gefährdeten +) dadurch Andere. § 37 Abs. 3, § 1 Abs. 2, § 49 StVO; § 24 Abs. 1, 3 Nr. 5, § 25 StVG; 132.1 BKat; § 4 Abs. 1 BKatV; § 19 OWiG	A - 2	200,00	1 M
137650	Sie missachteten das Dauerlichtzeichen "rote gekreuzte Schrägbalken". Es kam zum Unfall. § 37 Abs. 3, § 1 Abs. 2, § 49 StVO; § 24 Abs. 1, 3 Nr. 5, § 25 StVG; 132.2 BKat; § 4 Abs. 1 BKatV; § 19 OwiG	A - 2	240,00	1 M

Blaues Blinklicht und gelbes Blinklicht - § 38 StVO

TBNR	Tatbestandstext	FaP-Pkt	Euro	FV
138100	Sie verwendeten missbräuchlich blaues Blinklicht oder blaues Blinklicht zusammen mit dem Einsatzhorn. § 38 Abs. 1, 2, § 49 StVO; § 24 Abs. 1, 3 Nr. 5 StVG; 134 BKat	0	20,00	
138106	Sie verwendeten missbräuchlich gelbes Blinklicht. § 38 Abs. 3, § 49 StVO; § 24 Abs. 1, 3 Nr. 5 StVG; 134 BKat	0	20,00	
138600	Sie unterließen es, einem Einsatzfahrzeug mit einge-schaltetem blauen Blinklicht und Einsatzhorn sofort freie Bahn zu schaffen. § 38 Abs. 1, § 49 StVO; § 24 Abs. 1, 3 Nr. 5, § 25 StVG; 135 BKat; § 4 Abs. 1 BKatV	A - 2	240,00	1 M
138601	Sie unterließen es, einem Einsatzfahrzeug mit einge-schaltetem blauen Blinklicht und Einsatzhorn sofort freie Bahn zu schaffen und gefährdeten +) diese. § 38 Abs. 1, § 1 Abs. 2, § 49 StVO; § 24 Abs. 1, 3 Nr. 5, § 25 StVG; 135.1 BKat; § 4 Abs. 1 BKatV; § 19 OWiG	A - 2	280,00	1 M
138602	Sie unterließen es, einem Einsatzfahrzeug mit einge-schaltetem blauen Blinklicht und Einsatzhorn sofort freie Bahn zu schaffen. Es kam zum Unfall. § 38 Abs. 1, § 1 Abs. 2, § 49 StVO; § 24 Abs. 1, 3 Nr. 5, § 25 StVG; 135.2 BKat; § 4 Abs. 1 BKatV; § 19 OWiG	A - 2	320,00	1 M

TBNR	Bemerkungen
137642	*) Zutreffendes angeben

Vorschriftzeichen - § 41 Abs. 1 iVm Anlage 2 StVO (Halten/Parken)

TBNR	Tatbestandstext	FaP-Pkt	Euro	FV
141042	Sie parkten auf einem Gehweg, der durch Parkflächenmarkierung zum Gehwegparken freigegeben war, obwohl Ihr Fahrzeug mehr als 2,8 t zulässige Gesamtmasse hat. § 41 Abs. 1 iVm Anlage 2, § 49 StVO; § 24 Abs. 1, 3 Nr. 5 StVG; -- BKat Tab.: 741031	0	15,00	
141043	Sie parkten auf einem Gehweg, der durch Parkflächenmarkierung zum Gehwegparken freigegeben war, obwohl Ihr Fahrzeug mehr als 2,8 t zulässige Gesamtmasse hat, und behinderten +) dadurch Andere. § 41 Abs. 1 iVm Anlage 2, § 1 Abs. 2, § 49 StVO; § 24 Abs. 1, 3 Nr. 5 StVG; -- BKat; § 19 OWiG Tab.: 741031	0	25,00	
141044	Sie parkten länger als 1 Stunde auf einem Gehweg, der durch Parkflächenmarkierung zum Gehwegparken freigegeben war, obwohl Ihr Fahrzeug mehr als 2,8 t zulässige Gesamtmasse hat. § 41 Abs. 1 iVm Anlage 2, § 49 StVO; § 24 Abs. 1, 3 Nr. 5 StVG; -- BKat Tab.: 741031	0	25,00	
141045	Sie parkten länger als 1 Stunde auf einem Gehweg, der durch Parkflächenmarkierung zum Gehwegparken freigegeben war, obwohl Ihr Fahrzeug mehr als 2,8 t zulässige Gesamtmasse hat, und behinderten +) dadurch Andere. § 41 Abs. 1 iVm Anlage 2, § 1 Abs. 2, § 49 StVO; § 24 Abs. 1, 3 Nr. 5 StVG;-- BKat; § 19 OWiG Tab.: 741031	0	35,00	
141290	Sie hielten auf einem Fußgängerüberweg. § 41 Abs. 1 iVm Anlage 2, § 49 StVO; § 24 Abs. 1, 3 Nr. 5 StVG; 51 BKat Tab.: 741015	0	20,00	
141291	Sie hielten auf einem Fußgängerüberweg und behinderten +) dadurch Andere. § 41 Abs. 1 iVm Anlage 2, § 1 Abs. 2, § 49 StVO; § 24 Abs. 1, 3 Nr. 5 StVG; 51.1 BKat; § 19 OWiG Tab.: 741015	0	05,00	
141292	Sie parkten auf einem Fußgängerüberweg. § 41 Abs. 1 iVm Anlage 2, § 49 StVO; § 24 Abs. 1, 3 Nr. 5 StVG; 52 BKat Tab.: 741015	0	25,00	
141293	Sie parkten auf einem Fußgängerüberweg und behinderten +) dadurch Andere. § 41 Abs. 1 iVm Anlage 2, § 1 Abs. 2, § 49 StVO; § 24 Abs. 1, 3 Nr. 5 StVG; 52.1 BKat; § 19 OWiG Tab.: 741015	0	40,00	

TBNR	Bemerkungen

Vorschriftzeichen - § 41 Abs. 1 iVm Anlage 2 StVO (Halten/Parken)

TBNR	Tatbestandstext	FaP-Pkt	Euro	FV
141294	Sie parkten länger als 1 Stunde auf einem Fußgängerüberweg. § 41 Abs. 1 iVm Anlage 2, § 49 StVO; § 24 Abs. 1, 3 Nr. 5 StVG; 52.2 BKat Tab.: 741015	0	40,00	
141295	Sie parkten länger als 1 Stunde auf einem Fußgängerüberweg und behinderten +) dadurch Andere. § 41 Abs. 1 iVm Anlage 2, § 1 Abs. 2, § 49 StVO; § 24 Abs. 1, 3 Nr. 5 StVG; 52.2.1 BKat; § 19 OWiG Tab.: 741015	0	50,00	
141300	Sie hielten in einem Abstand von weniger als 5 Metern vor einem Fußgängerüberweg. § 41 Abs. 1 iVm Anlage 2, § 49 StVO; § 24 Abs. 1, 3 Nr. 5 StVG; 51 BKat Tab.: 741016	0	20,00	
141301	Sie hielten in einem Abstand von weniger als 5 Metern vor einem Fußgängerüberweg und behinderten +) dadurch Andere. § 41 Abs. 1 iVm Anlage 2, § 1 Abs. 2, § 49 StVO; § 24 Abs. 1, 3 Nr. 5 StVG; 51.1 BKat; § 19 OWiG Tab.: 741016	0	35,00	
141302	Sie parkten in einem Abstand von weniger als 5 Metern vor einem Fußgängerüberweg. § 41 Abs. 1 iVm Anlage 2, § 49 StVO; § 24 Abs. 1, 3 Nr. 5 StVG; 52 BKat Tab.: 741016	0	25,00	
141303	Sie parkten in einem Abstand von weniger als 5 Metern vor einem Fußgängerüberweg und behinderten +) dadurch Andere. § 41 Abs. 1 iVm Anlage 2, § 1 Abs. 2, § 49 StVO; § 24 Abs. 1, 3 Nr. 5 StVG; 52.1 BKat; § 19 OWiG Tab.: 741016	0	40,00	
141304	Sie parkten länger als 1 Stunde in einem Abstand von weniger als 5 Metern vor einem Fußgängerüberweg. § 41 Abs. 1 iVm Anlage 2, § 49 StVO; § 24 Abs. 1, 3 Nr. 5 StVG; 52.2 BKat Tab.: 741016	0	40,00	
141305	Sie parkten länger als 1 Stunde in einem Abstand von weniger als 5 Metern vor einem Fußgängerüberweg und behinderten +) dadurch Andere. § 41 Abs. 1 iVm Anlage 2, § 1 Abs. 2, § 49 StVO; § 24 Abs. 1, 3 Nr. 5 StVG; 52.2.1 BKat; § 19 OWiG Tab.: 741016	0	50,00	
141310	Sie hielten im absoluten Haltverbot (Zeichen 283). § 41 Abs. 1 iVm Anlage 2, § 49 StVO; § 24 Abs. 1, 3 Nr. 5 StVG; 51 BKat Tab.: 741017	0	20,00	

TBNR   Bemerkungen

Vorschriftzeichen - § 41 Abs. 1 iVm Anlage 2 StVO (Halten/Parken)

TBNR	Tatbestandstext	FaP-Pkt	Euro	FV
141311	Sie hielten im absoluten Haltverbot (Zeichen 283) und behinderten +) dadurch Andere. § 41 Abs. 1 iVm Anlage 2 , § 1 Abs. 2, § 49 StVO; § 24 Abs. 1, 3 Nr. 5 StVG; 51.1 BKat, § 19 OWiG Tab.: 741017	0	35,00	
141312	Sie parkten im absoluten Haltverbot (Zeichen 283). § 41 Abs. 1 iVm Anlage 2, § 49 StVO; § 24 Abs. 1, 3 Nr. 5 StVG; 52 BKat Tab.: 741017	0	25,00	
141313	Sie parkten im absoluten Haltverbot (Zeichen 283) und behinderten +) dadurch Andere. § 41 Abs. 1 iVm Anlage 2, § 1 Abs. 2, § 49 StVO; § 24 Abs. 1, 3 Nr. 5 StVG; 52.1 BKat; § 19 OWiG Tab.: 741017	0	40,00	
141314	Sie parkten länger als 1 Stunde im absoluten Haltverbot (Zeichen 283). § 41 Abs. 1 iVm Anlage 2, § 49 StVO; § 24 Abs. 1, 3 Nr. 5 StVG; 52.2 BKat Tab.: 741017	0	40,00	
141315	Sie parkten länger als 1 Stunde im absoluten Haltverbot (Zeichen 283) und behinderten +) dadurch Andere. § 41 Abs. 1 iVm Anlage 2, § 1 Abs. 2, § 49 StVO; § 24 Abs. 1, 3 Nr. 5 StVG; 52.2.1 BKat; § 19 OWiG Tab.: 741017	0	50,00	
141050	Sie hielten verbotswidrig im Bereich einer Feuerwehranfahrtszone/einer Feuerwehrzufahrt/eines Rettungsweges *) (Zeichen 283 mit Zusatzzeichen). § 41 Abs. 1 iVm Anlage 2, § 49 StVO; § 24 Abs. 1, 3 Nr. 5 StVG; -- BKat Tab.: 741037	0	20,00	
141051	Sie hielten verbotswidrig im Bereich einer Feuerwehranfahrtszone/einer Feuerwehrzufahrt/eines Rettungsweges *) (Zeichen 283 mit Zusatzzeichen) und behinderten +) dadurch ein Rettungsfahrzeug im Einsatz. § 41 Abs. 1 iVm Anlage 2, § 1 Abs. 2, § 49 StVO; § 24 Abs. 1, 3 Nr. 5 StVG; -- BKat; § 19 OWiG Tab.: 741037	0	35,00	
141056	Sie parkten verbotswidrig im Bereich einer Feuerwehranfahrtszone/einer Feuerwehrzufahrt/eines Rettungsweges *) (Zeichen 283 mit Zusatzzeichen). § 41 Abs. 1 iVm Anlage 2, § 49 StVO; § 24 Abs. 1, 3 Nr. 5 StVG; -- BKat Tab.: 741037	0	55,00	

TBNR	Bemerkungen
141050,141051, 141056	*) Zutreffendes angeben

Vorschriftzeichen - § 41 Abs. 1 iVm Anlage 2 StVO (Halten/Parken)

TBNR	Tatbestandstext	FaP-Pkt	Euro	FV
141518	Sie parkten verbotswidrig im Bereich einer Feuerwehranfahrtszone/einer Feuerwehrzufahrt/eines Rettungsweges *) (Zeichen 283 mit Zusatzzeichen) und behinderten +) dadurch ein Rettungsfahrzeug im Einsatz. § 41 Abs. 1 iVm Anlage 2, § 1 Abs. 2, § 49 StVO; § 24 Abs. 1, 3 Nr. 5 StVG;-- BKat; § 19 OwiG Tab.: 741037	0	100,00	
141322	Sie parkten unzulässig im eingeschränkten Haltverbot (Zeichen 286). § 41 Abs. 1 iVm Anlage 2, § 49 StVO; § 24 Abs. 1, 3 Nr. 5 StVG; 52 BKat Tab.: 741018	0	25,00	
141323	Sie parkten unzulässig im eingeschränkten Haltverbot (Zeichen 286) und behinderten +) dadurch Andere. § 41 Abs. 1 iVm Anlage 2, § 1 Abs. 2, § 49 StVO; § 24 Abs. 1, 3 Nr. 5 StVG; 52.1 BKat; § 19 OWiG Tab.: 741018	0	40,00	
141324	Sie parkten unzulässig länger als 1 Stunde im eingeschränkten Haltverbot (Zeichen 286). § 41 Abs. 1 iVm Anlage 2, § 49 StVO; § 24 Abs. 1, 3 Nr. 5 StVG; 52.2 BKat Tab.: 741018	0	40,00	
141325	Sie parkten unzulässig länger als 1 Stunde im eingeschränkten Haltverbot (Zeichen 286) und behinderten +) dadurch Andere. § 41 Abs. 1 iVm Anlage 2, § 1 Abs. 2, § 49 StVO; § 24 Abs. 1, 3 Nr. 5 StVG; 52.2.1 BKat; § 19 OWiG Tab.: 741018	0	50,00	
141330	Sie hielten links von einer Fahrbahnbegrenzung (Zeichen 295). § 41 Abs. 1 iVm Anlage 2, § 49 StVO; § 24 Abs. 1, 3 Nr. 5 StVG; 51 BKat Tab.: 741019	0	20,00	
141331	Sie hielten links von einer Fahrbahnbegrenzung (Zeichen 295) und behinderten +) dadurch Andere. § 41 Abs. 1 iVm Anlage 2, § 1 Abs. 2, § 49 StVO; § 24 Abs. 1, 3 Nr. 5 StVG; 51.1 BKat, § 19 OWiG Tab.: 741019	0	35,00	
141332	Sie parkten links von einer Fahrbahnbegrenzung (Zeichen 295). § 41 Abs. 1 iVm Anlage 2, § 49 StVO; § 24 Abs. 1, 3 Nr. 5 StVG; 52 BKat Tab.: 741019	0	25,00	
141333	Sie parkten links von einer Fahrbahnbegrenzung (Zeichen 295) und behinderten +) dadurch Andere. § 41 Abs. 1 iVm Anlage 2, § 1 Abs. 2, § 49 StVO; § 24 Abs. 1, 3 Nr. 5 StVG; 52.1 BKat; § 19 OWiG Tab.: 741019	0	40,00	

TBNR	Bemerkungen
141518	*) Zutreffendes angeben

Vorschriftzeichen - § 41 Abs. 1 iVm Anlage 2 StVO (Halten/Parken)

TBNR	Tatbestandstext	FaP-Pkt	Euro	FV
141334	Sie parkten länger als 1 Stunde links von einer Fahrbahnbegrenzung (Zeichen 295). § 41 Abs. 1 iVm Anlage 2, § 49 StVO; § 24 Abs. 1, 3 Nr. 5 StVG; 52.2 BKat Tab.: 741019	0	40,00	
141335	Sie parkten länger als 1 Stunde links von einer Fahrbahnbegrenzung (Zeichen 295) und behinderten +) dadurch Andere. § 41 Abs. 1 iVm Anlage 2, § 1 Abs. 2, § 49 StVO; § 24 Abs. 1, 3 Nr. 5 StVG; 52.2.1 BKat; § 19 OWiG Tab.: 741019	0	50,00	
141340	Sie hielten auf einem durch Richtungspfeile (Zeichen 297) gekennzeichneten Fahrbahnteil. § 41 Abs. 1 iVm Anlage 2, § 49 StVO; § 24 Abs. 1, 3 Nr. 5 StVG; 51 BKat Tab.: 741020	0	20,00	
141341	Sie hielten auf einem durch Richtungspfeile (Zeichen 297) gekennzeichneten Fahrbahnteil und behinderten +) dadurch Andere. § 41 Abs. 1 iVm Anlage 2, § 1 Abs. 2, § 49 StVO; § 24 Abs. 1, 3 Nr. 5 StVG; 51.1 BKat; § 19 OWiG Tab.: 741020	0	35,00	
141342	Sie parkten auf einem durch Richtungspfeile (Zeichen 297) gekennzeichneten Fahrbahnteil. § 41 Abs. 1 iVm Anlage 2, § 49 StVO; § 24 Abs. 1, 3 Nr. 5 StVG; 52 BKat Tab.: 741020	0	25,00	
141343	Sie parkten auf einem durch Richtungspfeile (Zeichen 297) gekennzeichneten Fahrbahnteil und behinderten +) dadurch Andere. § 41 Abs. 1 iVm Anlage 2, § 1 Abs. 2, § 49 StVO; § 24 Abs. 1, 3 Nr. 5 StVG; 52.1 BKat; § 19 OWiG Tab.: 741020	0	40,00	
141344	Sie parkten länger als 1 Stunde auf einem durch Richtungspfeile (Zeichen 297) gekennzeichneten Fahrbahnteil. § 41 Abs. 1 iVm Anlage 2, § 49 StVO; § 24 Abs. 1, 3 Nr. 5 StVG; 52.2 BKat Tab.: 741020	0	40,00	
141345	Sie parkten länger als 1 Stunde auf einem durch Richtungspfeile (Zeichen 297) gekennzeichneten Fahrbahnteil und behinderten +) dadurch Andere. § 41 Abs. 1 iVm Anlage 2, § 1 Abs. 2, § 49 StVO; § 24 Abs. 1, 3 Nr. 5 StVG; 52.2.1 BKat; § 19 OWiG Tab.: 741020	0	50,00	

TBNR   Bemerkungen

194

Vorschriftzeichen - § 41 Abs. 1 iVm Anlage 2 StVO (Halten/Parken)

TBNR	Tatbestandstext	FaP-Pkt	Euro	FV
141350	Sie hielten innerhalb einer Grenzmarkierung (Zeichen 299) für ein Haltverbot. § 41 Abs. 1 iVm Anlage 2, § 49 StVO; § 24 Abs. 1, 3 Nr. 5 StVG; 51 BKat.: Tab.: 741021	0	20,00	
141351	Sie hielten innerhalb einer Grenzmarkierung (Zeichen 299) für ein Haltverbot und behinderten +) dadurch Andere. § 41 Abs. 1 iVm Anlage 2, § 1 Abs. 2, § 49 StVO;§ 24 Abs. 1, 3 Nr. 5 StVG; 51.1 BKat; § 19 OWiG Tab.: 741021	0	35,00	
141352	Sie parkten innerhalb einer Grenzmarkierung (Zeichen 299) für ein Haltverbot. § 41 Abs. 1 iVm Anlage 2, § 49 StVO; § 24 Abs. 1, 3 Nr. 5 StVG; 52 BKat: Tab.: 741021	0	25,00	
141353	Sie parkten innerhalb einer Grenzmarkierung (Zeichen 299) für ein Haltverbot und behinderten +) dadurch Andere. § 41 Abs. 1 iVm Anlage 2, § 1 Abs. 2, § 49 StVO; § 24 Abs. 1, 3 Nr. 5 StVG; 52.1 BKat; § 19 OWiG Tab.: 741021	0	40,00	
141354	Sie parkten länger als 1 Stunde innerhalb einer Grenzmarkierung (Zeichen 299) für ein Haltverbot. § 41 Abs. 1 iVm Anlage 2, § 49 StVO;§ 24 Abs. 1, 3 Nr. 5 StVG; 52.2 BKat: Tab.: 741021	0	40,00	
141355	Sie parkten länger als 1 Stunde innerhalb einer Grenzmarkierung (Zeichen 299) für ein Haltverbot und behinderten +) dadurch Andere. § 41 Abs. 1 iVm Anlage 2, § 1 Abs. 2, § 49 StVO; § 24 Abs. 1, 3 Nr. 5 StVG; 52.2.1 BKat; § 19 OWiG Tab.: 741021	0	50,00	
141026	Sie parkten innerhalb einer Grenzmarkierung (Zeichen 299) für ein Parkverbot. § 41 Abs. 1 iVm Anlage 2, § 49 StVO; § 24 Abs. 1, 3 Nr. 5 StVG; -- BKat Tab.: 741044	0	10,00	
141027	Sie parkten innerhalb einer Grenzmarkierung (Zeichen 299) für ein Parkverbot und behinderten +) dadurch Andere. § 41 Abs. 1 iVm Anlage 2, § 1 Abs. 2, § 49 StVO; § 24 Abs. 1, 3 Nr. 5 StVG; -- BKat; § 19 OWiG Tab.: 741044	0	15,00	
141028	Sie parkten länger als 3 Stunden innerhalb einer Grenzmarkierung (Zeichen 299) für ein Parkverbot. § 41 Abs. 1 iVm Anlage 2, § 49 StVO; § 24 Abs. 1, 3 Nr. 5 StVG; -- BKat Tab.: 741044	0	20,00	
141029	Sie parkten länger als 3 Stunden innerhalb einer Grenzmarkierung (Zeichen 299) für ein Parkverbot und behinderten +) dadurch Andere. § 41 Abs. 1 iVm Anlage 2, § 1 Abs. 2, § 49 StVO; § 24 Abs. 1, 3 Nr. 5 StVG; -- BKat; § 19 OWiG Tab.: 741044	0	30,00	

TBNR	Bemerkungen

Vorschriftzeichen - § 41 Abs. 1 iVm Anlage 2 StVO (Halten/Parken)

TBNR	Tatbestandstext	FaP-Pkt	Euro	FV
141360	Sie hielten näher als 10 Meter vor einem Andreaskreuz (Zeichen 201)/Zeichen 205 (Vorfahrt gewähren.)/Zeichen 206 (Halt. Vorfahrt gewähren.) *) und verdeckten dieses. § 41 Abs. 1 iVm Anlage 2, § 49 StVO; § 24 Abs. 1, 3 Nr. 5 StVG; 51 BKat Tab.: 741022	0	20,00	
141361	Sie hielten näher als 10 Meter vor einem Andreaskreuz (Zeichen 201)/Zeichen 205 (Vorfahrt gewähren.)/Zeichen 206 (Halt. Vorfahrt gewähren.) *) und verdeckten dieses, wodurch Andere behindert +) wurden. § 41 Abs. 1 iVm Anlage 2, § 1 Abs. 2, § 49 StVO; § 24 Abs. 1, 3 Nr. 5 StVG; 51.1 BKat; § 19 OWiG Tab.: 741022	0	35,00	
141362	Sie parkten näher als 10 Meter vor einem Andreaskreuz (Zeichen 201)/Zeichen 205 (Vorfahrt gewähren.)/Zeichen 206 (Halt. Vorfahrt gewähren.) *) und verdeckten dieses. § 41 Abs. 1 iVm Anlage 2, § 49 StVO; § 24 Abs. 1, 3 Nr. 5 StVG; 52 BKat Tab.: 741022	0	25,00	
141363	Sie parkten näher als 10 Meter vor einem Andreaskreuz (Zeichen 201)/Zeichen 205 (Vorfahrt gewähren.)/Zeichen 206 (Halt. Vorfahrt gewähren.) *) und verdeckten dieses, wodurch Andere behindert +) wurden. § 41 Abs. 1 iVm Anlage 2, § 1 Abs. 2, § 49 StVO; § 24 Abs. 1, 3 Nr. 5 StVG; 52.1 BKat; § 19 OWiG Tab.: 741022	0	40,00	
141364	Sie parkten länger als 1 Stunde näher als 10 Meter vor einem Andreaskreuz (Zeichen 201)/Zeichen 205 (Vorfahrt gewähren.)/Zeichen 206 (Halt. Vorfahrt gewähren.) *) und verdeckten dieses. § 41 Abs. 1 iVm Anlage 2, § 49 StVO; § 24 Abs. 1, 3 Nr. 5 StVG; 52.2 BKat Tab.: 741022	0	40,00	
141365	Sie parkten länger als 1 Stunde näher als 10 Meter vor einem Andreaskreuz (Zeichen 201)/Zeichen 205 (Vorfahrt gewähren.)/Zeichen 206 (Halt. Vorfahrt gewähren.) *) und verdeckten dieses, wodurch Andere behindert +) wurden. § 41 Abs. 1 iVm Anlage 2, § 1 Abs. 2, § 49 StVO; § 24 Abs. 1, 3 Nr. 5 StVG; 52.2.1 BKat; § 19 OWiG Tab.: 741022	0	50,00	

TBNR   **Bemerkungen**
141360 – 141365   *) Zutreffendes angeben

Vorschriftzeichen - § 41 Abs. 1 iVm Anlage 2 StVO (Halten/Parken)

TBNR	Tatbestandstext	FaP-Pkt	Euro	FV
141380	Sie hielten verbotswidrig im Bereich eines Taxenstandes (Zeichen 229). § 41 Abs. 1 iVm Anlage 2, § 49 StVO; § 24 Abs. 1, 3 Nr. 5 StVG; 51 BKat Tab.: 741024	0	20,00	
141381	Sie hielten verbotswidrig im Bereich eines Taxenstandes (Zeichen 229) und behinderten +) dadurch den Taxenverkehr. § 41 Abs. 1 iVm Anlage 2, § 1 Abs. 2, § 49 StVO; § 24 Abs. 1, 3 Nr. 5 StVG; 51.1 BKat; § 19 OWiG Tab.: 741024	0	35,00	
141382	Sie parkten verbotswidrig im Bereich eines Taxenstandes (Zeichen 229). § 41 Abs. 1 iVm Anlage 2, § 49 StVO; § 24 Abs. 1, 3 Nr. 5 StVG; 52 BKat Tab.: 741024	0	25,00	
141383	Sie parkten verbotswidrig im Bereich eines Taxenstandes (Zeichen 229) und behinderten +) dadurch den Taxenverkehr. § 41 Abs. 1 iVm Anlage 2,, § 1 Abs. 2, § 49 StVO; § 24 Abs. 1, 3 Nr. 5 StVG; 52.1 BKat; § 19 OWiG Tab.: 741024	0	40,00	
141384	Sie parkten verbotswidrig länger als 1 Stunde im Bereich eines Taxenstandes (Zeichen 229). § 41 Abs. 1 iVm Anlage 2, § 49 StVO; § 24 Abs. 1, 3 Nr. 5 StVG; 52.2 BKat Tab.: 741024	0	40,00	
141385	Sie parkten verbotswidrig länger als 1 Stunde im Bereich eines eines Taxenstandes (Zeichen 229) und behinderten +) dadurch den Taxenverkehr. § 41 Abs. 1 iVm Anlage 2, § 1 Abs. 2, § 49 StVO; § 24 Abs. 1, 3 Nr. 5 StVG; 52.2.1 BKat; § 19 OWiG Tab.: 741024	0	50,00	
141392	Sie parkten im eingeschränkten Haltverbot (Zeichen 286/ 290.1,290.2 *)) mit Zusatzzeichen "Bewohner mit Parkausweis frei". Ein besonderer Parkausweis lag nicht gut lesbar aus. § 41 Abs. 1 iVm Anlage 2, § 49 StVO; § 24 Abs. 1, 3 Nr. 5 StVG; 52 BKat Tab.: 741025	0	25,00	
141393	Sie parkten im eingeschränkten Haltverbot (Zeichen 286/ 290.1,290.2 *)) mit Zusatzzeichen "Bewohner mit Parkausweis frei" und behinderten +) dadurch Andere. Ein besonderer Parkausweis lag nicht gut lesbar aus. § 41 Abs. 1 iVm Anlage 2, § 1 Abs. 2, § 49 StVO; § 24 Abs. 1, 3 Nr. 5 StVG; 52.1 BKat; § 19 OWiG Tab.: 741025	0	40,00	

TBNR	Bemerkungen
141392 – 141393	*) Zutreffendes angeben

Vorschriftzeichen - § 41 Abs. 1 iVm Anlage 2 StVO (Halten/Parken)

TBNR	Tatbestandstext	FaP-Pkt	Euro	FV
141394	Sie parkten länger als 1 Stunde im eingeschränkten Haltverbot (Zeichen 286/290.1, 290.2 *)) mit Zusatzzeichen "Bewohner mit Parkausweis frei". Ein besonderer Parkausweis lag nicht gut lesbar aus. § 41 Abs. 1 iVm Anlage 2, § 49 StVO; § 24 Abs. 1, 3 Nr. 5 StVG; 52.2 BKat Tab.: 741025	0	40,00	
141395	Sie parkten länger als 1 Stunde im eingeschränkten Haltverbot (Zeichen 286/290.1, 290.2 *)) mit Zusatzzeichen "Bewohner mit Parkausweis frei" und behinderten +) dadurch Andere. Ein besonderer Parkausweis lag nicht gut lesbar aus. § 41 Abs. 1 iVm Anlage 2, § 1 Abs. 2, § 49 StVO; § 24 Abs. 1, 3 Nr. 5 StVG; 52.2.1 BKat; § 19 OWiG Tab.: 741025	0	50,00	
141402	Sie parkten in einem Abstand von weniger als 15 Metern von einem Haltestellenschild (Zeichen 224). § 41 Abs. 1 iVm Anlage 2, § 49 StVO; § 24 Abs. 1, 3 Nr. 5 StVG; 54.4 BKat Tab.: 741027	0	55,00	
141818	Sie parkten in einem Abstand von weniger als 15 Metern von einem Haltestellenschild (Zeichen 224) und behinderten +) dadurch Andere. § 41 Abs. 1 iVm Anlage 2, § 1 Abs. 2, § 49 StVO; § 24 Abs. 1, 3 Nr. 5 StVG; 54.4.1 BKat; § 19 OWiG Tab.: 741027	0	70,00	
141819	Sie parkten in einem Abstand von weniger als 15 Metern von einem Haltestellenschild (Zeichen 224) und gefährdeten +) dadurch Andere. § 41 Abs. 1 iVm Anlage 2, § 1 Abs. 2, § 49 StVO; § 24 Abs. 1, 3 Nr. 5 StVG; 54.4.2 BKat; § 19 OWiG Tab.: 741027	0	80,00	
141820	Sie parkten in einem Abstand von weniger als 15 Metern von einem Haltestellenschild (Zeichen 224). Es kam zum Unfall. § 41 Abs. 1 iVm Anlage 2, § 1 Abs. 2, § 49 StVO; § 24 Abs. 1, 3 Nr. 5 StVG; 54.4.3 BKat; § 19 OWiG Tab.: 741027	0	100,00	
141821	Sie parkten länger als 3 Stunden in einem Abstand von weniger als 15 Metern von einem Haltestellenschild (Zeichen 224). § 41 Abs. 1 iVm Anlage 2, § 49 StVO; § 24 Abs. 1, 3 Nr. 5 StVG; 54.4.4 BKat Tab.: 741027	0	70,00	

TBNR	Bemerkungen
141394 – 141395	*) Zutreffendes angeben

Vorschriftzeichen - § 41 Abs. 1 iVm Anlage 2 StVO (Halten/Parken)

TBNR	Tatbestandstext	FaP-Pkt	Euro	FV
141822	Sie parkten länger als 3 Stunden in einem Abstand von weniger als 15 Metern von einem Haltestellenschild (Zeichen 224) und behinderten +) dadurch Andere. § 41 Abs. 1 iVm Anlage 2, § 1 Abs. 2, § 49 StVO; § 24 Abs. 1, 3 Nr. 5 StVG; 54.4.4.1 BKat; § 19 OWiG Tab.: 741027	0	80,00	
141823	Sie parkten länger als 3 Stunden in einem Abstand von weniger als 15 Metern von einem Haltestellenschild (Zeichen 224) und gefährdeten +) dadurch Andere. § 41 Abs. 1 iVm Anlage 2, § 1 Abs. 2, § 49 StVO; § 24 Abs. 1, 3 Nr. 5 StVG; 54.4.4.2 BKat; § 19 OWiG Tab.: 741027	0	80,00	
141824	Sie parkten länger als 3 Stunden in einem Abstand von weniger als 15 Metern von einem Haltestellenschild (Zeichen 224). Es kam zum Unfall. § 41 Abs. 1 iVm Anlage 2, § 1 Abs. 2, § 49 StVO; § 24 Abs. 1, 3 Nr. 5 StVG; 54.4.4.3 BKat; § 19 OWiG Tab.: 741027	0	100,00	
141120	Sie hielten auf einem Bussonderfahrstreifen (Zeichen 245). § 41 Abs. 1 iVm Anlage 2, § 49 StVO; § 24 Abs. 1, 3 Nr. 5 StVG; 54.3 BKat Tab.: 741028	0	55,00	
141825	Sie hielten auf einem Bussonderfahrstreifen (Zeichen 245) und behinderten +) dadurch Andere. § 41 Abs. 1 iVm Anlage 2, § 1 Abs. 2, § 49 StVO; § 24 Abs. 1, 3 Nr. 5 StVG; 54.3.1 BKat; § 19 OWiG Tab.: 741028	0	70,00	
141826	Sie hielten auf einem Bussonderfahrstreifen (Zeichen 245) und gefährdeten +) dadurch Andere. § 41 Abs. 1 iVm Anlage 2, § 1 Abs. 2, § 49 StVO; § 24 Abs. 1, 3 Nr. 5 StVG; 54.3.2 BKat; § 19 OWiG Tab.: 741028	0	80,00	
141827	Sie hielten auf einem Bussonderfahrstreifen (Zeichen 245). Es kam zum Unfall. § 41 Abs. 1 iVm Anlage 2, § 1 Abs. 2, § 49 StVO; § 24 Abs. 1, 3 Nr. 5 StVG; 54.3.3 BKat; § 19 OWiG Tab.: 741028	0	100,00	
141123	Sie hielten innerhalb einer Grenzmarkierung (Zeichen 299) für ein Haltverbot im Bereich eines Bussonderfahrstreifens (Zeichen 245). § 41 Abs. 1 iVm Anlage 2, § 49 StVO; § 24 Abs. 1, 3 Nr. 5 StVG; 54.3 BKat Tab.: 741042	0	55,00	

TBNR	Bemerkungen

Vorschriftzeichen - § 41 Abs. 1 iVm Anlage 2 StVO (Halten/Parken)

TBNR	Tatbestandstext	FaP-Pkt	Euro	FV
141622	Sie hielten innerhalb einer Grenzmarkierung (Zeichen 299) für ein Haltverbot im Bereich eines Bussonderfahrstreifens (Zeichen 245) und behinderten +) dadurch Andere. § 41 Abs. 1 iVm Anlage 2, § 1 Abs. 1, § 49 StVO; § 24 Abs. 1, 3 Nr. 5 StVG; 54.3.1 BKat; § 19 OWiG Tab.: 741042	0	70,00	
141623	Sie hielten innerhalb einer Grenzmarkierung (Zeichen 299) für ein Haltverbot im Bereich eines Bussonderfahrstreifens (Zeichen 245) und gefährdeten +) dadurch Andere. § 41 Abs. 1 iVm Anlage 2, § 1 Abs. 1, § 49 StVO; § 24 Abs. 1, 3 Nr. 5 StVG; 54.3.2 BKat; § 19 OWiG Tab.: 741042	0	80,00	
141624	Sie hielten innerhalb einer Grenzmarkierung (Zeichen 299) für ein Haltverbot im Bereich eines Bussonderfahrstreifens (Zeichen 245). Es kam zum Unfall. § 41 Abs. 1 iVm Anlage 2, § 1 Abs. 1, § 49 StVO; § 24 Abs. 1, 3 Nr. 5 StVG; 54.3.3 BKat; § 19 OWiG Tab.: 741042	0	100,00	
141125	Sie parkten auf einem Bussonderfahrstreifen (Zeichen 245). § 41 Abs. 1 iVm Anlage 2, § 49 StVO; § 24 Abs. 1, 3 Nr. 5 StVG; 54.4 BKat Tab.: 741028	0	55,00	
141828	Sie parkten auf einem Bussonderfahrstreifen (Zeichen 245) und behinderten +) dadurch Andere. § 41 Abs. 1 iVm Anlage 2, § 1 Abs. 2, § 49 StVO; § 24 Abs. 1, 3 Nr. 5 StVG; 54.4.1 BKat; § 19 OWiG Tab.: 741028	0	70,00	
141829	Sie parkten auf einem Bussonderfahrstreifen (Zeichen 245) und gefährdeten +) dadurch Andere. § 41 Abs. 1 iVm Anlage 2, § 1 Abs. 2, § 49 StVO; § 24 Abs. 1, 3 Nr. 5 StVG; 54.4.2 BKat; § 19 OWiG Tab.: 741028	0	80,00	
141830	Sie parkten auf einem Bussonderfahrstreifen (Zeichen 245). Es kam zum Unfall. § 41 Abs. 1 iVm Anlage 2, § 1 Abs. 2, § 49 StVO; § 24 Abs. 1, 3 Nr. 5 StVG; 54.4.3 BKat; § 19 OWiG Tab.: 741028	0	100,00	
141831	Sie parkten länger als 3 Stunden auf einem Bussonderfahrstreifen (Zeichen 245). § 41 Abs. 1 iVm Anlage 2, § 49 StVO; § 24 Abs. 1, 3 Nr. 5 StVG; 54.4.4 BKat Tab.: 741028	0	70,00	

TBNR	Bemerkungen

200

Vorschriftzeichen - § 41 Abs. 1 iVm Anlage 2 StVO (Halten/Parken)

TBNR	Tatbestandstext	FaP-Pkt	Euro	FV
141832	Sie parkten länger als 3 Stunden auf einem Bussonderfahrstreifen (Zeichen 245) und behinderten +) dadurch Andere. § 41 Abs. 1 iVm Anlage 2, § 1 Abs. 2, § 49 StVO; § 24 Abs. 1, 3 Nr. 5 StVG; 54.4.4.1 BKat; § 19 OWiG Tab.: 741028	0	80,00	
141833	Sie parkten länger als 3 Stunden auf einem Bussonderfahrstreifen (Zeichen 245) und gefährdeten +) dadurch Andere. § 41 Abs. 1 iVm Anlage 2, § 1 Abs. 2, § 49 StVO; § 24 Abs. 1, 3 Nr. 5 StVG; 54.4.4.2 BKat; § 19 OWiG Tab.: 741028	0	80,00	
141834	Sie parkten länger als 3 Stunden auf einem Bussonderfahrstreifen (Zeichen 245). Es kam zum Unfall. § 41 Abs. 1 iVm Anlage 2, § 1 Abs. 2, § 49 StVO; § 24 Abs. 1, 3 Nr. 5 StVG; 54.4.4.3 BKat; § 19 OWiG Tab.: 741028	0	100,00	
141421	Sie parkten innerhalb einer Grenzmarkierung (Zeichen 299) für ein Parkverbot im Bereich einer Haltestelle (Zeichen 224)/ eines Bussonderfahrstreifens (Zeichen 245) *). § 41 Abs. 1 iVm Anlage 2, § 49 StVO; § 24 Abs. 1, 3 Nr. 5 StVG; 54.4 BKat Tab.: 741043	0	55,00	
141842	Sie parkten innerhalb einer Grenzmarkierung (Zeichen 299) für ein Parkverbot im Bereich einer Haltestelle (Zeichen 224)/ eines Bussonderfahrstreifens (Zeichen 245) *) und behinderten +) dadurch Andere. § 41 Abs. 1 iVm Anlage 2, § 1 Abs. 2, § 49 StVO; § 24 Abs. 1, 3 Nr. 5 StVG; 54.4.1BKat Tab.: 741043	0	70,00	
141843	Sie parkten innerhalb einer Grenzmarkierung (Zeichen 299) für ein Parkverbot im Bereich einer Haltestelle (Zeichen 224)/ eines Bussonderfahrstreifens (Zeichen 245) *) und gefährdeten +) dadurch Andere. § 41 Abs. 1 iVm Anlage 2, § 1 Abs. 2, § 49 StVO; § 24 Abs. 1, 3 Nr. 5 StVG; 54.4.2BKat Tab.: 741043	0	80,00	
141844	Sie parkten innerhalb einer Grenzmarkierung (Zeichen 299) für ein Parkverbot im Bereich einer Haltestelle (Zeichen 224)/ eines Bussonderfahrstreifens (Zeichen 245) *). Es kam zum Unfall. § 41 Abs. 1 iVm Anlage 2, § 1 Abs. 2, § 49 StVO; § 24 Abs. 1, 3 Nr. 5 StVG; 54.4.3BKat Tab.: 741043	0	100,00	

TBNR	Bemerkungen
141421 – 141844	*)Zutreffendes angeben

Vorschriftzeichen - § 41 Abs. 1 iVm Anlage 2 StVO (Halten/Parken)

TBNR	Tatbestandstext	FaP-Pkt	Euro	FV
141845	Sie parkten länger als 3 Stunden innerhalb einer Grenz-markierung (Zeichen 299) für ein Parkverbot im Bereich einer Haltestelle (Zeichen 224)/eines Bussonderfahr-streifens (Zeichen 245) *). § 41 Abs. 1 iVm Anlage 2, § 49 StVO; § 24 Abs. 1, 3 Nr. 5 StVG; 54.4.4 BKat Tab.: 741043	0	70,00	
141846	Sie parkten länger als 3 Stunden innerhalb einer Grenzmarkierung (Zeichen 299) für ein Parkverbot im Bereich einer Haltestelle (Zeichen 224)/eines Bussonderfahrstreifens (Zeichen 245) *) und behinderten +) dadurch Andere. § 41 Abs. 1 iVm Anlage 2, § 49 StVO; § 24 Abs. 1, 3 Nr. 5 StVG; 54.4.4.1 BKat. Tab.: 741043	0	80,00	
141847	Sie parkten länger als 3 Stunden innerhalb einer Grenzmarkierung (Zeichen 299) für ein Parkverbot im Bereich einer Haltestelle (Zeichen 224)/eines Bussonderfahrstreifens (Zeichen 245) *) und gefährdeten +) dadurch Andere. § 41 Abs. 1 iVm Anlage 2, § 49 StVO; § 24 Abs. 1, 3 Nr. 5 StVG; 54.4.4.2 BKat Tab.: 741043	0	80,00	
141848	Sie parkten länger als 3 Stunden innerhalb einer Grenzmarkierung (Zeichen 299) für ein Parkverbot im Bereich einer Haltestelle (Zeichen 224)/eines Bussonderfahrstreifens (Zeichen 245) *). Es kam zum Unfall. § 41 Abs. 1 iVm Anlage 2, § 49 StVO; § 24 Abs. 1, 3 Nr. 5 StVG; 54.4.4.3 BKat Tab.: 741043	0	100,00	
141412	Sie parkten, obwohl zwischen Ihrem Fahrzeug und der Fahr-streifenbegrenzung (Zeichen 295/296 *)) ein Abstand von weniger als 3 Metern verblieb. § 41 Abs. 1 iVm Anlage 2, § 49 StVO; § 24 Abs. 1, 3 Nr. 5 StVG; 54 BKat Tab.: 741029	0	10,00	

TBNR   **Bemerkungen**
141845 - 141412   *) Zutreffendes angeben

Vorschriftzeichen - § 41 Abs. 1 iVm Anlage 2 StVO (Halten/Parken)

TBNR	Tatbestandstext	FaP-Pkt	Euro	FV
141413	Sie parkten, obwohl zwischen Ihrem Fahrzeug und der Fahrstreifenbegrenzung (Zeichen 295/296 *)) ein Abstand von weniger als 3 Metern verblieb, und behinderten +) dadurch Andere. § 41 Abs. 1 iVm Anlage 2, § 1 Abs. 2, § 49 StVO; § 24 Abs. 1, 3 Nr. 5 StVG; 54.1 BKat; § 19 OWiG Tab.: 741029	0	15,00	
141414	Sie parkten länger als 3 Stunden, obwohl zwischen Ihrem Fahrzeug und der Fahrstreifenbegrenzung (Zeichen 295/296 *)) ein Abstand von weniger als 3 Metern verblieb. § 41 Abs. 1 iVm Anlage 2, § 49 StVO; § 24 Abs. 1, 3 Nr. 5 StVG; 54.2 BKat Tab.: 741029	0	20,00	
141415	Sie parkten länger als 3 Stunden, obwohl zwischen Ihrem Fahrzeug und der Fahrstreifenbegrenzung (Zeichen 295/296 *)) ein Abstand von weniger als 3 Metern verblieb, und behinderten +) dadurch Andere. § 41 Abs. 1 iVm Anlage 2, § 1 Abs. 2, § 49 StVO; § 24 Abs. 1, 3 Nr. 5 StVG; 54.2.1 BKat; § 19 OWiG Tab.: 741029	0	30,00	
141245	Sie benutzten die Sperrfläche (Zeichen 298) zum Parken. § 41 Abs. 1 iVm Anlage 2, § 49 StVO; § 24 Abs. 1, 3 Nr. 5 StVG; 156 BKat	0	25,00	

TBNR   **Bemerkungen**
141413 – 141415 *) Zutreffendes angeben

Vorschriftzeichen - § 41 Abs. 1 iVm Anlage 2 StVO (Halten/Parken)

TBNR	Tatbestandstext	FaP-Pkt	Euro	FV
141430	Sie hielten verbotswidrig innerhalb des Kreisverkehrs (Zeichen 215) auf der Fahrbahn. § 41 Abs. 1 iVm Anlage 2, § 49 StVO; § 24 Abs. 1, 3 Nr. 5 StVG; 51 BKat Tab.: 741023	0	20,00	
141431	Sie hielten verbotswidrig innerhalb des Kreisverkehrs (Zeichen 215)auf der Fahrbahn und behinderten +) dadurch Andere. § 41 Abs. 1 iVm Anlage 2, § 1 Abs. 2, § 49 StVO; § 24 Abs. 1, 3 Nr. 5 StVG; 51.1 BKat; § 19 OWiG Tab.: 741023	0	35,00	
141432	Sie parkten verbotswidrig innerhalb des Kreisverkehrs (Zeichen 215)auf der Fahrbahn. § 41 Abs. 1 iVm Anlage 2, § 49 StVO; § 24 Abs. 1, 3 Nr. 5 StVG; 52 BKat Tab.: 741023	0	25,00	
141433	Sie parkten verbotswidrig innerhalb des Kreisverkehrs (Zeichen 215)auf der Fahrbahn und behinderten +) dadurch Andere. § 41 Abs. 1 iVm Anlage 2, § 1 Abs. 2, § 49 StVO; § 24 Abs. 1, 3 Nr. 5 StVG; 52.1 BKat; § 19 OWiG Tab.: 741023	0	40,00	
141434	Sie parkten verbotswidrig länger als 1 Stunde innerhalb des Kreisverkehrs (Zeichen 215) auf der Fahrbahn. § 41 Abs. 1 iVm Anlage 2, § 49 StVO; § 24 Abs. 1, 3 Nr. 5 StVG; 52.2 BKat Tab.: 741023	0	40,00	
141435	Sie parkten verbotswidrig länger als 1 Stunde innerhalb des Kreisverkehrs (Zeichen 215) auf der Fahrbahn und behinderten +) dadurch Andere. § 41 Abs. 1 iVm Anlage 2, § 1 Abs. 2, § 49 StVO; § 24 Abs. 1, 3 Nr. 5 StVG; 52.2.1 BKat; § 19 OWiG Tab.: 741023	0	50,00	
141070	Sie hielten auf einem Radweg (Zeichen 237). § 41 Abs. 1 iVm Anlage 2, § 49 StVO; § 24 Abs. 1, 3 Nr. 5 StVG; -- BKat Tab.: 741033	0	50,00	
141071	Sie hielten auf einem Radweg (Zeichen 237) und behinderten +) dadurch Andere. § 41 Abs. 1 iVm Anlage 2, § 1 Abs. 2, § 49 StVO; § 24 Abs. 1, 3 Nr. 5 StVG;-- BKat; § 19 OWiG Tab.: 741033	0	55,00	

TBNR   Bemerkungen

Vorschriftzeichen - § 41 Abs. 1 iVm Anlage 2 StVO (Halten/Parken)

TBNR	Tatbestandstext	FaP-Pkt	Euro	FV
141572	Sie hielten auf einem Radweg (Zeichen 237) und gefährdeten +) dadurch Andere. § 41 Abs. 1 iVm Anlage 2, § 1 Abs. 2, § 49 StVO; § 24 Abs. 1, 3 Nr. 5 StVG;-- BKat; § 19 OWiG Tab.: 741033	0	70,00	
141573	Sie hielten auf einem Radweg (Zeichen 237). Es kam zum Unfall. § 41 Abs. 1 iVm Anlage 2, § 1 Abs. 2, § 49 StVO; § 24 Abs. 1, 3 Nr. 5 StVG; -- BKat; § 19 OWiG Tab.: 741033	0	90,00	
141174	Sie parkten auf einem Radweg (Zeichen 237). § 41 Abs. 1 iVm Anlage 2, § 49 StVO; § 24 Abs. 1, 3 Nr. 5 StVG; 52a BKat Tab.: 741033	0	55,00	
141775	Sie parkten auf einem Radweg (Zeichen 237) und behinderten +) dadurch Andere. § 41 Abs. 1 iVm Anlage 2, § 1 Abs. 2, § 49 StVO; § 24 Abs. 1, 3 Nr. 5 StVG; 52a.1 BKat; § 19 OWiG Tab.: 741033	B - 1	70,00	
141776	Sie parkten länger als 1 Stunde auf einem Radweg (Zeichen 237). § 41 Abs. 1 iVm Anlage 2, § 49 StVO; § 24 Abs. 1, 3 Nr. 5 StVG; 52a.2 BKat Tab.: 741033	B - 1	70,00	
141777	Sie parkten länger als 1 Stunde auf einem Radweg (Zeichen 237) und behinderten +) dadurch Andere. § 41 Abs. 1 iVm Anlage 2, § 1 Abs. 2, § 49 StVO; § 24 Abs. 1, 3 Nr. 5 StVG; 52a.2.1 BKat; § 19 OWiG Tab.: 741033	B - 1	80,00	
141778	Sie parkten auf einem Radweg (Zeichen 237) und gefährdeten +) dadurch Andere. § 41 Abs. 1 iVm Anlage 2, § 1 Abs. 2, § 49 StVO; § 24 Abs. 1, 3 Nr. 5 StVG; 52a.3 BKat; § 19 OWiG Tab.: 741033	B - 1	80,00	
141779	Sie parkten auf einem Radweg (Zeichen 237). Es kam zum Unfall. § 41 Abs. 1 iVm Anlage 2, § 1 Abs. 2, § 49 StVO; § 24 Abs. 1, 3 Nr. 5 StVG; 52a.4 BKat; § 19 OWiG Tab.: 741033	B - 1	100,00	

TBNR   **Bemerkungen**

Vorschriftzeichen - § 41 Abs. 1 iVm Anlage 2 StVO (Halten/Parken)

TBNR	Tatbestandstext	FaP-Pkt	Euro	FV
141184	Sie parkten auf dem Gehweg/auf dem gemeinsamen Geh- und Radweg/auf dem Gehweg eines getrennten Rad- und Gehwegs/im Bereich einer Fußgängerzone *), der durch Zeichen 239/240/241/242.1 **) gesperrt war. § 41 Abs. 1 iVm Anlage 2, § 49 StVO; § 24 Abs. 1, 3 Nr. 5 StVG; 144 BKat Tab.: 741038	0	55,00	
141785	Sie parkten auf dem Gehweg/auf dem gemeinsamen Geh- und Radweg/auf dem Gehweg eines getrennten Rad- und Gehwegs/im Bereich einer Fußgängerzone *), der durch Zeichen 239/240/241/242.1 **) gesperrt war und behinderten +) dadurch Andere. § 41 Abs. 1 iVm Anlage 2, § 1 Abs. 2, § 49 StVO; § 24 Abs. 1, 3 Nr. 5 StVG; 144.1 BKat; § 19 OWiG Tab.: 741038	0	70,00	
141786	Sie parkten länger als 3 Stunden auf dem Gehweg/auf dem gemeinsamen Geh- und Radweg/auf dem Gehweg eines ge- trennten Rad- und Gehwegs/im Bereich einer Fußgängerzone *), der durch Zeichen 239/240/241/242.1 **) gesperrt war. § 41 Abs. 1 iVm Anlage 2, § 49 StVO; § 24 Abs. 1, 3 Nr. 5 StVG; 144.2 BKat Tab.: 741038	0	70,00	
141090	Sie hielten auf einem Geh- und Radweg (Zeichen 240/ 241*)). § 41 Abs. 1 iVm Anlage 2, § 49 StVO; § 24 Abs. 1, 3 Nr. 5 StVG; -- BKat Tab.: 741034	0	50,00	
141091	Sie hielten auf einem Geh- und Radweg (Zeichen 240/ 241*)). und behinderten +) dadurch Andere. § 41 Abs. 1 iVm Anlage 2, § 1 Abs. 2, § 49 StVO; § 24 Abs. 1, 3 Nr. 5 StVG; -- BKat; § 19 OWiG Tab.: 741034	0	55,00	
141592	Sie hielten auf einem Geh- und Radweg (Zeichen 240/241*)) und gefährdeten +) dadurch Andere. § 41 Abs. 1 iVm Anlage 2, § 1 Abs. 2, § 49 StVO; § 24 Abs. 1, 3 Nr. 5 StVG; -- BKat; § 19 OWiG Tab.: 741034	0	70,00	
141593	Sie hielten auf einem Geh- und Radweg (Zeichen 240/241*)). Es kam zum Unfall. § 41 Abs. 1 iVm Anlage 2, § 1 Abs. 2, § 49 StVO; § 24 Abs. 1, 3 Nr. 5 StVG; -- BKat; § 19 OWiG Tab.: 741034	0	90,00	
141194	Sie parkten auf einem Geh- und Radweg (Zeichen 240/ 241*)). § 41 Abs. 1 iVm Anlage 2, § 49 StVO; § 24 Abs. 1, 3 Nr. 5 StVG; 52a BKat Tab.: 741034	0	55,00	

TBNR	Bemerkungen
141184	*) Zutreffendes angeben; **) Verkehrszeichen angeben
141785, 141786;	
141090-141194	*) Verkehrszeichen angeben

Vorschriftzeichen - § 41 Abs. 1 iVm Anlage 2 StVO (Halten/Parken)

TBNR	Tatbestandstext	FaP-Pkt	Euro	FV
141795	Sie parkten auf einem Geh- und Radweg (Zeichen 240/ 241*)) und behinderten +) dadurch Andere. § 41 Abs. 1 iVm Anlage 2, § 1 Abs. 2, § 49 StVO; § 24 Abs. 1, 3 Nr. 5 StVG; 52a.1 BKat; § 19 OWiG Tab.: 741034	B - 1	70,00	
141796	Sie parkten länger als 1 Stunde auf einem Geh- und Radweg (Zeichen 240/ 241*)). § 41 Abs. 1 iVm Anlage 2, § 49 StVO; § 24 Abs. 1, 3 Nr. 5 StVG; 52a.2 BKat Tab.: 741034	B - 1	70,00	
141797	Sie parkten länger als 1 Stunde auf einem Geh- und Radweg (Zeichen 240/ 241*)) und behinderten +) dadurch Andere. § 41 Abs. 1 iVm Anlage 2, § 1 Abs. 2, § 49 StVO; § 24 Abs. 1, 3 Nr. 5 StVG; 52a.2.1 BKat; § 19 OWiG Tab.: 741034	B - 1	80,00	
141798	Sie parkten auf einem Geh- und Radweg (Zeichen 240/ 241*)) und gefährdeten +) dadurch Andere. § 41 Abs. 1 iVm Anlage 2, § 1 Abs. 2, § 49 StVO; § 24 Abs. 1, 3 Nr. 5 StVG; 52a.3 BKat; § 19 OWiG Tab.: 741034	B - 1	80,00	
141799	Sie parkten auf einem Geh- und Radweg (Zeichen 240/ 241*)). Es kam zum Unfall. § 41 Abs. 1 iVm Anlage 2, § 1 Abs. 2, § 49 StVO; § 24 Abs. 1, 3 Nr. 5 StVG; 52a.4 BKat; § 19 OWiG Tab.: 741034	B - 1	100,00	
141737	Sie hielten mit einem Kraftfahrzeug über 3,5 t zul. Gesamtmasse (ausgenommen PKW und KOM) auf dem Gehweg/auf dem gemeinsamen Geh- und Radweg/auf dem Gehweg des getrennten Rad- und Gehwegs/im Bereich einer Fußgängerzone *), obwohl dieser für Sie durch Zeichen 239/240/241/242.1 **) gesperrt war. § 41 Abs. 1 iVm Anlage 2, § 49 StVO; § 24 Abs. 1, 3 Nr. 5 StVG; 141.1 BKat	0	100,00	
141159	Sie hielten mit einem Kraftfahrzeug bis 3,5 t zulässiger Gesamtmasse mit Anhänger oder einem Kraftomnibus auf dem Gehweg/auf dem gemeinsamen Geh- und Radweg/auf dem Gehweg eines getrennten Rad- und Gehwegs/im Bereich einer Fußgängerzone *), obwohl dieser für Sie durch Zeichen 239/240/241/242.1 **) gesperrt war. § 41 Abs. 1 iVm Anlage 2, § 49 StVO; § 24 Abs. 1, 3 Nr. 5 StVG; 141.2 BKat	0	55,00	
141166	Sie hielten mit einem Kraftfahrzeug auf dem Gehweg/auf dem gemeinsamen Geh- und Radweg/auf dem Gehweg eines getrennten Rad- und Gehwegs/im Bereich einer Fußgängerzone *), obwohl dieser für Sie durch Zeichen 239/240/241/242.1 **) gesperrt war. § 41 Abs. 1 iVm Anlage 2, § 49 StVO; § 24 Abs. 1, 3 Nr. 5 StVG; 141.3 BKat	0	50,00	

TBNR	Bemerkungen
141795-141799	*) Verkehrszeichen angeben
141737, 141159,	*) Zutreffendes angeben
141166	**) Verkehrszeichen angeben

Vorschriftzeichen - § 41 Abs. 1 iVm Anlage 2 StVO (Halten/Parken)

TBNR	Tatbestandstext	FaP-Pkt	Euro	FV
141164	Sie parkten in einem Verkehrsbereich, der durch Zeichen 250/251/253/255/260 *) gesperrt war. § 41 Abs. 1 iVm Anlage 2, § 49 StVO; § 24 Abs. 1, 3 Nr. 5 StVG; 144 BKat Tab.: 741039	0	55,00	
141865	Sie parkten in einem Verkehrsbereich, der durch Zeichen 250/251/253/255/260 *) gesperrt war und behinderten +) dadurch Andere. § 41 Abs. 1 iVm Anlage 2, § 1 Abs. 2, § 49 StVO; § 24 Abs. 1, 3 Nr. 5 StVG; 144.1 BKat; § 19 OWiG Tab.: 741039	0	70,00	
141866	Sie parkten länger als 3 Stunden in einem Verkehrsbereich, der durch Zeichen 250/251/253/255/260 *) gesperrt war. § 41 Abs. 1 iVm Anlage 2, § 49 StVO; § 24 Abs. 1, 3 Nr. 5 StVG; 144.2 BKat Tab.: 741039	0	70,00	
141015	Sie parkten nicht entsprechend der Parkflächenmarkierung. § 41 Abs. 1 iVm Anlage 2, § 49 StVO; § 24 Abs. 1, 3 Nr. 5 StVG; -- BKat	0	10,00	
141018	Sie parkten nicht entsprechend der Parkflächenmarkierung und behinderten +) dadurch Andere. § 41 Abs. 1 iVm Anlage 2, § 1 Abs. 2, § 49 StVO; § 24 Abs. 1, 3 Nr. 5 StVG; -- BKat; § 19 OWiG	0	15,00	
141118	Sie parkten im eingeschränkten Haltverbot für eine Zone (Zeichen 290.1, 290.2). § 41 Abs. 1 iVm Anlage 2, § 49 StVO; § 24 Abs. 1, 3 Nr. 5 StVG; 52 BKat Tab.: 741026	0	25,00	
141119	Sie parkten im eingeschränkten Haltverbot für eine Zone (Zeichen 290.1, 290.2) und behinderten +) dadurch Andere. § 41 Abs. 1 iVm Anlage 2, § 1 Abs. 2, § 49 StVO; § 24 Abs. 1, 3 Nr. 5 StVG; 52.1 BKat; § 19 OWiG Tab.: 741026	0	40,00	
141121	Sie parkten länger als 1 Stunde im eingeschränkten Haltverbot für eine Zone (Zeichen 290.1, 290.2). § 41 Abs. 1 iVm Anlage 2, § 49 StVO; § 24 Abs. 1, 3 Nr. 5 StVG; 52.2 BKat Tab.: 741026	0	40,00	
141122	Sie parkten länger als 1 Stunde im eingeschränkten Haltverbot für eine Zone (Zeichen 290.1, 290.2) und behinderten +) dadurch Andere. § 41 Abs. 1 iVm Anlage 2, § 1 Abs. 2, § 49 StVO; § 24 Abs. 1, 3 Nr. 5 StVG; 52.2.1 BKat; § 19 OWiG Tab.: 741026	0	50,00	

TBNR	Bemerkungen
141164, 141865 141866	*) Verkehrszeichen angeben

Vorschriftzeichen - § 41 Abs. 1 iVm Anlage 2 StVO (Halten/Parken)

TBNR	Tatbestandstext	FaP-Pkt	Euro	FV
141020	Sie hielten auf einer Fahrradstraße (Zeichen 244.1, 244.2). § 41 Abs. 1 iVm Anlage 2, § 49 StVO; § 24 Abs. 1, 3 Nr. 5 StVG; -- BKat Tab.: 741035	0	50,00	
141021	Sie hielten auf einer Fahrradstraße (Zeichen 244.1, 244.2) und behinderten +) dadurch Andere. § 41 Abs. 1 iVm Anlage 2, § 1 Abs. 2, § 49 StVO; 24 Abs. 1, 3 Nr. 5 StVG; -- BKat; § 19 OWiG Tab.: 741035	0	55,00	
141522	Sie hielten auf einer Fahrradstraße (Zeichen 244.1, 244.2) und gefährdeten +) dadurch Andere. § 41 Abs. 1 iVm Anlage 2, § 1 Abs. 2, § 49 StVO; § 24 Abs. 1, 3 Nr. 5 StVG;-- BKat; § 19 OWiG Tab.: 741035	0	70,00	
141523	Sie hielten auf einer Fahrradstraße (Zeichen 244.1, 244.2). Es kam zum Unfall. § 41 Abs. 1 iVm Anlage 2, § 1 Abs. 2, § 49 StVO; § 24 Abs. 1, 3 Nr. 5 StVG;-- BKat; § 19 OWiG Tab.: 741035	0	90,00	
141124	Sie parkten auf einer Fahrradstraße (Zeichen 244.1, 244.2). § 41 Abs. 1 iVm Anlage 2, § 49 StVO; § 24 Abs. 1, 3 Nr. 5 StVG; -- BKat Tab.: 741035	0	55,00	
141525	Sie parkten auf einer Fahrradstraße (Zeichen 244.1, 244.2) und behinderten +) dadurch Andere. § 41 Abs. 1 iVm Anlage 2, § 1 Abs. 2, § 49 StVO; § 24 Abs. 1, 3 Nr. 5 StVG; -- BKat; § 19 OWiG Tab.: 741035	0	70,00	
141526	Sie parkten länger als 1 Stunde auf einer Fahrradstraße (Zeichen 244.1, 244.2). § 41 Abs. 1 iVm Anlage 2, § 49 StVO; § 24 Abs. 1, 3 Nr. 5 StVG; -- BKat Tab.: 741035	0	70,00	
141527	Sie parkten länger als 1 Stunde auf einer Fahrradstraße (Zeichen 244.1, 244.2) und behinderten +) dadurch Andere. § 41 Abs. 1 iVm Anlage 2, § 1 Abs. 2, § 49 StVO; § 24 Abs. 1, 3 Nr. 5 StVG;-- BKat; § 19 OWiG Tab.: 741035	0	80,00	
141528	Sie parkten auf einer Fahrradstraße (Zeichen 244.1, 244.2) und gefährdeten +) dadurch Andere. § 41 Abs. 1 iVm Anlage 2, § 1 Abs. 2, § 49 StVO; § 24 Abs. 1, 3 Nr. 5 StVG;-- BKat; § 19 OWiG Tab.: 741035	0	80,00	

TBNR   **Bemerkungen**

Vorschriftzeichen - § 41 Abs. 1 iVm Anlage 2 StVO (Halten/Parken)

TBNR	Tatbestandstext	FaP-Pkt	Euro	FV
141529	Sie parkten auf einer Fahrradstraße (Zeichen 244.1, 244.2). Es kam zum Unfall. § 41 Abs. 1 iVm Anlage 2, § 1 Abs. 2, § 49 StVO; § 24 Abs. 1, 3 Nr. 5 StVG; -- BKat; § 19 OWiG Tab.: 741035	0	100,00	
141030	Sie hielten auf einem Reitweg (Zeichen 238). § 41 Abs. 1 iVm Anlage 2, § 49 StVO; § 24 Abs. 1, 3 Nr. 5 StVG; -- BKat Tab.: 741036	0	20,00	
141031	Sie hielten auf einem Reitweg (Zeichen 238) und behinderten +) dadurch Andere. § 41 Abs. 1 iVm Anlage 2, § 1 Abs. 2, § 49 StVO; § 24 Abs. 1, 3 Nr. 5 StVG; -- BKat; § 19 OWiG Tab.: 741036	0	35,00	
141442	Sie parkten auf einem Reitweg (Zeichen 238). § 41 Abs. 1 iVm Anlage 2, § 49 StVO; § 24 Abs. 1, 3 Nr. 5 StVG; 52 BKat Tab.: 741036	0	25,00	
141443	Sie parkten auf einem Reitweg (Zeichen 238) und behinderten +) dadurch Andere. § 41 Abs. 1 iVm Anlage 2, § 1 Abs. 2, § 49 StVO; § 24 Abs. 1, 3 Nr. 5 StVG; 52.1 BKat; § 19 OWiG Tab.: 741036	0	40,00	
141444	Sie parkten länger als 1 Stunde auf einem Reitweg (Zeichen 238). § 41 Abs. 1 iVm Anlage 2, § 49 StVO; § 24 Abs. 1, 3 Nr. 5 StVG; 52.2 BKat Tab.: 741036	0	40,00	
141445	Sie parkten länger als 1 Stunde auf einem Reitweg (Zeichen 238) und behinderten +) dadurch Andere. § 41 Abs. 1 iVm Anlage 2, § 1 Abs. 2, § 49 StVO; § 24 Abs. 1, 3 Nr. 5 StVG; 52.2.1 BKat; § 19 OWiG Tab.: 741036	0	50,00	
141378	Sie parkten in einem Verkehrsbereich, der für Sie durch Zeichen 262/263/264/265/266/267 *) gesperrt war. § 41 Abs. 1 iVm Anlage 2, § 49 StVO; § 24 Abs. 1, 3 Nr. 5 StVG; -- BKat	0	20,00	

TBNR   Bemerkungen

Vorschriftzeichen - § 41 Abs. 1 iVm Anlage 2 StVO

TBNR	Tatbestandstext	FaP-Pkt	Euro	FV
141006	Sie befuhren die Straße ohne Schneeketten, obwohl diese durch Zeichen 268 vorgeschrieben waren. § 41 Abs. 1 iVm Anlage 2, § 49 StVO; § 24 Abs. 1, 3 Nr. 5 StVG; -- BKat	0	20,00	
141732	Sie überquerten mit einem Fahrzeug den mit Andreaskreuz (Zeichen 201) gekennzeichneten Bahnübergang, ohne den Vorrang eines Schienenfahrzeugs zu beachten. § 41 Abs. 1 iVm Anlage 2, § 49 StVO; § 24 Abs. 1, 3 Nr. 5 StVG; -- BKat	A - 1	80,00	
141733	Sie überquerten mit einem Fahrzeug den mit Andreaskreuz (Zeichen 201) gekennzeichneten Bahnübergang, ohne den Vorrang eines Schienenfahrzeugs zu beachten, und gefährdeten +) dadurch Andere. § 41 Abs. 1 iVm Anlage 2, § 1 Abs. 2, § 49 StVO; § 24 Abs. 1, 3 Nr. 5 StVG; -- BKat; § 3 Abs. 3 BKatV; § 19 OWiG	A - 1	100,00	
141734	Sie überquerten mit einem Fahrzeug den mit Andreaskreuz (Zeichen 201) gekennzeichneten Bahnübergang, ohne den Vorrang eines Schienenfahrzeugs zu beachten. Es kam zum Unfall. § 41 Abs. 1 iVm Anlage 2, § 1 Abs. 2, § 49 StVO; § 24 Abs. 1, 3 Nr. 5 StVG; -- BKat; § 3 Abs. 3 BKatV; § 19 OWiG	A - 1	120,00	
141136	Sie beachteten nicht das bestehende unbedingte Haltgebot (Zeichen 206) § 41 Abs. 1 iVm Anlage 2, § 49 StVO; § 24 Abs. 1, 3 Nr. 5 StVG; 136 BKat	0	10,00	
141600	Sie beachteten nicht das unbedingte Haltgebot (Zeichen 206) und gefährdeten +) dadurch Andere. § 41 Abs. 1 iVm Anlage 2, § 1 Abs. 2, § 49 StVO; § 24 Abs. 1, 3 Nr. 5 StVG; 150 BKat; § 19 OWiG	A - 1	70,00	
141601	Sie beachteten nicht das unbedingte Haltgebot (Zeichen 206). Es kam zum Unfall. § 41 Abs. 1 iVm Anlage 2, § 1 Abs. 2, § 49 StVO; § 24 Abs. 1, 3 Nr. 5 StVG; 150 BKat; § 3 Abs. 3 BKatV; § 19 OWiG	A - 1	85,00	

TBNR	Bemerkungen
141378	*) Verkehrszeichen angeben

Vorschriftzeichen - § 41 Abs. 1 iVm Anlage 2 StVO

TBNR	Tatbestandstext	FaP-Pkt	Euro	FV
141139	Sie gewährten bei verengter Fahrbahn dem Gegenverkehr keinen Vorrang (Zeichen 208). § 41 Abs. 1 iVm Anlage 2, § 49 StVO; § 24 Abs. 1, 3 Nr. 5 StVG; 137 BKat	0	5,00	
141140	Sie gewährten bei verengter Fahrbahn dem Gegenverkehr keinen Vorrang (Zeichen 208) und gefährdeten +) dadurch Andere. § 41 Abs. 1 iVm Anlage 2, § 1 Abs. 2, § 49 StVO; § 24 Abs. 1, 3 Nr. 5 StVG; 137.1 BKat; § 19 OWiG	0	10,00	
141141	Sie gewährten bei verengter Fahrbahn dem Gegenverkehr keinen Vorrang (Zeichen 208). Es kam zum Unfall. § 41 Abs. 1 iVm Anlage 2, § 1 Abs. 2, § 49 StVO; § 24 Abs. 1, 3 Nr. 5 StVG; 137.2 BKat; § 19 OWiG	0	20,00	
141142	Sie befolgten nicht die durch Zeichen 209/211/214 *) vorgeschriebene Fahrtrichtung. § 41 Abs. 1 iVm Anlage 2, § 49 StVO; § 24 Abs. 1, 3 Nr. 5 StVG; 138 BKat	0	10,00	
141143	Sie befolgten nicht die durch Zeichen 209/211/214 *) vorgeschriebene Fahrtrichtung und gefährdeten +) dadurch Andere. § 41 Abs. 1 iVm Anlage 2, § 1 Abs. 2, § 49 StVO; § 24 Abs. 1, 3 Nr. 5 StVG; 138.1 BKat; § 19 OWiG	0	15,00	
141144	Sie befolgten nicht die durch Zeichen 209/211/214 *) vorgeschriebene Fahrtrichtung. Es kam zum Unfall. § 41 Abs. 1 iVm Anlage 2, § 1 Abs. 2, § 49 StVO; § 24 Abs. 1, 3 Nr. 5 StVG; 138.2 BKat; § 19 OWiG	0	25,00	
141145	Sie missachteten die durch Zeichen 222 vorgeschriebene Vorbeifahrt. § 41 Abs. 1 iVm Anlage 2, § 49 StVO; § 24 Abs. 1, 3 Nr. 5 StVG; 138 BKat	0	10,00	
141146	Sie missachteten die durch Zeichen 222 vorgeschriebene Vorbeifahrt und gefährdeten +) dadurch Andere. § 41 Abs. 1 iVm Anlage 2, § 1 Abs. 2, § 49 StVO; § 24 Abs. 1, 3 Nr. 5 StVG; 138.1 BKat; § 19 OWiG	0	15,00	

TBNR   **Bemerkungen**
141142 – 141144 *) Verkehrszeichen und tatsächliche Fahrtrichtung angeben

Vorschriftzeichen - § 41 Abs. 1 iVm Anlage 2 StVO

TBNR	Tatbestandstext	FaP-Pkt	Euro	FV
141147	Sie missachteten die durch Zeichen 222 vorgeschriebene Vorbeifahrt. Es kam zum Unfall. § 41 Abs. 1 iVm Anlage 2, § 1 Abs. 2, § 49 StVO; § 24 Abs. 1, 3 Nr. 5 StVG; 138.2 BKat; § 19 OWiG	0	25,00	
141148	Sie folgten als Kraftfahrzeugführer nicht der durch Zeichen 215/220 *) vorgeschriebenen Fahrtrichtung. § 41 Abs. 1 iVm Anlage 2, § 49 StVO; § 24 Abs. 1, 3 Nr. 5 StVG; 139.1 BKat	0	25,00	
141149	Sie folgten als Radfahrer nicht der durch Zeichen 215/220 *) vorgeschriebenen Fahrtrichtung. § 41 Abs. 1 iVm Anlage 2, § 49 StVO; § 24 Abs. 1, 3 Nr. 5 StVG; 139.2 BKat	0	20,00	
141150	Sie folgten als Radfahrer nicht der durch Zeichen 215/220 *) vorgeschriebenen Fahrtrichtung und behinderten +) dadurch Andere. § 41 Abs. 1 iVm Anlage 2, § 1 Abs. 2, § 49 StVO; § 24 Abs. 1, 3 Nr. 5 StVG; 139.2.1 BKat; § 19 OWiG	0	25,00	
141151	Sie folgten als Radfahrer nicht der durch Zeichen 215/220 *) vorgeschriebenen Fahrtrichtung und gefährdeten +) dadurch Andere. § 41 Abs. 1 iVm Anlage 2, § 1 Abs. 2, § 49 StVO; § 24 Abs. 1, 3 Nr. 5 StVG; 139.2.2 BKat; § 19 OWiG	0	30,00	
141152	Sie folgten als Radfahrer nicht der durch Zeichen 215/220 *) vorgeschriebenen Fahrtrichtung. Es kam zum Unfall. § 41 Abs. 1 iVm Anlage 2, § 1 Abs. 2, § 49 StVO; § 24 Abs. 1, 3 Nr. 5 StVG; 139.2.3 BKat; § 19 OWiG	0	35,00	
141153	Sie gefährdeten +) beim berechtigten Überfahren der Mittelinsel im Kreisverkehr (Zeichen 215) einen Anderen. § 41 Abs. 1 iVm Anlage 2, § 49 StVO; § 24 Abs. 1, 3 Nr. 5 StVG; 139a BKat	0	35,00	
141154	Sie benutzten als Nichtberechtigter *) einen Radweg (Zeichen 237)/eine Fahrradstraße (Zeichen 244.1)/eine Fahrradzone (Zeichen 244.3)/einen sonstigen Sonderweg (Zeichen 238/240/241 **)). § 41 Abs. 1 iVm Anlage 2, § 49 StVO; § 24 Abs. 1, 3 Nr. 5 StVG; 140 BKat	0	15,00	
141155	Sie benutzten als Nichtberechtigter *) einen Radweg Zeichen 237/eine Fahrradstraße (Zeichen 244.1)/eine Fahrradzone (Zeichen 244.3)/einen sonstigen Sonderweg (Zeichen 238/240/241 **)) und behinderten dadurch Andere. § 41 Abs. 1 iVm Anlage 2, § 1 Abs. 2, § 49 StVO; § 24 Abs. 1, 3 Nr. 5 StVG; 140.1 BKat; § 19 OWiG	0	20,00	

TBNR	Bemerkungen
141148 - 141152	*) Verkehrszeichen angeben
141154 - 141155	*) Art der Verkehrsbeteiligung angeben, **) Art des Sonderweges angeben

Vorschriftzeichen - § 41 Abs. 1 iVm Anlage 2 StVO

TBNR	Tatbestandstext	FaP-Pkt	Euro	FV
141156	Sie benutzten als Nichtberechtigter *) einen Radweg (Zeichen 237)/eine Fahrradstraße (Zeichen 244.1)/eine Fahrradzone (Zeichen 244.3)/einen sonstigen Sonderweg (Zeichen 238/240/241 **)) und gefährdeten dadurch Andere. § 41 Abs. 1 iVm Anlage 2, § 1 Abs. 2, § 49 StVO; § 24 Abs. 1, 3 Nr. 5 StVG; 140.2 BKat; § 19 OWiG	0	25,00	
141157	Sie benutzten als Nichtberechtigter *) einen Radweg (Zeichen 237)/eine Fahrradstraße (Zeichen 244.1)/eine Fahrradzone (Zeichen 244.3)/einen sonstigen Sonderweg (Zeichen 238/240/241 **)). Es kam zum Unfall. § 41 Abs. 1 iVm Anlage 2, § 1 Abs. 2, § 49 StVO; § 24 Abs. 1, 3 Nr. 5 StVG; 140.3 BKat; § 19 OWiG	0	30,00	
141736	Sie befuhren mit einem Kraftfahrzeug über 3,5 t zul. Gesamtmasse (ausgenommen PKW und KOM) den Gehweg/gemeinsamen Geh- und Radweg/Gehweg des getrennten Rad- und Gehwegs/Bereich einer Fußgängerzone *), obwohl dieser für Sie durch Zeichen 239/240/241/242.1 **) gesperrt war. § 41 Abs. 1 iVm Anlage 2, § 49 StVO; § 24 Abs. 1, 3 Nr. 5 StVG; 141.1 BKat	0	100,00	
141739	Sie beachteten mit einem Kraftfahrzeug über 3,5 t zul. Gesamtmasse (ausgenommen PKW und KOM) nicht das bestehende Verkehrsverbot (Zeichen 250/251/253/260 *)). § 41 Abs. 1 iVm Anlage 2, § 49 StVO; § 24 Abs. 1, 3 Nr. 5 StVG; 141.1 BKat	0	100,00	
141158	Sie befuhren mit einem Kraftfahrzeug bis 3,5 t zulässiger Gesamtmasse mit Anhänger oder einem Kraftomnibus den Gehweg/gemeinsamen Geh- und Radweg/Gehweg eines getrennten Rad- und Gehwegs/Bereich einer Fußgängerzone *), obwohl dieser für Sie durch Zeichen 239/240/241/242.1 **) gesperrt war. § 41 Abs. 1 iVm Anlage 2, § 49 StVO; § 24 Abs. 1, 3 Nr. 5 StVG; 141.2 BKat	0	55,00	
141160	Sie beachteten mit einem Kraftfahrzeug bis 3,5 t zulässiger Gesamtmasse mit Anhänger oder einem Kraftomnibus nicht das bestehende Verkehrsverbot (Zeichen 250/251/255/260 *)). § 41 Abs. 1 iVm Anlage 2, § 49 StVO; § 24 Abs. 1, 3 Nr. 5 StVG; 141.2 BKat	0	55,00	
141163	Sie befuhren mit einem Kraftfahrzeug den Gehweg/gemeinsamen Geh- und Radweg/Gehweg eines getrennten Rad- und Gehwegs/Bereich einer Fußgängerzone *), obwohl dieser für Sie durch Zeichen 239/240/241/242.1 **) gesperrt war. § 41 Abs. 1 iVm Anlage 2, § 49 StVO; § 24 Abs. 1, 3 Nr. 5 StVG; 141.3 BKat	0	50,00	
141167	Sie beachteten mit einem Kraftfahrzeug nicht das bestehende Verkehrsverbot (Zeichen 250/251/255/260 *)). § 41 Abs. 1 iVm Anlage 2, § 49 StVO; § 24 Abs. 1, 3 Nr. 5 StVG; 141.3 BKat	0	50,00	

TBNR	Bemerkungen
141156 – 141157,	*) Art der Verkehrsbeteiligung angeben
	**) Art des Sonderweges angeben
141739, 141160, 141167	*) Verkehrszeichen angeben

Vorschriftzeichen - § 41 Abs. 1 iVm Anlage 2 StVO

TBNR	Tatbestandstext	FaP-Pkt	Euro	FV
141169	Sie befuhren als Radfahrer den Gehweg/Gehweg eines getrennten Rad- und Gehwegs/Bereich einer Fußgängerzone *), obwohl dieser für Sie durch Zeichen 239/241/242.1 **) gesperrt war. § 41 Abs. 1 iVm Anlage 2, § 49 StVO; § 24 Abs. 1, 3 Nr. 5 StVG; 141.4 BKat	0	25,00	
141170	Sie befuhren als Radfahrer den Gehweg/Gehweg eines getrennten Rad- und Gehwegs/Bereich einer Fußgängerzone *), obwohl dieser für Sie durch Zeichen 239/241/242.1 **) gesperrt war und behinderten +) dadurch Andere. § 41 Abs. 1 iVm Anlage 2, § 1 Abs. 2, § 49 StVO; § 24 Abs. 1, 3 Nr. 5 StVG; 141.4.1 BKat; § 19 OWiG	0	30,00	
141171	Sie befuhren als Radfahrer den Gehweg/Gehweg eines getrennten Rad- und Gehwegs/Bereich einer Fußgängerzone *), obwohl dieser für Sie durch Zeichen 239/241/242.1 **) gesperrt war und gefährdeten +) dadurch Andere. § 41 Abs. 1 iVm Anlage 2, § 1 Abs. 2, § 49 StVO; § 24 Abs. 1, 3 Nr. 5 StVG; 141.4.2 BKat; § 19 OWiG	0	35,00	
141172	Sie befuhren als Radfahrer den Gehweg/Gehweg eines getrennten Rad- und Gehwegs/Bereich einer Fußgängerzone *), obwohl dieser für Sie durch Zeichen 239/241/242.1 **) gesperrt war. Es kam zum Unfall. § 41 Abs. 1 iVm Anlage 2, § 1 Abs. 2, § 49 StVO; § 24 Abs. 1, 3 Nr. 5 StVG; 141.4.3 BKat; § 19 OWiG	0	40,00	
141175	Sie benutzten als Radfahrer/Führer eines Elektrokleinst-fahrzeugs den Verkehrsbereich, obwohl dieser für Sie durch Zeichen 250/254 *) gesperrt war. § 41 Abs. 1 iVm Anlage 2, § 49 StVO; § 24 Abs. 1, 3 Nr. 5 StVG; 141.4 BKat	0	25,00	
141176	Sie benutzten als Radfahrer/Führer eines Elektrokleinst-fahrzeugs den Verkehrsbereich, obwohl dieser für Sie durch Zeichen 250/254 *) gesperrt war, und behinderten +) dadurch Andere. § 41 Abs. 1 iVm Anlage 2, § 1 Abs. 2, § 49 StVO; § 24 Abs. 1, 3 Nr. 5 StVG; 141.4.1 BKat; § 19 OWiG	0	30,00	

TBNR   **Bemerkungen**
141169 - 141176   *) Zutreffendes angeben
                  **) Verkehrszeichen angeben

Vorschriftzeichen - § 41 Abs. 1 iVm Anlage 2 StVO

TBNR	Tatbestandstext	FaP-Pkt	Euro	FV
141177	Sie benutzten als Radfahrer/Führer eines Elektrokleinst-fahrzeugs den Verkehrsbereich, obwohl dieser für Sie durch Zeichen 250/254 *) gesperrt war, und gefährdeten +) dadurch Andere. § 41 Abs. 1 iVm Anlage 2, § 1 Abs. 2, § 49 StVO; § 24 Abs. 1, 3 Nr. 5 StVG; 141.4.2 BKat; § 19 OWiG	0	35,00	
141178	Sie benutzten als Radfahrer/Führer eines Elektrokleinst-fahrzeugs, den Verkehrsbereich, obwohl dieser für Sie durch Zeichen 250/254 *) gesperrt war. Es kam zum Unfall. § 41 Abs. 1 iVm Anlage 2, § 1 Abs. 2, § 49 StVO; § 24 Abs. 1, 3 Nr. 5 StVG; 141.4.3 BKat; § 19 OWiG	0	40,00	
141181	Sie beachteten als Kraftfahrzeugführer nicht das bestehende Verkehrsverbot (Zeichen 262/263/264/265/266 *)). § 41 Abs. 1 iVm Anlage 2, § 49 StVO; § 24 Abs. 1, 3 Nr. 5 StVG; 142 BKat	0	40,00	
141742	Sie beachteten nicht das durch Zeichen 251 mit Zusatz-zeichen/265 *) angeordnete Verkehrsverbot, obwohl die Straßenfläche zusätzlich durch Verkehrseinrichtungen gekenn-zeichnet war. § 41 Abs. 1 iVm Anlage 2, § 43 Abs. 3, § 49 StVO; § 24 Abs. 1, 3 Nr. 5, § 25 StVG; § 4 Abs. 1 BKatV; 250a BKat	0	500,00	2 M
141185	Sie beachteten als Kraftfahrzeugführer nicht das bestehende Verbot der Einfahrt (Zeichen 267). § 41 Abs. 1 iVm Anlage 2, § 49 StVO; § 24 Abs. 1, 3 Nr. 5 StVG; 142a BKat	0	50,00	
141512	Sie beachteten als Kraftfahrzeugführer nicht das bestehende Verbot der Einfahrt (Zeichen 267). Es kam zum Unfall. § 41 Abs. 1 iVm Anlage 2, § 1 Abs. 2, § 49 StVO; § 24 Abs. 1, 3 Nr. 5 StVG; -- BKat; § 19 OWiG	0	70,00	
141187	Sie beachteten als Radfahrer nicht das bestehende Verbot der Einfahrt (Zeichen 267). § 41 Abs. 1 iVm Anlage 2, § 49 StVO; § 24 Abs. 1, 3 Nr. 5 StVG; 143 BKat	0	20,00	
141188	Sie beachteten als Radfahrer nicht das bestehende Verbot der Einfahrt (Zeichen 267) und behinderten +) dadurch Andere. § 41 Abs. 1 iVm Anlage 2, § 1 Abs. 2, § 49 StVO; § 24 Abs. 1, 3 Nr. 5 StVG; 143.1 BKat; § 19 OWiG	0	25,00	
141189	Sie beachteten als Radfahrer nicht das bestehende Verbot der Einfahrt (Zeichen 267) und gefährdeten +) dadurch Andere. § 41 Abs. 1 iVm Anlage 2, § 1 Abs. 2, § 49 StVO; § 24 Abs. 1, 3 Nr. 5 StVG; 143.2 BKat; § 19 OWiG	0	30,00	

TBNR	Bemerkungen
141177 – 141178	*) Zutreffends angeben, **) Verkehrszeichen angeben
141181, 171742	*) Verkehrszeichen angeben

Vorschriftzeichen - § 41 Abs. 1 iVm Anlage 2 StVO

TBNR	Tatbestandstext	FaP-Pkt	Euro	FV
141190	Sie beachteten als Radfahrer nicht das bestehende Verbot der Einfahrt (Zeichen 267). Es kam zum Unfall. § 41 Abs. 1 iVm Anlage 2 , § 1 Abs. 2, § 49 StVO; § 24 Abs. 1, 3 Nr. 5 StVG; 143.3 BKat; § 19 OwiG	0	35,00	
141196	Sie fuhren auf einem Gehweg (Zeichen 239)/in einer Fuß-gängerzone (Zeichen 242.1, 242.2) *) mit zugelassenem Fahr-zeugverkehr nicht mit Schrittgeschwindigkeit. § 41 Abs. 1 iVm Anlage 2, § 49 StVO; § 24 Abs. 1, 3 Nr. 5 StVG; 146 BKat	0	15,00	
141197	Sie passten auf einem Radweg (Zeichen 237) mit zugelas-senem Fahrzeugverkehr Ihre Geschwindigkeit nicht dem Rad-verkehr an. § 41 Abs. 1 iVm Anlage 2, § 49 StVO; § 24 Abs. 1, 3 Nr. 5 StVG; 146a BKat	0	15,00	
141198	Sie passten auf einem gemeinsamen Geh- und Radweg (Zeichen 240)/getrennten Rad- und Gehweg (Zeichen 241) *) mit zugelassenem Fahrzeugverkehr Ihre Geschwindigkeit nicht dem Fußgänger- bzw. dem Radverkehr an. § 41 Abs. 1 iVm Anlage 2, § 49 StVO; § 24 Abs. 1, 3 Nr. 5 StVG; 146a BKat	0	15,00	
141202	Sie benutzten verbotswidrig einen Sonderfahrstreifen (Zeichen 245) für Omnibusse oder Taxen. § 41 Abs. 1 iVm Anlage 2, § 49 StVO; § 24 Abs. 1, 3 Nr. 5 StVG; 147 BKat	0	15,00	
141203	Sie benutzten verbotswidrig einen Sonderfahrstreifen für Omnibusse oder Taxen (Zeichen 245) und behinderten +) den Linien- bzw. Taxenverkehr. § 41 Abs. 1 iVm Anlage 2, § 1 Abs. 2, § 49 StVO; § 24 Abs. 1, 3 Nr. 5 StVG;147.1 BKat; § 19 OWiG	0	35,00	
141205	Sie beachteten nicht das bestehende Wendeverbot (Zeichen 272). § 41 Abs. 1 iVm Anlage 2, § 49 StVO; § 24 Abs. 1, 3 Nr. 5 StVG; 148 BKat	0	20,00	
141206	Sie beachteten nicht das bestehende Wendeverbot (Zeichen 272) und gefährdeten +) dadurch Andere. § 41 Abs. 1 iVm Anlage 2, § 1 Abs. 2, § 49 StVO; § 24 Abs. 1, 3 Nr. 5 StVG; 148 BKat; § 19 OWiG	0	30,00	
141207	Sie beachteten nicht das bestehende Wendeverbot (Zeichen 272).Es kam zum Unfall. § 41 Abs. 1 iVm Anlage 2, § 1 Abs. 2, § 49 StVO; § 24 Abs. 1, 3 Nr. 5 StVG; 148 BKat; § 19 OWiG	0	35,00	
141208	Sie unterschritten den vorgeschriebenen Mindestabstand (Zeichen 273) zu dem vorausfahrenden Fahrzeug. § 41 Abs. 1 iVm Anlage 2, § 49 StVO; § 24 Abs. 1, 3 Nr. 5 StVG; 149 BKat	0	25,00	

TBNR	Bemerkungen
141196, 141198	*) Zutreffendes angeben

Vorschriftzeichen - § 41 Abs. 1 iVm Anlage 2 StVO

TBNR	Tatbestandstext	FaP-Pkt	Euro	FV
141211	Sie hielten nicht an der Haltlinie (Zeichen 294). § 41 Abs. 1 iVm Anlage 2, § 49 StVO; § 24 Abs. 1, 3 Nr. 5 StVG; 154 BKat	0	10,00	
141730	Sie hielten trotz Rotlicht nicht an der Haltlinie (Zeichen 294) und gefährdeten +) dadurch Andere. § 41 Abs. 1 iVm Anlage 2, § 1 Abs. 2, § 49 StVO; § 24 Abs. 1, 3 Nr. 5 StVG; 150 BKat; § 19 OWiG	A - 1	70,00	
141731	Sie hielten trotz Rotlicht nicht an der Haltlinie (Zeichen 294). Es kam zum Unfall. § 41 Abs. 1 iVm Anlage 2, § 1 Abs. 2, § 49 StVO; § 24 Abs. 1, 3 Nr. 5 StVG; 150 BKat; § 3 Abs. 3 BKatV; § 19 OWiG	A - 1	85,00	
141603	Sie gefährdeten +) als Kraftfahrzeugführer in einem Fuß- gängerbereich (Zeichen 239/242.1, 242.2 *) mit Zusatzzeichen), in dem Fahrzeugverkehr zugelassen war, einen Fußgänger. § 41 Abs. 1 iVm Anlage 2, § 49 StVO; § 24 Abs. 1, 3 Nr. 5 StVG; 151.1 BKat;	B - 1	60,00	
141606	Sie gefährdeten +) als Radfahrer in einem Fußgängerbereich (Zeichen 239/242.1, 242.2 *) mit Zusatzzeichen), in dem Fahrzeugverkehr zugelassen war, einen Fußgänger. § 41 Abs. 1 iVm Anlage 2, § 49 StVO; § 24 Abs. 1, 3 Nr. 5 StVG; 151.1 BKat; § 3 Abs. 6 BKatV;	(B - 1)	30,00	
141609	Sie gefährdeten +) als Kraftfahrzeugführer in einem Fuß- gängerbereich (Zeichen 239/242.1, 242.2 *)), in dem Fahrzeug- verkehr nicht zugelassen war, einen Fußgänger. § 41 Abs. 1 iVm Anlage 2, § 49 StVO; § 24 Abs. 1, 3 Nr. 5 StVG; 151.2 BKat;	B - 1	70,00	
141615	Sie befuhren eine für kennzeichnungspflichtige Kraftfahrzeuge mit gefährlichen Gütern gesperrte Straße (Zeichen 261). § 41 Abs. 1 iVm Anlage 2, § 49 StVO; § 24 Abs. 1, 3 Nr. 5 StVG; 152 BKat	B - 1	100,00	
141616	Sie befuhren eine für kennzeichnungspflichtige Kraftfahrzeuge mit gefährlichen Gütern gesperrte Straße (Zeichen 261). - bei Eintragung von bereits einer Entscheidung wegen eines Verstoßes gegen Zeichen 261 im FAER. § 41 Abs. 1 iVm Anlage 2, § 49 StVO; § 24 Abs. 1, 3 Nr. 5, § 25 StVG; 152.1 BKat; § 4 Abs. 1 BKatV	B - 1	250,00	1 M

TBNR   **Bemerkungen**
141603 - 141616   *) Verkehrszeichen angeben

Vorschriftzeichen - § 41 Abs. 1 iVm Anlage 2 StVO

TBNR	Tatbestandstext	FaP-Pkt	Euro	FV
141618	Sie befuhren eine für Kraftfahrzeuge mit wassergefährdender Ladung gesperrte Straße (Zeichen 269). § 41 Abs. 1 iVm Anlage 2, § 49 StVO; § 24 Abs. 1, 3 Nr. 5 StVG; 152 BKat	B - 1	100,00	
141619	Sie befuhren eine für Kraftfahrzeuge mit wassergefährdender Ladung gesperrte Straße (Zeichen 269). - bei Eintragung von bereits einer Entscheidung wegen eines Verstoßes gegen Zeichen 269 im FAER. § 41 Abs. 1 iVm Anlage 2, § 49 StVO; § 24 Abs. 1, 3 Nr. 5, § 25 StVG; 152.1 BKat; § 4 Abs. 1 BKatV	B - 1	250,00	1 M
141621	Sie nahmen trotz eines Verkehrsverbots zur Verminderung schädlicher Luftverunreinigungen (Zeichen 270.1, 270.2) mit einem Kraftfahrzeug am Verkehr teil. § 41 Abs. 1 iVm Anlage 2, § 49 StVO; § 24 Abs. 1, 3 Nr. 5 StVG; 153 BKat	0	100,00	
141627	Sie missachteten das Überholverbot, das durch Zeichen 276/2777/277.1 *) angeordnet war. § 41 Abs. 1 iVm Anlage 2, § 49 StVO; § 24 Abs. 1, 3 Nr. 5 StVG; 153a BKat	A - 1	70,00	
141628	Sie missachteten das Überholverbot, das durch Zeichen 276/277/277.1 *) angeordnet war, und gefährdeten +) dadurch Andere. § 41 Abs. 1 iVm Anlage 2, § 1 Abs. 2, § 49 StVO; § 24 Abs. 1, 3 Nr. 5 StVG; 153a BKat;§ 3 Abs. 3 BKatV; § 19 OWiG	A - 1	85,00	
141629	Sie missachteten das Überholverbot, das durch Zeichen 276/277/277.1 *) angeordnet war. Es kam zum Unfall. § 41 Abs. 1 iVm Anlage 2, § 1 Abs. 2, § 49 StVO; § 24 Abs. 1, 3 Nr. 5 StVG; 153a BKat; § 3 Abs. 3 BKatV; § 19 OWiG	A - 1	105,00	
141446	Sie benutzten nicht den vorhandenen Radweg (Zeichen 237/240/241*)), obwohl dieser für Ihre Fahrtrichtung gekennzeichnet war. § 41 Abs. 1 iVm Anlage 2, § 49 StVO; § 24 Abs. 1, 3 Nr. 5 StVG; 7.1 BKat	0	20,00	

TBNR   Bemerkungen
141627 – 141446 *) Zutreffendes angeben

Vorschriftszeichen - § 41 Abs. 1 iVm Anlage 2 StVO

TBNR	Tatbestandstext	FaP-Pkt	Euro	FV
141447	Sie benutzten nicht den vorhandenen Radweg (Zeichen 237/240/241*)), obwohl dieser für Ihre Fahrtrichtung gekennzeichnet war, und behinderten +) dadurch Andere. § 41 Abs. 1 iVm Anlage 2, § 1 Abs. 2, § 49 StVO; § 24 Abs. 1, 3 Nr. 5 StVG; 7.1.1 BKat; § 19 OWiG	0	25,00	
141448	Sie benutzten nicht den vorhandenen Radweg (Zeichen 237/240/241*)), obwohl dieser für Ihre Fahrtrichtung gekennzeichnet war, und gefährdeten +) dadurch Andere. § 41 Abs. 1 iVm Anlage 2, § 1 Abs. 2, § 49 StVO; § 24 Abs. 1, 3 Nr. 5 StVG; 7.1.2 BKat; § 19 OWiG	0	30,00	
141449	Sie benutzten nicht den vorhandenen Radweg (Zeichen 237/240/241*)), obwohl dieser für Ihre Fahrtrichtung gekennzeichnet war. Es kam zum Unfall. § 41 Abs. 1 iVm Anlage 2, § 1 Abs. 2, § 49 StVO; § 24 Abs. 1, 3 Nr. 5 StVG; 7.1.3 BKat; § 19 OWiG	0	35,00	

Vorschriftszeichen - § 41 Abs. 1 iVm Anlage 2 StVO (Geschwindigkeit)

TBNR	Tatbestandstext	FaP-Pkt	Euro	FV
141212	Sie überschritten die zulässige Höchstgeschwindigkeit innerhalb geschlossener Ortschaften um ... (bis 10) km/h in einem Fußgängerbereich (Zeichen 239 oder 242.1 mit Zusatzzeichen, das den Fahrzeugverkehr zulässt). Zul. Geschwindigkeit: *)... km/h. Festgestellte Geschwindigkeit (nach Toleranzabzug): **)... km/h. § 41 Abs. 1 iVm Anlage 2, § 49 StVO; § 24 Abs. 1, 3 Nr. 5 StVG; 11.1.1 BKat (Lkw usw.) Tab.: 741000	0	40,00	
141213	Sie überschritten die zulässige Höchstgeschwindigkeit innerhalb geschlossener Ortschaften um ... (von 11 - 15) km/h in einem Fußgängerbereich (Zeichen 239 oder 242.1 mit Zusatzzeichen, das den Fahrzeugverkehr zulässt). Zul. Geschwindigkeit: *)... km/h. Festgestellte Geschwindigkeit (nach Toleranzabzug): **)... km/h. § 41 Abs. 1 iVm Anlage 2, § 49 StVO; § 24 Abs. 1, 3 Nr. 5 StVG; 11.1.2 BKat (Lkw usw.) Tab.: 741000	0	60,00	
141636	Sie überschritten die zulässige Höchstgeschwindigkeit innerhalb geschlossener Ortschaften um ... (von 16 - 20) km/h in einem Fußgängerbereich (Zeichen 239 oder 242.1 mit Zusatzzeichen, das den Fahrzeugverkehr zulässt). Zul. Geschwindigkeit: *)... km/h. Festgestellte Geschwindigkeit (nach Toleranzabzug): **)... km/h. § 41 Abs. 1 iVm Anlage 2, § 49 StVO; § 24 Abs. 1, 3 Nr. 5 StVG; 11.1.4 BKat (Lkw usw.) Tab.: 741000	A - 1	160,00	

TBNR	Bemerkungen
141447 – 141449	*) Zutreffendes angeben
141212 - 141636	*) Zulässige Geschwindigkeit angeben, **) Festgestellte Geschwindigkeit angeben

Vorschriftzeichen - § 41 Abs. 1 iVm Anlage 2 StVO (Geschwindigkeit)

TBNR	Tatbestandstext	FaP-Pkt	Euro	FV
141637	Sie überschritten die zulässige Höchstgeschwindigkeit innerhalb geschlossener Ortschaften um ... (von 21 - 25) km/h in einem Fußgängerbereich (Zeichen 239 oder 242.1 mit Zusatzzeichen, das den Fahrzeugverkehr zulässt). Zul. Geschwindigkeit: *)... km/h. Festgestellte Geschwindigkeit (nach Toleranzabzug): **)... km/h. § 41 Abs. 1 iVm Anlage 2, § 49 StVO; § 24 Abs. 1, 3 Nr. 5, § 25 StVG; 11.1.5 BKat; § 4 Abs. 1 BKatV (Lkw usw.) Tab.: 741000	A - 1	175,00	
141638	Sie überschritten die zulässige Höchstgeschwindigkeit innerhalb geschlossener Ortschaften um ... (von 26 - 30) km/h in einem Fußgängerbereich (Zeichen 239 oder 242.1 mit Zusatzzeichen,das den Fahrzeugverkehr zulässt). Zul. Geschwindigkeit: *)... km/h. Festgestellte Geschwindigkeit (nach Toleranzabzug): **)... km/h. § 41 Abs. 1 iVm Anlage 2, § 49 StVO; § 24 Abs. 1, 3 Nr. 5, § 25 StVG; 11.1.6 BKat; § 4 Abs. 1 BKatV (Lkw usw.) Tab.: 741000	A - 2	235,00	1 M
141639	Sie überschritten die zulässige Höchstgeschwindigkeit innerhalb geschlossener Ortschaften um ... (von 31 - 40) km/h in einem Fußgängerbereich (Zeichen 239 oder 242.1 mit Zusatzzeichen, das den Fahrzeugverkehr zulässt). Zul. Geschwindigkeit: *)... km/h. Festgestellte Geschwindigkeit (nach Toleranzabzug): **)... km/h. § 41 Abs. 1 iVm Anlage 2, § 49 StVO; § 24 Abs. 1, 3 Nr. 5, § 25 StVG; 11.1.7 BKat; § 4 Abs. 1 BKatV (Lkw usw.) Tab.: 741000	A - 2	340,00	1 M
141640	Sie überschritten die zulässige Höchstgeschwindigkeit innerhalb geschlossener Ortschaften um ... (von 41 - 50) km/h in einem Fußgängerbereich (Zeichen 239 oder 242.1 mit Zusatzzeichen, das den Fahrzeugverkehr zulässt). Zul. Geschwindigkeit: *)... km/h. Festgestellte Geschwindigkeit (nach Toleranzabzug): **)... km/h. § 41 Abs. 1 iVm Anlage 2, § 49 StVO; § 24 Abs. 1, 3 Nr. 5, § 25 StVG; 11.1.8 BKat; § 4 Abs. 1 BKatV (Lkw usw.) Tab.: 741000	A - 2	560,00	2 M

TBNR   **Bemerkungen**
141637 - 141640 *) Zulässige Geschwindigkeit angeben, **) Festgestellte Geschwindigkeit angeben

Vorschriftzeichen - § 41 Abs. 1 iVm Anlage 2 StVO (Geschwindigkeit)

TBNR	Tatbestandstext	FaP-Pkt	Euro	FV
141641	Sie überschritten die zulässige Höchstgeschwindigkeit inner- halb geschlossener Ortschaften um ... (von 51 - 60) km/h in einem Fußgängerbereich (Zeichen 239 oder 242.1 mit Zusatz- zeichen, das den Fahrzeugverkehr zulässt). Zul. Geschwindig- keit: *)... km/h. Festgestellte Geschwindigkeit (nach Toleranzabzug): **)... km/h. § 41 Abs. 1 iVm Anlage 2, § 49 StVO; § 24 Abs. 1, 3 Nr. 5, § 25 StVG; 11.1.9 BKat; § 4 Abs. 1 BKatV (Lkw usw.) Tab.: 741000	A - 2	700,00	3 M
141642	Sie überschritten die zulässige Höchstgeschwindigkeit inner- halb geschlossener Ortschaften um ... (über 60) km/h in einem Fußgängerbereich (Zeichen 239 oder 242.1 mit Zusatzzeichen, das den Fahrzeugverkehr zulässt). Zul. Geschwindigkeit: *)... km/h. Festgestellte Geschwindigkeit (nach Toleranzabzug): **)... km/h. § 41 Abs. 1 iVm Anlage 2, § 49 StVO; § 24 Abs. 1, 3 Nr. 5, § 25 StVG; 11.1.10 BKat; § 4 Abs. 1 BKatV (Lkw usw.) Tab.: 741000	A - 2	800,00	3 M
141643	Sie überschritten die zulässige Höchstgeschwindigkeit inner- halb geschlossener Ortschaften um ... (bis 10) km/h in einem Fußgängerbereich (Zeichen 239 oder 242.1 mit Zusatzzeichen, das den Fahrzeugverkehr zulässt). Zul. Geschwindigkeit: *)... km/h. Festgestellte Geschwindigkeit (nach Toleranzabzug): **)... km/h. § 41 Abs. 1 iVm Anlage 2, § 49 StVO; § 24 Abs. 1, 3 Nr. 5 StVG; 11.2.1 BKat (gef. Güter usw.) Tab.: 741001	0	75,00	
141644	Sie überschritten die zulässige Höchstgeschwindigkeit inner- halb geschlossener Ortschaften um ... (von 11 - 15) km/h in einem Fußgängerbereich (Zeichen 239 oder 242.1 mit Zusatz- zeichen, das den Fahrzeugverkehr zulässt). Zul. Geschwindig- keit: *)... km/h. Festgestellte Geschwindigkeit (nach Toleranzabzug): **)... km/h. § 41 Abs. 1 iVm Anlage 2, § 49 StVO; § 24 Abs. 1, 3 Nr. 5 StVG; 11.2.2 BKat (gef. Güter usw.) Tab.: 741001	A - 1	120,00	

TBNR   **Bemerkungen**
141641 – 141644 *) Zulässige Geschwindigkeit angeben,**) Festgestellte Geschwindigkeit
angeben

TBNR	Tatbestandstext	FaP-Pkt	Euro	FV
141645	Sie überschritten die zulässige Höchstgeschwindigkeit innerhalb geschlossener Ortschaften um ... (von 16 - 20) km/h in einem Fußgängerbereich (Zeichen 239 oder 242.1 mit Zusatzzeichen, das den Fahrzeugverkehr zulässt). Zul. Geschwindigkeit: *)... km/h. Festgestellte Geschwindigkeit (nach Toleranzabzug): **)... km/h. § 41 Abs. 1 iVm Anlage 2, § 49 StVO; § 24 Abs. 1, 3 Nr. 5 StVG; 11.2.4 BKat (gef. Güter usw.) Tab.: 741001	A - 1	320,00	
141646	Sie überschritten die zulässige Höchstgeschwindigkeit innerhalb geschlossener Ortschaften um ... (von 21 - 25) km/h in einem Fußgängerbereich (Zeichen 239 oder 242.1 mit Zusatzzeichen, das den Fahrzeugverkehr zulässt). Zul. Geschwindigkeit: *)... km/h. Festgestellte Geschwindigkeit (nach Toleranzabzug): **)... km/h. § 41 Abs. 1 iVm Anlage 2, § 49 StVO; § 24 Abs. 1, 3 Nr. 5, § 25 StVG; 11.2.5 BKat; § 4 Abs. 1 BKatV (gef. Güter usw.) Tab.: 741001	A - 2	360,00	1 M
141647	Sie überschritten die zulässige Höchstgeschwindigkeit innerhalb geschlossener Ortschaften um ... (von 26 - 30) km/h in einem Fußgängerbereich (Zeichen 239 oder 242.1 mit Zusatzzeichen, das den Fahrzeugverkehr zulässt). Zul. Geschwindigkeit: *)... km/h. Festgestellte Geschwindigkeit (nach Toleranzabzug): **)... km/h. § 41 Abs. 1 iVm Anlage 2, § 49 StVO; § 24 Abs. 1, 3 Nr. 5, § 25 StVG; 11.2.6 BKat; § 4 Abs. 1 BKatV (gef. Güter usw.) Tab.: 741001	A - 2	480,00	1 M
141648	Sie überschritten die zulässige Höchstgeschwindigkeit innerhalb geschlossener Ortschaften um ... (von 31 - 40) km/h in einem Fußgängerbereich (Zeichen 239 oder 242.1 mit Zusatzzeichen, das den Fahrzeugverkehr zulässt). Zul. Geschwindigkeit: *)... km/h. Festgestellte Geschwindigkeit (nach Toleranzabzug): **)... km/h. § 41 Abs. 1 iVm Anlage 2, § 49 StVO; § 24 Abs. 1, 3 Nr. 5, § 25 StVG; 11.2.7 BKat; § 4 Abs. 1 BKatV (gef. Güter usw.) Tab.: 741001	A - 2	640,00	2 M

TBNR	Bemerkungen
141645 – 141648	*) Zulässige Geschwindigkeit angeben, **) Festgestellte Geschwindigkeit angeben

Vorschriftzeichen - § 41 Abs. 1 iVm Anlage 2 StVO (Geschwindigkeit)

TBNR	Tatbestandstext	FaP-Pkt	Euro	FV
141649	Sie überschritten die zulässige Höchstgeschwindigkeit innerhalb geschlossener Ortschaften um ... (von 41 - 50) km/h in einem Fußgängerbereich (Zeichen 239 oder 242.1 mit Zusatzzeichen, das den Fahrzeugverkehr zulässt). Zul. Geschwindigkeit: *)... km/h. Festgestellte Geschwindigkeit (nach Toleranzabzug): **)... km/h. § 41 Abs. 1 iVm Anlage 2, § 49 StVO; § 24 Abs. 1, 3 Nr. 5, § 25 StVG; 11.2.8 BKat; § 4 Abs. 1 BKatV (gef. Güter usw.) Tab.: 741001	A - 2	800,00	3 M
141650	Sie überschritten die zulässige Höchstgeschwindigkeit innerhalb geschlossener Ortschaften um ... (von 51 - 60) km/h in einem Fußgängerbereich (Zeichen 239 oder 242.1 mit Zusatzzeichen, das den Fahrzeugverkehr zulässt). Zul. Geschwindigkeit: *)... km/h. Festgestellte Geschwindigkeit (nach Toleranzabzug): **)... km/h. § 41 Abs. 1 iVm Anlage 2, § 49 StVO; § 24 Abs. 1, 3 Nr. 5, § 25 StVG; 11.2.9 BKat; § 4 Abs. 1 BKatV (gef. Güter usw.) Tab.: 741001	A - 2	900,00	3 M
141651	Sie überschritten die zulässige Höchstgeschwindigkeit innerhalb geschlossener Ortschaften um ... (über 60) km/h in einem Fußgängerbereich (Zeichen 239 oder 242.1 mit Zusatzzeichen, das den Fahrzeugverkehr zulässt). Zul. Geschwindigkeit: *)... km/h. Festgestellte Geschwindigkeit (nach Toleranzabzug): **)... km/h. § 41 Abs. 1 iVm Anlage 2, § 49 StVO; § 24 Abs. 1, 3 Nr. 5, § 25 StVG; 11.2.10 BKat; § 4 Abs. 1 BKatV (gef. Güter usw.) Tab.: 741001	A - 2	950,00	3 M
141218	Sie überschritten die zulässige Höchstgeschwindigkeit innerhalb geschlossener Ortschaften um ... (bis 10) km/h in einem Fußgängerbereich (Zeichen 239 oder 242.1 mit Zusatzzeichen, das den Fahrzeugverkehr zulässt). Zul. Geschwindigkeit: *)... km/h. Festgestellte Geschwindigkeit (nach Toleranzabzug): **)... km/h. § 41 Abs. 1 iVm Anlage 2, § 49 StVO; § 24 Abs. 1, 3 Nr. 5 StVG; 11.3.1 BKat (andere Kfz) Tab.: 741002	0	30,00	

TBNR   **Bemerkungen**
141649 – 141218 *) Zulässige Geschwindigkeit angeben, **) Festgestellte Geschwindigkeit angeben

Vorschriftzeichen - § 41 Abs. 1 iVm Anlage 2 StVO (Geschwindigkeit)

TBNR	Tatbestandstext	FaP-Pkt	Euro	FV
141219	Sie überschritten die zulässige Höchstgeschwindigkeit inner- halb geschlossener Ortschaften um ... (von 11 - 15) km/h in einem Fußgängerbereich (Zeichen 239 oder 242.1 mit Zusatz- zeichen, das den Fahrzeugverkehr zulässt). Zul. Geschwindig- keit: *)... km/h. Festgestellte Geschwindigkeit (nach Toleranzabzug): **)... km/h. § 41 Abs. 1 iVm Anlage 2, § 49 StVO; § 24 Abs. 1, 3 Nr. 5 StVG; 11.3.2 BKat (andere Kfz) Tab.: 741002	0	50,00	
141653	Sie überschritten die zulässige Höchstgeschwindigkeit inner- halb geschlossener Ortschaften um ... (von 16 - 20) km/h in einem Fußgängerbereich (Zeichen 239 oder 242.1 mit Zusatz- zeichen, das den Fahrzeugverkehr zulässt). Zul. Geschwindig- keit: *)... km/h. Festgestellte Geschwindigkeit (nach Toleranzabzug): **)... km/h. § 41 Abs. 1 iVm Anlage 2, § 49 StVO; § 24 Abs. 1, 3 Nr. 5 StVG; 11.3.3 BKat (andere Kfz) Tab.: 741002	0	70,00	
141654	Sie überschritten die zulässige Höchstgeschwindigkeit inner- halb geschlossener Ortschaften um ... (von 21 - 25) km/h in einem Fußgängerbereich (Zeichen 239 oder 242.1 mit Zusatz- zeichen, das den Fahrzeugverkehr zulässt). Zul. Geschwindig- keit: *)... km/h. Festgestellte Geschwindigkeit (nach Toleranzabzug): **)... km/h. § 41 Abs. 1 iVm Anlage 2, § 49 StVO; § 24 Abs. 1, 3 Nr. 5, § 25 StVG; 11.3.4 BKat, § 4 Abs.1 BKatV (andere Kfz) Tab.: 741002	A - 1	115,00	
141655	Sie überschritten die zulässige Höchstgeschwindigkeit inner- halb geschlossener Ortschaften um ... (von 26 - 30) km/h in einem Fußgängerbereich (Zeichen 239 oder 242.1 mit Zusatz- zeichen, das den Fahrzeugverkehr zulässt). Zul. Geschwindig- keit: *)... km/h. Festgestellte Geschwindigkeit (nach Toleranzabzug): **)... km/h. § 41 Abs. 1 iVm Anlage 2, § 49 StVO; § 24 Abs. 1, 3 Nr. 5, § 25 StVG; 11.3.5 BKat; § 4 Abs. 1 BKatV (andere Kfz) Tab.: 741002	A - 1	180,00	

TBNR   **Bemerkungen**
141219 – 141655 *) Zulässige Geschwindigkeit angeben, **) Festgestellte Geschwindigkeit
          angeben

Vorschriftzeichen - § 41 Abs. 1 iVm Anlage 2 StV (Geschwindigkeit)

TBNR	Tatbestandstext	FaP-Pkt	Euro	FV
141656	Sie überschritten die zulässige Höchstgeschwindigkeit inner-halb geschlossener Ortschaften um ... (von 31 - 40) km/h in einem Fußgängerbereich (Zeichen 239 oder 242.1 mit Zusatz-zeichen, das den Fahrzeugverkehr zulässt). Zul. Geschwindig-keit: *)... km/h. Festgestellte Geschwindigkeit (nach Toleranzabzug): **)... km/h. § 41 Abs. 1 iVm Anlage 2, § 49 StVO; § 24 Abs. 1, 3 Nr. 5, § 25 StVG; 11.3.6 BKat; § 4 Abs. 1 BKatV (andere Kfz) Tab.: 741002	A - 2	260,00	1 M
141657	Sie überschritten die zulässige Höchstgeschwindigkeit inner-halb geschlossener Ortschaften um ... (von 41 - 50) km/h in einem Fußgängerbereich (Zeichen 239 oder 242.1 mit Zusatz-zeichen, das den Fahrzeugverkehr zulässt). Zul. Geschwindig-keit: *)... km/h. Festgestellte Geschwindigkeit (nach Toleranzabzug): **)... km/h. § 41 Abs. 1 iVm Anlage 2, § 49 StVO; § 24 Abs. 1, 3 Nr. 5, § 25 StVG; 11.3.7 BKat; § 4 Abs. 1 BKatV (andere Kfz) Tab.: 741002	A - 2	400,00	1 M
141658	Sie überschritten die zulässige Höchstgeschwindigkeit inner-halb geschlossener Ortschaften um ... (von 51 - 60) km/h in einem Fußgängerbereich (Zeichen 239 oder 242.1 mit Zusatz-zeichen, das den Fahrzeugverkehr zulässt). Zul. Geschwindig-keit: *)... km/h. Festgestellte Geschwindigkeit (nach Toleranzabzug): **)... km/h. § 41 Abs. 1 iVm Anlage 2, § 49 StVO; § 24 Abs. 1, 3 Nr. 5, § 25 StVG; 11.3.8 BKat; § 4 Abs. 1 BKatV (andere Kfz) Tab.: 741002	A - 2	560,00	2 M
141659	Sie überschritten die zulässige Höchstgeschwindigkeit inner-halb geschlossener Ortschaften um ... (von 61 - 70) km/h in einem Fußgängerbereich (Zeichen 239 oder 242.1 mit Zusatz-zeichen, das den Fahrzeugverkehr zulässt). Zul. Geschwindig-keit: *)... km/h. Festgestellte Geschwindigkeit (nach Toleranzabzug): **)... km/h. § 41 Abs. 1 iVm Anlage 2, § 49 StVO; § 24 Abs. 1, 3 Nr. 5, § 25 StVG; 11.3.9 BKat; § 4 Abs. 1 BKatV (andere Kfz) Tab.: 741002	A - 2	700,00	3 M

TBNR	Bemerkungen
141656 – 141659	*) Zulässige Geschwindigkeit angeben, **) Festgestellte Geschwindigkeit angeben

TBNR	Tatbestandstext	FaP-Pkt	Euro	FV
141660	Sie überschritten die zulässige Höchstgeschwindigkeit inner- halb geschlossener Ortschaften um ... (über 70) km/h in einem Fußgängerbereich (Zeichen 239 oder 242.1 mit Zusatzzeichen, das den Fahrzeugverkehr zulässt). Zul. Geschwindigkeit: *)... km/h. Festgestellte Geschwindigkeit (nach Toleranzabzug): **)... km/h. § 41 Abs. 1 iVm Anlage 2, § 49 StVO; § 24 Abs. 1, 3 Nr. 5, § 25 StVG; 11.3.10 BKat; § 4 Abs. 1 BKatV (andere Kfz) Tab.: 741002	A - 2	800,00	3 M
141200	Sie überschritten die zulässige Höchstgeschwindigkeit innerhalb geschlossener Ortschaften um ... (bis 10) km/h in einem Bereich für Radverkehr (Zeichen 244.1 oder 244.3 mit Zusatzzeichen, das den Fahrzeugverkehr zulässt). Zul. Geschwindigkeit: *)... km/h. Festgestellte Geschwindigkeit (nach Toleranzabzug): **)... km/h. § 41 Abs. 1 iVm Anlage 2, § 49 StVO; § 24 Abs. 1, 3 Nr. 5 StVG; 11.1.1 BKat (Lkw usw.) Tab.: 741009	0	40,00	
141743	Sie überschritten die zulässige Höchstgeschwindigkeit innerhalb geschlossener Ortschaften um ... (von 11 - 15) km/h in einem Bereich für Radverkehr (Zeichen 244.1 oder 244.3 mit Zusatz- zeichen, das den Fahrzeugverkehr zulässt). Zul. Geschwindig- keit: *)... km/h. Festgestellte Geschwindigkeit (nach Toleranzab- zug): **)... km/h. § 41 Abs. 1 iVm Anlage 2, § 49 StVO; § 24 Abs. 1, 3 Nr. 5 StVG; 11.1.2 BKat (Lkw usw.) Tab.: 741009	0	60,00	
141744	Sie überschritten die zulässige Höchstgeschwindigkeit innerhalb geschlossener Ortschaften um ... (von 16 - 20) km/h in einem Bereich für Radverkehr (Zeichen 244.1 oder 244.3 mit Zusatz- zeichen, das den Fahrzeugverkehr zulässt). Zul. Geschwindig- keit: *)... km/h. Festgestellte Geschwindigkeit (nach Toleranzab- zug): **)... km/h. § 41 Abs. 1 iVm Anlage 2, § 49 StVO; § 24 Abs. 1, 3 Nr. 5 StVG; 11.1.4 BKat (Lkw usw.) Tab.: 741009	A - 1	160,00	
141745	Sie überschritten die zulässige Höchstgeschwindigkeit inner- halb geschlossener Ortschaften um ... (von 21 - 25) km/h in einem Bereich für Radverkehr (Zeichen 244.1 oder 244.3 mit Zusatzzeichen, das den Fahrzeugverkehr zulässt). Zul. Ge- schwindigkeit: *)... km/h. Festgestellte Geschwindigkeit (nach Toleranzabzug): **)... km/h. § 41 Abs. 1 iVm Anlage 2, § 49 StVO; § 24 Abs. 1, 3 Nr. 5, § 25 StVG; 11.1.5 BKat; § 4 Abs. 1 BKatV (Lkw usw.) Tab.: 741009	A -1	175,00	

TBNR	Bemerkungen
141660 – 141745	*) Zulässige Geschwindigkeit angeben, **) Festgestellte Geschwindigkeit angeben

Vorschriftzeichen - § 41 Abs. 1 iVm Anlage 2 StV (Geschwindigkeit)

TBNR	Tatbestandstext	FaP-Pkt	Euro	FV
141746	Sie überschritten die zulässige Höchstgeschwindigkeit inner-halb geschlossener Ortschaften um ... (von 26 - 30) km/h in einem Bereich für Radverkehr (Zeichen 244.1 oder 244.3 mit Zusatzzeichen, das den Fahrzeugverkehr zulässt). Zul. Ge-schwindigkeit: *)... km/h. Festgestellte Geschwindigkeit (nach Toleranzabzug): **)... km/h. § 41 Abs. 1 iVm Anlage 2, § 49 StVO; § 24 Abs. 1, 3 Nr. 5, § 25 StVG; 11.1.6 BKat; § 4 Abs. 1 BKatV (Lkw usw.) Tab.: 741009	A - 2	235,00	1 M
141747	Sie überschritten die zulässige Höchstgeschwindigkeit inner-halb geschlossener Ortschaften um ... (von 31 - 40) km/h in einem Bereich für Radverkehr (Zeichen 244.1 oder 244.3 mit Zusatzzeichen, das den Fahrzeugverkehr zulässt). Zul. Ge-schwindigkeit: *)... km/h. Festgestellte Geschwindigkeit (nach Toleranzabzug): **)... km/h. § 41 Abs. 1 iVm Anlage 2, § 49 StVO; § 24 Abs. 1, 3 Nr. 5, § 25 StVG; 11.1.7 BKat; § 4 Abs. 1 BKatV (Lkw usw.) Tab.: 741009	A - 2	340,00	1 M
141748	Sie überschritten die zulässige Höchstgeschwindigkeit inner-halb geschlossener Ortschaften um ... (von 41 - 50) km/h in einem Bereich für Radverkehr (Zeichen 244.1 oder 244.3 mit Zusatzzeichen, das den Fahrzeugverkehr zulässt). Zul. Ge-schwindigkeit: *)... km/h. Festgestellte Geschwindigkeit (nach Toleranzabzug): **)... km/h. § 41 Abs. 1 iVm Anlage 2, § 49 StVO; § 24 Abs. 1, 3 Nr. 5, § 25 StVG; 11.1.8 BKat; § 4 Abs. 1 BKatV (Lkw usw.) Tab.: 741009	A - 2	560,00	2 M
141749	Sie überschritten die zulässige Höchstgeschwindigkeit inner-halb geschlossener Ortschaften um ... (von 51 - 60) km/h in einem Bereich für Radverkehr (Zeichen 244.1 oder 244.3 mit Zusatzzeichen, das den Fahrzeugverkehr zulässt). Zul. Ge-schwindigkeit: *)... km/h. Festgestellte Geschwindigkeit (nach Toleranzabzug): **)... km/h. § 41 Abs. 1 iVm Anlage 2, § 49 StVO; § 24 Abs. 1, 3 Nr. 5, § 25 StVG; 11.1.9 BKat; § 4 Abs. 1 BKatV (Lkw usw.) Tab.: 741009	A - 2	700,00	3 M

TBNR	Bemerkungen
141746 – 141749	*) Zulässige Geschwindigkeit angeben **) Festgestellte Geschwindigkeit angeben

Vorschriftzeichen - § 41 Abs. 1 iVm Anlage 2 StV (Geschwindigkeit)

TBNR	Tatbestandstext	FaP-Pkt	Euro	FV
141750	Sie überschritten die zulässige Höchstgeschwindigkeit innerhalb geschlossener Ortschaften um ... (über 60) km/h in einem Bereich 244.1 oder 244.3 mit Zusatzzeichen, das den Fahrzeugverkehr zulässt). Zul. Geschwindigkeit: *)... km/h. Festgestellte Geschwindigkeit (nach Toleranzabzug): **)... km/h. § 41 Abs. 1 iVm Anlage 2, § 49 StVO; § 24 Abs. 1, 3 Nr. 5, § 25 StVG; 11.1.10 BKat; § 4 Abs. 1 BKatV (Lkw usw.) Tab.: 741009	A - 2	800,00	3 M
141751	Sie überschritten die zulässige Höchstgeschwindigkeit innerhalb geschlossener Ortschaften um ... (bis 10) km/h in einem Bereich für Radverkehr (Zeichen 244.1 oder 244.3 mit Zusatzzeichen, das den Fahrzeugverkehr zulässt). Zul. Geschwindigkeit: *)... km/h. Festgestellte Geschwindigkeit (nach Toleranzabzug): **)... km/h. § 41 Abs. 1 iVm Anlage 2, § 49 StVO; § 24 Abs. 1, 3 Nr. 5 StVG; 11.2.1 BKat (gef. Güter usw.) Tab.: 741010	0	70,00	
141752	Sie überschritten die zulässige Höchstgeschwindigkeit innerhalb geschlossener Ortschaften um ... (von 11 - 15) km/h in einem Bereich für Radverkehr (Zeichen 244.1 oder 244.3 mit Zusatzzeichen, das den Fahrzeugverkehr zulässt). Zul. Geschwindigkeit: *)... km/h. Festgestellte Geschwindigkeit (nach Toleranzabzug): **)... km/h. § 41 Abs. 1 iVm Anlage 2, § 49 StVO; § 24 Abs. 1, 3 Nr. 5 StVG; 11.2.2 BKat (gef. Güter usw.) Tab.: 741010	A - 1	120,00	
141753	Sie überschritten die zulässige Höchstgeschwindigkeit innerhalb geschlossener Ortschaften um ... (von 16 - 20) km/h in einem Bereich für Radverkehr (Zeichen 244.1 oder 244.3 mit Zusatzzeichen, das den Fahrzeugverkehr zulässt). Zul. Geschwindigkeit: *)... km/h. Festgestellte Geschwindigkeit (nach Toleranzabzug): **)... km/h. § 41 Abs. 1 iVm Anlage 2, § 49 StVO; § 24 Abs. 1, 3 Nr. 5 StVG; 11.2.4 BKat (gef. Güter usw.) Tab.: 741010	A - 1	320,00	
141754	Sie überschritten die zulässige Höchstgeschwindigkeit innerhalb geschlossener Ortschaften um ... (von 21 - 25) km/h in einem Bereich für Radverkehr (Zeichen 244.1 oder 244.3 mit Zusatzzeichen, das den Fahrzeugverkehr zulässt). Zul. Geschwindigkeit: *)... km/h. Festgestellte Geschwindigkeit (nach Toleranzabzug): **)... km/h. § 41 Abs. 1 iVm Anlage 2, § 49 StVO; § 24 Abs. 1, 3 Nr. 5, § 25 StVG; 11.2.5 BKat; § 4 Abs. 1 BKatV (gef. Güter usw.) Tab.: 741010	A - 2	360,00	1 M

TBNR	Bemerkungen
141750 – 141754	*) Zulässige Geschwindigkeit angeben **) Festgestellte Geschwindigkeit angeben

Vorschriftzeichen - § 41 Abs. 1 iVm Anlage 2 StV (Geschwindigkeit)

TBNR	Tatbestandstext	FaP-Pkt	Euro	FV
141755	Sie überschritten die zulässige Höchstgeschwindigkeit innerhalb geschlossener Ortschaften um ... (von 26 - 30) km/h in einem Bereich für Radverkehr (Zeichen 244.1 oder 244.3 mit Zusatzzeichen, das den Fahrzeugverkehr zulässt). Zul. Geschwindigkeit: *)... km/h. Festgestellte Geschwindigkeit (nach Toleranzabzug): **)... km/h. § 41 Abs. 1 iVm Anlage 2, § 49 StVO; § 24 Abs. 1, 3 Nr. 5, § 25 StVG; 11.2.6 BKat; § 4 Abs. 1 BKatV (gef. Güter usw.) Tab.: 741010	A - 2	480,00	1 M
141756	Sie überschritten die zulässige Höchstgeschwindigkeit innerhalb geschlossener Ortschaften um ... (von 31 - 40) km/h in einem Bereich für Radverkehr (Zeichen 244.1 oder 244.3 mit Zusatzzeichen, das den Fahrzeugverkehr zulässt). Zul. Geschwindigkeit: *)... km/h. Festgestellte Geschwindigkeit (nach Toleranzabzug): **)... km/h. § 41 Abs. 1 iVm Anlage 2, § 49 StVO; § 24 Abs. 1, 3 Nr. 5, § 25 StVG; 11.2.7 BKat; § 4 Abs. 1 BKatV (gef. Güter usw.) Tab.: 741010	A - 2	640,00	2 M
141757	Sie überschritten die zulässige Höchstgeschwindigkeit innerhalb geschlossener Ortschaften um ... (von 41 - 50) km/h in einem Bereich für Radverkehr (Zeichen 244.1 oder 244.3 mit Zusatzzeichen,das den Fahrzeugverkehr zulässt). Zul. Geschwindigkeit: *)... km/h Festgestellte Geschwindigkeit (nach Toleranzabzug): **)... km/h. § 41 Abs. 1 iVm Anlage 2, § 49 StVO; § 24 Abs. 1, 3 Nr. 5, § 25 StVG; 11.2.8 BKat; § 4 Abs. 1 BKatV (gef. Güter usw.) Tab.: 741010	A - 2	800,00	3 M
141758	Sie überschritten die zulässige Höchstgeschwindigkeit innerhalb geschlossener Ortschaften um ... (von 51 - 60) km/h in einem Bereich für Radverkehr (Zeichen 244.1 oder 244.3 mit Zusatzzeichen, das den Fahrzeugverkehr zulässt). Zul. Geschwindigkeit: *)... km/h. Festgestellte Geschwindigkeit (nach Toleranzabzug): **)... km/h. § 41 Abs. 1 iVm Anlage 2, § 49 StVO; § 24 Abs. 1, 3 Nr. 5, § 25 StVG; 11.2.9 BKat; § 4 Abs. 1 BKatV (gef. Güter usw.) Tab.: 741010	A - 2	900,00	3 M

TBNR   **Bemerkungen**
141755 – 141758   *) Zulässige Geschwindigkeit angeben
                    **) Festgestellte Geschwindigkeit angeben

Vorschriftzeichen - § 41 Abs. 1 iVm Anlage 2 StV (Geschwindigkeit)

TBNR	Tatbestandstext	FaP-Pkt	Euro	FV
141759*	Sie überschritten die zulässige Höchstgeschwindigkeit innerhalb geschlossener Ortschaften um ... (über - 60) km/h in einem Bereich für Radverkehr (Zeichen 244.1 oder 244.3 mit Zusatzzeichen, das den Fahrzeugverkehr zulässt). Zul. Geschwindigkeit: *)... km/h. Festgestellte Geschwindigkeit (nach Toleranzabzug): **)... km/h. § 41 Abs. 1 iVm Anlage 2, § 49 StVO; § 24 Abs. 1, 3 Nr. 5, § 25 StVG; 11.2.10 BKat; § 4 Abs. 1 BKatV (gef. Güter usw.) Tab.: 741010	A - 2	950,00	3 M
141221	Sie überschritten die zulässige Höchstgeschwindigkeit innerhalb geschlossener Ortschaften um ... (bis 10) km/h in einem Bereich für Radverkehr (Zeichen 244.1 oder 244.3 mit Zusatzzeichen, das den Fahrzeugverkehr zulässt). Zul. Geschwindigkeit: *)... km/h. Festgestellte Geschwindigkeit (nach Toleranzabzug): **)... km/h. § 41 Abs. 1 iVm Anlage 2, § 49 StVO; § 24 Abs. 1, 3 Nr. 5 StVG; 11.3.1 BKat (andere Kfz) Tab.: 741011	0	30,00	
141222	Sie überschritten die zulässige Höchstgeschwindigkeit innerhalb geschlossener Ortschaften um ... (von 11- 15) km/h in einem Bereich für Radverkehr (Zeichen 244.1 oder 244.3 mit Zusatz-Zeichen, das den Fahrzeugverkehr zulässt). Zul. Geschwindigkeit: *)... km/h. Festgestellte Geschwindigkeit (nach Toleranzabzug): **)... km/h. § 41 Abs. 1 iVm Anlage 2, § 49 StVO; § 24 Abs. 1, 3 Nr. 5 StVG; 11.3.2 BKat (andere Kfz) Tab.: 741011	0	50,00	
141760	Sie überschritten die zulässige Höchstgeschwindigkeit innerhalb geschlossener Ortschaften um ... (von 16- 20) km/h in einem Bereich für Radverkehr (Zeichen 244.1 oder 244.3 mit Zusatzzeichen, das den Fahrzeugverkehr zulässt). Zul. Geschwindigkeit: *)... km/h. Festgestellte Geschwindigkeit (nach Toleranzabzug): **)... km/h. § 41 Abs. 1 iVm Anlage 2, § 49 StVO; § 24 Abs. 1, 3 Nr. 5 StVG; 11.3.3 BKat; (andere Kfz) Tab.: 741011	0	70,00	
141761	Sie überschritten die zulässige Höchstgeschwindigkeit innerhalb geschlossener Ortschaften um ... (von 21- 25) km/h in einem Bereich für Radverkehr (Zeichen 244.1 oder 244.3 mit Zusatzzeichen, das den Fahrzeugverkehr zulässt). Zul. Geschwindigkeit: *)... km/h. Festgestellte Geschwindigkeit (nach Toleranzabzug): **)... km/h. § 41 Abs. 1 iVm Anlage 2, § 49 StVO; § 24 Abs. 1, 3 Nr. 5, § 25 StVG; 11.3.4 BKat; § 4 Abs. 1 BKatV (andere Kfz) Tab.: 741011	A - 1	115,00	

TBNR	Bemerkungen
141759 – 141761	*) Zulässige Geschwindigkeit angeben **) Festgestellte Geschwindigkeit angeben

Vorschriftzeichen - § 41 Abs. 1 iVm Anlage 2 StV (Geschwindigkeit)

TBNR	Tatbestandstext	FaP-Pkt	Euro	FV
141762	Sie überschritten die zulässige Höchstgeschwindigkeit innerhalb geschlossener Ortschaften um ... (von 26 - 30) km/h in einem Bereich für Radverkehr (Zeichen 244.1 oder 244.3 mit Zusatzzeichen, das den Fahrzeugverkehr zulässt). Zul. Geschwindigkeit: *)... km/h. Festgestellte Geschwindigkeit (nach Toleranzabzug): **)... km/h. § 41 Abs. 1 iVm Anlage 2, § 49 StVO; § 24 Abs. 1, 3 Nr. 5, § 25 StVG; 11.3.5 BKat; § 4 Abs. 1 BKatV (andere Kfz) Tab.: 741011	A - 1	180,00	
141763	Sie überschritten die zulässige Höchstgeschwindigkeit innerhalb geschlossener Ortschaften um ... (von 31- 40) km/h in einem Bereich für Radverkehr (Zeichen 244.1 oder 244.3 mit Zusatzzeichen, das den Fahrzeugverkehr zulässt). Zul. Geschwindigkeit: *)... km/h. Festgestellte Geschwindigkeit (nach Toleranzabzug): **)... km/h. § 41 Abs. 1 iVm Anlage 2, § 49 StVO; § 24 Abs. 1, 3 Nr. 5, § 25 StVG; 11.3.6 BKat, § 4 Abs. 1 BKatV (andere Kfz) Tab.: 741011	A - 2	260,00	1 M
141764	Sie überschritten die zulässige Höchstgeschwindigkeit innerhalb geschlossener Ortschaften um ... (von 41 - 50) km/h in einem Bereich für Radverkehr (Zeichen 244.1 oder 244.3 mit Zusatzzeichen, das den Fahrzeugverkehr zulässt). Zul. Geschwindigkeit: *)... km/h. Festgestellte Geschwindigkeit (nach Toleranzabzug): **)... km/h. § 41 Abs. 1 iVm Anlage 2, § 49 StVO; § 24 Abs. 1, 3 Nr. 5, § 25 StVG; 11.3.7 BKat, § 4 Abs. 1 BKatV (andere Kfz) Tab.: 741011	A - 2	400,00	1 M
141765	Sie überschritten die zulässige Höchstgeschwindigkeit innerhalb geschlossener Ortschaften um ... (von 51 - 60) km/h in einem Bereich für Radverkehr (Zeichen 244.1 oder 244.3 mit Zusatzzeichen, das den Fahrzeugverkehr zulässt). Zul. Geschwindigkeit: *)... km/h. Festgestellte Geschwindigkeit (nach Toleranzabzug): **)... km/h. § 41 Abs. 1 iVm Anlage 2, § 49 StVO; § 24 Abs. 1, 3 Nr. 5, § 25 StVG; 11.3.8 BKat, § 4 Abs. 1 BKatV (andere Kfz) Tab.: 741011	A -2	560,00	2 M

TBNR	Bemerkungen
141762 – 141765	*) Zulässige Geschwindigkeit angeben **) Festgestellte Geschwindigkeit angeben

Vorschriftzeichen - § 41 Abs. 1 iVm Anlage 2 StV (Geschwindigkeit)

TBNR	Tatbestandstext	FaP-Pkt	Euro	FV
141766	Sie überschritten die zulässige Höchstgeschwindigkeit innerhalb geschlossener Ortschaften um ... (von 61 - 70) km/h in einem Bereich für Radverkehr (Zeichen 244.1 oder 244.3 mit Zusatzzeichen, das den Fahrzeugverkehr zulässt). Zul. Geschwindigkeit: *)... km/h. Festgestellte Geschwindigkeit (nach Toleranzabzug): **)... km/h. § 41 Abs. 1 iVm Anlage 2, § 49 StVO; § 24 Abs. 1, 3 Nr. 5, § 25 StVG; 11.3.9 BKat, § 4 Abs. 1 BKatV (andere Kfz) Tab.: 741011	A - 2	700,00	3 M
141767	Sie überschritten die zulässige Höchstgeschwindigkeit innerhalb geschlossener Ortschaften um ... (über - 70) km/h in einem Bereich für Radverkehr (Zeichen 244.1 oder 244.3 mit Zusatzzeichen, das den Fahrzeugverkehr zulässt). Zul. Geschwindigkeit: *)... km/h. Festgestellte Geschwindigkeit (nach Toleranzabzug): **)... km/h. § 41 Abs. 1 iVm Anlage 2, § 49 StVO; § 24 Abs. 1, 3 Nr. 5, § 25 StVG; 11.3.10 BKat; § 4 Abs. 1 BKatV (andere Kfz) Tab.: 741011	A - 2	800,00	3 M
141224	Sie überschritten die zulässige Höchstgeschwindigkeit innerhalb geschlossener Ortschaften um ... (bis 10) km/h. Zulässige Geschwindigkeit: *)... km/h. Festgestellte Geschwindigkeit (nach Toleranzabzug): **)... km/h. § 41 Abs. 1 iVm Anlage 2, § 49 StVO; § 24 Abs. 1, 3 Nr. 5 StVG; 11.1.1 BKat (Lkw usw.) Tab.: 741003	0	40,00	
141664	Sie überschritten die zulässige Höchstgeschwindigkeit innerhalb geschlossener Ortschaften um ... (von 11 - 15) km/h. Zulässige Geschwindigkeit: *)... km/h. Festgestellte Geschwindigkeit (nach Toleranzabzug): **)... km/h. § 41 Abs. 1 iVm Anlage 2, § 49 StVO; § 24 Abs. 1, 3 Nr. 5 StVG; 11.1.2 BKat (Lkw usw.) Tab.: 741003	0	60,00	
141665	Sie überschritten die zulässige Höchstgeschwindigkeit innerhalb geschlossener Ortschaften um ... (von 16 - 20) km/h. Zulässige Geschwindigkeit: *)... km/h. Festgestellte Geschwindigkeit (nach Toleranzabzug): **)... km/h. § 41 Abs. 1 iVm Anlage 2, § 49 StVO; § 24 Abs. 1, 3 Nr. 5 StVG; 11.1.4 BKat (Lkw usw.) Tab.: 741003	A - 1	160,00	

TBNR	Bemerkungen
141766 – 141665	*) Zulässige Geschwindigkeit angeben, **) Festgestellte Geschwindigkeit angeben

233

Vorschriftzeichen - § 41 Abs. 1 iVm Anlage 2 StV (Geschwindigkeit)

TBNR	Tatbestandstext	FaP-Pkt	Euro	FV
141666	Sie überschritten die zulässige Höchstgeschwindigkeit inner- halb geschlossener Ortschaften um ... (von 21 - 25) km/h. Zulässige Geschwindigkeit: *)... km/h. Festgestellte Geschwindigkeit (nach Toleranzabzug): **)... km/h. § 41 Abs. 1 iVm Anlage 2, § 49 StVO; § 24 Abs. 1, 3 Nr. 5, § 25 StVG; 11.1.5 BKat; § 4 Abs. 1 BKatV (Lkw usw.) Tab.: 741003	A - 1	175,00	
141667	Sie überschritten die zulässige Höchstgeschwindigkeit inner- halb geschlossener Ortschaften um ... (von 26 - 30) km/h. Zulässige Geschwindigkeit: *)... km/h. Festgestellte Geschwindigkeit (nach Toleranzabzug): **)... km/h. § 41 Abs. 1 iVm Anlage 2, § 49 StVO; § 24 Abs. 1, 3 Nr. 5, § 25 StVG; 11.1.6 BKat; § 4 Abs. 1 BKatV (Lkw usw.) Tab.: 741003	A - 2	235,00	1 M
141668	Sie überschritten die zulässige Höchstgeschwindigkeit inner- halb geschlossener Ortschaften um ... (von 31 - 40) km/h. Zulässige Geschwindigkeit: *)... km/h. Festgestellte Geschwindigkeit (nach Toleranzabzug): **)... km/h. § 41 Abs. 1 iVm Anlage 2, § 49 StVO; § 24 Abs. 1, 3 Nr. 5, § 25 StVG; 11.1.7 BKat; § 4 Abs. 1 BKatV (Lkw usw.) Tab.: 741003	A - 2	340,00	1 M
141669	Sie überschritten die zulässige Höchstgeschwindigkeit inner- halb geschlossener Ortschaften um ... (von 41 - 50) km/h. Zulässige Geschwindigkeit: *)... km/h. Festgestellte Geschwindigkeit (nach Toleranzabzug): **)... km/h § 41 Abs. 1 iVm Anlage 2, § 49 StVO; § 24 Abs. 1, 3 Nr. 5, § 25 StVG; 11.1.8 BKat; § 4 Abs. 1 BKatV (Lkw usw.) Tab.: 741003	A - 2	560,00	2 M
141670	Sie überschritten die zulässige Höchstgeschwindigkeit inner- halb geschlossener Ortschaften um ... (von 51 - 60) km/h. Zulässige Geschwindigkeit: *)... km/h. Festgestellte Geschwindigkeit (nach Toleranzabzug): **)... km/h. § 41 Abs. 1 iVm Anlage 2, § 49 StVO; § 24 Abs. 1, 3 Nr. 5, § 25 StVG; 11.1.9 BKat; § 4 Abs. 1 BKatV (Lkw usw.) Tab.: 741003	A - 2	700,00	3 M

TBNR   **Bemerkungen**
141666 – 141670 *) Zulässige Geschwindigkeit angeben, **) Festgestellte Geschwindigkeit
                angeben

Vorschriftzeichen - § 41 Abs. 1 iVm Anlage 2 StV (Geschwindigkeit)

TBNR	Tatbestandstext	FaP-Pkt	Euro	FV
141671	Sie überschritten die zulässige Höchstgeschwindigkeit innerhalb geschlossener Ortschaften um ... (über 60) km/h. Zulässige Geschwindigkeit: *)... km/h. Festgestellte Geschwindigkeit (nach Toleranzabzug): **)... km/h. § 41 Abs. 1 iVm Anlage 2, § 49 StVO; § 24 Abs. 1, 3 Nr. 5, § 25 StVG; 11.1.10 BKat; § 4 Abs. 1 BKatV (Lkw usw.) Tab.: 741003	A - 2	800,00	3 M
141227	Sie überschritten die zulässige Höchstgeschwindigkeit außerhalb geschlossener Ortschaften um ... (bis 10) km/h. Zulässige Geschwindigkeit: *)... km/h. Festgestellte Geschwindigkeit (nach Toleranzabzug): **)... km/h. § 41 Abs. 1 iVm Anlage 2, § 49 StVO; § 24 Abs. 1, 3 Nr. 5 StVG; 11.1.1 BKat (Lkw usw.) Tab.: 741004	0	30,00	
141228	Sie überschritten die zulässige Höchstgeschwindigkeit außerhalb geschlossener Ortschaften um ... (von 11 - 15) km/h. Zulässige Geschwindigkeit: *)... km/h. Festgestellte Geschwindigkeit (nach Toleranzabzug): **)... km/h. § 41 Abs. 1 iVm Anlage 2, § 49 StVO; § 24 Abs. 1, 3 Nr. 5 StVG; 11.1.2 BKat (Lkw usw.) Tab.: 741004	0	50,00	
141677	Sie überschritten die zulässige Höchstgeschwindigkeit außerhalb geschlossener Ortschaften um ... (von 16 - 20) km/h. Zulässige Geschwindigkeit: *)... km/h. Festgestellte Geschwindigkeit (nach Toleranzabzug): **)... km/h. § 41 Abs. 1 iVm Anlage 2, § 49 StVO; § 24 Abs. 1, 3 Nr. 5 StVG; 11.1.4 BKat (Lkw usw.) Tab.: 741004	A - 1	140,00	
141678	Sie überschritten die zulässige Höchstgeschwindigkeit außerhalb geschlossener Ortschaften um ... (von 21 - 25) km/h. Zulässige Geschwindigkeit: *)... km/h. Festgestellte Geschwindigkeit (nach Toleranzabzug): **)... km/h. § 41 Abs. 1 iVm Anlage 2, § 49 StVO; § 24 Abs. 1, 3 Nr. 5 StVG; 11.1.5 BKat (Lkw usw.) Tab.: 741004	A - 1	150,00	
141679	Sie überschritten die zulässige Höchstgeschwindigkeit außerhalb geschlossener Ortschaften um ... (von 26 - 30) km/h. Zulässige Geschwindigkeit: *)... km/h. Festgestellte Geschwindigkeit (nach Toleranzabzug): **)... km/h. § 41 Abs. 1 iVm Anlage 2, § 49 StVO; §, § 25 24 StVG; 11.1.6 BKat § 4 Abs. 1 BKatV (Lkw usw.) Tab.: 741004	A - 1	175,00	

TBNR	Bemerkungen
141671 - 141678	*) Zulässige Geschwindigkeit angeben **) Festgestellte Geschwindigkeit angeben

Vorschriftzeichen - § 41 Abs. 1 iVm Anlage 2 StVO (Geschwindigkeit)

TBNR	Tatbestandstext	FaP-Pkt	Euro	FV
141680	Sie überschritten die zulässige Höchstgeschwindigkeit außerhalb geschlossener Ortschaften um ... (von 31 - 40) km/h. Zulässige Geschwindigkeit: *)... km/h. Festgestellte Geschwindigkeit (nach Toleranzabzug): **)... km/h. § 41 Abs. 1 iVm Anlage 2, § 49 StVO; § 24 Abs. 1, 3 Nr. 5, § 25 StVG; 11.1.7 BKat; § 4 Abs. 1 BKatV (Lkw usw.) Tab.: 741004	A - 2	255,00	1 M
141681	Sie überschritten die zulässige Höchstgeschwindigkeit außerhalb geschlossener Ortschaften um ... (von 41 - 50) km/h. Zulässige Geschwindigkeit: *)... km/h. Festgestellte Geschwindigkeit (nach Toleranzabzug): **)... km/h. § 41 Abs. 1 iVm Anlage 2, § 49 StVO; § 24 Abs. 1, 3 Nr. 5, § 25 StVG; 11.1.8 BKat; § 4 Abs. 1 BKatV (Lkw usw.) Tab.: 741004	A - 2	480,00	1 M
141682	Sie überschritten die zulässige Höchstgeschwindigkeit außerhalb geschlossener Ortschaften um ... (von 51 - 60) km/h. Zulässige Geschwindigkeit: *)... km/h. Festgestellte Geschwindigkeit (nach Toleranzabzug): **)... km/h. § 41 Abs. 1 iVm Anlage 2, § 49 StVO; § 24 Abs. 1, 3 Nr. 5, § 25 StVG; 11.1.9 BKat; § 4 Abs. 1 BKatV (Lkw usw.) Tab.: 741004	A - 2	600,00	2 M
141683	Sie überschritten die zulässige Höchstgeschwindigkeit außerhalb geschlossener Ortschaften um ... (über 60) km/h. Zulässige Geschwindigkeit: *)... km/h. Festgestellte Geschwindigkeit (nach Toleranzabzug): **)... km/h. § 41 Abs. 1 iVm Anlage 2, § 49 StVO; § 24 Abs. 1, 3 Nr. 5, § 25 StVG; 11.1.10 BKat; § 4 Abs. 1 BKatV (Lkw usw.) Tab.: 741004	A - 2	700,00	3 M
141687	Sie überschritten die zulässige Höchstgeschwindigkeit innerhalb geschlossener Ortschaften um ... (bis 10) km/h. Zulässige Geschwindigkeit: *)... km/h. Festgestellte Geschwindigkeit (nach Toleranzabzug): **)... km/h. § 41 Abs. 1 iVm Anlage 2, § 49 StVO; § 24 Abs. 1, 3 Nr. 5 StVG; 11.2.1 BKat (gef. Güter usw.) Tab.: 741005	0	70,00	
141688	Sie überschritten die zulässige Höchstgeschwindigkeit innerhalb geschlossener Ortschaften um ... (von 11 - 15) km/h. Zulässige Geschwindigkeit: *)... km/h. Festgestellte Geschwindigkeit (nach Toleranzabzug): **)... km/h. § 41 Abs. 1 iVm Anlage 2, § 49 StVO; § 24 Abs. 1, 3 Nr. 5 StVG; 11.2.2 BKat (gef. Güter usw.) Tab.: 741005	A - 1	120,00	

TBNR   **Bemerkungen**
141680 – 141688 *) Zulässige Geschwindigkeit angeben, **) Festgestellte Geschwindigkeit angeben

Vorschriftzeichen - § 41 Abs. 1 iVm Anlage 2 StVO (Geschwindigkeit)

TBNR	Tatbestandstext	FaP-Pkt	Euro	FV
141689	Sie überschritten die zulässige Höchstgeschwindigkeit innerhalb geschlossener Ortschaften um ... (von 16 - 20) km/h. Zulässige Geschwindigkeit: *)... km/h. Festgestellte Geschwindigkeit (nach Toleranzabzug): **)... km/h. § 41 Abs. 1 iVm Anlage 2, § 49 StVO; § 24 Abs. 1, 3 Nr. 5 StVG; 11.2.4 BKat (gef. Güter usw.) Tab.: 741005	A - 1	320,00	
141690	Sie überschritten die zulässige Höchstgeschwindigkeit innerhalb geschlossener Ortschaften um ... (von 21 - 25) km/h. Zulässige Geschwindigkeit: *)... km/h. Festgestellte Geschwindigkeit (nach Toleranzabzug): **)... km/h. § 41 Abs. 1 iVm Anlage 2, § 49 StVO; § 24 Abs. 1, 3 Nr. 5, § 25 StVG; 11.2.5 BKat; § 4 Abs. 1 BKatV (gef. Güter usw.) Tab.: 741005	A - 2	360,00	1 M
141691	Sie überschritten die zulässige Höchstgeschwindigkeit innerhalb geschlossener Ortschaften um ... (von 26 - 30) km/h. Zulässige Geschwindigkeit: *)... km/h. Festgestellte Geschwindigkeit (nach Toleranzabzug): **)... km/h. § 41 Abs. 1 iVm Anlage 2, § 49 StVO; § 24 Abs. 1, 3 Nr. 5, § 25 StVG; 11.2.6 BKat; § 4 Abs. 1 BKatV (gef. Güter usw.) Tab.: 741005	A - 2	480,00	1 M
141692	Sie überschritten die zulässige Höchstgeschwindigkeit innerhalb geschlossener Ortschaften um ... (von 31 - 40) km/h. Zulässige Geschwindigkeit: *)... km/h. Festgestellte Geschwindigkeit (nach Toleranzabzug): **)... km/h. § 41 Abs. 1 iVm Anlage 2, § 49 StVO; § 24 Abs. 1, 3 Nr. 5, § 25 StVG; 11.2.7 BKat; § 4 Abs. 1 BKatV (gef. Güter usw.) Tab.: 741005	A - 2	640,00	2 M
141693	Sie überschritten die zulässige Höchstgeschwindigkeit innerhalb geschlossener Ortschaften um ... (von 41 - 50) km/h. Zulässige Geschwindigkeit: *)... km/h. Festgestellte Geschwindigkeit (nach Toleranzabzug): **)... km/h. § 41 Abs. 1 iVm Anlage 2, § 49 StVO; § 24 Abs. 1, 3 Nr. 5, § 25 StVG; 11.2.8 BKat; § 4 Abs. 1 BKatV (gef. Güter usw.) Tab.: 741005	A - 2	800,00	3 M

TBNR　　　　**Bemerkungen**
141689 – 141693　*) Zulässige Geschwindigkeit angeben, **) Festgestellte Geschwindigkeit angeben

Vorschriftzeichen - § 41 Abs. 1 iVm Anlage 2 StVO (Geschwindigkeit)

TBNR	Tatbestandstext	FaP-Pkt	Euro	FV
141694	Sie überschritten die zulässige Höchstgeschwindigkeit innerhalb geschlossener Ortschaften um ... (von 51 - 60) km/h. Zulässige Geschwindigkeit: *)... km/h. Festgestellte Geschwindigkeit (nach Toleranzabzug): **)... km/h. § 41 Abs. 1 iVm Anlage 2, § 49 StVO; § 24 Abs. 1, 3 Nr. 5, § 25 StVG; 11.2.9 BKat; § 4 Abs. 1 BKatV (gef. Güter usw.) Tab.: 741005	A - 2	900,00	3 M
141695	Sie überschritten die zulässige Höchstgeschwindigkeit innerhalb geschlossener Ortschaften um ... (über 60) km/h. Zulässige Geschwindigkeit: *)... km/h. Festgestellte Geschwindigkeit (nach Toleranzabzug): **)... km/h. § 41 Abs. 1 iVm Anlage 2, § 49 StVO; § 24 Abs. 1, 3 Nr. 5, § 25 StVG; 11.2.10 BKat; § 4 Abs. 1 BKatV (gef. Güter usw.) Tab.: 741005	A - 2	950,00	3 M
141700	Sie überschritten die zulässige Höchstgeschwindigkeit außerhalb geschlossener Ortschaften um ... (bis 10) km/h. Zulässige Geschwindigkeit: *)... km/h. Festgestellte Geschwindigkeit (nach Toleranzabzug): **)... km/h. § 41 Abs. 1 iVm Anlage 2, § 49 StVO; § 24 Abs. 1, 3 Nr. 5 StVG; 11.2.1 BKat (gef. Güter usw.) Tab.: 741006	0	60,00	
141701	Sie überschritten die zulässige Höchstgeschwindigkeit außerhalb geschlossener Ortschaften um ... (von 11 - 15) km/h. Zulässige Geschwindigkeit: *)... km/h. Festgestellte Geschwindigkeit (nach Toleranzabzug): **)... km/h. § 41 Abs. 1 iVm Anlage 2, § 49 StVO; § 24 Abs. 1, 3 Nr. 5 StVG; 11.2.2 BKat (gef. Güter usw.) Tab.: 741006	0	70,00	
141702	Sie überschritten die zulässige Höchstgeschwindigkeit außerhalb geschlossener Ortschaften um ... (von 16 - 20) km/h. Zulässige Geschwindigkeit: *)... km/h. Festgestellte Geschwindigkeit (nach Toleranzabzug): **)... km/h. § 41 Abs. 1 iVm Anlage 2, § 49 StVO; § 24 Abs. 1, 3 Nr. 5 StVG; 11.2.4 BKat (gef. Güter usw.) Tab.: 741006	A - 1	240,00	

TBNR   **Bemerkungen**
141694 - 141702   *) Zulässige Geschwindigkeit angeben, **) Festgestellte Geschwindigkeit angeben

Vorschriftzeichen - § 41 Abs. 1 iVm Anlage 2 StVO (Geschwindigkeit)

TBNR	Tatbestandstext	FaP-Pkt	Euro	FV
141703	Sie überschritten die zulässige Höchstgeschwindigkeit außerhalb geschlossener Ortschaften um ... (von 21 - 25) km/h. Zulässige Geschwindigkeit: *)... km/h. Festgestellte Geschwindigkeit (nach Toleranzabzug): **)... km/h. § 41 Abs. 1 iVm Anlage 2, § 49 StVO; § 24 Abs. 1, 3 Nr. 5 StVG; 11.2.5 BKat (gef. Güter usw.) Tab.: 741006	A - 1	280,00	
141704	Sie überschritten die zulässige Höchstgeschwindigkeit außerhalb geschlossener Ortschaften um ... (von 26 - 30) km/h. Zulässige Geschwindigkeit: *)... km/h. Festgestellte Geschwindigkeit (nach Toleranzabzug): **)... km/h. § 41 Abs. 1 iVm Anlage 2, § 49 StVO; § 24 Abs. 1, 3 Nr. 5, § 25 StVG; 11.2.6 BKat; § 4 Abs. 1 BKatV (gef. Güter usw.) Tab.: 741006	A - 2	400,00	1 M
141705	Sie überschritten die zulässige Höchstgeschwindigkeit außerhalb geschlossener Ortschaften um ... (von 31 - 40) km/h. Zulässige Geschwindigkeit: *)... km/h. Festgestellte Geschwindigkeit (nach Toleranzabzug): **)... km/h. § 41 Abs. 1 iVm Anlage 2, § 49 StVO; § 24 Abs. 1, 3 Nr. 5, § 25 StVG; 11.2.7 BKat; § 4 Abs. 1 BKatV (gef. Güter usw.) Tab.: 741006	A - 2	560,00	1 M
141706	Sie überschritten die zulässige Höchstgeschwindigkeit außerhalb geschlossener Ortschaften um ... (von 41 - 50) km/h. Zulässige Geschwindigkeit: *)... km/h. Festgestellte Geschwindigkeit (nach Toleranzabzug): **)... km/h. § 41 Abs. 1 iVm Anlage 2, § 49 StVO; § 24 Abs. 1, 3 Nr. 5, § 25 StVG; 11.2.8 BKat; § 4 Abs. 1 BKatV (gef. Güter usw.) Tab.: 741006	A - 2	700,00	2 M
141707	Sie überschritten die zulässige Höchstgeschwindigkeit außerhalb geschlossener Ortschaften um ... (von 51 - 60) km/h. Zulässige Geschwindigkeit: *)... km/h. Festgestellte Geschwindigkeit (nach Toleranzabzug): **)... km/h. § 41 Abs. 1 iVm Anlage 2, § 49 StVO; § 24 Abs. 1, 3 Nr. 5, § 25 StVG; 11.2.9 BKat; § 4 Abs. 1 BKatV (gef. Güter usw.) Tab.: 741006	A - 2	800,00	3 M

TBNR	Bemerkungen
141703 – 141707	*) Zulässige Geschwindigkeit angeben, **) Festgestellte Geschwindigkeit angeben

Vorschriftzeichen - § 41 Abs. 1 iVm Anlage 2 StVO (Geschwindigkeit)

TBNR	Tatbestandstext	FaP-Pkt	Euro	FV
141708	Sie überschritten die zulässige Höchstgeschwindigkeit außerhalb geschlossener Ortschaften um ... (über 60) km/h. Zulässige Geschwindigkeit: *)... km/h. Festgestellte Geschwindigkeit (nach Toleranzabzug): **)... km/h. § 41 Abs. 1 iVm Anlage 2, § 49 StVO; § 24 Abs. 1, 3 Nr. 5, § 25 StVG; 11.2.10 BKat; § 4 Abs. 1 BKatV (gef. Güter usw.) Tab.: 741006	A - 2	900,00	3 M
141236	Sie überschritten die zulässige Höchstgeschwindigkeit innerhalb geschlossener Ortschaften um ... (bis 10) km/h. Zulässige Geschwindigkeit: *)... km/h. Festgestellte Geschwindigkeit (nach Toleranzabzug): **)... km/h. § 41 Abs. 1 iVm Anlage 2, § 49 StVO; § 24 Abs. 1, 3 Nr. 5 StVG; 11.3.1 BKat (andere Kfz) Tab.: 741007	0	30,00	
141237	Sie überschritten die zulässige Höchstgeschwindigkeit innerhalb geschlossener Ortschaften um ... (von 11 - 15) km/h. Zulässige Geschwindigkeit: *)... km/h. Festgestellte Geschwindigkeit (nach Toleranzabzug): **)... km/h. § 41 Abs. 1 iVm Anlage 2, § 49 StVO; § 24 Abs. 1, 3 Nr. 5 StVG; 11.3.2 BKat (andere Kfz) Tab.: 741007	0	50,00	
141711	Sie überschritten die zulässige Höchstgeschwindigkeit innerhalb geschlossener Ortschaften um ... (von 16 - 20) km/h. Zulässige Geschwindigkeit: *)... km/h. Festgestellte Geschwindigkeit (nach Toleranzabzug): **)... km/h. § 41 Abs. 1 iVm Anlage 2, § 49 StVO; § 24 Abs. 1, 3 Nr. 5 StVG; 11.3.3 BKat (andere Kfz) Tab.: 741007	0	70,00	
141712	Sie überschritten die zulässige Höchstgeschwindigkeit innerhalb geschlossener Ortschaften um ... (von 21 - 25) km/h. Zulässige Geschwindigkeit: *)... km/h. Festgestellte Geschwindigkeit (nach Toleranzabzug): **)... km/h. § 41 Abs. 1 iVm Anlage 2, § 49 StVO; § 24 Abs. 1, 3 Nr. 5, § 25 StVG; 11.3.4 BKat, § 4 Abs. 1 BKatV (andere Kfz) Tab.: 741007	A - 1	115,00	

TBNR   **Bemerkungen**
141708 – 141712   *) Zutreffende Geschwindigkeit angeben, **) Festgestellte Geschwindigkeit angeben

Vorschriftzeichen - § 41 Abs. 1 iVm Anlage 2 StVO (Geschwindigkeit)

TBNR	Tatbestandstext	FaP-Pkt	Euro	FV
141713	Sie überschritten die zulässige Höchstgeschwindigkeit inner- Zulässige Geschwindigkeit: *)... km/h. Festgestellte Geschwindigkeit (nach Toleranzabzug): **)... km/h. § 41 Abs. 1 iVm Anlage 2, § 49 StVO; § 24 Abs. 1, 3 Nr. 5, § 25 StVG; 11.3.5 BKat, § 4 Abs.1 BKatV (andere Kfz) Tab.: 741007	A - 1	180,00	
141714	Sie überschritten die zulässige Höchstgeschwindigkeit inner- halb geschlossener Ortschaften um ... (von 31 - 40) km/h. Zulässige Geschwindigkeit: *)... km/h. Festgestellte Geschwindigkeit (nach Toleranzabzug): **)... km/h. § 41 Abs. 1 iVm Anlage 2, § 49 StVO; § 24 Abs. 1, 3 Nr. 5, § 25 StVG; 11.3.6 BKat; § 4 Abs. 1 BKatV (andere Kfz) Tab.: 741007	A - 2	260,00	1 M
141715	Sie überschritten die zulässige Höchstgeschwindigkeit inner- halb geschlossener Ortschaften um ... (von 41 - 50) km/h. Zulässige Geschwindigkeit: *)... km/h. Festgestellte Geschwindigkeit (nach Toleranzabzug): **)... km/h. § 41 Abs. 1 iVm Anlage 2, § 49 StVO; § 24 Abs. 1, 3 Nr. 5, § 25 StVG; 11.3.7 BKat; § 4 Abs. 1 BKatV (andere Kfz) Tab.: 741007	A - 2	400,00	1 M
141716	Sie überschritten die zulässige Höchstgeschwindigkeit inner- halb geschlossener Ortschaften um ... (von 51 - 60) km/h. Zulässige Geschwindigkeit: *)... km/h. Festgestellte Geschwindigkeit (nach Toleranzabzug): **)... km/h. § 41 Abs. 1 iVm Anlage 2, § 49 StVO; § 24 Abs. 1, 3 Nr. 5, § 25 StVG; 11.3.8 BKat; § 4 Abs. 1 BKatV (andere Kfz) Tab.: 741007	A - 2	560,00	2 M
141717	Sie überschritten die zulässige Höchstgeschwindigkeit inner- halb geschlossener Ortschaften um ... (von 61 - 70) km/h. Zulässige Geschwindigkeit: *)... km/h. Festgestellte Geschwindigkeit (nach Toleranzabzug): **)... km/h. § 41 Abs. 1 iVm Anlage 2, § 49 StVO; § 24 Abs. 1, 3 Nr. 5, § 25 StVG; 11.3.9 BKat; § 4 Abs. 1 BKatV (andere Kfz) Tab.: 741007	A - 2	700,00	3 M

TBNR   Bemerkungen
141713 – 141717 *) Zulässige Geschwindigkeit angeben **) Festgestellte Geschwindigkeit
               angeben
Vorschriftzeichen - § 41 Abs. 1 iVm Anlage 2 StVO (Geschwindigkeit)

TBNR	Tatbestandstext	FaP-Pkt	Euro	FV
141718	Sie überschritten die zulässige Höchstgeschwindigkeit inner- halb geschlossener Ortschaften um ... (über 70) km/h. Zulässige Geschwindigkeit: *)... km/h. Festgestellte Geschwindigkeit (nach Toleranzabzug): **)... km/h. § 41 Abs. 1 iVm Anlage 2, § 49 StVO; § 24 Abs. 1, 3 Nr. 5, § 25 StVG; 11.3.10 BKat; § 4 Abs. 1 BKatV (andere Kfz) Tab.: 741007	A - 2	800,00	3 M
141239	Sie überschritten die zulässige Höchstgeschwindigkeit außer- halb geschlossener Ortschaften um ... (bis 10) km/h. Zulässige Geschwindigkeit: *)... km/h. Festgestellte Geschwindigkeit (nach Toleranzabzug): **)... km/h. § 41 Abs. 1 iVm Anlage 2, § 49 StVO; § 24 Abs. 1, 3 Nr. 5 StVG; 11.3.1 BKat (andere Kfz) Tab.: 741008	0	20,00	
141240	Sie überschritten die zulässige Höchstgeschwindigkeit außer- halb geschlossener Ortschaften um ... (von 11 - 15) km/h. Zulässige Geschwindigkeit: *)... km/h. Festgestellte Geschwindigkeit (nach Toleranzabzug): **)... km/h. § 41 Abs. 1 iVm Anlage 2, § 49 StVO; § 24 Abs. 1, 3 Nr. 5 StVG; 11.3.2 BKat (andere Kfz) Tab.: 741008	0	40,00	
141720	Sie überschritten die zulässige Höchstgeschwindigkeit außer- halb geschlossener Ortschaften um ... (von 16 - 20) km/h. Zulässige Geschwindigkeit: *)... km/h. Festgestellte Geschwindigkeit (nach Toleranzabzug): **)... km/h. § 41 Abs. 1 iVm Anlage 2, § 49 StVO; § 24 Abs. 1, 3 Nr. 5 StVG; 11.3.3 BKat (andere Kfz) Tab.: 741008	0	60,00	
141721	Sie überschritten die zulässige Höchstgeschwindigkeit außer- halb geschlossener Ortschaften um ... (von 21 - 25) km/h. Zulässige Geschwindigkeit: *)... km/h. Festgestellte Geschwindigkeit (nach Toleranzabzug): **) km/h. § 41 Abs. 1 iVm Anlage 2, § 49 StVO; § 24 Abs. 1, 3 Nr. 5 StVG; 11.3.4 BKat (andere Kfz) Tab.: 741008	A - 1	100,00	
141722	Sie überschritten die zulässige Höchstgeschwindigkeit außer- halb geschlossener Ortschaften um ... (von 26 - 30) km/h. Zulässige Geschwindigkeit: *)... km/h. Festgestellte Geschwindigkeit (nach Toleranzabzug): **)... km/h. § 41 Abs. 1 iVm Anlage 2, § 49 StVO; § 24 Abs. 1, 3 Nr. 5, § 25 StVG; 11.3.5 BKat, § 4 Abs.1 BKatV (andere Kfz) Tab.: 741008	A - 1	150,00	

TBNR   **Bemerkungen**
141718 – 141722 *) Zulässige Geschwindigkeit angeben **) Festgestellte Geschwindigkeit
            angeben

Vorschriftzeichen - § 41 Abs. 1 iVm Anlage 2 StVO (Geschwindigkeit)

TBNR	Tatbestandstext	FaP-Pkt	Euro	FV
141723	Sie überschritten die zulässige Höchstgeschwindigkeit außerhalb geschlossener Ortschaften um ... (von 31 - 40) km/h. Zulässige Geschwindigkeit: *)... km/h. Festgestellte Geschwindigkeit (nach Toleranzabzug): **)... km/h. § 41 Abs. 1 iVm Anlage 2, § 49 StVO; § 24 Abs. 1, 3 Nr. 5, § 25 StVG; 11.3.6 BKat; § 4 Abs.1 BKatV (andere Kfz) Tab.: 741008	A - 1	200,00	
141724	Sie überschritten die zulässige Höchstgeschwindigkeit außerhalb geschlossener Ortschaften um ... (von 41 - 50) km/h. Zulässige Geschwindigkeit: *)... km/h. Festgestellte Geschwindigkeit (nach Toleranzabzug): **)... km/h. § 41 Abs. 1 iVm Anlage 2, § 49 StVO; § 24 Abs. 1, 3 Nr. 5, § 25 StVG; 11.3.7 BKat; § 4 Abs. 1 BKatV (andere Kfz) Tab.: 741008	A - 2	320,00	1 M
141725	Sie überschritten die zulässige Höchstgeschwindigkeit außerhalb geschlossener Ortschaften um ... (von 51 - 60) km/h. Zulässige Geschwindigkeit: *)... km/h. Festgestellte Geschwindigkeit (nach Toleranzabzug): **)... km/h. § 41 Abs. 1 iVm Anlage 2, § 49 StVO; § 24 Abs. 1, 3 Nr. 5, § 25 StVG; 11.3.8 BKat; § 4 Abs. 1 BKatV (andere Kfz) Tab.: 741008	A - 2	480,00	1 M
141726	Sie überschritten die zulässige Höchstgeschwindigkeit außerhalb geschlossener Ortschaften um ... (von 61 - 70) km/h. Zulässige Geschwindigkeit: *)... km/h. Festgestellte Geschwindigkeit (nach Toleranzabzug): **)... km/h. § 41 Abs. 1 iVm Anlage 2, § 49 StVO; § 24 Abs. 1, 3 Nr. 5, § 25 StVG; 11.3.9 BKat; § 4 Abs. 1 BKatV (andere Kfz) Tab.: 741008	A - 2	600,00	2 M
141727	Sie überschritten die zulässige Höchstgeschwindigkeit außerhalb geschlossener Ortschaften um ... (über 70) km/h. Zulässige Geschwindigkeit: *)... km/h. Festgestellte Geschwindigkeit (nach Toleranzabzug): **)... km/h. § 41 Abs. 1 iVm Anlage 2, § 49 StVO; § 24 Abs. 1, 3 Nr. 5, § 25 StVG; 11.3.10 BKat; § 4 Abs. 1 BKatV (andere Kfz) Tab.: 741008	A - 2	700,00	3 M

TBNR	Bemerkungen
141723 – 141727	*) Zulässige Geschwindigkeit angeben **) Festgestellte Geschwindigkeit angeben

Vorschriftzeichen - § 41 Abs. 1 iVm Anlage 2 StVO

TBNR	Tatbestandstext	FaP-Pkt	Euro	FV
141251	Sie folgten nicht der durch Pfeile vorgeschriebenen Fahrtrichtung (Zeichen 297). § 41 Abs. 1 iVm Anlage 2, § 49 StVO; § 24 Abs. 1, 3 Nr. 5 StVG; 155 BKat	0	10,00	
141252	Sie folgten nicht der durch Pfeile vorgeschriebenen Fahrtrichtung (Zeichen 297). Es kam zum Unfall. § 41 Abs. 1 iVm Anlage 2, § 1 Abs. 2, § 49 StVO; § 24 Abs. 1, 3 Nr. 5 StVG; 155.1 BKat; § 19 OWiG	0	35,00	
141253	Sie fuhren verbotswidrig über die Fahrstreifenbegrenzung (Zeichen 295/296 *)). § 41 Abs. 1 iVm Anlage 2, § 49 StVO; § 24 Abs. 1, 3 Nr. 5 StVG; 155 BKat	0	10,00	
141254	Sie fuhren verbotswidrig über die Fahrstreifenbegrenzung (Zeichen 295/296 *)). Es kam zum Unfall. § 41 Abs. 1 iVm Anlage 2, § 1 Abs. 2, § 49 StVO; § 24 Abs. 1, 3 Nr. 5 StVG; 155.1 BKat; § 19 OWiG	0	35,00	
141256	Sie befuhren verbotswidrig die Sperrfläche (Zeichen 298). § 41 Abs. 1 iVm Anlage 2, § 49 StVO; § 24 Abs. 1, 3 Nr. 5 StVG; 155 BKat	0	10,00	
141257	Sie befuhren verbotswidrig die Sperrfläche (Zeichen 298). Es kam zum Unfall. § 41 Abs. 1 iVm Anlage 2, § 1 Abs. 2, § 49 StVO; § 24 Abs. 1, 3 Nr. 5 StVG; 155.1 BKat; § 19 OWiG	0	35,00	
141259	Sie fuhren beim Überholen verbotswidrig über die Fahrstreifenbegrenzung (Zeichen 295/296 *)). § 41 Abs. 1 iVm Anlage 2, § 49 StVO; § 24 Abs. 1, 3 Nr. 5 StVG; 155.2 BKat	0	30,00	
141262	Sie folgten beim Überholen nicht der durch Pfeile vorgeschriebenen Fahrtrichtung (Zeichen 297). § 41 Abs. 1 iVm Anlage 2, § 49 StVO; § 24 Abs. 1, 3 Nr. 5 StVG; 155.2 BKat	0	30,00	
141265	Sie benutzten beim Überholen die Sperrfläche (Zeichen 298). § 41 Abs. 1 iVm Anlage 2, § 49 StVO; § 24 Abs. 1, 3 Nr. 5 StVG; 155.2 BKat	0	30,00	

TBNR	Bemerkungen
141253; 141254; 141259;	*) Zutreffendes Verkehrszeichen angeben

Vorschriftzeichen - § 41 Abs. 1 iVm Anlage 2 StVO

TBNR	Tatbestandstext	FaP-Pkt	Euro	FV
141268	Sie fuhren beim Linksabbiegen verbotswidrig über die Fahrstreifenbegrenzung (Zeichen 295/296 *)). § 41 Abs. 1 iVm Anlage 2, § 49 StVO; § 24 Abs. 1, 3 Nr. 5 StVG; 155.3 BKat	0	30,00	
141269	Sie fuhren beim Linksabbiegen verbotswidrig über die Fahrstreifenbegrenzung (Zeichen 295/296 *)) und gefährdeten +) dadurch Andere. § 41 Abs. 1 iVm Anlage 2, § 1 Abs. 2, § 49 StVO; § 24 Abs. 1, 3 Nr. 5 StVG; 155.3.1 BKat; § 19 OWiG	0	35,00	
141271	Sie folgten beim Linksabbiegen nicht der durch Pfeile vorgeschriebenen Fahrtrichtung (Zeichen 297). § 41 Abs. 1 iVm Anlage 2, § 49 StVO; § 24 Abs. 1, 3 Nr. 5 StVG; 155.3 Bkat	0	30,00	
141272	Sie folgten beim Linksabbiegen nicht der durch Pfeile vorgeschriebenen Fahrtrichtung (Zeichen 297) und gefährdeten +) dadurch Andere. § 41 Abs. 1 iVm Anlage 2, § 1 Abs. 2, § 49 StVO; § 24 Abs. 1, 3 Nr. 5 StVG; 155.3.1 BKat; § 19 OWiG	0	35,00	
141274	Sie benutzten beim Linksabbiegen die Sperrfläche (Zeichen 298). § 41 Abs. 1 iVm Anlage 2, § 49 StVO; § 24 Abs. 1, 3 Nr. 5 StVG; 155.3 BKat	0	30,00	
141275	Sie benutzten beim Linksabbiegen die Sperrfläche (Zeichen 298) und gefährdeten +) dadurch Andere. § 41 Abs. 1 iVm Anlage 2, § 1 Abs. 2, § 49 StVO; § 24 Abs. 1, 3 Nr. 5 StVG; 155.3.1 BKat; § 19 OWiG	0	35,00	
141277	Sie fuhren beim Wenden verbotswidrig über die Fahrstreifenbegrenzung (Zeichen 295/296 *)). § 41 Abs. 1 iVm Anlage 2, § 49 StVO; § 24 Abs. 1, 3 Nr. 5 StVG; 155.3 BKat	0	30,00	
141278	Sie fuhren beim Wenden verbotswidrig über die Fahrstreifenbegrenzung (Zeichen 295/296 *)) und gefährdeten +) dadurch Andere. § 41 Abs. 1 iVm Anlage 2, § 1 Abs. 2, § 49 StVO; § 24 Abs. 1, 3 Nr. 5 StVG; 155.3.1 BKat; § 19 OWiG	0	35,00	
141280	Sie folgten beim Wenden nicht der durch Pfeile vorgeschriebenen Fahrtrichtung (Zeichen 297). § 41 Abs. 1 iVm Anlage 2, § 49 StVO; § 24 Abs. 1, 3 Nr. 5 StVG; 155.3 BKat	0	30,00	
141281	Sie folgten beim Wenden nicht der durch Pfeile vorgeschriebenen Fahrtrichtung (Zeichen 297) und gefährdeten +) dadurch Andere. § 41 Abs. 1 iVm Anlage 2, § 1 Abs. 2, § 49 StVO; § 24 Abs. 1, 3 Nr. 5 StVG; 155.3.1 BKat; § 19 OWiG	0	35,00	

TBNR	Bemerkungen
141268; 141269	*) Zutreffendes Verkehrszeichen angeben
141277; 141278	*) Zutreffendes Verkehrszeichen angeben

Vorschriftzeichen - § 41 Abs. 1 iVm Anlage 2 StVO

TBNR	Tatbestandstext	FaP-Pkt	Euro	FV
141283	Sie benutzten beim Wenden die Sperrfläche (Zeichen 298). § 41 Abs. 1 iVm Anlage 2, § 49 StVO; § 24 Abs. 1, 3 Nr. 5 StVG; 155.3 BKat	0	30,00	
141284	Sie benutzten beim Wenden die Sperrfläche (Zeichen 298) und gefährdeten +) dadurch Andere. § 41 Abs. 1 iVm Anlage 2, § 1 Abs. 2, § 49 StVO; § 24 Abs. 1, 3 Nr. 5 StVG; 155.3.1 BKat; § 19 OWiG	0	35,00	
141500	Sie fuhren beim Linksabbiegen verbotswidrig über die Fahrstreifenbegrenzung (Zeichen 295/296 *)). Es kam zum Unfall. § 41 Abs. 1 iVm Anlage 2, § 1 Abs. 2, § 49 StVO; § 24 Abs. 1, 3 Nr. 5 StVG; -- BKat; § 19 OWiG	0	40,00	
141503	Sie folgten beim Linksabbiegen nicht der durch Pfeile vorgeschriebenen Fahrtrichtung (Zeichen 297). Es kam zum Unfall. § 41 Abs. 1 iVm Anlage 2, § 1 Abs. 2, § 49 StVO; § 24 Abs. 1, 3 Nr. 5 StVG; -- BKat; § 19 OWiG	0	40,00	
141506	Sie benutzten beim Linksabbiegen die Sperrfläche (Zeichen 298). Es kam zum Unfall. § 41 Abs. 1 iVm Anlage 2, § 1 Abs. 2, § 49 StVO; § 24 Abs. 1, 3 Nr. 5 StVG; -- BKat; § 19 OWiG	0	40,00	
141515	Sie benutzten beim Wenden die Sperrfläche (Zeichen 298). (Zeichen 298). Es kam Unfall. § 41 Abs. 1 iVm Anlage 2, § 1 Abs. 2, § 49 StVO; § 24 Abs. 1, 3 Nr. 5 StVG; -- BKat; § 19 OwiG	0	40,00	

Richtzeichen - § 42 Abs. 2 iVm Anlage 3 StVO

TBNR	Tatbestandstext	FaP-Pkt	Euro	FV
142100	Sie folgten der abknickenden Vorfahrtstraße (Zusatzzeichen zu Zeichen 306), ohne dies rechtzeitig und deutlich anzukündigen. § 42 Abs. 2 iVm Anlage 3, § 49 StVO; § 24 Abs. 1, 3 Nr. 5 StVG; 29 BKat	0	10,00	
142101	Sie folgten der abknickenden Vorfahrtstraße (Zusatzzeichen zu Zeichen 306), ohne dies rechtzeitig und deutlich anzukündigen. Es kam zum Unfall. § 42 Abs. 2 iVm Anlage 3, § 1 Abs. 2, § 49 StVO; § 24 Abs. 1, 3 Nr. 5 StVG; 29 BKat; § 19 OwiG	0	20,00	

TBNR   Bemerkungen
141500 *) Zutreffendes Verkehrszeichen angeben

Richtzeichen - § 42 Abs. 2 iVm Anlage 3 StVO (Halten/Parken)

TBNR	Tatbestandstext	FaP-Pkt	Euro	FV
142202	Sie parkten bei Zeichen 315 auf dem Gehweg, obwohl dies durch Zusatzzeichen *) für Sie verboten war. § 42 Abs. 2 iVm Anlage 3, § 49 StVO; § 24 Abs. 1, 3 Nr. 5 StVG; 54 BKat Tab.: 742100	0	10,00	
142203	Sie parkten bei Zeichen 315 auf dem Gehweg, obwohl dies durch Zusatzzeichen *) für Sie verboten war, und behinderten +) dadurch Andere. § 42 Abs. 2 iVm Anlage 3, § 1 Abs. 2, § 49 StVO; § 24 Abs. 1, 3 Nr. 5 StVG; 54.1 BKat; § 19 OWiG Tab.: 742100	0	15,00	
142204	Sie parkten bei Zeichen 315 länger als 3 Stunden auf dem Gehweg, obwohl dies durch Zusatzzeichen *) für Sie verboten war. § 42 Abs. 2 iVm Anlage 3, § 49 StVO; § 24 Abs. 1, 3 Nr. 5 StVG; 54.2 BKat Tab.: 742100	0	20,00	
142205	Sie parkten bei Zeichen 315 länger als 3 Stunden auf dem Gehweg, obwohl dies durch Zusatzzeichen *) für Sie verboten war, und behinderten +) dadurch Andere. § 42 Abs. 2 iVm Anlage 3, § 1 Abs. 2, § 49 StVO; § 24 Abs. 1, 3 Nr. 5 StVG; 54.2.1 BKat; § 19 OWiG Tab.: 742100	0	30,00	
142212	Sie parkten auf einem Gehweg, der durch Zeichen 315 für Fahrzeuge bis zu 2,8 t zum Gehwegparken freigegeben war, obwohl Ihr Fahrzeug mehr als 2,8 t zulässige Gesamtmasse hat. § 42 Abs. 2 iVm Anlage 3, § 49 StVO; § 24 Abs. 1, 3 Nr. 5 StVG; 54 BKat Tab.: 742101	0	10,00	
142213	Sie parkten auf einem Gehweg, der durch Zeichen 315 für Fahrzeuge bis zu 2,8 t zum Gehwegparken freigegeben war, obwohl Ihr Fahrzeug mehr als 2,8 t zulässige Gesamtmasse hat, und behinderten +) dadurch Andere. § 42 Abs. 2 iVm Anlage 3, § 1 Abs. 2, § 49 StVO; § 24 Abs. 1, 3 Nr. 5 StVG; 54.1 BKat; § 19 OWiG Tab.: 742101	0	15,00	
142214	Sie parkten länger als 3 Stunden auf einem Gehweg, der durch Zeichen 315 für Fahrzeuge bis zu 2,8 t zum Gehwegparken freigegeben war, obwohl Ihr Fahrzeug mehr als 2,8 t zulässige Gesamtmasse hat. § 42 Abs. 2 iVm Anlage 3, § 49 StVO; § 24 Abs. 1, 3 Nr. 5 StVG; 54.2 BKat Tab.: 742101	0	20,00	

TBNR	Bemerkungen
142202 – 142205	*) Zusatzzeichen angeben

Richtzeichen - § 42 Abs. 2 iVm Anlage 3 StVO (Halten/Parken)

TBNR	Tatbestandstext	FaP-Pkt	Euro	FV
142215	Sie parkten länger als 3 Stunden auf einem Gehweg, der durch Zeichen 315 für Fahrzeuge bis zu 2,8 t zum Gehweg-parken freigegeben war, obwohl Ihr Fahrzeug mehr als 2,8 t zulässige Gesamtmasse hat, und behinderten +) dadurch Andere. § 42 Abs. 2 iVm Anlage 3, § 1 Abs. 2, § 49 StVO; § 24 Abs. 1, 3 Nr. 5 StVG; 54.2.1 BKat; § 19 OWiG Tab.: 742101	0	30,00	
142222	Sie parkten auf einem Gehweg entgegen der durch Zeichen 315 vorgeschriebenen Aufstellungsart. § 42 Abs. 2 iVm Anlage 3, § 49 StVO; § 24 Abs. 1, 3 Nr. 5 StVG; 54 BKat Tab.: 742102	0	10,00	
142223	Sie parkten auf einem Gehweg entgegen der durch Zeichen 315 vorgeschriebenen Aufstellungsart und behinderten +) dadurch Andere. § 42 Abs. 2 iVm Anlage 3, § 1 Abs. 2, § 49 StVO; § 24 Abs. 1, 3 Nr. 5 StVG; 54.1 BKat; § 19 OWiG Tab.: 742102	0	15,00	
142224	Sie parkten länger als 3 Stunden auf einem Gehweg entgegen der durch Zeichen 315 vorgeschriebenen Aufstellungsart. § 42 Abs. 2 iVm Anlage 3, § 49 StVO; § 24 Abs. 1, 3 Nr. 5 StVG; 54.2 BKat Tab.: 742102	0	20,00	
142225	Sie parkten länger als 3 Stunden auf einem Gehweg entgegen der durch Zeichen 315 vorgeschriebenen Aufstellungsart und behinderten +) dadurch Andere. § 42 Abs. 2 iVm Anlage 3, § 1 Abs. 2, § 49 StVO; § 24 Abs. 1, 3 Nr. 5 StVG; 54.2.1 BKat; § 19 OWiG Tab.: 742102	0	30,00	
142232	Sie parkten auf dem Gehweg, auf dem das Parken durch Zeichen 315 zugelassen war, über die auf dem Zusatzzeichen angegebene Zeit hinaus. § 42 Abs. 2 iVm Anlage 3, § 49 StVO; § 24 Abs. 1, 3 Nr. 5 StVG; 54 BKat Tab.: 742103	0	10,00	
142233	Sie parkten auf dem Gehweg, auf dem das Parken durch Zeichen 315 zugelassen war, über die auf dem Zusatzzeichen angegebene Zeit hinaus und behinderten +) dadurch Andere. § 42 Abs. 2 iVm Anlage 3, § 1 Abs. 2, § 49 StVO; § 24 Abs. 1, 3 Nr. 5 StVG; 54.1 BKat; § 19 OWiG Tab.: 742103	0	15,00	

TBNR	Bemerkungen

Richtzeichen - § 42 Abs. 2 iVm Anlage 3 StVO (Halten/Parken)

TBNR	Tatbestandstext	FaP-Pkt	Euro	FV
142234	Sie parkten länger als 3 Stunden auf dem Gehweg, auf dem das Parken durch Zeichen 315 zugelassen war, über die auf dem Zusatzzeichen angegebene Zeit hinaus. § 42 Abs. 2 iVm Anlage 3, § 49 StVO; § 24 Abs. 1, 3 Nr. 5 StVG; 54.2 BKat Tab.: 742103	0	20,00	
142235	Sie parkten länger als 3 Stunden auf dem Gehweg, auf dem das Parken durch Zeichen 315 zugelassen war, über die auf dem Zusatzzeichen angegebene Zeit hinaus und behinderten +) dadurch Andere. § 42 Abs. 2 iVm Anlage 3, § 1 Abs. 2, § 49 StVO; § 24 Abs. 1, 3 Nr. 5 StVG; 54.2.1 BKat; § 19 OWiG Tab.: 742103	0	30,00	
142242	Sie parkten außerhalb einer geschlossenen Ortschaft auf einer Vorfahrtstraße (Zeichen 306). § 42 Abs. 2 iVm Anlage 3, § 49 StVO; § 24 Abs. 1, 3 Nr. 5 StVG; 54 BKat Tab.: 742104	0	10,00	
142243	Sie parkten außerhalb einer geschlossenen Ortschaft auf einer Vorfahrtsstraße (Zeichen 306) und behinderten +) dadurch Andere. § 42 Abs. 2 iVm Anlage 3, § 1 Abs. 2, § 49 StVO; § 24 Abs. 1, 3 Nr. 5 StVG; 54.1 BKat; § 19 OWiG Tab.: 742104	0	15,00	
142244	Sie parkten länger als 3 Stunden außerhalb einer geschlossenen Ortschaft auf einer Vorfahrtstraße (Zeichen 306). § 42 Abs. 2 iVm Anlage 3, § 49 StVO; § 24 Abs. 1, 3 Nr. 5 StVG; 54.2 BKat Tab.: 742104	0	20,00	
142245	Sie parkten länger als 3 Stunden außerhalb einer geschlossenen Ortschaft auf einer Vorfahrtstraße (Zeichen 306) und behinderten +) dadurch Andere. § 42 Abs. 2 iVm Anlage 3, § 1 Abs. 2, § 49 StVO; § 24 Abs. 1, 3 Nr. 5 StVG; 54.2.1 BKat; § 19 OWiG Tab.: 742104	0	30,00	
142252	Sie parkten auf einem Sonderparkplatz für Bewohner (Zeichen 314/315 *)) mit Zusatzzeichen für "Bewohner mit besonderem Parkausweis". Ein besonderer Parkausweis lag nicht gut lesbar aus. § 42 Abs. 2 iVm Anlage 3, § 49 StVO; § 24 Abs. 1, 3 Nr. 5 StVG; 54 BKat Tab.: 742105	0	10,00	

TBNR Bemerkungen
142252 *) Zutreffendes angeben

Richtzeichen - § 42 Abs. 2 iVm Anlage 3 StVO (Halten/Parken)

TBNR	Tatbestandstext	FaP-Pkt	Euro	FV
142253	Sie parkten auf einem Sonderparkplatz für Bewohner (Zeichen 314/315 *)) mit Zusatzzeichen für "Bewohner mit besonderem Parkausweis" und behinderten +) dadurch Andere. Ein besonderer Parkausweis lag nicht gut lesbar aus. § 42 Abs. 2 iVm Anlage 3, § 1 Abs. 2, § 49 StVO; § 24 Abs. 1, 3 Nr. 5 StVG; 54.1 BKat; § 19 OWiG Tab.: 742105	0	15,00	
142254	Sie parkten länger als 3 Stunden auf einem Sonderparkplatz für Bewohner (Zeichen 314/315 *)) mit Zusatzzeichen für "Bewohner mit besonderem Parkausweis". Ein besonderer Parkausweis lag nicht gut lesbar aus. § 42 Abs. 2 iVm Anlage 3, § 49 StVO; § 24 Abs. 1, 3 Nr. 5 StVG; 54.2 BKat Tab.: 742105	0	20,00	
142255	Sie parkten länger als 3 Stunden auf einem Sonderparkplatz für Bewohner (Zeichen 314/315 *)) mit Zusatzzeichen für "Bewohner mit besonderem Parkausweis" und behinderten +) dadurch Andere. Ein besonderer Parkausweis lag nicht gut lesbar aus. § 42 Abs. 2 iVm Anlage 3, § 1 Abs. 2, § 49 StVO; § 24 Abs. 1, 3 Nr. 5 StVG; 54.2.1 BKat; § 19 OWiG Tab.: 742105	0	30,00	
142262	Sie parkten auf einem Parkplatz (Zeichen 314), obwohl dies durch Zusatzzeichen *) für Sie verboten war. § 42 Abs. 2 iVm Anlage 3, § 49 StVO; § 24 Abs. 1, 3 Nr. 5 StVG; 54 BKat Tab.: 742106	0	10,00	
142263	Sie parkten auf einem Parkplatz (Zeichen 314), obwohl dies durch Zusatzzeichen *) für Sie verboten war, und behinderten +) dadurch Andere. § 42 Abs. 2 iVm Anlage 3, § 1 Abs. 2, § 49 StVO; § 24 Abs. 1, 3 Nr. 5 StVG; 54.1 BKat; § 19 OWiG Tab.: 742106	0	15,00	
142264	Sie parkten länger als 3 Stunden auf einem Parkplatz (Zeichen 314), obwohl dies durch Zusatzzeichen *) für Sie verboten war. § 42 Abs. 2 iVm Anlage 3, § 49 StVO; § 24 Abs. 1, 3 Nr. 5 StVG; 54.2 BKat Tab.: 742106	0	20,00	
142265	Sie parkten länger als 3 Stunden auf einem Parkplatz (Zeichen 314), obwohl dies durch Zusatzzeichen *) für Sie verboten war, und behinderten +) dadurch Andere. § 42 Abs. 2 iVm Anlage 3, § 1 Abs. 2, § 49 StVO; § 24 Abs. 1, 3 Nr. 5 StVG; 54.2.1 BKat; § 19 OWiG Tab.: 742106	0	30,00	

TBNR   **Bemerkungen**
142253 – 142255 *) Zutreffendes angeben
142262 – 142265 *) Zusatzzeichen angeben

Richtzeichen - § 42 Abs. 2 iVm Anlage 3 StVO (Halten/Parken)

TBNR	Tatbestandstext	FaP-Pkt	Euro	FV
142170	Sie hielten verbotswidrig auf einem Schutzstreifen für den Radverkehr (Zeichen 340). § 42 Abs. 2 iVm Anlage 3, § 49 StVO; § 24 Abs. 1, 3 Nr. 5 StVG; 54a BKat Tab.: 742107	0	55,00	
142671	Sie hielten verbotswidrig auf einem Schutzstreifen für den Radverkehr (Zeichen 340) und behinderten +) dadurch Andere. § 42 Abs. 2 iVm Anlage 3, § 1 Abs. 2, § 49 StVO; § 24 Abs. 1, 3 Nr. 5 StVG; 54a.1 BKat; § 19 OWiG Tab.: 742107	B - 1	70,00	
142672	Sie hielten verbotswidrig auf einem Schutzstreifen für den Radverkehr (Zeichen 340) und gefährdeten +) dadurch Andere. § 42 Abs. 2 iVm Anlage 3, § 1 Abs. 2, § 49 StVO; § 24 Abs. 1, 3 Nr. 5 StVG; 54a.2 BKat; § 19 OWiG Tab.: 742107	B - 1	80,00	
142673	Sie hielten verbotswidrig auf einem Schutzstreifen für den Radverkehr (Zeichen 340). Es kam zum Unfall. § 42 Abs. 2 iVm Anlage 3, § 1 Abs. 2, § 49 StVO; § 24 Abs. 1, 3 Nr. 5 StVG; 54a.3 BKat; § 19 OWiG Tab.: 742107	B - 1	100,00	
142278	Sie parkten auf einem Sonderparkplatz für Schwerbehinderte mit außergewöhnlicher Gehbehinderung, beidseitiger Amelie oder Phokomelie, mit vergleichbaren Funktionseinschränkungen sowie für blinde Menschen (Zeichen 314/315 *) und Zusatzzeichen mit Rollstuhlfahrersinnbild). Ein besonderer Parkausweis lag nicht gut lesbar aus. § 42 Abs. 2 iVm Anlage 3, § 49 StVO; § 24 Abs. 1, 3 Nr. 5 StVG; 55 Bkat	0	55,00	
142284	Sie parkten unberechtigt auf einem Parkplatz für elektrisch betriebene Fahrzeuge (Zeichen 314/315 *)) mit Zusatzzeichen. § 42 Abs. 2 iVm Anlage 3, § 49 StVO; § 24 Abs. 1, 3 Nr. 5 StVG; 55a BKat	0	55,00	
142290	Sie parkten unberechtigt auf einem Parkplatz für Carsharing-fahrzeuge (Zeichen 314/315 *)) mit Zusatzzeichen. § 42 Abs. 2 iVm Anlage 3, § 49 StVO; § 24 Abs. 1, 3 Nr. 5 StVG; 55b BKat	0	55,00	
142103	Sie parkten in einem verkehrsberuhigten Bereich (Zeichen 325.1, 325.2) verbotswidrig außerhalb der zum Parken gekennzeichneten Flächen. § 42 Abs. 2 iVm Anlage 3, § 49 StVO; § 24 Abs. 1, 3 Nr. 5 StVG; 159 BKat Tab.: 742108	0	10,00	
142104	Sie parkten in einem verkehrsberuhigten Bereich (Zeichen 325.1, 325.2) verbotswidrig außerhalb der zum Parken gekennzeichneten Flächen und behinderten +) dadurch Andere. § 42 Abs. 2 iVm Anlage 3, § 1 Abs. 2, § 49 StVO; § 24 Abs. 1, 3 Nr. 5 StVG; 159.1 BKat; § 19 OWiG Tab.: 742108	0	15,00	

TBNR	Bemerkungen
142278 – 142290	*) Zutreffendes angeben

Richtzeichen - § 42 Abs. 2 iVm Anlage 3 StVO (Halten/Parken)

TBNR	Tatbestandstext	FaP-Pkt	Euro	FV
142106	Sie parkten in einem verkehrsberuhigten Bereich (Zeichen 325.1, 325.2) verbotswidrig außerhalb der zum Parken gekennzeichneten Flächen länger als 3 Stunden. § 42 Abs. 2 iVm Anlage 3, § 49 StVO; § 24 Abs. 1, 3 Nr. 5 StVG; 159.2 BKat Tab.: 742108	0	20,00	
142107	Sie parkten in einem verkehrsberuhigten Bereich (Zeichen 325.1, 325.2) verbotswidrig außerhalb der zum Parken gekennzeichneten Flächen länger als 3 Stunden und behinderten +) dadurch Andere. § 42 Abs. 2 iVm Anlage 3, § 1 Abs. 2, § 49 StVO; § 24 Abs. 1, 3 Nr. 5 StVG; 159.2.1 BKat; § 19 OWiG Tab.: 742108	0	30,00	
142154	Sie hielten unberechtigt in einer Nothalte- und Pannenbucht (Zeichen 328). § 42 Abs. 2 iVm Anlage 3, § 49 StVO; § 24 Abs. 1, 3 Nr. 5 StVG; 159c.1 BKat	0	20,00	
142160	Sie parkten unberechtigt in einer Nothalte- und Pannenbucht (Zeichen 328). § 42 Abs. 2 iVm Anlage 3, § 49 StVO; § 24 Abs. 1, 3 Nr. 5 StVG; 159c.2 BKat	0	25,00	

Richtzeichen - § 42 Abs. 2 iVm Anlage 3 StVO

TBNR	Tatbestandstext	FaP-Pkt	Euro	FV
142000	Sie behinderten +) als Fußgänger in einem verkehrsberuhigten Bereich (Zeichen 325.1, 325.2) unnötig den Fahrverkehr. § 42 Abs. 2 iVm Anlage 3, § 49 StVO; § 24 Abs. 1, 3 Nr. 5 StVG; -- BKat;	0	5,00	
142109	Sie hielten als Fahrzeugführer in einem verkehrsberuhigten Bereich (Zeichen 325.1, 325.2) die Schrittgeschwindigkeit nicht ein. § 42 Abs. 2 iVm Anlage 3, § 49 StVO; § 24 Abs. 1, 3 Nr. 5 StVG; 157.1 BKat	0	15,00	
142110	Sie behinderten +) als Fahrzeugführer in einem verkehrsberuhigten Bereich Bereich (Zeichen 325.1, 325.2) einen Fußgänger. § 42 Abs. 2 iVm Anlage 3, § 49 StVO; § 24 Abs. 1, 3 Nr. 5 StVG; 157.2 BKat	0	15,00	
142600	Sie gefährdeten +) als Fahrzeugführer in einem verkehrsberuhigten Bereich Bereich (Zeichen 325.1, 325.2) einen Fußgänger. § 42 Abs. 2 iVm Anlage 3, § 49 StVO; § 24 Abs. 1, 3 Nr. 5 StVG; 157.3 BKat	B - 1	60,00	
142601	Sie gefährdeten +) als Fahrzeugführer in einem verkehrsberuhigten Bereich Bereich (Zeichen 325.1, 325.2) einen Fußgänger. Es kam zum Unfall. § 42 Abs. 2 iVm Anlage 3, § 1 Abs. 2, § 49 StVO; § 24 Abs. 1, 3 Nr. 5 StVG; 157.3 BKat; § 3 Abs. 3 BKatV; § 19 OWiG	B - 1	75,00	

TBNR   **Bemerkungen**

Richtzeichen - § 42 Abs. 2 iVm Anlage 3 StVO

TBNR	Tatbestandstext	FaP-Pkt	Euro	FV
142118	Sie überschritten die zulässige Höchstgeschwindigkeit innerhalb geschlossener Ortschaften um ... (bis 10) km/h in einem verkehrsberuhigten Bereich (Zeichen 325.1, 325.2). Zulässige Geschwindigkeit: *)... km/h. Festgestellte Geschwindigkeit (nach Toleranzabzug): **)... km/h. § 42 Abs. 2 iVm Anlage 3, § 49 StVO; § 24 Abs. 1, 3 Nr. 5 StVG; 11.1.1 BKat (Lkw usw.) Tab.: 742000	0	40,00	
142605	Sie überschritten die zulässige Höchstgeschwindigkeit innerhalb geschlossener Ortschaften um ... (von 11 - 15) km/h in einem verkehrsberuhigten Bereich (Zeichen 325.1, 325.2). Zulässige Geschwindigkeit: *)... km/h. Festgestellte Geschwindigkeit (nach Toleranzabzug): **)... km/h. § 42 Abs. 2 iVm Anlage 3, § 49 StVO; § 24 Abs. 1, 3 Nr. 5 StVG; 11.1.2 BKat (Lkw usw.) Tab.: 742000	0	60,00	
142606	Sie überschritten die zulässige Höchstgeschwindigkeit innerhalb geschlossener Ortschaften um ... (von 16 - 20) km/h in einem verkehrsberuhigten Bereich (Zeichen 325.1, 325.2). Zulässige Geschwindigkeit: *)... km/h. Festgestellte Geschwindigkeit (nach Toleranzabzug): **)... km/h. § 42 Abs. 2 iVm Anlage 3, § 49 StVO; § 24 Abs. 1, 3 Nr. 5, § 25 StVG; 11.1.4 BKat § 4 Abs. 1 BKatV (Lkw usw.) Tab.: 742000	A - 1	160,00	
142607	Sie überschritten die zulässige Höchstgeschwindigkeit innerhalb geschlossener Ortschaften um ... (von 21 - 25) km/h in einem verkehrsberuhigten Bereich (Zeichen 325.1, 325.2). Zulässige Geschwindigkeit: *)... km/h. Festgestellte Geschwindigkeit (nach Toleranzabzug): **)... km/h. § 42 Abs. 2 iVm Anlage 3, § 49 StVO; § 24 Abs. 1, 3 Nr. 5, § 25 StVG; 11.1.5 BKat § 4 Abs. 1 BKatV (Lkw usw.) Tab.: 742000	A - 1	175,00	
142608	Sie überschritten die zulässige Höchstgeschwindigkeit innerhalb geschlossener Ortschaften um ... (von 26 - 30) km/h in einem verkehrsberuhigten Bereich (Zeichen 325.1, 325.2). Zulässige Geschwindigkeit: *)... km/h. Festgestellte Geschwindigkeit (nach Toleranzabzug): **)... km/h. § 42 Abs. 2 iVm Anlage 3, § 49 StVO; § 24 Abs. 1, 3 Nr. 5, § 25 StVG; 11.1.6 BKat; § 4 Abs. 1 BKatV (Lkw usw.) Tab.: 742000	A - 2	235,00	1 M

TBNR   Bemerkungen

142118 – 142608 *) Zulässige Geschwindigkeit angeben, **) Festgestellte Geschwindigkeit angeben

Richtzeichen - § 42 Abs. 2 iVm Anlage 3 StVO

TBNR	Tatbestandstext	FaP-Pkt	Euro	FV
142609	Sie überschritten die zulässige Höchstgeschwindigkeit innerhalb geschlossener Ortschaften um ... (von 31 - 40) km/h in einem verkehrsberuhigten Bereich (Zeichen 325.1, 325.2). Zulässige Geschwindigkeit: *)... km/h. Festgestellte Geschwindigkeit (nach Toleranzabzug): **)... km/h. § 42 Abs. 2 iVm Anlage 3, § 49 StVO; § 24 Abs. 1, 3 Nr. 5, § 25 StVG; 11.1.7 BKat; § 4 Abs. 1 BKatV (Lkw usw.) Tab.: 742000	A - 2	340,00	1 M
142610	Sie überschritten die zulässige Höchstgeschwindigkeit innerhalb geschlossener Ortschaften um ... (von 41 - 50) km/h in einem verkehrsberuhigten Bereich (Zeichen 325.1, 325.2). Zulässige Geschwindigkeit: *)... km/h. Festgestellte Geschwindigkeit (nach Toleranzabzug): **)... km/h. § 42 Abs. 2 iVm Anlage 3, § 49 StVO; § 24 Abs. 1, 3 Nr. 5, § 25 StVG; 11.1.8 BKat; § 4 Abs. 1 BKatV (Lkw usw.) Tab.: 742000	A - 2	560,00	2 M
142611	Sie überschritten die zulässige Höchstgeschwindigkeit innerhalb geschlossener Ortschaften um ... (von 51 - 60) km/h in einem verkehrsberuhigten Bereich (Zeichen 325.1, 325.2). Zulässige Geschwindigkeit: *)... km/h. Festgestellte Geschwindigkeit (nach Toleranzabzug): **)... km/h. § 42 Abs. 2 iVm Anlage 3, § 49 StVO; § 24 Abs. 1, 3 Nr. 5, § 25 StVG; 11.1.9 BKat; § 4 Abs. 1 BKatV (Lkw usw.) Tab.: 742000	A - 2	700,00	3 M
142612	Sie überschritten die zulässige Höchstgeschwindigkeit innerhalb geschlossener Ortschaften um ... (über 60) km/h in einem verkehrsberuhigten Bereich (Zeichen 325.1, 325.2). Zulässige Geschwindigkeit: *)... km/h. Festgestellte Geschwindigkeit (nach Toleranzabzug): **)... km/h. § 42 Abs. 2 iVm Anlage 3, § 49 StVO; § 24 Abs. 1, 3 Nr. 5, § 25 StVG; 11.1.10 BKat; § 4 Abs. 1 BKatV (Lkw usw.) Tab.: 742000	A - 2	800,00	3 M
142616	Sie überschritten die zulässige Höchstgeschwindigkeit innerhalb geschlossener Ortschaften um ... (bis 10 km/h) in einem verkehrsberuhigten Bereich (Zeichen 325.1,.325.2). Zulässige Geschwindigkeit: *)... km/h. Festgestellte Geschwindigkeit (nach Toleranzabzug): **)... km/h § 42 Abs. 2 iVm Anlage 3, § 49 StVO; § 24 Abs. 1, 3 Nr. 5 StVG; 11.2.1 BKat (gef. Güter usw.) Tab.: 742001	0	70,00	

TBNR   **Bemerkungen**
142609 – 142616 *) Zulässige Geschwindigkeit angeben, **) Festgestellte Geschwindigkeit angeben

Richtzeichen - § 42 Abs. 2 iVm Anlage 3 StVO

TBNR	Tatbestandstext	FaP-Pkt	Euro	FV
142617	Sie überschritten die zulässige Höchstgeschwindigkeit innerhalb geschlossener Ortschaften um ... (von 11 - 15) km/h in einemverkehrsberuhigten Bereich (Zeichen 325.1, 325.2). Zulässige Geschwindigkeit: *)... km/h. Festgestellte Geschwindigkeit (nach Toleranzabzug): **)... km/h. § 42 Abs. 2 iVm Anlage 3, § 49 StVO; § 24 Abs. 1, 3 Nr. 5 StVG; 11.2.2 BKat (gef. Güter usw.) Tab.: 742001	A - 1	120,00	
142618	Sie überschritten die zulässige Höchstgeschwindigkeit innerhalb geschlossener Ortschaften um ... (von 16 - 20) km/h in einem verkehrsberuhigten Bereich (Zeichen 325.1, 325.2). Zulässige Geschwindigkeit: *)... km/h. Festgestellte Geschwindigkeit (nach Toleranzabzug): **)... km/h. § 42 Abs. 2 iVm Anlage 3, § 49 StVO; § 24 Abs. 1, 3 Nr. 5 StVG; 11.2.4 BKat (gef. Güter usw.) Tab.: 742001	A - 1	320,00	
142619	Sie überschritten die zulässige Höchstgeschwindigkeit innerhalb geschlossener Ortschaften um ... (von 21 - 25) km/h in einem verkehrsberuhigten Bereich (Zeichen 325.1, 325.2). Zulässige Geschwindigkeit: *)... km/h. Festgestellte Geschwindigkeit (nach Toleranzabzug): **)... km/h. § 42 Abs. 2 iVm Anlage 3, § 49 StVO; § 24 Abs. 1, 3 Nr. 5, § 25 StVG; 11.2.5 BKat; § 4 Abs. 1 BKatV (gef. Güter usw.) Tab.: 742001	A - 2	360,00	1 M
142620	Sie überschritten die zulässige Höchstgeschwindigkeit innerhalb geschlossener Ortschaften um ... (von 26 - 30) km/h in einem verkehrsberuhigten Bereich (Zeichen 325.1, 325.2). Zulässige Geschwindigkeit: *)... km/h. Festgestellte Geschwindigkeit (nach Toleranzabzug): **)... km/h. § 42 Abs. 2 iVm Anlage 3, § 49 StVO; § 24 Abs. 1, 3 Nr. 5, § 25 StVG; 11.2.6 BKat; § 4 Abs. 1 BKatV (gef. Güter usw.) Tab.: 742001	A - 2	480,00	1 M
142621	Sie überschritten die zulässige Höchstgeschwindigkeit innerhalb geschlossener Ortschaften um ... (von 31 - 40) km/h in einem verkehrsberuhigten Bereich (Zeichen 325.1, 325.2). Zulässige Geschwindigkeit: *)... km/h. Festgestellte Geschwindigkeit (nach Toleranzabzug): **)... km/h. § 42 Abs. 2 iVm Anlage 3, § 49 StVO; § 24 Abs. 1, 3 Nr. 5, § 25 StVG; 11.2.7 BKat; § 4 Abs. 1 BKatV (gef. Güter usw.) Tab.: 742001	A - 2	640,00	2 M

TBNR Bemerkungen

142617 – 142621 *) Zulässige Geschwindigkeit angeben **) Festgestellte Geschwindigkeit angeben

Richtzeichen - § 42 Abs. 2 iVm Anlage 3 StVO

TBNR	Tatbestandstext	FaP-Pkt	Euro	FV
142622	Sie überschritten die zulässige Höchstgeschwindigkeit innerhalb geschlossener Ortschaften um ... (von 41 - 50) km/h in einem verkehrsberuhigten Bereich (Zeichen 325.1, 325.2). Zulässige Geschwindigkeit: *)... km/h. Festgestellte Geschwindigkeit (nach Toleranzabzug): **)... km/h. § 42 Abs. 2 iVm Anlage 3, § 49 StVO; § 24 Abs. 1, 3 Nr. 5, § 25 StVG; 11.2.8 BKat; § 4 Abs. 1 BKatV (gef. Güter usw.) Tab.: 742001	A - 2	800,00	3 M
142623	Sie überschritten die zulässige Höchstgeschwindigkeit innerhalb geschlossener Ortschaften um ... (von 51 - 60) km/h in einem verkehrsberuhigten Bereich (Zeichen 325.1, 325.2). Zulässige Geschwindigkeit: *)... km/h. Festgestellte Geschwindigkeit (nach Toleranzabzug): **)... km/h. § 42 Abs. 2 iVm Anlage 3, § 49 StVO; § 24 Abs. 1, 3 Nr. 5, § 25 StVG; 11.2.9 BKat; § 4 Abs. 1 BKatV (gef. Güter usw.) Tab.: 742001	A - 2	900,00	3 M
142624	Sie überschritten die zulässige Höchstgeschwindigkeit innerhalb geschlossener Ortschaften um ... (über 60) km/h in einem verkehrsberuhigten Bereich (Zeichen 325.1, 325.2). Zulässige Geschwindigkeit: *)... km/h. Festgestellte Geschwindigkeit (nach Toleranzabzug): **)... km/h. § 42 Abs. 2 iVm Anlage 3, § 49 StVO; § 24 Abs. 1, 3 Nr. 5, § 25 StVG; 11.2.10 BKat; § 4 Abs. 1 BKatV (gef. Güter usw.) Tab.: 742001	A - 2	950,00	3 M
142130	Sie überschritten die zulässige Höchstgeschwindigkeit innerhalb geschlossener Ortschaften um ... (bis 10) km/h in einem verkehrsberuhigten Bereich (Zeichen 325.1, 325.2). Zulässige Geschwindigkeit: *)... km/h. Festgestellte Geschwindigkeit (nach Toleranzabzug): **)... km/h. § 42 Abs. 2 iVm Anlage 3, § 49 StVO; § 24 Abs. 1, 3 Nr. 5 StVG; 11.3.1 BKat (andere Kfz) Tab.: 742002	0	30,00	
142131	Sie überschritten die zulässige Höchstgeschwindigkeit innerhalb geschlossener Ortschaften um ... (von 11 - 15) km/h in einem verkehrsberuhigten Bereich (Zeichen 325.1, 325.2). Zulässige Geschwindigkeit: *)... km/h. Festgestellte Geschwindigkeit (nach Toleranzabzug): **)... km/h. § 42 Abs. 2 iVm Anlage 3, § 49 StVO; § 24 Abs. 1, 3 Nr. 5 StVG; 11.3.2 BKat (andere Kfz) Tab.: 742002	0	50,00	

TBNR **Bemerkungen**

142622 – 142131 *) Zulässige Geschwindigkeit angeben, **) Festgestellte Geschwindigkeit angeben

Richtzeichen - § 42 Abs. 2 iVm Anlage 3 StVO

TBNR	Tatbestandstext	FaP-Pkt	Euro	FV
142629	Sie überschritten die zulässige Höchstgeschwindigkeit innerhalb geschlossener Ortschaften um ... (von 16 - 20) km/h in einem verkehrsberuhigten Bereich (Zeichen 325.1, 325.2). Zulässige Geschwindigkeit: *)... km/h. Festgestellte Geschwindigkeit (nach Toleranzabzug): **)... km/h. § 42 Abs. 2 iVm Anlage 3, § 49 StVO; § 24 Abs. 1, 3 Nr. 5 StVG; 11.3.3 BKat (andere Kfz) Tab.: 742002	0	70,00	
142630	Sie überschritten die zulässige Höchstgeschwindigkeit innerhalb geschlossener Ortschaften um ... (von 21 - 25) km/h in einem verkehrsberuhigten Bereich (Zeichen 325.1, 325.2). Zulässige Geschwindigkeit: *)... km/h. Festgestellte Geschwindigkeit (nach Toleranzabzug): **)... km/h. § 42 Abs. 2 iVm Anlage 3, § 49 StVO; § 24 Abs. 1, 3 Nr. 5, § 25 StVG; 11.3.4 BKat, § 4 Abs. 1 BKatV (andere Kfz) Tab.: 742002	A - 1	115,00	
142631	Sie überschritten die zulässige Höchstgeschwindigkeit innerhalb geschlossener Ortschaften um ... (von 26 - 30) km/h in einem verkehrsberuhigten Bereich (Zeichen 325.1, 325.2). Zulässige Geschwindigkeit: *)... km/h. Festgestellte Geschwindigkeit (nach Toleranzabzug): **)... km/h. § 42 Abs. 2 iVm Anlage 3, § 49 StVO; § 24 Abs. 1, 3 Nr. 5, § 25 StVG; 11.3.5 BKat; § 4 Abs. 1 BKatV (andere Kfz) Tab.: 742002	A - 1	180,00	
142632	Sie überschritten die zulässige Höchstgeschwindigkeit innerhalb geschlossener Ortschaften um ... (von 31 - 40) km/h in einem verkehrsberuhigten Bereich (Zeichen 325.1, 325.2). Zulässige Geschwindigkeit: *)... km/h. Festgestellte Geschwindigkeit (nach Toleranzabzug): **)... km/h. § 42 Abs. 2 iVm Anlage 3, § 49 StVO; § 24 Abs. 1, 3 Nr. 5, § 25 StVG; 11.3.6 BKat; § 4 Abs. 1 BKatV (andere Kfz) Tab.: 742002	A - 2	260,00	1 M
142633	Sie überschritten die zulässige Höchstgeschwindigkeit innerhalb geschlossener Ortschaften um ... (von 41 - 50) km/h in einem verkehrsberuhigten Bereich (Zeichen 325.1, 325.2). Zulässige Geschwindigkeit: *)... km/h. Festgestellte Geschwindigkeit (nach Toleranzabzug): **)... km/h. § 42 Abs. 2 iVm Anlage 3, § 49 StVO; § 24 Abs. 1, 3 Nr. 5, § 25 StVG;11.3.7 BKat; § 4 Abs. 1 BKatV (andere Kfz) Tab.: 742002	A - 2	400,00	1 M

TBNR	Bemerkungen
142629 – 142633	*) Zulässige Geschwindigkeit angeben, **) Festgestellte Geschwindigkeit angeben

Richtzeichen - § 42 Abs. 2 iVm Anlage 3 StVO

TBNR	Tatbestandstext	FaP-Pkt	Euro	FV
142634	Sie überschritten die zulässige Höchstgeschwindigkeit inner- halb geschlossener Ortschaften um ... (von 51 - 60) km/h in einem verkehrsberuhigten Bereich (Zeichen 325.1, 325.2). Zulässige Geschwindigkeit: *)... km/h. Festgestellte Geschwindigkeit (nach Toleranzabzug): **)... km/h. § 42 Abs. 2 iVm Anlage 3, § 49 StVO; § 24 Abs. 1, 3 Nr. 5, § 25 StVG; 11.3.8 BKat; § 4 Abs. 1 BKatV (andere Kfz) Tab.: 742002	A - 2	560,00	2 M
142635	Sie überschritten die zulässige Höchstgeschwindigkeit inner- halb geschlossener Ortschaften um ... (von 61 - 70) km/h in einem verkehrsberuhigten Bereich (Zeichen 325.1, 325.2). Zulässige Geschwindigkeit: *)... km/h. Festgestellte Geschwindigkeit (nach Toleranzabzug): **)... km/h. § 42 Abs. 2 iVm Anlage 3, § 49 StVO; § 24 Abs. 1, 3 Nr. 5, § 25 StVG; 11.3.9 BKat; § 4 Abs. 1 BKatV (andere Kfz) Tab.: 742002	A - 2	700,00	3 M
142636	Sie überschritten die zulässige Höchstgeschwindigkeit inner- halb geschlossener Ortschaften um ... (über 70) km/h in einem verkehrsberuhigten Bereich (Zeichen 325.1, 325.2). Zulässige Geschwindigkeit: *)... km/h. Festgestellte Geschwindigkeit (nach Toleranzabzug): **)... km/h. § 42 Abs. 2 iVm Anlage 3, § 49 StVO; § 24 Abs. 1, 3 Nr. 5, § 25 StVG; 11.3.10 BKat; § 4 Abs. 1 BKatV (andere Kfz) Tab.: 742002	A - 2	8000,00	3 M
142148	Sie benutzten in einem Tunnel (Zeichen 327) nicht das Ab- blendlicht. § 42 Abs. 2 iVm Anlage 3, § 49 StVO; § 24 Abs. 1, 3 Nr. 5 StVG; 159a BKat	0	10,00	
142149	Sie benutzten in einem Tunnel (Zeichen 327) nicht das Ab- blendlicht und gefährdeten +) dadurch Andere. § 42 Abs. 2 iVm Anlage 3, § 1 Abs. 2, § 49 StVO; § 24 Abs. 1, 3 Nr. 5 StVG; 159a.1 BKat; § 19 OWiG	0	15,00	
142150	Sie benutzten in einem Tunnel (Zeichen 327) nicht das Ab- blendlicht. Es kam zum Unfall. § 42 Abs. 2 iVm Anlage 3, § 1 Abs. 2, § 49 StVO; § 24 Abs. 1, 3 Nr. 5 StVG; 159a.2 BKat; § 19 OwiG	0	35,00	
142654	Sie missachteten das in einem Tunnel (Zeichen 327) be- stehende Wendeverbot. § 42 Abs. 2 iVm Anlage 3, § 49 StVO; § 24 Abs. 1, 3 Nr. 5 StVG; 159b BKat	B - 1	60,00	

TBNR   **Bemerkungen**
142634 – 142636 *) Zulässige Geschwindigkeit angeben, **) Festgestellte Geschwindigkeit
          angeben

Richtzeichen - § 42 Abs. 2 iVm Anlage 3 StVO

TBNR	Tatbestandstext	FaP-Pkt	Euro	FV
142655	Sie missachteten das in einem Tunnel (Zeichen 327) bestehende Wendeverbot und gefährdeten +) dadurch Andere. § 42 Abs. 2 iVm Anlage 3, § 1 Abs. 2, § 49 StVO; § 24 Abs. 1, 3 Nr. 5 StVG;; 159b BKat; § 3 Abs. 3 BKatV; § 19 OWiG	B - 1	75,00	
142656	Sie missachteten das in einem Tunnel (Zeichen 327) bestehende Wendeverbot. Es kam zum Unfall. § 42 Abs. 2 iVm Anlage 3, § 1 Abs. 2, § 49 StVO; § 24 Abs. 1, 3 Nr. 5 StVG; 159b BKat; § 3 Abs. 3 BKatV; § 19 OWiG	B - 1	90,00	

Verkehrseinrichtungen - § 43 Abs. 3 StVO

TBNR	Tatbestandstext	FaP-Pkt	Euro	FV
143100	Sie befuhren eine durch Verkehrseinrichtungen abgesperrte Straßenfläche. § 43 Abs. 3 iVm Anlage 4, § 49 StVO; § 24 Abs. 1, 3 Nr. 5 StVG; 163 BKat	0	5,00	

Verkehrszeichen u. Verkehrseinrichtungen - § 45 Abs. 4 u. 6 StVO

TBNR	Tatbestandstext	FaP-Pkt	Euro	FV
145600	Sie befolgten nicht die den Verkehr verbietende bzw. beschränkende Anordnung *), die veröffentlicht worden war **). § 45 Abs. 4, § 49 StVO; § 24 Abs. 1, 3 Nr. 5 StVG; 164 BKat	B - 1	60,00	
145606	Sie unterließen es als Verantwortlicher, vor Beginn von Arbeiten eine Anordnung bei der zuständigen Behörde hinsichtlich der Beschilderung/Regelung *) des Verkehrs einzuholen. § 45 Abs. 6, § 49 StVO; § 24 Abs. 1, 3 Nr. 5 StVG; 165 BKat	0	75,00	
145612	Sie befolgten als Verantwortlicher nicht die Anordnung der zuständigen Behörde hinsichtlich der Beschilderung/Regelung *) des Verkehrs. § 45 Abs. 6, § 49 StVO; § 24 Abs. 1, 3 Nr. 5 StVG; 165 BKat	0	75,00	
145618	Sie unterließen es als Verantwortlicher, die Lichtzeichenanlage bedienen zu lassen. § 45 Abs. 6, § 49 StVO; § 24 Abs. 1, 3 Nr. 5 StVG; 165 BKat	0	75,00	

Ausnahmegenehmigung und Erlaubnis - § 46 Abs. 3 StVO

TBNR	Tatbestandstext	FaP-Pkt	Euro	FV
146100	Sie führten den Genehmigungsbescheid/Erlaubnisbescheid *) nicht mit. § 46 Abs. 3, § 49 StVO; § 24 Abs. 1, 3 Nr. 5 StVG; 167 BKat	0	10,00	
146106	Sie händigten den Genehmigungsbescheid/Erlaubnisbescheid*) auf Verlangen der zuständigen Person nicht aus. § 46 Abs. 3, § 49 StVO; § 24 Abs. 1, 3 Nr. 5 StVG; 250 BKat	0	10,00	
146600	Sie befolgten eine vollziehbare Auflage *) einer Ausnahmegenehmigung oder Erlaubnis nicht. § 46 Abs. 3, § 49 StVO; § 24 Abs. 1, 3 Nr. 5 StVG; 166 BKat	B - 1	60,00	

TBNR	Bemerkungen
145600 – 145612	*) Verbot bzw. Beschränkung angeben
145600	**) Art der Bekanntgabe angeben
146100 – 146106	*) Zutreffendes angeben
146600	*) Auflage angeben

TBNR	Tatbestandstext	FaP-Pkt	Euro	FV
148000	Sie folgten einer Vorladung zum Verkehrsunterricht nicht. § 48, § 49 StVO; § 24 Abs. 1, 3 Nr. 5 StVG; -- BKat	0	30,00	

Eingeschränkte Zulassung - § 2 FeV

TBNR	Tatbestandstext	FaP-Pkt	Euro	FV
202000	Sie führten trotz körperlicher oder geistiger Mängel *) das Fahrzeug, ohne in geeigneter Weise Vorsorge getroffen zu haben, dass Andere nicht gefährdet werden. § 2 Abs. 1, § 75 FeV; § 24 Abs. 1, 3 Nr. 5 StVG; -- BKat	0	25,00	
202006	Sie nahmen als Fußgänger trotz körperlicher oder geistiger Mängel *) am öffentlichen Straßenverkehr teil, ohne in geeigneter Weise Vorsorge getroffen zu haben, dass Andere nicht gefährdet werden. § 2 Abs. 1, § 75 FeV; § 24 Abs. 1, 3 Nr. 5 StVG; -- BKat	0	10,00	
202012	Sie ließen als Verantwortlicher für eine andere Person diese trotz ihrer körperlichen oder geistigen Mängel *) am Verkehr teilnehmen, ohne in geeigneter Weise Vorsorge getroffen zu haben, dass Andere nicht gefährdet werden. § 2 Abs. 1, § 75 FeV; § 24 Abs. 1, 3 Nr. 5 StVG; -- BKat	0	25,00	
202018	Sie verwendeten im Straßenverkehr verbotswidrig ein Kennzeichen für eine körperliche Behinderung. § 2 Abs. 3, § 75 FeV; § 24 Abs. 1, 3 Nr. 5 StVG; -- BKat	0	5,00	

Einschränkung und Entziehung der Zulassung - § 3 Abs. 1 FeV

TBNR	Tatbestandstext	FaP-Pkt	Euro	FV
203000	Sie führten trotz Untersagung ein Fahrzeug. § 3 Abs. 1, § 75 FeV; § 24 Abs. 1, 3 Nr. 5 StVG; -- BKat	0	25,00	
203006	Sie führten ein Fahrzeug, ohne die vollziehbare Anordnung/Auflage *) zu beachten. § 3 Abs. 1, § 75 FeV; § 24 Abs. 1, 3 Nr. 5 StVG; -- BKat	0	15,00	
203012	Sie führten trotz Untersagung ein Tier. § 3 Abs. 1, § 75 FeV; § 24 Abs. 1, 3 Nr. 5 StVG; -- BKat	0	25,00	
203018	Sie führten ein Tier, ohne die vollziehbare Anordnung/Auflage *) zu beachten. § 3 Abs. 1, § 75 FeV; § 24 Abs. 1, 3 Nr. 5 StVG; -- Bkat	0	15,00	

TBNR	Bemerkungen
202000 – 202012	*) Mängel angeben
203006 + 203018	*) Anordnung oder Auflage angeben/erläutern

Erlaubnis- und Ausweispflicht für das Führen von Kfz. - § 4 Abs. 2 FeV

TBNR	Tatbestandstext	FaP-Pkt	Euro	FV
204100	Sie führten den vorgeschriebenen Führerschein/die Übersetzung des ausländischen Führerscheins *) nicht mit. § 4 Abs. 2, § 75 FeV; § 24 Abs. 1, 3 Nr. 5 StVG; 168 BKat	0	10,00	
204106	Sie händigten auf Verlangen der zuständigen Person den Führerschein/die Übersetzung des ausländischen Führerscheins *) nicht aus. § 4 Abs. 2, § 75 FeV; § 24 Abs. 1, 3 Nr. 5 StVG; 251 BKat	0	10,00	

Sonderbestimmung für das Führen von Mofas etc. - § 5 FeV

TBNR	Tatbestandstext	FaP-Pkt	Euro	FV
205000	Sie führten ein Mofa/geschwindigkeitsbeschränktes Kraftfahrzeug *), obwohl Sie die dafür erforderliche Prüfung nicht abgelegt haben. § 5 Abs. 1, § 75 FeV; § 24 Abs. 1, 3 Nr. 5 StVG; -- BKat	0	20,00	
205006	Sie führten eine Ausbildung zum Führen eines Mofas/geschwindigkeitsbeschränkten Kraftfahrzeuges *) durch, ohne die erforderliche Fahrlehrerlaubnis zu besitzen oder davon Gebrauch machen zu dürfen. § 5 Abs. 2, § 75 FeV; § 24 Abs. 1, 3 Nr. 5 StVG; -- BKat	0	25,00	
205012	Sie stellten eine Bescheinigung über die Ausbildung zum Führen eines Mofas/geschwindigkeitsbeschränkten Kraftfahrzeuges *) aus, obwohl Sie keine Ausbildung durchgeführt haben, die den Mindestanforderungen der Anlage 1 zur Fahrerlaubnis-Verordnung entspricht. § 5 Abs. 2, § 75 FeV; § 24 Abs. 1, 3 Nr. 5 StVG; -- BKat	0	25,00	
205100	Sie führten beim Führen eines Mofas/geschwindigkeitsbeschränkten Kraftfahrzeuges *) die Prüfbescheinigung oder den Führerschein nicht mit. § 5 Abs. 4, § 75 FeV; § 24 Abs. 1, 3 Nr. 5 StVG; 168 BKat	0	10,00	
205106	Sie händigten auf Verlangen der zuständigen Person die Prüfbescheinigung nicht aus. § 5 Abs. 4, § 75 FeV; § 24 Abs. 1, 3 Nr. 5 StVG; 251 Bkat	0	10,00	

TBNR	Bemerkungen
204100; 204106	*) Zutreffendes angeben
205000; 205100	*) Zutreffendes angeben

Mindestalter der Kraftfahrzeugführer - § 10 FeV

TBNR	Tatbestandstext	FaP-Pkt	Euro	FV
210000	Sie führten ein fahrerlaubnisfreies Kraftfahrzeug, obwohl Sie das 15. Lebensjahr nicht vollendet hatten. § 10 Abs. 3, § 75 FeV; § 24 Abs. 1, 3 Nr. 5 StVG; -- BKat	0	10,00	
210006	Sie nahmen vor Vollendung des 16. Lebensjahres ein Kind unter 7 Jahren auf einem Mofa mit. § 10 Abs. 4, § 75 FeV; § 24 Abs. 1, 3 Nr. 5 StVG; -- BKat	0	10,00	
210012	Sie führten ein Kraftfahrzeug, ohne die Auflagen *) zu beachten. § 10 Abs. 2, § 75 FeV; § 24 Abs. 1, 3 Nr. 5 StVG; 169 Bkat	0	25,00	

Geltungsdauer der FE, Beschränkungen u. Auflagen - § 23 FeV

TBNR	Tatbestandstext	FaP-Pkt	Euro	FV
223100	Sie führten ein Kraftfahrzeug, ohne die Auflagen *) zu beachten. § 23 Abs. 2, § 75 FeV; § 24 Abs. 1, 3 Nr. 5 StVG; 169 BKat	0	25,00	

Ausfertigung des Führerscheins - § 25 FeV

TBNR	Tatbestandstext	FaP-Pkt	Euro	FV
225106	Sie zeigten den Verlust Ihres bisherigen Führerscheins nicht unverzüglich an und ließen sich kein Ersatzdokument ausstellen. § 25 Abs. 4, § 75 FeV; § 24 Abs. 1, 3 Nr. 5 StVG; 168a BKat	0	10,00	
225100	Sie lieferten Ihren bisherigen Führerschein, nachdem er nach Aushändigung des neuen wieder aufgefunden wurde, nicht unverzüglich der zuständigen Fahrerlaubnisbehörde ab. § 25 Abs. 5, § 75 FeV; § 24 Abs. 1, 3 Nr. 5 StVG; 170 BKat	0	25,00	

Sonderbestimmungen für Inhaber ausländischer FE - §§ 28, 29 FeV

TBNR	Tatbestandstext	FaP-Pkt	Euro	FV
228100	Sie führten ein Kraftfahrzeug, ohne die Auflagen *) zur ausländischen Fahrerlaubnis zu beachten. § 28 Abs. 1, § 75 FeV; § 24 Abs. 1, 3 Nr. 5 StVG; 169 BKat	0	25,00	
229006	Sie führten ein Kraftfahrzeug, ohne die Auflagen *) zur ausländischen Fahrerlaubnis zu beachten. § 29 Abs. 1, § 75 FeV; § 24 Abs. 1, 3 Nr. 5 StVG; -- BKat	0	25,00	

Entziehung, Beschränkung, Auflagen - § 46 FeV

TBNR	Tatbestandstext	FaP-Pkt	Euro	FV
246100	Sie führten das Kraftfahrzeug im Straßenverkehr und beachteten dabei nicht die nachträglich angeordnete Auflage *) der Fahrerlaubnisbehörde. § 46 Abs. 2, § 75 FeV; § 24 Abs. 1, 3 Nr. 5 StVG; 169 BKat	0	25,00	

TBNR	Bemerkungen
210012; 223100; 228100 229006; 246100	*) Auflagen angeben. Die Tatbestandsnummer 228100 findet Anwendung auf Inhaber einer EU/EWR-FE mit ordentlichem Wohnsitz im Inland. Bei ordentlichem Wohnsitz im Ausland ist TBNR 229006 anzuwenden.

Entziehung, Beschränkung, Auflagen - § 47 FeV

TBNR	Tatbestandstext	FaP-Pkt	Euro	FV
247100	Sie lieferten Ihren Führerschein nach Entziehung der Fahrerlaubnis nicht unverzüglich der entscheidenden Behörde ab. § 47 Abs. 1, § 75 FeV; § 24 Abs. 1, 3 Nr. 5 StVG; 170 BKat	0	25,00	
247106	Sie legten Ihren Führerschein zur Eintragung von Beschränkungen oder Auflagen *) nicht unverzüglich der entscheidenden Behörde vor. § 47 Abs. 1, § 75 FeV; § 24 Abs. 1, 3 Nr. 5 StVG; 170 BKat	0	25,00	
247112	Sie lieferten Ihren EU- oder EWR-Führerschein nach Entziehung der Fahrerlaubnis nicht unverzüglich der entscheidenden Behörde ab. § 47 Abs. 2, § 75 FeV; § 24 Abs. 1, 3 Nr. 5 StVG; 170 BKat	0	25,00	
247118	Sie legten Ihren ausländischen Führerschein der Fahrerlaubnisbehörde zur Eintragung der Entziehung der Fahrerlaubnis nicht vor. § 47 Abs. 3, § 75 FeV; § 24 Abs. 1, 3 Nr. 5 StVG; 170 Bkat	0	25,00	

Fahrerlaubnis zur Fahrgastbeförderung - § 48 FeV

TBNR	Tatbestandstext	FaP-Pkt	Euro	FV
248600	Sie beförderten in dem Fahrzeug Personen ohne die erforderliche Fahrerlaubnis zur Fahrgastbeförderung. § 48 Abs. 1, § 75 FeV; § 24 Abs. 1, 3 Nr. 5 StVG; 171 BKat	A - 1	75,00	
248100	Sie beförderten in dem Fahrzeug Personen, ohne den erforderlichen Führerschein zur Fahrgastbeförderung mitzuführen. § 48 Abs. 1, § 75 FeV; § 24 Abs. 1, 3 Nr. 5 StVG; 168 BKat	0	10,00	
248124	Sie händigten auf Verlangen der zuständigen Person den erforderlichen Führerschein zur Fahrgastbeförderung nicht aus. § 48 Abs. 3, § 75 FeV; § 24 Abs. 1, 3 Nr. 5 StVG; 251 BKat	0	10,00	
248106	Sie ordneten die Inbetriebnahme des Fahrzeuges zur Fahrgastbeförderung an, obwohl dessen Führer die erforderlichen Ortskenntnisse nicht nachgewiesen hat, bzw. ließen sie zu. § 48 Abs. 8, § 75 FeV; § 24 Abs. 1, 3 Nr. 5 StVG; 173 BKat	0	35,00	
248606	Sie ordneten die Inbetriebnahme des Fahrzeuges zur Fahrgastbeförderung an, obwohl dessen Führer die erforderliche Fahrerlaubnis zur Fahrgastbeförderung nicht besaß, bzw. ließen sie zu. § 48 Abs. 8, § 75 FeV; § 24 Abs. 1, 3 Nr. 5 StVG; 172 BKat	A - 1	75,00	
248112	Sie lieferten Ihren Führerschein zur Fahrgastbeförderung nach Entziehung der Fahrerlaubnis zur Fahrgastbeförderung nicht unverzüglich bei der entscheidenden Behörde ab. § 48 Abs. 10, § 47 Abs. 1, § 75 FeV; § 24 Abs. 1, 3 Nr. 5 StVG; 170 BKat	0	25,00	
248118	Sie lieferten Ihren Führerschein zur Fahrgastbeförderung nach Entziehung der allgemeinen Fahrerlaubnis nicht unverzüglich bei der entscheidenden Behörde ab. § 48 Abs. 10, § 47 Abs. 1, § 75 FeV; § 24 Abs. 1, 3 Nr. 5 StVG; 170 Bkat	0	25,00	

TBNR **Bemerkungen**
247106 *) Beschränkungen oder Auflagen angeben

Begleitetes Fahren ab 17 Jahre - Voraussetzungen - § 48a F

TBNR	Tatbestandstext	FaP-Pkt	Euro	FV
248130	Sie führten die Prüfungsbescheinigung nicht mit bzw. händigten sie auf Verlangen nicht aus. § 48a Abs. 3, § 75 FeV; § 24 Abs. 1, 3 Nr. 5 StVG; 251 BKat	0	10,00	
248612	Sie führten ein Kraftfahrzeug der Klasse B oder BE ohne Begleitung durch eine namentlich benannte Person. § 48a Abs. 2, § 75 FeV; § 24 Abs. 1, 3 Nr. 5 StVG; 251a BKat	A - 1	70,00	

Ausnahmen - § 74 FeV

TBNR	Tatbestandstext	FaP-Pkt	Euro	FV
274100	Sie befolgten nicht die Auflagen *), die mit der Genehmigung von Ausnahmen von Vorschriften der Fahrerlaubnis-Verordnung verbunden worden sind. § 74 Abs. 3, § 75 FeV; § 24 Abs. 1, 3 Nr. 5 StVG; 169 BKat	0	25,00	
274106	Sie führten die Bescheinigung über eine erteilte Ausnahmegenehmigung oder angeordnete Auflage nicht mit. § 74 Abs. 4, § 75 FeV; § 24 Abs. 1, 3 Nr. 5 StVG; 168 BKat	0	10,00	
274112	Sie händigten auf Verlangen der zuständigen Person eine erteilte Ausnahmegenehmigung oder angeordnete Auflage nicht aus. § 74 Abs. 4, § 75 FeV; § 24 Abs. 1, 3 Nr. 5 StVG; 251 BKat	0	10,00	

Einschränkung und Entziehung der Zulassung - § 17 Abs. 1 StVZO

TBNR	Tatbestandstext	FaP-Pkt	Euro	FV
317500	Sie ordneten die Inbetriebnahme des Fahrzeugs an, das nicht in den Anwendungsbereich der FZV fällt, obwohl die Verwaltungsbehörde dies untersagt hatte, bzw. ließen sie zu. § 17 Abs. 1, § 69a StVZO; § 24 Abs. 1, 3 Nr. 5 StVG; -- BKat	0	50,00	
317506	Sie ordneten die Inbetriebnahme des Fahrzeugs, das nicht in den Anwendungsbereich der FZV fällt, entgegen den auferlegten Beschränkungen der Verwaltungsbehörde an bzw. ließen sie zu. § 17 Abs. 1, § 69a StVZO; § 24 Abs. 1, 3 Nr. 5 StVG; -- BKat	0	50,00	

Erteilung und Wirksamkeit der Betriebserlaubnis - § 19 Abs. 2 StVZO

TBNR	Tatbestandstext	FaP-Pkt	Euro	FV
319624	Sie nahmen als Hersteller/Importeur *) Änderungen **) an dem Fahrzeug vor, die zum Erlöschen der Betriebserlaubnis führten, bzw. ließen diese vornehmen. § 19 Abs. 2, § 69a StVZO; § 24 Abs. 1, 3 Nr. 5 StVG; 253a.1 BKat	0	800,00	
319625	Sie nahmen als Gewerbetreibender Änderungen *) an dem Fahrzeug vor, die zum Erlöschen der Betriebserlaubnis führten, bzw. ließen diese vornehmen. § 19 Abs. 2, § 69a StVZO; § 24 Abs. 1, 3 Nr. 5 StVG; 253a.2 BKat	0	400,00	

BNR	Bemerkungen
274100	*) Auflagen angeben
319624	*) Zutreffendes angeben, **) Art der Änderung angeben
319625	*) Art der Änderung angeben

Erteilung und Wirksamkeit der Betriebserlaubnis - § 19 Abs. 4, 5 StVZO

TBNR	Tatbestandstext	FaP-Pkt	Euro	FV
319000	Sie führten die besondere Betriebserlaubnis/Bauartgenehmigung *) nicht mit bzw. händigten diese auf Verlangen nicht aus. § 19 Abs. 4, § 69a StVZO; § 24 Abs. 1, 3 Nr. 5 StVG; -- BKat	0	10,00	
319500	Sie nahmen das Fahrzeug in Betrieb, obwohl die Betriebserlaubnis erloschen war. § 19 Abs. 5, § 69a StVZO; § 24 Abs. 1, 3 Nr. 5 StVG; -- BKat	0	50,00	
319600	Sie nahmen den Lastkraftwagen/Kraftomnibus *) in Betrieb, obwohl die Betriebserlaubnis erloschen war. Die Verkehrssicherheit war dadurch wesentlich beeinträchtigt **). § 19 Abs. 5, § 69a StVZO; § 24 Abs. 1, 3 Nr. 5 StVG; 214a.1 BKat	B - 1	180,00	
319603	Sie nahmen den Lastkraftwagen/Kraftomnibus *) in Betrieb, obwohl die Betriebserlaubnis erloschen war. Die Umwelt war dadurch wesentlich beeinträchtigt **). § 19 Abs. 5, § 69a StVZO; § 24 Abs. 1, 3 Nr. 5 StVG; 214b.1 BKat	0	180,00	
319606	Sie nahmen das Fahrzeug in Betrieb, obwohl die Betriebserlaubnis erloschen war. Die Verkehrssicherheit war dadurch wesentlich beeinträchtigt *). § 19 Abs. 5, § 69a StVZO; § 24 Abs. 1, 3 Nr. 5 StVG; 214a.2 BKat	B - 1	90,00	
319609	Sie nahmen das Fahrzeug in Betrieb, obwohl die Betriebserlaubnis erloschen war. Die Umwelt war dadurch wesentlich beeinträchtigt *). § 19 Abs. 5, § 69a StVZO; § 24 Abs. 1, 3 Nr. 5 StVG; 214b.2 BKat	0	90,00	
319506	Sie ordneten die Inbetriebnahme des Fahrzeuges an, obwohl die Betriebserlaubnis erloschen war, bzw. ließen sie zu. § 19 Abs. 5, § 69a StVZO; § 24 Abs. 1, 3 Nr. 5 StVG; -- BKat	0	50,00	
319612	Sie ordneten die Inbetriebnahme des Lastkraftwagens/Kraftomnibusses *) an, obwohl die Betriebserlaubnis erloschen war, bzw. ließen sie zu. Die Verkehrssicherheit war dadurch wesentlich beeinträchtigt **). § 19 Abs. 5, § 69a StVZO; § 24 Abs. 1, 3 Nr. 5 StVG; 189a.1 BKat	B - 1	270,00	
319615	Sie ordneten die Inbetriebnahme des Lastkraftwagens/Kraftomnibusses *) an, obwohl die Betriebserlaubnis erloschen war, bzw. ließen sie zu. Die Umwelt war dadurch wesentlich beeinträchtigt **). § 19 Abs. 5, § 69a StVZO; § 24 Abs. 1, 3 Nr. 5 StVG; 189b.1 BKat	0	270,00	

TBNR   **Bemerkungen**
319000   *) Zutreffendes angeben
319600, 319603   *) Zutreffende Fahrzeugart angeben, **) Art der Beeinträchtigung angeben
319612, 319615
319606, 319609   *) Art der Beeinträchtigung angeben

Erteilung und Wirksamkeit der Betriebserlaubnis - § 19 Abs. 4, 5 StVZO

TBNR	Tatbestandstext	FaP-Pkt	Euro	FV
319618	Sie ordneten die Inbetriebnahme des Fahrzeuges an, obwohl die Betriebserlaubnis erloschen war, bzw. ließen sie zu. Die Verkehrssicherheit war dadurch wesentlich beeinträchtigt *). § 19 Abs. 5, § 69a StVZO; § 24 Abs. 1, 3 Nr. 5 StVG; 189a.2 Bkat	B - 1	135,00	
319621	Sie ordneten die Inbetriebnahme des Fahrzeuges an, obwohl die Betriebserlaubnis erloschen war, bzw. ließen sie zu. Die Umwelt war dadurch wesentlich beeinträchtigt *). § 19 Abs. 5, § 69a StVZO; § 24 Abs. 1, 3 Nr. 5 StVG; 189b.2 Bkat	0	135,00	

Untersuchung der Kraftfahrzeuge u. Anhänger - § 29 StVZO

TBNR	Tatbestandstext	FaP-Pkt	Euro	FV
329000	Sie behoben nicht innerhalb eines Monats die bei dem Fahrzeug festgestellten Mängel. § 29 Abs. 1, § 69a StVZO; § 24 Abs. 1, 3 Nr. 5 StVG; -- BKat	0	10,00	
329101	Sie unterließen es, das Fahrzeug, das nach Nr. 2.1 der Anlage VIII *) in bestimmten Zeitabständen einer Sicherheitsprüfung zu unterziehen ist, zur fälligen Hauptuntersuchung vorzuführen. Der Termin **) war um bis zu 2 Monate überschritten. § 29 Abs. 1, § 69a StVZO; § 24 Abs. 1, 3 Nr. 5 StVG; 186.1.1 BKat	0	15,00	
329102	Sie unterließen es, das Fahrzeug zur fälligen Sicherheitsprüfung vorzuführen. Der Termin *) war um bis zu 2 Monate überschritten. § 29 Abs. 1, § 69a StVZO; § 24 Abs. 1, 3 Nr. 5 StVG; 186.1.1 BKat	0	15,00	
329107	Sie unterließen es, das Fahrzeug, das nach Nr. 2.1 der Anlage VIII *) in bestimmten Zeitabständen einer Sicherheitsprüfung zu unterziehen ist, zur fälligen Hauptuntersuchung vorzuführen. Der Termin **) war um mehr als 2 bis zu 4 Monate überschritten. § 29 Abs. 1, § 69a StVZO; § 24 Abs. 1, 3 Nr. 5 StVG; 186.1.2 BKat	0	25,00	
329108	Sie unterließen es, das Fahrzeug zur fälligen Sicherheitsprüfung vorzuführen. Der Termin *) war um mehr als 2 bis zu 4 Monate überschritten. § 29 Abs. 1, § 69a StVZO; § 24 Abs. 1, 3 Nr. 5 StVG; 186.1.2 BKat	0	25,00	

TBNR	Bemerkungen
319618, 319621	*) Art der Beeinträchtigung angeben
329101; 329107	*) Fahrzeugart angeben, **) vorgeschriebenen Vorführungstermin angeben
329102; 329108	*) vorgeschriebenen Vorführungstermin angeben

Untersuchung der Kraftfahrzeuge u. Anhänger - § 29 StVZO

TBNR	Tatbestandstext	FaP-Pkt	Euro	FV
329601	Sie unterließen es, das Fahrzeug, das nach Nr. 2.1 der Anlage VIII *) in bestimmten Zeitabständen einer Sicherheitsprüfung zu unterziehen ist, zur fälligen Hauptuntersuchung vorzuführen. Der Termin **) war um mehr als 4 bis zu 8 Monate überschritten. § 29 Abs. 1, § 69a StVZO; § 24 Abs. 1, 3 Nr. 5 StVG; 186.1.3 Bkat	B - 1	60,00	
329602	Sie unterließen es, das Fahrzeug zur fälligen Sicherheitsprüfung vorzuführen. Der Termin *) war um mehr als 4 bis zu 8 Monate überschritten. § 29 Abs. 1, § 69a StVZO; § 24 Abs. 1, 3 Nr. 5 StVG; 186.1.3 BKat	B - 1	60,00	
329607	Sie unterließen es, das Fahrzeug, das nach Nr. 2.1 der Anlage VIII *) in bestimmten Zeitabständen einer Sicherheitsprüfung zu unterziehen ist, zur fälligen Hauptuntersuchung vorzuführen. Der Termin **) war um mehr als 8 Monate überschritten. § 29 Abs. 1, § 69a StVZO; § 24 Abs. 1, 3 Nr. 5 StVG; 186.1.4 BKat	B - 1	75,00	
329608	Sie unterließen es, das Fahrzeug zur fälligen Sicherheitsprüfung vorzuführen. Der Termin *) war um mehr als 8 Monate überschritten. § 29 Abs. 1, § 69a StVZO; § 24 Abs. 1, 3 Nr. 5 StVG; 186.1.4 Bkat	B - 1	75,00	
329113	Sie unterließen es, das Fahrzeug, für das nach Nr. 2.1 der Anlage VIII *) keine Sicherheitsprüfung vorgeschrieben ist, zur fälligen Hauptuntersuchung vorzuführen. Der Termin **) war um mehr als 2 bis zu 4 Monate überschritten. § 29 Abs. 1, § 69a StVZO; § 24 Abs. 1, 3 Nr. 5 StVG; 186.2.1 BKat	0	15,00	
329119	Sie unterließen es, das Fahrzeug, für das nach Nr. 2.1 der Anlage VIII *) keine Sicherheitsprüfung vorgeschrieben ist, zur fälligen Hauptuntersuchung vorzuführen. Der Termin **) war um mehr als 4 bis zu 8 Monate überschritten. § 29 Abs. 1, § 69a StVZO; § 24 Abs. 1, 3 Nr. 5 StVG; 186.2.2 BKat	0	25,00	

TBNR   Bemerkungen

329601; 329607   (Nach Nr. 2.1 der Anlage VIII zur StVZO unterliegen der Sicherheitsprüfung KOM und andere Kfz mit mehr als 8 Fahrgastplätzen, Kfz, die zur Güterbefördrg. bestimmt sind, selbstfahrende Arbeitsmaschinen, Zugmaschinen und Kfz mit einer zul. Gesamtmasse von mehr als 7,5 t sowie Anhänger mit einer zul. Gesamtmasse von mehr als 10 t)
**) vorgeschriebenen Vorführungstermin angeben

329602; 329608   *) vorgeschriebenen Vorführungstermin angeben

329113 – 329119   *) Fahrzeugart angeben (z. B. Pkw, Kraftrad), **) vorgeschriebenen Vorführungstermin angeben

TBNR	Tatbestandstext	FaP-Pkt	Euro	FV
329610	Sie unterließen es, das Fahrzeug, für das nach Nr. 2.1 der Anlage VIII *) keine Sicherheitsprüfung vorgeschrieben ist, zur fälligen Hauptuntersuchung vorzuführen. Der Termin **) war um mehr als 8 Monate überschritten. § 29 Abs. 1, § 69a StVZO; § 24 Abs. 1, 3 Nr. 5 StVG; 186.2.3 BKat	B – 1	60,00	
329124	Sie führten das Fahrzeug zur Nachprüfung einer Mängelbeseitigung nicht rechtzeitig vor. § 29 Abs. 1, § 69a StVZO; § 24 Abs. 1, 3 Nr. 5 StVG; 187 BKat	0	15,00	
329006	Sie wiesen den Monat, in dem das Fahrzeug spätestens zur - Hauptuntersuchung vorgeführt werden muss, nicht durch eine Prüfplakette auf dem amtlichen Kennzeichen nach. § 29 Abs. 2, § 69a StVZO; § 24 Abs. 1, 3 Nr. 5 StVG; -- BKat	0	10,00	
329012	Sie wiesen den Monat, in dem das Fahrzeug spätestens zur Sicherheitsprüfung vorgeführt werden muss, nicht durch eine Prüfmarke in Verbindung mit dem SP-Schild nach. § 29 Abs. 2, § 69a StVZO; § 24 Abs. 1, 3 Nr. 5 StVG; -- BKat	0	10,00	
329018	Sie sorgten nicht dafür, dass sich die an dem Fahrzeug angebrachte Prüfplakette/Prüfmarke *) in einem ordnungsgemäßen Zustand **) befand, insbesondere nicht verdeckt oder verschmutzt war. § 29 Abs. 5, § 69a StVZO; § 24 Abs. 1, 3 Nr. 5 StVG; -- BKat	0	5,00	
329024	Sie ließen an dem Fahrzeug die amtlichen Kennzeichen nicht entstempeln und lieferten den Fahrzeugschein/Nachweis über die Betriebserlaubnis *) nicht ab, obwohl der Betrieb infolge fehlender Prüfplakette/Prüfmarke **) durch die Zulassungsbehörde untersagt war. § 29 Abs. 7, § 69a StVZO; § 24 Abs. 1, 3 Nr. 5 StVG; -- BKat	0	15,00	
329612	Sie missachteten das Betriebsverbot/die Beschränkung für den Betrieb *) des Fahrzeuges wegen Fehlens einer gültigen Prüfplakette/Prüfmarke **). § 29 Abs. 7, § 69a StVZO; § 24 Abs. 1, 3 Nr. 5 StVG; 187a BKat	B - 1	60,00	
329030	Sie brachten an dem Fahrzeug verbotswidrig Einrichtungen an, die zu Verwechslungen mit der Prüfplakette/Prüfmarke *) Anlass geben konnten. § 29 Abs. 8, § 69a StVZO; § 24 Abs. 1, 3 Nr. 5 StVG; -- BKat	0	10,00	

TBNR	Bemerkungen
329610	*) Fahrzeugart angeben (z. B. Pkw, Kraftrad), **) vorgeschriebenen Vorführungstermin angeben
329018; 329024; 329612; 329030	*) Zutreffendes angeben
329018	**) näher erläutern
329024; 329612	**) Zutreffendes angeben

Untersuchung der Kraftfahrzeuge u. Anhänger - § 29 StVZO

TBNR	Tatbestandstext	FaP-Pkt	Euro	FV
329036	Sie bewahrten den Untersuchungsbericht für das Fahrzeug nicht bis zur nächsten Hauptuntersuchung auf oder händigten ihn zuständigen Personen oder der Zulassungsbehörde nicht aus. § 29 Abs. 10, § 69a StVZO; § 24 Abs. 1, 3 Nr. 5 StVG; -- BKat	0	15,00	
329042	Sie bewahrten das Prüfprotokoll für das Fahrzeug nicht bis zur nächsten Sicherheitsprüfung auf oder händigten es zuständigen Personen oder der Zulassungsbehörde nicht aus. § 29 Abs. 10, § 69a StVZO; § 24 Abs. 1, 3 Nr. 5 StVG; -- BKat	0	15,00	
329048	Sie führten kein vorschriftsmäßiges Prüfbuch für das Fahrzeug. § 29 Abs. 11, § 69a StVZO; § 24 Abs. 1, 3 Nr. 5 StVG; -- BKat	0	15,00	
329054	Sie bewahrten das Prüfbuch für das Fahrzeug nicht bis zur endgültigen Außerbetriebsetzung auf. § 29 Abs. 13, § 69a StVZO; § 24 Abs. 1, 3 Nr. 5 StVG; -- BKat	0	15,00	

Beschaffenheit der Fahrzeuge - § 30 StVZO

TBNR	Tatbestandstext	FaP-Pkt	Euro	FV
330000	Sie nahmen das Fahrzeug bzw. dessen Anhänger in Betrieb, obwohl die Bauweise *) nicht den Vorschriften entsprach. § 30, § 69a StVZO; § 24 Abs. 1, 3 Nr. 5 StVG; -- BKat	0	25,00	
330006	Sie nahmen das Fahrzeug bzw. dessen Anhänger in Betrieb, obwohl die Ausrüstung *) nicht den Vorschriften entsprach. § 30, § 69a StVZO; § 24 Abs. 1, 3 Nr. 5 StVG; -- BKat	0	25,00	
330600	Sie nahmen das Fahrzeug bzw. dessen Anhänger in Betrieb, obwohl die Bauweise *) nicht den Vorschriften entsprach. Die Verkehrssicherheit war dadurch wesentlich beeinträchtigt. § 30, § 69a StVZO; § 24 Abs. 1, 3 Nr. 5 StVG; 214.2 BKat	B -1	90,00	
330603	Sie führten als Halter das Fahrzeug bzw. dessen Anhänger, obwohl die Bauweise *) nicht den Vorschriften entsprach. Die Verkehrssicherheit war dadurch wesentlich beeinträchtigt. § 30, § 69a StVZO; § 24 Abs. 1, 3 Nr. 5 StVG; 214.2 BKat; § 3 Abs. 2 BKatV	B - 1	135,00	
330606	Sie nahmen das Fahrzeug bzw. dessen Anhänger in Betrieb, obwohl die Ausrüstung *) nicht den Vorschriften entsprach. Die Verkehrssicherheit war dadurch wesentlich beeinträchtigt. § 30, § 69a StVZO; § 24 Abs. 1, 3 Nr. 5 StVG; 214.2 BKat	B -1	90,00	
330609	Sie führten als Halter das Fahrzeug bzw. dessen Anhänger, obwohl die Ausrüstung *) nicht den Vorschriften entsprach. Die Verkehrssicherheit war dadurch wesentlich beeinträchtigt. § 30, § 69a StVZO; § 24 Abs. 1, 3 Nr. 5 StVG; 214.2 BKat; § 3 Abs. 2 BKatV	B - 1	135,00	

TBNR　　　　**Bemerkungen**
330000 – 330609 *) Mängel angeben

Beschaffenheit der Fahrzeuge - § 30 StVZO

TBNR	Tatbestandstext	FaP-Pkt	Euro	FV
330612	Sie führten das Kraftfahrzeug (außer Mofa)/den Anhänger *) mit mangelhaften Reifen. Die Verkehrssicherheit war dadurch wesentlich beeinträchtigt. § 30, § 69a StVZO; § 24 Abs. 1, 3 Nr. 5 StVG; 214.2 BKat	B - 1	90,00	
319615	Sie ordneten die Inbetriebnahme des Lastkraftwagens/Kraftomnibusses *) an, obwohl die Betriebserlaubnis erloschen war, bzw. ließen sie zu. Die Umwelt war dadurch wesentlich beeinträchtigt **). § 19 Abs. 5, § 69a StVZO; § 24 Abs. 1, 3 Nr. 5 StVG; 189b.1 BKat	0	270,00	
330618	Sie nahmen den Lastkraftwagen/Kraftomnibus *) bzw. dessen Anhänger in einem nicht vorschriftsmäßigen Zustand **) in Betrieb. Die Verkehrssicherheit war dadurch wesentlich beeinträchtigt. § 30, § 69a StVZO; § 24 Abs. 1, 3 Nr. 5 StVG; 214.1 BKat	B - 1	180,00	
330619	Sie nahmen den Lastkraftwagen/Kraftomnibus *) bzw. dessen Anhänger in einem nicht vorschriftsmäßigen Zustand **) in Betrieb. Die Verkehrssicherheit war dadurch wesentlich beeinträchtigt. Sie gefährdeten +) Andere. § 30, § 69a StVZO; § 1 Abs. 2, § 49 StVO; § 24 Abs. 1, 3 Nr. 5 StVG; 214.1 BKat; § 3 Abs. 3 BKatV; § 19 OWiG	B - 1	220,00	
330620	Sie nahmen den Lastkraftwagen/Kraftomnibus *) bzw. dessen Anhänger in einem nicht vorschriftsmäßigen Zustand **) in Betrieb. Die Verkehrssicherheit war dadurch wesentlich beeinträchtigt. Es kam zum Unfall. § 30, § 69a StVZO; § 1 Abs. 2, § 49 StVO; § 24 Abs. 1, 3 Nr. 5 StVG; 214.1 BKat;	B - 1	265,00	
330621	Sie führten als Halter den Lastkraftwagen/Kraftomnibus *) bzw. dessen Anhänger in einem nicht vorschriftsmäßigen Zustand **). Die Verkehrssicherheit war dadurch wesentlich beeinträchtigt. § 30, § 69a StVZO; § 24 Abs. 1, 3 Nr. 5 StVG; 214.1 BKat; § 3 Abs. 2 BKatV; § 3 Abs. 3 BKatV; § 19 OwiG	B - 1	270,00	
330622	Sie führten als Halter den Lastkraftwagen/Kraftomnibus *) bzw. dessen Anhänger in einem nicht vorschriftsmäßigen Zustand **). Die Verkehrssicherheit war dadurch wesentlich beeinträchtigt. Sie gefährdeten +) Andere. § 30, § 69a StVZO; § 1 Abs. 2, § 49 StVO; § 24 Abs. 1, 3 Nr. 5 StVG; 214.1 BKat; § 3 Abs. 2, 3 BKatV; § 19 OwiG	B - 1	325,00	
330623	Sie führten als Halter den Lastkraftwagen/Kraftomnibus *) bzw. dessen Anhänger in einem nicht vorschriftsmäßigen Zustand **). Die Verkehrssicherheit war dadurch wesentlich beeinträchtigt. Es kam zum Unfall. § 30, § 69a StVZO; § 1 Abs. 2, § 49 StVO; § 24 Abs. 1, 3 Nr. 5 StVG; 214.1 BKat; § 3 Abs. 2, 3 BKatV; § 19 OWiG	B - 1	390,00	

TBNR **Bemerkungen**
330612 - 330623   *) Zutreffende Fahrzeugart angeben,
330618, 330623   **) Mängel angeben

Beschaffenheit der Fahrzeuge - § 30 StVZO

TBNR	Tatbestandstext	FaP-Pkt	Euro	FV
330624	Sie nahmen den kennzeichnungspflichtigen Lastkraftwagen mit gefährlichen Gütern/Kraftomnibus mit Fahrgästen *) bzw. dessen Anhänger in einem nicht vorschriftsmäßigen Zustand **) in Betrieb. Die Verkehrssicherheit war dadurch wesentlich beeinträchtigt. § 30, § 69a StVZO; § 24 Abs. 1, 3 Nr. 5 StVG; 214.1 BKat; § 3 Abs. 4 BkatV	B - 1	270,00	
330625	Sie nahmen den kennzeichnungspflichtigen Lastkraftwagen mit gefährlichen Gütern/Kraftomnibus mit Fahrgästen *) bzw. dessen Anhänger in einem nicht vorschriftsmäßigen Zustand **) in Betrieb. Die Verkehrssicherheit war dadurch wesentlich beeinträchtigt. Sie gefährdeten +) Andere. § 30, § 69a StVZO; § 1 Abs. 2, § 49 StVO; § 24 Abs. 1, 3 Nr. 5 StVG; 214.1 BKat; § 3 Abs. 3, 4 BKatV; § 19 OwiG	B - 1	330,00	
330626	Sie nahmen den kennzeichnungspflichtigen Lastkraftwagen mit gefährlichen Gütern/Kraftomnibus mit Fahrgästen *) bzw. dessen Anhänger in einem nicht vorschriftsmäßigen Zustand **) in Betrieb. Die Verkehrssicherheit war dadurch wesentlich beeinträchtigt. Es kam zum Unfall. § 30, § 69a StVZO; § 1 Abs. 2, § 49 StVO; § 24 Abs. 1, 3 Nr. 5 StVG; 214.1 BKat; § 3 Abs. 3, 4 BKatV; § 19 OwiG	B - 1	397,50	
330632	Sie führten als Halter den kennzeichnungspflichtigen Lastkraftwagen mit gefährlichen Gütern/Kraftomnibus mit Fahrgästen *) bzw. dessen Anhänger in einem nicht vorschriftsmäßigen Zustand **). Die Verkehrssicherheit war dadurch wesentlich beeinträchtigt. § 30, § 69a StVZO; § 24 Abs. 1, 3 Nr. 5 StVG; 214.1 BKat; § 3 Abs. 2, 4 BKatV	B - 1	405,00	
330633	Sie führten als Halter den kennzeichnungspflichtigen Lastkraftwagen mit gefährlichen Gütern/Kraftomnibus mit Fahrgästen*) bzw. dessen Anhänger in einem nicht vorschriftsmäßigen Zustand **). Die Verkehrssicherheit war dadurch wesentlich beeinträchtigt. Sie gefährdeten +) Andere. § 30, § 69a StVZO; § 1 Abs. 2, § 49 StVO; § 24 Abs. 1, 3 Nr. 5 StVG; 214.1 BKat; § 3 Abs. 2, 3, 4 BKatV; § 19 OwiG	B - 1	487,50	
330634	Sie führten als Halter den kennzeichnungspflichtigen Lastkraftwagen mit gefährlichen Gütern/Kraftomnibus mit Fahrgästen *) bzw. dessen Anhänger in einem nicht vorschriftsmäßigen Zustand **). Die Verkehrssicherheit war dadurch wesentlich beeinträchtigt. Es kam zum Unfall. § 30, § 69a StVZO; § 1 Abs. 2, § 49 StVO; § 24 Abs. 1, 3 Nr. 5 StVG; 214.1 BKat; § 3 Abs. 2, 3, 4 BKatV; § 19 OwiG	B - 1	585,00	

TBNR	Bemerkungen
330624 - 330634	*) Zutreffende Fahrzeugart angeben, **) Mängel angeben

Vorstehende Außenkanten - § 30c StVZO

TBNR	Tatbestandstext	FaP-Pkt	Euro	FV
330100	Sie führten das Fahrzeug/die Fahrzeugkombination *), obwohl Teile über dessen Umriss hervorragten, die den Verkehr mehr als unvermeidbar gefährdeten +). § 30c Abs. 1, § 69a StVZO; § 24 Abs. 1, 3 Nr. 5 StVG; 188 Bkat	0	20,00	

Verantwortung für den Betrieb der Fahrzeuge - § 31 StVZO

TBNR	Tatbestandstext	FaP-Pkt	Euro	FV
331000	Sie führten das Fahrzeug/die Fahrzeugkombination *), ohne zur selbständigen Leitung geeignet zu sein. § 31 Abs. 1, § 69a StVZO; § 24 Abs. 1, 3 Nr. 5 StVG; -- BKat	0	25,00	
331006	Sie ordneten die Inbetriebnahme eines Fahrzeugs/einer Fahrzeugkombination *) an, obwohl das Fahrzeug Mängel **) hatte, bzw. ließen sie zu. § 31 Abs. 2, § 69a StVZO; § 24 Abs. 1, 3 Nr. 5 StVG; -- BKat	0	25,00	
331012	Sie ordneten die Inbetriebnahme eines Fahrzeugs an, obwohl die Lenkeinrichtung Mängel *) aufwies, bzw. ließen sie zu. § 31 Abs. 2, § 38 Abs. 1, § 69a StVZO; § 24 Abs. 1, 3 Nr. 5 StVG; -- BKat	0	30,00	
331018	Sie ordneten die Inbetriebnahme eines Kraftfahrzeugs an, obwohl die vorgeschriebenen Sicherungseinrichtungen gegen unbefugte Benutzung nicht vorhanden waren, bzw. ließen sie zu. § 31 Abs. 2, § 38a, § 69a StVZO; § 24 Abs. 1, 3 Nr. 5 StVG; -- BKat	0	20,00	
331024	Sie ordneten die Inbetriebnahme eines Kraftfahrzeugs an, obwohl dessen Bremsen Mängel *) aufwiesen, bzw. ließen sie zu. § 31 Abs. 2, § 41, § 69a StVZO; § 24 Abs. 1, 3 Nr. 5 StVG; -- BKat	0	35,00	
331030	Sie ordneten die Inbetriebnahme eines Fahrzeugs an, obwohl dessen Einrichtungen zur Verbindung von Fahrzeugen nicht den Vorschriften entsprachen, bzw. ließen sie zu. § 31 Abs. 2, § 43 Abs. 1, § 69a StVZO; § 24 Abs. 1, 3 Nr. 5 StVG; -- BKat	0	35,00	
331036	Sie ordneten die Inbetriebnahme eines Fahrzeugs an, obwohl dessen Anhängekupplung nicht den Vorschriften entsprach, bzw. ließen sie zu. § 31 Abs. 2, § 43 Abs. 4, § 69a StVZO; § 24 Abs. 1, 3 Nr. 5 StVG; -- BKat	0	35,00	

TBNR	Bemerkungen
330100; 331000, 331006	*) Zutreffende Fahrzeugart angeben
331012; 331024	*) Mängel angeben
331006	**) Mängel angeben

Verantwortung für den Betrieb der Fahrzeuge - § 31 StVZO

TBNR	Tatbestandstext	FaP-Pkt	Euro	FV
331042	Sie ordneten die Inbetriebnahme eines Kraftfahrzeugs an, obwohl eine übermäßige Abgas- oder Geräuschentwicklung festgestellt wurde, bzw. ließen sie zu. § 31 Abs. 2, § 47, § 49 Abs. 1, § 69a StVZO; § 24 Abs. 1, 3 Nr. 5 StVG; - - BKat	0	30,00	
331048	Sie ordneten die Inbetriebnahme eines Fahrzeugs an, obwohl unzulässige lichttechnische Einrichtungen ange-bracht bzw. geschaltet waren, bzw. ließen sie zu. § 31 Abs. 2, § 49a Abs. 1, § 69a StVZO; § 24 Abs. 1, 3 Nr. 5 StVG; -- BKat	0	10,00	
331054	Sie ordneten die Inbetriebnahme eines Fahrzeugs an, obwohl mitführpflichtige lichttechnische Einrichtungen nicht den Vorschriften entsprachen, bzw. ließen sie zu. § 31 Abs. 2, § 49a, § 69a StVZO; § 24 Abs. 1, 3 Nr. 5 StVG; -- BKat	0	15,00	
331060	Sie ordneten die Inbetriebnahme eines Kraftfahrzeugs an, obwohl das Fahrzeug nicht mit vorgeschriebenem Warn-dreieck bzw. betriebsbereiter Warnleuchte ausgestattet war, bzw. ließen sie zu. § 31 Abs. 2, § 53a Abs. 1, 2, 3, 4, 5, § 69a StVZO; § 24 Abs. 1, 3 Nr. 5 StVG; -- Bkat	0	15,00	
331066	Sie ordneten die Inbetriebnahme eines Kraftfahrzeugs an, obwohl die Gültigkeitsdauer *) der letzten Prüfung des vor-geschriebenen Fahrtschreibers bzw. Kontrollgerätes abge-laufen war, bzw. ließen sie zu. § 31 Abs. 2, § 57b Abs. 1, § 69a StVZO; § 24 Abs. 1, 3 Nr. 5 StVG; -- Bkat	0	25,00	
331154	Sie ordneten die Inbetriebnahme des Personenkraftwagens, in dem ein Rollstuhlnutzer befördert wurde an, bzw. ließen sie zu, obwohl das Fahrzeug nicht mit dem vorgeschriebenen Rollstuhlstellplatz ausgerüstet war. § 31 Abs. 2, § 35a Abs. 4a, § 69a StVZO; § 24 Abs. 1, 3 Nr. 5 StVG; 203a BKat	0	35,00	
331160	Sie ordneten die Inbetriebnahme des Personenkraftwagens, in dem ein Rollstuhlnutzer befördert wurde an, bzw. ließen sie zu, obwohl der Rollstuhlstellplatz nicht mit dem vorgeschriebenen Rollstuhl-Rückhaltesystem/Rollstuhlnutzer-Rückhaltesystem *) ausgerüstet war. § 31 Abs. 2, § 35a Abs. 4a, § 69a StVZO; § 24 Abs. 1, 3 Nr. 5 StVG; 203c BKat	0	30,00	
331164	Sie stellten als Halter nicht sicher, dass das Rollstuhl-Rückhalte-system/Rollstuhlnutzer-Rückhaltesystem *) in der vom Hersteller des Systems vorgesehenen Weise während der Fahrt betrieben wurde. § 31 Abs. 2, § 35a Abs. 4a, § 69a StVZO; § 24 Abs. 1, 3 Nr. 5 StVG; 203f BKat	0	30,00	

TBNR   **Bemerkungen**
331066   *) Datum des Prüftermins angeben
331160; 331164 *) Zutreffendes angeben

Verantwortung für den Betrieb der Fahrzeuge - § 31 StVZO

TBNR	Tatbestandstext	FaP-Pkt	Euro	FV
331100	Sie ordneten die Inbetriebnahme eines Kraftomnibusses unter Verstoß gegen die Vorschrift über mitzuführende Feuerlöscher an, bzw. ließen sie zu. § 31 Abs. 2, § 35g Abs. 1, 2, § 69a StVZO; § 24 Abs. 1, 3 Nr. 5 StVG; 205 BKat	0	20,00	
331106	Sie ordneten die Inbetriebnahme eines Kraftomnibusses unter Verstoß gegen die Vorschrift über mitzuführendes Erste-Hilfe-Material an, bzw. ließen sie zu. § 31 Abs. 2, § 35h Abs. 1, 2, § 69a StVZO; § 24 Abs. 1, 3 Nr. 5 StVG; 207.1 BKat	0	25,00	
331112	Sie ordneten die Inbetriebnahme eines Kraftfahrzeugs unter Verstoß gegen die Vorschrift über mitzuführendes Erste-Hilfe-Material an, bzw. ließen sie zu. § 31 Abs. 2, § 35h Abs. 3, § 69a StVZO; § 24 Abs. 1, 3 Nr. 5 StVG; 207.2 BKat	0	10,00	
331118	Sie ordneten die Inbetriebnahme eines Mofas an, obwohl dessen Reifen keine vorschriftsmäßigen Profilrillen oder Einschnitte oder keine Profil- oder Einschnitttiefe besaß, bzw. ließen sie zu. § 31 Abs. 2, § 36 Abs. 3, § 69a StVZO; § 24 Abs. 1, 3 Nr. 5 StVG; 211 BKat	0	35,00	
331124	Sie ordneten die Inbetriebnahme eines Kraftfahrzeugs/An-hängers *) an, obwohl es/er **) unzulässig auf einer Achse mit Diagonal – und mit Radialreifen ausgerüstet war, bzw. ließen sie zu. § 31 Abs. 2, § 36 Abs. 6, § 69a StVZO; § 24 Abs. 1, 3 Nr. 5 StVG; 209 BKat	0	30,00	
331506	Sie ordneten die Inbetriebnahme eines Kraftfahrzeugs (außer Mofa)/Anhängers *) an, obwohl die Reifen mangel-haft **) waren, bzw. ließen sie zu. § 31 Abs. 2, § 36, § 69a StVZO; § 24 Abs. 1, 3 Nr. 5 StVG; -- BKat	0	75,00	
331512	Sie ordneten die Inbetriebnahme eines Kraftfahrzeugs (außer Mofa)/Anhängers *) an, obwohl die Reifen mit Spikes ausgestattet waren, bzw. ließen sie zu. § 31 Abs. 2, § 36 Abs. 1, § 69a StVZO; § 24 Abs. 1, 3 Nr. 5 StVG; -- BKat	0	75,00	
331600	Sie ordneten die Inbetriebnahme eines Lastkraftwagens/Kraftomnibusses *) an, obwohl der Führer zur selbst-ständigen Leitung nicht geeignet war, bzw. ließen sie zu. § 31 Abs. 2, § 69a StVZO; § 24 Abs. 1, 3 Nr. 5 StVG; 189.1.1 Bkat	B - 1	180,00	

TBNR	Bemerkungen
331124; 331506; 331512; 331600	*) Zutreffende Fahrzeugart angeben
331124	**) Zutreffendes angeben
331506	**) Mängel angeben

Verantwortung für den Betrieb der Fahrzeuge - § 31 StVZO

TBNR	Tatbestandstext	FaP-Pkt	Euro	FV
331601	Sie ordneten die Inbetriebnahme eines Lastkraftwagens/ Kraftomnibusses +) an, obwohl der Führer zur selbstständigen Leitung nicht geeignet war, bzw. ließen sie zu und gefährdeten +) dadurch Andere. § 31 Abs. 2, § 69a StVZO; § 1 Abs. 2, § 49 StVO; § 24 Abs. 1, 3 Nr. 5 StVG; 189.1.1 BKat; § 3 Abs. 3 BKatV; § 19 OwiG	B - 1	220,00	
331602	Sie ordneten die Inbetriebnahme eines Lastkraftwagens/ - Kraftomnibusses *) an, obwohl der Führer zur selbstständigen Leitung nicht geeignet war, bzw. ließen sie zu. Es kam zum Unfall. § 31 Abs. 2, § 69a StVZO; § 1 Abs. 2, § 49 StVO; § 24 Abs. 1, 3 Nr. 5 StVG; 189.1.1 BKat; § 3 Abs. 3 BKatV; § 19 OWiG	B - 1	265,00	
331606	Sie ordneten die Inbetriebnahme eines kennzeichnungspflichtigen Kraftfahrzeugs mit gefährlichen Gütern/Kraftomnibusses mit Fahrgästen *) an, obwohl der Führer zur selbstständigen Leitung nicht geeignet war, bzw. ließen sie zu. § 31 Abs. 2, § 69a StVZO; § 24 Abs. 1, 3 Nr. 5 StVG; 189.1.1 BKat; § 3 Abs. 4 BKatV	B - 1	270,00	
331607	Sie ordneten die Inbetriebnahme eines kennzeichnungspflichtigen Kraftfahrzeugs mit gefährlichen Gütern/Kraftomnibusses mit Fahrgästen *) an, obwohl der Führer zur selbstständigen Leitung nicht geeignet war, bzw. ließen sie zu und gefährdeten +) dadurch Andere. § 31 Abs. 2, § 69a StVZO; § 1 Abs. 2, § 49 StVO; § 24 Abs. 1, 3 Nr. 5 StVG; 189.1.1 BKat; § 3 Abs. 3, 4 BKatV; § 19 OWiG	B - 1	330,00	
331608	Sie ordneten die Inbetriebnahme eines kennzeichnungspflichtigen Kraftfahrzeugs mit gefährlichen Gütern/Kraftomnibusses mit Fahrgästen *) an, obwohl der Führer zur selbstständigen Leitung nicht geeignet war, bzw. ließen sie zu. Es kam zum Unfall. § 31 Abs. 2, § 69a StVZO; § 1 Abs. 2, § 49 StVO; § 24 Abs. 1, 3 Nr. 5 StVG; 189.1.1 BKat; § 3 Abs. 3, 4 BKatV; § 19 OWiG	B - 1	397,50	
331612	Sie ordneten die Inbetriebnahme eines Fahrzeugs an, obwohl der Führer zur selbstständigen Leitung nicht geeignet war, bzw. ließen sie zu. § 31 Abs. 2, § 69a StVZO; § 24 Abs. 1, 3 Nr. 5 StVG; 189.1.2 BKat	B - 1	90,00	
331613	Sie ordneten die Inbetriebnahme eines Fahrzeugs an, obwohl der Führer zur selbstständigen Leitung nicht geeignet war, bzw. ließen sie zu und gefährdeten +) dadurch Andere. § 31 Abs. 2, § 69a StVZO; § 1 Abs. 2, § 49 StVO; § 24 Abs. 1, 3 Nr. 5 StVG; 189.1.2 BKat; § 3 Abs. 3 BKatV; § 19 OWiG	B - 1	110,00	

TBNR   **Bemerkungen**
331601 – 331608   *) Zutreffende Fahrzeugart angeben

Verantwortung für den Betrieb der Fahrzeuge - § 31 StVZO

TBNR	Tatbestandstext	FaP-Pkt	Euro	FV
331614	Sie ordneten die Inbetriebnahme eines Fahrzeugs an, obwohl der Führer zur selbstständigen Leitung nicht geeignet war, bzw. ließen sie zu. Es kam zum Unfall. § 31 Abs. 2, § 69a StVZO; § 1 Abs. 2, § 49 StVO; § 24 Abs. 1, 3 Nr. 5 StVG; 189.1.2 BKat; § 3 Abs. 3 BKatV; § 19 OWiG	B - 1	135,00	
331609	Sie ordneten die Inbetriebnahme eines Lastkraftwagens/ -Kraftomnibusses *) bzw. dessen Anhängers an, obwohl die Verkehrssicherheit durch einen nicht vorschriftsmäßigen Zustand **) des Fahrzeugs wesentlich beeinträchtigt war, bzw. ließen sie zu. § 31 Abs. 2, § 69a StVZO; § 24 Abs. 1, 3 Nr. 5 StVG; 189.2.1 BKat	B - 1	270,00	
331610	Sie ordneten die Inbetriebnahme eines Lastkraftwagens/ Kraftomnibusses *) bzw. dessen Anhängers an, obwohl die Verkehrssicherheit durch einen nicht vorschriftsmäßigen Zustand **) des Fahrzeugs wesentlich beeinträchtigt war, bzw. ließen sie zu und gefährdeten +) dadurch Andere. § 31 Abs. 2, § 69a StVZO; § 1 Abs. 2, § 49 StVO; § 24 Abs. 1, 3 Nr. 5 StVG; 189.2.1 BKat; § 3 Abs. 3 BKatV; § 19 OWiG	B - 1	325,00	
331611	Sie ordneten die Inbetriebnahme eines Lastkraftwagens/ Kraftomnibusses *) bzw. dessen Anhängers an, obwohl die Verkehrssicherheit durch einen nicht vorschriftsmäßigen Zustand **) des Fahrzeugs wesentlich beeinträchtigt war, bzw. ließen sie zu. Es kam zum Unfall. § 31 Abs. 2, § 69a StVZO; § 1 Abs. 2, § 49 StVO; § 24 Abs. 1, 3 Nr. 5 StVG; 189.2.1 BKat; § 3 Abs. 3 BKatV; § 19 OWiG	B - 1	390,00	
331615	Sie ordneten die Inbetriebnahme eines kennzeichnungspflichtigen Lastkraftwagens mit gefährlichen Gütern/Kraftomnibusses mit Fahrgästen *) bzw. dessen Anhängers an, obwohl die Verkehrssicherheit durch einen nicht vorschriftsmäßigen Zustand **) des Fahrzeugs wesentlich beeinträchtigt war, bzw. ließen sie zu. § 31 Abs. 2, § 69a StVZO; § 24 Abs. 1, 3 Nr. 5 StVG; 189.2.1 BKat; § 3 Abs. 4 BKatV	B - 1	405,00	
331616	Sie ordneten die Inbetriebnahme eines kennzeichnungspflichtigen Lkw mit gefährlichen Gütern/KOM mit Fahrgästen *) bzw. dessen Anhängers an, obwohl die Verkehrssicherheit durch einen nicht vorschriftsmäßigen Zustand **) des Fahrzeugs wesentlich beeinträchtigt war, bzw. ließen sie zu und gefährdeten +) dadurch Andere. § 31 Abs. 2, § 69a StVZO; § 1 Abs. 2, § 49 StVO; § 24 Abs. 1, 3 Nr. 5 StVG; 189.2.1 BKat; § 3 Abs. 3, 4 BKatV; § 19 OWiG	B - 1	487,50	

TBNR	**Bemerkungen**
331609 - 331616	*) Zutreffende Fahrzeugart angeben, **) Mängel angeben

Verantwortung für den Betrieb der Fahrzeuge - § 31 StVZO

TBNR	Tatbestandstext	FaP-Pkt	Euro	FV
331617	Sie ordneten die Inbetriebnahme eines kennzeichnungspflichtigen Lkw mit gefährlichen Gütern/KOM mit Fahrgästen *) bzw. dessen Anhängers an, obwohl die Verkehrssicherheit durch einen nicht vorschriftsmäßigen Zustand **) des Fahrzeugs wesentlich beeinträchtigt war, bzw. ließen sie zu. Es kam zum Unfall. § 31 Abs. 2, § 69a StVZO; § 1 Abs. 2, § 49 StVO; § 24 Abs. 1, 3 Nr. 5 StVG; 189.2.1 BKat; § 3 Abs. 3, 4 BKatV; § 19 OWiG	B - 1	585,00	
331621	Sie ordneten die Inbetriebnahme eines Fahrzeugs an, obwohl die Verkehrssicherheit durch einen nicht vorschriftsmäßigen Zustand *) des Fahrzeugs wesentlich beeinträchtigt war, bzw. ließen sie zu. § 31 Abs. 2, § 69a StVZO; § 24 Abs. 1, 3 Nr. 5 StVG; 189.2.2 BKat	B - 1	135,00	
331622	Sie ordneten die Inbetriebnahme eines Fahrzeugs an, obwohl die Verkehrssicherheit durch einen nicht vorschriftsmäßigen Zustand *) des Fahrzeugs wesentlich beeinträchtigt war, bzw. ließen sie zu und gefährdeten +) dadurch Andere. § 31 Abs. 2, § 69a StVZO; § 1 Abs. 2, § 49 StVO; § 24 Abs. 1, 3 Nr. 5 StVG; 189.2.2 BKat; § 3 Abs. 3 BKatV; § 19 OWiG	B - 1	165,00	
331623	Sie ordneten die Inbetriebnahme eines Fahrzeugs an, obwohl die Verkehrssicherheit durch einen nicht vorschriftsmäßigen Zustand *) des Fahrzeugs wesentlich beeinträchtigt war, bzw. ließen sie zu. Es kam zum Unfall. § 31 Abs. 2, § 69a StVZO; § 1 Abs. 2, § 49 StVO; § 24 Abs. 1, 3 Nr. 5 StVG; 189.2.2 BKat; § 3 Abs. 3 BKatV; § 19 OWiG	B - 1	200,00	
331618	Sie ordneten die Inbetriebnahme eines Lastkraftwagens/Kraftomnibusses *) bzw. dessen Anhängers an, obwohl die Verkehrssicherheit des Fahrzeugs durch die Ladung/Besetzung **) wesentlich beeinträchtigt wurde, bzw. ließen sie zu. § 31 Abs. 2, § 69a StVZO; § 24 Abs. 1, 3 Nr. 5 StVG; 189.3.1 BKat	B - 1	270,00	
331619	Sie ordneten die Inbetriebnahme eines Lastkraftwagens/Kraftomnibusses *) bzw. dessen Anhängers an, obwohl die Verkehrssicherheit des Fahrzeugs durch die Ladung/Besetzung **) wesentlich beeinträchtigt wurde, bzw. ließen sie zu und gefährdeten +) dadurch Andere. § 31 Abs. 2, § 69a StVZO; § 1 Abs. 2, § 49 StVO; § 24 Abs. 1, 3 Nr. 5 StVG; 189.3.1 BKat; § 3 Abs. 3 BKatV; § 19 OWiG	B - 1	325,00	
331620	Sie ordneten die Inbetriebnahme eines Lastkraftwagens/Kraftomnibusses *) bzw. dessen Anhängers an, obwohl die Verkehrssicherheit des Fahrzeugs durch die Ladung/Besetzung **) wesentlich beeinträchtigt wurde, bzw. ließen sie zu. Es kam zum Unfall. § 31 Abs. 2, § 69a StVZO; § 1 Abs. 2, § 49 StVO; § 24 Abs. 1, 3 Nr. 5 StVG; 189.3.1 BKat; § 3 Abs. 3 BKatV; § 19 OWiG	B - 1	390,00	

TBNR	Bemerkungen
331617 – 331620	*) Zutreffende Fahrzeugart angeben, **) Mängel angeben
331621 – 331623	*) Mängel angeben

Verantwortung für den Betrieb der Fahrzeuge - § 31 StVZO

TBNR	Tatbestandstext	FaP-Pkt	Euro	FV
331624	Sie ordneten die Inbetriebnahme eines kennzeichnungspflichtigen Kraftfahrzeugs mit gefährlichen Gütern/Kraftomnibusses mit Fahrgästen *) bzw. dessen Anhängers an, obwohl die Verkehrssicherheit des Fahrzeugs durch die Ladung/Besetzung **) wesentlich beeinträchtigt wurde, bzw. ließen Sie zu. § 31 Abs. 2, § 69a StVZO; § 24 Abs. 1, 3 Nr. 5 StVG; 189.3.1 BKat; § 3 Abs. 4 BKatV	B - 1	405,00	
331625	Sie ordneten die Inbetriebnahme eines kennzeichnungspflichtigen Kraftfahrzeugs mit gefährlichen Gütern/Kraftomnibusses mit Fahrgästen *) bzw. dessen Anhängers an, obwohl die Verkehrssicherheit des Fahrzeugs durch die Ladung/Besetzung **) wesentlich beeinträchtigt wurde, bzw. ließen sie zu und gefährdeten +) dadurch Andere. § 31 Abs. 2, § 69a StVZO; § 1 Abs. 2, § 49 StVO; § 24 Abs. 1, 3 Nr. 5 StVG; 189.3.1 BKat; § 3 Abs. 3, 4 BKatV; § 19 OWiG	B - 1	487,50	
331626	Sie ordneten die Inbetriebnahme eines kennzeichnungspflichtigen Kraftfahrzeugs mit gefährlichen Gütern/Kraftomnibusses mit Fahrgästen *) bzw. dessen Anhängers an, obwohl die Verkehrssicherheit des Fahrzeugs durch die Ladung/Besetzung **) wesentlich beeinträchtigt wurde, bzw. ließen sie zu. Es kam zum Unfall. § 31 Abs. 2, § 69a StVZO; § 1 Abs. 2, § 49 StVO; § 24 Abs. 1, 3 Nr. 5 StVG; 189.3.1 BKat; § 3 Abs. 3, 4 BKatV; § 19 OWiG	B - 1	585,00	
331630	Sie ordneten die Inbetriebnahme eines Fahrzeugs an, obwohl die Verkehrssicherheit des Fahrzeugs durch die Ladung/Besetzung *) wesentlich beeinträchtigt wurde, bzw. ließen sie zu. § 31 Abs. 2, § 69a StVZO; § 24 Abs. 1, 3 Nr. 5 StVG; 189.3.2 BKat	B - 1	135,00	
331631	Sie ordneten die Inbetriebnahme eines Fahrzeugs an, obwohl die Verkehrssicherheit des Fahrzeugs durch die Ladung/Besetzung *) wesentlich beeinträchtigt wurde, bzw. ließen sie zu und gefährdeten +) dadurch Andere. § 31 Abs. 2, § 69a StVZO; § 1 Abs. 2, § 49 StVO; § 24 Abs. 1, 3 Nr. 5 StVG; 189.3.2 BKat; § 3 Abs. 3 BKatV; § 19 OwiG	B - 1	165,00	
331632	Sie ordneten die Inbetriebnahme eines Fahrzeugs an, obwohl die Verkehrssicherheit des Fahrzeugs durch die Ladung/Besetzung *) wesentlich beeinträchtigt wurde, bzw. ließen sie zu. Es kam zum Unfall. § 31 Abs. 2, § 69a StVZO; § 1 Abs. 2, § 49 StVO; § 24 Abs. 1, 3 Nr. 5 StVG; 189.3.2 BKat; § 3 Abs. 3 BKatV; § 19 OWiG	B - 1	200,00	

TBNR   Bemerkungen
331624 – 331626 *) Zutreffende Fahrzeugart angeben, **) Zutreffendes angeben
331630 – 331632 *) Zutreffendes angeben

Verantwortung für den Betrieb der Fahrzeuge - § 31 StVZO

TBNR	Tatbestandstext	FaP-Pkt	Euro	FV
331660	Sie ordneten die Inbetriebnahme eines Kraftfahrzeugs/einer Fahrzeugkombination *) an, obwohl die zugelassene Breite um **) ..,.. m überschritten war, bzw. ließen sie zu. § 31 Abs. 2, § 32 Abs. 1, 2, 3, 4, § 31d Abs. 1 ***), § 69a StVZO; § 24 Abs. 1, 3 Nr. 5 StVG; 193 BKat	B - 1	75,00	
331666	Sie ordneten die Inbetriebnahme eines Kraftfahrzeugs/einer Fahrzeugkombination *) an, obwohl die zugelassene Höhe über alles um **)..,... m überschritten war, bzw. ließen sie zu. § 31 Abs. 2, § 32 Abs. 1, 2, 3, 4, § 31d Abs. 1 ***), § 69a StVZO; § 24 Abs. 1, 3 Nr. 5 StVG; 193 BKat	B - 1	75,00	
331672	Sie ordneten die Inbetriebnahme eines Kraftfahrzeugs/einer Fahrzeugkombination *) an, obwohl die zugelassene Länge über alles um **)..,... m überschritten war, bzw. ließen sie zu. § 31 Abs. 2, § 32 Abs. 1, 2, 3, 4, § 31d Abs. 1 ***), § 69a StVZO; § 24 Abs. 1, 3 Nr. 5 StVG; 193 BKat	B - 1	75,00	
331678	Sie ordneten die Inbetriebnahme eines Kraftfahrzeugs/einer Fahrzeugkombination *) an, obwohl die vorgeschriebenen Kurvenlaufeigenschaften nicht eingehalten waren, bzw. ließen sie zu. § 31 Abs. 2, § 32d Abs. 1, 2, § 69a StVZO; § 24 Abs. 1, 3 Nr. 5 StVG; 196 BKat	B -1	75,00	
331684	Sie ordneten die Inbetriebnahme eines Kraftomnibusses an, obwohl mehr Personen befördert wurden, als in der Zulassungsbescheinigung Teil I Plätze auswiesen waren, bzw. ließen sie zu. § 31 Abs. 2, § 34a Abs. 1, § 69a StVZO; § 24 Abs. 1, 3 Nr. 5 StVG; 202 BKat	B - 1	75,00	
331690	Sie ordneten die Inbetriebnahme eines Kraftfahrzeugs/Anhängers *) an, obwohl dessen Reifen keine vorschriftsmäßigen Profilrillen oder Einschnitte oder keine ausreichende Profil- oder Einschnitttiefe besaß, bzw. ließen sie zu. § 31 Abs. 2, § 36 Abs. 3, § 31d Abs. 4 **), § 69a StVZO; § 24 Abs. 1, 3 Nr. 5 StVG; 213 BKat	B -1	75,00	

TBNR   Bemerkungen
331660 – 331678; *) Zutreffende Fahrzeugart angeben
331690
331660 – 331672 ***) Zutreffende Rechtsgrundlage angeben
331690   **) Zutreffende Rechtsgrundlage angeben
331660 – 331672 **) Tatsächliche Überschreitung angeben

TBNR	Tatbestandstext	FaP-Pkt	Euro	FV
331696	Sie ordneten die Inbetriebnahme eines kennzeichnungs-pflichtigen Kraftfahrzeugs mit gefährlichen Gütern/Kraft-omnibusses mit Fahrgästen *) an, obwohl dessen Reifen keine vorschriftsmäßigen Profilrillen oder Einschnitte oder keine ausreichende Profil- oder Einschnitttiefe besaß, bzw. ließen sie zu. § 31 Abs. 2, § 36 Abs. 3, § 31d Abs. 4 **), § 69a StVZO; § 24 Abs. 1, 3 Nr. 5 StVG; 213 BKat; § 3 Abs. 4 BkatV	B - 1	112,50	
331702	Sie ordneten die Inbetriebnahme eines Lastkraftwagens/ - Kraftomnibusses *) bzw. dessen Anhängers an, obwohl die Verkehrssicherheit durch den Verstoß gegen eine Vorschrift über Lenkeinrichtungen wesentlich beeinträchtigt wurde, bzw. ließen sie zu. § 31 Abs. 2, § 38, § 69a StVZO; § 24 Abs. 1, 3 Nr. 5 StVG; 189.2.1 BKat	B - 1	270,00	
331703	Sie ordneten die Inbetriebnahme eines Lastkraftwagens/ Kraftomnibusses *) bzw. dessen Anhängers an, obwohl die Verkehrssicherheit durch den Verstoß gegen eine Vorschrift über Lenkeinrichtungen wesentlich beeinträchtigt wurde, bzw. ließen sie zu und gefährdeten +) dadurch Andere. § 31 Abs. 2, § 38, § 69a StVZO; § 1 Abs. 2, § 49 StVO; § 24 Abs. 1, 3 Nr. 5 StVG; 189.2.1 BKat; § 3 Abs. 3 BKatV; § 19 OWiG	B - 1	325,00	
331704	Sie ordneten die Inbetriebnahme eines Lastkraftwagens/ Kraftomnibusses *) bzw. dessen Anhängers an, obwohl die Verkehrssicherheit durch den Verstoß gegen eine Vorschrift über Lenkeinrichtungen wesentlich beeinträchtigt wurde, bzw. ließen sie zu. Es kam zum Unfall. § 31 Abs. 2, § 38, § 69a StVZO; § 1 Abs. 2, § 49 StVO; § 24 Abs. 1, 3 Nr. 5 StVG; 189.2.1 BKat; § 3 Abs. 3 BKatV; § 19 OWiG	B - 1	390,00	
331708	Sie ordneten die Inbetriebnahme eines kennzeichnungs-pflichtigen Kraftfahrzeugs mit gefährlichen Gütern/Kraft-omnibusses mit Fahrgästen *) bzw. dessen Anhängers an, obwohl die Verkehrssicherheit durch den Verstoß gegen eine Vorschrift über Lenkeinrichtungen wesentlich be-einträchtigt wurde, bzw. ließen sie zu. § 31 Abs. 2, § 38, § 69a StVZO; § 24 Abs. 1, 3 Nr. 5 StVG; 189.2.1 BKat; § 3 Abs. 4 BkatV	B - 1	405,00	
331709	Sie ordneten die Inbetriebnahme eines kennzeichnungs-pflichtigenKfz mit gefährlichen Gütern/KOM mit Fahrgästen *) bzw. dessen Anhängers an, obwohl die Verkehrssicherheit durch den Verstoß gegen eine Vorschrift über Lenkeinrichtungen wesentlich beeinträchtigt wurde, bzw. ließen sie zu und ge-fährdeten +) dadurch Andere. § 31 Abs. 2, § 38, § 69a StVZO; § 1 Abs. 2, § 49 StVO; § 24 Abs. 1, 3 Nr. 5 StVG; 189.2.1 BKat; § 3 Abs. 3, 4 BKatV; § 19 OwiG	B – 1	487,50	

TBNR	Bemerkungen
331696 – 331709	*) Zutreffende Fahrzeugart angeben
331696	**) Zutreffende Rechtsgrundlage angeben

Verantwortung für den Betrieb der Fahrzeuge - § 31 StVZO

TBNR	Tatbestandstext	FaP-Pkt	Euro	FV
331710	Sie ordneten die Inbetriebnahme eines kennzeichnungspflichtigen Kfz mit gefährlichen Gütern/KOM mit Fahrgästen *) bzw. dessen Anhängers an, obwohl die Verkehrssicherheit durch den Verstoß gegen eine Vorschrift über Lenkeinrichtungen wesentlich beeinträchtigt wurde, bzw. ließen sie zu. Es kam zum Unfall. § 31 Abs. 2, § 38, § 69a StVZO; § 1 Abs. 2, § 49 StVO; § 24 Abs. 1, 3 Nr. 5 StVG; 189.2.1 BKat; § 3 Abs. 3, 4 BKatV; § 19 OWiG	B - 1	585,00	
331714	Sie ordneten die Inbetriebnahme eines Fahrzeugs an, obwohl die Verkehrssicherheit durch den Verstoß gegen eine Vorschrift über Lenkeinrichtungen wesentlich beeinträchtigt wurde, bzw. ließen sie zu. § 31 Abs. 2, § 38, § 69a StVZO; § 24 Abs. 1, 3 Nr. 5 StVG; 189.2.2 Bkat	B - 1	135,00	
331715	Sie ordneten die Inbetriebnahme eines Fahrzeugs an, obwohl die Verkehrssicherheit durch den Verstoß gegen eine Vorschrift über Lenkeinrichtungen wesentlich beeinträchtigt wurde, bzw. ließen sie zu und gefährdeten +) dadurch Andere. § 31 Abs. 2, § 38, § 69a StVZO; § 1 Abs. 2, § 49 StVO; § 24 Abs. 1, 3 Nr. 5 StVG; 189.2.2 BKat; § 3 Abs. 3 BKatV; § 19 OWiG	B - 1	165,00	
331716	Sie ordneten die Inbetriebnahme eines Fahrzeugs an, obwohl die Verkehrssicherheit durch den Verstoß gegen eine Vorschrift über Lenkeinrichtungen wesentlich beeinträchtigt wurde, bzw. ließen sie zu. Es kam zum Unfall. § 31 Abs. 2, § 38, § 69a StVZO; § 1 Abs. 2, § 49 StVO; § 24 Abs. 1, 3 Nr. 5 StVG; 189.2.2 BKat; § 3 Abs. 3 BKatV; § 19 OWiG	B - 1	200,00	
331720	Sie ordneten die Inbetriebnahme eines Lastkraftwagens/ Kraftomnibusses *) bzw. dessen Anhängers an, obwohl die Verkehrssicherheit durch den Verstoß gegen eine Vorschrift über Bremsen wesentlich beeinträchtigt wurde, bzw. ließen sie zu. § 31 Abs. 2, § 41, § 69a StVZO; § 24 Abs. 1, 3 Nr. 5 StVG; 189.2.1 BKat	B - 1	270,00	
331721	Sie ordneten die Inbetriebnahme eines Lastkraftwagens/ - Kraftomnibusses *) bzw. dessen Anhängers an, obwohl die Verkehrssicherheit durch den Verstoß gegen eine Vorschrift über Bremsen wesentlich beeinträchtigt wurde, bzw. ließen sie zu und gefährdeten +) dadurch Andere. § 31 Abs. 2, § 41, § 69a StVZO; § 1 Abs. 2, § 49 StVO; § 24 Abs. 1, 3 Nr. 5 StVG; 189.2.1 BKat; § 3 Abs. 3 BKatV; § 19 OWiG	B - 1	325,00	

TBNR	Bemerkungen
331710;	*) Zutreffende Fahrzeugart angeben
331720 - 311721	

Verantwortung für den Betrieb der Fahrzeuge - § 31 StVZO

TBNR	Tatbestandstext	FaP-Pkt	Euro	FV
331722	Sie ordneten die Inbetriebnahme eines Lastkraftwagens/ Kraftomnibusses *) bzw. dessen Anhängers an, obwohl die Verkehrssicherheit durch den Verstoß gegen eine Vorschrift über Bremsen wesentlich beeinträchtigt wurde, bzw. ließen sie zu. Es kam zum Unfall. § 31 Abs. 2, § 41, § 69a StVZO; § 1 Abs. 2, § 49 StVO; § 24 Abs. 1, 3 Nr. 5 StVG; 189.2.1 BKat; § 3 Abs. 3 BKatV; § 19 OWiG	B - 1	390,00	
331726	Sie ordneten die Inbetriebnahme eines kennzeichnungspflichtigen Kraftfahrzeugs mit gefährlichen Gütern/Kraftomnibusses mit Fahrgästen *) bzw. dessen Anhängers an, obwohl die Verkehrssicherheit durch den Verstoß gegen eine Vorschrift über Bremsen wesentlich beeinträchtigt wurde, bzw. ließen sie zu. § 31 Abs. 2, § 41, § 69a StVZO; § 24 Abs. 1, 3 Nr. 5 StVG; 189.2.1 BKat; § 3 Abs. 4 BKatV	B - 1	405,00	
331727	Sie ordneten die Inbetriebnahme eines kennzeichnungspflichtigen Kraftfahrzeugs mit gefährlichen Gütern/KOM mit Fahrgästen *) bzw. dessen Anhängers an, obwohl die Verkehrssicherheit durch den Verstoß gegen eine Vorschrift über Bremsen wesentlich beeinträchtigt wurde, bzw. ließen sie zu und gefährdeten +) dadurch Andere. § 31 Abs. 2, § 41, § 69a StVZO; § 1 Abs. 2, § 49 StVO; § 24 Abs. 1, 3 Nr. 5 StVG; 189.2.1 BKat; § 3 Abs. 3, 4 BKatV; § 19 OwiG	B - 1	487,50	
331728	Sie ordneten die Inbetriebnahme eines kennzeichnungspflichtigen Kraftfahrzeugs mit gefährlichen Gütern/KOM mit Fahrgästen *) bzw. dessen Anhängers an, obwohl die Verkehrssicherheit durch den Verstoß gegen eine Vorschrift über Bremsen wesentlich beeinträchtigt wurde, bzw. ließen sie zu. Es kam zum Unfall. § 31 Abs. 2, § 41, § 69a StVZO; § 1 Abs. 2, § 49 StVO; § 24 Abs. 1, 3 Nr. 5 StVG; 189.2.1 BKat; § 3 Abs. 3, 4 BKatV; § 19 OWiG	B - 1	585,00	
331732	Sie ordneten die Inbetriebnahme eines Fahrzeugs an, obwohl die Verkehrssicherheit durch den Verstoß gegen eine Vorschrift über Bremsen wesentlich beeinträchtigt wurde, bzw. ließen sie zu. § 31 Abs. 2, § 41, § 69a StVZO; § 24 Abs. 1, 3 Nr. 5 StVG; 189.2.2 BKat	B - 1	135,00	

TBNR	Bemerkungen
331722 – 3317278	*) Zutreffende Fahrzeugart angeben

Verantwortung für den Betrieb der Fahrzeuge - § 31 StVZO

TBNR	Tatbestandstext	FaP-Pkt	Euro	FV
331733	Sie ordneten die Inbetriebnahme eines Fahrzeugs an, obwohl die Verkehrssicherheit durch den Verstoß gegen eine Vorschrift über Bremsen wesentlich beeinträchtigt wurde, bzw. ließen sie zu und gefährdeten +) dadurch Andere. § 31 Abs. 2, § 41, § 69a StVZO; § 1 Abs. 2, § 49 StVO; § 24 Abs. 1, 3 Nr. 5 StVG; 189.2.2 BKat; § 3 Abs. 3 BKatV; § 19 OWiG	B - 1	165,00	
331734	Sie ordneten die Inbetriebnahme eines Fahrzeugs an, obwohl die Verkehrssicherheit durch den Verstoß gegen eine Vorschrift über Bremsen wesentlich beeinträchtigt wurde, bzw. ließen sie zu. Es kam zum Unfall. § 31 Abs. 2, § 41, § 69a StVZO; § 1 Abs. 2, § 49 StVO; § 24 Abs. 1, 3 Nr. 5 StVG; 189.2.2 BKat; § 3 Abs. 3 BKatV; § 19 OWiG	B - 1	200,00	
331738	Sie ordneten die Inbetriebnahme eines Lastkraftwagens/ KOM *) bzw. dessen Anhängers an, obwohl die Verkehrssicherheit durch den Verstoß gegen eine Vorschrift über Einrichtungen zur Verbindung von Fahrzeugen wesentlich beeinträchtigt wurde, bzw. ließen sie zu. § 31 Abs. 2, § 43 Abs. 1, 4, § 69a StVZO; § 24 Abs. 1, 3 Nr. 5 StVG; 189.2.1 BKat	B - 1	270,00	
331739	Sie ordneten die Inbetriebnahme eines Lastkraftwagens/ KOM *) bzw.dessen Anhängers an, obwohl die Verkehrssicherheit durch den Verstoß gegen eine Vorschrift über Einrichtungen zur Verbindung von Fahrzeugen wesentlich beeinträchtigt wurde, bzw. ließen sie zu und gefährdeten +) dadurch Andere. § 31 Abs. 2, § 43 Abs. 1, 4, § 69a StVZO; § 1 Abs. 2, § 49 StVO; § 24 Abs. 1, 3 Nr. 5 StVG; 189.2.1 BKat; § 3 Abs. 3 BKatV; § 19 OWiG	B - 1	325,00	
331740	Sie ordneten die Inbetriebnahme eines Lastkraftwagens/ KOM *) bzw.dessen Anhängers an, obwohl die Verkehrssicherheit durch den Verstoß gegen eine Vorschrift über Einrichtungen zur Verbindung von Fahrzeugen wesentlich beeinträchtigt wurde, bzw. ließen sie zu. Es kam zum Unfall. § 31 Abs. 2, § 43 Abs. 1, 4, § 69a StVZO; § 1 Abs. 2, § 49 StVO; § 24 Abs. 1, 3 Nr. 5 StVG; 189.2.1 BKat; § 3 Abs. 3 BKatV; § 19 OWiG	B - 1	390,00	

TBNR   **Bemerkungen**
331738 - 331740 *) Zutreffende Fahrzeugart angeben

Verantwortung für den Betrieb der Fahrzeuge - § 31 StVZO

TBNR	Tatbestandstext	FaP-Pkt	Euro	FV
331742	Sie ordneten die Inbetriebnahme eines kennzeichnungspflichtigen Kraftfahrzeugs mit gefährlichen Gütern/KOM mit Fahrgästen *) bzw. dessen Anhängers an, obwohl die Verkehrssicherheit durch den Verstoß gegen eine Vorschrift über Einrichtungen zur Verbindung von Fahrzeugen wesentlich beeinträchtigt wurde, bzw. ließen sie zu. § 31 Abs. 2, § 43 Abs. 1, 4, § 69a StVZO; § 24 Abs. 1, 3 Nr. 5 StVG; 189.2.1 BKat; § 3 Abs. 4 BKatV	B - 1	405,00	
331743	Sie ordneten die Inbetriebnahme eines kennzeichnungspflichtigen Kfz mit gef. Gütern/KOM mit Fahrgästen *) bzw. dessen Anhängers an, obwohl die Verkehrssicherheit durch den Verstoß gegen eine Vorschrift über Einrichtungen zur Verbindung von Fahrzeugen wesentlich beeinträchtigt wurde, bzw. ließen sie zu und gefährdeten +) dadurch Andere. § 31 Abs. 2, § 43 Abs. 1, 4, § 69a StVZO; § 1 Abs. 2, § 49 Abs. 1, 3 Nr. 5 StVG; 189.2.1 BKat; § 3 Abs. 3, 4 BKatV; § 19 OWiG	B - 1	487,50	
331744	Sie ordneten die Inbetriebnahme eines kennzeichnungspflichtigen Kfz mit gef. Gütern/KOM mit Fahrgästen *) bzw. dessen Anhängers an,obwohl die Verkehrssicherheit durch den Verstoß gegen eine Vorschrift über Einrichtungen zur Verbindung von Fahrzeugen wesentlich beeinträchtigt wurde, bzw. ließen sie zu. Es kam zum Unfall. § 31 Abs. 2, § 43 Abs. 1, 4, § 69a StVZO; § 1 Abs. 2, § 49 StVO; § 24 Abs. 1, 3 Nr. 5 StVG; 189.2.1 BKat; § 3 Abs. 3, 4 BKatV; § 19 OWiG	B - 1	585,00	
331745	Sie ordneten die Inbetriebnahme eines Fahrzeugs an, obwohl die Verkehrssicherheit durch den Verstoß gegen eine Vorschrift über Einrichtungen zur Verbindung von Fahrzeugen wesentlich beeinträchtigt wurde, bzw. ließen sie zu. § 31 Abs. 2, § 43 Abs. 1, 4, § 69a StVZO; § 24 Abs. 1, 3 Nr. 5 StVG; 189.2.2 BKat	B - 1	135,00	
331746	Sie ordneten die Inbetriebnahme eines Fahrzeugs an, obwohl die Verkehrssicherheit durch den Verstoß gegen eine Vorschrift über Einrichtungen zur Verbindung von Fahrzeugen wesentlich beeinträchtigt wurde, bzw. ließen sie zu und gefährdeten +) dadurch Andere. § 31 Abs. 2, § 43 Abs. 1, 4, § 69a StVZO; § 1 Abs. 2, § 49 StVO; § 24 Abs. 1, 3 Nr. 5 StVG; 189.2.2 BKat; § 3 Abs. 3 BKatV; § 19 OWiG	B - 1	165,00	

TBNR   **Bemerkungen**
331742 – 331744 *) Zutreffende Fahrzeugart angeben

Verantwortung für den Betrieb der Fahrzeuge - § 31 StVZO

TBNR	Tatbestandstext	FaP-Pkt	Euro	FV
331747	Sie ordneten die Inbetriebnahme eines Fahrzeugs an, obwohl die Verkehrssicherheit durch den Verstoß gegen eine Vorschrift über Einrichtungen zur Verbindung von Fahrzeugen wesentlich beeinträchtigt wurde, bzw. ließen sie zu. Es kam zum Unfall. § 31 Abs. 2, § 43 Abs. 1, 4, § 69a StVZO; § 1 Abs. 2, § 49 StVO; § 24 Abs. 1, 3 Nr. 5 StVG; 189.2.2 BKat; § 3 Abs. 3 BKatV; § 19 OwiG	B - 1	200,00	
331754	Sie ordneten die Inbetriebnahme eines Kraftomnibusses/ eines Lkw/einer Zugmaschine/einer Sattelzugmaschine *) mit einer zulässigen Gesamtmasse von mehr als 3,5 t an, obwohl das Fahrzeug nicht mit dem vorgeschriebenen Geschwindigkeitsbegrenzer ausgerüstet war, bzw. ließen sie zu. § 31 Abs. 2, § 57c Abs. 2, § 31d Abs. 3 **), § 69a StVZO; § 24 Abs. 1, 3 Nr. 5 StVG; 224 BKat	B - 1	150,00	
331755	Sie ordneten die Inbetriebnahme eines Kraftomnibusses mit Fahrgästen/kennzeichnungspflichtigen Lkw mit gefährlichen Gütern *) mit einer zulässigen Gesamtmasse von mehr als 3,5 t an, obwohl das Fahrzeug nicht mit dem vorgeschriebenen Geschwindigkeitsbegrenzer ausgerüstet war, bzw. ließen sie zu. § 31 Abs. 2, § 57c Abs. 2, § 31d Abs. 3 **), § 69a StVZO; § 24 Abs. 1, 3 Nr. 5 StVG; 224 BKat; § 3 Abs. 4 BKatV	B - 1	225,00	
331756	Sie ordneten die Inbetriebnahme einer kennzeichnungspflichtigen Zugmaschine/Sattelzugmaschine *) mit gefährlichen Gütern mit einer zulässigen Gesamtmasse von mehr als 3,5 t an, obwohl das Fahrzeug nicht mit dem vorgeschriebenen Geschwindigkeitsbegrenzer ausgerüstet war, bzw. ließen sie zu. § 31 Abs. 2, § 57c Abs. 2, § 31d Abs. 3 **), § 69a StVZO; § 24 Abs. 1, 3 Nr. 5 StVG; 224 BKat; § 3 Abs. 4 BKatV	B - 1	225,00	
331760	Sie ordneten die Inbetriebnahme eines Kraftomnibusses/ eines Lkw/einer Zugmaschine/einer Sattelzugmaschine *) mit einer zulässigen Gesamtmasse von mehr als 3,5 t an, obwohl der Geschwindigkeitsbegrenzer auf eine unzulässige Geschwindigkeit eingestellt war, bzw. ließen sie zu. § 31 Abs. 2, § 57c Abs. 2, § 31d Abs. 3 **), § 69a StVZO; § 24 Abs. 1, 3 Nr. 5 StVG; 224 BKat	B - 1	150,00	

TBNR	Bemerkungen
331754 – 331760	*) Zutreffende Fahrzeugart angeben, **) Zutreffende Rechtsgrundlage angeben

Verantwortung für den Betrieb der Fahrzeuge - § 31 StVZO

TBNR	Tatbestandstext	FaP-Pkt	Euro	FV
331761	Sie ordneten die Inbetriebnahme eines Kraftomnibusses mit Fahrgästen/kennzeichnungspflichtigen Lkw mit gefährlichen Gütern *) mit einer zulässigen Gesamtmasse von mehr als 3,5 t an, obwohl der Geschwindigkeitsbegrenzer auf eine unzulässige Geschwindigkeit eingestellt war, bzw. ließen sie zu. § 31 Abs. 2, § 57c Abs. 2, § 31d Abs. 3 **), § 69a StVZO; § 24 Abs. 1, 3 Nr. 5 StVG; 224 BKat; § 3 Abs. 4 BKatV	B - 1	225,00	
331762	Sie ordneten die Inbetriebnahme einer kennzeichnungspflichtigen Zugmaschine/Sattelzugmaschine *) mit gefährlichen Gütern mit einer zulässigen Gesamtmasse von mehr als 3,5 t an, obwohl der Geschwindigkeitsbegrenzer auf eine unzulässige Geschwindigkeit eingestellt war, bzw. ließen sie zu. § 31 Abs. 2, § 57c Abs. 2, § 31d Abs. 3 **), § 69a StVZO; § 24 Abs. 1, 3 Nr. 5 StVG; 224 BKat; § 3 Abs. 4 BKatV	B - 1	225,00	
331766	Sie ordneten die Inbetriebnahme eines Kraftomnibusses/ eines Lkw/einer Zugmaschine/einer Sattelzugmaschine *) mit einer zulässigen Gesamtmasse von mehr als 3,5 t an, obwohl der Geschwindigkeitsbegrenzer ausgeschaltet war, bzw. ließen sie zu. § 31 Abs. 2, § 57c Abs. 5, § 31d Abs. 3 **), § 69a StVZO; § 24 Abs. 1, 3 Nr. 5 StVG; 224 Bkat	B - 1	150,00	
331767	Sie ordneten die Inbetriebnahme eines Kraftomnibusses mit Fahrgästen/kennzeichnungspflichtigen Lkw mit gefährlichen Gütern *) mit einer zulässigen Gesamtmasse von mehr als 3,5 t an, obwohl der Geschwindigkeitsbegrenzer ausgeschaltet war, bzw. ließen sie zu. § 31 Abs. 2, § 57c Abs. 5, § 31d Abs. 3 **), § 69a StVZO; § 24 Abs. 1, 3 Nr. 5 StVG; 224 BKat; § 3 Abs. 4 BKatV	B - 1	225,00	
331768	Sie ordneten die Inbetriebnahme einer kennzeichnungspflichtigen Zugmaschine/Sattelzugmaschine *) mit gefährlichen Gütern mit einer zulässigen Gesamtmasse von mehr als 3,5 t an, obwohl der Geschwindigkeitsbegrenzer ausgeschaltet war, bzw. ließen sie zu. § 31 Abs. 2, § 57c Abs. 5, § 31d Abs. 3 **), § 69a StVZO; § 24 Abs. 1, 3 Nr. 5 StVG; 224 BKat; § 3 Abs. 4 BKatV	B - 1	225,00	

TBNR	Bemerkungen
331761 – 331768	*) Zutreffende Fahrzeugart angeben, **) Zutreffende Rechtsgrundlage angeben

Verantwortung für den Betrieb der Fahrzeuge - § 31 StVZO

TBNR	Tatbestandstext	FaP-Pkt	Euro	FV
331130	Sie ordneten die Inbetriebnahme eines Kraftfahrzeugs an, obwohl das zulässige Gesamtgewicht um ...,.. (2 - 5) Prozent = ... kg überschritten war, bzw. ließen sie zu. Festgestelltes Gesamtgewicht: *)...... kg. Zulässiges Gesamtgewicht: **)...... kg. § 31 Abs. 2, § 34 Abs. 3, § 31d Abs. 1 ***), § 69a StVZO; § 24 Abs. 1, 3 Nr. 5 StVG; 199.1.1 BKat (Kfz über 7,5 t) Tab.: 731000	0	35,00	
331784	Sie ordneten die Inbetriebnahme eines Kraftfahrzeugs an, obwohl das zulässige Gesamtgewicht um ...,.. (mehr als 5) Prozent = ... kg überschritten war bzw. ließen sie zu. Festgestelltes Gesamtgewicht: *)...... kg. Zulässiges Gesamtgewicht: **)...... kg. § 31 Abs. 2, § 34 Abs. 3, § 31d Abs. 1 ***), § 69a StVZO; § 24 Abs. 1, 3 Nr. 5 StVG; 199.1.2 BKat (Kfz über 7,5 t) Tab.: 731000	B - 1	140,00	
331785	Sie ordneten die Inbetriebnahme eines Kraftfahrzeugs an, obwohl das zulässige Gesamtgewicht um ...,.. (mehr als 10) Prozent = ... kg überschritten war bzw. ließen sie zu. Festgestelltes Gesamtgewicht: *)...... kg. Zulässiges Gesamtgewicht: **)...... kg. § 31 Abs. 2, § 34 Abs. 3, § 31d Abs. 1 ***), § 69a StVZO; § 24 Abs. 1, 3 Nr. 5 StVG; 199.1.3 BKat (Kfz über 7,5 t) Tab.: 731000	B - 1	235,00	
331786	Sie ordneten die Inbetriebnahme eines Kraftfahrzeugs an, obwohl das zulässige Gesamtgewicht um ...,.. (mehr als 15) Prozent = ... kg überschritten war bzw. ließen sie zu. Festgestelltes Gesamtgewicht: *)...... kg. Zulässiges Gesamtgewicht: **)...... kg. § 31 Abs. 2, § 34 Abs. 3, § 31d Abs. 1 ***), § 69a StVG; § 24 Abs. 1, 3 Nr. 5 StVG; 199.1.4 BKat (Kfz über 7,5 t) Tab.: 731000	B - 1	285,00	

TBNR	Bemerkungen
331130 – 331786	*) Festgestelltes Gesamtgewicht angeben, **) Zulässiges Gesamtgewicht angeben ***) Zutreffende Rechtsgrundlage angeben

Verantwortung für den Betrieb der Fahrzeuge - § 31 StVZO

TBNR	Tatbestandstext	FaP-Pkt	Euro	FV
331787	Sie ordneten die Inbetriebnahme eines Kraftfahrzeugs an, obwohl das zulässige Gesamtgewicht um ...,.. (mehr als 20) Prozent = ... kg überschritten war bzw. ließen sie zu. Festgestelltes Gesamtgewicht: *)...... kg. Zulässiges Gesamtgewicht: **)...... kg. § 31 Abs. 2, § 34 Abs. 3, § 31d Abs. 1 ***), § 69a StVZO; § 24 Abs. 1, 3 Nr. 5 StVG; 199.1.5 BKat (Kfz über 7,5 t) Tab.: 731000	B - 1	380,00	
331788	Sie ordneten die Inbetriebnahme eines Kraftfahrzeugs an, obwohl das zulässige Gesamtgewicht um ...,.. (mehr als 25) Prozent = ... kg überschritten war bzw. ließen sie zu. Festgestelltes Gesamtgewicht: *)...... kg. Zulässiges Gesamtgewicht: **)...... kg. § 31 Abs. 2, § 34 Abs. 3, § 31d Abs. 1 ***), § 69a StVZO; § 24 Abs. 1, 3 Nr. 5 StVG; 199.1.6 BKat (Kfz über 7,5 t) Tab.: 731000	B - 1	425,00	
331790	Sie ordneten die Inbetriebnahme eines Kraftfahrzeugs mit gefährlichen Gütern an, obwohl das zulässige Gesamtgewicht um ...,.. (mehr als 5) Prozent = ... kg überschritten war bzw. ließen sie zu. Festgestelltes Gesamtgewicht: *)...... kg. Zulässiges Gesamtgewicht: **)...... kg. § 31 Abs. 2, § 34 Abs. 3, § 31d Abs. 1 ***), § 69a StVZO; § 24 Abs. 1, 3 Nr. 5 StVG; 199.1.2 BKat; § 3 Abs. 4 BKatV (Kfz über 7,5 t m. gef. Gütern) Tab.: 731001	B - 1	210,00	
331791	Sie ordneten die Inbetriebnahme eines Kraftfahrzeugs mit gefährlichen Gütern an, obwohl das zulässige Gesamtgewicht um ...,.. (mehr als 10) Prozent = ... kg überschritten war bzw. ließen sie zu. Festgestelltes Gesamtgewicht: *)...... kg. Zulässiges Gesamtgewicht: **)...... kg. § 31 Abs. 2, § 34 Abs. 3, § 31d Abs. 1 ***), § 69a StVZO; § 24 Abs. 1, 3 Nr. 5 StVG; 199.1.3 BKat; § 3 Abs. 4 BKatV (Kfz über 7,5 t m. gef. Gütern) Tab.: 731001	B - 1	352,50	

TBNR	Bemerkungen
331787 – 331791	*) Festgestelltes Gesamtgewicht angeben, **) Zulässiges Gesamtgewicht angeben ***) Zutreffende Rechtsgrundlage angeben

Verantwortung für den Betrieb der Fahrzeuge - § 31 StVZO

TBNR	Tatbestandstext	FaP-Pkt	Euro	FV
331792	Sie ordneten die Inbetriebnahme eines Kraftfahrzeugs mit gefährlichen Gütern an, obwohl das zulässige Gesamtgewicht um ...,.. (mehr als 15) Prozent = ... kg überschritten war bzw. ließen sie zu. Festgestelltes Gesamtgewicht: *)...... kg. Zulässiges Gesamtgewicht: **)...... kg. § 31 Abs. 2, § 34 Abs. 3, § 31d Abs. 1 ***), § 69a StVZO; § 24 Abs. 1, 3 Nr. 5 StVG; 199.1.4 BKat; § 3 Abs. 4 BKatV (Kfz über 7,5 t m. gef. Gütern) Tab.: 731001	B - 1	427,50	
331793	Sie ordneten die Inbetriebnahme eines Kraftfahrzeugs mit gefährlichen Gütern an, obwohl das zulässige Gesamtgewicht um ...,.. (mehr als 20) Prozent = ... kg überschritten war bzw. ließen sie zu. Festgestelltes Gesamtgewicht: *)...... kg. Zulässiges Gesamtgewicht: **)...... kg. § 31 Abs. 2, § 34 Abs. 3, § 31d Abs. 1 ***), § 69a StVZO; § 24 Abs. 1, 3 Nr. 5 StVG; 199.1.5 BKat; § 3 Abs. 4 BKatV (Kfz über 7,5 t m. gef. Gütern) Tab.: 731001	B - 1	570,00	
331794	Sie ordneten die Inbetriebnahme eines Kraftfahrzeugs mit gefährlichen Gütern an, obwohl das zulässige Gesamtgewicht um ...,.. (mehr als 25) Prozent = ... kg überschritten war bzw. ließen sie zu. Festgestelltes Gesamtgewicht: *)...... kg. Zulässiges Gesamtgewicht: **)...... kg. § 31 Abs. 2, § 34 Abs. 3, § 31d Abs. 1 ***), § 69a StVZO; § 24 Abs. 1, 3 Nr. 5 StVG; 199.1.6 BKat; § 3 Abs. 4 BKatV (Kfz über 7,5 t m. gef. Gütern) Tab.: 731001	B - 1	637,50	
331796	Sie ordneten die Inbetriebnahme eines Kraftomnibusses mit Fahrgästen an, obwohl das zulässige Gesamtgewicht um ...,.. (mehr als 5) Prozent = ... kg überschritten war bzw. ließen sie zu. Festgestelltes Gesamtgewicht: *)...... kg. Zulässiges Gesamtgewicht: **)...... kg. § 31 Abs. 2, § 34 Abs. 3, § 31d Abs. 1 ***), § 69a StVZO; § 24 Abs. 1, 3 Nr. 5 StVG; 199.1.2 BKat; § 3 Abs. 4 BKatV (Kraftomnibus über 7,5 t m. Fahrgästen) Tab.: 731002	B - 1	210,00	

TBNR	Bemerkungen
331792 – 331796	*) Festgestelltes Gesamtgewicht angeben **) Zulässiges Gesamtgewicht angeben ***) Zutreffende Rechtsgrundlage angeben

Verantwortung für den Betrieb der Fahrzeuge - § 31 StVZO

TBNR	Tatbestandstext	FaP-Pkt	Euro	FV
331797	Sie ordneten die Inbetriebnahme eines Kraftomnibusses mit Fahrgästen an, obwohl das zulässige Gesamtgewicht um ...,... (mehr als 10) Prozent = ... kg überschritten war bzw. ließen sie zu. Festgestelltes Gesamtgewicht: *)...... kg. Zulässiges Gesamtgewicht: **)...... kg. § 31 Abs. 2, § 34 Abs. 3, § 31d Abs. 1 ***), § 69a StVZO; § 24 Abs. 1, 3 Nr. 5 StVG; 199.1.3 BKat; § 3 Abs. 4 BKatV (Kraftomnibus über 7,5 t m. Fahrgästen) Tab.: 731002	B - 1	352,50	
331798	Sie ordneten die Inbetriebnahme eines Kraftomnibusses mit Fahrgästen an, obwohl das zulässige Gesamtgewicht um ...,... (mehr als 15) Prozent = ... kg überschritten war bzw. ließen sie zu. Festgestelltes Gesamtgewicht: *)...... kg. Zulässiges Gesamtgewicht: **)...... kg. § 31 Abs. 2, § 34 Abs. 3, § 31d Abs. 1 ***), § 69a StVZO; § 24 Abs. 1, 3 Nr. 5 StVG; 199.1.4 BKat; § 3 Abs. 4 BKatV (Kraftomnibus über 7,5 t m. Fahrgästen) Tab.: 731002	B - 1	427,50	
331799	Sie ordneten die Inbetriebnahme eines Kraftomnibusses mit Fahrgästen an, obwohl das zulässige Gesamtgewicht um ...,... (mehr als 20) Prozent = ... kg überschritten war bzw. ließen sie zu. Festgestelltes Gesamtgewicht: *)...... kg. Zulässiges Gesamtgewicht: **)...... kg. § 31 Abs. 2, § 34 Abs. 3, § 31d Abs. 1 ***), § 69a StVZO; § 24 Abs. 1, 3 Nr. 5 StVG; 199.1.5 BKat; § 3 Abs. 4 BKatV (Kraftomnibus über 7,5 t m. Fahrgästen) Tab.: 731002	B - 1	570,00	
331800	Sie ordneten die Inbetriebnahme eines Kraftomnibusses mit Fahrgästen an, obwohl das zulässige Gesamtgewicht um ...,... (mehr als 25) Prozent = ... kg überschritten war bzw. ließen sie zu. Festgestelltes Gesamtgewicht: *)...... kg. Zulässiges Gesamtgewicht: **)...... kg. § 31 Abs. 2, § 34 Abs. 3, § 31d Abs. 1 ***), § 69a StVZO; § 24 Abs. 1, 3 Nr. 5 StVG; 199.1.6 BKat; § 3 Abs. 4 BKatV (Kraftomnibus über 7,5 t m. Fahrgästen) Tab.: 731002	B - 1	637,50	

TBNR	Bemerkungen
331797 – 331800	*) Festgestelltes Gesamtgewicht angeben, **) Zulässiges Gesamtgewicht angeben, ***) Zutreffende Rechtslage angeben

Verantwortung für den Betrieb der Fahrzeuge - § 31 StVZO

TBNR	Tatbestandstext	FaP-Pkt	Euro	FV
331148	Sie ordneten die Inbetriebnahme eines Kraftfahrzeugs an, obwohl die zulässige Achslast um ...,... (2 - 5) Prozent = ... kg überschritten war bzw. ließen sie zu. Festgestellte Achslast: *)...... kg. Zulässige Achslast: **)...... kg. § 31 Abs. 2, § 34 Abs. 3, § 31d Abs. 1 ***), § 69a StVZO; § 24 Abs. 1, 3 Nr. 5 StVG; 199.1.1 BKat (Kfz über 7,5 t) Tab.: 731003	0	35,00	
331802	Sie ordneten die Inbetriebnahme eines Kraftfahrzeugs an, obwohl die zulässige Achslast um ...,... (mehr als 5) Prozent = ... kg überschritten war bzw. ließen sie zu. Festgestellte Achslast: *)...... kg. Zulässige Achslast: **)...... kg. § 31 Abs. 2, § 34 Abs. 3, § 31d Abs. 1 ***), § 69a StVZO; § 24 Abs. 1, 3 Nr. 5 StVG; 199.1.2 BKat (Kfz über 7,5 t) Tab.: 731003	B - 1	140,00	
331803	Sie ordneten die Inbetriebnahme eines Kraftfahrzeugs an, obwohl die zulässige Achslast um ...,... (mehr als 10) Prozent = ... kg überschritten war bzw. ließen sie zu. Festgestellte Achslast: *)...... kg. Zulässige Achslast: **)...... kg. § 31 Abs. 2, § 34 Abs. 3, § 31d Abs. 1 ***), § 69a StVZO; § 24 Abs. 1, 3 Nr. 5 StVG; 199.1.3 BKat (Kfz über 7,5 t) Tab.: 731003	B - 1	235,00	
331804	Sie ordneten die Inbetriebnahme eines Kraftfahrzeugs an, obwohl die zulässige Achslast um ...,... (mehr als 15) Prozent = ... kg überschritten war bzw. ließen sie zu. Festgestellte Achslast: *)...... kg. Zulässige Achslast: **)...... kg. § 31 Abs. 2, § 34 Abs. 3, § 31d Abs. 1 ***), § 69a StVZO; § 24 Abs. 1, 3 Nr. 5 StVG; 199.1.4 BKat (Kfz über 7,5 t) Tab.: 731003	B - 1	285,00	

TBNR	Bemerkungen
331148 – 331804	*) Festgestellte Achslast angeben, **) Zulässige Achslast angeben ***) Zutreffende Rechtsgrundlage angeben

Verantwortung für den Betrieb der Fahrzeuge - § 31 StVZO

TBNR	Tatbestandstext	FaP-Pkt	Euro	FV
331805	Sie ordneten die Inbetriebnahme eines Kraftfahrzeugs an, obwohl die zulässige Achslast um ...,.. (mehr als 20) Prozent = ... kg überschritten war bzw. ließen sie zu. Festgestellte Achslast: *)...... kg. Zulässige Achslast: **)...... kg. § 31 Abs. 2, § 34 Abs. 3, § 31d Abs. 1 ***), § 69a StVZO; § 24 Abs. 1, 3 Nr. 5 StVG; 199.1.5 BKat (Kfz über 7,5 t) Tab.: 731003	B - 1	380,00	
331806	Sie ordneten die Inbetriebnahme eines Kraftfahrzeugs an, obwohl die zulässige Achslast um ...,.. (mehr als 25) Prozent = ... kg überschritten war, bzw. ließen sie zu. Festgestellte Achslast: *)...... kg. Zulässige Achslast: **)...... kg. § 31 Abs. 2, § 34 Abs. 3, § 31d Abs. 1 ***), § 69a StVZO; § 24 Abs. 1, 3 Nr. 5 StVG; 199.1.6 BKat (Kfz über 7,5 t) Tab.: 731003	B - 1	425,00	
331808	Sie ordneten die Inbetriebnahme eines kennzeichnungs-pflichtigen Kfz mit gefährlichen Gütern an, obwohl die zulässige Achslast um ...,.. (mehr als 5) Prozent = ... kg überschritten war bzw. ließen sie zu. Festgestellte Achslast: *) ...... kg. Zulässige Achslast: **)...... kg. § 31 Abs. 2, § 34 Abs. 3, § 31d Abs. 1 ***), § 69a StVZO; § 24 Abs. 1, 3 Nr. 5 StVG; 199.1.2 BKat; § 3 Abs. 4 BKatV (Kfz über 7,5 t m. gef. Gütern) Tab.: 731004	B - 1	210,00	
331809	Sie ordneten die Inbetriebnahme eines kennzeichnungs-pflichtigen Kfz mit gefährlichen Gütern an, obwohl die zulässige Achslast um ...,..(mehr als 10) Prozent = ... kg überschritten war bzw. ließen sie zu. Festgestellte Achslast: *) ...... kg. Zulässige Achslast: **)...... kg. § 31 Abs. 2, § 34 Abs. 3, § 31d Abs. 1 ***), § 69a StVZO; § 24 Abs. 1, 3 Nr. 5 StVG; 199.1.3 BKat; § 3 Abs. 4 BKatV (Kfz über 7,5 t m. gef. Gütern) Tab.: 731004	B - 1	352,50	

TBNR	Bemerkungen
331805 – 331809	*) Festgestellte Achslast angeben, **) Zulässige Achslast angeben, ***) Zutreffende Rechtsgrundlage angeben

Verantwortung für den Betrieb der Fahrzeuge - § 31 StVZO

TBNR	Tatbestandstext	FaP-Pkt	Euro	FV
331810	Sie ordneten die Inbetriebnahme eines kennzeichnungs-pflichtigen Kfz mit gefährlichen Gütern an, obwohl die zulässige Achslast um ...,.. (mehr als 15) Prozent = ... kg überschritten war bzw. ließen sie zu. Festgestellte Achslast: *) ...... kg. Zulässige Achslast: **)...... kg. § 31 Abs. 2, § 34 Abs. 3, § 31d Abs. 1 ***), § 69a StVZO; § 24 Abs. 1, 3 Nr. 5 StVG; 199.1.4 BKat; § 3 Abs. 4 BKatV (Kfz über 7,5 t m. gef. Gütern) Tab.: 731004	B - 1	427,50	
331811	Sie ordneten die Inbetriebnahme eines kennzeichnungs-pflichtigen Kfz mit gefährlichen Gütern an, obwohl die zulässige Achslast um ...,.. (mehr als 20) Prozent = ... kg überschritten war bzw. ließen sie zu. Festgestellte Achslast: *) ...... kg. Zulässige Achslast: **)...... kg. § 31 Abs. 2, § 34 Abs. 3, § 31d Abs. 1 ***), § 69a StVZO; § 24 Abs. 1, 3 Nr. 5 StVG; 199.1.5 BKat; § 3 Abs. 4 BKatV (Kfz über 7,5 t m. gef. Gütern) Tab.: 731004	B - 1	570,00	
331812	Sie ordneten die Inbetriebnahme eines kennzeichnungs-pflichtigen Kfz mit gefährlichen Gütern an, obwohl die zulässige Achslast um ...,.. (mehr als 25) Prozent = ... kg überschritten war bzw. ließen sie zu. Festgestellte Achslast: *) ...... kg. Zulässige Achslast: **)...... kg. § 31 Abs. 2, § 34 Abs. 3, § 31d Abs. 1 ***), § 69a StVZO; § 24 Abs. 1, 3 Nr. 5 StVG; 199.1.6 BKat; § 3 Abs. 4 BKatV (Kfz über 7,5 t m. gef. Gütern) Tab.: 731004	B - 1	637,50	
331814	Sie ordneten die Inbetriebnahme eines Kraftomnibusses mit Fahrgästen an, obwohl die zulässige Achslast um ...,.. (mehr als 5) Prozent = ... kg überschritten war bzw. ließen sie zu. Festgestellte Achslast: *) ...... kg. Zulässige Achslast: **)...... kg. § 31 Abs. 2, § 34 Abs. 3, § 31d Abs. 1 ***), § 69a StVZO; § 24 Abs. 1, 3 Nr. 5 StVG; 199.1.2 BKat; § 3 Abs. 4 BKatV (Kraftomnibus über 7,5 t m. Fahrgästen) Tab.: 731005	B - 1	210,00	

TBNR	Bemerkungen
331810 – 331814	*) Festgestellte Achslast angeben, **) Zulässige Achslast angeben, ***) Zutreffende Rechtsgrundlage angeben

TBNR	Tatbestandstext	FaP-Pkt	Euro	FV
331815	Sie ordneten die Inbetriebnahme eines Kraftomnibusses mit Fahrgästen an, obwohl die zulässige Achslast um ...,.. (mehr als 10) Prozent = ... kg überschritten war bzw. ließen sie zu. Festgestellte Achslast: *)...... kg. Zulässige Achslast: **)...... kg. § 31 Abs. 2, § 34 Abs. 3, § 31d Abs. 1 ***), § 69a StVZO; § 24 Abs. 1, 3 Nr. 5 StVG; 199.1.3 BKat; § 3 Abs. 4 BKatV (Kraftomnibus über 7,5 t m. Fahrgästen) Tab.: 731005	B - 1	352,50	
331816	Sie ordneten die Inbetriebnahme eines Kraftomnibusses mit Fahrgästen an, obwohl die zulässige Achslast um ...,.. (mehr als 15) Prozent = ... kg überschritten war bzw. ließen sie zu. Festgestellte Achslast: *)...... kg. Zulässige Achslast: **)...... kg. § 31 Abs. 2, § 34 Abs. 3, § 31d Abs. 1 ***), § 69a StVZO; § 24 Abs. 1, 3 Nr. 5 StVG; 199.1.4 BKat; § 3 Abs. 4 BKatV (Kraftomnibus über 7,5 t m. Fahrgästen) Tab.: 731005	B - 1	427,50	
331817	Sie ordneten die Inbetriebnahme eines Kraftomnibusses mit Fahrgästen an, obwohl die zulässige Achslast um ...,.. (mehr als 20) Prozent = ... kg überschritten war bzw. ließen sie zu. Festgestellte Achslast: *)...... kg. Zulässige Achslast: **)...... kg. § 31 Abs. 2, § 34 Abs. 3, § 31d Abs. 1 ***), § 69a StVZO; § 24 Abs. 1, 3 Nr. 5 StVG; 199.1.5 BKat; § 3 Abs. 4 BKatV (Kraftomnibus über 7,5 t m. Fahrgästen) Tab.: 731005	B - 1	570,00	
331818	Sie ordneten die Inbetriebnahme eines Kraftomnibusses mit Fahrgästen an, obwohl die zulässige Achslast um ...,.. (mehr als 25) Prozent = ... kg überschritten war bzw. ließen sie zu. Festgestellte Achslast: *)...... kg. Zulässige Achslast: **)...... kg. § 31 Abs. 2, § 34 Abs. 3, § 31d Abs. 1 ***), § 69a StVZO; § 24 Abs. 1, 3 Nr. 5 StVG; 199.1.6 BKat; § 3 Abs. 4 BKatV (Kraftomnibus über 7,5 t m. Fahrgästen) Tab.: 731005	B - 1	637,50	

TBNR	Bemerkungen
331815 – 331818	*) Festgestellte Achslast angeben, **) Zulässige Achslast angeben, ***) Zutreffende Rechtsgrundlage angeben

Verantwortung für den Betrieb der Fahrzeuge - § 31 StVZO

TBNR	Tatbestandstext	FaP-Pkt	Euro	FV
331166	Sie ordneten die Inbetriebnahme eines Zuges an, obwohl das zulässige Gesamtgewicht des Anhängers um ...,.. (2 - 5) Prozent = ... kg überschritten war bzw. ließen sie zu. Festgestelltes Gesamtgewicht: *)...... kg. Zulässiges Gesamtgewicht: **)...... kg. § 31 Abs. 2, § 34 Abs. 3, § 31d Abs. 1 ***), § 69a StVZO; § 24 Abs. 1, 3 Nr. 5 StVG; 199.1.1 BKat (Kfz m. Anhänger über 2 t) Tab.: 731010	0	35,00	
331820	Sie ordneten die Inbetriebnahme eines Zuges an, obwohl das zulässige Gesamtgewicht des Anhängers um ...,.. (mehr als 5) Prozent = ... kg überschritten war bzw. ließen sie zu. Festgestelltes Gesamtgewicht: *)...... kg. Zulässiges Gesamtgewicht: **)...... kg. § 31 Abs. 2, § 34 Abs. 3, § 31d Abs. 1 ***), § 69a StVZO; § 24 Abs. 1, 3 Nr. 5 StVG; 199.1.2 BKat (Kfz m. Anhänger über 2 t) Tab.: 731010	B - 1	140,00	
331821	Sie ordneten die Inbetriebnahme eines Zuges an, obwohl das zulässige Gesamtgewicht des Anhängers um ...,.. (mehr als 10) Prozent = ... kg überschritten war bzw. ließen sie zu. Festgestelltes Gesamtgewicht: *)...... kg. Zulässiges Gesamtgewicht: **)...... kg. § 31 Abs. 2, § 34 Abs. 3, § 31d Abs. 1 ***), § 69a StVZO; § 24 Abs. 1, 3 Nr. 5 StVG; 199.1.3 BKat (Kfz m. Anhänger über 2 t) Tab.: 731010	B - 1	235,00	
331822	Sie ordneten die Inbetriebnahme eines Zuges an, obwohl das zulässige Gesamtgewicht des Anhängers um ...,.. (mehr als 15) Prozent = ... kg überschritten war bzw. ließen sie zu. Festgestelltes Gesamtgewicht: *)...... kg. Zulässiges Gesamtgewicht: **)...... kg. § 31 Abs. 2, § 34 Abs. 3, § 31d Abs. 1 ***), § 69a StVZO; § 24 Abs. 1, 3 Nr. 5 StVG; 199.1.4 BKat (Kfz m. Anhänger über 2 t) Tab.: 731010	B - 1	285,00	

TBNR　　　**Bemerkungen**
331166 – 331822　*) Festgestelltes Gesamtgewicht angeben, **) Zulässiges Gesamtgewicht angeben, ***) Zutreffende Rechtsgrundlage angeben

Verantwortung für den Betrieb der Fahrzeuge - § 31 StVZO

TBNR	Tatbestandstext	FaP-Pkt	Euro	FV
331823	Sie ordneten die Inbetriebnahme eines Zuges an, obwohl das zulässige Gesamtgewicht des Anhängers um ...,.. (mehr als 20) Prozent = ... kg überschritten war bzw. ließen sie zu. Festgestelltes Gesamtgewicht: *)...... kg. Zulässiges Gesamtgewicht: **)...... kg. § 31 Abs. 2, § 34 Abs. 3, § 31d Abs. 1 ***), § 69a StVZO; § 24 Abs. 1, 3 Nr. 5 StVG; 199.1.5 BKat (Kfz m. Anhänger über 2 t) Tab.: 731010	B - 1	380,00	
331824	Sie ordneten die Inbetriebnahme eines Zuges an, obwohl das zulässige Gesamtgewicht des Anhängers um ...,.. (mehr als 25) Prozent = ... kg überschritten war bzw. ließen sie zu. Festgestelltes Gesamtgewicht: *)...... kg. Zulässiges Gesamtgewicht: **)...... kg. § 31 Abs. 2, § 34 Abs. 3, § 31d Abs. 1 ***), § 69a StVZO; § 24 Abs. 1, 3 Nr. 5 StVG; 199.1.6 BKat (Kfz m. Anhänger über 2 t) Tab.: 731010	B - 1	425,00	
331826	Sie ordneten die Inbetriebnahme eines kennzeichnungspflichtigen Zuges mit gef. Gütern an, obwohl das zul. Gesamtgewicht des Anhängers um ...,.. (mehr als 5) Prozent = ... kg überschritten war bzw. ließen sie zu. Festgestelltes Gesamtgewicht: *)...... kg. Zulässiges Gesamtgewicht: **)...... kg. § 31 Abs. 2, § 34 Abs. 3, § 31d Abs. 1 ***), § 69a StVZO; § 24 Abs. 1, 3 Nr. 5 StVG; 199.1.2 BKat; § 3 Abs. 4 BKatV (Kfz m. Anhänger über 2 t m. gef. Gütern) Tab.: 731011	B - 1	210,00	
331827	Sie ordneten die Inbetriebnahme eines kennzeichnungspflichtigen Zuges mit gef. Gütern an, obwohl das zul. Gesamtgewicht des Anhängers um ...,.. (mehr als 10) Prozent = ... kg überschritten war bzw. ließen sie zu. Festgestelltes Gesamtgewicht: *)...... kg. Zulässiges Gesamtgewicht: **)...... kg. § 31 Abs. 2, § 34 Abs. 3, § 31d Abs. 1 ***), § 69a StVZO; § 24 Abs. 1, 3 Nr. 5 StVG; 199.1.3 BKat; § 3 Abs. 4 BKatV (Kfz m. Anhänger über 2 t m. gef. Gütern) Tab.: 731011	B - 1	352,50	

TBNR	Bemerkungen
331823 – 331829	*) Festgestelltes Gesamtgewicht angeben, **) Zulässiges Gesamtgewicht angeben, ***) Zutreffende Rechtsgrundlage angeben

Verantwortung für den Betrieb der Fahrzeuge - § 31 StVZO

TBNR	Tatbestandstext	FaP-Pkt	Euro	FV
331828	Sie ordneten die Inbetriebnahme eines kennzeichnungspflichtigen Zuges mit gef. Gütern an, obwohl das zul. Gesamtgewicht des Anhängers um ...,... (mehr als 15) Prozent = ... kg überschritten war bzw. ließen sie zu. Festgestelltes Gesamtgewicht: *)...... kg. Zulässiges Gesamtgewicht: **)...... kg. § 31 Abs. 2, § 34 Abs. 3, § 31d Abs. 1 ***), § 69a StVZO; § 24 Abs. 1, 3 Nr. 5 StVG; 199.1.4 BKatV; § 3 Abs. 4 BKatV (Kfz m. Anhänger über 2 t m. gef. Gütern) Tab.: 731011	B - 1	427,50	
331829	Sie ordneten die Inbetriebnahme eines kennzeichnungspflichtigen Zuges mit gef. Gütern an, obwohl das zul. Gesamtgewicht des Anhängers um ...,... (mehr als 20) Prozent = ... kg überschritten war bzw. ließen sie zu. Festgestelltes Gesamtgewicht: *)...... kg. Zulässiges Gesamtgewicht: **)...... kg. § 31 Abs. 2, § 34 Abs. 3, § 31d Abs. 1 ***), § 69a StVZO; § 24 Abs. 1, 3 Nr. 5 StVG; 199.1.5 BKat; § 3 Abs. 4 BKatV (Kfz m. Anhänger über 2 t m. gef. Gütern) Tab.: 731011	B - 1	570,00	
331830	Sie ordneten die Inbetriebnahme eines kennzeichnungspflichtigen Zuges mit gef. Gütern an, obwohl das zul. Gesamtgewicht des Anhängers um ...,... (mehr als 25) Prozent = ... kg überschritten war bzw. ließen sie zu. Festgestelltes Gesamtgewicht: *)...... kg. Zulässiges Gesamtgewicht: **)...... kg. § 31 Abs. 2, § 34 Abs. 3, § 31d Abs. 1 ***), § 69a StVZO; § 24 Abs. 1, 3 Nr. 5 StVG; 199.1.6 BKat; § 3 Abs. 4 BKatV (Kfz m. Anhänger über 2 t m. gef. Gütern) Tab.: 731011	B - 1	637,50	
331178	Sie ordneten die Inbetriebnahme eines Zuges an, obwohl die zulässige Achslast des Anhängers um ...,... (2 - 5) Prozent = ... kg überschritten war bzw. ließen sie zu. Festgestellte Achslast: *)...... kg. Zulässige Achslast: **)...... kg. § 31 Abs. 2, § 34 Abs. 3, § 31d Abs. 1 ***), § 69a StVZO; § 24 Abs. 1, 3 Nr. 5 StVG; 199.1.1 BKat (Kfz m. Anhänger über 2 t) Tab.: 731012	0	35,00	

TBNR	Bemerkungen
331828 – 331830	*) Festgestelltes Gesamtgewicht angeben, **) Zulässiges Gesamtgewicht angeben, ***) Zutreffende Rechtsgrundlage angeben
331178	*) Festgestellte Achslast angeben, **) Zulässige Achslast angeben, ***) Zutreffende Rechtsgrundlage angeben

Verantwortung für den Betrieb der Fahrzeuge - § 31 StVZO

TBNR	Tatbestandstext	FaP-Pkt	Euro	FV
331832	Sie ordneten die Inbetriebnahme eines Zuges an, obwohl die zulässige Achslast des Anhängers um ...,.. (mehr als 5) Prozent = ... kg überschritten war bzw. ließen sie zu. Festgestellte Achslast: *)...... kg. Zulässige Achslast: **)...... kg. § 31 Abs. 2, § 34 Abs. 3, § 31d Abs. 1 ***), § 69a StVZO; § 24 Abs. 1, 3 Nr. 5 StVG; 199.1.2 BKat (Kfz m. Anhänger über 2 t) Tab.: 731012	B - 1	140,00	
331833	Sie ordneten die Inbetriebnahme eines Zuges an, obwohl die zulässige Achslast des Anhängers um ...,.. (mehr als 10) Prozent = ... kg überschritten war bzw. ließen sie zu. Festgestellte Achslast: *)...... kg. Zulässige Achslast: **)...... kg. § 31 Abs. 2, § 34 Abs. 3, § 31d Abs. 1 ***), § 69a StVZO; § 24 Abs. 1, 3 Nr. 5 StVG; 199.1.3 BKat (Kfz m. Anhänger über 2 t) Tab.: 731012	B - 1	235,00	
331834	Sie ordneten die Inbetriebnahme eines Zuges an, obwohl die zulässige Achslast des Anhängers um ...,.. (mehr als 15) Prozent = ... kg überschritten war bzw. ließen sie zu. Festgestellte Achslast: *)...... kg. Zulässige Achslast: **)...... kg. § 31 Abs. 2, § 34 Abs. 3, § 31d Abs. 1 ***), § 69a StVZO; § 24 Abs. 1, 3 Nr. 5 StVG; 199.1.4 BKat (Kfz m. Anhänger über 2 t) Tab.: 731012	B - 1	285,00	
331835	Sie ordneten die Inbetriebnahme eines Zuges an, obwohl die zulässige Achslast des Anhängers um ...,.. (mehr als 20) Prozent = ... kg überschritten war bzw. ließen sie zu. Festgestellte Achslast: *)...... kg. Zulässige Achslast: **)...... kg. § 31 Abs. 2, § 34 Abs. 3, § 31d Abs. 1 ***), § 69a StVZO; § 24 Abs. 1, 3 Nr. 5 StVG; 199.1.5 BKat (Kfz m. Anhänger über 2 t) Tab.: 731012	B - 1	380,00	

TBNR	Bemerkungen
331832 – 331835	*) Festgestellte Achslast angeben, **) Zulässige Achslast angeben, ***) Zutreffende Rechtsgrundlage angeben

Verantwortung für den Betrieb der Fahrzeuge - § 31 StVZO

TBNR	Tatbestandstext	FaP-Pkt	Euro	FV
331836	Sie ordneten die Inbetriebnahme eines Zuges an, obwohl die zulässige Achslast des Anhängers um ...,... (mehr als 25) Prozent = ... kg überschritten war bzw. ließen sie zu. Festgestellte Achslast: *)...... kg. Zulässige Achslast: **)...... kg. § 31 Abs. 2, § 34 Abs. 3, § 31d Abs. 1 ***), § 69a StVZO; § 24 Abs. 1, 3 Nr. 5 StVG; 199.1.6 BKat (Kfz m. Anhänger über 2 t) Tab.: 731012	B - 1	425,00	
331838	Sie ordneten die Inbetriebnahme eines kennzeichnungspflichtigen Zuges mit gef. Gütern an, obwohl die zul. Achslast des Anhängers um ...,... (mehr als 5) Prozent = ... kg überschritten war bzw. ließen sie zu. Festgestellte Achslast: *)...... kg. Zulässige Achslast: **)...... kg. § 31 Abs. 2, § 34 Abs. 3, § 31d Abs. 1 ***), § 69a StVZO; § 24 Abs. 1, 3 Nr. 5 StVG; 199.1.2 BKat; § 3 Abs. 4 BKatV (Kfz m. Anhänger über 2 t m. gef. Gütern) Tab.: 731013	B - 1	210,00	
331839	Sie ordneten die Inbetriebnahme eines kennzeichnungspflichtigen Zuges mit gef. Gütern an, obwohl die zul. Achslast des Anhängers um ...,... (mehr als 10) Prozent = ... kg überschritten war bzw. ließen sie zu. Festgestellte Achslast: *)...... kg. Zulässige Achslast: **)...... kg. § 31 Abs. 2, § 34 Abs. 3, § 31d Abs. 1 ***), § 69a StVZO; § 24 Abs. 1, 3 Nr. 5 StVG; 199.1.3 BKat; § 3 Abs. 4 BKatV (Kfz m. Anhänger über 2 t m. gef. Gütern) Tab.: 731013	B - 1	352,50	
331840	Sie ordneten die Inbetriebnahme eines kennzeichnungspflichtigen Zuges mit gef. Gütern an, obwohl die zul. Achslast des Anhängers um ...,... (mehr als 15) Prozent = ... kg überschritten war bzw. ließen sie zu. Festgestellte Achslast: *)...... kg. Zulässige Achslast: **)...... kg. § 31 Abs. 2, § 34 Abs. 3, § 31d Abs. 1 ***), § 69a StVZO; § 24 Abs. 1, 3 Nr. 5 StVG; 199.1.4 BKat; § 3 Abs. 4 BKatV (Kfz m. Anhänger über 2 t m. gef. Gütern) Tab.: 731013	B - 1	427,50	

TBNR	Bemerkungen
331836 – 331840	*) Festgestellte Achslast angeben, **) Zulässige Achslast angeben, ***) Zutreffende Rechtsgrundlage angeben

Verantwortung für den Betrieb der Fahrzeuge - § 31 StVZO

TBNR	Tatbestandstext	FaP-Pkt	Euro	FV
331841	Sie ordneten die Inbetriebnahme eines kennzeichnungs-pflichtigen Zuges mit gef. Gütern an, obwohl die zul. Achslast des Anhängers um ...,.. (mehr als 20) Prozent = ... kg überschritten war bzw. ließen sie zu. Festgestellte Achslast: *)...... kg. Zulässige Achslast: **)...... kg. § 31 Abs. 2, § 34 Abs. 3, § 31d Abs. 1 ***), § 69a StVZO; § 24 Abs. 1, 3 Nr. 5 StVG; 199.1.5 BKat; § 3 Abs. 4 BKatV (Kfz m. Anhänger über 2 t m. gef. Gütern) Tab.: 731013	B - 1	570,00	
331842	Sie ordneten die Inbetriebnahme eines kennzeichnungs-pflichtigen Zuges mit gef. Gütern an, obwohl die zul. Achslast des Anhängers um ...,.. (mehr als 25) Prozent = ... kg überschritten war bzw. ließen sie zu. Festgestellte Achslast: *)...... kg. Zulässige Achslast: **)...... kg. § 31 Abs. 2, § 34 Abs. 3, § 31d Abs. 1 ***), § 69a StVZO; § 24 Abs. 1, 3 Nr. 5 StVG; 199.1.6 BKat; § 3 Abs. 4 BKatV (Kfz m. Anhänger über 2 t m. gef. Gütern) Tab.: 731013	B - 1	637,50	
331190	Sie ordneten die Inbetriebnahme eines Kraftfahrzeugs an, obwohl das zulässige Gesamtgewicht um ...,.. (mehr als 5) Prozent = ... kg überschritten war bzw. ließen sie zu. Festgestelltes Gesamtgewicht: *)...... kg. Zulässiges Gesamtgewicht: **)...... kg. § 31 Abs. 2, § 34 Abs. 3, § 31d Abs. 1 ***), § 69a StVZO; § 24 Abs. 1, 3 Nr. 5 StVG; 199.2.1 BKat (Kfz bis 7,5 t) Tab.: 731020	0	10,00	
331191	Sie ordneten die Inbetriebnahme eines Kraftfahrzeugs an, obwohl das zulässige Gesamtgewicht um ...,.. (mehr als 10) Prozent = ... kg überschritten war bzw. ließen sie zu. Festgestelltes Gesamtgewicht: *)...... kg. Zulässiges Gesamtgewicht: **)...... kg. § 31 Abs. 2, § 34 Abs. 3, § 31d Abs. 1 ***), § 69a StVZO; § 24 Abs. 1, 3 Nr. 5 StVG; 199.2.2 BKat (Kfz bis 7,5 t) Tab.: 731020	0	30,00	

TBNR	Bemerkungen
331841 – 331842	*) Festgestellte Achslast angeben, **) Zulässige Achslast angeben, ***) Zutreffende Rechtsgrundlage angeben
331190 – 331191	*) Festgestelltes Gesamtgewicht angeben; **) Zulässiges Gesamtgewicht angeben; ***) Zutreffende Rechtsgrundlage angeben

Verantwortung für den Betrieb der Fahrzeuge - § 31 StVZO

TBNR	Tatbestandstext	FaP-Pkt	Euro	FV
331192	Sie ordneten die Inbetriebnahme eines Kraftfahrzeugs an, obwohl das zulässige Gesamtgewicht um ...,.. (mehr als 15) Prozent = ... kg überschritten war bzw. ließen sie zu. Festgestelltes Gesamtgewicht: *)...... kg. Zulässiges Gesamtgewicht: **)...... kg. § 31 Abs. 2, § 34 Abs. 3, § 31d Abs. 1 ***), § 69a StVZO; § 24 Abs. 1, 3 Nr. 5 StVG; 199.2.3 BKat (Kfz bis 7,5 t) Tab.: 731020	0	35,00	
331844	Sie ordneten die Inbetriebnahme eines Kraftfahrzeugs an, obwohl das zulässige Gesamtgewicht um ...,.. (mehr als 20) Prozent = ... kg überschritten war bzw. ließen sie zu. Festgestelltes Gesamtgewicht: *)...... kg. Zulässiges Gesamtgewicht: **)...... kg. § 31 Abs. 2, § 34 Abs. 3, § 31d Abs. 1 ***), § 69a StVZO; § 24 Abs. 1, 3 Nr. 5 StVG; 199.2.4 BKat (Kfz bis 7,5 t) Tab.: 731020	B - 1	95,00	
331845	Sie ordneten die Inbetriebnahme eines Kraftfahrzeugs an, obwohl das zulässige Gesamtgewicht um ...,.. (mehr als 25) Prozent = ... kg überschritten war bzw. ließen sie zu. Festgestelltes Gesamtgewicht: *)...... kg. Zulässiges Gesamtgewicht: **)...... kg. § 31 Abs. 2, § 34 Abs. 3, § 31d Abs. 1 ***), § 69a StVZO; § 24 Abs. 1, 3 Nr. 5 StVG; 199.2.5 BKat (Kfz bis 7,5 t) Tab.: 731020	B - 1	140,00	
331846	Sie ordneten die Inbetriebnahme eines Kraftfahrzeugs an, obwohl das zulässige Gesamtgewicht um ...,.. (mehr als 30) Prozent = ... kg überschritten war bzw. ließen sie zu. Festgestelltes Gesamtgewicht: *)...... kg. Zulässiges Gesamtgewicht: **)...... kg. § 31 Abs. 2, § 34 Abs. 3, § 31d Abs. 1 ***), § 69a StVZO; § 24 Abs. 1, 3 Nr. 5 StVG; 199.2.6 BKat (Kfz bis 7,5 t) Tab.: 731020	B - 1	235,00	

TBNR   **Bemerkungen**
331190 – 331846 *) Festgestelltes Gesamtgewicht angeben, **) Zulässiges Gesamtgewicht angeben, ***) Zutreffende Rechtsgrundlage angeben

TBNR	Tatbestandstext	FaP-Pkt	Euro	FV
331848	Sie ordneten die Inbetriebnahme eines kennzeichnungspflichtigen Kfz mit gef. Gütern an, obwohl das zulässige Gesamtgewicht um ...,.. (mehr als 20) Prozent = ... kg überschritten war bzw. ließen sie zu. Festgestelltes Gesamtgewicht: *)...... kg. Zulässiges Gesamtgewicht: **)...... kg. § 31 Abs. 2, § 34 Abs. 3, § 31d Abs. 1 ***), § 69a StVZO; § 24 Abs. 1, 3 Nr. 5 StVG; 199.2.4 BKat; § 3 Abs. 4 BKatV (Kfz bis 7,5 t m. gef. Gütern) Tab.: 731021	B - 1	142,50	
331849	Sie ordneten die Inbetriebnahme eines kennzeichnungspflichtigen Kfz mit gef. Gütern an, obwohl das zulässige Gesamtgewicht um ...,..(mehr als 25) Prozent = ... kg überschritten war bzw. ließen sie zu. Festgestelltes Gesamtgewicht: *)...... kg. Zulässiges Gesamtgewicht: **)...... kg. § 31 Abs. 2, § 34 Abs. 3, § 31d Abs. 1 ***), § 69a StVZO; § 24 Abs. 1, 3 Nr. 5 StVG; 199.2.5 BKat; § 3 Abs. 4 BKatV (Kfz bis 7,5 t m. gef. Gütern) Tab.: 731021	B - 1	210,00	
331850	Sie ordneten die Inbetriebnahme eines kennzeichnungspflichtigen Kfz mit gef. Gütern an, obwohl das zulässige Gesamtgewicht um ...,.. (mehr als 30) Prozent = ... kg überschritten war bzw. ließen sie zu. Festgestelltes Gesamtgewicht: *)...... kg. Zulässiges Gesamtgewicht: **)...... kg. § 31 Abs. 2, § 34 Abs. 3, § 31d Abs. 1 ***), § 69a StVZO; § 24 Abs. 1, 3 Nr. 5 StVG; 199.2.6 BKat; § 3 Abs. 4 BKatV (Kfz bis 7,5 t m. gef. Gütern) Tab.: 731021	B - 1	352,50	
331852	Sie ordneten die Inbetriebnahme eines Kraftomnibusses mit Fahrgästen an, obwohl das zulässige Gesamtgewicht um ...,.. (mehr als 20) Prozent = ... kg überschritten war bzw. ließen sie zu. Festgestelltes Gesamtgewicht: *)...... kg. Zulässiges Gesamtgewicht: **)...... kg. § 31 Abs. 2, § 34 Abs. 3, § 31d Abs. 1 ***), § 69a StVZO; § 24 Abs. 1, 3 Nr. 5 StVG; 199.2.4 BKat; § 3 Abs. 4 BKatV (Kraftomnibus bis 7,5 t m. Fahrgästen) Tab.: 731022	B - 1	142,50	

TBNR   **Bemerkungen**
331848 – 331852   *) Festgestelltes Gesamtgewicht angeben, **) Zulässiges Gesamtgewicht angeben, ***) Zutreffende Rechtsgrundlage angeben

Verantwortung für den Betrieb der Fahrzeuge - § 31 StVZO

TBNR	Tatbestandstext	FaP-Pkt	Euro	FV
331853	Sie ordneten die Inbetriebnahme eines Kraftomnibusses mit Fahrgästen an, obwohl das zulässige Gesamtgewicht um ...,.. (mehr als 25) Prozent = ... kg überschritten war bzw. ließen sie zu. Festgestelltes Gesamtgewicht: *)...... kg. Zulässiges Gesamtgewicht: **)...... kg. § 31 Abs. 2, § 34 Abs. 3, § 31d Abs. 1 ***), § 69a StVZO; § 24 Abs. 1, 3 Nr. 5 StVG; 199.2.5 BKat; § 3 Abs. 4 BKatV (Kraftomnibus bis 7,5 t m. Fahrgästen) Tab.: 731022	B - 1	210,00	
331854	Sie ordneten die Inbetriebnahme eines Kraftomnibusses mit Fahrgästen an, obwohl das zulässige Gesamtgewicht um ...,.. (mehr als 30) Prozent = ... kg überschritten war bzw. ließen sie zu. Festgestelltes Gesamtgewicht: *)...... kg. Zulässiges Gesamtgewicht: **)...... kg. § 31 Abs. 2, § 34 Abs. 3, § 31d Abs. 1 ***), § 69a StVZO; § 24 Abs. 1, 3 Nr. 5 StVG; 199.2.6 BKat; § 3 Abs. 4 BKatV (Kraftomnibus bis 7,5 t m. Fahrgästen) Tab.: 731022	B - 1	352,50	
331208	Sie ordneten die Inbetriebnahme eines Kraftfahrzeugs an, obwohl die zulässige Achslast um ...,.. (mehr als 5) Prozent = ... kg überschritten war bzw. ließen sie zu. Festgestellte Achslast: *)...... kg. Zulässige Achslast: **)...... kg. § 31 Abs. 2, § 34 Abs. 3, § 31d Abs. 1 ***), § 69a StVZO; § 24 Abs. 1, 3 Nr. 5 StVG; 199.2.1 BKat (Kfz bis 7.5t) Tab.: 731023	0	10,00	
331209	Sie ordneten die Inbetriebnahme eines Kraftfahrzeugs an, obwohl die zulässige Achslast um ...,.. (mehr als 10) Prozent = ... kg überschritten war bzw. ließen sie zu. Festgestellte Achslast: *)...... kg. Zulässige Achslast: **)...... kg. § 31 Abs. 2, § 34 Abs. 3, § 31d Abs. 1 ***), § 69a StVZO; § 24 Abs. 1, 3 Nr. 5 StVG; 199.2.2 BKat (Kfz bis 7,5 t) Tab.: 731023	0	30,00	

TBNR   **Bemerkungen**
331853 – 331854   *) Festgestelltes Gesamtgewicht angeben, **) Zulässiges Gesamtgewicht angeben, ***) Zutreffende Rechtsgrundlage angeben
331208 – 331209   *) Festgestellte Achslast angeben, **) Zulässige Achslast angeben, ***) Zutreffende Rechtsgrundlage angeben

Verantwortung für den Betrieb der Fahrzeuge - § 31 StVZO

TBNR	Tatbestandstext	FaP-Pkt	Euro	FV
331210	Sie ordneten die Inbetriebnahme eines Kraftfahrzeugs an, obwohl die zulässige Achslast um ...,.. (mehr als 15) Prozent = ... kg überschritten war bzw. ließen sie zu. Festgestellte Achslast: *)...... kg. Zulässige Achslast: **)...... kg. § 31 Abs. 2, § 34 Abs. 3, § 31d Abs. 1 ***), § 69a StVZO; § 24 Abs. 1, 3 Nr. 5 StVG; 199.2.3 BKat (Kfz bis 7,5 t) Tab.: 731023	0	35,00	
331856	Sie ordneten die Inbetriebnahme eines Kraftfahrzeugs an, obwohl die zulässige Achslast um ...,.. (mehr als 20) Prozent = ... kg überschritten war bzw. ließen sie zu. Festgestellte Achslast: *)...... kg. Zulässige Achslast: **)...... kg. § 31 Abs. 2, § 34 Abs. 3, § 31d Abs. 1 ***), § 69a StVZO; § 24 StVG; 199.2.4 BKat (Kfz bis 7,5 t) Tab.: 731023	B - 1	95,00	
331857	Sie ordneten die Inbetriebnahme eines Kraftfahrzeugs an, obwohl die zulässige Achslast um ...,.. (mehr als 25) Prozent = ... kg überschritten war bzw. ließen sie zu. Festgestellte Achslast: *)...... kg. Zulässige Achslast: **)...... kg. § 31 Abs. 2, § 34 Abs. 3, § 31d Abs. 1 ***), § 69a StVZO; § 24 Abs. 1, 3 Nr. 5 StVG; 199.2.5 BKat (Kfz bis 7,5 t) Tab.: 731023	B - 1	140,00	
331858	Sie ordneten die Inbetriebnahme eines Kraftfahrzeugs an, obwohl die zulässige Achslast um ...,.. (mehr als 30) Prozent = ... kg überschritten war bzw. ließen sie zu. Festgestellte Achslast: *)...... kg. Zulässige Achslast: **)...... kg. § 31 Abs. 2, § 34 Abs. 3, § 31d Abs. 1 ***), § 69a StVZO; § 24 Abs. 1, 3 Nr. 5 StVG; 199.2.6 BKat (Kfz bis 7,5 t) Tab.: 731023	B - 1	235,00	

TBNR   **Bemerkungen**
331210 – 331858 *) Festgestellte Achslast angeben, **) Zulässige Achslast angeben, ***) Zutreffende Rechtsgrundlage angeben

Verantwortung für den Betrieb der Fahrzeuge - § 31 StVZO

TBNR	Tatbestandstext	FaP-Pkt	Euro	FV
331860	Sie ordneten die Inbetriebnahme eines kennzeichnungspflichtigen Kfz mit gef. Gütern an, obwohl die zulässige Achslast um ...,... (mehr als 20) Prozent = ... kg überschritten war bzw. ließen sie zu. Festgestellte Achslast: *)...... kg. Zulässige Achslast: **)...... kg. § 31 Abs. 2, § 34 Abs. 3, § 31d Abs. 1 ***), § 69a StVZO; § 24 Abs. 1, 3 Nr. 5 StVG; 199.2.4 BKat; § 3 Abs. 4 BKatV (Kfz bis 7,5 t m. gef. Gütern) Tab.: 731024	B - 1	142,50	
331861	Sie ordneten die Inbetriebnahme eines kennzeichnungspflichtigen Kfz mit gef. Gütern an, obwohl die zulässige Achslast um ...,... (mehr als 25) Prozent = ... kg überschritten war bzw. ließen sie zu. Festgestellte Achslast: *)...... kg. Zulässige Achslast: **)...... kg. § 31 Abs. 2, § 34 Abs. 3, § 31d Abs. 1 ***), § 69a StVZO; § 24 Abs. 1, 3 Nr. 5 StVG; 199.2.5 BKat; § 3 Abs. 4 BKatV (Kfz bis 7,5 t m. gef. Gütern) Tab.: 731024	B - 1	210,00	
331862	Sie ordneten die Inbetriebnahme eines kennzeichnungspflichtigen Kfz mit gef. Gütern an, obwohl die zulässige Achslast um ...,... (mehr als 30) Prozent = ... kg überschritten war bzw. ließen sie zu. Festgestellte Achslast: *)...... kg. Zulässige Achslast: **)...... kg. § 31 Abs. 2, § 34 Abs. 3, § 31d Abs. 1 ***), § 69a StVZO; § 24 Abs. 1, 3 Nr. 5 StVG; 199.2.6 BKat; § 3 Abs. 4 BKatV (Kfz bis 7,5 t m. gef. Gütern) Tab.: 731024	B - 1	352,50	
331864	Sie ordneten die Inbetriebnahme eines Kraftomnibusses mit Fahrgästen an, obwohl die zulässige Achslast um ...,... (mehr als 20) Prozent Prozent = ... kg überschritten war bzw. ließen sie zu. Festgestellte Achslast: *)...... kg. Zulässige Achslast: **)...... kg. § 31 Abs. 2, § 34 Abs. 3, § 31d Abs. 1 ***), § 69a StVZO; § 24 Abs. 1, 3 Nr. 5 StVG; 199.2.4 BKat; § 3 Abs. 4 BKatV (Kraftomnibus bis 7,5 t m. Fahrgästen) Tab.: 731025	B - 1	142,50	

TBNR   **Bemerkungen**
331860 – 331864   *) Festgestellte Achslast angeben, **) Zulässige Achslast angeben, ***) Zutreffende Rechtsgrundlage angeben

Verantwortung für den Betrieb der Fahrzeuge - § 31 StVZO

TBNR	Tatbestandstext	FaP-Pkt	Euro	FV
331865	Sie ordneten die Inbetriebnahme eines Kraftomnibusses mit Fahrgästen an, obwohl die zulässige Achslast um ...,.. (mehr als 25) Prozent Prozent = ... kg überschritten war bzw. ließen sie zu. Festgestellte Achslast: *)...... kg. Zulässige Achslast: **)...... kg. § 31 Abs. 2, § 34 Abs. 3, § 31d Abs. 1 ***), § 69a StVZO; § 24 Abs. 1, 3 Nr. 5 StVG; 199.2.5 BKat; § 3 Abs. 4 BKatV (Kraftomnibus bis 7,5 t m. Fahrgästen) Tab.: 731025	B - 1	210,00	
331866	Sie ordneten die Inbetriebnahme eines Kraftomnibusses mit Fahrgästen an, obwohl die zulässige Achslast um ...,.. (mehr als 30) Prozent Prozent = ... kg überschritten war bzw. ließen sie zu. Festgestellte Achslast: *)...... kg. Zulässige Achslast: **)...... kg. § 31 Abs. 2, § 34 Abs. 3, § 31d Abs. 1 ***), § 69a StVZO; § 24 Abs. 1, 3 Nr. 5 StVG; 199.2.6 BKat; § 3 Abs. 4 BKatV (Kraftomnibus bis 7,5 t m. Fahrgästen) Tab.: 731025	B - 1	352,50	
331226	Sie ordneten die Inbetriebnahme eines Zuges an, obwohl das zulässige Gesamtgewicht des Anhängers um ...,.. (mehr als 5) Prozent = ... kg überschritten war bzw. ließen sie zu. Festgestelltes Gesamtgewicht: *)...... kg. Zulässiges Gesamtgewicht: **)...... kg. § 31 Abs. 2, § 34 Abs. 3, § 31d Abs. 1 ***), § 69a StVZO; § 24 Abs. 1, 3 Nr. 5 StVG; 199.2.1 BKat (Kfz m. Anhänger bis 2 t) Tab.: 731030	0	10,00	
331227	Sie ordneten die Inbetriebnahme eines Zuges an, obwohl das zulässige Gesamtgewicht des Anhängers um ...,.. (mehr als 10) Prozent = ... kg überschritten war bzw. ließen sie zu. Festgestelltes Gesamtgewicht: *)...... kg. Zulässiges Gesamtgewicht: **)...... kg. § 31 Abs. 2, § 34 Abs. 3, § 31d Abs. 1 ***), § 69a StVZO; § 24 Abs. 1, 3 Nr. 5 StVG; 199.2.2 BKat (Kfz m. Anhänger bis 2 t) Tab.: 731030	0	30,00	

TBNR   **Bemerkungen**
331865 – 331866   *) Festgestellte Achslast angeben, **) Zulässige Achslast angeben,
      ***) Zutreffende Rechtsgrundlage angeben
331226 – 331227   *) Festgestelltes Gesamtgewicht angeben, **) Zulässiges Gesamtgewicht
      angeben, ***) Zutreffende Rechtsgrundlage angeben

Verantwortung für den Betrieb der Fahrzeuge - § 31 StVZO

TBNR	Tatbestandstext	FaP-Pkt	Euro	FV
331228	Sie ordneten die Inbetriebnahme eines Zuges an, obwohl das zulässige Gesamtgewicht des Anhängers um ...,.. (mehr als 15) Prozent = ... kg überschritten war bzw. ließen sie zu. Festgestelltes Gesamtgewicht: *)...... kg. Zulässiges Gesamtgewicht: **)...... kg. § 31 Abs. 2, § 34 Abs. 3, § 31d Abs. 1 ***), § 69a StVZO; § 24 Abs. 1, 3 Nr. 5 StVG; 199.2.3 BKat (Kfz m. Anhänger bis 2 t) Tab.: 731030	0	35,00	
331868	Sie ordneten die Inbetriebnahme eines Zuges an, obwohl das zulässige Gesamtgewicht des Anhängers um ...,.. (mehr als 20) Prozent = ... kg überschritten war bzw. ließen sie zu. Festgestelltes Gesamtgewicht: *)...... kg. Zulässiges Gesamtgewicht: **)...... kg. § 31 Abs. 2, § 34 Abs. 3, § 31d Abs. 1 ***), § 69a StVZO; § 24 Abs. 1, 3 Nr. 5 StVG; 199.2.4 BKat (Kfz m. Anhänger bis 2 t) Tab.: 731030	B - 1	95,00	
331869	Sie ordneten die Inbetriebnahme eines Zuges an, obwohl das zulässige Gesamtgewicht des Anhängers um ...,.. (mehr als 25) Prozent = ... kg überschritten war bzw. ließen sie zu. Festgestelltes Gesamtgewicht: *)...... kg. Zulässiges Gesamtgewicht: **)...... kg. § 31 Abs. 2, § 34 Abs. 3, § 31d Abs. 1 ***), § 69a StVZO; § 24 Abs. 1, 3 Nr. 5 StVG; 199.2.5 BKat (Kfz m. Anhänger bis 2 t) Tab.: 731030	B - 1	140,00	
331870	Sie ordneten die Inbetriebnahme eines Zuges an, obwohl das zulässige Gesamtgewicht des Anhängers um ...,.. (mehr als 30) Prozent = ... kg überschritten war bzw. ließen sie zu. Festgestelltes Gesamtgewicht: *)...... kg. Zulässiges Gesamtgewicht: **)...... kg. § 31 Abs. 2, § 34 Abs. 3, § 31d Abs. 1 ***), § 69a StVZO; § 24 Abs. 1, 3 Nr. 5 StVG; 199.2.6 BKat (Kfz m. Anhänger bis 2 t) Tab.: 731030	B - 1	235,00	

TBNR	Bemerkungen
331228 – 331870	*) Festgestelltes Gesamtgewicht angeben, **) Zulässiges Gesamtgewicht angeben, ***) Zutreffende Rechtsgrundlage angeben

Verantwortung für den Betrieb der Fahrzeuge - § 31 StVZO

TBNR	Tatbestandstext	FaP-Pkt	Euro	FV
331874	Sie ordneten die Inbetriebnahme eines kennzeichnungs- pflichtigen Zuges mit gef. Gütern an, obwohl das zul. Ge- samtgewicht des Anhängers um ...,.. (mehr als 20) Prozent = ... kg überschritten war bzw. ließen sie zu. Festgestelltes Gesamtgewicht: *)...... kg. Zulässiges Gesamtgewicht: **)...... kg. § 31 Abs. 2, § 34 Abs. 3, § 31d Abs. 1 ***), § 69a StVZO; § 24 Abs. 1, 3 Nr. 5 StVG; 199.2.4 BKat; § 3 Abs. 4 BKatV (Kfz m. Anhänger bis 2 t m. gef. Gütern) Tab.: 731031	B - 1	142,50	
331875	Sie ordneten die Inbetriebnahme eines kennzeichnungs- pflichtigen Zuges mit gef. Gütern an, obwohl das zul. Ge- samtgewicht des Anhängers um ...,.. (mehr als 25) Prozent = ... kg überschritten war bzw. ließen sie zu. Festgestelltes Gesamtgewicht: *)...... kg. Zulässiges Gesamtgewicht: **)...... kg. § 31 Abs. 2, § 34 Abs. 3, § 31d Abs. 1 ***), § 69a StVZO; § 24 Abs. 1, 3 Nr. 5 StVG; 199.2.5 BKat; § 3 Abs. 4 BKatV (Kfz m. Anhänger bis 2 t m. gef. Gütern) Tab.: 731031	B - 1	210,00	
331876	Sie ordneten die Inbetriebnahme eines kennzeichnungs- pflichtigen Zuges mit gef. Gütern an, obwohl das zul. Ge- samtgewicht des Anhängers um ...,.. (mehr als 30) Prozent = ... kg überschritten war bzw. ließen sie zu. Festgestelltes Gesamtgewicht: *)...... kg. Zulässiges Gesamtgewicht: **)...... kg. § 31 Abs. 2, § 34 Abs. 3, § 31d Abs. 1 ***), § 69a StVZO; § 24 Abs. 1, 3 Nr. 5 StVG; 199.2.6 BKat; § 3 Abs. 4 BKatV (Kfz m. Anhänger bis 2 t m. gef. Gütern) Tab.: 731031	B - 1	352,50	
331238	Sie ordneten die Inbetriebnahme eines Zuges an, obwohl die zulässige Achslast des Anhängers um ...,.. (mehr als 5) Prozent = ... kg überschritten war bzw. ließen sie zu. Festgestellte Achslast: *)...... kg. Zulässige Achslast: **)...... kg. § 31 Abs. 2, § 34 Abs. 3, § 31d Abs. 1 ***), § 69a StVZO; § 24 Abs. 1, 3 Nr. 5 StVG; 199.2.1 BKat (Kfz m. Anhänger bis 2 t) Tab.: 731032	0	10,00	

TBNR	Bemerkungen
331874 – 331876	*) Festgestelltes Gesamtgewicht angeben, **) Zulässiges Gesamtgewicht angeben, ***) Zutreffende Rechtsgrundlage angeben
331238	*) Festgestellte Achslast angeben, **) Zulässige Achslast angeben, ***) Zutreffende Rechtsgrundlage angeben

Verantwortung für den Betrieb der Fahrzeuge - § 31 StVZO

TBNR	Tatbestandstext	FaP-Pkt	Euro	FV
331239	Sie ordneten die Inbetriebnahme eines Zuges an, obwohl die zulässige Achslast des Anhängers um ...,.. (mehr als 10) Prozent = ... kg überschritten war bzw. ließen sie zu. Festgestellte Achslast: *)...... kg. Zulässige Achslast: **)...... kg. § 31 Abs. 2, § 34 Abs. 3, § 31d Abs. 1 ***), § 69a StVZO; § 24 Abs. 1, 3 Nr. 5 StVG; 199.2.2 BKat (Kfz m. Anhänger bis 2 t) Tab.: 731032	0	30,00	
331240	Sie ordneten die Inbetriebnahme eines Zuges an, obwohl die zulässige Achslast des Anhängers um ...,.. (mehr als 15) Prozent = ... kg überschritten war bzw. ließen sie zu. Festgestellte Achslast: *)...... kg. Zulässige Achslast: **)...... kg. § 31 Abs. 2, § 34 Abs. 3, § 31d Abs. 1 ***), § 69a StVZO; § 24 Abs. 1, 3 Nr. 5 StVG; 199.2.3 BKat (Kfz m. Anhänger bis 2 t) Tab.: 731032	0	35,00	
331880	Sie ordneten die Inbetriebnahme eines Zuges an, obwohl die zulässige Achslast des Anhängers um ...,.. (mehr als 20) Prozent = ... kg überschritten war bzw. ließen sie zu. Festgestellte Achslast: *)...... kg. Zulässige Achslast: **)...... kg. § 31 Abs. 2, § 34 Abs. 3, § 31d Abs. 1 ***), § 69a StVZO; § 24 Abs. 1, 3 Nr. 5 StVG; 199.2.4 BKat (Kfz m. Anhänger bis 2 t) Tab.: 731032	B - 1	95,00	
331881	Sie ordneten die Inbetriebnahme eines Zuges an, obwohl die zulässige Achslast des Anhängers um ...,.. (mehr als 25) Prozent = ... kg überschritten war bzw. ließen sie zu. Festgestellte Achslast: *)...... kg. Zulässige Achslast: **)...... kg. § 31 Abs. 2, § 34 Abs. 3, § 31d Abs. 1 ***), § 69a StVZO; § 24 Abs. 1, 3 Nr. 5 StVG; 199.2.5 BKat (Kfz m. Anhänger bis 2 t) Tab.: 731032	B - 1	140,00	

TBNR   **Bemerkungen**
331239 – 331881 *) Festgestellte Achslast angeben, **) Zulässige Achslast angeben,
         ***) Zutreffende Rechtsgrundlage angeben

Verantwortung für den Betrieb der Fahrzeuge - § 31 StVZO

TBNR	Tatbestandstext	FaP-Pkt	Euro	FV
331882	Sie ordneten die Inbetriebnahme eines Zuges an, obwohl die zulässige Achslast des Anhängers um ...,.. (mehr als 30) Prozent war bzw. ließen sie zu. Festgestellte Achslast: *)...... kg. Zulässige Achslast: **)...... kg. § 31 Abs. 2, § 34 Abs. 3, § 31d Abs. 1 ***), § 69a StVZO; § 24 Abs. 1, 3 Nr. 5 StVG; 199.2.6 BKat (Kfz m. Anhänger bis 2 t) Tab.: 731032	B - 1	235,00	
331886	Sie ordneten die Inbetriebnahme eines kennzeichnungspflichtigen Zuges mit gef. Gütern an, obwohl die zul. Achslast des Anhängers um ...,.. (mehr als 20) Prozent = ... kg überschritten war bzw. ließen sie zu. Festgestellte Achslast: *) ...... kg. Zulässige Achslast: **)...... kg. § 31 Abs. 2, § 34 Abs. 3, § 31d Abs. 1 ***), § 69a StVZO; § 24 Abs. 1, 3 Nr. 5 StVG; 199.2.4 BKat; § 3 Abs. 4 BKatV (Kfz m. Anhänger bis 2 t m. gef. Gütern) Tab.: 731033	B - 1	142,50	
331887	Sie ordneten die Inbetriebnahme eines kennzeichnungspflichtigen Zuges mit gef. Gütern an, obwohl die zul. Achslast des Anhängers um ...,.. (mehr als 25) Prozent = ... kg überschritten war bzw. ließen sie zu. Festgestellte Achslast: *) ...... kg. Zulässige Achslast: **)...... kg. § 31 Abs. 2, § 34 Abs. 3, § 31d Abs. 1 ***), § 69a StVZO; § 24 Abs. 1, 3 Nr. 5 StVG; 199.2.5 BKat; § 3 Abs. 4 BKatV (Kfz m. Anhänger bis 2 t m. gef. Gütern) Tab.: 731033	B - 1	210,00	
331888	Sie ordneten die Inbetriebnahme eines kennzeichnungspflichtigen Zuges mit gef. Gütern an, obwohl die zul. Achslast des Anhängers um ...,.. (mehr als 30) Prozent = ... kg überschritten war bzw. ließen sie zu. Festgestellte Achslast: *) ...... kg. Zulässige Achslast: **)...... kg. § 31 Abs. 2, § 34 Abs. 3, § 31d Abs. 1 ***), § 69a StVZO; § 24 Abs. 1, 3 Nr. 5 StVG; 199.2.6 BKat; § 3 Abs. 4 BKatV (Kfz m. Anhänger bis 2 t m. gef. Gütern) Tab.: 731033	B - 1	352,50	

TBNR	Bemerkungen
331882 – 331888	*) Festgestellte Achslast angeben, **) Zulässige Achslast angeben, ***) Zutreffende Rechtsgrundlage angeben

Verantwortung für den Betrieb der Fahrzeuge - § 31 StVZO

TBNR	Tatbestandstext	FaP-Pkt	Euro	FV
331248	Sie ordneten die Inbetriebnahme einer Fahrzeugkombination an, obwohl das zulässige Gesamtgewicht um ...,.. (2 - 5) Prozent = ... kg überschritten war bzw. ließen sie zu. Festgestelltes Gesamtgewicht: *)...... kg. Zulässiges Gesamtgewicht: **)...... kg. § 31 Abs. 2, § 34 Abs. 3, § 31d Abs. 1 ***), § 69a StVZO; § 24 Abs. 1, 3 Nr. 5 StVG; 199.1.1 BKat (Fahrzeugkombination über 7,5 t) Tab.: 731040	0	35,00	
331892	Sie ordneten die Inbetriebnahme einer Fahrzeugkombination an, obwohl das zulässige Gesamtgewicht um ...,.. (mehr als 5) Prozent = ... kg überschritten war bzw. ließen sie zu. Festgestelltes Gesamtgewicht: *)...... kg. Zulässiges Gesamtgewicht: **)...... kg. § 31 Abs. 2, § 34 Abs. 3, § 31d Abs. 1 ***), § 69a StVZO; § 24 Abs. 1, 3 Nr. 5 StVG; 199.1.2 BKat (Fahrzeugkombination über 7,5 t) Tab.: 731040	B - 1	140,00	
331893	Sie ordneten die Inbetriebnahme einer Fahrzeugkombination an, obwohl das zulässige Gesamtgewicht um ...,.. (mehr als 10) Prozent = ... kg überschritten war bzw. ließen sie zu. Festgestelltes Gesamtgewicht: *)...... kg. Zulässiges Gesamtgewicht: **)...... kg. § 31 Abs. 2, § 34 Abs. 3, § 31d Abs. 1 ***), § 69a StVZO; § 24 Abs. 1, 3 Nr. 5 StVG; 199.1.3 BKat (Fahrzeugkombination über 7,5 t) Tab.: 731040	B - 1	235,00	
331894	Sie ordneten die Inbetriebnahme einer Fahrzeugkombination an, obwohl das zulässige Gesamtgewicht um ...,.. (mehr als 15) Prozent = ... kg überschritten war bzw. ließen sie zu. Festgestelltes Gesamtgewicht: *)...... kg. Zulässiges Gesamtgewicht: **)...... kg. § 31 Abs. 2, § 34 Abs. 3, § 31d Abs. 1 ***), § 69a StVZO; § 24 Abs. 1, 3 Nr. 5 StVG; 199.1.4 BKat (Fahrzeugkombination über 7,5 t) Tab.: 731040	B - 1	285,00	

TBNR	Bemerkungen
331248 – 331894	*) Festgestelltes Gesamtgewicht angeben, **) Zulässiges Gesamtgewicht angeben, ***) Zutreffende Rechtsgrundlage angeben

Verantwortung für den Betrieb der Fahrzeuge - § 31 StVZO

TBNR	Tatbestandstext	FaP-Pkt	Euro	FV
331895	Sie ordneten die Inbetriebnahme einer Fahrzeugkombination an, obwohl das zulässige Gesamtgewicht um ...,.. (mehr als 20) Prozent = ... kg überschritten war bzw. ließen sie zu. Festgestelltes Gesamtgewicht: *)...... kg. Zulässiges Gesamtgewicht: **)...... kg. § 31 Abs. 2, § 34 Abs. 3, § 31d Abs. 1 ***), § 69a StVZO; § 24 Abs. 1, 3 Nr. 5 StVG; 199.1.5 BKat (Fahrzeugkombination über 7,5 t) Tab.: 731040	B - 1	380,00	
331896	Sie ordneten die Inbetriebnahme einer Fahrzeugkombination an, obwohl das zulässige Gesamtgewicht um ...... (mehr als 25) Prozent = ... kg überschritten war bzw. ließen sie zu. Festgestelltes Gesamtgewicht: *)...... kg. Zulässiges Gesamtgewicht: **)...... kg. § 31 Abs. 2, § 34 Abs. 3, § 31d Abs. 1 ***), § 69a StVZO; § 24 Abs. 1, 3 Nr. 5 StVG; 199.1.6 BKat (Fahrzeugkombination über 7,5 t) Tab.: 731040	B - 1	425,00	
331898	Sie ordneten die Inbetriebnahme einer kennzeichnungspflichtigen Fahrzeugkombination m. gef. Gütern an, obwohl das zul. Gesamtgewicht um ...,.. (mehr als 5) Prozent = ... kg überschritten war bzw. ließen sie zu. Festgestelltes Gesamtgewicht: *)...... kg. Zulässiges Gesamtgewicht: **)...... kg. § 31 Abs. 2, § 34 Abs. 3, § 31d Abs. 1 ***), § 69a StVZO; § 24 Abs. 1, 3 Nr. 5 StVG; 199.1.2 BKat; § 3 Abs. 4 BKatV (Fahrzeugkombination über 7,5 t m. gef. Gütern) Tab.: 731041	B - 1	210,00	
331899	Sie ordneten die Inbetriebnahme einer kennzeichnungspflichtigen Fahrzeugkombination m. gef. Gütern an, obwohl das zul. Gesamtgewicht um ...,.. (mehr als 10) Prozent = ... kg überschritten war bzw. ließen sie zu. Festgestelltes Gesamtgewicht: *)...... kg. Zulässiges Gesamtgewicht: **)...... kg. § 31 Abs. 2, § 34 Abs. 3, § 31d Abs. 1 ***), § 69a StVZO; § 24 Abs. 1, 3 Nr. 5 StVG; 199.1.3 BKat; § 3 Abs. 4 BKatV (Fahrzeugkombination über 7,5 t m. gef. Gütern) Tab.: 731041	B - 1	352,50	

TBNR   **Bemerkungen**
331895 – 331899 *) Festgestelltes Gesamtgewicht angeben, **) Zulässiges Gesamtgewicht angeben, ***) Zutreffende Rechtsgrundlage angeben

Verantwortung für den Betrieb der Fahrzeuge - § 31 StVZO

TBNR	Tatbestandstext	FaP-Pkt	Euro	FV
331900	Sie ordneten die Inbetriebnahme einer kennzeichnungspflichtigen Fahrzeugkombination m. gef. Gütern an, obwohl das zul. Gesamtgewicht um ...,.. (mehr als 15) Prozent = ... kg überschritten war bzw. ließen sie zu. Festgestelltes Gesamtgewicht: *)...... kg. Zulässiges Gesamtgewicht: **)...... kg. § 31 Abs. 2, § 34 Abs. 3, § 31d Abs. 1 ***), § 69a StVZO; § 24 Abs. 1, 3 Nr. 5 StVG; 199.1.4 BKat; § 3 Abs. 4 BKatV (Fahrzeugkombination über 7,5 t m. gef. Gütern) Tab.: 731041	B - 1	427,50	
331901	Sie ordneten die Inbetriebnahme einer kennzeichnungspflichtigen Fahrzeugkombination m. gef. Gütern an, obwohl das zul. Gesamtgewicht um ...,.. (mehr als 20) Prozent = ... kg überschritten war bzw. ließen sie zu. Festgestelltes Gesamtgewicht: *)...... kg. Zulässiges Gesamtgewicht: **)...... kg. § 31 Abs. 2, § 34 Abs. 3, § 31d Abs. 1 ***), § 69a StVZO; § 24 Abs. 1, 3 Nr. 5 StVG; 199.1.5 BKat; § 3 Abs. 4 BKatV (Fahrzeugkombination über 7,5 t m. gef. Gütern) Tab.: 731041	B - 1	570,00	
331902	Sie ordneten die Inbetriebnahme einer kennzeichnungspflichtigen Fahrzeugkombination m. gef. Gütern an, obwohl das zul. Gesamtgewicht um ...,.. (mehr als 25) Prozent = ... kg überschritten war bzw. ließen sie zu. Festgestelltes Gesamtgewicht: *)...... kg. Zulässiges Gesamtgewicht: **)...... kg. § 31 Abs. 2, § 34 Abs. 3, § 31d Abs. 1 ***), § 69a StVZO; § 24 Abs. 1, 3 Nr. 5 StVG; 199.1.6 BKat; § 3 Abs. 4 BKatV (Fahrzeugkombination über 7,5 t m. gef. Gütern) Tab.: 731041	B - 1	637,50	
331260	Sie ordneten die Inbetriebnahme einer Fahrzeugkombination an, obwohl die zulässige Achslast um ...,.. (2 - 5) Prozent = ... kg überschritten war bzw. ließen sie zu. Festgestellte Achslast: *)...... kg. Zulässige Achslast: **)...... kg. § 31 Abs. 2, § 34 Abs. 3, § 31d Abs. 1 ***), § 69a StVZO; § 24 Abs. 1, 3 Nr. 5 StVG; 199.1.1 BKat (Fahrzeugkombination über 7,5 t) Tab.: 731042	0	35,00	

TBNR   **Bemerkungen**

331900 – 331902   *) Festgestelltes Gesamtgewicht angeben, **) Zulässiges Gesamtgewicht angeben, ***) Zutreffende Rechtsgrundlage angeben

331260   *) Festgestellte Achslast angeben, **) Zulässige Achslast angeben, ***) Zutreffende Rechtsgrundlage angeben

Verantwortung für den Betrieb der Fahrzeuge - § 31 StVZO

TBNR	Tatbestandstext	FaP-Pkt	Euro	FV
331904	Sie ordneten die Inbetriebnahme einer Fahrzeugkombination an, obwohl die zulässige Achslast um ...,... (mehr als 5) Prozent = ... kg überschritten war bzw. ließen sie zu. Festgestellte Achslast: *)...... kg. Zulässige Achslast: **)...... kg. § 31 Abs. 2, § 34 Abs. 3, § 31d Abs. 1 ***), § 69a StVZO; § 24 Abs. 1, 3 Nr. 5 StVG; 199.1.2 BKat (Fahrzeugkombination über 7,5 t) Tab.: 731042	B - 1	140,00	
331905	Sie ordneten die Inbetriebnahme einer Fahrzeugkombination an, obwohl die zulässige Achslast um ...,... (mehr als 10) Prozent = ... kg überschritten war bzw. ließen sie zu. Festgestellte Achslast: *)...... kg. Zulässige Achslast: **)...... kg. § 31 Abs. 2, § 34 Abs. 3, § 31d Abs. 1 ***), § 69a StVZO; § 24 Abs. 1, 3 Nr. 5 StVG; 199.1.3 BKat (Fahrzeugkombination über 7,5 t) Tab.: 731042	B - 1	235,00	
331906	Sie ordneten die Inbetriebnahme einer Fahrzeugkombination an, obwohl die zulässige Achslast um ...,... (mehr als 15) Prozent = ... kg überschritten war bzw. ließen sie zu. Festgestellte Achslast: *)...... kg. Zulässige Achslast: **)...... kg. § 31 Abs. 2, § 34 Abs. 3, § 31d Abs. 1 ***), § 69a StVZO; § 24 Abs. 1, 3 Nr. 5 StVG; 199.1.4 BKat (Fahrzeugkombination über 7,5 t) Tab.: 731042	B - 1	285,00	
331907	Sie ordneten die Inbetriebnahme einer Fahrzeugkombination an, obwohl die zulässige Achslast um ...,... (mehr als 20) Prozent = ... kg überschritten war bzw. ließen sie zu. Festgestellte Achslast: *)...... kg. Zulässige Achslast: **)...... kg. § 31 Abs. 2, § 34 Abs. 3, § 31d Abs. 1 ***), § 69a StVZO; § 24 Abs. 1, 3 Nr. 5 StVG; 199.1.5 BKat (Fahrzeugkombination über 7,5 t) Tab.: 731042	B - 1	380,00	

TBNR	Bemerkungen
331904 – 331907	*) Festgestellte Achslast angeben, **) Zulässige Achslast angeben, ***) Zutreffende Rechtsgrundlage angeben

Verantwortung für den Betrieb der Fahrzeuge - § 31 StVZO

TBNR	Tatbestandstext	FaP-Pkt	Euro	FV
331908	Sie ordneten die Inbetriebnahme einer Fahrzeugkombination an, obwohl die zulässige Achslast um ...,.. (mehr als 25) Prozent = ... kg überschritten war bzw. ließen sie zu. Festgestellte Achslast: *)...... kg. Zulässige Achslast: **)...... kg. § 31 Abs. 2, § 34 Abs. 3, § 31d Abs. 1 ***), § 69a StVZO; § 24 Abs. 1, 3 Nr. 5 StVG; 199.1.6 BKat (Fahrzeugkombination über 7,5 t) Tab.: 731042	B - 1	425,00	
331910	Sie ordneten die Inbetriebnahme einer kennzeichnungspflichtigen Fahrzeugkombination m. gef. Gütern an, obwohl die zul. Achslast um ...,.. (mehr als 5) Prozent = ... kg überschritten war bzw. ließen sie zu. Festgestellte Achslast: *) ...... kg. Zulässige Achslast: **)...... kg. § 31 Abs. 2, § 34 Abs. 3, § 31d Abs. 1 ***), § 69a StVZO; § 24 Abs. 1, 3 Nr. 5 StVG; 199.1.2 BKat; § 3 Abs. 4 BKatV (Fahrzeugkombination über 7,5 t m. gef. Gütern) Tab.: 731043	B - 1	210,00	
331911	Sie ordneten die Inbetriebnahme einer kennzeichnungspflichtigen Fahrzeugkombination m. gef. Gütern an, obwohl die zul. Achslast um ...,.. (mehr als 10) Prozent = ... kg überschritten war bzw. ließen sie zu. Festgestellte Achslast: *) ...... kg. Zulässige Achslast: **)...... kg. § 31 Abs. 2, § 34 Abs. 3, § 31d Abs. 1 ***), § 69a StVZO; § 24 Abs. 1, 3 Nr. 5 StVG; 199.1.3 BKat; § 3 Abs. 4 BKatV (Fahrzeugkombination über 7,5 t m. gef. Gütern) Tab.: 731043	B - 1	352,50	
331912	Sie ordneten die Inbetriebnahme einer kennzeichnungspflichtigen Fahrzeugkombination m. gef. Gütern an, obwohl die zul. Achslast um ...,.. (mehr als 15) Prozent = ... kg überschritten war bzw. ließen sie zu. Festgestellte Achslast: *) ...... kg. Zulässige Achslast: **)...... kg. § 31 Abs. 2, § 34 Abs. 3, § 31d Abs. 1 ***), § 69a StVZO; § 24 Abs. 1, 3 Nr. 5 StVG; 199.1.4 BKat; § 3 Abs. 4 BKatV (Fahrzeugkombination über 7,5 t m. gef. Gütern) Tab.: 731043	B - 1	427,50	

TBNR	Bemerkungen
331908 – 331912	*) Festgestellte Achslast angeben,**) Zulässige Achslast angeben, ***) Zutreffende Rechtsgrundlage angeben

TBNR	Tatbestandstext	FaP-Pkt	Euro	FV
331913	Sie ordneten die Inbetriebnahme einer kennzeichnungs- pflichtigen Fahrzeugkombination m. gef. Gütern an, obwohl die zul. Achslast um ...,... (mehr als 20) Prozent = ... kg überschritten war bzw. ließen sie zu. Festgestellte Achslast: *) ...... kg. Zulässige Achslast: **)...... kg. § 31 Abs. 2, § 34 Abs. 3, § 31d Abs. 1 ***), § 69a StVZO; § 24 Abs. 1, 3 Nr. 5 StVG; 199.1.5 BKat; § 3 Abs. 4 BKatV (Fahrzeugkombination über 7,5 t m. gef. Gütern) Tab.: 731043	B - 1	570,00	
331914	Sie ordneten die Inbetriebnahme einer kennzeichnungs- pflichtigen Fahrzeugkombination m. gef. Gütern an, obwohl die zul. Achslast um ...,... (mehr als 25) Prozent = ... kg überschritten war bzw. ließen sie zu. Festgestellte Achslast: *) ...... kg. Zulässige Achslast: **)...... kg. § 31 Abs. 2, § 34 Abs. 3, § 31d Abs. 1 ***), § 69a StVZO; § 24 Abs. 1, 3 Nr. 5 StVG; 199.1.6 BKat; § 3 Abs. 4 BKatV (Fahrzeugkombination über 7,5 t m. gef. Gütern) Tab.: 731043	B - 1	637,50	
331272	Sie ordneten die Inbetriebnahme einer Fahrzeugkombination an, obwohl das zulässige Gesamtgewicht um ...,... (mehr als 5) Prozent = ... kg überschritten war bzw. ließen sie zu. Festgestelltes Gesamtgewicht: *)...... kg. Zulässiges Gesamtgewicht: **)...... kg. § 31 Abs. 2, § 34 Abs. 3, § 31d Abs. 1 ***), § 69a StVZO; § 24 Abs. 1, 3 Nr. 5 StVG; 199.2.1 BKat (Fahrzeugkombination bis 7,5 t) Tab.: 731050	0	10,00	
331273	Sie ordneten die Inbetriebnahme einer Fahrzeugkombination an, obwohl das zulässige Gesamtgewicht um ...,... (mehr als 10) Prozent = ... kg überschritten war bzw. ließen sie zu. Festgestelltes Gesamtgewicht: *)...... kg. Zulässiges Gesamtgewicht: **)...... kg. § 31 Abs. 2, § 34 Abs. 3, § 31d Abs. 1 ***), § 69a StVZO; § 24 Abs. 1, 3 Nr. 5 StVG; 199.2.2 BKat (Fahrzeugkombination bis 7,5 t) Tab.: 731050	0	30,00	

TBNR **Bemerkungen**

331913 – 331914 *) Festgestellte Achslast angeben, **) Zulässige Achslast angeben, ***) Zutreffende Rechtsgrundlage angeben

331272 – 331273 *) Festgestelltes Gesamtgewicht angeben, **) Zulässiges Gesamtgewicht angeben, ***) Zutreffende Rechtsgrundlage angeben

Verantwortung für den Betrieb der Fahrzeuge - § 31 StVZO

TBNR	Tatbestandstext	FaP-Pkt	Euro	FV
331274	Sie ordneten die Inbetriebnahme einer Fahrzeugkombination an, obwohl das zulässige Gesamtgewicht um ...,.. (mehr als 15) Prozent = ... kg überschritten war bzw. ließen sie zu. Festgestelltes Gesamtgewicht: *)...... kg. Zulässiges Gesamtgewicht: **)...... kg. § 31 Abs. 2, § 34 Abs. 3, § 31d Abs. 1 ***), § 69a StVZO; § 24 Abs. 1, 3 Nr. 5 StVG; 199.2.3 BKat (Fahrzeugkombination bis 7,5 t) Tab.: 731050	0	35,00	
331916	Sie ordneten die Inbetriebnahme einer Fahrzeugkombination an, obwohl das zulässige Gesamtgewicht um ...... (mehr als 20) Prozent = ... kg überschritten war bzw. ließen sie zu. Festgestelltes Gesamtgewicht: *)...... kg. Zulässiges Gesamtgewicht: **)...... kg. § 31 Abs. 2, § 34 Abs. 3, § 31d Abs. 1 ***), § 69a StVZO; § 24 Abs. 1, 3 Nr. 5 StVG; 199.2.4 BKat (Fahrzeugkombination bis 7,5 t) Tab.: 731050	B - 1	95,00	
331917	Sie ordneten die Inbetriebnahme einer Fahrzeugkombination an, obwohl das zulässige Gesamtgewicht um ...... (mehr als 25) Prozent = ... kg überschritten war bzw. ließen sie zu. Festgestelltes Gesamtgewicht: *)...... kg. Zulässiges Gesamtgewicht: **)...... kg. § 31 Abs. 2, § 34 Abs. 3, § 31d Abs. 1 ***), § 69a StVZO; § 24 Abs. 1, 3 Nr. 5 StVG; 199.2.5 BKat (Fahrzeugkombination bis 7,5 t) Tab.: 731050	B - 1	140,00	
331918	Sie ordneten die Inbetriebnahme einer Fahrzeugkombination an, obwohl das zulässige Gesamtgewicht um ...,.. (mehr als 30) Prozent = ... kg überschritten war bzw. ließen sie zu. Festgestelltes Gesamtgewicht: *)...... kg. Zulässiges Gesamtgewicht: **)...... kg. § 31 Abs. 2, § 34 Abs. 3, § 31d Abs. 1 ***), § 69a StVZO; § 24 Abs. 1, 3 Nr. 5 StVG; 199.2.6 BKat (Fahrzeugkombination bis 7,5 t) Tab.: 731050	B - 1	235,00	

TBNR   Bemerkungen
331274 – 331918 *) Festgestelltes Gesamtgewicht angeben, **) Zulässiges Gesamtgewicht angeben, ***) Zutreffende Rechtsgrundlage angeben

Verantwortung für den Betrieb der Fahrzeuge - § 31 StVZO

TBNR	Tatbestandstext	FaP-Pkt	Euro	FV
331922	Sie ordneten die Inbetriebnahme einer kennzeichnungs-pflichtigen Fahrzeugkombination m. gef. Gütern an, obwohl das zul. Gesamtgewicht um ...,.. (mehr als 20) Prozent = ... kg überschritten war bzw. ließen sie zu. Festgestelltes Gesamt-gewicht: *)...... kg. Zulässiges Gesamtgewicht: **)...... kg. § 31 Abs. 2, § 34 Abs. 3, § 31d Abs. 1 ***), § 69a StVZO; § 24 Abs. 1, 3 Nr. 5 StVG; 199.2.4 BKat; § 3 Abs. 4 BKatV (Fahrzeugkombination bis 7,5 t m. gef. Gütern) Tab.: 731051	B - 1	142,50	
331923	Sie ordneten die Inbetriebnahme einer kennzeichnungs-pflichtigen Fahrzeugkombination m. gef. Gütern an, obwohl das zul. Gesamtgewicht um ...,.. (mehr als 25) Prozent = ... kg überschritten war bzw. ließen sie zu. Festgestelltes Gesamt-gewicht: *)...... kg. Zulässiges Gesamtgewicht: **)...... kg. § 31 Abs. 2, § 34 Abs. 3, § 31d Abs. 1 ***), § 69a StVZO; § 24 Abs. 1, 3 Nr. 5 StVG; 199.2.5 BKat; § 3 Abs. 4 BKatV (Fahrzeugkombination bis 7,5 t m. gef. Gütern) Tab.: 731051	B - 1	210,00	
331924	Sie ordneten die Inbetriebnahme einer kennzeichnungs-pflichtigen Fahrzeugkombination m. gef. Gütern an, obwohl das zul. Gesamtgewicht um ...,.. (mehr als 30) Prozent = ... kg überschritten war bzw. ließen sie zu. Festgestelltes Gesamtgewicht: *)...... kg. Zulässiges Gesamtgewicht: **)...... kg. § 31 Abs. 2, § 34 Abs. 3, § 31d Abs. 1 ***), § 69a StVZO; § 24 Abs. 1, 3 Nr. 5 StVG; 199.2.6 BKat; § 3 Abs. 4 BKatV (Fahrzeugkombination bis 7,5 t m. gef. Gütern) Tab.: 731051	B - 1	352,50	
331284	Sie ordneten die Inbetriebnahme einer Fahrzeugkombination an, obwohl die zulässige Achslast um ...,.. (mehr als 5) Prozent = ... kg überschritten war bzw. ließen sie zu. Festgestellte Achslast: *)...... kg. Zulässige Achslast: **)...... kg. § 31 Abs. 2, § 34 Abs. 3, § 31d Abs. 1 ***), § 69a StVZO; § 24 Abs. 1, 3 Nr. 5 StVG; 199.2.1 BKat (Fahrzeugkombination bis 7,5 t) Tab.: 731052	0	10,00	

TBNR   Bemerkungen
331922 - 331924 *) Festgestelltes Gesamtgewicht angeben, **) Zulässiges Gesamtgewicht
angeben, ***) Zutreffende Rechtsgrundlage angeben
331284   *) Festgestellte Achslast angeben, **) Zulässige Achslast angeben,
***) Zutreffende Rechtsgrundlage angeben

Verantwortung für den Betrieb der Fahrzeuge - § 31 StVZO

TBNR	Tatbestandstext	FaP-Pkt	Euro	FV
331285	Sie ordneten die Inbetriebnahme einer Fahrzeugkombination an, obwohl die zulässige Achslast um ...,.. (mehr als 10) Prozent = ... kg überschritten war bzw. ließen sie zu. Festgestellte Achslast: *)...... kg. Zulässige Achslast: **)...... kg. § 31 Abs. 2, § 34 Abs. 3, § 31d Abs. 1 ***), § 69a StVZO; § 24 Abs. 1, 3 Nr. 5 StVG; 199.2.2 BKat (Fahrzeugkombination bis 7,5 t) Tab.: 731052	0	30,00	
331286	Sie ordneten die Inbetriebnahme einer Fahrzeugkombination an, obwohl die zulässige Achslast um ...,.. (mehr als 15) Prozent = ... kg überschritten war bzw. ließen sie zu. Festgestellte Achslast: *)...... kg. Zulässige Achslast: **)...... kg. § 31 Abs. 2, § 34 Abs. 3, § 31d Abs. 1 ***), § 69a StVZO; § 24 Abs. 1, 3 Nr. 5 StVG; 199.2.3 BKat (Fahrzeugkombination bis 7,5 t) Tab.: 731052	0	35,00	
331928	Sie ordneten die Inbetriebnahme einer Fahrzeugkombination an, obwohl die zulässige Achslast um ...,.. (mehr als 20) Prozent = ... kg überschritten war bzw. ließen sie zu. Festgestellte Achslast: *)...... kg. Zulässige Achslast: **)...... kg. § 31 Abs. 2, § 34 Abs. 3, § 31d Abs. 1 ***), § 69a StVZO; § 24 Abs. 1, 3 Nr. 5 StVG; 199.2.4 BKat (Fahrzeugkombination bis 7,5 t) Tab.: 731052	B - 1	95,00	
331929	Sie ordneten die Inbetriebnahme einer Fahrzeugkombination an, obwohl die zulässige Achslast um ...,.. (mehr als 25) Prozent = ... kg überschritten war bzw. ließen sie zu. Festgestellte Achslast: *)...... kg. Zulässige Achslast: **)...... kg. § 31 Abs. 2, § 34 Abs. 3, § 31d Abs. 1 ***), § 69a StVZO; § 24 Abs. 1, 3 Nr. 5 StVG; 199.2.5 BKat (Fahrzeugkombination bis 7,5 t) Tab.: 731052	B - 1	140,00	

TBNR	Bemerkungen
331285 – 331929	*) Festgestellte Achslast angeben, **) Zulässige Achslast angeben, ***) Zutreffende Rechtsgrundlage angeben

Verantwortung für den Betrieb der Fahrzeuge - § 31 StVZO

TBNR	Tatbestandstext	FaP-Pkt	Euro	FV
331930	Sie ordneten die Inbetriebnahme einer Fahrzeugkombination an, obwohl die zulässige Achslast um ...,... (mehr als 30) Prozent = ... kg überschritten war bzw. ließen sie zu. Festgestellte Achslast: *)...... kg. Zulässige Achslast: **)...... kg. § 31 Abs. 2, § 34 Abs. 3, § 31d Abs. 1 ***), § 69a StVZO; § 24 Abs. 1, 3 Nr. 5 StVG; 199.2.6 BKat (Fahrzeugkombination bis 7,5 t) Tab.: 731052	B - 1	235,00	
331934	Sie ordneten die Inbetriebnahme einer kennzeichnungs-pflichtigen Fahrzeugkombination m. gef. Gütern an, obwohl die zul. Achslast um ...,... (mehr als 20) Prozent = ... kg überschritten war bzw. ließen sie zu. Festgestellte Achslast: *) ...... kg. Zulässige Achslast: **)...... kg. § 31 Abs. 2, § 34 Abs. 3, § 31d Abs. 1 ***), § 69a StVZO; § 24 Abs. 1, 3 Nr. 5 StVG; 199.2.4 BKat; § 3 Abs. 4 BKatV (Fahrzeugkombination bis 7,5 t m. gef. Gütern) Tab.: 731053	B -1	142,50	
331935	Sie ordneten die Inbetriebnahme einer kennzeichnungs--pflichtigen Fahrzeugkombination m. gef. Gütern an, obwohl die zul. Achslast um ...,... (mehr als 25) Prozent = ... kg überschritten war bzw. ließen sie zu. Festgestellte Achslast: *) ...... kg. Zulässige Achslast: **)...... kg. § 31 Abs. 2, § 34 Abs. 3, § 31d Abs. 1 ***), § 69a StVZO; § 24 Abs. 1, 3 Nr. 5 StVG; 199.2.5 BKat; § 3 Abs. 4 BKatV (Fahrzeugkombination bis 7,5 t m. gef. Gütern) Tab.: 731053	B - 1	210,00	
331936	Sie ordneten die Inbetriebnahme einer kennzeichnungs-pflichtigen Fahrzeugkombination m. gef. Gütern an, obwohl die zul. Achslast um ...,... (mehr als 30) Prozent = ... kg überschritten war bzw. ließen sie zu. Festgestellte Achslast: *) ...... kg. Zulässige Achslast: **)...... kg. § 31 Abs. 2, § 34 Abs. 3, § 31d Abs. 1 ***), § 69a StVZO; § 24 Abs. 1, 3 Nr. 5 StVG; 199.2.6 BKat; § 3 Abs. 4 BKatV (Fahrzeugkombination bis 7,5 t m. gef. Gütern) Tab.: 731053	B - 1	352,50	
331638	Sie ordneten die Inbetriebnahme eines Kraftfahrzeuges bei Glatteis, Schneeglätte, Schneematsch, Eis- oder Reif-glätte ohne die vorgeschriebenen Reifen für winterliche Wetterverhältnisse an, bzw. ließen sie zu. § 31 Abs. 2, § 36 Abs. 4, § 69a StVZO; § 24 Abs. 1, 3 Nr. 5 StVG; 213a BKat	B - 1	75,00	

TBNR   **Bemerkungen**
331930 – 331936 *) Festgestellte Achslast angeben, **) Zulässige Achslast angeben,
                 ***) Zutreffende Rechtsgrundlage angeben

Verantwortung für den Betrieb der Fahrzeuge - § 31 StVZO

TBNR	Tatbestandstext	FaP-Pkt	Euro	FV
331296	Sie ordneten die Inbetriebnahme eines Kraftfahrzeugs mit Anhänger an, obwohl die zulässige Anhängelast um ...,.. (2 - 5) Prozent = ... kg überschritten war bzw. ließen sie zu. Festgestellte Anhängelast: *)...... kg. Zulässige Anhängelast: **)...... kg. § 31 Abs. 2, § 42 Abs. 1, 2, § 69a StVZO; § 24 Abs. 1, 3 Nr. 5 StVG; 199.1.1 BKat (Kfz über 7,5 t m. Anhänger) Tab.: 731060	0	35,00	
331940	Sie ordneten die Inbetriebnahme eines Kraftfahrzeugs mit Anhänger an, obwohl die zulässige Anhängelast um ...,.. (mehr als 5) Prozent = ... kg überschritten war bzw. ließen sie zu. Festgestellte Anhängelast: *)...... kg. Zulässige Anhängelast: **)...... kg. § 31 Abs. 2, § 42 Abs. 1, 2, § 69a StVZO; § 24 Abs. 1, 3 Nr. 5 StVG; 199.1.2 BKat (Kfz über 7,5 t m. Anhänger) Tab.: 731060	B - 1	140,00	
331941	Sie ordneten die Inbetriebnahme eines Kraftfahrzeugs mit Anhänger an, obwohl die zulässige Anhängelast um ...,.. (mehr als 10) Prozent = ... kg überschritten war bzw. ließen sie zu. Festgestellte Anhängelast: *)...... kg. Zulässige Anhängelast: **)...... kg. § 31 Abs. 2, § 42 Abs. 1, 2, § 69a StVZO; § 24 Abs. 1, 3 Nr. 5 StVG; 199.1.3 BKat (Kfz über 7,5 t m. Anhänger) Tab.: 731060	B - 1	235,00	
331942	Sie ordneten die Inbetriebnahme eines Kraftfahrzeugs mit Anhänger an, obwohl die zulässige Anhängelast um ...,.. (mehr als 15) Prozent = ... kg überschritten war bzw. ließen sie zu. Festgestellte Anhängelast: *)...... kg. Zulässige Anhängelast: **)...... kg. § 31 Abs. 2, § 42 Abs. 1, 2, § 69a StVZO; § 24 Abs. 1, 3 Nr. 5 StVG; 199.1.4 BKat (Kfz über 7,5 t m. Anhänger) Tab.: 731060	B - 1	285,00	
331943	Sie ordneten die Inbetriebnahme eines Kraftfahrzeugs mit Anhänger an, obwohl die zulässige Anhängelast um ...,.. (mehr als 20) Prozent = ... kg überschritten war bzw. ließen sie zu. Festgestellte Anhängelast: *)...... kg. Zulässige Anhängelast: **)...... kg. § 31 Abs. 2, § 42 Abs. 1, 2, § 69a StVZO; § 24 Abs. 1, 3 Nr. 5 StVG; 199.1.5 BKat (Kfz über 7,5 t m. Anhänger) Tab.: 731060	B - 1	380,00	

TBNR   **Bemerkungen**
331296 – 331943   *) Festgestellte Anhängelast angeben, **) Zulässige Anhängelast angeben,

Verantwortung für den Betrieb der Fahrzeuge - § 31 StVZO

TBNR	Tatbestandstext	FaP-Pkt	Euro	FV
331944	Sie ordneten die Inbetriebnahme eines Kraftfahrzeugs mit Anhänger an, obwohl die zulässige Anhängelast um ...,.. (mehr als 25) Prozent = ... kg überschritten war bzw. ließen sie zu. Festgestellte Anhängelast: *)...... kg. Zulässige Anhängelast: **)...... kg. § 31 Abs. 2, § 42 Abs. 1, 2, § 69a StVZO; § 24 Abs. 1, 3 Nr. 5 StVG; 199.1.6 BKat (Kfz über 7,5 t m. Anhänger) Tab.: 731060	B - 1	425,00	
331946	Sie ordneten die Inbetriebnahme eines kennzeichnungspflichtigen Kfz mit Anhänger m. gef. Gütern an, obwohl die zulässige Anhängelast um ...,.. (mehr als 5) Prozent = ... kg überschritten war bzw. ließen sie zu. Festgestellte Anhängelast: *) ...... kg. Zulässige Anhängelast: **)...... kg. § 31 Abs. 2, § 42 Abs. 1, 2, § 69a StVZO; § 24 Abs. 1, 3 Nr. 5 StVG; 199.1.2 BKat; § 3 Abs. 4 BKatV (Kfz über 7,5 t m. Anhänger m. gef. Gütern) Tab.: 731061	B - 1	210,00	
331947	Sie ordneten die Inbetriebnahme eines kennzeichnungspflichtigen Kfz mit Anhänger m. gef. Gütern an, obwohl die zulässige Anhängelast um ...,.. (mehr als 10) Prozent = ... kg überschritten war bzw. ließen sie zu. Festgestellte Anhängelast: *) ...... kg. Zulässige Anhängelast: **)...... kg. § 31 Abs. 2, § 42 Abs. 1, 2, § 69a StVZO; § 24 Abs. 1, 3 Nr. 5 StVG; 199.1.3 BKat; § 3 Abs. 4 BKatV (Kfz über 7,5 t m. Anhänger m. gef. Gütern) Tab.: 731061	B - 1	352,50	
331948	Sie ordneten die Inbetriebnahme eines kennzeichnungspflichtigen Kfz mit Anhänger m. gef. Gütern an, obwohl die zulässige Anhängelast um ...,.. (mehr als 15) Prozent = ... kg überschritten war bzw. ließen sie zu. Festgestellte Anhängelast: *) ...... kg. Zulässige Anhängelast: **)...... kg. § 31 Abs. 2, § 42 Abs. 1, 2, § 69a StVZO; § 24 Abs. 1, 3 Nr. 5 StVG; 199.1.4 BKat; § 3 Abs. 4 BKatV (Kfz über 7,5 t m. Anhänger m. gef. Gütern) Tab.: 731061	B - 1	427,50	

TBNR **Bemerkungen**
331944 – 331948 *) Festgestellte Anhängelast angeben, **) Zulässige Anhängelast angeben

Verantwortung für den Betrieb der Fahrzeuge - § 31 StVZO

TBNR	Tatbestandstext	FaP-Pkt	Euro	FV
331949	Sie ordneten die Inbetriebnahme eines kennzeichnungspflichtigen Kfz mit Anhänger m. gef. Gütern an, obwohl die zulässige Anhängelast um ...,... (mehr als 20) Prozent = ... kg überschritten war bzw. ließen sie zu. Festgestellte Anhängelast: *)...... kg. Zulässige Anhängelast: **)...... kg. § 31 Abs. 2, § 42 Abs. 1, 2, § 69a StVZO; § 24 Abs. 1, 3 Nr. 5 StVG; 199.1.5 BKat; § 3 Abs. 4 BKatV (Kfz über 7,5 t m. Anhänger m. gef. Gütern) Tab.: 731061	B - 1	570,00	
331950	Sie ordneten die Inbetriebnahme eines kennzeichnungspflichtigen Kfz mit Anhänger m. gef. Gütern an, obwohl die zulässige Anhängelast um ...,... (mehr als 25) Prozent = ... kg überschritten war bzw. ließen sie zu. Festgestellte Anhängelast: *)...... kg. Zulässige Anhängelast: **)...... kg. § 31 Abs. 2, § 42 Abs. 1, 2, § 69a StVZO; § 24 Abs. 1, 3 Nr. 5 StVG; 199.1.6 BKat; § 3 Abs. 4 BKatV (Kfz über 7,5 t m. Anhänger m. gef. Gütern) Tab.: 731061	B - 1	637,50	
331308	Sie ordneten die Inbetriebnahme eines Zuges mit Anhänger an, obwohl die zulässige Anhängelast um ...,... (2 - 5) Prozent = ... kg überschritten war bzw. ließen sie zu. Festgestellte Anhängelast: *)...... kg. Zulässige Anhängelast: **)...... kg. § 31 Abs. 2, § 42 Abs. 1, 2, § 69a StVZO; § 24 Abs. 1, 3 Nr. 5 StVG; 199.1.1 BKat (Kfz m. Anhänger über 2 t) Tab.: 731070	0	35,00	
331952	Sie ordneten die Inbetriebnahme eines Zuges mit Anhänger an, obwohl die zulässige Anhängelast um ...,... (mehr als 5) Prozent = ... kg überschritten war bzw. ließen sie zu. Festgestellte Anhängelast: *)...... kg. Zulässige Anhängelast: **)...... kg. § 31 Abs. 2, § 42 Abs. 1, 2, § 69a StVZO; § 24 Abs. 1, 3 Nr. 5 StVG; 199.1.2 BKat (Kfz m. Anhänger über 2 t) Tab.: 731070	B - 1	140,00	

TBNR   **Bemerkungen**
331949 – 331952   *) Festgestellte Anhängelast angeben
                 **) Zulässige Anhängelast angeben

Verantwortung für den Betrieb der Fahrzeuge - § 31 StVZO

TBNR	Tatbestandstext	FaP-Pkt	Euro	FV
331953	Sie ordneten die Inbetriebnahme eines Zuges mit Anhänger an, obwohl die zulässige Anhängelast um ...,.. (mehr als 10) Prozent = ... kg überschritten war bzw. ließen sie zu. Festgestellte Anhängelast: *)...... kg. Zulässige Anhängelast: **)...... kg. § 31 Abs. 2, § 42 Abs. 1, 2, § 69a StVZO; § 24 Abs. 1, 3 Nr. 5 StVG; 199.1.3 BKat (Kfz m. Anhänger über 2 t) Tab.: 731070	B - 1	235,00	
331954	Sie ordneten die Inbetriebnahme eines Zuges mit Anhänger an, obwohl die zulässige Anhängelast um ...,.. (mehr als 15) Prozent = ... kg überschritten war bzw. ließen sie zu. Festgestellte Anhängelast: *)...... kg. Zulässige Anhängelast: **)...... kg. § 31 Abs. 2, § 42 Abs. 1, 2, § 69a StVZO; § 24 Abs. 1, 3 Nr. 5 StVG;199.1.4 BKat (Kfz m. Anhänger über 2 t) Tab.: 731070	B - 1	285,00	
331955	Sie ordneten die Inbetriebnahme eines Zuges mit Anhänger an, obwohl die zulässige Anhängelast um ...,.. (mehr als 20) Prozent = ... kg überschritten war bzw. ließen sie zu. Festgestellte Anhängelast: *)...... kg. Zulässige Anhängelast: **)...... kg. § 31 Abs. 2, § 42 Abs. 1, 2, § 69a StVZO; § 24 Abs. 1, 3 Nr. 5 StVG; 199.1.5 BKat (Kfz m. Anhänger über 2 t) Tab.: 731070	B - 1	380,00	
331956	Sie ordneten die Inbetriebnahme eines Zuges mit Anhänger an, obwohl die zulässige Anhängelast um ...,.. (mehr als 25) Prozent = ... kg überschritten war bzw. ließen sie zu. Festgestellte Anhängelast: *)...... kg. Zulässige Anhängelast: **)...... kg. § 31 Abs. 2, § 42 Abs. 1, 2, § 69a StVZO; § 24 Abs. 1, 3 Nr. 5 StVG; 199.1.6 BKat (Kfz m. Anhänger über 2 t) Tab.: 731070	B - 1	425,00	

TBNR	Bemerkungen
331953 – 331956	*) Festgestellte Anhängelast angeben **) Zulässige Anhängelast angeben

Verantwortung für den Betrieb der Fahrzeuge - § 31 StVZO

TBNR	Tatbestandstext	FaP-Pkt	Euro	FV
331960	Sie ordneten die Inbetriebnahme eines kennzeichnungs-pflichtigen Zuges mit Anhänger m. gef. Gütern an, obwohl die zul. Anhängelast um ...,.. (mehr als 5) Prozent = ... kg überschritten war bzw. ließen sie zu. Festgestellte Anhängelast: *)...... kg. Zulässige Anhängelast: **)...... kg. § 31 Abs. 2, § 42 Abs. 1, 2, § 69a StVZO; § 24 Abs. 1, 3 Nr. 5 StVG; 199.1.2 BKat; § 3 Abs. 4 BKatV (Kfz m. Anhänger über 2 t m. gef. Gütern) Tab.: 731071	B - 1	210,00	
331961	Sie ordneten die Inbetriebnahme eines kennzeichnungs-pflichtigen Zuges mit Anhänger m. gef. Gütern an, obwohl die zul. Anhängelast um ...,.. (mehr als 10) Prozent = ... kg überschritten war bzw. ließen sie zu. Festgestellte Anhängelast: *)...... kg. Zulässige Anhängelast: **)...... kg. § 31 Abs. 2, § 42 Abs. 1, 2, § 69a StVZO; § 24 Abs. 1, 3 Nr. 5 StVG; 199.1.3 BKat; § 3 Abs. 4 BKatV (Kfz m. Anhänger über 2 t m. gef. Gütern) Tab.: 731071	B - 1	352,50	
331962	Sie ordneten die Inbetriebnahme eines kennzeichnungs-pflichtigen Zuges mit Anhänger m. gef. Gütern an, obwohl die zul. Anhängelast um ...,.. (mehr als 15) Prozent = ... kg überschritten war bzw. ließen sie zu. Festgestellte Anhängelast: *)...... kg. Zulässige Anhängelast: **)...... kg. § 31 Abs. 2, § 42 Abs. 1, 2, § 69a StVZO; § 24 Abs. 1, 3 Nr. 5 StVG; 199.1.4 BKat; § 3 Abs. 4 BKatV (Kfz m. Anhänger über 2 t m. gef. Gütern) Tab.: 731071	B - 1	427,50	
331963	Sie ordneten die Inbetriebnahme eines kennzeichnungs-pflichtigen Zuges mit Anhänger m. gef. Gütern an, obwohl die zul. Anhängelast um ...,.. (mehr als 20) Prozent = ... kg überschritten war bzw. ließen sie zu. Festgestellte Anhängelast: *)...... kg. Zulässige Anhängelast: **)...... kg. § 31 Abs. 2, § 42 Abs. 1, 2, § 69a StVZO; § 24 Abs. 1, 3 Nr. 5 StVG; 199.1.5 BKat; § 3 Abs. 4 BKatV (Kfz m. Anhänger über 2 t m. gef. Gütern) Tab.: 731071	B - 1	570,00	

TBNR	Bemerkungen
331960 – 331963	*) Festgestellte Anhängelast angeben
	**) Zulässige Anhängelast angeben

Verantwortung für den Betrieb der Fahrzeuge - § 31 StVZO

TBNR	Tatbestandstext	FaP-Pkt	Euro	FV
331964	Sie ordneten die Inbetriebnahme eines kennzeichnungs-pflichtigen Zuges mit Anhänger m. gef. Gütern an, obwohl die zul. Anhängelast um ...,.. (mehr als 25) Prozent = ... kg überschritten war bzw. ließen sie zu. Festgestellte Anhängelast: *)...... kg. Zulässige Anhängelast: **)...... kg. § 31 Abs. 2, § 42 Abs. 1, 2, § 69a StVZO; § 24 Abs. 1, 3 Nr. 5 StVG; 199.1.6 BKat; § 3 Abs. 4 BKatV (Kfz m. Anhänger über 2 t m. gef. Gütern) Tab.: 731071	B - 1	637,50	
331320	Sie ordneten die Inbetriebnahme eines Kraftfahrzeugs mit Anhänger an, obwohl die zulässige Anhängelast um ...,.. (mehr als 5) Prozent = ... kg überschritten war bzw. ließen sie zu. Festgestellte Anhängelast: *)...... kg. Zulässige Anhängelast: **)...... kg. § 31 Abs. 2, § 42 Abs. 1, 2, § 69a StVZO; § 24 Abs. 1, 3 Nr. 5 StVG; 199.2.1 BKat (Kfz bis 7,5 t m. Anhänger) Tab.: 731080	0	10,00	
331321	Sie ordneten die Inbetriebnahme eines Kraftfahrzeugs mit Anhänger an, obwohl die zulässige Anhängelast um ...,.. (mehr als 10) Prozent = ... kg überschritten war bzw. ließen sie zu. Festgestellte Anhängelast: *)...... kg. Zulässige Anhängelast: **)...... kg. § 31 Abs. 2, § 42 Abs. 1, 2, § 69a StVZO; § 24 Abs. 1, 3 Nr. 5 StVG; 199.2.2 BKat (Kfz bis 7,5 t m. Anhänger) Tab.: 731080	0	30,00	
331322	Sie ordneten die Inbetriebnahme eines Kraftfahrzeugs mit Anhänger an, obwohl die zulässige Anhängelast um ...,.. (mehr als 15) Prozent = ... kg überschritten war bzw. ließen sie zu. Festgestellte Anhängelast: *)...... kg. Zulässige Anhängelast: **)...... kg. § 31 Abs. 2, § 42 Abs. 1, 2, § 69a StVZO; § 24 Abs. 1, 3 Nr. 5 StVG; 199.2.3 BKat (Kfz bis 7,5 t m. Anhänger) Tab.: 731080	0	35,00	

TBNR   **Bemerkungen**
331964 – 331322   *) Festgestellte Anhängelast angeben
                **) Zulässige Anhängelast angeben

Verantwortung für den Betrieb der Fahrzeuge - § 31 StVZO

TBNR	Tatbestandstext	FaP-Pkt	Euro	FV
331968	Sie ordneten die Inbetriebnahme eines Kraftfahrzeugs mit Anhänger an, obwohl die zulässige Anhängelast um ...,.. (mehr als 20) Prozent = ... kg überschritten war bzw. ließen sie zu. Festgestellte Anhängelast: *)...... kg. Zulässige Anhängelast: **)...... kg. § 31 Abs. 2, § 42 Abs. 1, 2, § 69a StVZO; § 24 Abs. 1, 3 Nr. 5 StVG; 199.2.4 BKat (Kfz bis 7,5 t m. Anhänger) Tab.: 731080	B - 1	95,00	
331969	Sie ordneten die Inbetriebnahme eines Kraftfahrzeugs mit Anhänger an, obwohl die zulässige Anhängelast um ...,.. (mehr als 25) Prozent = ... kg überschritten war bzw. ließen sie zu. Festgestellte Anhängelast: *)...... kg. Zulässige Anhängelast: **)...... kg. § 31 Abs. 2, § 42 Abs. 1, 2, § 69a StVZO; § 24 Abs. 1, 3 Nr. 5 StVG; 199.2.5 BKat (Kfz bis 7,5 t m. Anhänger) Tab.: 731080	B - 1	140,00	
331970	Sie ordneten die Inbetriebnahme eines Kraftfahrzeugs mit Anhänger an, obwohl die zulässige Anhängelast um ...,.. (mehr als 30) Prozent = ... kg überschritten war bzw. ließen sie zu. Festgestellte Anhängelast: *)...... kg. Zulässige Anhängelast: **)...... kg. § 31 Abs. 2, § 42 Abs. 1, 2, § 69a StVZO; § 24 Abs. 1, 3 Nr. 5 StVG; 199.2.6 BKat (Kfz bis 7,5 t m. Anhänger) Tab.: 731080	B - 1	235,00	
331974	Sie ordneten die Inbetriebnahme eines kennzeichnungspflichtigen Kfz mit Anhänger m. gef. Gütern an, obwohl die zulässige Anhängelast um ...,.. (mehr als 20) Prozent = ... kg überschritten war bzw. ließen sie zu. Festgestellte Anhängelast: *)...... kg. Zulässige Anhängelast: **)...... kg. § 31 Abs. 2, § 42 Abs. 1, 2, § 69a StVZO; § 24 Abs. 1, 3 Nr. 5 StVG; 199.2.4 BKat; § 3 Abs. 4 BKatV (Kfz bis 7,5 t m. Anhänger m. gef. Gütern) Tab.: 731081	B - 1	142,50	

TBNR   **Bemerkungen**
331968 – 331974   *) Festgestellte Anhängelast angeben
                 **) Zulässige Anhängelast angeben

Verantwortung für den Betrieb der Fahrzeuge - § 31 StVZO

TBNR	Tatbestandstext	FaP-Pkt	Euro	FV
331975	Sie ordneten die Inbetriebnahme eines kennzeichnungspflichtigen Kfz mit Anhänger m. gef. Gütern an, obwohl die zulässige Anhängelast um ...,... (mehr als 25) Prozent = ... kg überschritten war bzw. ließen sie zu. Festgestellte Anhängelast: *)...... kg. Zulässige Anhängelast: **)...... kg. § 31 Abs. 2, § 42 Abs. 1, 2, § 69a StVZO; § 24 Abs. 1, 3 Nr. 5 StVG; 199.2.5 BKat; § 3 Abs. 4 BKatV (Kfz bis 7,5 t m. Anhänger m. gef. Gütern) Tab.: 731081	B - 1	210,00	
331976	Sie ordneten die Inbetriebnahme eines kennzeichnungspflichtigen Kfz mit Anhänger m. gef. Gütern an, obwohl die zulässige Anhängelast um ...,... (mehr als 30) Prozent = ... kg überschritten war bzw. ließen sie zu. Festgestellte Anhängelast: *)...... kg. Zulässige Anhängelast: **)...... kg. § 31 Abs. 2, § 42 Abs. 1, 2, § 69a StVZO; § 24 Abs. 1, 3 Nr. 5 StVG; 199.2.6 BKat; § 3 Abs. 4 BKatV (Kfz bis 7,5 t m. Anhänger m. gef. Gütern) Tab.: 731081	B - 1	352,50	

Fahrtenbuch - § 31a StVZO

TBNR	Tatbestandstext	FaP-Pkt	Euro	FV
331980	Sie führten das Ihnen auferlegte Fahrtenbuch nicht/nicht ordnungsgemäß *). § 31a, § 69a StVZO; § 24 Abs. 1, 3 Nr. 5 StVG; 190 BKat	0	100,00	
331986	Sie bewahrten das Ihnen auferlegte Fahrtenbuch nicht fristgemäß auf. § 31a, § 69a StVZO; § 24 Abs. 1, 3 Nr. 5 StVG; 190 BKat	0	100,00	
331992	Sie unterließen es, das Ihnen auferlegte Fahrtenbuch der zuständigen Person auszuhändigen. § 31a, § 69a StVZO; § 24 Abs. 1, 3 Nr. 5 StVG; 190 Bkat	0	100,00	

Überprüfung mitzuführender Gegenstände - § 31b StVZO

TBNR	Tatbestandstext	FaP-Pkt	Euro	FV
331332	Sie weigerten sich, mitzuführende Gegenstände auf Verlangen vorzuzeigen/zur Prüfung auszuhändigen *). § 31b, § 69a StVZO; § 24 Abs. 1, 3 Nr. 5 StVG; 191 BKat	0	5,00	

TBNR	Bemerkungen
331975 – 331976	*) Festgestellte Anhängelast angeben **) Zulässige Anhängelast angeben
331980; 331332	*) Zutreffendes angeben

Überprüfung von Fahrzeuggewichten - § 31c StVZO

TBNR	Tatbestandstext	FaP-Pkt	Euro	FV
331994	Sie weigerten sich, nach Weisung einer zuständigen Person das Gesamtgewicht/die zugelassenen Achslasten *) feststellen zu lassen. § 31c, § 69a StVZO; § 24 Abs. 1, 3 Nr. 5 StVG; 254 BKat	0	50,00	
331998	Sie kamen der Weisung einer zuständigen Person nicht nach, eine der festgestellten Überlastung entsprechende Um- oder Entladung des Fahrzeuges durchzuführen. § 31c, § 69a StVZO; § 24 Abs. 1, 3 Nr. 5 StVG; 254 Bkat	0	50,00	

Abmessungen von Fahrzeug(en) u. -kombinationen - § 32 StVZO

TBNR	Tatbestandstext	FaP-Pkt	Euro	FV
332600	Sie nahmen das Kraftfahrzeug/den Anhänger/die Fahrzeug- *) kombination in Betrieb, obwohl die zulässigen Abmessungen **) überschritten waren. § 32 Abs. 1, 2, 3, 4, § 31d Abs. 1 ***), § 69a StVZO; § 24 Abs. 1, 3 Nr. 5 StVG; 192 BKat	B - 1	60,00	

Unterfahrschutz - § 32b StVZO

TBNR	Tatbestandstext	FaP-Pkt	Euro	FV
332100	Sie nahmen das Fahrzeug ohne vorgeschriebenen Unterfahrschutz in Betrieb. § 32b Abs. 1, 2, 4, § 69a StVZO; § 24 Abs. 1, 3 Nr. 5 StVG; 194 Bkat	0	25,00	

Seitliche Schutzvorrichtung - § 32c StVZO

TBNR	Tatbestandstext	FaP-Pkt	Euro	FV
332000	Sie nahmen das Fahrzeug ohne vorgeschriebene seitliche Schutzvorrichtung/mit einer nicht vorschriftsmäßigen Schutzvorrichtung *) in Betrieb. § 32c Abs. 2, § 69a StVZO; § 24 Abs. 1, 3 Nr. 5 StVG; -- BKat	0	25,00	

Kurvenlaufeigenschaften - § 32d StVZO

TBNR	Tatbestandstext	FaP-Pkt	Euro	FV
332606	Sie setzten das Kraftfahrzeug/die Fahrzeugkombination *) in Betrieb, bei dem die vorgeschriebenen Kurvenlaufeigenschaften nicht eingehalten waren. § 32d Abs. 1, 2, § 69a StVZO; § 24 Abs. 1, 3 Nr. 5 StVG; 195 BKat	B - 1	60,00	

Schleppen von Fahrzeugen - § 33 StVZO

TBNR	Tatbestandstext	FaP-Pkt	Euro	FV
333100	Sie betrieben vorschriftswidrig das Kraftfahrzeug als Anhänger (Schleppen), obwohl keine Ausnahmegenehmigung vorlag. § 33, § 69a StVZO; § 24 Abs. 1, 3 Nr. 5 StVG; 197 BKat	0	25,00	

TBNR **Bemerkungen**
331994 *) Zutreffendes angeben
332600 *) Zutreffende Fahrzeugart angeben, **) Zulässige und tatsächliche Abmessungen angeben, ***) Zutreffende Rechtsgrundlage angeben
332000 *) Zutreffendes angeben
332606 *) Zutreffende Fahrzeugart angeben

Achslast und Gesamtgewicht - § 34 StVZO

TBNR	Tatbestandstext	FaP-Pkt	Euro	FV
334100	Sie führten das Kraftfahrzeug, obwohl das zulässige Gesamtgewicht um ...,.. (2 - 5) Prozent = ... kg überschritten war. Festgestelltes Gesamtgewicht: *)...... kg. Zulässiges Gesamtgewicht: **)...... kg. § 34 Abs. 3, § 31d Abs. 1 ***), § 69a StVZO; § 24 Abs. 1, 3 Nr. 5 StVG; 198.1.1 BKat (Kfz über 7,5 t) Tab.: 734000	0	30,00	
334600	Sie führten das Kraftfahrzeug, obwohl das zulässige Gesamtgewicht um ...,.. (mehr als 5) Prozent = ... kg überschritten war. Festgestelltes Gesamtgewicht: *)...... kg. Zulässiges Gesamtgewicht: **)...... kg. § 34 Abs. 3, § 31d Abs. 1 ***), § 69a StVZO; § 24 Abs. 1, 3 Nr. 5 StVG; 198.1.2 BKat (Kfz über 7,5 t) Tab.: 734000	B - 1	80,00	
334601	Sie führten das Kraftfahrzeug, obwohl das zulässige Gesamtgewicht um ...,.. (mehr als 10) Prozent = ... kg überschritten war. Festgestelltes Gesamtgewicht: *)...... kg. Zulässiges Gesamtgewicht: **)...... kg. § 34 Abs. 3, § 31d Abs. 1 ***), § 69a StVZO; § 24 Abs. 1, 3 Nr. 5 StVG; 198.1.3 BKat (Kfz über 7,5 t) Tab.: 734000	B - 1	110,00	
334602	Sie führten das Kraftfahrzeug, obwohl das zulässige Gesamtgewicht um ...,.. (mehr als 15) Prozent = ... kg überschritten war. Festgestelltes Gesamtgewicht: *)...... kg. Zulässiges Gesamtgewicht: **)...... kg. § 34 Abs. 3, § 31d Abs. 1 ***), § 69a StVZO; § 24 Abs. 1, 3 Nr. 5 StVG; 198.1.4 BKat (Kfz über 7,5 t) Tab.: 734000	B - 1	140,00	
334603	Sie führten das Kraftfahrzeug, obwohl das zulässige Gesamtgewicht um ...,.. (mehr als 20) Prozent = ... kg überschritten war Festgestelltes Gesamtgewicht: *)...... kg. Zulässiges Gesamtgewicht: **)...... kg. § 34 Abs. 3, § 31d Abs. 1 ***), § 69a StVZO; § 24 Abs. 1, 3 Nr. 5 StVG; 198.1.5 BKat (Kfz über 7,5 t) Tab.: 734000	B - 1	190,00	

TBNR	Bemerkungen
334100 – 334603	*) Festgestelltes Gesamtgewicht angeben, **) Zulässiges Gesamtgewicht angeben, ***) Zutreffende Rechtsgrundlage angeben

Achslast und Gesamtgewicht - § 34 StVZO

TBNR	Tatbestandstext	FaP-Pkt	Euro	FV
334604	Sie führten das Kraftfahrzeug, obwohl das zulässige Gesamtgewicht um ...,.. (mehr als 25) Prozent = ... kg überschritten war. Festgestelltes Gesamtgewicht: *)...... kg. Zulässiges Gesamtgewicht: **)...... kg. § 34 Abs. 3, § 31d Abs. 1 ***), § 69a StVZO; § 24 Abs. 1, 3 Nr. 5 StVG; 198.1.6 BKat (Kfz über 7,5 t) Tab.: 734000	B - 1	285,00	
334605	Sie führten das Kraftfahrzeug, obwohl das zulässige Gesamtgewicht um ...,.. (mehr als 30) Prozent = ... kg überschritten war. Festgestelltes Gesamtgewicht: *)...... kg. Zulässiges Gesamtgewicht: **)...... kg. § 34 Abs. 3, § 31d Abs. 1 ***), § 69a StVZO; § 24 Abs. 1, 3 Nr. 5 StVG; 198.1.7 BKat (Kfz über 7,5 t) Tab.: 734000	B - 1	380,00	
334606	Sie führten das kennzeichnungspflichtige Kraftfahrzeug mit gefährlichen Gütern, obwohl das zulässige Gesamtgewicht um ...,.. (mehr als 5) Prozent = ... kg überschritten war. Festgestelltes Gesamtgewicht: *)...... kg. Zulässiges Gesamtgewicht: **)...... kg. § 34 Abs. 3, § 31d Abs. 1 ***), § 69a StVZO; § 24 Abs. 1, 3 Nr. 5 StVG; 198.1.2 BKat; § 3 Abs. 4 BKatV (Kfz über 7,5 t m. gef. Gütern) Tab.: 734001	B - 1	120,00	
334607	Sie führten das kennzeichnungspflichtige Kraftfahrzeug mit gefährlichen Gütern, obwohl das zulässige Gesamtgewicht um ...,.. (mehr als 10) Prozent = ... kg überschritten war. Festgestelltes Gesamtgewicht: *)...... kg. Zulässiges Gesamtgewicht: **)...... kg. § 34 Abs. 3, § 31d Abs. 1 ***), § 69a StVZO; § 24 Abs. 1, 3 Nr. 5 StVG; 198.1.3 BKat; § 3 Abs. 4 BKatV (Kfz über 7,5 t m. gef. Gütern) Tab.: 734001	B - 1	165,00	

TBNR   **Bemerkungen**
334604 – 334607   *) Festgestelltes Gesamtgewicht angeben, **) Zulässiges Gesamtgewicht angeben, ***) Zutreffende Rechtsgrundlage angeben

Achslast und Gesamtgewicht - § 34 StVZO

TBNR	Tatbestandstext	FaP-Pkt	Euro	FV
334608	Sie führten das kennzeichnungspflichtige Kraftfahrzeug mit gefährlichen Gütern, obwohl das zulässige Gesamtgewicht um ...,.. (mehr als 15) Prozent = ... kg überschritten war. Festgestelltes Gesamtgewicht: *)...... kg. Zulässiges Gesamtgewicht: **)...... kg. § 34 Abs. 3, § 31d Abs. 1 ***), § 69a StVZO; § 24 Abs. 1, 3 Nr. 5 StVG; 198.1.4 BKat; § 3 Abs. 4 BKatV (Kfz über 7,5 t m. gef. Gütern) Tab.: 734001	B - 1	210,00	
334609	Sie führten das kennzeichnungspflichtige Kraftfahrzeug mit gefährlichen Gütern, obwohl das zulässige Gesamtgewicht um ...,.. (mehr als 20) Prozent = ... kg überschritten war. Festgestelltes Gesamtgewicht: *)...... kg. Zulässiges Gesamtgewicht: **)...... kg. § 34 Abs. 3, § 31d Abs. 1 ***), § 69a StVZO; § 24 Abs. 1, 3 Nr. 5 StVG; 198.1.5 BKat; § 3 Abs. 4 BKatV (Kfz über 7,5 t m. gef. Gütern) Tab.: 734001	B - 1	285,00	
334610	Sie führten das kennzeichnungspflichtige Kraftfahrzeug mit gefährlichen Gütern, obwohl das zulässige Gesamtgewicht um ...,.. (mehr als 25) Prozent = ... kg überschritten war. Festgestelltes Gesamtgewicht: *)...... kg. Zulässiges Gesamtgewicht: **)...... kg. § 34 Abs. 3, § 31d Abs. 1 ***), § 69a StVZO; § 24 Abs. 1, 3 Nr. 5 StVG; 198.1.6 BKat; § 3 Abs. 4 BKatV (Kfz über 7,5 t m. gef. Gütern) Tab.: 734001	B - 1	427,50	
334611	Sie führten das kennzeichnungspflichtige Kraftfahrzeug mit gefährlichen Gütern, obwohl das zulässige Gesamtgewicht um ...,.. (mehr als 30) Prozent = ... kg überschritten war. Festgestelltes Gesamtgewicht: *)...... kg. Zulässiges Gesamtgewicht: **)...... kg. § 34 Abs. 3, § 31d Abs. 1 ***), § 69a StVZO; § 24 Abs. 1, 3 Nr. 5 StVG; 198.1.7 BKat; § 3 Abs. 4 BKatV (Kfz über 7,5 t m. gef. Gütern) Tab.: 734001	B - 1	570,00	

TBNR **Bemerkungen**
334608 – 334611 *) Festgestelltes Gesamtgewicht angeben, **) Zulässiges Gesamtgewicht angeben, ***) Zutreffende Rechtsgrundlage angeben

Achslast und Gesamtgewicht - § 34 StVZO

TBNR	Tatbestandstext	FaP-Pkt	Euro	FV
334612	Sie führten den Kraftomnibus mit Fahrgästen, obwohl das zulässige Gesamtgewicht um ...,.. (mehr als 5) Prozent = ... kg überschritten war. Festgestelltes Gesamtgewicht: *)...... kg. Zulässiges Gesamtgewicht: **)...... kg. § 34 Abs. 3, § 31d Abs. 1 ***), § 69a StVZO; § 24 Abs. 1, 3 Nr. 5 StVG; 198.1.2 BKat; § 3 Abs. 4 BKatV (Kraftomnibus über 7,5 t m. Fahrgästen) Tab.: 734002	B - 1	120,00	
334613	Sie führten den Kraftomnibus mit Fahrgästen, obwohl das zulässige Gesamtgewicht um ...,.. (mehr als 10) Prozent = ... kg überschritten war. Festgestelltes Gesamtgewicht: *)...... kg. Zulässiges Gesamtgewicht: **)...... kg. § 34 Abs. 3, § 31d Abs. 1 ***), § 69a StVZO; § 24 Abs. 1, 3 Nr. 5 StVG; 198.1.3 BKat; § 3 Abs. 4 BKatV (Kraftomnibus über 7,5 t m. Fahrgästen) Tab.: 734002	B - 1	165,00	
334614	Sie führten den Kraftomnibus mit Fahrgästen, obwohl das zulässige Gesamtgewicht um ...... (mehr als 15) Prozent = ... kg überschritten war. Festgestelltes Gesamtgewicht: *)...... kg. Zulässiges Gesamtgewicht: **)...... kg. § 34 Abs. 3, § 31d Abs. 1 ***), § 69a StVZO; § 24 Abs. 1, 3 Nr. 5 StVG; 198.1.4 BKat; § 3 Abs. 4 BKatV (Kraftomnibus über 7,5 t m. Fahrgästen) Tab.: 734002	B - 1	210,00	
334615	Sie führten den Kraftomnibus mit Fahrgästen, obwohl das zulässige Gesamtgewicht um ...... (mehr als 20) Prozent = ... kg überschritten war. Festgestelltes Gesamtgewicht: *)...... kg. Zulässiges Gesamtgewicht: **)...... kg. § 34 Abs. 3, § 31d Abs. 1 ***), § 69a StVZO; § 24 Abs. 1, 3 Nr. 5 StVG; 198.1.5 BKat; § 3 Abs. 4 BKatV (Kraftomnibus über 7,5 t m. Fahrgästen) Tab.: 734002	B - 1	285,00	

TBNR   **Bemerkungen**
334612 – 334615 *) Festgestelltes Gesamtgewicht angeben, **) Zulässiges Gesamtgewicht angeben, ***) Zutreffende Rechtsgrundlage angeben

Achslast und Gesamtgewicht - § 34 StVZO

TBNR	Tatbestandstext	FaP-Pkt	Euro	FV
334616	Sie führten den Kraftomnibus mit Fahrgästen, obwohl das zulässige Gesamtgewicht um ...,... (mehr als 25) Prozent = ... kg überschritten war. Festgestelltes Gesamtgewicht: *)...... kg. Zulässiges Gesamtgewicht: **)...... kg. § 34 Abs. 3, § 31d Abs. 1 ***), § 69a StVZO; § 24 Abs. 1, 3 Nr. 5 StVG; 198.1.6 BKat; § 3 Abs. 4 BKatV (Kraftomnibus über 7,5 t m. Fahrgästen) Tab.: 734002	B - 1	427,50	
334617	Sie führten den Kraftomnibus mit Fahrgästen, obwohl das zulässige Gesamtgewicht um ...,... (mehr als 30) Prozent = ... kg überschritten war. Festgestelltes Gesamtgewicht: *)...... kg. Zulässiges Gesamtgewicht: **)...... kg. § 34 Abs. 3, § 31d Abs. 1 ***), § 69a StVZO; § 24 Abs. 1, 3 Nr. 5 StVG; 198.1.7 BKat; § 3 Abs. 4 BKatV (Kraftomnibus über 7,5 t m. Fahrgästen) Tab.: 734002	B - 1	570,00	
334118	Sie führten das Kraftfahrzeug, obwohl die zulässige Achslast um ...,... (2 - 5) Prozent = ... kg überschritten war. Festgestellte Achslast: *)...... kg. Zulässige Achslast: **)...... kg. § 34 Abs. 3, § 31d Abs. 1 ***), § 69a StVZO; § 24 Abs. 1, 3 Nr. 5 StVG; 198.1.1 BKat (Kfz über 7,5 t) Tab.: 734003	0	30,00	
334618	Sie führten das Kraftfahrzeug, obwohl die zulässige Achslast um ...,... (mehr als 5) Prozent = ... kg überschritten war. Festgestellte Achslast: *)...... kg. Zulässige Achslast: **)...... kg. § 34 Abs. 3, § 31d Abs. 1 ***), § 69a StVZO; § 24 Abs. 1, 3 Nr. 5 StVG; 198.1.2 BKat (Kfz über 7,5 t) Tab.: 734003	B - 1	80,00	
334619	Sie führten das Kraftfahrzeug, obwohl die zulässige Achslast um ...,... (mehr als 10) Prozent = ... kg überschritten war. Festgestellte Achslast: *)...... kg. Zulässige Achslast: **)...... kg. § 34 Abs. 3, § 31d Abs. 1 ***), § 69a StVZO; § 24 Abs. 1, 3 Nr. 5 StVG; 198.1.3 BKat (Kfz über 7,5 t) Tab.: 734003	B - 1	110,00	

TBNR	Bemerkungen
334616 – 334617	*) Festgestelltes Gesamtgewicht angeben, **) Zulässiges Gesamtgewicht angeben, ***) Zutreffende Rechtsgrundlage angeben
334118 – 334619	*) Festgestellte Achslast angeben, **) Zulässige Achslast angeben, ***) Zutreffende Rechtsgrundlage angeben

Achslast und Gesamtgewicht - § 34 StVZO

TBNR	Tatbestandstext	FaP-Pkt	Euro	FV
334620	Sie führten das Kraftfahrzeug, obwohl die zulässige Achslast um ...,... (mehr als 15) Prozent = ... kg überschritten war. Festgestellte Achslast: *)...... kg. Zulässige Achslast: **)...... kg. § 34 Abs. 3, § 31d Abs. 1 ***), § 69a StVZO; § 24 Abs. 1, 3 Nr. 5 StVG; 198.1.4 BKat (Kfz über 7,5 t) Tab.: 734003	B - 1	140,00	
334621	Sie führten das Kraftfahrzeug, obwohl die zulässige Achslast um ...,... (mehr als 20) Prozent = ... kg überschritten war. Festgestellte Achslast: *)...... kg. Zulässige Achslast: **)...... kg. § 34 Abs. 3, § 31d Abs. 1 ***), § 69a StVZO; § 24 Abs. 1, 3 Nr. 5 StVG; 198.1.5 BKat (Kfz über 7,5 t) Tab.: 734003	B - 1	190,00	
334622	Sie führten das Kraftfahrzeug, obwohl die zulässige Achslast um ...,... (mehr als 25) Prozent = ... kg überschritten war. Festgestellte Achslast: *)...... kg. Zulässige Achslast: **)...... kg. § 34 Abs. 3, § 31d Abs. 1 ***), § 69a StVZO; § 24 Abs. 1, 3 Nr. 5 StVG; 198.1.6 BKat (Kfz über 7,5 t) Tab.: 734003	B - 1	285,00	
334623	Sie führten das Kraftfahrzeug, obwohl die zulässige Achslast um ...,... (mehr als 30) Prozent = ... kg überschritten war. Festgestellte Achslast: *)...... kg. Zulässige Achslast: .**)...... kg. § 34 Abs. 3, § 31d Abs. 1 ***), § 69a StVZO; § 24 Abs. 1, 3 Nr. 5 StVG; 198.1.7 BKat (Kfz über 7,5 t) Tab.: 734003	B - 1	380,00	
334624	Sie führten das kennzeichnungspflichtige Kraftfahrzeug mit gefährlichen Gütern, obwohl die zulässige Achslast um ...,... (mehr als 5) Prozent = ... kg überschritten war. Festgestellte Achslast: *)...... kg. Zulässige Achslast: **)...... kg. § 34 Abs. 3, § 31d Abs. 1 ***), § 69a StVZO; § 24 Abs. 1, 3 Nr. 5 StVG; 198.1.2 BKat; § 3 Abs. 4 BKatV (Kfz über 7,5 t m. gef. Gütern) Tab.: 734004	B - 1	120,00	

TBNR   **Bemerkungen**
334620 – 334624   *) Festgestellte Achslast angeben, **) Zulässige Achslast angeben,
                  ***) Zutreffende Rechtsgrundlage angeben

Achslast und Gesamtgewicht - § 34 StVZO

TBNR	Tatbestandstext	FaP-Pkt	Euro	FV
334625	Sie führten das kennzeichnungspflichtige Kraftfahrzeug mit gefährlichen Gütern, obwohl die zulässige Achslast um ...,.. (mehr als 10) Prozent = ... kg überschritten war. Festgestellte Achslast: *)...... kg. Zulässige Achslast: **)...... kg. § 34 Abs. 3, § 31d Abs. 1 ***), § 69a StVZO; § 24 Abs. 1, 3 Nr. 5 StVG; 198.1.3 BKat; § 3 Abs. 4 BKatV (Kfz über 7,5 t m. gef. Gütern) Tab.: 734004	B - 1	165,00	
334626	Sie führten das kennzeichnungspflichtige Kraftfahrzeug mit gefährlichen Gütern, obwohl die zulässige Achslast um ...,.. (mehr als 15) Prozent = ... kg überschritten war. Festgestellte Achslast: *)...... kg. Zulässige Achslast: **)...... kg. § 34 Abs. 3, § 31d Abs. 1 ***), § 69a StVZO; § 24 Abs. 1, 3 Nr. 5 StVG; 198.1.4 BKat; § 3 Abs. 4 BKatV (Kfz über 7,5 t m. gef. Gütern) Tab.: 734004	B - 1	210,00	
334627	Sie führten das kennzeichnungspflichtige Kraftfahrzeug mit gefährlichen Gütern, obwohl die zulässige Achslast um ...,.. (mehr als 20) Prozent = ... kg überschritten war. Festgestellte Achslast: *)...... kg. Zulässige Achslast: **)...... kg. § 34 Abs. 3, § 31d Abs. 1 ***), § 69a StVZO; § 24 Abs. 1, 3 Nr. 5 StVG; 198.1.5 BKat; § 3 Abs. 4 BKatV (Kfz über 7,5 t m. gef. Gütern) Tab.: 734004	B - 1	285,00	
334628	Sie führten das kennzeichnungspflichtige Kraftfahrzeug mit gefährlichen Gütern, obwohl die zulässige Achslast um ...,.. (mehr als 25) Prozent = ... kg überschritten war. Festgestellte Achslast: *)...... kg. Zulässige Achslast: **)...... kg. § 34 Abs. 3, § 31d Abs. 1 ***), § 69a StVZO; § 24 Abs. 1, 3 Nr. 5 StVG; 198.1.6 BKat; § 3 Abs. 4 BKatV (Kfz über 7,5 t m. gef. Gütern) Tab.: 734004	B - 1	427,50	

TBNR   Bemerkungen
334625 – 334628   *) Festgestellte Achslast angeben, **) Zulässige Achslast angeben,
                         ***) Zutreffende Rechtsgrundlage angeben

Achslast und Gesamtgewicht - § 34 StVZO

TBNR	Tatbestandstext	FaP-Pkt	Euro	FV
334629	Sie führten das kennzeichnungspflichtige Kraftfahrzeug mit gefährlichen Gütern, obwohl die zulässige Achslast um ...,.. (mehr als 30) Prozent = ... kg überschritten war. Festgestellte Achslast: *)...... kg. Zulässige Achslast: **)...... kg. § 34 Abs. 3, § 31d Abs. 1 ***), § 69a StVZO; § 24 Abs. 1, 3 Nr. 5 StVG; 198.1.7 BKat; § 3 Abs. 4 BKatV (Kfz über 7,5 t m. gef. Gütern) Tab.: 734004	B - 1	570,00	
334630	Sie führten den Kraftomnibus mit Fahrgästen, obwohl die zulässige Achslast um ...,.. (mehr als 5) Prozent = ... kg überschritten war. Festgestellte Achslast: *)...... kg. Zulässige Achslast: **)...... kg. § 34 Abs. 3, § 31d Abs. 1 ***), § 69a StVZO; § 24 Abs. 1, 3 Nr. 5 StVG; 198.1.2 BKat; § 3 Abs. 4 BKatV (Kraftomnibus über 7,5 t m. Fahrgästen) Tab.: 734005	B - 1	120,00	
334631	Sie führten den Kraftomnibus mit Fahrgästen, obwohl die zulässige Achslast um ...,.. (mehr als 10) Prozent = ... kg überschritten war. Festgestellte Achslast: *)...... kg. Zulässige Achslast: **)...... kg. § 34 Abs. 3, § 31d Abs. 1 ***), § 69a StVZO; § 24 Abs. 1, 3 Nr. 5 StVG; 198.1.3 BKat; § 3 Abs. 4 BKatV (Kraftomnibus über 7,5 t m. Fahrgästen) Tab.: 734005	B - 1	165,00	
334632	Sie führten den Kraftomnibus mit Fahrgästen, obwohl die zulässige Achslast um ...,.. (mehr als 15) Prozent = ... kg überschritten war. Festgestellte Achslast: *)...... kg. Zulässige Achslast: **)...... kg. § 34 Abs. 3, § 31d Abs. 1 ***), § 69a StVZO; § 24 Abs. 1, 3 Nr. 5 StVG; 198.1.4 BKat; § 3 Abs. 4 BKatV (Kraftomnibus über 7,5 t m. Fahrgästen) Tab.: 734005	B - 1	210,00	

TBNR	Bemerkungen
334629 – 334632	*) Festgestellte Achslast angeben, **) Zulässige Achslast angeben, ***) Zutreffende Rechtsgrundlage angeben

Achslast und Gesamtgewicht - § 34 StVZO

TBNR	Tatbestandstext	FaP-Pkt	Euro	FV
334633	Sie führten den Kraftomnibus mit Fahrgästen, obwohl die zulässige Achslast um ...,.. (mehr als 20) Prozent = ... kg überschritten war. Festgestellte Achslast: *)...... kg. Zulässige Achslast: **)...... kg. § 34 Abs. 3, § 31d Abs. 1 ***), § 69a StVZO; § 24 Abs. 1, 3 Nr. 5 StVG;198.1.5 BKat; § 3 Abs. 4 BKatV (Kraftomnibus über 7,5 t m. Fahrgästen) Tab.: 734005	B - 1	285,00	
334634	Sie führten den Kraftomnibus mit Fahrgästen, obwohl die zulässige Achslast um ...,.. (mehr als 25) Prozent = ... kg überschritten war. Festgestellte Achslast: *)...... kg. Zulässige Achslast: **)...... kg. § 34 Abs. 3, § 31d Abs. 1 ***), § 69a StVZO; § 24 Abs. 1, 3 Nr. 5 StVG; 198.1.6 BKat; § 3 Abs. 4 BKatV (Kraftomnibus über 7,5 t m. Fahrgästen) Tab.: 734005	B - 1	427,50	
334635	Sie führten den Kraftomnibus mit Fahrgästen, obwohl die zulässige Achslast um ...,.. (mehr als 30) Prozent = ... kg überschritten war. Festgestellte Achslast: *)...... kg. Zulässige Achslast: **)...... kg. § 34 Abs. 3, § 31d Abs. 1 ***), § 69a StVZO; § 24 Abs. 1, 3 Nr. 5 StVG; 198.1.7 BKat; § 3 Abs. 4 BKatV (Kraftomnibus über 7,5 t m. Fahrgästen) Tab.: 734005	B - 1	570,00	
334136	Sie führten den Zug, obwohl das zulässige Gesamtgewicht des Anhängers um ...,. (2 - 5) Prozent = ... kg überschritten war. Festgestelltes Gesamtgewicht: *)...... kg. Zulässiges Gesamtgewicht: **)...... kg. § 34 Abs. 3, § 31d Abs. 1 ***), § 69a StVZO; § 24 Abs. 1, 3 Nr. 5 StVG; 198.1.1 BKat (Kfz m. Anhänger über 2 t) Tab.: 734010	0	30,00	

TBNR	Bemerkungen
334633 – 334635	*) Festgestellte Achslast angeben,**) Zulässige Achslast angeben, ***) Zutreffende Rechtsgrundlage angeben
334136	*) Festgestelltes Gesamtgewicht angeben, **) Zulässiges Gesamtgewicht angeben, ***) Zutreffende Rechtsgrundlage angeben

Achslast und Gesamtgewicht - § 34 StVZO

TBNR	Tatbestandstext	FaP-Pkt	Euro	FV
334636	Sie führten den Zug, obwohl das zulässige Gesamtgewicht des Anhängers um ...,.. (mehr als 5) Prozent = ... kg überschritten war. Festgestelltes Gesamtgewicht: *)...... kg. Zulässiges Gesamtgewicht: **)...... kg. § 34 Abs. 3, § 31d Abs. 1 ***), § 69a StVZO; § 24 Abs. 1, 3 Nr. 5 StVG; 198.1.2 BKat (Kfz m. Anhänger über 2 t) Tab.: 734010	B - 1	80,00	
334637	Sie führten den Zug, obwohl das zulässige Gesamtgewicht des Anhängers um ...,.. (mehr als 10) Prozent = ... kg überschritten war. Festgestelltes Gesamtgewicht: *)...... kg. Zulässiges Gesamtgewicht: **)...... kg. § 34 Abs. 3, § 31d Abs. 1 ***), § 69a StVZO; § 24 Abs. 1, 3 Nr. 5 StVG; 198.1.3 BKat (Kfz m. Anhänger über 2 t) Tab.: 734010	B - 1	110,00	
334638	Sie führten den Zug, obwohl das zulässige Gesamtgewicht des Anhängers um ...,.. (mehr als 15) Prozent = ... kg überschritten war. Festgestelltes Gesamtgewicht: *)...... kg. Zulässiges Gesamtgewicht: **)...... kg. § 34 Abs. 3, § 31d Abs. 1 ***), § 69a StVZO; § 24 Abs. 1, 3 Nr. 5 StVG; 198.1.4 BKat (Kfz m. Anhänger über 2 t) Tab.: 734010	B - 1	140,00	
334639	Sie führten den Zug, obwohl das zulässige Gesamtgewicht des Anhängers um ...,.. (mehr als 20) Prozent = ... kg überschritten war. Festgestelltes Gesamtgewicht: *)...... kg. Zulässiges Gesamtgewicht: **)...... kg. § 34 Abs. 3, § 31d Abs. 1 ***), § 69a StVZO; § 24 Abs. 1, 3 Nr. 5 StVG; 198.1.5 BKat (Kfz m. Anhänger über 2 t) Tab.: 734010	B - 1	190,00	
334640	Sie führten den Zug, obwohl das zulässige Gesamtgewicht des Anhängers um ...,.. (mehr als 25) Prozent = ... kg überschritten war. Festgestelltes Gesamtgewicht: *)...... kg. Zulässiges Gesamtgewicht: **)...... kg. § 34 Abs. 3, § 31d Abs. 1 ***), § 69a StVZO; § 24 Abs. 1, 3 Nr. 5 StVG; 198.1.6 BKat (Kfz m. Anhänger über 2 t) Tab.: 734010	B - 1	285,00	

TBNR   Bemerkungen

334136 – 334640 *) Festgestelltes Gesamtgewicht angeben, **) Zulässiges Gesamtgewicht angeben, ***) Zutreffende Rechtsgrundlage angeben

Achslast und Gesamtgewicht - § 34 StVZO

TBNR	Tatbestandstext	FaP-Pkt	Euro	FV
334641	Sie führten den Zug, obwohl das zulässige Gesamtgewicht des Anhängers um ...,. (mehr als 30) Prozent = ... kg überschritten war. Festgestelltes Gesamtgewicht: *)...... kg. Zulässiges Gesamtgewicht: **)...... kg. § 34 Abs. 3, § 31d Abs. 1 ***), § 69a StVZO; § 24 Abs. 1, 3 Nr. 5 StVG; 198.1.7 BKat (Kfz m. Anhänger über 2 t) Tab.: 734010	B - 1	380,00	
334642	Sie führten den kennzeichnungspflichtigen Zug mit gefährlichen Gütern, obwohl das zulässige Gesamtgewicht des Anhängers um ...,. (mehr als 5) Prozent = ... kg überschritten war. Festgestelltes Gesamtgewicht: *)...... kg. Zulässiges Gesamtgewicht: **)...... kg. § 34 Abs. 3, § 31d Abs. 1 ***), § 69a StVZO; § 24 Abs. 1, 3 Nr. 5 StVG; 198.1.2 BKat; § 3 Abs. 4 BKatV (Kfz m. Anhänger über 2 t m. gef. Gütern) Tab.: 734011	B - 1	120,00	
334643	Sie führten den kennzeichnungspflichtigen Zug mit gefährlichen Gütern, obwohl das zulässige Gesamtgewicht des Anhängers um ...,. (mehr als 10) Prozent = ... kg überschritten war. Festgestelltes Gesamtgewicht: *)...... kg. Zulässiges Gesamtgewicht: **)...... kg. § 34 Abs. 3, § 31d Abs. 1 ***), § 69a StVZO; § 24 Abs. 1, 3 Nr. 5 StVG; 198.1.3 BKat; § 3 Abs. 4 BKatV (Kfz m. Anhänger über 2 t m. gef. Gütern) Tab.: 734011	B - 1	165,00	
334644	Sie führten den kennzeichnungspflichtigen Zug mit gefährlichen Gütern, obwohl das zulässige Gesamtgewicht des Anhängers um ...,. (mehr als 15) Prozent = ... kg überschritten war. Festgestelltes Gesamtgewicht: *)...... kg. Zulässiges Gesamtgewicht: **)...... kg. § 34 Abs. 3, § 31d Abs. 1 ***), § 69a StVZO; § 24 Abs. 1, 3 Nr. 5 StVG; 198.1.4 BKat; § 3 Abs. 4 BKatV (Kfz m. Anhänger über 2 t m. gef. Gütern) Tab.: 734011	B - 1	210,00	

TBNR	Bemerkungen
334141 - 334644	*) Festgestelltes Gesamtgewicht angeben, **) Zulässiges Gesamtgewicht angeben, ***) Zutreffende Rechtsgrundlage angeben

Achslast und Gesamtgewicht - § 34 StVZO

TBNR	Tatbestandstext	FaP-Pkt	Euro	FV
334645	Sie führten den kennzeichnungspflichtigen Zug mit gefährlichen Gütern, obwohl das zulässige Gesamtgewicht des Anhängers um ...,.. (mehr als 20) Prozent = ... kg überschritten war. Festgestelltes Gesamtgewicht: *)...... kg. Zulässiges Gesamtgewicht: **)...... kg. § 34 Abs. 3, § 31d Abs. 1 ***), § 69a StVZO; § 24 Abs. 1, 3 Nr. 5 StVG; 198.1.5 BKat; § 3 Abs. 4 BKatV (Kfz m. Anhänger über 2 t m. gef. Gütern) Tab.: 734011	B - 1	285,00	
334646	Sie führten den kennzeichnungspflichtigen Zug mit gefährlichen Gütern, obwohl das zulässige Gesamtgewicht des Anhängers um ...,.. (mehr als 25) Prozent = ... kg überschritten war. Festgestelltes Gesamtgewicht: *)...... kg. Zulässiges Gesamtgewicht: **)...... kg. § 34 Abs. 3, § 31d Abs. 1 ***), § 69a StVZO; § 24 Abs. 1, 3 Nr. 5 StVG; 198.1.6 BKat; § 3 Abs. 4 BKatV (Kfz m. Anhänger über 2 t m. gef. Gütern) Tab.: 734011	B - 1	427,50	
334647	Sie führten den kennzeichnungspflichtigen Zug mit gefährlichen Gütern, obwohl das zulässige Gesamtgewicht des Anhängers um ...,.. (mehr als 30) Prozent = ... kg überschritten war. Festgestelltes Gesamtgewicht: *)...... kg. Zulässiges Gesamtgewicht: **)...... kg. § 34 Abs. 3, § 31d Abs. 1 ***), § 69a StVZO; § 24 Abs. 1, 3 Nr. 5 StVG; 198.1.7 BKat; § 3 Abs. 4 BKatV (Kfz m. Anhänger über 2 t m. gef. Gütern) Tab.: 734011	B - 1	570,00	
334148	Sie führten den Zug, obwohl die zulässige Achslast des Anhängers um ...,.. (2 - 5) Prozent = ... kg überschritten war. Festgestellte Achslast: *)...... kg. Zulässige Achslast: **)...... kg. § 34 Abs. 3, § 31d Abs. 1 ***), § 69a StVZO; § 24 Abs. 1, 3 Nr. 5 StVG; 198.1.1 BKat (Kfz m. Anhänger über 2 t) Tab.: 734012	0	30,00	

TBNR	Bemerkungen
334645 – 334647	*) Festgestelltes Gesamtgewicht angeben, **) Zulässiges Gesamtgewicht angeben, ***) Zutreffende Rechtsgrundlage angeben
334148	*) Festgestellte Achslast angeben, **) Zulässige Achslast angeben, ***) Zutreffende Rechtsgrundlage angeben

Achslast und Gesamtgewicht - § 34 StVZO

TBNR	Tatbestandstext	FaP-Pkt	Euro	FV
334648	Sie führten den Zug, obwohl die zulässige Achslast des Anhängers um ...,.. (mehr als 5) Prozent = ... kg überschritten war. Festgestellte Achslast: *)...... kg. Zulässige Achslast: **)...... kg. § 34 Abs. 3, § 31d Abs. 1 ***), § 69a StVZO; § 24 Abs. 1, 3 Nr. 5 StVG;198.1.2 BKat (Kfz m. Anhänger über 2 t) Tab.: 734012	B - 1	80,00	
334649	Sie führten den Zug, obwohl die zulässige Achslast des Anhängers um ...,.. (mehr als 10) Prozent = ... kg überschritten war. Festgestellte Achslast: *)...... kg. Zulässige Achslast: **)...... kg. § 34 Abs. 3, § 31d Abs. 1 ***), § 69a StVZO; § 24 Abs. 1, 3 Nr. 5 StVG; 198.1.3 BKat (Kfz m. Anhänger über 2 t) Tab.: 734012	B - 1	110,00	
334650	Sie führten den Zug, obwohl die zulässige Achslast des Anhängers um ...,.. (mehr als 15) Prozent = ... kg überschritten war. Festgestellte Achslast: *)...... kg. Zulässige Achslast: **)...... kg. § 34 Abs. 3, § 31d Abs. 1 ***), § 69a StVZO; § 24 Abs. 1, 3 Nr. 5 StVG; 198.1.4 BKat (Kfz m. Anhänger über 2 t) Tab.: 734012	B - 1	140,00	
334651	Sie führten den Zug, obwohl die zulässige Achslast des Anhängers um ...,.. (mehr als 20) Prozent = ... kg überschritten war. Festgestellte Achslast: *)...... kg. Zulässige Achslast: **)...... kg. § 34 Abs. 3, § 31d Abs. 1 ***), § 69a StVZO; § 24 Abs. 1, 3 Nr. 5 StVG; 198.1.5 BKat (Kfz m. Anhänger über 2 t) Tab.: 734012	B - 1	190,00	
334652	Sie führten den Zug, obwohl die zulässige Achslast des Anhängers um ...,.. (mehr als 25) Prozent = ... kg überschritten war. Festgestellte Achslast: *)...... kg. Zulässige Achslast: **)...... kg. § 34 Abs. 3, § 31d Abs. 1 ***), § 69a StVZO; § 24 Abs. 1, 3 Nr. 5 StVG; 198.1.6 BKat (Kfz m. Anhänger über 2 t) Tab.: 734012	B - 1	285,00	

TBNR **Bemerkungen**
331648 – 334652   *) Festgestellte Achslast angeben, **) Zulässige Achslast angeben,
            ***) Zutreffende Rechtsgrundlage angeben

Achslast und Gesamtgewicht - § 34 StVZO

TBNR	Tatbestandstext	FaP-Pkt	Euro	FV
334653	Sie führten den Zug, obwohl die zulässige Achslast des um ...,.. (mehr als 30) Prozent = ... kg überschritten war. Festgestellte Achslast: *)...... kg. Zulässige Achslast: **)...... kg. § 34 Abs. 3, § 31d Abs. 1 ***), § 69a StVZO; § 24 Abs. 1, 3 Nr. 5 StVG; 198.1.7 BKat (Kfz m. Anhänger über 2 t) Tab.: 734012	B - 1	380,00	
334654	Sie führten den kennzeichnungspflichtigen Zug mit gefährlichen Gütern, obwohl die zulässige Achslast des Anhängers um ...,.. (mehr als 5) Prozent = ... kg überschritten war. Festgestellte Achslast: *)...... kg. Zulässige Achslast: **)...... kg. § 34 Abs. 3, § 31d Abs. 1 ***), § 69a StVZO; § 24 Abs. 1, 3 Nr. 5 StVG; 198.1.2 BKat; § 3 Abs. 4 BKatV (Kfz m. Anhänger über 2 t m. gef. Gütern) Tab.: 734013	B - 1	120,00	
334655	Sie führten den kennzeichnungspflichtigen Zug mit gefährlichen Gütern, obwohl die zulässige Achslast des Anhängers um ...,.. (mehr als 10) Prozent = ... kg überschritten war. Festgestellte Achslast: *)...... kg. Zulässige Achslast: **)...... kg. § 34 Abs. 3, § 31d Abs. 1 ***), § 69a StVZO; § 24 Abs. 1, 3 Nr. 5 StVG; 198.1.3 BKat; § 3 Abs. 4 BKatV (Kfz m. Anhänger über 2 t m. gef. Gütern) Tab.: 734013	B - 1	165,00	
334656	Sie führten den kennzeichnungspflichtigen Zug mit gefährlichen Gütern, obwohl die zulässige Achslast des Anhängers um ...,.. (mehr als 15) Prozent = ... kg überschritten war. Festgestellte Achslast: *)...... kg. Zulässige Achslast: **)...... kg. § 34 Abs. 3, § 31d Abs. 1 ***), § 69a StVZO; § 24 Abs. 1, 3 Nr. 5 StVG;198.1.4 BKat; § 3 Abs. 4 BKatV (Kfz m. Anhänger über 2 t m. gef. Gütern) Tab.: 734013	B - 1	210,00	

TBNR   Bemerkungen

331653 – 334656   *) Festgestellte Achslast angeben, **) Zulässige Achslast angeben,
                                  ***) Zutreffende Rechtsgrundlage angeben

Achslast und Gesamtgewicht - § 34 StVZO

TBNR	Tatbestandstext	FaP-Pkt	Euro	FV
334657	Sie führten den kennzeichnungspflichtigen Zug mit gefähr- lichen Gütern, obwohl die zulässige Achslast des Anhängers um ...,.. (mehr als 20) Prozent = ... kg überschritten war. Festgestellte Achslast: *)...... kg. Zulässige Achslast: **)...... kg. § 34 Abs. 3, § 31d Abs. 1 ***), § 69a StVZO; § 24 Abs. 1, 3 Nr. 5 StVG; 198.1.5 BKat; § 3 Abs. 4 BKatV (Kfz m. Anhänger über 2 t m. gef. Gütern) Tab.: 734013	B - 1	285,00	
334658	Sie führten den kennzeichnungspflichtigen Zug mit gefähr- lichen Gütern, obwohl die zulässige Achslast des Anhängers um ...,.. (mehr als 25) Prozent = ... kg überschritten war. Festgestellte Achslast: *)...... kg. Zulässige Achslast: **)...... kg. § 34 Abs. 3, § 31d Abs. 1 ***), § 69a StVZO; § 24 Abs. 1, 3 Nr. 5 StVG; 198.1.6 BKat; § 3 Abs. 4 BKatV (Kfz m. Anhänger über 2 t m. gef. Gütern) Tab.: 734013	B - 1	427,50	
334659	Sie führten den kennzeichnungspflichtigen Zug mit gefähr- lichen Gütern, obwohl die zulässige Achslast des Anhängers um ...,.. (mehr als 30) Prozent = ... kg überschritten war. Festgestellte Achslast: *)...... kg. Zulässige Achslast: **)...... kg. § 34 Abs. 3, § 31d Abs. 1 ***), § 69a StVZO; § 24 Abs. 1, 3 Nr. 5 StVG; 198.1.7 BKat; § 3 Abs. 4 BKatV (Kfz m. Anhänger über 2 t m. gef. Gütern) Tab.: 734013	B - 1	570,00	
334160	Sie führten das Kraftfahrzeug, obwohl das zulässige Gesamt- gewicht um ...,.. (mehr als 5) Prozent = ... kg überschritten war. Festgestelltes Gesamtgewicht: *)...... kg. Zulässiges Gesamtgewicht: **)...... kg. § 34 Abs. 3, § 31d Abs. 1 ***), § 69a StVZO; § 24 Abs. 1, 3 Nr. 5 StVG; 198.2.1 BKat (Kfz bis 7,5 t) Tab.: 734020	0	10,00	

TBNR   Bemerkungen

334654 – 334659   *) Festgestellte Achslast angeben, **) Zulässige Achslast angeben,
            ***) Zutreffende Rechtsgrundlage angeben

334160   *) Festgestelltes Gesamtgewicht angeben, **) Zulässiges Gesamtgewicht
            angeben, ***) Zutreffende Rechtsgrundlage angeben

Achslast und Gesamtgewicht - § 34 StVZO

TBNR	Tatbestandstext	FaP-Pkt	Euro	FV
334161	Sie führten das Kraftfahrzeug, obwohl das zulässige Gesamtgewicht um ...,.. (mehr als 10) Prozent = ... kg überschritten war. Festgestelltes Gesamtgewicht: *)...... kg. Zulässiges Gesamtgewicht: **)...... kg. § 34 Abs. 3, § 31d Abs. 1 ***), § 69a StVZO; § 24 Abs. 1, 3 Nr. 5 StVG; 198.2.2 BKat (Kfz bis 7,5 t) Tab.: 734020	0	30,00	
334162	Sie führten das Kraftfahrzeug, obwohl das zulässige Gesamtgewicht um ...,.. (mehr als 15) Prozent = ... kg überschritten war. Festgestelltes Gesamtgewicht: *)...... kg. Zulässiges Gesamtgewicht: **)...... kg. § 34 Abs. 3, § 31d Abs. 1 ***), § 69a StVZO; § 24 Abs. 1, 3 Nr. 5 StVG; 198.2.3 BKat (Kfz bis 7,5 t) Tab.: 734020	0	35,00	
334660	Sie führten das Kraftfahrzeug, obwohl das zulässige Gesamtgewicht um ...,.. (mehr als 20) Prozent = ... kg überschritten war. Festgestelltes Gesamtgewicht: *)...... kg. Zulässiges Gesamtgewicht: **)...... kg. § 34 Abs. 3, § 31d Abs. 1 ***), § 69a StVZO; § 24 Abs. 1, 3 Nr. 5 StVG; 198.2.4 BKat (Kfz bis 7,5 t) Tab.: 734020	B - 1	95,00	
334661	Sie führten das Kraftfahrzeug, obwohl das zulässige Gesamtgewicht um ...,.. (mehr als 25) Prozent = ... kg überschritten war. Festgestelltes Gesamtgewicht: *)...... kg. Zulässiges Gesamtgewicht: **)...... kg. § 34 Abs. 3, § 31d Abs. 1 ***), § 69a StVZO; § 24 Abs. 1, 3 Nr. 5 StVG; 198.2.5 BKat (Kfz bis 7,5 t) Tab.: 734020	B - 1	140,00	
334662	Sie führten das Kraftfahrzeug, obwohl das zulässige Gesamtgewicht um ...,.. (mehr als 30) Prozent = ... kg überschritten war. Festgestelltes Gesamtgewicht: *)...... kg. Zulässiges Gesamtgewicht: **)...... kg. § 34 Abs. 3, § 31d Abs. 1 ***), § 69a StVZO; § 24 Abs. 1, 3 Nr. 5 StVG; 198.2.6 BKat (Kfz bis 7,5 t) Tab.: 734020	B - 1	235,00	

TBNR	Bemerkungen
334161 - 334662	*) Festgestelltes Gesamtgewicht angeben, **) Zulässiges Gesamtgewicht angeben, ***) Zutreffende Rechtsgrundlage angeben

Achslast und Gesamtgewicht - § 34 StVZO

TBNR	Tatbestandstext	FaP-Pkt	Euro	FV
334666	Sie führten das kennzeichnungspflichtige Kraftfahrzeug mit gefährlichen Gütern, obwohl das zulässige Gesamtgewicht um ...,.. (mehr als 20) Prozent = ... kg überschritten war. Festgestelltes Gesamtgewicht: *)...... kg. Zulässiges Gesamtgewicht: **)...... kg. § 34 Abs. 3, § 31d Abs. 1 ***), § 69a StVZO; § 24 Abs. 1, 3 Nr. 5 StVG; 198.2.4 BKat; § 3 Abs. 4 BKatV (Kfz bis 7,5 t m. gef. Gütern) Tab.: 734021	B - 1	142,50	
334667	Sie führten das kennzeichnungspflichtige Kraftfahrzeug mit gefährlichen Gütern, obwohl das zulässige Gesamtgewicht um ...,.. (mehr als 25) Prozent = ... kg überschritten war. Festgestelltes Gesamtgewicht: *)...... kg. Zulässiges Gesamtgewicht: **)...... kg. § 34 Abs. 3, § 31d Abs. 1 ***), § 69a StVZO; § 24 Abs. 1, 3 Nr. 5 StVG; 198.2.5 BKat; § 3 Abs. 4 BKatV (Kfz bis 7,5 t m. gef. Gütern) Tab.: 734021	B - 1	210,00	
334668	Sie führten das kennzeichnungspflichtige Kraftfahrzeug mit gefährlichen Gütern, obwohl das zulässige Gesamtgewicht um ...,.. (mehr als 30) Prozent = ... kg überschritten war. Festgestelltes Gesamtgewicht: *)...... kg. Zulässiges Gesamtgewicht: **)...... kg. § 34 Abs. 3, § 31d Abs. 1 ***), § 69a StVZO; § 24 Abs. 1, 3 Nr. 5 StVG; 198.2.6 BKat; § 3 Abs. 4 BKatV (Kfz bis 7,5 t m. gef. Gütern) Tab.: 734021	B - 1	352,50	
334672	Sie führten den Kraftomnibus mit Fahrgästen, obwohl das zulässige Gesamtgewicht um ...,.. (mehr als 20) Prozent = ... kg überschritten war. Festgestelltes Gesamtgewicht: *)...... kg. Zulässiges Gesamtgewicht: **)...... kg. § 34 Abs. 3, § 31d Abs. 1 ***), § 69a StVZO; § 24 Abs. 1, 3 Nr. 5 StVG; 198.2.4 BKat; § 3 Abs. 4 BKatV (Kraftomnibus bis 7,5 t m. Fahrgästen) Tab.: 734022	B - 1	142,50	

TBNR   Bemerkungen
334666 – 334672 *) Festgestelltes Gesamtgewicht angeben, **) Zulässiges Gesamtgewicht angeben, ***) Zutreffende Rechtsgrundlage angeben

Achslast und Gesamtgewicht - § 34 StVZO

TBNR	Tatbestandstext	FaP-Pkt	Euro	FV
334673	Sie führten den Kraftomnibus mit Fahrgästen, obwohl das zulässige Gesamtgewicht um ...,.. (mehr als 25) Prozent = ... kg überschritten war. Festgestelltes Gesamtgewicht: *)...... kg. Zulässiges Gesamtgewicht: **)...... kg. § 34 Abs. 3, § 31d Abs. 1 ***), § 69a StVZO; § 24 Abs. 1, 3 Nr. 5 StVG; 198.2.5 BKat; § 3 Abs. 4 BKatV (Kraftomnibus bis 7,5 t m. Fahrgästen) Tab.: 734022	B - 1	210,00	
334674	Sie führten den Kraftomnibus mit Fahrgästen, obwohl das zulässige Gesamtgewicht um ...,.. (mehr als 30) Prozent = ... kg überschritten war. Festgestelltes Gesamtgewicht: *)...... kg. Zulässiges Gesamtgewicht: **)...... kg. § 34 Abs. 3, § 31d Abs. 1 ***), § 69a StVZO; § 24 Abs. 1, 3 Nr. 5 StVG; 198.2.6 BKat; § 3 Abs. 4 BKatV (Kraftomnibus bis 7,5 t m. Fahrgästen) Tab.: 734022	B - 1	352,50	
334178	Sie führten das Kraftfahrzeug, obwohl die zulässige Achslast um ...,.. (mehr als 5) Prozent = ... kg überschritten war. Festgestellte Achslast: *)...... kg. Zulässige Achslast: **)...... kg. § 34 Abs. 3, § 31d Abs. 1 ***), § 69a StVZO; § 24 Abs. 1, 3 Nr. 5 StVG; 198.2.1 BKat (Kfz bis 7,5 t) Tab.: 734023	0	10,00	
334179	Sie führten das Kraftfahrzeug, obwohl die zulässige Achslast um ...,.. (mehr als 10) Prozent = ... kg überschritten war. Festgestellte Achslast: *)...... kg. Zulässige Achslast: **)...... kg. § 34 Abs. 3, § 31d Abs. 1 ***), § 69a StVZO; § 24 Abs. 1, 3 Nr. 5 StVG; 198.2.2 BKat (Kfz bis 7,5 t) Tab.: 734023	0	30,00	
334180	Sie führten das Kraftfahrzeug, obwohl die zulässige Achslast um ...,.. (mehr als 15) Prozent = ... kg überschritten war. Festgestellte Achslast: *)...... kg. Zulässige Achslast: **)...... kg. § 34 Abs. 3, § 31d Abs. 1 ***), § 69a StVZO; § 24 Abs. 1, 3 Nr. 5 StVG; 198.2.3 BKat (Kfz bis 7,5 t) Tab.: 734023	0	35,00	

TBNR   **Bemerkungen**
334673 – 334674 *) Festgestelltes Gesamtgewicht angeben, **) Zulässiges Gesamtgewicht angeben, ***) Zutreffende Rechtsgrundlage angeben
334178 – 334180 *) Festgestellte Achslast angeben, **) Zulässige Achslast angeben, ***) Zutreffende Rechtsgrundlage angeben

Achslast und Gesamtgewicht - § 34 StVZO

TBNR	Tatbestandstext	FaP-Pkt	Euro	FV
334678	Sie führten das Kraftfahrzeug, obwohl die zulässige Achslast um ...,.. (mehr als 20) Prozent = ... kg überschritten war. Festgestellte Achslast: *)...... kg. Zulässige Achslast: **)...... kg. § 34 Abs. 3, § 31d Abs. 1 ***), § 69a StVZO; § 24 Abs. 1, 3 Nr. 5 StVG; 198.2.4 BKat (Kfz bis 7,5 t) Tab.: 734023	B - 1	95,00	
334679	Sie führten das Kraftfahrzeug, obwohl die zulässige Achslast um ...,.. (mehr als 25) Prozent = ... kg überschritten war. Festgestellte Achslast: *)...... kg. Zulässige Achslast: **)...... kg. § 34 Abs. 3, § 31d Abs. 1 ***), § 69a StVZO; § 24 Abs. 1, 3 Nr. 5 StVG; 198.2.5 BKat (Kfz bis 7,5 t) Tab.: 734023	B - 1	140,00	
334680	Sie führten das Kraftfahrzeug, obwohl die zulässige Achslast um ...,.. (mehr als 30) Prozent = ... kg überschritten war. Festgestellte Achslast: *)...... kg. Zulässige Achslast: **)...... kg. § 34 Abs. 3, § 31d Abs. 1 ***), § 69a StVZO; § 24 Abs. 1, 3 Nr. 5 StVG; 198.2.6 BKat (Kfz bis 7,5 t) Tab.: 734023	B - 1	235,00	
334684	Sie führten das kennzeichnungspflichtige Kraftfahrzeug mit gefährlichen Gütern, obwohl die zulässige Achslast um ...,.. (mehr als 20) Prozent = ... kg überschritten war. Festgestellte Achslast: *)...... kg. Zulässige Achslast: **)...... kg. § 34 Abs. 3, § 31d Abs. 1 ***), § 69a StVZO; § 24 Abs. 1, 3 Nr. 5 StVG; 198.2.4 BKat; § 3 Abs. 4 BKatV (Kfz bis 7,5 t m. gef. Gütern) Tab.: 734024	B - 1	142,50	
334685	Sie führten das kennzeichnungspflichtige Kraftfahrzeug mit gefährlichen Gütern, obwohl die zulässige Achslast um ...,.. (mehr als 25) Prozent = ... kg überschritten war. Festgestellte Achslast: *)...... kg. Zulässige Achslast: **)...... kg. § 34 Abs. 3, § 31d Abs. 1 ***), § 69a StVZO; § 24 Abs. 1, 3 Nr. 5 StVG; 198.2.5 BKat; § 3 Abs. 4 BKatV (Kfz bis 7,5 t m. gef. Gütern) Tab.: 734024	B - 1	210,00	

TBNR	Bemerkungen
334678 – 334685	*) Festgestellte Achslast angeben, **) Zulässige Achslast angeben, ***) Zutreffende Rechtsgrundlage angeben

Achslast und Gesamtgewicht - § 34 StVZO

TBNR	Tatbestandtext	FaP-Pkt	Euro	FV
334686	Sie führten das kennzeichnungspflichtige Kraftfahrzeug mit gefährlichen Gütern, obwohl die zulässige Achslast um ...,.. (mehr als 30) Prozent = ... kg überschritten war. Festgestellte Achslast: *)...... kg. Zulässige Achslast: **)...... kg. § 34 Abs. 3, § 31d Abs. 1 ***), § 69a StVZO; § 24 Abs. 1, 3 Nr. 5 StVG; 198.2.6 BKat; § 3 Abs. 4 BKatV (Kfz bis 7,5 t m. gef. Gütern) Tab.: 734024	B - 1	352,50	
334690	Sie führten den Kraftomnibus mit Fahrgästen, obwohl die zulässige Achslast um ...,.. (mehr als 20) Prozent = ... kg überschritten war. Festgestellte Achslast: *)...... kg. Zulässige Achslast: **)...... kg. § 34 Abs. 3, § 31d Abs. 1 ***), § 69a StVZO; § 24 Abs. 1, 3 Nr. 5 StVG; 198.2.4 BKat; § 3 Abs. 4 BKatV (Kraftomnibus bis 7,5 t m. Fahrgästen) Tab.: 734025	B - 1	142,50	
334691	Sie führten den Kraftomnibus mit Fahrgästen, obwohl die zulässige Achslast um ...,.. (mehr als 25) Prozent = ... kg überschritten war. Festgestellte Achslast: *)...... kg. Zulässige Achslast: **)...... kg. § 34 Abs. 3, § 31d Abs. 1 ***), § 69a StVZO; § 24 Abs. 1, 3 Nr. 5 StVG; 198.2.5 BKat; § 3 Abs. 4 BKatV (Kraftomnibus bis 7,5 t m. Fahrgästen) Tab.: 734025	B - 1	210,00	
334692	Sie führten den Kraftomnibus mit Fahrgästen, obwohl die zulässige Achslast um ...,.. (mehr als 30) Prozent = ... kg überschritten war. Festgestellte Achslast: *)...... kg. Zulässige Achslast: **)...... kg. § 34 Abs. 3, § 31d Abs. 1 ***), § 69a StVZO; § 24 Abs. 1, 3 Nr. 5 StVG; 198.2.6 BKat; § 3 Abs. 4 BKatV (Kraftomnibus bis 7,5 t m. Fahrgästen) Tab.: 734025	B - 1	352,50	

TBNR	Bemerkungen
334686 – 334692	*) Festgestellte Achslast angeben, **) Zulässige Achslast angeben, ***) Zutreffende Rechtsgrundlage angeben

Achslast und Gesamtgewicht - § 34 StVZO

TBNR	Tatbestandstext	FaP-Pkt	Euro	FV
334196	Sie führten den Zug, obwohl das zulässige Gesamtgewicht des Anhängers um ...,.. (mehr als 5) Prozent = ... kg überschritten war. Festgestelltes Gesamtgewicht: *)...... kg. Zulässiges Gesamtgewicht: **)...... kg. § 34 Abs. 3, § 31d Abs. 1 ***), § 69a StVZO; § 24 Abs. 1, 3 Nr. 5 StVG; 198.2.1 BKat (Kfz m. Anhänger bis 2 t) Tab.: 734030	0	10,00	
334197	Sie führten den Zug, obwohl das zulässige Gesamtgewicht des Anhängers um ...,.. (mehr als 10) Prozent = ... kg überschritten war. Festgestelltes Gesamtgewicht: *)...... kg. Zulässiges Gesamtgewicht: **)...... kg. § 34 Abs. 3, § 31d Abs. 1 ***), § 69a StVZO; § 24 Abs. 1, 3 Nr. 5 StVG; 198.2.2 BKat (Kfz m. Anhänger bis 2 t) Tab.: 734030	0	30,00	
334198	Sie führten den Zug, obwohl das zulässige Gesamtgewicht des Anhängers um ...,.. (mehr als 15) Prozent = ... kg überschritten war. Festgestelltes Gesamtgewicht: *)...... kg. Zulässiges Gesamtgewicht: **)...... kg. § 34 Abs. 3, § 31d Abs. 1 ***), § 69a StVZO; § 24 Abs. 1, 3 Nr. 5 StVG; 198.2.3 BKat (Kfz m. Anhänger bis 2 t) Tab.: 734030	0	35,00	
334696	Sie führten den Zug, obwohl das zulässige Gesamtgewicht des Anhängers um ...,.. (mehr als 20) Prozent = ... kg überschritten war. Festgestelltes Gesamtgewicht: *)...... kg. Zulässiges Gesamtgewicht: **)...... kg. § 34 Abs. 3, § 31d Abs. 1 ***), § 69a StVZO; § 24 Abs. 1, 3 Nr. 5 StVG; 198.2.4 BKat (Kfz m. Anhänger bis 2 t) Tab.: 734030	B - 1	95,00	
334697	Sie führten den Zug, obwohl das zulässige Gesamtgewicht des Anhängers um ...,.. (mehr als 25) Prozent = ... kg überschritten war. Festgestelltes Gesamtgewicht: *)...... kg. Zulässiges Gesamtgewicht: **)...... kg. § 34 Abs. 3, § 31d Abs. 1 ***), § 69a StVZO; § 24 Abs. 1, 3 Nr. 5 StVG; 198.2.5 BKat (Kfz m. Anhänger bis 2 t) Tab.: 734030	B - 1	140,00	

TBNR   Bemerkungen
334196 – 334697   *) Festgestelltes Gesamtgewicht angeben, **) Zulässiges Gesamtgewicht angeben, ***) Zutreffende Rechtsgrundlage angeben

Achslast und Gesamtgewicht - § 34 StVZO

TBNR	Tatbestandstext	FaP-Pkt	Euro	FV
334698	Sie führten den Zug, obwohl das zulässige Gesamtgewicht des Anhängers um ...,.. (mehr als 30) Prozent = ... kg überschritten war. Festgestelltes Gesamtgewicht: *)...... kg. Zulässiges Gesamtgewicht: **)...... kg. § 34 Abs. 3, § 31d Abs. 1 ***), § 69a StVZO; § 24 Abs. 1, 3 Nr. 5 StVG; 198.2.6 BKat (Kfz m. Anhänger bis 2 t) Tab.: 734030	B - 1	235,00	
334702	Sie führten den kennzeichnungspflichtigen Zug mit gefährlichen Gütern, obwohl das zulässige Gesamtgewicht des Anhängers um ...... (mehr als 20) Prozent = ... kg überschritten war. Festgestelltes Gesamtgewicht: *)...... kg. Zulässiges Gesamtgewicht: **)...... kg. § 34 Abs. 3, § 31d Abs. 1 ***), § 69a StVZO; § 24 Abs. 1, 3 Nr. 5 StVG; 198.2.4 BKat; § 3 Abs. 4 BKatV (Kfz m. Anhänger bis 2 t m. gef. Gütern) Tab.: 734031	B - 1	142,50	
334703	Sie führten den kennzeichnungspflichtigen Zug mit gefährlichen Gütern, obwohl das zulässige Gesamtgewicht des Anhängers um ...,.. (mehr als 25) Prozent = ... kg überschritten war. Festgestelltes Gesamtgewicht: *)...... kg. Zulässiges Gesamtgewicht: **)...... kg. § 34 Abs. 3, § 31d Abs. 1 ***), § 69a StVZO; § 24 Abs. 1, 3 Nr. 5 StVG; 198.2.5 BKat; § 3 Abs. 4 BKatV (Kfz m. Anhänger bis 2 t m. gef. Gütern) Tab.: 734031	B - 1	210,00	
334704	Sie führten den kennzeichnungspflichtigen Zug mit gefährlichen Gütern, obwohl das zulässige Gesamtgewicht des Anhängers um ...,.. (mehr als 30) Prozent = ... kg überschritten war. Festgestelltes Gesamtgewicht: *)...... kg. Zulässiges Gesamtgewicht: **)...... kg. § 34 Abs. 3, § 31d Abs. 1 ***), § 69a StVZO; § 24 Abs. 1, 3 Nr. 5 StVG; 198.2.6 BKat; § 3 Abs. 4 BKatV (Kfz m. Anhänger bis 2 t m. gef. Gütern) Tab.: 734031	B - 1	352,50	

TBNR Bemerkungen

334698 – 334704 *) Festgestelltes Gesamtgewicht angeben, **) Zulässiges Gesamtgewicht angeben, ***) Zutreffende Rechtsgrundlage angeben

Achslast und Gesamtgewicht - § 34 StVZO

TBNR	Tatbestandstext	FaP-Pkt	Euro	FV
334208	Sie führten den Zug, obwohl die zulässige Achslast des Anhängers um ...,.. (mehr als 5) Prozent = ... kg überschritten war. Festgestellte Achslast: *)...... kg. Zulässige Achslast: **)...... kg. § 34 Abs. 3, § 31d Abs. 1 ***), § 69a StVZO; § 24 Abs. 1, 3 Nr. 5 StVG; 198.2.1 BKat (Kfz m. Anhänger bis 2 t) Tab.: 734032	0	10,00	
334209	Sie führten den Zug, obwohl die zulässige Achslast des Anhängers um ...,.. (mehr als 10) Prozent = ... kg überschritten war. Festgestellte Achslast: *)...... kg. Zulässige Achslast: **)...... kg. § 34 Abs. 3, § 31d Abs. 1 ***), § 69a StVZO; § 24 Abs. 1, 3 Nr. 5 StVG; 198.2.2 BKat (Kfz m. Anhänger bis 2 t) Tab.: 734032	0	30,00	
334210	Sie führten den Zug, obwohl die zulässige Achslast des Anhängers um ...,.. (mehr als 15) Prozent = ... kg überschritten war. Festgestellte Achslast: *)...... kg. Zulässige Achslast: **)...... kg. § 34 Abs. 3, § 31d Abs. 1 ***), § 69a StVZO; § 24 Abs. 1, 3 Nr. 5 StVG; 198.2.3 BKat (Kfz m. Anhänger bis 2 t) Tab.: 734032	0	35,00	
334708	Sie führten den Zug, obwohl die zulässige Achslast des Anhängers um ...,.. (mehr als 20) Prozent = ... kg überschritten war. Festgestellte Achslast: *)...... kg. Zulässige Achslast: **)...... kg. § 34 Abs. 3, § 31d Abs. 1 ***), § 69a StVZO; § 24 Abs. 1, 3 Nr. 5 StVG; 198.2.4 BKat (Kfz m. Anhänger bis 2 t) Tab.: 734032	B - 1	95,00	
334709	Sie führten den Zug, obwohl die zulässige Achslast des Anhängers um ...,.. (mehr als 25) Prozent = ... kg überschritten war. Festgestellte Achslast: *)...... kg. Zulässige Achslast: **)...... kg. § 34 Abs. 3, § 31d Abs. 1 ***), § 69a StVZO; § 24 Abs. 1, 3 Nr. 5 StVG; 198.2.5 BKat (Kfz m. Anhänger bis 2 t) Tab.: 734032	B - 1	140,00	

TBNR **Bemerkungen**
334208 – 334709 *) Festgestellte Achslast angeben,,**) Zulässige Achslast angeben,
***) Zutreffende Rechtsgrundlage angeben

Achslast und Gesamtgewicht - § 34 StVZO

TBNR	Tatbestandstext	FaP-Pkt	Euro	FV
334710	Sie führten den Zug, obwohl die zulässige Achslast des Anhängers um ...,.. (mehr als 30) Prozent = ... kg überschritten war. Festgestellte Achslast: *)...... kg. Zulässige Achslast: **)...... kg. § 34 Abs. 3, § 31d Abs. 1 ***), § 69a StVZO; § 24 Abs. 1, 3 Nr. 5 StVG; 198.2.6 BKat (Kfz m. Anhänger bis 2 t) Tab.: 734032	B - 1	235,00	
334714	Sie führten den kennzeichnungspflichtigen Zug mit gefährlichen Gütern, obwohl die zulässige Achslast des Anhängers um ...,.. (mehr als 20) Prozent = ... kg überschritten war. Festgestellte Achslast: *)...... kg. Zulässige Achslast: **)...... kg. § 34 Abs. 3, § 31d Abs. 1 ***), § 69a StVZO; § 24 Abs. 1, 3 Nr. 5 StVG; 198.2.4 BKat; § 3 Abs. 4 BKatV (Kfz m. Anhänger bis 2 t m. gef. Gütern) Tab.: 734033	B - 1	142,50	
334715	Sie führten den kennzeichnungspflichtigen Zug mit gefährlichen Gütern, obwohl die zulässige Achslast des Anhängers um ...,.. (mehr als 25) Prozent = ... kg überschritten war. Festgestellte Achslast: *)...... kg. Zulässige Achslast: **)...... kg. § 34 Abs. 3, § 31d Abs. 1 ***), § 69a StVZO; § 24 Abs. 1, 3 Nr. 5 StVG; 198.2.5 BKat; § 3 Abs. 4 BKatV (Kfz m. Anhänger bis 2 t m. gef. Gütern) Tab.: 734033	B - 1	210,00	
334716	Sie führten den kennzeichnungspflichtigen Zug mit gefährlichen Gütern, obwohl die zulässige Achslast des Anhängers um ...,.. (mehr als 30) Prozent = ... kg überschritten war. Festgestellte Achslast: *)...... kg. Zulässige Achslast: **)...... kg. § 34 Abs. 3, § 31d Abs. 1 ***), § 69a StVZO; § 24 Abs. 1, 3 Nr. 5 StVG; 198.2.6 BKat; § 3 Abs. 4 BKatV (Kfz m. Anhänger bis 2 t m. gef. Gütern) Tab.: 734033	B - 1	352,50	

TBNR   **Bemerkungen**
334710 – 334716   *) Festgestellte Achslast angeben,,**) Zulässige Achslast angeben,   ***) Zutreffende Rechtsgrundlage angeben

Achslast und Gesamtgewicht - § 34 StVZO

TBNR	Tatbestandstext	FaP-Pkt	Euro	FV
334220	Sie führten die Fahrzeugkombination, obwohl das zulässige Gesamtgewicht um ...,.. (2 - 5) Prozent = ... kg überschritten war. Festgestelltes Gesamtgewicht: *)...... kg. Zulässiges Gesamtgewicht: **)...... kg. § 34 Abs. 3, § 31d Abs. 1 ***), § 69a StVZO; § 24 Abs. 1, 3 Nr. 5 StVG; 198.1.1 BKat (Fahrzeugkombination über 7,5 t) Tab.: 734040	0	30,00	
334720	Sie führten die Fahrzeugkombination, obwohl das zulässige Gesamtgewicht um ...,.. (mehr als 5) Prozent = ... kg überschritten war. Festgestelltes Gesamtgewicht: *)...... kg. Zulässiges Gesamtgewicht: **)...... kg. § 34 Abs. 3, § 31d Abs. 1 ***), § 69a StVZO; § 24 Abs. 1, 3 Nr. 5 StVG; 198.1.2 BKat (Fahrzeugkombination über 7,5 t) Tab.: 734040	B - 1	80,00	
334721	Sie führten die Fahrzeugkombination, obwohl das zulässige Gesamtgewicht um ...,.. (mehr als 10) Prozent = ... kg überschritten war. Festgestelltes Gesamtgewicht: *)...... kg. Zulässiges Gesamtgewicht: **)...... kg. § 34 Abs. 3, § 31d Abs. 1 ***), § 69a StVZO; § 24 Abs. 1, 3 Nr. 5 StVG; 198.1.3 BKat (Fahrzeugkombination über 7,5 t) Tab.: 734040	B - 1	110,00	
334722	Sie führten die Fahrzeugkombination, obwohl das zulässige Gesamtgewicht um ...,.. (mehr als 15) Prozent = ... kg überschritten war. Festgestelltes Gesamtgewicht: *)...... kg. Zulässiges Gesamtgewicht: **)...... kg. § 34 Abs. 3, § 31d Abs. 1 ***), § 69a StVZO; § 24 Abs. 1, 3 Nr. 5 StVG; 198.1.4 BKat (Fahrzeugkombination über 7,5 t) Tab.: 734040	B - 1	140,00	
334723	Sie führten die Fahrzeugkombination, obwohl das zulässige Gesamtgewicht um ...,.. (mehr als 20) Prozent = ... kg überschritten war. Festgestelltes Gesamtgewicht: *)...... kg. Zulässiges Gesamtgewicht: **)...... kg. § 34 Abs. 3, § 31d Abs. 1 ***), § 69a StVZO; § 24 Abs. 1, 3 Nr. 5 StVG; 198.1.5 BKat (Fahrzeugkombination über 7,5 t) Tab.: 734040	B - 1	190,00	

TBNR	Bemerkungen
334220 – 334723	*) Festgestellte Gesamtgewicht angeben, **) Zulässige Gesamtgewicht angeben, ***) Zutreffende Rechtsgrundlage angeben

Achslast und Gesamtgewicht - § 34 StVZO

TBNR	Tatbestandstext	FaP-Pkt	Euro	FV
334724	Sie führten die Fahrzeugkombination, obwohl das zulässige Gesamtgewicht um ...,.. (mehr als 25) Prozent = ... kg überschritten war. Festgestelltes Gesamtgewicht: *)...... kg. Zulässiges Gesamtgewicht: **)...... kg. § 34 Abs. 3, § 31d Abs. 1 ***), § 69a StVZO; § 24 Abs. 1, 3 Nr. 5 StVG; 198.1.6 BKat (Fahrzeugkombination über 7,5 t) Tab.: 734040	B - 1	285,00	
334725	Sie führten die Fahrzeugkombination, obwohl das zulässige Gesamtgewicht um ...,.. (mehr als 30) Prozent = ... kg überschritten war. Festgestelltes Gesamtgewicht: *)...... kg. Zulässiges Gesamtgewicht: **)...... kg. § 34 Abs. 3, § 31d Abs. 1 ***), § 69a StVZO; § 24 Abs. 1, 3 Nr. 5 StVG; 198.1.7 BKat (Fahrzeugkombination über 7,5 t) Tab.: 734040	B - 1	380,00	
334726	Sie führten die kennzeichnungspflichtige Fahrzeugkombination mit gefährlichen Gütern, obwohl das zulässige Gesamtgewicht um ...,.. (mehr als 5) Prozent = ... kg überschritten war. Festgestelltes Gesamtgewicht: *)...... kg. Zulässiges Gesamtgewicht: **)...... kg. § 34 Abs. 3, § 31d Abs. 1 ***), § 69a StVZO; § 24 Abs. 1, 3 Nr. 5 StVG; 198.1.2 BKat; § 3 Abs. 4 BKatV (Fahrzeugkombination über 7,5 t m. gef. Gütern) Tab.: 734041	B - 1	120,00	
334727	Sie führten die kennzeichnungspflichtige Fahrzeugkombination mit gefährlichen Gütern, obwohl das zulässige Gesamtgewicht um ...,.. (mehr als 10) Prozent = ... kg überschritten war. Festgestelltes Gesamtgewicht: *)...... kg. Zulässiges Gesamtgewicht: **)...... kg. § 34 Abs. 3, § 31d Abs. 1 ***), § 69a StVZO; § 24 Abs. 1, 3 Nr. 5 StVG; 198.1.3 BKat; § 3 Abs. 4 BKatV (Fahrzeugkombination über 7,5 t m. gef. Gütern) Tab.: 734041	B - 1	165,00	

TBNR   **Bemerkungen**
334724 - 334727 *) Festgestellte Gesamtgewicht angeben, **) Zulässige Gesamtgewicht angeben, ***) Zutreffende Rechtsgrundlage angeben

Achslast und Gesamtgewicht - § 34 StVZO

TBNR	Tatbestandstext	FaP-Pkt	Euro	FV
334232	Sie führten die Fahrzeugkombination, obwohl die zulässige Achslast um ...,.. (2 - 5) Prozent = ... kg überschritten war. Festgestellte Achslast: *)...... kg. Zulässige Achslast: **)...... kg. § 34 Abs. 3, § 31d Abs. 1 ***), § 69a StVZO; § 24 Abs. 1, 3 Nr. 5 StVG; 198.1.1 BKat (Fahrzeugkombination über 7,5 t) Tab.: 734042	0	30,00	
334732	Sie führten die Fahrzeugkombination, obwohl die zulässige Achslast um ...,.. (mehr als 5) Prozent = ... kg überschritten war. Festgestellte Achslast: *)...... kg. Zulässige Achslast: **)...... kg. § 34 Abs. 3, § 31d Abs. 1 ***), § 69a StVZO; § 24 Abs. 1, 3 Nr. 5 StVG; 198.1.2 BKat (Fahrzeugkombination über 7,5 t) Tab.: 734042	B - 1	80,00	
334733	Sie führten die Fahrzeugkombination, obwohl die zulässige Achslast um ...,.. (mehr als 10) Prozent = ... kg überschritten war. Festgestellte Achslast: *)...... kg. Zulässige Achslast: **)...... kg. § 34 Abs. 3, § 31d Abs. 1 ***), § 69a StVZO; § 24 Abs. 1, 3 Nr. 5 StVG; 198.1.3 BKat (Fahrzeugkombination über 7,5 t) Tab.: 734042	B - 1	110,00	
334734	Sie führten die Fahrzeugkombination, obwohl die zulässige Achslast um ...,.. (mehr als 15) Prozent = ... kg überschritten war. Festgestellte Achslast: *)...... kg. Zulässige Achslast: **)...... kg. § 34 Abs. 3, § 31d Abs. 1 ***), § 69a StVZO; § 24 Abs. 1, 3 Nr. 5 StVG; 198.1.4 BKat (Fahrzeugkombination über 7,5 t) Tab.: 734042	B - 1	140,00	
334735	Sie führten die Fahrzeugkombination, obwohl die zulässige Achslast um ...,.. (mehr als 20) Prozent = ... kg überschritten war. Festgestellte Achslast: *)...... kg. Zulässige Achslast: **)...... kg. § 34 Abs. 3, § 31d Abs. 1 ***), § 69a StVZO; § 24 Abs. 1, 3 Nr. 5 StVG; 198.1.5 BKat (Fahrzeugkombination über 7,5 t) Tab.: 734042	B - 1	190,00	

TBNR   **Bemerkungen**
334232 – 334735 *) Festgestellte Achslast angeben, **) Zulässige Achslast angeben,
          ***) Zutreffende Rechtsgrundlage angeben

Achslast und Gesamtgewicht - § 34 StVZO

TBNR	Tatbestandstext	FaP-Pkt	Euro	FV
334736	Sie führten die Fahrzeugkombination, obwohl die zulässige Achslast um ...,.. (mehr als 25) Prozent = ... kg überschritten war. Festgestellte Achslast: *)...... kg. Zulässige Achslast: **)...... kg. § 34 Abs. 3, § 31d Abs. 1 ***), § 69a StVZO; § 24 Abs. 1, 3 Nr. 5 StVG; 198.1.6 BKat (Fahrzeugkombination über 7,5 t) Tab.: 734042	B - 1	285,00	
334737	Sie führten die Fahrzeugkombination, obwohl die zulässige Achslast um ...,.. (mehr als 30) Prozent = ... kg überschritten war. Festgestellte Achslast: *)...... kg. Zulässige Achslast: **)...... kg. § 34 Abs. 3, § 31d Abs. 1 ***), § 69a StVZO; § 24 Abs. 1, 3 Nr. 5 StVG; 198.1.7 BKat (Fahrzeugkombination über 7,5 t) Tab.: 734042	B - 1	380,00	
334738	Sie führten die kennzeichnungspflichtige Fahrzeugkombination mit gefährlichen Gütern, obwohl die zulässige Achslast um ...,.. (mehr als 5) Prozent = ... kg überschritten war. Festgestellte Achslast: *)...... kg. Zulässige Achslast: **)...... kg. § 34 Abs. 3, § 31d Abs. 1 ***), § 69a StVZO; § 24 Abs. 1, 3 Nr. 5 StVG; 198.1.2 BKat; § 3 Abs. 4 BKatV (Fahrzeugkombination über 7,5 t m. gef. Gütern) Tab.: 734043	B - 1	120,00	
334739	Sie führten die kennzeichnungspflichtige Fahrzeugkombination mit gefährlichen Gütern, obwohl die zulässige Achslast um ...,.. (mehr als 10) Prozent = ... kg überschritten war. Festgestellte Achslast: *)...... kg. Zulässige Achslast: **)...... kg. § 34 Abs. 3, § 31d Abs. 1 ***), § 69a StVZO; § 24 Abs. 1, 3 Nr. 5 StVG; 198.1.3 BKat; § 3 Abs. 4 BKatV (Fahrzeugkombination über 7,5 t m. gef. Gütern) Tab.: 734043	B - 1	165,00	

TBNR   **Bemerkungen**
334736 – 334738 *) Festgestellte Achslast angeben, **) Zulässige Achslast angeben,
                ***) Zutreffende Rechtsgrundlage angeben

Achslast und Gesamtgewicht - § 34 StVZO

TBNR	Tatbestandstext	FaP-Pkt	Euro	FV
334740	Sie führten die kennzeichnungspflichtige Fahrzeugkombination mit gefährlichen Gütern, obwohl die zulässige Achslast um ...,... (mehr als 15) Prozent = ... kg überschritten war. Festgestellte Achslast: *)...... kg. Zulässige Achslast: **)...... kg. § 34 Abs. 3, § 31d Abs. 1 ***), § 69a StVZO; § 24 Abs. 1, 3 Nr. 5 StVG; 198.1.4 BKat; § 3 Abs. 4 BKatV (Fahrzeugkombination über 7,5 t m. gef. Gütern) Tab.: 734043	B - 1	210,00	
334741	Sie führten die kennzeichnungspflichtige Fahrzeugkombination mit gefährlichen Gütern, obwohl die zulässige Achslast um ...,... (mehr als 20) Prozent = ... kg überschritten war. Festgestellte Achslast:.*)...... kg. Zulässige Achslast: **)...... kg. § 34 Abs. 3, § 31d Abs. 1 ***), § 69a StVZO; § 24 Abs. 1, 3 Nr. 5 StVG; 198.1.5 BKat; § 3 Abs. 4 BKatV (Fahrzeugkombination über 7,5 t m. gef. Gütern) Tab.: 734043	B - 1	285,00	
334742	Sie führten die kennzeichnungspflichtige Fahrzeugkombination mit gefährlichen Gütern, obwohl die zulässige Achslast um ...,... (mehr als 25) Prozent = ... kg überschritten war. Festgestellte Achslast: *)...... kg. Zulässige Achslast: **)...... kg. § 34 Abs. 3, § 31d Abs. 1 ***), § 69a StVZO; § 24 Abs. 1, 3 Nr. 5 StVG; 198.1.6 BKat; § 3 Abs. 4 BKatV (Fahrzeugkombination über 7,5 t m. gef. Gütern) Tab.: 734043	B - 1	427,50	
334743	Sie führten die kennzeichnungspflichtige Fahrzeugkombination mit gefährlichen Gütern, obwohl die zulässige Achslast um ...,... (mehr als 30) Prozent = ... kg überschritten war. Festgestellte Achslast: *)...... kg. Zulässige Achslast: **)...... kg. § 34 Abs. 3, § 31d Abs. 1 ***), § 69a StVZO; § 24 Abs. 1, 3 Nr. 5 StVG; 198.1.7 BKat; § 3 Abs. 4 BKatV (Fahrzeugkombination über 7,5 t m. gef. Gütern) Tab.: 734043	B - 1	570,00	

TBNR   Bemerkungen
334740 – 334743 *) Festgestellte Achslast angeben, **) Zulässige Achslast angeben,
***) Zutreffende Rechtsgrundlage angeben

Achslast und Gesamtgewicht - § 34 StVZO

TBNR	Tatbestandstext	FaP-Pkt	Euro	FV
334244	Sie führten die Fahrzeugkombination, obwohl das zulässige Gesamtgewicht um ...,.. (mehr als 5) Prozent = ... kg überschritten war. Festgestelltes Gesamtgewicht: *)...... kg. Zulässiges Gesamtgewicht: **)...... kg. § 34 Abs. 3, § 31d Abs. 1 ***), § 69a StVZO; § 24 Abs. 1, 3 Nr. 5 StVG; 198.2.1 BKat (Fahrzeugkombination bis 7,5 t) Tab.: 734050	0	10,00	
334245	Sie führten die Fahrzeugkombination, obwohl das zulässige Gesamtgewicht um ...,.. (mehr als 10) Prozent = ... kg überschritten war. Festgestelltes Gesamtgewicht: *)...... kg. Zulässiges Gesamtgewicht: **)...... kg. § 34 Abs. 3, § 31d Abs. 1 ***), § 69a StVZO; § 24 Abs. 1, 3 Nr. 5 StVG; 198.2.2 BKat (Fahrzeugkombination bis 7,5 t) Tab.: 734050	0	30,00	
334246	Sie führten die Fahrzeugkombination, obwohl das zulässige Gesamtgewicht um ...,.. (mehr als 15) Prozent = ... kg überschritten war. Festgestelltes Gesamtgewicht: *)...... kg. Zulässiges Gesamtgewicht: **)...... kg. § 34 Abs. 3, § 31d Abs. 1 ***), § 69a StVZO; § 24 Abs. 1, 3 Nr. 5 StVG; 198.2.3 Bkat (Fahrzeugkombination bis 7,5 t) Tab.: 734050	0	35,00	
334744	Sie führten die Fahrzeugkombination, obwohl das zulässige Gesamtgewicht um ...,.. (mehr als 20) Prozent = ... kg überschritten war. Festgestelltes Gesamtgewicht: *)...... kg. Zulässiges Gesamtgewicht: **)...... kg. § 34 Abs. 3, § 31d Abs. 1 ***), § 69a StVZO; § 24 Abs. 1, 3 Nr. 5 StVG; 198.2.4 BKat (Fahrzeugkombination bis 7,5 t) Tab.: 734050	B - 1	95,00	
334745	Sie führten die Fahrzeugkombination, obwohl das zulässige Gesamtgewicht um ...,.. (mehr als 25) Prozent = ... kg überschritten war. Festgestelltes Gesamtgewicht: *)...... kg. Zulässiges Gesamtgewicht: **)...... kg. § 34 Abs. 3, § 31d Abs. 1 ***), § 69a StVZO; § 24 Abs. 1, 3 Nr. 5 StVG; 198.2.5 BKat (Fahrzeugkombination bis 7,5 t) Tab.: 734050	B - 1	140,00	

TBNR   **Bemerkungen**
334244 - 334745; *) Festgestelltes Gesamtgewicht angeben, **) Zulässiges Gesamtgewicht angeben, ***) Zutreffende Rechtsgrundlage angeben

Achslast und Gesamtgewicht - § 34 StVZO

TBNR	Tatbestandstext	FaP-Pkt	Euro	FV
334746	Sie führten die Fahrzeugkombination, obwohl das zulässige Gesamtgewicht um ...,.. (mehr als 30) Prozent = ... kg überschritten war. Festgestelltes Gesamtgewicht: *)...... kg. Zulässiges Gesamtgewicht: **)...... kg. § 34 Abs. 3, § 31d Abs. 1 ***), § 69a StVZO; § 24 Abs. 1, 3 Nr. 5 StVG; 198.2.6 BKat (Fahrzeugkombination bis 7,5 t) Tab.: 734050	B - 1	235,00	
334750	Sie führten die kennzeichnungspflichtige Fahrzeugkombination mit gefährlichen Gütern, obwohl das zulässige Gesamtgewicht um ...,.. (mehr als 20) Prozent = ... kg überschritten war. Festgestelltes Gesamtgewicht: *)...... kg. Zulässiges Gesamtgewicht: **)...... kg. § 34 Abs. 3, § 31d Abs. 1 ***), § 69a StVZO; § 24 Abs. 1, 3 Nr. 5 StVG; 198.2.4 BKat; § 3 Abs. 4 BKatV (Fahrzeugkombination bis 7,5 t m. gef. Gütern) Tab.: 734051	B - 1	142,50	
334751	Sie führten die kennzeichnungspflichtige Fahrzeugkombination mit gefährlichen Gütern, obwohl das zulässige Gesamtgewicht um ...,.. (mehr als 25) Prozent = ... kg überschritten war. Festgestelltes Gesamtgewicht: *)...... kg. Zulässiges Gesamtgewicht: **)...... kg. § 34 Abs. 3, § 31d Abs. 1 ***), § 69a StVZO; § 24 Abs. 1, 3 Nr. 5 StVG; 198.2.5 BKat; § 3 Abs. 4 BKatV (Fahrzeugkombination bis 7,5 t m. gef. Gütern) Tab.: 734051	B - 1	210,00	
334752	Sie führten die kennzeichnungspflichtige Fahrzeugkombination mit gefährlichen Gütern, obwohl das zulässige Gesamtgewicht um ...,.. (mehr als 30) Prozent = ... kg überschritten war. Festgestelltes Gesamtgewicht: *)...... kg. Zulässiges Gesamtgewicht: **)...... kg. § 34 Abs. 3, § 31d Abs. 1 ***), § 69a StVZO; § 24 Abs. 1, 3 Nr. 5 StVG; 198.2.6 BKat; § 3 Abs. 4 BKatV (Fahrzeugkombination bis 7,5 t m. gef. Gütern) Tab.: 734051	B - 1	352,50	

TBNR   **Bemerkungen**
334746 – 334752 **) Zulässiges Gesamtgewicht angeben, ***) Zutreffende Rechtsgrundlage angeben

Achslast und Gesamtgewicht - § 34 StVZO

TBNR	Tatbestandstext	FaP-Pkt	Euro	FV
334256	Sie führten die Fahrzeugkombination, obwohl die zulässige Achslast um ...,... (mehr als 5) Prozent = ... kg überschritten war. Festgestellte Achslast: *)...... kg. Zulässige Achslast: **)...... kg. § 34 Abs. 3, § 31d Abs. 1 ***), § 69a StVZO; § 24 Abs. 1, 3 Nr. 5 StVG; 198.2.1 BKat (Fahrzeugkombination bis 7,5 t) Tab.: 734052	0	10,00	
334257	Sie führten die Fahrzeugkombination, obwohl die zulässige Achslast um ...,... (mehr als 10) Prozent = ... kg überschritten war. Festgestellte Achslast: *)...... kg. Zulässige Achslast: **)...... kg. § 34 Abs. 3, § 31d Abs. 1 ***), § 69a StVZO; § 24 Abs. 1, 3 Nr. 5 StVG; 198.2.2 BKat (Fahrzeugkombination bis 7,5 t) Tab.: 734052	0	30,00	
334258	Sie führten die Fahrzeugkombination, obwohl die zulässige Achslast um ...,... (mehr als 15) Prozent = ... kg überschritten war. Festgestellte Achslast: *)...... kg. Zulässige Achslast: **)...... kg. § 34 Abs. 3, § 31d Abs. 1 ***), § 69a StVZO; § 24 Abs. 1, 3 Nr. 5 StVG; 198.2.3 BKat (Fahrzeugkombination bis 7,5 t) Tab.: 734052	0	35,00	
334756	Sie führten die Fahrzeugkombination, obwohl die zulässige Achslast um ...,... (mehr als 20) Prozent = ... kg überschritten war. Festgestellte Achslast: *)...... kg. Zulässige Achslast: **)...... kg. § 34 Abs. 3, § 31d Abs. 1 ***), § 69a StVZO; § 24 Abs. 1, 3 Nr. 5 StVG; 198.2.4 BKat (Fahrzeugkombination bis 7,5 t) Tab.: 734052	B - 1	95,00	
334757	Sie führten die Fahrzeugkombination, obwohl die zulässige Achslast um ...,... (mehr als 25) Prozent = ... kg überschritten war. Festgestellte Achslast: *)...... kg. Zulässige Achslast: **)...... kg. § 34 Abs. 3, § 31d Abs. 1 ***), § 69a StVZO; § 24 Abs. 1, 3 Nr. 5 StVG; 198.2.5 BKat (Fahrzeugkombination bis 7,5 t) Tab.: 734052	B - 1	140,00	

TBNR   **Bemerkungen**
334256 - 334757 *) Festgestellte Achslast angeben, **) Zulässige Achslast angeben, ***) Zutreffende Rechtsgrundlage angeben

Achslast und Gesamtgewicht - § 34 StVZO

TBNR	Tatbestandstext	FaP-Pkt	Euro	FV
334758	Sie führten die Fahrzeugkombination, obwohl die zulässige Achslas um ...,.. (mehr als 30) Prozent = ... kg überschritten war. Festgestellte Achslast: *)...... kg. Zulässige Achslast: **)...... kg. § 34 Abs. 3, § 31d Abs. 1 ***), § 69a StVZO; § 24 Abs. 1, 3 Nr. 5 StVG; 198.2.6 BKat (Fahrzeugkombination bis 7,5 t) Tab.: 734052	B - 1	235,00	
334762	Sie führten die kennzeichnungspflichtige Fahrzeugkombination mit gefährlichen Gütern, obwohl die zulässige Achslast um ...,.. (mehr als 20) Prozent = ... kg überschritten war. Festgestellte Achslast: *)...... kg. Zulässige Achslast: **)...... kg. § 34 Abs. 3, § 31d Abs. 1 ***), § 69a StVZO; § 24 Abs. 1, 3 Nr. 5 StVG; 198.2.4 BKat; § 3 Abs. 4 BKatV (Fahrzeugkombination bis 7,5 t m. gef. Gütern) Tab.: 734053	B - 1	142,50	
334763	Sie führten die kennzeichnungspflichtige Fahrzeugkombination mit gefährlichen Gütern, obwohl die zulässige Achslast um ...,.. (mehr als 25) Prozent = ... kg überschritten war. Festgestellte Achslast: *)...... kg. Zulässige Achslast: **)...... kg. § 34 Abs. 3, § 31d Abs. 1 ***), § 69a StVZO; § 24 Abs. 1, 3 Nr. 5 StVG; 198.2.5 BKat; § 3 Abs. 4 BKatV (Fahrzeugkombination bis 7,5 t m. gef. Gütern) Tab.: 734053	B - 1	210,00	
334764	Sie führten die kennzeichnungspflichtige Fahrzeugkombination mit gefährlichen Gütern, obwohl die zulässige Achslast um ...,.. (mehr als 30) Prozent = ... kg überschritten war. Festgestellte Achslast: *)...... kg. Zulässige Achslast: **)...... kg. § 34 Abs. 3, § 31d Abs. 1 ***), § 69a StVZO; § 24 Abs. 1, 3 Nr. 5 StVG; 198.2.6 BKat; § 3 Abs. 4 BKatV (Fahrzeugkombination bis 7,5 t m. gef. Gütern) Tab.: 734053	B - 1	352,50	

TBNR   **Bemerkungen**
334758 – 334764   *) Festgestellte Achslast angeben, **) Zulässige Achslast angeben,
     ***) Zutreffende Rechtsgrundlage angeben

Achslast und Gesamtgewicht - § 34 StVZO

TBNR	Tatbestandstext	FaP-Pkt	Euro	FV
334268	Sie führten als Halter das Kraftfahrzeug, obwohl das zulässige Gesamtgewicht um ...,.. (2 - 5) Prozent = ... kg überschritten war. Festgestelltes Gesamtgewicht: *)...... kg. Zulässiges Gesamtgewicht: **)...... kg. § 34 Abs. 3, § 31d Abs. 1 ***), § 69a StVZO; § 24 Abs. 1, 3 Nr. 5 StVG; 198.1.1 BKat; (Kfz über 7,5 t) Tab.: 734060	0	30,00	
334763	Sie führten als Halter das Kraftfahrzeug, obwohl das zulässige Gesamtgewicht um ...,.. (mehr als 5) Prozent = ... kg überschritten war. Festgestelltes Gesamtgewicht: *)...... kg. Zulässiges Gesamtgewicht: **)...... kg. § 34 Abs. 3, § 31d Abs. 1 ***), § 69a StVZO; § 24 Abs. 1, 3 Nr. 5 StVG; 198.1.2 BKat; § 3 Abs. 2 BKatV (Kfz über 7,5 t) Tab.: 734060	B - 1	140,00	
334769	Sie führten als Halter das Kraftfahrzeug, obwohl das zulässige Gesamtgewicht um ...,.. (mehr als 10) Prozent = ... kg überschritten war. Festgestelltes Gesamtgewicht: *)...... kg. Zulässiges Gesamtgewicht: **)...... kg. § 34 Abs. 3, § 31d Abs. 1 ***), § 69a StVZO; § 24 Abs. 1, 3 Nr. 5 StVG; 198.1.3 BKat; § 3 Abs. 2 BKatV (Kfz über 7,5 t) Tab.: 734060	B - 1	235,00	
334770	Sie führten als Halter das Kraftfahrzeug, obwohl das zulässige Gesamtgewicht um ...,.. (mehr als 15) Prozent = ... kg überschritten war. Festgestelltes Gesamtgewicht: *)...... kg. Zulässiges Gesamtgewicht: **)...... kg. § 34 Abs. 3, § 31d Abs. 1 ***), § 69a StVZO; § 24 Abs. 1, 3 Nr. 5 StVG; 198.1.4 BKat; § 3 Abs. 2 BKatV (Kfz über 7,5 t) Tab.: 734060	B - 1	285,00	
334771	Sie führten als Halter das Kraftfahrzeug, obwohl das zulässige Gesamtgewicht um ...,.. (mehr als 20) Prozent = ... kg überschritten war. Festgestelltes Gesamtgewicht: *)...... kg. Zulässiges Gesamtgewicht: **)...... kg. § 34 Abs. 3, § 31d Abs. 1 ***), § 69a StVZO; § 24 Abs. 1, 3 Nr. 5 StVG; 198.1.5 BKat; § 3 Abs. 2 BKatV (Kfz über 7,5 t) Tab.: 734060	B - 1	380,00	

TBNR	Bemerkungen
334268 – 334771	*) Festgestelltes Gesamtgewicht angeben, **) Zulässiges Gesamtgewicht angeben, ***) Zutreffende Rechtsgrundlage angeben

Achslast und Gesamtgewicht - § 34 StVZO

TBNR	Tatbestandstext	FaP-Pkt	Euro	FV
334772	Sie führten als Halter das Kraftfahrzeug, obwohl das zulässige Gesamtgewicht um ...,.. (mehr als 25) Prozent = ... kg überschritten war. Festgestelltes Gesamtgewicht: *)...... kg. Zulässiges Gesamtgewicht: **)...... kg. § 34 Abs. 3, § 31d Abs. 1 ***), § 69a StVZO; § 24 Abs. 1, 3 Nr. 5 StVG; 198.1.6 BKat; § 3 Abs. 2 BKatV (Kfz über 7,5 t) Tab.: 734060	B - 1	425,00	
334773	Sie führten als Halter das Kraftfahrzeug, obwohl das zulässige Gesamtgewicht um ...... (mehr als 30) Prozent = ... kg überschritten war. Festgestelltes Gesamtgewicht: *)...... kg. Zulässiges Gesamtgewicht: **)...... kg. § 34 Abs. 3, § 31d Abs. 1 ***), § 69a StVZO; § 24 Abs. 1, 3 Nr. 5 StVG; 198.1.7 BKat; § 3 Abs. 2 BKatV (Kfz über 7,5 t) Tab.: 734060	B - 1	425,00	
334774	Sie führten als Halter das kennzeichnungspflichtige Kraftfahrzeug mit gefährlichen Gütern, obwohl das zulässige Gesamtgewicht um ...,.. (mehr als 5) Prozent = ... kg überschritten war. Festgestelltes Gesamtgewicht: *)...... kg. Zulässiges Gesamtgewicht: **)...... kg. § 34 Abs. 3, § 31d Abs. 1 ***), § 69a StVZO; § 24 Abs. 1, 3 Nr. 5 StVG; 198.1.2 BKat; § 3 Abs. 2, 4 BKatV (Kfz über 7,5 t m. gef. Gütern) Tab.: 734061	B - 1	210,00	
334775	Sie führten als Halter das kennzeichnungspflichtige Kraftfahrzeug mit gefährlichen Gütern, obwohl das zulässige Gesamtgewicht um ...,.. (mehr als 10) Prozent = ... kg überschritten war. Festgestelltes Gesamtgewicht: *)...... kg. Zulässiges Gesamtgewicht: **)...... kg. § 34 Abs. 3, § 31d Abs. 1 ***), § 69a StVZO; § 24 Abs. 1, 3 Nr. 5 StVG; 198.1.3 BKat; § 3 Abs. 2, 4 BKatV (Kfz über 7,5 t m. gef. Gütern) Tab.: 734061	B - 1	352,50	

TBNR **Bemerkungen**
334772 – 334775 *) Festgestelltes Gesamtgewicht angeben, **) Zulässiges Gesamtgewicht angeben, ***) Zutreffende Rechtsgrundlage angeben

TBNR	Tatbestandstext	FaP-Pkt	Euro	FV
334776	Sie führten als Halter das kennzeichnungspflichtige Kraftfahrzeug mit gefährlichen Gütern, obwohl das zulässige Gesamtgewicht um ...,.. (mehr als 15) Prozent = ... kg überschritten war. Festgestelltes Gesamtgewicht: *)...... kg. Zulässiges Gesamtgewicht: **)...... kg. § 34 Abs. 3, § 31d Abs. 1 ***), § 69a StVZO; § 24 Abs. 1, 3 Nr. 5 StVG; 198.1.4 BKat; § 3 Abs. 2, 4 BKatV (Kfz über 7,5 t m. gef. Gütern) Tab.: 734061	B - 1	427,50	
334777	Sie führten als Halter das kennzeichnungspflichtige Kraftfahrzeug mit gefährlichen Gütern, obwohl das zulässige Gesamtgewicht um ...,.. (mehr als 20) Prozent = ... kg überschritten war. Festgestelltes Gesamtgewicht: *)...... kg. Zulässiges Gesamtgewicht: **)...... kg. § 34 Abs. 3, § 31d Abs. 1 ***), § 69a StVZO; § 24 Abs. 1, 3 Nr. 5 StVG; 198.1.5 BKat; § 3 Abs. 2, 4 BKatV (Kfz über 7,5 t m. gef. Gütern) Tab.: 734061	B - 1	570,00	
334778	Sie führten als Halter das kennzeichnungspflichtige Kraftfahrzeug mit gefährlichen Gütern, obwohl das zulässige Gesamtgewicht um ...,.. (mehr als 25) Prozent = ... kg überschritten war. Festgestelltes Gesamtgewicht: *)...... kg. Zulässiges Gesamtgewicht: **)...... kg. § 34 Abs. 3, § 31d Abs. 1 ***), § 69a StVZO; § 24 Abs. 1, 3 Nr. 5 StVG; 198.1.6 BKat; § 3 Abs. 2, 4 BKatV (Kfz über 7,5 t m. gef. Gütern) Tab.: 734061	B - 1	637,50	
334779	Sie führten als Halter das kennzeichnungspflichtige Kraftfahrzeug mit gefährlichen Gütern, obwohl das zulässige Gesamtgewicht um ...,.. (mehr als 30) Prozent = ... kg überschritten war. Festgestelltes Gesamtgewicht: *)...... kg. Zulässiges Gesamtgewicht: **)...... kg. § 34 Abs. 3, § 31d Abs. 1 ***), § 69a StVZO; § 24 Abs. 1, 3 Nr. 5 StVG; 198.1.7 BKat; § 3 Abs. 2, 4 BKatV (Kfz über 7,5 t m. gef. Gütern) Tab.: 734061	B - 1	637,50	

TBNR   **Bemerkungen**
334776 – 334779 *) Festgestelltes Gesamtgewicht angeben, **) Zulässiges Gesamtgewicht angeben, ***) Zutreffende Rechtsgrundlage angeben

Achslast und Gesamtgewicht - § 34 StVZO

TBNR	Tatbestandstext	FaP-Pkt	Euro	FV
334780	Sie führten als Halter den Kraftomnibus mit Fahrgästen, obwohl das zulässige Gesamtgewicht um ...,.. (mehr als 5) Prozent = ... kg überschritten war. Festgestelltes Gesamtgewicht: *)...... kg. Zulässiges Gesamtgewicht: **)...... kg. § 34 Abs. 3, § 31d Abs. 1 ***), § 69a StVZO; § 24 Abs. 1, 3 Nr. 5 StVG; 198.1.2 BKat; § 3 Abs. 2, 4 BKatV (Kraftomnibus über 7,5 t m. Fahrgästen) 　　Tab.: 734062	B - 1	210,00	
334781	Sie führten als Halter den Kraftomnibus mit Fahrgästen, obwohl das zulässige Gesamtgewicht um ...,.. (mehr als 10) Prozent = ... kg überschritten war. Festgestelltes Gesamtgewicht: *)...... kg. Zulässiges Gesamtgewicht: **)...... kg. § 34 Abs. 3, § 31d Abs. 1 ***), § 69a StVZO; § 24 Abs. 1, 3 Nr. 5 StVG; 198.1.3 BKat; § 3 Abs. 2, 4 BKatV (Kraftomnibus über 7,5 t m. Fahrgästen) 　　Tab.: 734062	B - 1	352,50	
334782	Sie führten als Halter den Kraftomnibus mit Fahrgästen, obwohl das zulässige Gesamtgewicht um ...,.. (mehr als 15) Prozent = ... kg überschritten war. Festgestelltes Gesamtgewicht: *)...... kg. Zulässiges Gesamtgewicht: **)...... kg. § 34 Abs. 3, § 31d Abs. 1 ***), § 69a StVZO; § 24 Abs. 1, 3 Nr. 5 StVG; 198.1.4 BKat; § 3 Abs. 2, 4 BKatV (Kraftomnibus über 7,5 t m. Fahrgästen) 　　Tab.: 734062	B - 1	427,50	
334783	Sie führten als Halter den Kraftomnibus mit Fahrgästen, obwohl das zulässige Gesamtgewicht um ...,.. (mehr als 20) Prozent = ... kg überschritten war. Festgestelltes Gesamtgewicht: *)...... kg. Zulässiges Gesamtgewicht: **)...... kg. § 34 Abs. 3, § 31d Abs. 1 ***), § 69a StVZO; § 24 Abs. 1, 3 Nr. 5 StVG; 198.1.5 BKat; § 3 Abs. 2, 4 BKatV (Kraftomnibus über 7,5 t m. Fahrgästen) 　　Tab.: 734062	B - 1	570,00	

TBNR　Bemerkungen
334780 – 334783 *) Festgestelltes Gesamtgewicht angeben, **) Zulässiges Gesamtgewicht
angeben, ***) Zutreffende Rechtgrundlage angeben

Achslast und Gesamtgewicht - § 34 StVZO

TBNR	Tatbestandstext	FaP-Pkt	Euro	FV
334784	Sie führten als Halter den Kraftomnibus mit Fahrgästen, obwohl das zulässige Gesamtgewicht um ...,.. (mehr als 25) Prozent = ... kg überschritten war. Festgestelltes Gesamtgewicht: *)...... kg. Zulässiges Gesamtgewicht: **)...... kg. § 34 Abs. 3, § 31d Abs. 1 ***), § 69a StVZO; § 24 Abs. 1, 3 Nr. 5 StVG; 198.1.6 BKat; § 3 Abs. 2, 4 BKatV (Kraftomnibus über 7,5 t m. Fahrgästen) Tab.: 734062	B - 1	637,50	
334785	Sie führten als Halter den Kraftomnibus mit Fahrgästen, obwohl das zulässige Gesamtgewicht um ...,.. (mehr als 30) Prozent = ... kg überschritten war. Festgestelltes Gesamtgewicht: *)...... kg. Zulässiges Gesamtgewicht: **)...... kg. § 34 Abs. 3, § 31d Abs. 1 ***), § 69a StVZO; § 24 Abs. 1, 3 Nr. 5 StVG; 198.1.7 BKat; § 3 Abs. 2, 4 BKatV (Kraftomnibus über 7,5 t m. Fahrgästen) Tab.: 734062	B - 1	637,50	
334286	Sie führten als Halter das Kraftfahrzeug, obwohl die zulässige Achslast um ...,.. (2 - 5) Prozent = ... kg überschritten war. Festgestellte Achslast: *)...... kg. Zulässige Achslast: **)...... kg. § 34 Abs. 3, § 31d Abs. 1 ***), § 69a StVZO; § 24 Abs. 1, 3 Nr. 5 StVG; 198.1.1 BKat; (Kfz über 7,5 t) Tab.: 734063	0	30,00	
334786	Sie führten als Halter das Kraftfahrzeug, obwohl die zulässige Achslast um ...,.. (mehr als 5) Prozent = ... kg überschritten war. Festgestellte Achslast: *)...... kg. Zulässige Achslast: **)...... kg. § 34 Abs. 3, § 31d Abs. 1 ***), § 69a StVZO; § 24 Abs. 1, 3 Nr. 5 StVG; 198.1.2 BKat; § 3 Abs. 2 BKatV (Kfz über 7,5 t) Tab.: 734063	B - 1	140,00	

TBNR   **Bemerkungen**
334784 – 334785 *) Festgestelltes Gesamtgewicht angeben, **) Zulässiges Gesamtgewicht
           angeben, ***) Zutreffende Rechtgrundlage angeben
334286 - 334786 *) Festgestellte Achslast angeben, **) Zulässige Achslast angeben,
           ***) Zutreffende Rechtsgrundlage angeben

Achslast und Gesamtgewicht - § 34 StVZO

TBNR	Tatbestandstext	FaP-Pkt	Euro	FV
334787	Sie führten als Halter das Kraftfahrzeug, obwohl die zulässige Achslast um ...,... (mehr als 10) Prozent = ... kg überschritten war. Festgestellte Achslast: *)...... kg. Zulässige Achslast: **)...... kg. § 34 Abs. 3, § 31d Abs. 1 ***), § 69a StVZO; § 24 Abs. 1, 3 Nr. 5 StVG; 198.1.3 BKat; § 3 Abs. 2 BKatV (Kfz über 7,5 t) Tab.: 734063	B - 1	235,00	
334788	Sie führten als Halter das Kraftfahrzeug, obwohl die zulässige Achslast um ...,... (mehr als 15) Prozent = ... kg überschritten war. Festgestellte Achslast: *)...... kg. Zulässige Achslast: **)...... kg. § 34 Abs. 3, § 31d Abs. 1 ***), § 69a StVZO; § 24 Abs. 1, 3 Nr. 5 StVG; 198.1.4 BKat; § 3 Abs. 2 BKatV (Kfz über 7,5 t) Tab.: 734063	B - 1	285,00	
334789	Sie führten als Halter das Kraftfahrzeug, obwohl die zulässige Achslast um ...,... (mehr als 20) Prozent = ... kg überschritten war. Festgestellte Achslast: *)...... kg. Zulässige Achslast: **)...... kg. § 34 Abs. 3, § 31d Abs. 1 ***), § 69a StVZO; § 24 Abs. 1, 3 Nr. 5 StVG; 198.1.5 BKat; § 3 Abs. 2 BKatV (Kfz über 7,5 t) Tab.: 734063	B - 1	380,00	
334790	Sie führten als Halter das Kraftfahrzeug, obwohl die zulässige Achslast um ...,... (mehr als 25) Prozent = ... kg überschritten war. Festgestellte Achslast: *)...... kg. Zulässige Achslast: **)...... kg. § 34 Abs. 3, § 31d Abs. 1 ***), § 69a StVZO; § 24 Abs. 1, 3 Nr. 5 StVG; 198.1.6 BKat; § 3 Abs. 2 BKatV (Kfz über 7,5 t) Tab.: 734063	B - 1	425,00	

TBNR	Bemerkungen
334787 – 334790	*) Festgestellte Achslast angeben, **) Zulässige Achslast angeben, ***) Zutreffende Rechtsgrundlage angeben

Achslast und Gesamtgewicht - § 34 StVZO

TBNR	Tatbestandstext	FaP-Pkt	Euro	FV
334791	Sie führten als Halter das Kraftfahrzeug, obwohl die zulässige Achslast um ...,.. (mehr als 30) Prozent = ... kg überschritten. war. Festgestellte Achslast: *)...... kg. Zulässige Achslast: **)...... kg. § 34 Abs. 3, § 31d Abs. 1 ***), § 69a StVZO; § 24 Abs. 1, 3 Nr. 5 StVG; 198.1.7 BKat; § 3 Abs. 2 BKatV (Kfz über 7,5 t) Tab.: 734063	B - 1	425,00	
334792	Sie führten als Halter das kennzeichnungspflichtige Kraftfahrzeug mit gefährlichen Gütern, obwohl die zulässige Achslast um ...,.. (mehr als 5) Prozent = ... kg überschritten war. Festgestellte Achslast: *)...... kg. Zulässige Achslast: **)...... kg. § 34 Abs. 3, § 31d Abs. 1 ***), § 69a StVZO; § 24 Abs. 1, 3 Nr. 5 StVG; 198.1.2 BKat; § 3 Abs. 2, 4 BKatV (Kfz über 7,5 t m. gef. Gütern) Tab.: 734064	B - 1	210,00	
334793	Sie führten als Halter das kennzeichnungspflichtige Kraftfahrzeug mit gefährlichen Gütern, obwohl die zulässige Achslast um ...,.. (mehr als 10) Prozent = ... kg überschritten war. Festgestellte Achslast: *)...... kg. Zulässige Achslast: **)...... kg. § 34 Abs. 3, § 31d Abs. 1 ***), § 69a StVZO; § 24 Abs. 1, 3 Nr. 5 StVG; 198.1.3 BKat; § 3 Abs. 2, 4 BKatV (Kfz über 7,5 t m. gef. Gütern) Tab.: 734064	B - 1	352,50	
334794	Sie führten als Halter das kennzeichnungspflichtige Kraftfahrzeug mit gefährlichen Gütern, obwohl die zulässige Achslast um ...,.. (mehr als 15) Prozent = ... kg überschritten war. Festgestellte Achslast: *)...... kg. Zulässige Achslast: **)...... kg. § 34 Abs. 3, § 31d Abs. 1 ***), § 69a StVZO; § 24 Abs. 1, 3 Nr. 5 StVG; 198.1.4 BKat; § 3 Abs. 2, 4 BKatV (Kfz über 7,5 t m. gef. Gütern) Tab.: 734064	B - 1	427,50	

TBNR **Bemerkungen**
334791 – 334794 *) Festgestellte Achslast angeben, **) Zulässige Achslast angeben,
      ***) Zutreffende Rechtsgrundlage angeben

Achslast und Gesamtgewicht - § 34 StVZO

TBNR	Tatbestandstext	FaP-Pkt	Euro	FV
334795	Sie führten als Halter das kennzeichnungspflichtige Kraftfahrzeug mit gefährlichen Gütern, obwohl die zulässige Achslast um ...,.. (mehr als 20) Prozent = ... kg überschritten war. Festgestellte Achslast: *)...... kg. Zulässige Achslast: **)...... kg. § 34 Abs. 3, § 31d Abs. 1 ***), § 69a StVZO; § 24 Abs. 1, 3 Nr. 5 StVG; 198.1.5 BKat; § 3 Abs. 2, 4 BKatV (Kfz über 7,5 t m. gef. Gütern) Tab.: 734064	B - 1	570,00	
334796	Sie führten als Halter das kennzeichnungspflichtige Kraftfahrzeug mit gefährlichen Gütern, obwohl die zulässige Achslast um ...,.. (mehr als 25) Prozent = ... kg überschritten war. Festgestellte Achslast: *)...... kg. Zulässige Achslast: **)...... kg. § 34 Abs. 3, § 31d Abs. 1 ***), § 69a StVZO; § 24 Abs. 1, 3 Nr. 5 StVG; 198.1.6 BKat; § 3 Abs. 2, 4 BKatV (Kfz über 7,5 t m. gef. Gütern) Tab.: 734064	B - 1	637,50	
334797	Sie führten als Halter das kennzeichnungspflichtige Kraftfahrzeug mit gefährlichen Gütern, obwohl die zulässige Achslast um ...,.. (mehr als 30) Prozent = ... kg überschritten war. Festgestellte Achslast: *)...... kg. Zulässige Achslast: **)...... kg. § 34 Abs. 3, § 31d Abs. 1 ***), § 69a StVZO; § 24 Abs. 1, 3 Nr. 5 StVG; 198.1.7 BKat; § 3 Abs. 2, 4 BKatV (Kfz über 7,5 t m. gef. Gütern) Tab.: 734064	B - 1	637,50	
334798	Sie führten als Halter den Kraftomnibus mit Fahrgästen, obwohl die zulässige Achslast um ...,.. (mehr als 5) Prozent = ... kg überschritten war. Festgestellte Achslast: *)...... kg. Zulässige Achslast: **)...... kg. § 34 Abs. 3, § 31d Abs. 1 ***), § 69a StVZO; § 24 Abs. 1, 3 Nr. 5 StVG; 198.1.2 BKat; § 3 Abs. 2, 4 BKatV (Kraftomnibus über 7,5 t m. Fahrgästen) Tab.: 734065	B - 1	210,00	

TBNR   **Bemerkungen**
334795 – 334798   *) Festgestellte Achslast angeben, **) Zulässige Achslast angeben,
           ***) Zutreffende Rechtsgrundlage angeben

Achslast und Gesamtgewicht - § 34 StVZO

TBNR	Tatbestandstext	FaP-Pkt	Euro	FV
334799	Sie führten als Halter den Kraftomnibus mit Fahrgästen, obwohl die zulässige Achslast um ...,.. (mehr als 10) Prozent = ... kg überschritten war. Festgestellte Achslast: *)...... kg. Zulässige Achslast: **)...... kg. § 34 Abs. 3, § 31d Abs. 1 ***), § 69a StVZO; § 24 Abs. 1, 3 Nr. 5 StVG; 198.1.3 BKat; § 3 Abs. 2, 4 BKatV (Kraftomnibus über 7,5 t m. Fahrgästen) Tab.: 734065	B - 1	352,50	
334800	Sie führten als Halter den Kraftomnibus mit Fahrgästen, obwohl die zulässige Achslast um ...,.. (mehr als 15) Prozent = ... kg überschritten war. Festgestellte Achslast: *)...... kg. Zulässige Achslast: **)...... kg. § 34 Abs. 3, § 31d Abs. 1 ***), § 69a StVZO; § 24 Abs. 1, 3 Nr. 5 StVG; 198.1.4 BKat; § 3 Abs. 2, 4 BKatV (Kraftomnibus über 7,5 t m. Fahrgästen) Tab.: 734065	B - 1	427,50	
334801	Sie führten als Halter den Kraftomnibus mit Fahrgästen, obwohl die zulässige Achslast um ...,.. (mehr als 20) Prozent = ... kg überschritten war. Festgestellte Achslast: *)...... kg. Zulässige Achslast: **)...... kg. § 34 Abs. 3, § 31d Abs. 1 ***), § 69a StVZO; § 24 Abs. 1, 3 Nr. 5 StVG; 198.1.5 BKat; § 3 Abs. 2, 4 BKatV (Kraftomnibus über 7,5 t m. Fahrgästen) Tab.: 734065	B - 1	570,00	
334802	Sie führten als Halter den Kraftomnibus mit Fahrgästen, obwohl die zulässige Achslast um ...,.. (mehr als 25) Prozent = ... kg überschritten war. Festgestellte Achslast: *)...... kg. Zulässige Achslast: **)...... kg. § 34 Abs. 3, § 31d Abs. 1 ***), § 69a StVZO; § 24 Abs. 1, 3 Nr. 5 StVG; 198.1.6 BKat; § 3 Abs. 2, 4 BKatV (Kraftomnibus über 7,5 t m. Fahrgästen) Tab.: 734065	B - 1	637,50	
334803	Sie führten als Halter den Kraftomnibus mit Fahrgästen, obwohl die zulässige Achslast um ...,.. (mehr als 30) Prozent = ... kg überschritten war. Festgestellte Achslast: *)...... kg. Zulässige Achslast: **)...... kg. § 34 Abs. 3, § 31d Abs. 1 ***), § 69a StVZO; § 24 Abs. 1, 3 Nr. 5 StVG; 198.1.7 BKat; § 3 Abs. 2, 4 BKatV (Kraftomnibus über 7,5 t m. Fahrgästen) Tab.: 734065	B - 1	637,50	

TBNR	Bemerkungen
334799 – 334803	*) Festgestellte Achslast angeben, **) Zulässige Achslast angeben, ***) Zutreffende Rechtsgrundlage angeben

Achslast und Gesamtgewicht - § 34 StVZO

TBNR	Tatbestandstext	FaP-Pkt	Euro	FV
334304	Sie führten als Halter den Zug, obwohl das zulässige Gesamtgewicht des Anhängers um ...,.. (2 - 5) Prozent = ... kg überschritten war. Festgestelltes Gesamtgewicht: *)..... kg. Zulässiges Gesamtgewicht: **)..... kg. § 34 Abs. 3, § 31d Abs. 1 ***), § 69a StVZO; § 24 Abs. 1, 3 Nr. 5 StVG; 198.1.1 BKat; (Kfz m. Anhänger über 2 t) Tab.: 734070	0	30,00	
334804	Sie führten als Halter den Zug, obwohl das zulässige Gesamtgewicht des Anhängers um ...,.. (mehr als 5) Prozent = ... kg überschritten war. Festgestelltes Gesamtgewicht: *)...... kg. Zulässiges Gesamtgewicht: **)...... kg. § 34 Abs. 3, § 31d Abs. 1 ***), § 69a StVZO; § 24 Abs. 1, 3 Nr. 5 StVG; 198.1.2 BKat; § 3 Abs. 2 BKatV (Kfz m. Anhänger über 2 t) Tab.: 734070	B - 1	140,00	
334805	Sie führten als Halter den Zug, obwohl das zulässige Gesamtgewicht des Anhängers um ...,.. (mehr als 10) Prozent = ... kg überschritten war. Festgestelltes Gesamtgewicht: *)...... kg. Zulässiges Gesamtgewicht: **)...... kg. § 34 Abs. 3, § 31d Abs. 1 ***), § 69a StVZO; § 24 Abs. 1, 3 Nr. 5 StVG; 198.1.3 BKat; § 3 Abs. 2 BKatV (Kfz m. Anhänger über 2 t) Tab.: 734070	B - 1	235,00	
334806	Sie führten als Halter den Zug, obwohl das zulässige Gesamtgewicht des Anhängers um ...,.. (mehr als 15) Prozent = ... kg überschritten war. Festgestelltes Gesamtgewicht: *)...... kg. Zulässiges Gesamtgewicht: **)...... kg. § 34 Abs. 3, § 31d Abs. 1 ***), § 69a StVZO; § 24 Abs. 1, 3 Nr. 5 StVG; 198.1.4 BKat; § 3 Abs. 2 BKatV (Kfz m. Anhänger über 2 t) Tab.: 734070	B - 1	285,00	
334807	Sie führten als Halter den Zug, obwohl das zulässige Gesamtgewicht des Anhängers um ...,.. (mehr als 20) Prozent = ... kg überschritten war. Festgestelltes Gesamtgewicht: *)...... kg. Zulässiges Gesamtgewicht: **)...... kg. § 34 Abs. 3, § 31d Abs. 1 ***), § 69a StVZO; § 24 Abs. 1, 3 Nr. 5 StVG; 198.1.5 BKat; § 3 Abs. 2 BKatV (Kfz m. Anhänger über 2 t) Tab.: 734070	B - 1	380,00	

TBNR	Bemerkungen
334304 – 334807	*) Festgestelltes Gesamtgewicht angeben, **) Zulässiges Gesamtgewicht angeben, ***) Zutreffende Rechtsgrundlage angeben

Achslast und Gesamtgewicht - § 34 StVZO

TBNR	Tatbestandstext	FaP-Pkt	Euro	FV
334808	Sie führten als Halter den Zug, obwohl das zulässige Gesamt-gewicht des Anhängers um ...,.. (mehr als 25) Prozent = ... kg überschritten war. Festgestelltes Gesamtgewicht: *)...... kg. Zulässiges Gesamtgewicht: **)...... kg. § 34 Abs. 3, § 31d Abs. 1 ***), § 69a StVZO; § 24 Abs. 1, 3 Nr. 5 StVG; 198.1.6 BKat; § 3 Abs. 2 BKatV (Kfz m. Anhänger über 2 t) Tab.: 734070	B - 1	425,00	
334809	Sie führten als Halter den Zug, obwohl das zulässige Gesamt-gewicht des Anhängers um ...,.. (mehr als 30) Prozent = ... kg überschritten war. Festgestelltes Gesamtgewicht: *)...... kg. Zulässiges Gesamtgewicht: **)...... kg. § 34 Abs. 3, § 31d Abs. 1 ***), § 69a StVZO; § 24 Abs. 1, 3 Nr. 5 StVG; 198.1.7 BKat; § 3 Abs. 2 BKatV (Kfz m. Anhänger über 2 t) Tab.: 734070	B - 1	425,00	
334810	Sie führten als Halter den kennzeichnungspflichtigen Zug mit gefährlichen Gütern, obwohl das zulässige Gesamtgewicht des Anhängers um ...,.. (mehr als 5) Prozent = ... kg überschritten war. Festgestelltes Gesamtgewicht: .)...... kg. Zulässiges Gesamtgewicht: **)...... kg. § 34 Abs. 3, § 31d Abs. 1 ***), § 69a StVZO; § 24 Abs. 1, 3 Nr. 5 StVG; 198.1.2 BKat; § 3 Abs. 2, 4 BKatV (Kfz m. Anhänger über 2 t m. gef. Gütern) Tab.: 734071	B - 1	210,00	
334811	Sie führten als Halter den kennzeichnungspflichtigen Zug mit gefährlichen Gütern, obwohl das zulässige Gesamtgewicht des Anhängers um ...,.. (mehr als 10) Prozent = ... kg überschritten war. Festgestelltes Gesamtgewicht: *)...... kg. Zulässiges Gesamtgewicht: **)...... kg. § 34 Abs. 3, § 31d Abs. 1 ***), § 69a StVZO; § 24 Abs. 1, 3 Nr. 5 StVG; 198.1.3 BKat; § 3 Abs. 2, 4 BKatV (Kfz m. Anhänger über 2 t m. gef. Gütern) Tab.: 734071	B - 1	352,50	

TBNR | **Bemerkungen**
334808 – 334811 | *)Festgestelltes Gesamtgewicht angeben, **) Zulässiges Gesamtgewicht angeben, ***) Zutreffende Rechtsgrundlage angeben

Achslast und Gesamtgewicht - § 34 StVZO

TBNR	Tatbestandstext	FaP-Pkt	Euro	FV
334812	Sie führten als Halter den kennzeichnungspflichtigen Zug mit gefährlichen Gütern, obwohl das zulässige Gesamtgewicht des Anhängers um ...,... (mehr als 15) Prozent = ... kg überschritten war. Festgestelltes Gesamtgewicht: *)...... kg. Zulässiges Gesamtgewicht: **)...... kg. § 34 Abs. 3, § 31d Abs. 1 ***), § 69a StVZO; § 24 Abs. 1, 3 Nr. 5 StVG; 198.1.4 BKat; § 3 Abs. 2, 4 BKatV (Kfz m. Anhänger über 2 t m. gef. Gütern) Tab.: 734071	B - 1	427,50	
334813	Sie führten als Halter den kennzeichnungspflichtigen Zug mit gefährlichen Gütern, obwohl das zulässige Gesamtgewicht des Anhängers um ...,... (mehr als 20) Prozent = ... kg überschritten war. Festgestelltes Gesamtgewicht: *)...... kg. Zulässiges Gesamtgewicht: **)...... kg. § 34 Abs. 3, § 31d Abs. 1 ***), § 69a StVZO; § 24 Abs. 1, 3 Nr. 5 StVG; 198.1.5 BKat; § 3 Abs. 2, 4 BKatV (Kfz m. Anhänger über 2 t m. gef. Gütern) Tab.: 734071	B - 1	570,00	
334814	Sie führten als Halter den kennzeichnungspflichtigen Zug mit gefährlichen Gütern, obwohl das zulässige Gesamtgewicht des Anhängers um ...,... (mehr als 25) Prozent = ... kg überschritten war. Festgestelltes Gesamtgewicht: *)...... kg. Zulässiges Gesamtgewicht: **)...... kg. § 34 Abs. 3, § 31d Abs. 1 ***), § 69a StVZO; § 24 Abs. 1, 3 Nr. 5 StVG; 198.1.6 BKat; § 3 Abs. 2, 4 BKatV (Kfz m. Anhänger über 2 t m. gef. Gütern) Tab.: 734071	B - 1	637,50	
334815	Sie führten als Halter den kennzeichnungspflichtigen Zug mit gefährlichen Gütern, obwohl das zulässige Gesamtgewicht des Anhängers um ...,... (mehr als 30) Prozent = ... kg überschritten war. Festgestelltes Gesamtgewicht: *)...... kg. Zulässiges Gesamtgewicht: **)...... kg. § 34 Abs. 3, § 31d Abs. 1 ***), § 69a StVZO; § 24 Abs. 1, 3 Nr. 5 StVG; 198.1.7 BKat; § 3 Abs. 2, 4 BKatV (Kfz m. Anhänger über 2 t m. gef. Gütern) Tab.: 734071	B - 1	637,50	

TBNR	Bemerkungen
334812 – 334815	*) Festgestelltes Gesamtgewicht angeben, **) Zulässiges Gesamtgewicht angeben, ***) Zutreffende Rechtsgrundlage angeben

Achslast und Gesamtgewicht - § 34 StVZO

TBNR	Tatbestandstext	FaP-Pkt	Euro	FV
334316	Sie führten als Halter den Zug, obwohl die zulässige Achslast des Anhängers um ...,.. (2 - 5) Prozent = ... kg überschritten war. Festgestellte Achslast: *)...... kg. Zulässige Achslast: **)...... kg. § 34 Abs. 3, § 31d Abs. 1 ***), § 69a StVZO; § 24 Abs. 1, 3 Nr. 5 StVG; 198.1.1 BKat; (Kfz m. Anhänger über 2 t) Tab.: 734072	0	30,00	
334816	Sie führten als Halter den Zug, obwohl die zulässige Achslast des Anhängers um ...,.. (mehr als 5) Prozent = ... kg überschritten war. Festgestellte Achslast: *)...... kg. Zulässige Achslast: **)...... kg. § 34 Abs. 3, § 31d Abs. 1 ***), § 69a StVZO; § 24 Abs. 1, 3 Nr. 5 StVG; 198.1.2 BKat; § 3 Abs. 2 BKatV (Kfz m. Anhänger über 2 t) Tab.: 734072	B - 1	140,00	
334817	Sie führten als Halter den Zug, obwohl die zulässige Achslast des Anhängers um ...,.. (mehr als 10) Prozent = ... kg überschritten war. Festgestellte Achslast: *)...... kg. Zulässige Achslast: **)...... kg. § 34 Abs. 3, § 31d Abs. 1 ***), § 69a StVZO; § 24 Abs. 1, 3 Nr. 5 StVG; 198.1.3 BKat; § 3 Abs. 2 BKatV (Kfz m. Anhänger über 2 t) Tab.: 734072	B - 1	235,00	
334818	Sie führten als Halter den Zug, obwohl die zulässige Achslast des Anhängers um ...,.. (mehr als 15) Prozent = ... kg überschrittenwar. Festgestellte Achslast: *)...... kg. Zulässige Achslast: **)...... kg. § 34 Abs. 3, § 31d Abs. 1 ***), § 69a StVZO; § 24 Abs. 1, 3 Nr. 5 StVG; 198.1.4 BKat; § 3 Abs. 2 BKatV (Kfz m. Anhänger über 2 t) Tab.: 734072	B - 1	285,00	
334819	Sie führten als Halter den Zug, obwohl die zulässige Achslast des Anhängers um ...,.. (mehr als 20) Prozent = ... kg überschritten war. Festgestellte Achslast: *)...... kg. Zulässige Achslast: **)...... kg. § 34 Abs. 3, § 31d Abs. 1 ***), § 69a StVZO; § 24 Abs. 1, 3 Nr. 5 StVG; 198.1.5 BKat; § 3 Abs. 2 BKatV (Kfz m. Anhänger über 2 t) Tab.: 734072	B - 1	380,00	

TBNR   **Bemerkungen**
334816 – 334819   *) Festgestellte Achslast angeben, **) Zulässige Achslast angeben, ***) Zutreffende Rechtsgrundlage angeben

Achslast und Gesamtgewicht - § 34 StVZO

TBNR	Tatbestandstext	FaP-Pkt	Euro	FV
334820	Sie führten als Halter den Zug, obwohl die zulässige Achslast des Anhängers um ...,... (mehr als 25) Prozent = ... kg überschritten war. Festgestellte Achslast: *)...... kg. Zulässige Achslast: **)...... kg. § 34 Abs. 3, § 31d Abs. 1 ***), § 69a StVZO; § 24 Abs. 1, 3 Nr. 5 StVG; 198.1.6 BKat; § 3 Abs. 2 BKatV (Kfz m. Anhänger über 2 t) Tab.: 734072	B - 1	425,00	
334821	Sie führten als Halter den Zug, obwohl die zulässige Achslast des Anhängers um ...,... (mehr als 30) Prozent = ... kg überschritten war. Festgestellte Achslast: *)...... kg. Zulässige Achslast: **)...... kg. § 34 Abs. 3, § 31d Abs. 1 ***), § 69a StVZO; § 24 Abs. 1, 3 Nr. 5 StVG; 198.1.7 BKat; § 3 Abs. 2 BKatV (Kfz m. Anhänger über 2 t) Tab.: 734072	B - 1	425,00	
334822	Sie führten als Halter den kennzeichnungspflichtigen Zug mit gefährlichen Gütern, obwohl die zulässige Achslast des Anhängers um ...,...(mehr als 5) Prozent = ... kg überschritten war. Festgestellte Achslast: *)...... kg. Zulässige Achslast: **)...... kg. § 34 Abs. 3, § 31d Abs. 1 ***), § 69a StVZO; § 24 Abs. 1, 3 Nr. 5 StVG; 198.1.2 BKat; § 3 Abs. 2, 4 BKatV (Kfz m. Anhänger über 2 t m. gef. Gütern) Tab.: 734073	B - 1	210,00	
334823	Sie führten als Halter den kennzeichnungspflichtigen Zug mit gefährlichen Gütern, obwohl die zulässige Achslast des Anhängers um ...,... (mehr als 10) Prozent = ... kg überschritten war. Festgestellte Achslast: *)...... kg. Zulässige Achslast: **)...... kg. § 34 Abs. 3, § 31d Abs. 1 ***), § 69a StVZO; § 24 Abs. 1, 3 Nr. 5 StVG; 198.1.3 BKat; § 3 Abs. 2, 4 BKatV (Kfz m. Anhänger über 2 t m. gef. Gütern) Tab.: 734073	B - 1	352,50	

TBNR	Bemerkungen
334820 – 334823	*) Festgestellte Achslast angeben, **) Zulässige Achslast angeben, ***) Zutreffende Rechtsgrundlage angeben

Achslast und Gesamtgewicht - § 34 StVZO

TBNR	Tatbestandstext	FaP-Pkt	Euro	FV
334824	Sie führten als Halter den kennzeichnungspflichtigen Zug mit gefährlichen Gütern, obwohl die zulässige Achslast des Anhängers um ...,.. (mehr als 15) Prozent = ... kg überschritten war. Festgestellte Achslast: *)...... kg. Zulässige Achslast: **)...... kg. § 34 Abs. 3, § 31d Abs. 1 ***), § 69a StVZO; § 24 Abs. 1, 3 Nr. 5 StVG; 198.1.4 BKat; § 3 Abs. 2, 4 BKatV (Kfz m. Anhänger über 2 t m. gef. Gütern) Tab.: 734073	B - 1	427,50	
334825	Sie führten als Halter den kennzeichnungspflichtigen Zug mit gefährlichen Gütern, obwohl die zulässige Achslast des Anhängers um ...,.. (mehr als 20) Prozent = ... kg überschritten war. Festgestellte Achslast: *)...... kg. Zulässige Achslast: **)...... kg. § 34 Abs. 3, § 31d Abs. 1 ***), § 69a StVZO; § 24 Abs. 1, 3 Nr. 5 StVG; 198.1.5 BKat; § 3 Abs. 2, 4 BKatV (Kfz m. Anhänger über 2 t m. gef. Gütern) Tab.: 734073	B - 1	570,00	
334826	Sie führten als Halter den kennzeichnungspflichtigen Zug mit gefährlichen Gütern, obwohl die zulässige Achslast des Anhängers um ...,.. (mehr als 25) Prozent = ... kg überschritten war. Festgestellte Achslast: *)...... kg. Zulässige Achslast: **)...... kg. § 34 Abs. 3, § 31d Abs. 1 ***), § 69a StVZO; § 24 Abs. 1, 3 Nr. 5 StVG; 198.1.6 BKat; § 3 Abs. 2, 4 BKatV (Kfz m. Anhänger über 2 t m. gef. Gütern) Tab.: 734073	B - 1	637,50	
334827	Sie führten als Halter den kennzeichnungspflichtigen Zug mit gefährlichen Gütern, obwohl die zulässige Achslast des Anhängers um ...,.. (mehr als 30) Prozent = ... kg überschritten war. Festgestellte Achslast: *)...... kg. Zulässige Achslast:**)...... kg. § 34 Abs. 3, § 31d Abs. 1 ***), § 69a StVZO; § 24 Abs. 1, 3 Nr. 5 StVG; 198.1.7 BKat; § 3 Abs. 2, 4 BKatV (Kfz m. Anhänger über 2 t m. gef. Gütern) Tab.: 734073	B - 1	637,50	

TBNR   **Bemerkungen**
334824 – 334827 *) Festgestellte Achslast angeben, **) Zulässige Achslast angeben,
      ***) Zutreffende Rechtsgrundlage angeben

Achslast und Gesamtgewicht - § 34 StVZO

TBNR	Tatbestandstext	FaP-Pkt	Euro	FV
334328	Sie führten als Halter die Fahrzeugkombination, obwohl das zulässige Gesamtgewicht um ...,.. (2 - 5) Prozent = ... kg überschritten war. Festgestelltes Gesamtgewicht: .*)...... kg. Zulässiges Gesamtgewicht: *)...... kg. § 34 Abs. 3, § 31d Abs. 1 ***), § 69a StVZO; § 24 Abs. 1, 3 Nr. 5 StVG; 198.1.1 BKat; (Fahrzeugkombination über 7,5 t) Tab.: 734080	0	30,00	
334828	Sie führten als Halter die Fahrzeugkombination, obwohl das zulässige Gesamtgewicht um ...,.. (mehr als 5) Prozent = ... kg überschritten war. Festgestelltes Gesamtgewicht: *) ...... kg. Zulässiges Gesamtgewicht: **)...... kg. § 34 Abs. 3, § 31d Abs. 1 ***), § 69a StVZO; § 24 Abs. 1, 3 Nr. 5 StVG; 198.1.2 BKat; § 3 Abs. 2 BKatV (Fahrzeugkombination über 7,5 t) Tab.: 734080	B - 1	140,00	
334829	Sie führten als Halter die Fahrzeugkombination, obwohl das zulässige Gesamtgewicht um ...,.. (mehr als 10) Prozent = ... kg überschritten war. Festgestelltes Gesamtgewicht: *) ...... kg. Zulässiges Gesamtgewicht: **)...... kg. § 34 Abs. 3, § 31d Abs. 1 ***), § 69a StVZO; § 24 Abs. 1, 3 Nr. 5 StVG; 198.1.3 BKat; § 3 Abs. 2 BKatV (Fahrzeugkombination über 7,5 t) Tab.: 734080	B - 1	235,00	
334830	Sie führten als Halter die Fahrzeugkombination, obwohl das zulässige Gesamtgewicht um ...,.. (mehr als 15) Prozent = ... kg überschritten war. Festgestelltes Gesamtgewicht: *) ...... kg. Zulässiges Gesamtgewicht: **)...... kg. § 34 Abs. 3, § 31d Abs. 1 ***), § 69a StVZO; § 24 Abs. 1, 3 Nr. 5 StVG; 198.1.4 BKat; § 3 Abs. 2 BKatV (Fahrzeugkombination über 7,5 t) Tab.: 734080	B - 1	285,00	
334831	Sie führten als Halter die Fahrzeugkombination, obwohl das zulässige Gesamtgewicht um ...,.. (mehr als 20) Prozent = ... kg überschritten war. Festgestelltes Gesamtgewicht: *) ...... kg. Zulässiges Gesamtgewicht: **)...... kg. § 34 Abs. 3, § 31d Abs. 1 ***), § 69a StVZO; § 24 Abs. 1, 3 Nr. 5 StVG; 198.1.5 BKat; § 3 Abs. 2 BKatV (Fahrzeugkombination über 7,5 t) Tab.: 734080	B - 1	380,00	

TBNR	Bemerkungen
334328 - 334831	*) Festgestelltes Gesamtgewicht angeben, **) Zulässiges Gesamtgewicht angeben, ***) Zutreffende Rechtsgrundlage angeben

Achslast und Gesamtgewicht - § 34 StVZO

TBNR	Tatbestandstext	FaP-Pkt	Euro	FV
334832	Sie führten als Halter die Fahrzeugkombination, obwohl das zulässige Gesamtgewicht um ...,.. (mehr als 25) Prozent = ... kg überschritten war. Festgestelltes Gesamtgewicht: *)...... kg. Zulässiges Gesamtgewicht: **)...... kg. § 34 Abs. 3, § 31d Abs. 1 ***), § 69a StVZO; § 24 Abs. 1, 3 Nr. 5 StVG;198.1.6 BKat; § 3 Abs. 2 BKatV (Fahrzeugkombination über 7,5 t) Tab.: 734080	B - 1	425,00	
334833	Sie führten als Halter die Fahrzeugkombination, obwohl das zulässige Gesamtgewicht um ...,.. (mehr als 30) Prozent = ... kg überschritten war. Festgestelltes Gesamtgewicht: *)...... kg. Zulässiges Gesamtgewicht: **)...... kg. § 34 Abs. 3, § 31d Abs. 1 ***), § 69a StVZO; § 24 Abs. 1, 3 Nr. 5 StVG; 198.1.7 BKat; § 3 Abs. 2 BKatV (Fahrzeugkombination über 7,5 t) Tab.: 734080	B - 1	425,00	
334834	Sie führten als Halter die kennzeichnungspflichtige Fahrzeugkombination mit gefährlichen Gütern, obwohl das zulässige Gesamtgewicht um ...,.. (mehr als 5) Prozent = ... kg überschritten war. Festgestelltes Gesamtgewicht: *)...... kg. Zulässiges Gesamtgewicht: **)...... kg. § 34 Abs. 3, § 31d Abs. 1 ***), § 69a StVZO; § 24 Abs. 1, 3 Nr. 5 StVG; 198.1.2 BKat; § 3 Abs. 2, 4 BKatV (Fahrzeugkombination über 7,5 t m. gef. Gütern) Tab.: 734081	B - 1	210,00	
334835	Sie führten als Halter die kennzeichnungspflichtige Fahrzeugkombination mit gefährlichen Gütern, obwohl das zulässige Gesamtgewicht um ...,.. (mehr als 10) Prozent = ... kg überschritten war. Festgestelltes Gesamtgewicht: *)...... kg. Zulässiges Gesamtgewicht: **)...... kg. § 34 Abs. 3, § 31d Abs. 1 ***), § 69a StVZO; § 24 Abs. 1, 3 Nr. 5 StVG; 198.1.3 BKat; § 3 Abs. 2, 4 BKatV (Fahrzeugkombination über 7,5 t m. gef. Gütern) Tab.: 734081	B - 1	352,50	

TBNR	Bemerkungen
334832 – 334835	*) Festgestelltes Gesamtgewicht angeben, **) Zulässiges Gesamtgewicht angeben ***) Zutreffende Rechtsgrundlage angeben

Achslast und Gesamtgewicht - § 34 StVZO

TBNR	Tatbestandstext	FaP-Pkt	Euro	FV
334836	Sie führten als Halter die kennzeichnungspflichtige Fahrzeug-kombination mit gefährlichen Gütern, obwohl das zulässige Ge-samtgewicht um ...,.. (mehr als 15) Prozent = ... kg überschrit-ten war. Festgestelltes Gesamtgewicht: *)...... kg. Zulässiges Gesamtgewicht: **)...... kg. § 34 Abs. 3, § 31d Abs. 1 ***), § 69a StVZO; § 24 Abs. 1, 3 Nr. 5 StVG; 198.1.4 BKat; § 3 Abs. 2, 4 BKatV (Fahrzeugkombination über 7,5 t m. gef. Gütern) Tab.: 734081	B - 1	427,50	
334837	Sie führten als Halter die kennzeichnungspflichtige Fahrzeug-kombination mit gefährlichen Gütern, obwohl das zulässige Ge-samtgewicht um ...,.. (mehr als 20) Prozent = ... kg überschrit-ten war. Festgestelltes Gesamtgewicht: *)...... kg. Zulässiges Gesamtgewicht: **)...... kg. § 34 Abs. 3, § 31d Abs. 1 ***), § 69a StVZO; § 24 Abs. 1, 3 Nr. 5 StVG; 198.1.5 BKat; § 3 Abs. 2, 4 BKatV (Fahrzeugkombination über 7,5 t m. gef. Gütern) Tab.: 734081	B - 1	570,00	
334838	Sie führten als Halter die kennzeichnungspflichtige Fahrzeug-kombination mit gefährlichen Gütern, obwohl das zulässige Ge-samtgewicht um ...,.. (mehr als 25) Prozent = ... kg überschrit-ten war. Festgestelltes Gesamtgewicht: *)...... kg. Zulässiges Gesamtgewicht: **)...... kg. § 34 Abs. 3, § 31d Abs. 1 ***). § 69a StVZO; § 24 Abs. 1, 3 Nr. 5 StVG; 198.1.6 BKat; § 3 Abs. 2, 4 BKatV (Fahrzeugkombination über 7,5 t m. gef. Gütern) Tab.: 734081	B - 1	637,50	
334839	Sie führten als Halter die kennzeichnungspflichtige Fahrzeug-kombination mit gefährlichen Gütern, obwohl das zulässige Ge-samtgewicht um ...,.. (mehr als 30) Prozent = ... kg überschrit-ten war. Festgestelltes Gesamtgewicht: *)...... kg. Zulässiges Gesamtgewicht: **)...... kg. § 34 Abs. 3, § 31d Abs. 1 ***), § 69a StVZO; § 24 Abs. 1, 3 Nr. 5 StVG; 198.1.7 BKat; § 3 Abs. 2, 4 BKatV (Fahrzeugkombination über 7,5 t m. gef. Gütern) Tab.: 734081	B - 1	637,50	

TBNR   **Bemerkungen**

334836 – 334839 *) Festgestelltes Gesamtgewicht angeben, **) Zulässiges Gesamtgewicht angeben

***) Zutreffende Rechtsgrundlage angeben

Achslast und Gesamtgewicht - § 34 StVZO

TBNR	Tatbestandstext	FaP-Pkt	Euro	FV
334340	Sie führten als Halter die Fahrzeugkombination, obwohl die zulässige Achslast um ...,.. (2 - 5) Prozent = ... kg überschritten war. Festgestellte Achslast: *)...... kg. Zulässige Achslast: **)...... kg. § 34 Abs. 3, § 31d Abs. 1 ***), § 69a StVZO; § 24 Abs. 1, 3 Nr. 5 StVG; 198.1.1 BKat; (Fahrzeugkombination über 7,5 t) Tab.: 734082	0	30,00	
334840	Sie führten als Halter die Fahrzeugkombination, obwohl die zulässige Achslast um ...,.. (mehr als 5) Prozent = ... kg überschritten war. Festgestellte Achslast: *)...... kg. Zulässige Achslast: **)...... kg. § 34 Abs. 3, § 31d Abs. 1 ***), § 69a StVZO; § 24 Abs. 1, 3 Nr. 5 StVG; 198.1.2 BKat; § 3 Abs. 2 BKatV (Fahrzeugkombination über 7,5 t) Tab.: 734082	B - 1	140,00	
334841	Sie führten als Halter die Fahrzeugkombination, obwohl die zulässige Achslast um ...,.. (mehr als 10) Prozent = ... kg überschritten war. Festgestellte Achslast: *)...... kg. Zulässige Achslast: **)...... kg. § 34 Abs. 3, § 31d Abs. 1 ***), § 69a StVZO; § 24 Abs. 1, 3 Nr. 5 StVG; 198.1.3 BKat; § 3 Abs. 2 BKatV (Fahrzeugkombination über 7,5 t) Tab.: 734082	B - 1	235,00	
334842	Sie führten als Halter die Fahrzeugkombination, obwohl die zulässige Achslast um ...,.. (mehr als 15) Prozent = ... kg überschritten war. Festgestellte Achslast: *)...... kg. Zulässige Achslast: **)...... kg. § 34 Abs. 3, § 31d Abs. 1 ***), § 69a StVZO; § 24 Abs. 1, 3 Nr. 5 StVG; 198.1.4 BKat; § 3 Abs. 2 BKatV (Fahrzeugkombination über 7,5 t) Tab.: 734082	B - 1	285,00	
334843	Sie führten als Halter die Fahrzeugkombination, obwohl die zulässige Achslast um ...,.. (mehr als 20) Prozent = ... kg überschritten war. Festgestellte Achslast: *)...... kg. Zulässige Achslast: **)...... kg. § 34 Abs. 3, § 31d Abs. 1 ***), § 69a StVZO; § 24 Abs. 1, 3 Nr. 5 StVG; 198.1.5 BKat; § 3 Abs. 2 BKatV (Fahrzeugkombination über 7,5 t) Tab.: 734082	B - 1	380,00	

TBNR   **Bemerkungen**
334340 – 334843 *) Festgestellte Achslast angeben, **) Zulässige Achslast angeben,
                 ***) Zutreffende Rechtgrundlage angeben

Achslast und Gesamtgewicht - § 34 StVZO

TBNR	Tatbestandstext	FaP-Pkt	Euro	FV
334844	Sie führten als Halter die Fahrzeugkombination, obwohl die zulässige Achslast um ...,.. (mehr als 25) Prozent = ... kg überschritten war. Festgestellte Achslast: *)...... kg. Zulässige Achslast: **)...... kg. § 34 Abs. 3, § 31d Abs. 1 ***), § 69a StVZO; § 24 Abs. 1, 3 Nr. 5 StVG; 198.1.6 BKat; § 3 Abs. 2 BKatV (Fahrzeugkombination über 7,5 t) Tab.: 734082	B - 1	425,00	
334845	Sie führten als Halter die Fahrzeugkombination, obwohl die zulässige Achslast um ...,.. (mehr als 30) Prozent = ... kg überschritten war. Festgestellte Achslast: *)...... kg. Zulässige Achslast: **)...... kg. § 34 Abs. 3, § 31d Abs. 1 ***), § 69a StVZO; § 24 Abs. 1, 3 Nr. 5 StVG; 198.1.7 BKat; § 3 Abs. 2 BKatV (Fahrzeugkombination über 7,5 t) Tab.: 734082	B - 1	425,00	
334846	Sie führten als Halter die kennzeichnungspflichtige Fahrzeugkombination mit gefährlichen Gütern, obwohl die zulässige Achslast um ...,.. (mehr als 5) Prozent = ... kg überschritten war. Festgestellte Achslast: *)...... kg. Zulässige Achslast: **)...... kg. § 34 Abs. 3, § 31d Abs. 1 ***), § 69a StVZO; § 24 Abs. 1, 3 Nr. 5 StVG; 198.1.2 BKat; § 3 Abs. 2, 4 BKatV (Fahrzeugkombination über 7,5 t m. gef. Gütern) Tab.: 734083	B - 1	210,00	
334847	Sie führten als Halter die kennzeichnungspflichtige Fahrzeugkombination mit gefährlichen Gütern, obwohl die zulässige Achslast um ...,.. (mehr als 10) Prozent = ... kg überschritten war. Festgestellte Achslast: *)...... kg. Zulässige Achslast: **)...... kg. § 34 Abs. 3, § 31d Abs. 1 ***), § 69a StVZO; § 24 Abs. 1, 3 Nr. 5 StVG; 198.1.3 BKat; § 3 Abs. 2, 4 BKatV (Fahrzeugkombination über 7,5 t m. gef. Gütern) Tab.: 734083	B - 1	352,50	

TBNR	Bemerkungen
334844 – 334847	*) Festgestellte Achslast angeben, **) Zulässige Achslast angeben, ***) Zutreffende Rechtsgrundlage angeben

Achslast und Gesamtgewicht - § 34 StVZO

TBNR	Tatbestandstext	FaP-Pkt	Euro	FV
334848	Sie führten als Halter die kennzeichnungspflichtige Fahrzeug-kombination mit gefährlichen Gütern, obwohl die zulässige Achslast um ...,.. (mehr als 15) Prozent = ... kg überschritten war. Festgestellte Achslast: *)...... kg. Zulässige Achslast: **)...... kg. § 34 Abs. 3, § 31d Abs. 1 ***), § 69a StVZO; § 24 Abs. 1, 3 Nr. 5 StVG; 198.1.4 BKat; § 3 Abs. 2, 4 BKatV (Fahrzeugkombination über 7,5 t m. gef. Gütern) Tab.: 734083	B - 1	427,50	
334849	Sie führten als Halter die kennzeichnungspflichtige Fahrzeug-kombination mit gefährlichen Gütern, obwohl die zulässige Achslast um ...,.. (mehr als 20) Prozent = ... kg überschritten war. Festgestellte Achslast: *)...... kg. Zulässige Achslast: **)...... kg. § 34 Abs. 3, § 31d Abs. 1 ***), § 69a StVZO; § 24 Abs. 1, 3 Nr. 5 StVG; 198.1.5 BKat; § 3 Abs. 2, 4 BKatV (Fahrzeugkombination über 7,5 t m. gef. Gütern) Tab.: 734083	B - 1	570,00	
334850	Sie führten als Halter die kennzeichnungspflichtige Fahrzeug-kombination mit gefährlichen Gütern, obwohl die zulässige Achslast um ...,.. (mehr als 25) Prozent = ... kg überschritten war. Festgestellte Achslast: *)...... kg. Zulässige Achslast: **)...... kg. § 34 Abs. 3, § 31d Abs. 1 ***), § 69a StVZO; § 24 Abs. 1, 3 Nr. 5 StVG; 198.1.6 BKat; § 3 Abs. 2, 4 BKatV (Fahrzeugkombination über 7,5 t m. gef. Gütern) Tab.: 734083	B - 1	637,50	
334851	Sie führten als Halter die kennzeichnungspflichtige Fahrzeug-kombination mit gefährlichen Gütern, obwohl die zulässige Achslast um ...,.. (mehr als 30) Prozent = ... kg überschritten war. Festgestellte Achslast: *)...... kg. Zulässige Achslast: **)...... kg. § 34 Abs. 3, § 31d Abs. 1 ***), § 69a StVZO; § 24 Abs. 1, 3 Nr. 5 StVG; 198.1.7 BKat; § 3 Abs. 2, 4 BKatV (Fahrzeugkombination über 7,5 t m. gef. Gütern) Tab.: 734083	B - 1	637,50	

Besetzung, Beladung und Kennzeichnung von KOM - § 34a StVZO

TBNR	Tatbestandstext	FaP-Pkt	Euro	FV
334852	Sie beförderten mit dem Kraftomnibus mehr Personen als in der Zulassungsbescheinigung Teil I Sitz- und Stehplätze ein-getragen waren und die jeweilige Summe der im Fahrzeug angeschriebenen Fahrgastplätze ausgewiesen haben. § 34a Abs. 1, § 69a StVZO; § 24 Abs. 1, 3 Nr. 5 StVG; 201 BKat	B - 1	60,00	

TBNR	Bemerkungen
334848 – 334851	*) Festgestellte Achslast angeben, **) Zulässige Achslast angeben, ***) Zutreffende Rechtsgrundlage angeben

Besetzung, Beladung und Kennzeichnung von KOM - § 34a StVZO

TBNR	Tatbestandstext	FaP-Pkt	Euro	FV
334858	Sie beförderten mit dem Kraftomnibus mehr Gepäck als die im Fahrzeug angeschriebenen Angaben für die Höchstmasse des Gepäcks ausgewiesen haben. § 34a Abs. 1, § 69a StVZO; § 24 Abs. 1, 3 Nr. 5 StVG; 201 Bkat	B - 1	60,00	

Sitze, Sicherheitsgur., Rückhaltesy./-einrichtungen - § 35a StVZO

TBNR	Tatbestandstext	FaP-Pkt	Euro	FV
335000	Sie führten das Kraftfahrzeug ohne die vorgeschriebenen/betriebsbereiten *) Sicherheitsgurte/Rückhaltesysteme **). § 35a Abs. 5, 7, 8, 9, § 69a StVZO; § 24 Abs. 1, 3 Nr. 5 StVG; -- BKat	0	20,00	
335130	Sie nahmen den Personenkraftwagen, in dem ein Rollstuhlnutzer befördert wurde, in Betrieb, obwohl das Fahrzeug nicht mit dem vorgeschriebenen Rollstuhlstellplatz ausgerüstet war. § 35a Abs. 4a, § 69a StVZO; § 24 Abs. 1, 3 Nr. 5 StVG; 203b BKat	0	35,00	
335136	Sie nahmen den Personenkraftwagen, in dem ein Rollstuhlnutzer befördert wurde, in Betrieb, obwohl der Rollstuhlstellplatz nicht mit dem vorgeschriebenen Rollstuhl-Rückhaltesystem/Rollstuhlnutzer-Rückhaltesystem *) ausgerüstet war. § 35a Abs. 4a, § 69a StVZO; § 24 Abs. 1, 3 Nr. 5 StVG; 203d BKat	0	30,00	
335142	Sie stellten als Fahrer nicht sicher, dass das Rollstuhl-Rückhaltesystem/Rollstuhlnutzer-Rückhaltesystem *) in der vom Hersteller des Systems vorgesehenen Weise während der Fahrt betrieben wurde. § 35a Abs. 4a, § 69a StVZO; § 24 Abs. 1, 3 Nr. 5 StVG; 203e BKat	0	30,00	
335100	Sie führten das Kraftfahrzeug mit einer nach hinten gerichteten Rückhalteeinrichtung für Kinder auf dem Beifahrersitz, obwohl dieser mit einem betriebsbereiten Airbag ausgerüstet war. § 35a Abs. 8, § 69a StVZO; § 24 Abs. 1, 3 Nr. 5 StVG; 203.1 BKat	0	25,00	
335106	Sie führten das Kraftfahrzeug, obwohl auf dem Beifahrerplatz mir einem betriebsbereiten Airbag ein Warnhinweis vor der Verwendung einer nach hinten gerichteten Rückhalteeinrichtung für Kinder auf diesem Platz nicht angebracht war. § 35a Abs. 8, § 69a StVZO; § 24 Abs. 1, 3 Nr. 5 StVG; 203.2 BKat	0	5,00	
335012	Sie beförderten auf dem Kraftrad ein Kind unter 7 Jahren, obwohl ein besonderer Sitz bzw. ein Schutz für die Füße nicht vorhanden war. § 35a Abs. 9, § 69a StVZO; § 24 Abs. 1, 3 Nr. 5 StVG; -- BKat	0	5,00	
335109	Sie führten das Kraftfahrzeug, obwohl die Rückhalteeinrichtung für Kinder bis zu einem Alter von 15 Monaten nicht rückwärts oder seitlich gerichtet angebracht war. § 35a Abs. 13, § 69a StVZO; § 24 Abs. 1, 3 Nr. 5 StVG; 203.3 BKat	0	25,00	

TBNR **Bemerkungen**
335000 *) Zutreffendes angeben, **) Zutreffendes angeben
335136; 335142 *) Zutreffendes angeben

Einrichtungen zum sicheren Führen der Fahrzeuge - § 35b StVZO

TBNR	Tatbestandstext	FaP-Pkt	Euro	FV
335018	Sie führten das Fahrzeug ohne ein ausreichendes Sichtfeld. § 35b Abs. 2, § 69a StVZO; § 24 Abs. 1, 3 Nr. 5 StVG; -- Bkat	0	5,00	

Feuerlöscher in Kraftomnibussen - § 35g StVZO

335112	Sie nahmen den Kraftomnibus unter Verstoß gegen eine Vor- schrift über mitzuführende Feuerlöscher in Betrieb. § 35g Abs. 1, § 69a StVZO; § 24 Abs. 1, 3 Nr. 5 StVG; 204 BKat	0	15,00	
335024	Sie unterließen es als Halter, den für das Fahrzeug vorge- schriebenen Feuerlöscher fristgerecht prüfen zu lassen. Die Gültigkeitsdauer *) der letzten Prüfung war abgelaufen. § 35g Abs. 4, § 69a StVZO; § 24 Abs. 1, 3 Nr. 5 StVG; -- Bkat	0	15,00	

Erste-Hilfe-Material in Kraftfahrzeugen - § 35h StVZO

335118	Sie nahmen den Kraftomnibus unter Verstoß gegen eine Vor- schrift über mitzuführendes Erste-Hilfe-Material in Betrieb. § 35h Abs. 1, 2, § 69a StVZO; § 24 Abs. 1, 3 Nr. 5 StVG; 206.1 BKat	0	15,00	
335124	Sie nahmen das Kraftfahrzeug unter Verstoß gegen eine Vor- schrift über über mitzuführendes Erste-Hilfe-Material in Betrieb. § 35h Abs. 3, § 69a StVZO; § 24 Abs. 1, 3 Nr. 5 StVG; 206.2 BKat	0	5,00	

Bereifung und Lauffläche - § 36 StVZO

336000	Sie führten das Fahrzeug mit M+S-Reifen, obwohl eine Pla- kette im Sichtfeld des Fahrers fehlte. § 36 Abs. 1, § 69a StVZO; § 24 Abs. 1, 3 Nr. 5 StVG; -- BKat	0	5,00	
336006	Sie führten das Fahrzeug mit M+S-Reifen, obwohl eine Pla- kette im Sichtfeld des Fahrers fehlte und überschritten die zu- lässige Höchstgeschwindigkeit. § 36 Abs. 1, § 69a StVZO; § 24 Abs. 1, 3 Nr. 5 StVG; -- BKat	0	25,00	
336500	Sie führten das Fahrzeug, obwohl dessen Reifen mit Spikes ausgestattet waren. § 36 Abs. 1, § 69a StVZO; § 24 Abs. 1, 3 Nr. 5 StVG; -- BKat	0	50,00	
336100	Sie führten das Mofa, obwohl dessen Reifen keine aus- reichende Profil- oder Einschnitttiefe bzw. keine ausreichenden Profilrillen oder Einschnitte besaß. § 36 Abs. 3, § 69a StVZO; § 24 Abs. 1, 3 Nr. 5 StVG; 210 BKat	0	25,00	
336606	Sie führten das Kraftfahrzeug bzw. dessen Anhänger, obwohl dessen Reifen keine ausreichende Profil- oder Einschnitttiefe bzw. keine ausreichenden Profilrillen oder Einschnitte besaß. § 36 Abs. 3, § 31d Abs. 4 *), § 69a StVZO; § 24 Abs. 1, 3 Nr. 5 StVG; 212 BKat	B - 1	60,00	

TBNR	Bemerkungen
335024	*) Tag der letzten Prüfung angeben
336606	*) Zutreffende Rechtsgrundlage angeben

Bereifung und Lauffläche - § 36 StVZO

TBNR	Tatbestandstext	FaP-Pkt	Euro	FV
336607	Sie führten das Kraftfahrzeug bzw. dessen Anhänger, obwohl dessen Reifen keine ausreichende Profil- oder Einschnitttiefe bzw. keine ausreichenden Profilrillen oder Einschnitte besaß, und gefährdeten +) dadurch Andere. § 36 Abs. 3, § 31d Abs. 4 *), § 69a StVZO; § 1 Abs. 2, § 49 StVO; § 24 Abs. 1, 3 Nr. 5 StVG; 212 BKat; § 3 Abs. 3 BKatV; § 19 OWiG	B - 1	75,00	
336608	Sie führten das Kraftfahrzeug bzw. dessen Anhänger, obwohl dessen Reifen keine ausreichende Profil- oder Einschnitttiefe bzw. keine ausreichenden Profilrillen oder Einschnitte besaß. Es kam zum Unfall. § 36 Abs. 3, § 31d Abs. 4 *), § 69a StVZO; § 1 Abs. 2, § 49 StVO; § 24 Abs. 1, 3 Nr. 5 StVG; 212 BKat; § 3 Abs. 3 BKatV; § 19 OWiG	B - 1	90,00	
336612	Sie führten das kennzeichnungspflichtige Kraftfahrzeug mit gefährlichen Gütern/den Kraftomnibus mit Fahrgästen **) bzw. dessen Anhänger, obwohl dessen Reifen keine ausreichende Profil- oder Einschnitttiefe bzw. keine ausreichenden Profilrillen besaß. § 36 Abs. 3, § 31d Abs. 4 *), § 69a StVZO; § 24 Abs. 1, 3 Nr. 5 StVG; 212 BKat; § 3 Abs. 4 BKatV	B - 1	90,00	
336613	Sie führten das kennzeichnungspflichtige Kraftfahrzeug mit gefährlichen Gütern/den Kraftomnibus mit Fahrgästen **) bzw. dessen Anhänger, obwohl dessen Reifen keine ausreichende Profil- oder Einschnitttiefe bzw. keine ausreichenden Profilrillen besaß, und gefährdeten +) dadurch Andere. § 36 Abs. 3, § 31d Abs. 4 *), § 69a StVZO; § 1 Abs. 2, § 49 StVO; § 24 Abs. 1, 3 Nr. 5 StVG; 212 BKat; § 3 Abs. 3, 4 BKatV; § 19 OwiG	B - 1	112,50	
336614	Sie führten das kennzeichnungspflichtige Kraftfahrzeug mit gefährlichen Gütern/den Kraftomnibus mit Fahrgästen **) bzw. dessen Anhänger, obwohl dessen Reifen keine ausreichende Profil- oder Einschnitttiefe bzw. keine ausreichenden Profilrillen besaß. Es kam zum Unfall. § 36 Abs. 3, § 31d Abs. 4 *), § 69a StVZO; § 1 Abs. 2, § 49 StVO; § 24 Abs. 1, 3 Nr. 5 StVG; 212 BKat; § 3 Abs. 3, 4 BKatV; § 19 OWiG	B - 1	135,00	
336618	Sie führten als Halter das Kraftfahrzeug bzw. dessen Anhänger, obwohl dessen Reifen keine ausreichende Profil- oder Einschnitttiefe bzw. keine ausreichenden Profilrillen oder Einschnitte besaß. § 36 Abs. 3, § 31d Abs. 4 *), § 69a StVZO; § 24 Abs. 1, 3 Nr. 5 StVG; 212 BKat; § 3 Abs. 2 BKatV	B - 1	75,00	

TBNR   **Bemerkungen**
336607 – 336614; *) Zutreffende Rechtsgrundlage angeben
336618
336612 – 336614 **) Zutreffendes Fahrzeug angeben

Bereifung und Lauffläche - § 36 StVZO

TBNR	Tatbestandstext	FaP-Pkt	Euro	FV
336619	Sie führten als Halter das Kraftfahrzeug bzw. dessen Anhänger, obwohl dessen Reifen keine ausreichende Profil- oder Einschnitttiefe bzw.keine ausreichenden Profilrillen oder Einschnitte besaß, und gefährdeten +) dadurch Andere. § 36 Abs. 3, § 31d Abs. 4 *), § 69a StVZO; § 1 Abs. 2, § 49 StVO; § 24 Abs. 1, 3 Nr. 5 StVG; 212 BKat; § 3 Abs. 2, 3 BKatV; § 19 OWiG	B - 1	90,00	
336620	Sie führten als Halter das Kraftfahrzeug bzw. dessen Anhänger, obwohl dessen Reifen keine ausreichende Profil- oder Einschnitttiefe bzw. keine ausreichenden Profilrillen oder Einschnitte besaß. Es kam zum Unfall. § 36 Abs. 3, § 31d Abs. 4 *), § 69a StVZO; § 1 Abs. 2, § 49 StVO; § 24 Abs. 1, 3 Nr. 5 StVG; 212 BKat; § 3 Abs. 2, 3 BKatV; § 19 OWiG	B - 1	110,00	
336624	Sie führten als Halter das kennzeichnungspflichtige Kraftfahrzeug mit gefährlichen Gütern/den Kraftomnibus mit Fahrgästen **) bzw. dessen Anhänger, obwohl dessen Reifen keine ausreichende Profil- oder Einschnitttiefe bzw. keine ausreichenden Profilrillen oder Einschnitte besaß. § 36 Abs. 3, § 31d Abs. 4 *), § 69a StVZO; § 24 Abs. 1, 3 Nr. 5 StVG; 212 BKat; § 3 Abs. 2, 4 BKatV	B - 1	112,50	
336625	Sie führten als Halter das kennzeichnungspflichtige Kraftfahrzeug mit gefährlichen Gütern/den Kraftomnibus mit Fahrgästen **) bzw. dessen Anhänger, obwohl dessen Reifen keine ausreichende Profil- oder Einschnitttiefe bzw. keine ausreichenden Profilrillen oder Einschnitte besaß, und gefährdeten +) dadurch Andere. § 36 Abs. 3, § 31d Abs. 4 *), § 69a StVZO; § 1 Abs. 2, § 49 StVO; § 24 Abs. 1, 3 Nr. 5 StVG; 212 BKat; § 3 Abs. 2, 4 BKatV; § 19 OWiG	B - 1	135,00	
336626	Sie führten als Halter das kennzeichnungspflichtige Kraftfahrzeug mit gefährlichen Gütern/den Kraftomnibus mit Fahrgästen **) bzw. dessen Anhänger, obwohl dessen Reifen keine ausreichende Profil- oder Einschnitttiefe bzw. keine ausreichenden Profilrillen oder Einschnitte besaß. Es kam zum Unfall. § 36 Abs. 3, § 31d Abs. 4 *), § 69a StVZO; § 1 Abs. 2, § 49 StVO; § 24 Abs. 1, 3 Nr. 5 StVG; 212 BKat; § 3 Abs. 2, 3, 4 BKatV; § 19 OWiG	B - 1	165,00	
336106	Sie führten das Kraftfahrzeug bzw. dessen Anhänger, obwohl es unzulässig auf einer Achse mit Diagonal- und Radialreifen ausgerüstet war. § 36 Abs. 6, § 69a StVZO; § 24 Abs. 1, 3 Nr. 5 StVG; 208 Bkat	0	15,00	

TBNR   Bemerkungen
336619 – 336626 *) Zutreffende Rechtsgrundlage angeben
336624 – 336626 **) Zutreffendes Fahrzeug angeben

Radabdeckungen, Ersatzräder - § 36a StVZO

TBNR	Tatbestandstext	FaP-Pkt	Euro	FV
336012	Sie führten das Fahrzeug ohne/mit unzureichender *) Radab-deckung. § 36a, § 69a StVZO; § 24 Abs. 1, 3 Nr. 5 StVG; -- Bkat	0	5,00	

Gleitschutzeinrichtungen und Schneeketten - § 37 StVZO

TBNR	Tatbestandstext	FaP-Pkt	Euro	FV
337000	Sie benutzen vorschriftswidrig eine Einrichtung zur Erhöhung der Greifwirkung der Räder. § 37 Abs. 1, § 69a StVZO; § 24 Abs. 1, 3 Nr. 5 StVG; -- BKat	0	25,00	
337006	Sie benutzten unvorschriftsmäßige Schneeketten. § 37 Abs. 2, § 69a StVZO; § 24 Abs. 1, 3 Nr. 5 StVG; -- BKat	0	10,00	

Lenkeinrichtung - § 38 StVZO

TBNR	Tatbestandstext	FaP-Pkt	Euro	FV
338000	Sie führten das Fahrzeug, obwohl Mängel an der Lenkein-richtung vorhanden waren. § 38 Abs. 1, § 69a StVZO; § 24 Abs. 1, 3 Nr. 5 StVG; -- BKat	0	20,00	
338600	Sie führten den Lastkraftwagen/Kraftomnibus *) bzw. dessen Anhänger, obwohl die Verkehrssicherheit durch den Verstoß gegen eine Vorschrift über Lenkeinrichtungen wesentlich beeinträchtigt wurde. § 38, § 69a StVZO; § 24 Abs. 1, 3 Nr. 5 StVG; 214.1 BKat	B - 1	180,00	
338601	Sie führten den Lastkraftwagen/Kraftomnibus *) bzw. dessen Anhänger, obwohl die Verkehrssicherheit durch den Verstoß gegen eine Vorschrift über Lenkeinrichtungen wesentlich beeinträchtigt wurde, und gefährdeten +) dadurch Andere. § 38, § 69a StVZO; § 1 Abs. 2, § 49 StVO; § 24 Abs. 1, 3 Nr. 5 StVG; 214.1 BKat; § 3 Abs. 3 BKatV; § 19 OWiG	B - 1	220,00	
338602	Sie führten den Lastkraftwagen/Kraftomnibus *) bzw. dessen Anhänger, obwohl die Verkehrssicherheit durch den Verstoß gegen eine Vorschrift über Lenkeinrichtungen wesentlich beeinträchtigt wurde. Es kam zum Unfall. § 38, § 69a StVZO; § 1 Abs. 2, § 49 StVO; § 24 Abs. 1, 3 Nr. 5 StVG; 214.1 BKat; § 3 Abs. 3 BKatV; § 19 OWiG	B - 1	265,00	
338603	Sie führten als Halter den Lastkraftwagen/Kraftomnibus *) bzw. dessen Anhänger, obwohl die Verkehrssicherheit durch den Verstoß gegen eine Vorschrift über Lenkeinrichtungen wesentlich beeinträchtigt wurde. § 38, § 69a StVZO; § 24 Abs. 1, 3 Nr. 5 StVG; 214.1 BKat; § 3 Abs. 2 BkatV	B - 1	270,00	

TBNR	Bemerkungen
336012; 338600 – 338603	*) Zutreffendes angeben

Lenkeinrichtung - § 38 StVZO

TBNR	Tatbestandstext	FaP-Pkt	Euro	FV
338604	Sie führten als Halter den Lastkraftwagen/Kraftomnibus *) bzw. dessen Anhänger, obwohl die Verkehrssicherheit durch den Verstoß gegen eine Vorschrift über Lenkeinrichtungen wesentlich beeinträchtigt wurde, und gefährdeten +) dadurch Andere. § 38, § 69a StVZO; § 1 Abs. 2, § 49 StVO; § 24 Abs. 1, 3 Nr. 5 StVG; 214.1 BKat; § 3 Abs. 2, 3 BKatV; § 19 OWiG	B - 1	325,00	
338605	Sie führten als Halter den Lastkraftwagen/Kraftomnibus *) bzw. Anhänger, obwohl die Verkehrssicherheit durch den Verstoß gegen eine Vorschrift über Lenkeinrichtungen wesentlich beeinträchtigt wurde. Es kam zum Unfall. § 38, § 69a StVZO; § 1 Abs. 2, § 49 StVO; § 24 Abs. 1, 3 Nr. 5 StVG; 214.1 BKat; § 3 Abs. 2, 3 BKatV; § 19 OwiG	B - 1	390,00	
338606	Sie führten das kennzeichnungspflichtige Kraftfahrzeug mit gefährlichen Gütern/den Kraftomnibus mit Fahrgästen *) bzw. dessen Anhänger, obwohl die Verkehrssicherheit durch den Verstoß gegen eine Vorschrift über Lenkeinrichtungen wesentlich beeinträchtigt wurde. § 38, § 69a StVZO; § 24 Abs. 1, 3 Nr. 5 StVG; 214.1 BKat; § 3 Abs. 4 BkatV	B - 1	270,00	
338607	Sie führten das kennzeichnungspflichtige Kraftfahrzeug mit gefährlichen Gütern/den Kraftomnibus mit Fahrgästen *) bzw. dessen Anhänger, obwohl die Verkehrssicherheit durch den Verstoß gegen eine Vorschrift über Lenkeinrichtungen wesentlich beeinträchtigt wurde, und gefährdeten +) dadurch Andere. § 38, § 69a StVZO; § 1 Abs. 2, § 49 StVO; § 24 Abs. 1, 3 Nr. 5 StVG; 214.1 BKat; § 3 Abs. 3, 4 BKatV; § 19 OWiG	B - 1	330,00	
338608	Sie führten das kennzeichnungspflichtige Kraftfahrzeug mit gefährlichen Gütern/den Kraftomnibus mit Fahrgästen *) bzw. dessen Anhänger, obwohl die Verkehrssicherheit durch den Verstoß gegen eine Vorschrift über Lenkeinrichtungen wesentlich beeinträchtigt wurde. Es kam zum Unfall. § 38, § 69a StVZO; § 1 Abs. 2, § 49 StVO; § 24 Abs. 1, 3 Nr. 5 StVG; 214.1 BKat; § 3 Abs. 3, 4 BKatV; § 19 OWiG	B - 1	397,50	
338609	Sie führten als Halter das kennzeichnungspflichtige Kraftfahrzeug mit gefährlichen Gütern/den Kraftomnibus mit Fahrgästen *) bzw. dessen Anhänger, obwohl die Verkehrssicherheit durch den Verstoß gegen eine Vorschrift über Lenkeinrichtungen wesentlich beeinträchtigt wurde. § 38, § 69a StVZO; § 24 Abs. 1, 3 Nr. 5 StVG; 214.1 BKat; § 3 Abs. 2, 4 BKatV	B - 1	405,00	

TBNR	Bemerkungen
338604 – 338609	*) Zutreffendes angeben

Lenkeinrichtung - § 38 StVZO

TBNR	Tatbestandstext	FaP-Pkt	Euro	FV
338610	Sie führten als Halter das kennzeichnungspflichtige Kraftfahrzeug mit gefährlichen Gütern/den Kraftomnibus mit Fahrgästen *) bzw. dessen Anhänger, obwohl die Verkehrssicherheit durch den Verstoß gegen eine Vorschrift über Lenkeinrichtungen wesentlich beeinträchtigt wurde, und gefährdeten+) dadurch Andere. § 38, § 69a StVZO; § 1 Abs. 2, § 49 StVO; § 24 Abs. 1, 3 Nr. 5 StVG; 214.1 BKat; § 3 Abs. 2, 3, 4 BKatV; § 19 OwiG	B - 1	487,50	
338611	Sie führten als Halter das kennzeichnungspflichtige Kraftfahrzeug mit gefährlichen Gütern/den Kraftomnibus mit Fahrgästen *) bzw. dessen Anhänger, obwohl die Verkehrssicherheit durch den Verstoß gegen eine Vorschrift über Lenkeinrichtungen wesentlich beeinträchtigt wurde. Es kam zum Unfall. § 38, § 69a StVZO; § 1 Abs. 2, § 49 StVO; § 24 Abs. 1, 3 Nr. 5 StVG; 214.1 BKat; § 3 Abs. 2, 3, 4 BKatV; § 19 OWiG	B - 1	585,00	
338612	Sie führten das Fahrzeug bzw. dessen Anhänger, obwohl die Verkehrssicherheit durch den Verstoß gegen eine Vorschrift über Lenkeinrichtungen wesentlich beeinträchtigt wurde. § 38, § 69a StVZO; § 24 Abs. 1, 3 Nr. 5 StVG; 214.2 BKat	B - 1	90,00	
338613	Sie führten das Fahrzeug bzw. dessen Anhänger, obwohl die Verkehrssicherheit durch den Verstoß gegen eine Vorschrift über Lenkeinrichtungen wesentlich beeinträchtigt wurde, und gefährdeten +) dadurch Andere. § 38, § 69a StVZO; § 1 Abs. 2, § 49 StVO; § 24 Abs. 1, 3 Nr. 5 StVG; 214.2 BKat; § 3 Abs. 3 BKatV; § 19 OwiG	B - 1	110,00	
338614	Sie führten das Fahrzeug bzw. dessen Anhänger, obwohl die Verkehrssicherheit durch den Verstoß gegen eine Vorschrift über Lenkeinrichtungen wesentlich beeinträchtigt wurde. Es kam zum Unfall. § 38, § 69a StVZO; § 1 Abs. 2, § 49 StVO; § 24 Abs. 1, 3 Nr. 5 StVG; 214.2 BKat; § 3 Abs. 3 BKatV; § 19 OWiG	B - 1	135,00	
338615	Sie führten als Halter das Kraftfahrzeug bzw. dessen Anhänger, obwohl die Verkehrssicherheit durch den Verstoß gegen eine Vorschrift über Lenkeinrichtungen wesentlich beeinträchtigt wurde. § 38, § 69a StVZO; § 24 Abs. 1, 3 Nr. 5 StVG; 214.2 BKat; § 3 Abs. 2 BKatV	B - 1	135,00	
338616	Sie führten als Halter das Kraftfahrzeug bzw. dessen Anhänger, obwohl die Verkehrssicherheit durch den Verstoß gegen eine Vorschrift über Lenkeinrichtungen wesentlich beeinträchtigt wurde, und gefährdeten +) dadurch Andere. § 38, § 69a StVZO; § 1 Abs. 2, § 49 StVO; § 24 Abs. 1, 3 Nr. 5 StVG; 214.2 BKat; § 3 Abs. 2, 3 BKatV; § 19 OWiG	B - 1	165,00	

TBNR   **Bemerkungen**
338610 – 338611   *) Zutreffendes angeben

Lenkeinrichtung - § 38 StVZO

TBNR	Tatbestandstext	FaP-Pkt	Euro	FV
338617	Sie führten als Halter das Kraftfahrzeug bzw. dessen Anhänger, obwohl die Verkehrssicherheit durch den Verstoß gegen eine Vorschrift über Lenkeinrichtungen wesentlich beeinträchtigt wurde. Es kam zum Unfall. § 38, § 69a StVZO; § 1 Abs. 2, § 49 StVO; § 24 Abs. 1, 3 Nr. 5 StVG; 214.2 BKat; § 3 Abs. 2, 3 BKatV; § 19 OWiG	B - 1	200,00	

Sicherungseinrichtung gegen unbefugte Benutzung v. Kfz. - § 38a StVZO

338006	Sie führten das Kraftfahrzeug, obwohl die vorgeschriebenen Sicherungseinrichtungen nicht vorhanden waren. § 38a, § 69a StVZO; § 24 Abs. 1, 3 Nr. 5 StVG; -- Bkat	0	10,00	

Scheiben und Scheibenwischer - § 40 StVZO

340000	Sie führten das Kraftfahrzeug, obwohl die Scheibenwischer mangelhaft waren/fehlten *). § 40 Abs. 2, § 69a StVZO; § 24 Abs. 1, 3 Nr. 5 StVG; -- Bkat	0	5,00	

Bremsen und Unterlegkeile - § 41 StVZO

341000	Sie führten das Fahrzeug, obwohl Sie gegen eine Vorschrift über Bremsen verstießen. § 41, § 69a StVZO; § 24 Abs. 1, 3 Nr. 5 StVG; -- BKat	0	25,00	
341006	Sie führten das Kraftfahrzeug bzw. dessen Anhänger, obwohl die vorgeschriebenen Unterlegkeile nicht vorhanden waren. § 41 Abs. 14, § 69a StVZO; § 24 Abs. 1, 3 Nr. 5 StVG; -- BKat	0	5,00	
341600	Sie führten den Lastkraftwagen/Kraftomnibus *) bzw. dessen Anhänger, obwohl die Verkehrssicherheit durch den Verstoß gegen eine Vorschrift über Bremsen wesentlich beeinträchtigt wurde. § 41, § 69a StVZO; § 24 Abs. 1, 3 Nr. 5 StVG; 214.1 BKat	B - 1	180,00	
341601	Sie führten den Lastkraftwagen/Kraftomnibus *) bzw. dessen Anhänger, obwohl die Verkehrssicherheit durch den Verstoß gegen eine Vorschrift über Bremsen wesentlich beeinträchtigt wurde, und gefährdeten +) dadurch Andere. § 41, § 69a StVZO; § 1 Abs. 2, § 49 StVO; § 24 Abs. 1, 3 Nr. 5 StVG; 214.1 BKat; § 3 Abs. 3 BKatV; § 19 OWiG	B - 1	220,00	
341602	Sie führten den Lastkraftwagen/Kraftomnibus *) bzw. dessen Anhänger, obwohl die Verkehrssicherheit durch den Verstoß gegen eine Vorschrift über Bremsen wesentlich beeinträchtigt wurde. Es kam zum Unfall. § 41, § 69a StVZO; § 1 Abs. 2, § 49 StVO; § 24 Abs. 1, 3 Nr. 5 StVG; 214.1 BKat; § 3 Abs. 3 BKatV; § 19 OWiG	B - 1	265,00	

TBNR	Bemerkungen
340000	*) Zutreffendes angeben
341600 – 341602	*) Zutreffende Fahrzeugart angeben

Bremsen und Unterlegkeile - § 41 StVZO

TBNR	Tatbestandstext	FaP-Pkt	Euro	FV
341603	Sie führten als Halter den Lastkraftwagen/Kraftomnibus *) bzw. dessen Anhänger, obwohl die Verkehrssicherheit durch den Verstoß gegen eine Vorschrift über Bremsen wesentlich beeinträchtigt wurde. § 41, § 69a StVZO; § 24 Abs. 1, 3 Nr. 5 StVG; 214.1 BKat; § 3 Abs. 2 BKatV	B - 1	270,00	
341604	Sie führten als Halter den Lastkraftwagen/Kraftomnibus *) bzw. dessen Anhänger, obwohl die Verkehrssicherheit durch den Verstoß gegen eine Vorschrift über Bremsen wesentlich beeinträchtigt wurde, und gefährdeten +) dadurch Andere. § 41, § 69a StVZO; § 1 Abs. 2, § 49 StVO; § 24 Abs. 1, 3 Nr. 5 StVG; 214.1 BKat; § 3 Abs. 2, 3 BKatV; § 19 OWiG	B - 1	325,00	
341605	Sie führten als Halter den Lastkraftwagen/Kraftomnibus *) bzw. dessen Anhänger, obwohl die Verkehrssicherheit durch den Verstoß gegen eine Vorschrift über Bremsen wesentlich beeinträchtigt wurde. Es kam zum Unfall. § 41, § 69a StVZO; § 1 Abs. 2, § 49 StVO; § 24 Abs. 1, 3 Nr. 5 StVG; 214.1 BKat; § 3 Abs. 2, 3 BKatV; § 19 OWiG	B - 1	390,00	
341606	Sie führten das kennzeichnungspflichtige Kraftfahrzeug mit gefährlichen Gütern/den Kraftomnibus mit Fahrgästen *) bzw. dessen Anhänger, obwohl die Verkehrssicherheit durch den Verstoß gegen eine Vorschrift über Bremsen wesentlich beeinträchtigt wurde. § 41, § 69a StVZO; § 24 Abs. 1, 3 Nr. 5 StVG; 214.1 BKat; § 3 Abs. 4 BkatV	B - 1	270,00	
341607	Sie führten das kennzeichnungspflichtige Kraftfahrzeug mit gefährlichen Gütern/den Kraftomnibus mit Fahrgästen *) bzw. dessen Anhänger, obwohl die Verkehrssicherheit durch den Verstoß gegen eine Vorschrift über Bremsen wesentlich beeinträchtigt wurde, und gefährdeten +) dadurch Andere. § 41, § 69a StVZO; § 1 Abs. 2, § 49 StVO; § 24 Abs. 1, 3 Nr. 5 StVG; 214.1 BKat; § 3 Abs. 3, 4 BKatV; § 19 OWiG	B - 1	330,00	
341608	Sie führten das kennzeichnungspflichtige Kraftfahrzeug mit gefährlichen Gütern/den Kraftomnibus mit Fahrgästen *) bzw. dessen Anhänger, obwohl die Verkehrssicherheit durch den Verstoß gegen eine Vorschrift über Bremsen wesentlich beeinträchtigt wurde. Es kam zum Unfall. § 41, § 69a StVZO; § 1 Abs. 2, § 49 StVO; § 24 Abs. 1, 3 Nr. 5 StVG; 214.1 BKat; § 3 Abs. 3, 4 BKatV; § 19 OWiG	B - 1	397,50	

TBNR	Bemerkungen
341603 – 341608	*) Zutreffende Fahrzeugart angeben

393

Bremsen und Unterlegkeile - § 41 StVZO

TBNR	Tatbestandstext	FaP-Pkt	Euro	FV
341609	Sie führten als Halter das kennzeichnungspflichtige Kraftfahrzeug mit gefährlichen Gütern/den Kraftomnibus mit Fahrgästen *) bzw. dessen Anhänger, obwohl die Verkehrssicherheit durch den Verstoß gegen eine Vorschrift über Bremsen wesentlich beeinträchtigt wurde. § 41, § 69a StVZO; § 24 Abs. 1, 3 Nr. 5 StVG; 214.1 BKat; § 3 Abs. 2, 4 BKatV	B - 1	405,00	
341610	Sie führten als Halter das kennzeichnungspflichtige Kraftfahrzeug mit gefährlichen Gütern/den Kraftomnibus mit Fahrgästen *) bzw. dessen Anhänger, obwohl die Verkehrssicherheit durch den Verstoß gegen eine Vorschrift über Bremsen wesentlich beeinträchtigt wurde, und gefährdeten +) dadurch Andere. § 41, § 69a StVZO; § 1 Abs. 2, § 49 StVO; § 24 Abs. 1, 3 Nr. 5 StVG; 214.1 BKat; § 3 Abs. 2, 3, 4 BKatV; § 19 OWiG	B - 1	487,50	
341611	Sie führten als Halter das kennzeichnungspflichtige Kraftfahrzeug mit gefährlichen Gütern/den Kraftomnibus mit Fahrgästen *) bzw. dessen Anhänger, obwohl die Verkehrssicherheit durch den Verstoß gegen eine Vorschrift über Bremsen wesentlich beeinträchtigt wurde. Es kam zum Unfall. § 41, § 69a StVZO; § 1 Abs. 2, § 49 StVO; § 24 Abs. 1, 3 Nr. 5 StVG; 214.1 BKat; § 3 Abs. 2, 3, 4 BKatV; § 19 OWiG	B - 1	585,00	
341612	Sie führten das Kraftfahrzeug bzw. dessen Anhänger, obwohl die Verkehrssicherheit durch den Verstoß gegen eine Vorschrift über Bremsen wesentlich beeinträchtigt wurde. § 41, § 69a StVZO; § 24 Abs. 1, 3 Nr. 5 StVG; 214.2 BKat	B - 1	90,00	
341613	Sie führten das Kraftfahrzeug bzw. dessen Anhänger, obwohl die Verkehrssicherheit durch den Verstoß gegen eine Vorschrift über Bremsen wesentlich beeinträchtigt wurde, und gefährdeten +) dadurch Andere. § 41, § 69a StVZO; § 1 Abs. 2, § 49 StVO; § 24 Abs. 1, 3 Nr. 5 StVG; 214.2 BKat; § 3 Abs. 3 BKatV; § 19 OWiG	B - 1	110,00	
341614	Sie führten das Kraftfahrzeug bzw. dessen Anhänger, obwohl die Verkehrssicherheit durch den Verstoß gegen eine Vorschrift über Bremsen wesentlich beeinträchtigt wurde. Es kam zum Unfall. § 41, § 69a StVZO; § 1 Abs. 2, § 49 StVO; § 24 Abs. 1, 3 Nr. 5 StVG; 214.2 BKat; § 3 Abs. 3 BKatV; § 19 OWiG	B - 1	135,00	
341615	Sie führten als Halter das Kraftfahrzeug bzw. dessen Anhänger, obwohl die Verkehrssicherheit durch den Verstoß gegen eine Vorschrift über Bremsen wesentlich beeinträchtigt wurde. § 41, § 69a StVZO; § 24 Abs. 1, 3 Nr. 5 StVG; 214.2 BKat; § 3 Abs. 2 BKatV	B - 1	135,00	

TBNR	Bemerkungen
341609 – 341611	*) Zutreffende Fahrzeugart angeben

Bremsen und Unterlegkeile - § 41 StVZO

TBNR	Tatbestandstext	FaP-Pkt	Euro	FV
341616	Sie führten als Halter das Kraftfahrzeug bzw. dessen Anhänger, obwohl die Verkehrssicherheit durch den Verstoß gegen eine Vorschrift über Bremsen wesentlich beeinträchtigt wurde, und gefährdeten +) dadurch Andere. § 41, § 69a StVZO; § 1 Abs. 2, § 49 StVO; § 24 Abs. 1, 3 Nr. 5 StVG; 214.2 BKat; § 3 Abs. 2, 3 BKatV; § 19 OWiG	B - 1	165,00	
341617	Sie führten als Halter das Kraftfahrzeug bzw. dessen Anhänger, obwohl die Verkehrssicherheit durch den Verstoß gegen eine Vorschrift über Bremsen wesentlich beeinträchtigt wurde. Es kam zum Unfall. § 41, § 69a StVZO; § 1 Abs. 2, § 49 StVO; § 24 Abs. 1, 3 Nr. 5 StVG; 214.2 BKat; § 3 Abs. 2, 3 BKatV; § 19 OWiG	B - 1	200,00	

Anhängelast hinter Kraftfahrzeugen und Leergewicht - § 42 StVZO

TBNR	Tatbestandstext	FaP-Pkt	Euro	FV
342100	Sie führten das Kraftfahrzeug mit einem Anhänger, obwohl die zulässige Anhängelast um ...,.. (2 - 5) Prozent = ... kg überschritten war. Festgestellte Anhängelast: *)...... kg. Zulässige Anhängelast: **)...... kg. § 42 Abs. 1, 2, § 69a StVZO; § 24 Abs. 1, 3 Nr. 5 StVG; 198.1.1 BKat (Kfz über 7,5 t m. Anhänger) Tab.: 742300	0	30,00	
342600	Sie führten das Kraftfahrzeug mit einem Anhänger, obwohl die zulässige Anhängelast um ...,.. (mehr als 5) Prozent = ... kg überschritten war. Festgestellte Anhängelast: *)...... kg. Zulässige Anhängelast: **)...... kg. § 42 Abs. 1, 2, § 69a StVZO; § 24 Abs. 1, 3 Nr. 5 StVG; 198.1.2 BKat (Kfz über 7,5 t m. Anhänger) Tab.: 742300	B - 1	80,00	
342601	Sie führten das Kraftfahrzeug mit einem Anhänger, obwohl die zulässige Anhängelast um ...,.. (mehr als 10) Prozent = ... kg überschritten war. Festgestellte Anhängelast: *)...... kg. Zulässige Anhängelast: **)...... kg. § 42 Abs. 1, 2, § 69a StVZO; § 24 Abs. 1, 3 Nr. 5 StVG; 198.1.3 BKat (Kfz über 7,5 t m. Anhänger) Tab.: 742300	B - 1	110,00	
342602	Sie führten das Kraftfahrzeug mit einem Anhänger, obwohl die zulässige Anhängelast um ...,.. (mehr als 15) Prozent = ... kg überschritten war. Festgestellte Anhängelast: *)...... kg. Zulässige Anhängelast: **)...... kg. § 42 Abs. 1, 2, § 69a StVZO; § 24 Abs. 1, 3 Nr. 5 StVG; 198.1.4 BKat (Kfz über 7,5 t m. Anhänger) Tab.: 742300	B - 1	140,00	

TBNR   **Bemerkungen**
342100 – 342602 *) Festgestellte Anhängelast angeben, **) Zulässige Anhängelast angeben

Anhängelast hinter Kraftfahrzeugen und Leergewicht - § 42 StVZO

TBNR	Tatbestandstext	FaP-Pkt	Euro	FV
342603	Sie führten das Kraftfahrzeug mit einem Anhänger, obwohl die zulässige Anhängelast um ...,.. (mehr als 20) Prozent = ... kg überschritten war. Festgestellte Anhängelast: *)...... kg. Zulässige Anhängelast: **)...... kg. § 42 Abs. 1, 2, § 69a StVZO; § 24 Abs. 1, 3 Nr. 5 StVG; 198.1.5 BKat (Kfz über 7,5 t m. Anhänger) Tab.: 742300	B - 1	190,00	
342604	Sie führten das Kraftfahrzeug mit einem Anhänger, obwohl die zulässige Anhängelast um ...,.. (mehr als 25) Prozent = ... kg überschritten war. Festgestellte Anhängelast: *)...... kg. Zulässige Anhängelast: **)...... kg. § 42 Abs. 1, 2, § 69a StVZO; § 24 Abs. 1, 3 Nr. 5 StVG; 198.1.6 BKat (Kfz über 7,5 t m. Anhänger) Tab.: 742300	B - 1	285,00	
342605	Sie führten das Kraftfahrzeug mit einem Anhänger, obwohl die zulässige Anhängelast um ...,.. (mehr als 30) Prozent = ... kg überschritten war. Festgestellte Anhängelast: *)...... kg. Zulässige Anhängelast: **)...... kg. § 42 Abs. 1, 2, § 69a StVZO; § 24 Abs. 1, 3 Nr. 5 StVG; 198.1.7 BKat (Kfz über 7,5 t m. Anhänger) Tab.: 742300	B - 1	380,00	
342606	Sie führten das kennzeichnungspflichtige Kraftfahrzeug mit einem Anhänger mit gefährlichen Gütern, obwohl die zulässige Anhängelast um ...,.. (mehr als 5) Prozent = ... kg überschritten war. Festgestellte Anhängelast: *)...... kg. Zulässige Anhängelast: **)...... kg. § 42 Abs. 1, 2, § 69a StVZO; § 24 Abs. 1, 3 Nr. 5 StVG; 198.1.2 BKat; § 3 Abs. 4 BKatV (Kfz über 7,5 t m. Anhänger m. gef. Gütern) Tab.: 742301	B - 1	120,00	
342607	Sie führten das kennzeichnungspflichtige Kraftfahrzeug mit einem Anhänger mit gefährlichen Gütern, obwohl die zulässige Anhängelast um ...,.. (mehr als 10) Prozent = ... kg überschritten war. Festgestellte Anhängelast: *)...... kg. Zulässige Anhängelast: **)...... kg. § 42 Abs. 1, 2, § 69a StVZO; § 24 Abs. 1, 3 Nr. 5 StVG; 198.1.3 BKat; § 3 Abs. 4 BKatV (Kfz über 7,5 t m. Anhänger m. gef. Gütern) Tab.: 742301	B - 1	165,00	

TBNR   **Bemerkungen**
342603 – 342605 *) Festgestellte Anhängelast angeben, **) Zulässige Anhängelast angeben

Anhängelast hinter Kraftfahrzeugen und Leergewicht - § 42 StVZO

TBNR	Tatbestandstext	FaP-Pkt	Euro	FV
342608	Sie führten das kennzeichnungspflichtige Kraftfahrzeug mit einem Anhänger mit gefährlichen Gütern, obwohl die zulässige Anhängelast um ...,.. (mehr als 15) Prozent = ... kg überschritten war. Festgestellte Anhängelast: *)...... kg. Zulässige Anhängelast: **)...... kg. § 42 Abs. 1, 2, § 69a StVZO; § 24 Abs. 1, 3 Nr. 5 StVG; 198.1.4 BKat; § 3 Abs. 4 BKatV (Kfz über 7,5 t m. Anhänger m. gef. Gütern) Tab.: 742301	B - 1	210,00	
342609	Sie führten das kennzeichnungspflichtige Kraftfahrzeug mit einem Anhänger mit gefährlichen Gütern, obwohl die zulässige Anhängelast um ...,.. (mehr als 20) Prozent = ... kg überschritten war. Festgestellte Anhängelast: *)...... kg. Zulässige Anhängelast: **)...... kg. § 42 Abs. 1, 2, § 69a StVZO; § 24 Abs. 1, 3 Nr. 5 StVG; 198.1.5 BKat; § 3 Abs. 4 BKatV (Kfz über 7,5 t m. Anhänger m. gef. Gütern) Tab.: 742301	B - 1	285,00	
342610	Sie führten das kennzeichnungspflichtige Kraftfahrzeug mit einem Anhänger mit gefährlichen Gütern, obwohl die zulässige Anhängelast um ...,.. (mehr als 25) Prozent = ... kg überschritten war. Festgestellte Anhängelast: *)...... kg. Zulässige Anhängelast: **)...... kg. § 42 Abs. 1, 2, § 69a StVZO; § 24 Abs. 1, 3 Nr. 5 StVG; 198.1.6 BKat; § 3 Abs. 4 BKatV (Kfz über 7,5 t m. Anhänger m. gef. Gütern) Tab.: 742301	B - 1	427,50	
342611	Sie führten das kennzeichnungspflichtige Kraftfahrzeug mit einem Anhänger mit gefährlichen Gütern, obwohl die zulässige Anhängelast um ...,.. (mehr als 30) Prozent = ... kg überschritten war. Festgestellte Anhängelast: *)...... kg. Zulässige Anhängelast: **)...... kg. § 42 Abs. 1, 2, § 69a StVZO; § 24 Abs. 1, 3 Nr. 5 StVG; 198.1.7 BKat; § 3 Abs. 4 BKatV (Kfz über 7,5 t m. Anhänger m. gef. Gütern) Tab.: 742301	B - 1	570,00	
342112	Sie führten den Zug mit einem Anhänger, obwohl die zulässige Anhängelast um ...,.. (2 - 5) Prozent = ... kg überschritten war. Festgestellte Anhängelast: *)...... kg. Zulässige Anhängelast: **)...... kg. § 42 Abs. 1, 2, § 69a StVZO; § 24 Abs. 1, 3 Nr. 5 StVG; 198.1.1 BKat (Kfz m. Anhänger über 2 t) Tab.: 742310	0	30,00	

TBNR   **Bemerkungen**
342608 – 342112 *) Festgestellte Anhängelast angeben, **) Zulässige Anhängelast angeben

Anhängelast hinter Kraftfahrzeugen und Leergewicht - § 42 StVZO

TBNR	Tatbestandstext	FaP-Pkt	Euro	FV
342612	Sie führten den Zug mit einem Anhänger, obwohl die zulässige Anhängelast um ...,... (mehr als 5) Prozent = ... kg überschritten war. Festgestellte Anhängelast: *)...... kg. Zulässige Anhängelast: **)...... kg. § 42 Abs. 1, 2, § 69a StVZO; § 24 Abs. 1, 3 Nr. 5 StVG; 198.1.2 BKat (Kfz m. Anhänger über 2 t) Tab.: 742310	B - 1	80,00	
342613	Sie führten den Zug mit einem Anhänger, obwohl die zulässige Anhängelast um ...,... (mehr als 10) Prozent = ... kg überschritten war. Festgestellte Anhängelast: *)...... kg. Zulässige Anhängelast: **)...... kg. § 42 Abs. 1, 2, § 69a StVZO; § 24 Abs. 1, 3 Nr. 5 StVG; 198.1.3 BKat (Kfz m. Anhänger über 2 t) Tab.: 742310	B - 1	110,00	
342614	Sie führten den Zug mit einem Anhänger, obwohl die zulässige Anhängelast um ...,... (mehr als 15) Prozent = ... kg überschritten war. Festgestellte Anhängelast: *)...... kg. Zulässige Anhängelast: **)...... kg. § 42 Abs. 1, 2, § 69a StVZO; § 24 Abs. 1, 3 Nr. 5 StVG; 198.1.4 BKat (Kfz m. Anhänger über 2 t) Tab.: 742310	B - 1	140,00	
342615	Sie führten den Zug mit einem Anhänger, obwohl die zulässige Anhängelast um ...,... (mehr als 20) Prozent = ... kg überschritten war. Festgestellte Anhängelast: *)...... kg. Zulässige Anhängelast: **)...... kg. § 42 Abs. 1, 2, § 69a StVZO; § 24 Abs. 1, 3 Nr. 5 StVG; 198.1.5 BKat (Kfz m. Anhänger über 2 t) Tab.: 742310	B - 1	190,00	
342616	Sie führten den Zug mit einem Anhänger, obwohl die zulässige Anhängelast um ...,... (mehr als 25) Prozent = ... kg überschritten war. Festgestellte Anhängelast: *)...... kg. Zulässige Anhängelast: **)...... kg. § 42 Abs. 1, 2, § 69a StVZO; § 24 Abs. 1, 3 Nr. 5 StVG; 198.1.6 BKat (Kfz m. Anhänger über 2 t) Tab.: 742310	B - 1	285,00	

TBNR   **Bemerkungen**
342612 – 342616 *) Festgestellte Anhängelast angeben, **) Zulässige Anhängelast angeben

Anhängelast hinter Kraftfahrzeugen und Leergewicht - § 42 StVZO

TBNR	Tatbestandstext	FaP-Pkt	Euro	FV
342617	Sie führten den Zug mit einem Anhänger, obwohl die zulässige Anhängelast um ...,.. (mehr als 30) Prozent = ... kg überschritten war. Festgestellte Anhängelast: *)...... kg. Zulässige Anhängelast: **)...... kg. § 42 Abs. 1, 2, § 69a StVZO; § 24 Abs. 1, 3 Nr. 5 StVG; 198.1.7 BKat (Kfz m. Anhänger über 2 t) Tab.: 742310	B - 1	380,00	
342618	Sie führten den kennzeichnungspflichtigen Zug mit einem Anhänger mit gefährlichen Gütern, obwohl die zulässige Anhängelast um ...,.. (mehr als 5) Prozent = ... kg überschritten war. Festgestellte Anhängelast: *)...... kg. Zulässige Anhängelast: **)...... kg. § 42 Abs. 1, 2, § 69a StVZO; § 24 Abs. 1, 3 Nr. 5 StVG; 198.1.2 BKat; § 3 Abs. 4 BKatV (Kfz m. Anhänger über 2 t m. gef. Gütern) Tab.: 742311	B - 1	120,00	
342619	Sie führten den kennzeichnungspflichtigen Zug mit einem Anhänger mit gefährlichen Gütern, obwohl die zulässige Anhängelast um ...,.. (mehr als 10) Prozent = ... kg überschritten war. Festgestellte Anhängelast: *)...... kg. Zulässige Anhängelast: **)...... kg. § 42 Abs. 1, 2, § 69a StVZO; § 24 Abs. 1, 3 Nr. 5 StVG; 198.1.3 BKat; § 3 Abs. 4 BKatV (Kfz m. Anhänger über 2 t m. gef. Gütern) Tab.: 742311	B - 1	165,00	
342620	Sie führten den kennzeichnungspflichtigen Zug mit einem Anhänger mit gefährlichen Gütern, obwohl die zulässige Anhängelast um ...,.. (mehr als 15) Prozent = ... kg überschritten war. Festgestellte Anhängelast: *)...... kg. Zulässige Anhängelast: **)...... kg. § 42 Abs. 1, 2, § 69a StVZO; § 24 Abs. 1, 3 Nr. 5 StVG; 198.1.4 BKat; § 3 Abs. 4 BKatV (Kfz m. Anhänger über 2 t m. gef. Gütern) Tab.: 742311	B - 1	210,00	
342621	Sie führten den kennzeichnungspflichtigen Zug mit einem Anhänger mit gefährlichen Gütern, obwohl die zulässige Anhängelast um ...,.. (mehr als 20) Prozent = ... kg überschritten war. Festgestellte Anhängelast: *)...... kg. Zulässige Anhängelast: **)...... kg. § 42 Abs. 1, 2, § 69a StVZO; § 24 Abs. 1, 3 Nr. 5 StVG; 198.1.5 BKat; § 3 Abs. 4 BKatV (Kfz m. Anhänger über 2 t m. gef. Gütern) Tab.: 742311	B - 1	285,00	

TBNR	Bemerkungen
342617 – 342621	*) Festgestellte Anhängelast angeben, **) Zulässige Anhängelast angeben

Anhängelast hinter Kraftfahrzeugen und Leergewicht - § 42 StVZO

TBNR	Tatbestandstext	FaP-Pkt	Euro	FV
342622	Sie führten den kennzeichnungspflichtigen Zug mit einem Anhänger mit gefährlichen Gütern, obwohl die zulässige Anhängelast um ...,.. (mehr als 25) Prozent = ... kg überschritten war. Festgestellte Anhängelast: *)...... kg. Zulässige Anhängelast: **)...... kg. § 42 Abs. 1, 2, § 69a StVZO; § 24 Abs. 1, 3 Nr. 5 StVG; 198.1.6 BKat; § 3 Abs. 4 BKatV (Kfz m. Anhänger über 2 t m. gef. Gütern) Tab.: 742311	B - 1	427,50	
342623	Sie führten den kennzeichnungspflichtigen Zug mit einem Anhänger mit gefährlichen Gütern, obwohl die zulässige Anhängelast um ...,.. (mehr als 30 Prozent) = ... kg überschritten war. Festgestellte Anhängelast: *)...... kg. Zulässige Anhängelast: **)...... kg. § 42 Abs. 1, 2, § 69a StVZO; § 24 Abs. 1, 3 Nr. 5 StVG; 198.1.7 BKat; § 3 Abs. 4 BKatV (Kfz m. Anhänger über 2 t m. gef. Gütern) Tab.: 742311	B - 1	570,00	
342124	Sie führten das Kraftfahrzeug mit einem Anhänger, obwohl die zulässige Anhängelast um ...,.. (mehr als 5) Prozent = ... kg überschritten war. Festgestellte Anhängelast: *)...... kg. Zulässige Anhängelast: **)...... kg. § 42 Abs. 1, 2, § 69a StVZO; § 24 Abs. 1, 3 Nr. 5 StVG; 198.2.1 BKat (Kfz bis 7,5 t m. Anhänger) Tab.: 742320	0	10,00	
342125	Sie führten das Kraftfahrzeug mit einem Anhänger, obwohl die zulässige Anhängelast um ...,.. (mehr als 10) Prozent = ... kg überschritten war. Festgestellte Anhängelast: *)...... kg. Zulässige Anhängelast: **)...... kg. § 42 Abs. 1, 2, § 69a StVZO; § 24 Abs. 1, 3 Nr. 5 StVG; 198.2.2 BKat (Kfz bis 7,5 t m. Anhänger) Tab.: 742320	0	30,00	
342126	Sie führten das Kraftfahrzeug mit einem Anhänger, obwohl die zulässige Anhängelast um ...,.. (mehr als 15) Prozent = ... kg überschritten war. Festgestellte Anhängelast: *)...... kg. Zulässige Anhängelast: **)...... kg. § 42 Abs. 1, 2, § 69a StVZO; § 24 Abs. 1, 3 Nr. 5 StVG; 198.2.3 BKat (Kfz bis 7,5 t m. Anhänger) Tab.: 742320	0	35,00	

TBNR   **Bemerkungen**
342622 – 342126 *) Festgestellte Anhängelast angeben, **) Zulässige Anhängelast angeben

Anhängelast hinter Kraftfahrzeugen und Leergewicht - § 42 StVZO

TBNR	Tatbestandstext	FaP-Pkt	Euro	FV
342624	Sie führten das Kraftfahrzeug mit einem Anhänger, obwohl die zulässige Anhängelast um ...,.. (mehr als 20) Prozent = ... kg überschritten war. Festgestellte Anhängelast: *)...... kg. Zulässige Anhängelast: **)...... kg. § 42 Abs. 1, 2, § 69a StVZO; § 24 Abs. 1, 3 Nr. 5 StVG; 198.2.4 BKat (Kfz bis 7,5 t m. Anhänger) Tab.: 742320	B - 1	95,00	
342625	Sie führten das Kraftfahrzeug mit einem Anhänger, obwohl die zulässige Anhängelast um ...,.. (mehr als 25) Prozent = ... kg überschritten war. Festgestellte Anhängelast: *)...... kg. Zulässige Anhängelast: **)...... kg. § 42 Abs. 1, 2, § 69a StVZO; § 24 Abs. 1, 3 Nr. 5 StVG; 198.2.5 BKat (Kfz bis 7,5 t m. Anhänger) Tab.: 742320	B - 1	140,00	
342626	Sie führten das Kraftfahrzeug mit einem Anhänger, obwohl die zulässige Anhängelast um ...,.. (mehr als 30) Prozent = ... kg überschritten war. Festgestellte Anhängelast: *)...... kg. Zulässige Anhängelast: **)...... kg. § 42 Abs. 1, 2, § 69a StVZO; § 24 Abs. 1, 3 Nr. 5 StVG; 198.2.6 BKat (Kfz bis 7,5 t m. Anhänger) Tab.: 742320	B - 1	235,00	
342630	Sie führten das kennzeichnungspflichtige Kraftfahrzeug mit einem Anhänger mit gefährlichen Gütern, obwohl die zulässige Anhängelast um ...,.. (mehr als 20) Prozent = ... kg überschritten war. Festgestellte Anhängelast: *)...... kg. Zulässige Anhängelast: **)...... kg. § 42 Abs. 1, 2, § 69a StVZO; § 24 Abs. 1, 3 Nr. 5 StVG; 198.2.4 BKat; § 3 Abs. 4 BKatV (Kfz bis 7,5 t m. Anhänger m. gef. Gütern) Tab.: 742321	B - 1	142,50	
342631	Sie führten das kennzeichnungspflichtige Kraftfahrzeug mit einem Anhänger mit gefährlichen Gütern, obwohl die zulässige Anhängelast um ...,.. (mehr als 25) Prozent = ... kg überschritten war. Festgestellte Anhängelast: *)...... kg. Zulässige Anhängelast: **)...... kg. § 42 Abs. 1, 2, § 69a StVZO; § 24 Abs. 1, 3 Nr. 5 StVG; 198.2.5 BKat; § 3 Abs. 4 BKatV (Kfz bis 7,5 t m. Anhänger m. gef. Gütern) Tab.: 742321	B - 1	210,00	

TBNR	Bemerkungen
342624 – 342631	*) Festgestellte Anhängelast angeben, **) Zulässige Anhängelast angeben

Anhängelast hinter Kraftfahrzeugen und Leergewicht - § 42 StVZO

TBNR	Tatbestandstext	FaP-Pkt	Euro	FV
342632	Sie führten das kennzeichnungspflichtige Kraftfahrzeug mit einem Anhänger mit gefährlichen Gütern, obwohl die zulässige Anhängelast um ...,.. (mehr als 30) Prozent = ... kg überschritten war. Festgestellte Anhängelast: *)...... kg. Zulässige Anhängelast: **)...... kg. § 42 Abs. 1, 2, § 69a StVZO; § 24 Abs. 1, 3 Nr. 5 StVG; 198.2.6 BKat; § 3 Abs. 4 BKatV (Kfz bis 7,5 t m. Anhänger m. gef. Gütern) Tab.: 742321	B - 1	352,50	
342136	Sie führten als Halter das Kraftfahrzeug mit einem Anhänger, obwohl die zulässige Anhängelast um ...,.. (2 - 5) Prozent = ... kg überschritten war. Festgestellte Anhängelast: *)...... kg. Zulässige Anhängelast: **)...... kg. § 42 Abs. 1, 2, § 69a StVZO; § 24 Abs. 1, 3 Nr. 5 StVG; 198.1.1 BKat (Kfz über 7,5 t m. Anhänger) Tab.: 742330	0	30,00	
342636	Sie führten als Halter das Kraftfahrzeug mit einem Anhänger, obwohl die zulässige Anhängelast um ...,.. (mehr als 5) Prozent = ... kg überschritten war. Festgestellte Anhängelast: *)...... kg. Zulässige Anhängelast: **)...... kg. § 42 Abs. 1, 2, § 69a StVZO; § 24 Abs. 1, 3 Nr. 5 StVG; 198.1.2 BKat; § 3 Abs. 2 BKatV (Kfz über 7,5 t m. Anhänger) Tab.: 742330	B - 1	140,00	
342637	Sie führten als Halter das Kraftfahrzeug mit einem Anhänger, obwohl die zulässige Anhängelast um ...,.. (mehr als 10) Prozent = ... kg überschritten war. Festgestellte Anhängelast: *)...... kg. Zulässige Anhängelast: **)...... kg. § 42 Abs. 1, 2, § 69a StVZO; § 24 Abs. 1, 3 Nr. 5 StVG; 198.1.3 BKat; § 3 Abs. 2 BKatV (Kfz über 7,5 t m. Anhänger) Tab.: 742330	B - 1	235,00	
342638	Sie führten als Halter das Kraftfahrzeug mit einem Anhänger, obwohl die zulässige Anhängelast um ...,.. (mehr als 15) Prozent = ... kg überschritten war. Festgestellte Anhängelast: *)...... kg. Zulässige Anhängelast: **)...... kg. § 42 Abs. 1, 2, § 69a StVZO; § 24 Abs. 1, 3 Nr. 5 StVG; 198.1.4 BKat; § 3 Abs. 2 BKatV (Kfz über 7,5 t m. Anhänger) Tab.: 742330	B - 1	285,00	

TBNR   **Bemerkungen**
342632 – 342638   *) Festgestellte Anhängelast angeben, **) Zulässige Anhängelast angeben

Anhängelast hinter Kraftfahrzeugen und Leergewicht - § 42 StVZO

TBNR	Tatbestandstext	FaP-Pkt	Euro	FV
342639	Sie führten als Halter das Kraftfahrzeug mit einem Anhänger, obwohl die zulässige Anhängelast um ...,.. (mehr als 20) Prozent = ... kg überschritten war. Festgestellte Anhängelast: *)...... kg. Zulässige Anhängelast: **)...... kg. § 42 Abs. 1, 2, § 69a StVZO; § 24 Abs. 1, 3 Nr. 5 StVG; 198.1.5 BKat; § 3 Abs. 2 BKatV (Kfz über 7,5 t m. Anhänger) Tab.: 742330	B - 1	380,00	
342640	Sie führten als Halter das Kraftfahrzeug mit einem Anhänger, obwohl die zulässige Anhängelast um ...,.. (mehr als 25) Prozent = ... kg überschritten war. Festgestellte Anhängelast: *)...... kg. Zulässige Anhängelast: **)...... kg. § 42 Abs. 1, 2, § 69a StVZO; § 24 Abs. 1, 3 Nr. 5 StVG; 198.1.6 BKat; § 3 Abs. 2 BKatV (Kfz über 7,5 t m. Anhänger) Tab.: 742330	B - 1	425,00	
342641	Sie führten als Halter das Kraftfahrzeug mit einem Anhänger, obwohl die zulässige Anhängelast um ...,.. (mehr als 30) Prozent = ... kg überschritten war. Festgestellte Anhängelast: *)...... kg. Zulässige Anhängelast: **)...... kg. § 42 Abs. 1, 2, § 69a StVZO; § 24 Abs. 1, 3 Nr. 5 StVG; 198.1.7 BKat; § 3 Abs. 2 BKatV (Kfz über 7,5 t m. Anhänger) Tab.: 742330	B - 1	425,00	
342642	Sie führten als Halter das kennzeichnungspflichtige Kfz. mit einem Anhänger m. gef. Gütern, obwohl die zulässige Anhängelast um ...,.. (mehr als 5) Prozent = ... kg überschritten war. Festgestellte Anhängelast: *)...... kg. Zulässige Anhängelast: **)...... kg. § 42 Abs. 1, 2, § 69a StVZO; § 24 Abs. 1, 3 Nr. 5 StVG; 198.1.2 BKat;§ 3 Abs. 2, 4 BKatV (Kfz über 7,5 t m. Anhänger m. gef. Gütern) Tab.: 742331	B - 1	210,00	
342643	Sie führten als Halter das kennzeichnungspflichtige Kfz. mit einem Anhänger m. gef. Gütern, obwohl die zulässige Anhängelast um ...,.. (mehr als 10) Prozent = ... kg überschritten war. Festgestellte Anhängelast: *)...... kg. Zulässige Anhängelast: **)...... kg. § 42 Abs. 1, 2, § 69a StVZO; § 24 Abs. 1, 3 Nr. 5 StVG; 198.1.3 BKat;§ 3 Abs. 2, 4 BKatV (Kfz über 7,5 t m. Anhänger m. gef. Gütern) Tab.: 742331	B - 1	352,50	

TBNR   **Bemerkungen**

342639 – 342643 *) Festgestellte Anhängelast angeben. **) Zulässige Anhängelast angeben

Anhängelast hinter Kraftfahrzeugen und Leergewicht - § 42 StVZO

TBNR	Tatbestandstext	FaP-Pkt	Euro	FV
342644	Sie führten als Halter das kennzeichnungspflichtige Kfz. mit einem Anhänger m. gef. Gütern, obwohl die zulässige Anhängelast um ...,.. (mehr als 15) Prozent = ... kg überschritten war. Festgestellte Anhängelast: *)...... kg. Zulässige Anhängelast: **)...... kg. § 42 Abs. 1, 2, § 69a StVZO; § 24 Abs. 1, 3 Nr. 5 StVG; 198.1.4 BKat; § 3 Abs. 2, 4 BKatV (Kfz über 7,5 t m. Anhänger m. gef. Gütern) Tab.: 742331	B - 1	427,50	
342645	Sie führten als Halter das kennzeichnungspflichtige Kfz. mit einem Anhänger m. gef. Gütern, obwohl die zulässige Anhängelast um ...,.. (mehr als 20) Prozent = ... kg überschritten war. Festgestellte Anhängelast: *)...... kg. Zulässige Anhängelast: **)...... kg. § 42 Abs. 1, 2, § 69a StVZO; § 24 Abs. 1, 3 Nr. 5 StVG; 198.1.5 BKat; § 3 Abs. 2, 4 BKatV (Kfz über 7,5 t m. Anhänger m. gef. Gütern) Tab.: 742331	B - 1	570,00	
342646	Sie führten als Halter das kennzeichnungspflichtige Kfz. mit einem Anhänger m. gef. Gütern, obwohl die zulässige Anhängelast um ...,.. (mehr als 25) Prozent = ... kg überschritten war. Festgestellte Anhängelast: *)...... kg. Zulässige Anhängelast: **)...... kg. § 42 Abs. 1, 2, § 69a StVZO; § 24 Abs. 1, 3 Nr. 5 StVG; 198.1.6 BKat; § 3 Abs. 2, 4 BKatV (Kfz über 7,5 t m. Anhänger m. gef. Gütern) Tab.: 742331	B - 1	637,50	
342647	Sie führten als Halter das kennzeichnungspflichtige Kfz. mit einem Anhänger m. gef. Gütern, obwohl die zulässige Anhängelast um ...,.. (mehr als 30) Prozent = ... kg überschritten war. Festgestellte Anhängelast: *)...... kg. Zulässige Anhängelast: **)...... kg. § 42 Abs. 1, 2, § 69a StVZO; § 24 Abs. 1, 3 Nr. 5 StVG; 198.1.7 BKat; § 3 Abs. 2, 4 BKatV (Kfz über 7,5 t m. Anhänger m. gef. Gütern) Tab.: 742331	B - 1	637,50	
342148	Sie führten als Halter den Zug mit einem Anhänger, obwohl die zulässige Anhängelast um ...,.. (2 - 5) Prozent = ... kg überschritten war. Festgestellte Anhängelast: *)...... kg. Zulässige Anhängelast: **)...... kg. § 42 Abs. 1, 2, § 69a StVZO; § 24 Abs. 1, 3 Nr. 5 StVG; 198.1.1 BKat (Kfz m. Anhänger über 2 t) Tab.: 742340	0	30,00	

TBNR   **Bemerkungen**
342644 – 342148 *) Festgestellte Anhängelast angeben, **) Zulässige Anhängelast angeben

Anhängelast hinter Kraftfahrzeugen und Leergewicht - § 42 StVZO

TBNR	Tatbestandstext	FaP-Pkt	Euro	FV
342648	Sie führten als Halter den Zug mit einem Anhänger, obwohl die zulässige Anhängelast um ...,.. (mehr als 5) Prozent = ... kg überschritten war. Festgestellte Anhängelast: *)...... kg. Zulässige Anhängelast: **)...... kg. § 42 Abs. 1, 2, § 69a StVZO; § 24 Abs. 1, 3 Nr. 5 StVG; 198.1.2 BKat; § 3 Abs. 2 BkatV (Kfz m. Anhänger über 2 t) Tab.: 742340	B - 1	140,00	
342649	Sie führten als Halter den Zug mit einem Anhänger, obwohl die zulässige Anhängelast um ...,.. (mehr als 10) Prozent = ... kg überschritten war. Festgestellte Anhängelast: *)...... kg. Zulässige Anhängelast: **)...... kg. § 42 Abs. 1, 2, § 69a StVZO; § 24 Abs. 1, 3 Nr. 5 StVG; 198.1.3 BKat; § 3 Abs. 2 BKatV (Kfz m. Anhänger über 2 t) Tab.: 742340	B - 1	235,00	
342650	Sie führten als Halter den Zug mit einem Anhänger, obwohl die zulässige Anhängelast um ...,.. (mehr als 15) Prozent = ... kg überschritten war. Festgestellte Anhängelast: *)...... kg. Zulässige Anhängelast: **)...... kg. § 42 Abs. 1, 2, § 69a StVZO; § 24 Abs. 1, 3 Nr. 5 StVG; 198.1.4 BKat; § 3 Abs. 2 BKatV (Kfz m. Anhänger über 2 t) Tab.: 742340	B - 1	285,00	
342651	Sie führten als Halter den Zug mit einem Anhänger, obwohl die zulässige Anhängelast um ...,.. (mehr als 20) Prozent = ... kg überschritten war. Festgestellte Anhängelast: *)...... kg. Zulässige Anhängelast: **)...... kg. § 42 Abs. 1, 2, § 69a StVZO; § 24 Abs. 1, 3 Nr. 5 StVG; 198.1.5 BKat; § 3 Abs. 2 BKatV (Kfz m. Anhänger über 2 t) Tab.: 742340	B - 1	380,00	
342652	Sie führten als Halter den Zug mit einem Anhänger, obwohl die zulässige Anhängelast um ...,.. (mehr als 25) Prozent = ... kg überschritten war. Festgestellte Anhängelast: *)...... kg. Zulässige Anhängelast: **)...... kg. § 42 Abs. 1, 2, § 69a StVZO; § 24 Abs. 1, 3 Nr. 5 StVG; 198.1.6 BKat; § 3 Abs. 2 BKatV (Kfz m. Anhänger über 2 t) Tab.: 742340	B - 1	425,00	

TBNR   **Bemerkungen**

342648 – 342652 *) Festgestellte Anhängelast angeben, **) Zulässige Anhängelast angeben

Anhängelast hinter Kraftfahrzeugen und Leergewicht - § 42 StVZO

TBNR	Tatbestandstext	FaP-Pkt	Euro	FV
342653	Sie führten als Halter den Zug mit einem Anhänger, obwohl die zulässige Anhängelast um ...,.. (mehr als 30) Prozent = ... kg überschritten war. Festgestellte Anhängelast: *)...... kg. Zulässige Anhängelast: **)...... kg. § 42 Abs. 1, 2, § 69a StVZO; § 24 Abs. 1, 3 Nr. 5 StVG; 198.1.7 BKat; § 3 Abs. 2 BKatV (Kfz m. Anhänger über 2 t) Tab.: 742340	B - 1	425,00	
342654	Sie führten als Halter den kennzeichnungspflichtigen Zug mit einem Anhänger mit gefährlichen Gütern, obwohl die zulässige Anhängelast um ...,.. (mehr als 5) Prozent = ... kg überschritten war. Festgestellte Anhängelast: *)...... kg. Zulässige Anhängelast: **)...... kg. § 42 Abs. 1, 2, § 69a StVZO; § 24 Abs. 1, 3 Nr. 5 StVG; 198.1.2 BKat; § 3 Abs. 2, 4 BKatV (Kfz m. Anhänger über 2 t m. gef. Gütern) Tab.: 742341	B - 1	210,00	
342655	Sie führten als Halter den kennzeichnungspflichtigen Zug mit einem Anhänger mit gefährlichen Gütern, obwohl die zulässige Anhängelast um ...,.. (mehr als 10) Prozent = ... kg überschritten war. Festgestellte Anhängelast: *)...... kg. Zulässige Anhängelast: **)...... kg. § 42 Abs. 1, 2, § 69a StVZO; § 24 Abs. 1, 3 Nr. 5 StVG; 198.1.3 BKat; § 3 Abs. 2, 4 BKatV (Kfz m. Anhänger über 2 t m. gef. Gütern) Tab.: 742341	B - 1	352,50	
342656	Sie führten als Halter den kennzeichnungspflichtigen Zug mit einem Anhänger mit gefährlichen Gütern, obwohl die zulässige Anhängelast um ...,.. (mehr als 15) Prozent = ... kg überschritten war. Festgestellte Anhängelast: *)...... kg. Zulässige Anhängelast: **)...... kg. § 42 Abs. 1, 2, § 69a StVZO; § 24 Abs. 1, 3 Nr. 5 StVG; 198.1.4 BKat; § 3 Abs. 2, 4 BKatV (Kfz m. Anhänger über 2 t m. gef. Gütern) Tab.: 742341	B - 1	427,50	
342657	Sie führten als Halter den kennzeichnungspflichtigen Zug mit einem Anhänger mit gefährlichen Gütern, obwohl die zulässige Anhängelast um ...,.. (mehr als 20) Prozent = ... kg überschritten war. Festgestellte Anhängelast: *)...... kg. Zulässige Anhängelast: **)...... kg. § 42 Abs. 1, 2, § 69a StVZO; § 24 Abs. 1, 3 Nr. 5 StVG; 198.1.5 BKat; § 3 Abs. 2, 4 BKatV (Kfz m. Anhänger über 2 t m. gef. Gütern) Tab.: 742341	B - 1	570,00	

TBNR   **Bemerkungen**
342653 – 342657 *) Festgestellte Anhängelast angeben, **) Zulässige Anhängelast angeben

Anhängelast hinter Kraftfahrzeugen und Leergewicht - § 42 StVZO

TBNR	Tatbestandstext	FaP-Pkt	Euro	FV
342658	Sie führten als Halter den kennzeichnungspflichtigen Zug mit einem Anhänger mit gefährlichen Gütern, obwohl die zulässige Anhängelast um ...,.. (mehr als 25) Prozent = ... kg überschritten war. Festgestellte Anhängelast: *)...... kg. Zulässige Anhängelast: **)...... kg. § 42 Abs. 1, 2, § 69a StVZO; § 24 Abs. 1, 3 Nr. 5 StVG; 198.1.6 BKat; § 3 Abs. 2, 4 BKatV (Kfz m. Anhänger über 2 t m. gef. Gütern) Tab.: 742341	B - 1	637,50	
342659	Sie führten als Halter den kennzeichnungspflichtigen Zug mit einem Anhänger mit gefährlichen Gütern, obwohl die zulässige Anhängelast um ...,.. (mehr als 30) Prozent = ... kg überschritten war. Festgestellte Anhängelast: *)...... kg. Zulässige Anhängelast: **)...... kg. § 42 Abs. 1, 2, § 69a StVZO; § 24 Abs. 1, 3 Nr. 5 StVG; 198.1.7 BKat; § 3 Abs. 2, 4 BKatV (Kfz m. Anhänger über 2 t m. gef. Gütern) Tab.: 742341	B - 1	637,50	
342160	Sie führten verbotswidrig einen Anhänger mit. § 42 Abs. 2, § 69a StVZO; § 24 Abs. 1, 3 Nr. 5 StVG; 215 Bkat	0	25,00	

Einrichtungen zur Verbindung von Fahrzeugen - § 43 StVZO

TBNR	Tatbestandstext	FaP-Pkt	Euro	FV
343000	Sie führten das Fahrzeug, obwohl dessen Einrichtung zur Verbindung von Fahrzeugen nicht den Vorschriften entsprach. § 43 Abs. 1, § 69a StVZO; § 24 Abs. 1, 3 Nr. 5 StVG; -- BKat	0	25,00	
343006	Sie führten als Halter das Fahrzeug, obwohl dessen Einrichtung zur Verbindung von Fahrzeugen nicht den Vorschriften entsprach. § 43 Abs. 1, § 69a StVZO; § 24 Abs. 1, 3 Nr. 5 StVG; -- BKat	0	35,00	
343012	Sie führten das Fahrzeug, obwohl dessen Anhängekupplung nicht den Vorschriften entsprach. § 43 Abs. 1, § 69a StVZO; § 24 Abs. 1, 3 Nr. 5 StVG; -- BKat	0	25,00	
343018	Sie führten als Halter das Fahrzeug, obwohl dessen Anhängekupplung nicht den Vorschriften entsprach. § 43 Abs. 1, § 69a StVZO; § 24 Abs. 1, 3 Nr. 5 StVG; -- BKat	0	35,00	
343600	Sie führten den Lastkraftwagen/Kraftomnibus *), bzw. dessen Anhänger,obwohl die Verkehrssicherheit durch den Verstoß gegen eine Vorschrift über Einrichtungen zur Verbindung von Fahrzeugen wesentlich beeinträchtigt wurde. § 43 Abs. 1, 4, § 69a StVZO; § 24 Abs. 1, 3 Nr. 5 StVG; 214.1 BKat	B - 1	180,00	

TBNR	Bemerkungen
342655 – 342659	*) Festgestellte Anhängelast angeben, **) Zulässige Anhängelast angeben
343600	*) Zutreffendes angeben

Einrichtungen zur Verbindung von Fahrzeugen - § 43 StVZO

TBNR	Tatbestandstext	FaP-Pkt	Euro	FV
343601	Sie führten den Lastkraftwagen/Kraftomnibus *), bzw. dessen Anhänger, obwohl die Verkehrssicherheit durch den Verstoß gegen eine Vorschrift über Einrichtungen zur Verbindung von Fahrzeugen wesentlich beeinträchtigt wurde und gefährdeten +) dadurch Andere. § 43 Abs. 1, 4, § 69a StVZO; § 1 Abs. 2, § 49 StVO; § 24 Abs. 1, 3 Nr. 5 StVG; 214.1 BKat; § 3 Abs. 3 BKatV; § 19 OWiG	B - 1	220,00	
343602	Sie führten den Lastkraftwagen/Kraftomnibus *), bzw. dessen Anhänger, obwohl die Verkehrssicherheit durch den Verstoß gegen eine Vorschrift über Einrichtungen zur Verbindung von Fahrzeugen wesentlich beeinträchtigt wurde. Es kam zum Unfall. § 43 Abs. 1, 4, § 69a StVZO; § 1 Abs. 2, § 49 StVO; § 24 Abs. 1, 3 Nr. 5 StVG;214.1 BKat; § 3 Abs. 3 BKatV; § 19 OWiG	B - 1	265,00	
343603	Sie führten als Halter den Lastkraftwagen/Kraftomnibus *), bzw. dessen Anhänger, obwohl die Verkehrssicherheit durch den Verstoß gegen eine Vorschrift über Einrichtungen zur Ver-bindung von Fahrzeugen wesentlich beeinträchtigt wurde. § 43 Abs. 1, 4, § 69a StVZO; § 24 Abs. 1, 3 Nr. 5 StVG; 214.1 BKat; § 3 Abs. 2 BKatV	B - 1	270,00	
343604	Sie führten als Halter den Lastkraftwagen/Kraftomnibus *), bzw. dessen Anhänger, obwohl die Verkehrssicherheit durch den Verstoß gegen eine Vorschrift über Einrichtungen zur Ver-bindung von Fahrzeugen wesentlich beeinträchtigt wurde und gefährdeten +) dadurch Andere. § 43 Abs. 1, 4, § 69a StVZO; § 1 Abs. 2, § 49 StVO; § 24 Abs. 1, 3 Nr. 5 StVG; 214.1 BKat; § 3 Abs. 2, 3 BKatV; § 19 OwiG	B - 1	325,00	
343605	Sie führten als Halter den Lastkraftwagen/Kraftomnibus *) bzw. dessen Anhänger, obwohl die Verkehrssicherheit durch den Verstoß gegen eine Vorschrift über Einrichtungen zur Ver-bindung von Fahrzeugen wesentlich beeinträchtigt wurde. Es kam zum Unfall. § 43 Abs. 1, 4, § 69a StVZO; § 1 Abs. 2, § 49 StVO; § 24 Abs. 1, 3 Nr. 5 StVG; 214.1 BKat; § 3 Abs. 2, 3 BKatV; § 19 OWiG	B - 1	390,00	
343606	Sie führten das kennzeichnungspflichtige Kraftfahrzeug mit gefährlichen Gütern/den Kraftomnibus mit Fahrgästen *) bzw. dessen Anhänger, obwohl die Verkehrssicherheit durch den Verstoß gegen eine Vorschrift über Einrichtungen zur Ver-bindung von Fahrzeugen wesentlich beeinträchtigt wurde. § 43 Abs. 1, 4, § 69a StVZO; § 24 Abs. 1, 3 Nr. 5 StVG; 214.1 BKat; § 3 Abs. 4 BKatV	B - 1	270,00	

TBNR	Bemerkungen
343601 -343606	*) Zutreffendes angeben

Einrichtungen zur Verbindung von Fahrzeugen - § 43 StVZO

TBNR	Tatbestandstext	FaP-Pkt	Euro	FV
343607	Sie führten das kennzeichnungspflichtige Kraftfahrzeug mit gefährlichen Gütern/den Kraftomnibus mit Fahrgästen *) bzw. dessen Anhänger, obwohl die Verkehrssicherheit durch den Verstoß gegen eine Vorschrift über Einrichtungen zur Verbindung von Fahrzeugen wesentlich beeinträchtigt wurde und gefährdeten +) dadurch Andere. § 43 Abs. 1, 4, § 69a StVZO; § 1 Abs. 2, § 49 StVO; § 24 Abs. 1, 3 Nr. 5 StVG; 214.1 BKat; § 3 Abs. 3, 4 BKatV; § 19 OWiG	B - 1	330,00	
343608	Sie führten das kennzeichnungspflichtige Kraftfahrzeug mit gefährlichen Gütern/den Kraftomnibus mit Fahrgästen *) bzw. dessen Anhänger, obwohl die Verkehrssicherheit durch den Verstoß gegen eine Vorschrift über Einrichtungen zur Verbindung von Fahrzeugen wesentlich beeinträchtigt wurde. Es kam zum Unfall. § 43 Abs. 1, 4, § 69a StVZO; § 1 Abs. 2, § 49 StVO; § 24 Abs. 1, 3 Nr. 5 StVG; 214.1 BKat; § 3 Abs. 3, 4 BKatV; § 19 OWiG	B - 1	397,50	
343609	Sie führten als Halter das kennzeichnungspflichtige Kraftfahrzeug mit gefährlichen Gütern/den Kraftomnibus mit Fahrgästen *) bzw. dessen Anhänger, obwohl die Verkehrssicherheit durch den Verstoß gegen eine Vorschrift über Einrichtungen zur Verbindung von Fahrzeugen wesentlich beeinträchtigt wurde. § 43 Abs. 1, 4, § 69a StVZO; § 24 Abs. 1, 3 Nr. 5 StVG; 214.1 BKat; § 3 Abs. 2, 4 BKatV	B - 1	405,00	
343610	Sie führten als Halter das kennzeichnungspflichtige Kraftfahrzeug mit gefährlichen Gütern/den Kraftomnibus mit Fahrgästen *) bzw. dessen Anhänger, obwohl die Verkehrssicherheit durch den Verstoß gegen eine Vorschrift über Einrichtungen zur Verbindung von Fahrzeugen wesentlich beeinträchtigt wurde und gefährdeten +) dadurch Andere. § 43 Abs. 1, 4, § 69a StVZO; § 1 Abs. 2, § 49 StVO; § 24 Abs. 1, 3 Nr. 5 StVG; 214.1 BKat; § 3 Abs. 2, 3, 4 BKatV; § 19 OWiG	B - 1	487,50	
343611	Sie führten als Halter das kennzeichnungspflichtige Kraftfahrzeug mit gefährlichen Gütern/den Kraftomnibus mit Fahrgästen *) bzw. dessen Anhänger, obwohl die Verkehrssicherheit durch den Verstoß gegen eine Vorschrift über Einrichtungen zur Verbindung von Fahrzeugen wesentlich beeinträchtigt wurde. Es kam zum Unfall. § 43 Abs. 1, 4, § 69a StVZO; § 1 Abs. 2, § 49 StVO; § 24 Abs. 1, 3 Nr. 5 StVG; 214.1 BKat; § 3 Abs. 2, 3, 4 BKatV; § 19 OwiG	B - 1	585,00	

TBNR	Bemerkungen
343607 – 343611	*) Zutreffendes angeben

Einrichtungen zur Verbindung von Fahrzeugen - § 43 StVZO

TBNR	Tatbestandstext	FaP-Pkt	Euro	FV
343618	Sie führten das Fahrzeug bzw. dessen Anhänger, obwohl die Verkehrssicherheit durch den Verstoß gegen eine Vorschrift über Einrichtungen zur Verbindung von Fahrzeugen wesentlich beeinträchtigt wurde. § 43 Abs. 1, 4, § 69a StVZO; § 24 Abs. 1, 3 Nr. 5 StVG; 214.2 BKat	B - 1	90,00	
343619	Sie führten das Fahrzeug bzw. dessen Anhänger, obwohl die Verkehrssicherheit durch den Verstoß gegen eine Vorschrift über Einrichtungen zur Verbindung von Fahrzeugen wesentlich beeinträchtigt wurde und gefährdeten +) dadurch Andere. § 43 Abs. 1, 4, § 69a StVZO; § 1 Abs. 2, § 49 StVO; § 24 Abs. 1, 3 Nr. 5 StVG; 214.2 BKat; § 3 Abs. 3 BKatV; § 19 OWiG	B - 1	110,00	
343620	Sie führten das Fahrzeug bzw. dessen Anhänger, obwohl die Verkehrssicherheit durch den Verstoß gegen eine Vorschrift über Einrichtungen zur Verbindung von Fahrzeugen wesentlich beeinträchtigt wurde. Es kam zum Unfall. § 43 Abs. 1, 4, § 69a StVZO; § 1 Abs. 2, § 49 StVO; § 24 Abs. 1, 3 Nr. 5 StVG; 214.2 BKat; § 3 Abs. 3 BKatV; § 19 OWiG	B - 1	135,00	
343621	Sie führten als Halter das Fahrzeug bzw. dessen Anhänger, die Verkehrssicherheit durch den Verstoß gegen eine Vorschrift über Einrichtungen zur Verbindung von Fahrzeugen wesentlich beeinträchtigt wurde. § 43 Abs. 1, 4, § 69a StVZO; § 24 Abs. 1, 3 Nr. 5 StVG; 214.2 BKat; § 3 Abs. 2 BKatV	B - 1	135,00	
343622	Sie führten als Halter das Fahrzeug bzw. dessen Anhänger, obwohl die Verkehrssicherheit durch den Verstoß gegen eine Vorschrift über Einrichtungen zur Verbindung von Fahrzeugen wesentlich beeinträchtigt wurde und gefährdeten +) dadurch Andere. § 43 Abs. 1, 4, § 69a StVZO; § 1 Abs. 2, § 49 StVO; § 24 Abs. 1, 3 Nr. 5 StVG; 214.2 BKat; § 3 Abs. 2, 3 BKatV; § 19 OWiG	B - 1	165,00	
343623	Sie führten als Halter das Fahrzeug bzw. dessen Anhänger, obwohl die Verkehrssicherheit durch den Verstoß gegen eine Vorschrift über Einrichtungen zur Verbindung von Fahrzeugen wesentlich beeinträchtigt wurde. Es kam zum Unfall. § 43 Abs. 1, 4, § 69a StVZO; § 1 Abs. 2, § 49 StVO; § 24 Abs. 1, 3 Nr. 5 StVG; 214.2 BKat; § 3 Abs. 2, 3 BKatV; § 19 OWiG	B - 1	200,00	
343100	Sie unterließen es, beim Abschleppen eines Fahrzeugs die Abschleppstange oder das Abschleppseil ausreichend kenntlich zu machen. § 43 Abs. 3, § 69a StVZO; § 24 Abs. 1, 3 Nr. 5 StVG; 216 Bkat	0	5,00	

TBNR   Bemerkungen

Stützlast - § 44 Abs. 3 StVZO

TBNR	Tatbestandstext	FaP-Pkt	Euro	FV
344000	Sie führten das Fahrzeug, bei dem die zulässige Stützlast nicht durch ein Schild angezeigt wurde. § 44 Abs. 3, § 69a StVZO; § 24 Abs. 1, 3 Nr. 5 StVG; -- BKat	0	5,00	
344006	Sie führten das Kraftfahrzeug mit einem einachsigen Anhänger, dessen zulässige Stützlast bis zu 50 Prozent überschritten wurde. § 44 Abs. 3, § 69a StVZO; § 24 Abs. 1, 3 Nr. 5 StVG; -- BKat	0	25,00	
344012	Sie führten das Kraftfahrzeug mit einem einachsigen Anhänger, dessen zulässige Stützlast bis zu 50 Prozent unterschritten wurde. § 44 Abs. 3, § 69a StVZO; § 24 Abs. 1, 3 Nr. 5 StVG; -- BKat	0	25,00	
344600	Sie führten das Kraftfahrzeug mit einem einachsigen Anhänger, dessen zulässige Stützlast um mehr als 50 Prozent überschritten wurde. § 44 Abs. 3, § 69a StVZO; § 24 Abs. 1, 3 Nr. 5 StVG; 217 BKat	B - 1	60,00	
344606	Sie führten das Kraftfahrzeug mit einem einachsigen Anhänger, dessen zulässige Stützlast um mehr als 50 Prozent unterschritten wurde. § 44 Abs. 3, § 69a StVZO; § 24 Abs. 1, 3 Nr. 5 StVG; 217 Bkat	B - 1	60,00	

Ableitung von Abgasen - § 47c StVZO

TBNR	Tatbestandstext	FaP-Pkt	Euro	FV
347012	Sie führten das Fahrzeug, bei dem das Auspuffrohr über die seitliche/hintere *) Begrenzung hinausragte. § 47c, § 69a StVZO; § 24 Abs. 1, 3 Nr. 5 StVG; -- BKat	0	20,00	

Geräuschentwicklung und Schalldämpferanlage - § 49 StVZO

TBNR	Tatbestandstext	FaP-Pkt	Euro	FV
349000	Sie nahmen das Kraftfahrzeug trotz übermäßiger Geräuschentwicklung in Betrieb. § 49 Abs. 1, § 69a StVZO; § 24 Abs. 1, 3 Nr. 5 StVG; -- BKat	0	20,00	
349100	Sie führten das Kraftfahrzeug, dessen Schalldämpferanlage defekt war. § 49 Abs. 1, § 69a StVZO; § 24 Abs. 1, 3 Nr. 5 StVG; 219 BKat	0	20,00	
349101	Sie führten das Kraftfahrzeug, dessen Schalldämpferanlage defekt war und belästigten dadurch Andere. § 49 Abs. 1, § 69a StVZO; § 1 Abs. 2, § 49 StVO; § 24 Abs. 1, 3 Nr. 5 StVG; 219 BKat; § 19 OWiG	0	30,00	
349106	Sie weigerten sich, die Geräuschentwicklung prüfen zu lassen. § 49 Abs. 4, § 69a StVZO; § 24 Abs. 1, 3 Nr. 5 StVG; 220 BKat	0	10,00	

TBNR | Bemerkungen
347012 *) Zutreffendes angeben

Lichttechnische Einrichtungen - § 49a StVZO

TBNR	Tatbestandstext	FaP-Pkt	Euro	FV
349130	Sie führten das Kraftfahrzeug/den Anhänger *) und verstießen dabei gegen eine allgemeine Vorschrift über lichttechnische Einrichtungen **). § 49a Abs. 1, 2, 3, 4, 5, 6, 8, 9, 9a, 10, § 69a StVZO; § 24 Abs. 1, 3 Nr. 5 StVG; 221.1 BKat	0	5,00	
349136	Sie führten das Kraftfahrzeug/den Anhänger *) und verstießen dabei gegen das Verbot zum Anbringen anderer als vorgeschriebener oder für zulässig erklärter lichttechnischer Einrichtungen **). § 49a Abs. 1, § 69a StVZO; § 24 Abs. 1, 3 Nr. 5 StVG; 221.2 Bkat	0	20,00	

Scheinwerfer für Fern- und Abblendlicht - § 50 StVZO

350100	Sie führten das Fahrzeug und verstießen dabei gegen eine Vorschrift *) über Scheinwerfer für Fern- und Abblendlicht. § 50 Abs. 1, 2, 3, 5, 6, 6a, 9, § 69a StVZO; § 24 Abs. 1, 3 Nr. 5 StVG; 222.1 BKat	0	15,00	

Begrenzungsleuchten, vordere Rückstrahler - § 51 StVZO

351100	Sie führten das Fahrzeug und verstießen dabei gegen eine Vorschrift *) über Begrenzungsleuchten. § 51 Abs. 1, 2, 3, § 69a StVZO; § 24 Abs. 1, 3 Nr. 5 StVG; 222.2 BKat	0	15,00	
351106	Sie führten das Fahrzeug und verstießen dabei gegen eine Vorschrift *) über vordere Rückstrahler. § 51 Abs. 1, 2, 3, § 69a StVZO; § 24 Abs. 1, 3 Nr. 5 StVG; 222.2 BKat	0	15,00	

Seitliche Kenntlichmachung - § 51a StVZO

351112	Sie führten das Fahrzeug und verstießen dabei gegen eine Vorschrift *) über die seitliche Kenntlichmachung. § 51a Abs. 1, 3, 4, § 69a StVZO; § 24 Abs. 1, 3 Nr. 5 StVG; 222.3 BKat	0	15,00	

Umrissleuchten - § 51b StVZO

351118	Sie führten das Fahrzeug und verstießen dabei gegen eine Vorschrift *) über Umrissleuchten. § 51b Abs. 2, 5, 6, § 69a StVZO; § 24 Abs. 1, 3 Nr. 5 StVG; 222.3 BKat	0	25,00	

TBNR	Bemerkungen
349130 – 349136	*) Zutreffende Fahrzeugart angeben, **) Nicht betriebsbereite oder unzulässige lichttechnische Einrichtung angeben
350100; 351100 – 351106; 351112; 351118	*) näher erläutern

Parkleuchten, Park-Warntafeln - § 51c Abs. 3 und 5 StVZO

TBNR	Tatbestandstext	FaP-Pkt	Euro	FV
351000	Sie sorgten nicht dafür, dass an dem parkenden Fahrzeug die Parkleuchten vorschriftsmäßig *) angebracht waren. § 51c Abs. 3, § 69a StVZO; § 24 Abs. 1, 3 Nr. 5 StVG; -- Bkat	0	15,00	
351006	Sie sorgten nicht dafür, dass an dem parkenden Fahrzeug die Park-Warntafeln vorschriftsmäßig *) angebracht waren. § 51c Abs. 5, § 69a StVZO; § 24 Abs. 1, 3 Nr. 5 StVG; -- Bkat	0	15,00	

Zusätzliche Scheinwerfer und Leuchten - § 52 StVZO

TBNR	Tatbestandstext	FaP-Pkt	Euro	FV
352100	Sie führten das Fahrzeug, dessen Nebelscheinwerfer nicht vorschriftsmäßig *) angebracht bzw. geschaltet waren. § 52 Abs. 1, § 69a StVZO; § 24 Abs. 1, 3 Nr. 5 StVG; 222.4 BKat	0	15,00	
352106	Sie führten das Fahrzeug, dessen Suchscheinwerfer nicht vorschriftsmäßig *) angebracht war. § 52 Abs. 2, § 69a StVZO; § 24 Abs. 1, 3 Nr. 5 StVG; 222.4 BKat	0	15,00	
352112	Sie führten den Berechtigungsschein zum Führen eines Arzt-schildes nicht mit bzw. händigten diesen auf Verlangen nicht aus. § 52 Abs. 6, § 69a StVZO; § 24 Abs. 1, 3 Nr. 5 StVG; 222a BKat	0	10,00	
352118	Sie führten das Fahrzeug und benutzten dabei vorschrifts-widrig *) die Arbeitsscheinwerfer. § 52 Abs. 7, § 69a StVZO; § 24 Abs. 1, 3 Nr. 5 StVG; 222.4 Bkat	0	15,00	

Rückfahrscheinwerfer - § 52a StVZO

TBNR	Tatbestandstext	FaP-Pkt	Euro	FV
352000	Sie führten das Fahrzeug und verstießen dabei gegen eine Vorschrift *) über Rückfahrscheinwerfer. § 52a Abs. 1, 2, 3, 4, § 69a StVZO; § 24 Abs. 1, 3 Nr. 5 StVG; -- BKat	0	15,00	

Schlussleuchten, Bremsleuchten, Rückstrahler - § 53 StVZO

TBNR	Tatbestandstext	FaP-Pkt	Euro	FV
353100	Sie führten das Kraftfahrzeug/den Anhänger *) und verstießen dabei gegen die Vorschrift **) über Schluss-, Bremsleuchten oder Rückstrahler. § 53 Abs. 1, 2, 4, 5, 6, 8, 9, § 69a StVZO; § 24 Abs. 1, 3 Nr. 5 StVG; 222.5 BKat	0	15,00	

TBNR	Bemerkungen
351000 - 351006	*) näher erläutern
352100, 352106;	
352118; 352000	
353100	*) Zutreffende Fahrzeugart angeben, **) näher erläutern

Warndreieck, Warnleuchte, Warnblinkanlage, Warnweste - § 53a StVZO

TBNR	Tatbestandstext	FaP-Pkt	Euro	FV
353000	Sie führten das Kraftfahrzeug und verstießen dabei gegen die Vorschrift *) über Warnwesten. § 53a Abs. 1, 2, § 69a StVZO; § 24 Abs. 1, 3 Nr. 5 StVG; -- BKat	0	15,00	
353106	Sie führten das Kraftfahrzeug/den Anhänger *) und verstießen dabei gegen die Vorschrift **) über Warndreieck, Warnleuchte bzw. Warnblinkanlage. § 53a Abs. 1, 2, 3, 4, 5, § 69a StVZO; § 24 Abs. 1, 3 Nr. 5 StVG; 222.6 Bkat	0	15,00	

Ausrüstg. u. Kenntlichmachg.: Anbaugeräte/Hubladebühnen - § 53b StVZO

TBNR	Tatbestandstext	FaP-Pkt	Euro	FV
353112	Sie führten das Kraftfahrzeug/den Anhänger *) und verstießen dabei gegen die Vorschrift **) über Ausrüstung bzw. Kenntlichmachung von Anbaugeräten oder Hubladebühnen. § 53b Abs. 1, 2, 3, 4, 5, § 69a StVZO; § 24 Abs. 1, 3 Nr. 5 StVG; 222.7 BKat	0	15,00	

Nebelschlussleuchten - § 53d StVZO

TBNR	Tatbestandstext	FaP-Pkt	Euro	FV
353118	Sie führten das Kraftfahrzeug/den Anhänger *) und verstießen dabei gegen die Vorschrift **) über Nebelschlussleuchten. § 53d Abs. 1, 3, § 69a StVZO; § 24 Abs. 1, 3 Nr. 5 StVG; 222.5 BKat	0	15,00	

Fahrtrichtungsanzeiger - § 54 StVZO

TBNR	Tatbestandstext	FaP-Pkt	Euro	FV
354000	Sie führten das Fahrzeug, obwohl der Fahrtrichtungsanzeiger fehlte/mangelhaft *) war. § 54, § 69a StVZO; § 24 Abs. 1, 3 Nr. 5 StVG; -- BKat	0	15,00	

Einrichtungen für Schallzeichen (Kraftfahrzeuge) - § 55 StVZO

TBNR	Tatbestandstext	FaP-Pkt	Euro	FV
355000	Sie führten das Fahrzeug, obwohl dessen Schallzeicheneinrichtung unzulässig/mangelhaft *) war. § 55 Abs. 1, § 69a StVZO; § 24 Abs. 1, 3 Nr. 5 StVG; -- BKat	0	15,00	

Spiegel und andere Einrichtungen für indirekte Sicht - § 56 StVZO

TBNR	Tatbestandstext	FaP-Pkt	Euro	FV
356000	Sie führten das Fahrzeug, dessen Rückspiegel fehlte/nicht den Vorschriften entsprach *). § 56 Abs. 1, 2, § 69a StVZO; § 24 Abs. 1, 3 Nr. 5 StVG; -- Bkat	0	15,00	

Prüfung der Fahrtschreiber und Kontrollgeräte - § 57b StVZO

TBNR	Tatbestandstext	FaP-Pkt	Euro	FV
357006	Sie sorgten als Halter nicht für die Vorschriftsmäßigkeit des Einbauschildes. § 57b Abs. 1, § 69a StVZO; § 24 Abs. 1, 3 Nr. 5 StVG; -- BKat	0	10,00	

TBNR **Bemerkungen**
353000 *) näher erläutern
353106; 353112;*) Zutreffende Fahrzeugart angeben, **) näher erläutern
353118
354000, 355000 *) Zutreffendes angeben
356000 *) Zutreffendes ggf. Beanstandungen angeben

414

Ausrüstung mit Geschwindigkeitsbegrenzern - § 57c StVZO

TBNR	Tatbestandstext	FaP-Pkt	Euro	FV
357600	Sie führten den KOM/den Lkw/die Zugmaschine/die Sattelzugmaschine *) mit einem zulässigen Gesamtgewicht von mehr als 3,5 t, obwohl das Fahrzeug nicht mit dem vorgeschriebenen Geschwindigkeitsbegrenzer ausgerüstet war. § 57c Abs. 2, 5, § 31d Abs. 3 **), § 69a StVZO; § 24 Abs. 1, 3 Nr. 5 StVG; 223 BKat	B - 1	100,00	
357601	Sie führten den KOM mit Fahrgästen/kennzeichnungspflichtigen Lkw mit gefährlichen Gütern *) mit einem zulässigen Gesamtgewicht von mehr als 3,5 t, obwohl das Fahrzeug nicht mit dem vorgeschriebenen Geschwindigkeitsbegrenzer ausgerüstet war. § 57c Abs. 2, 5, § 31d Abs. 3 **), § 69a StVZO; § 24 Abs. 1, 3 Nr. 5 StVG; 223 BKat; § 3 Abs. 4 BKatV	B - 1	150,00	
357602	Sie führten die kennzeichnungspflichtige Zugmaschine/ Sattelzugmaschine *) mit gefährlichen Gütern mit einem zulässigen Gesamtgewicht von mehr als 3,5 t, obwohl das Fahrzeug nicht mit dem vorgeschriebenen Geschwindigkeitsbegrenzer ausgerüstet war. § 57c Abs. 2, 5, § 31d Abs. 3 **), § 69a StVZO; § 24 Abs. 1, 3 Nr. 5 StVG; 223 BKat; § 3 Abs. 4 BKatV	B - 1	150,00	
357603	Sie führten den KOM/den Lkw/die Zugmaschine/die Sattelzugmaschine *) mit einem zulässigen Gesamtgewicht von mehr als 3,5 t mit einem auf eine unzulässige Geschwindigkeit eingestellten Geschwindigkeitsbegrenzer. § 57c Abs. 2, 5, § 31d Abs. 3 **), § 69a StVZO; § 24 Abs. 1, 3 Nr. 5 StVG; 223 BKat	B - 1	100,00	
357604	Sie führten den KOM mit Fahrgästen/kennzeichnungspflichtigen Lkw mit gefährlichen Gütern *) mit einem zulässigen Gesamtgewicht von mehr als 3,5 t mit einem auf eine unzulässige Geschwindigkeit eingestellten Geschwindigkeitsbegrenzer. § 57c Abs. 2, 5, § 31d Abs. 3 **), § 69a StVZO; § 24 Abs. 1, 3 Nr. 5 StVG; 223 BKat; § 3 Abs. 4 BKatV	B - 1	150,00	
357605	Sie führten die kennzeichnungspflichtige Zugmaschine/ Sattelzugmaschine *) mit gefährlichen Gütern mit einem zulässigen Gesamtgewicht von mehr als 3,5 t mit einem auf eine unzulässige Geschwindigkeit eingestellten Geschwindigkeitsbegrenzer. § 57c Abs. 2, 5, § 31d Abs. 3 **), § 69a StVZO; § 24 Abs. 1, 3 Nr. 5 StVG; 223 BKat; § 3 Abs. 4 BKatV	B - 1	150,00	

TBNR	Bemerkungen
357600 – 357605	*) Zutreffende Fahrzeugart angeben, **) Zutreffende Rechtsgrundlage angeben

Ausrüstung mit Geschwindigkeitsbegrenzern - § 57c StVZO

TBNR	Tatbestandstext	FaP-Pkt	Euro	FV
357606	Sie führten den KOM/den Lkw/die Zugmaschine/die Sattelzug-maschine *) mit einem zulässigen Gesamtgewicht von mehr als 3,5 t, ohne den Geschwindigkeitsbegrenzer zu benutzen. § 57c Abs. 2, 5, § 31d Abs. 3 **), § 69a StVZO; § 24 Abs. 1, 3 Nr. 5 StVG; 223 BKat	B - 1	100,00	
357607	Sie führten den KOM mit Fahrgästen/kennzeichnungs-pflichtigen Lkw mit gefährlichen Gütern *) mit einem zulässigen Gesamtgewicht von mehr als 3,5 t, ohne den Geschwindigkeitsbegrenzer zu benutzen. § 57c Abs. 2, 5, § 31d Abs. 3 **), § 69a StVZO; § 24 Abs. 1, 3 Nr. 5 StVG; 223 BKat; § 3 Abs. 4 BkatV	B - 1	150,00	
357608	Sie führten die kennzeichnungspflichtige Zugmaschine/ Sattelzugmaschine *) mit gefährlichen Gütern mit einem zulässigen Gesamtgewicht von mehr als 3,5 t, ohne den Geschwindigkeitsbegrenzer zu benutzen. § 57c Abs. 2, 5, § 31d Abs. 3 **), § 69a StVZO; § 24 Abs. 1, 3 Nr. 5 StVG; 223 BKat; § 3 Abs. 4 BKatV	B - 1	150,00	
357609	Sie führten als Halter den KOM/den Lkw/die Zugmaschine/ die Sattelzugmaschine *) mit einer zulässigen Gesamtmasse von mehr als 3,5 t, obwohl das Fahrzeug nicht mit dem vor-geschriebenen Geschwindigkeitsbegrenzer ausgerüstet war. § 57c Abs. 2, 5 § 31d Abs. 3 **), § 69a StVZO; § 24 Abs. 1, 3 Nr. 5 StVG; 223 BKat; § 3 Abs. 2 BKatV	B - 1	150,00	
357610	Sie führten als Halter den KOM mit Fahrgästen/kennzeichnungs-pflichtigen Gütern *) mit einer zulässigen Gesamtmasse von mehr als 3,5 t, obwohl das Fahrzeug nicht mit dem vorgeschriebenen Geschwindigkeitsbegrenzer ausgerüstet war. § 57c Abs. 2, 5 § 31d Abs. 3 **), § 69a StVZO; § 24 Abs. 1, 3 Nr. 5 StVG; 223 BKat; § 3 Abs. 2, 4 BKatV	B - 1	225,00	
357611	Sie führten als Halter die kennzeichnungspflichtige Zug-maschine/Sattelzugmaschine *) mit gefährlichen Gütern mit einer zulässigen Gesamtmasse von mehr als 3,5 t, obwohl das Fahrzeug nicht mit dem vorgeschriebenen Geschwindig-keitsbegrenzer ausgerüstet war. § 57c Abs. 2, 5, § 31d Abs. 3 **), § 69a StVZO; § 24 Abs. 1, 3 Nr. 5 StVG; 223 BKat; § 3 Abs. 2, 4 BKatV	B - 1	225,00	

TBNR	Bemerkungen
357606 – 357611	*) Zutreffende Fahrzeugart angeben, **) Zutreffende Rechtsgrundlage angeben

Ausrüstung mit Geschwindigkeitsbegrenzern - § 57c StVZO

TBNR	Tatbestandstext	FaP-Pkt	Euro	FV
357612	Sie führten als Halter den KOM/den Lkw/die Zugmaschine/ die Sattelzugmaschine *) mit einer zulässigen Gesamtmasse von mehr als 3,5 t mit einem auf eine unzulässige Geschwindigkeit eingestellten Geschwindigkeitsbegrenzer. § 57c Abs. 2, § 31d Abs. 3 **), § 69a StVZO; § 24 Abs. 1, 3 Nr. 5 StVG; 223 BKat; § 3 Abs. 2 BKatV	B - 1	150,00	
357613	Sie führten als Halter den KOM mit Fahrgästen/kennzeichnungspflichtigen Lkw mit gefährlichen Gütern *) mit einer zulässigen Gesamtmasse von mehr als 3,5 t mit einem auf eine unzulässige Geschwindigkeit eingestellten Geschwindigkeitsbegrenzer. § 57c Abs. 2, § 31d Abs. 3 **), § 69a StVZO; § 24 Abs. 1, 3 Nr. 5 StVG; 223 BKat; § 3 Abs. 2, 4 BKatV	B - 1	225,00	
357614	Sie führten als Halter die kennzeichnungspflichtige Zugmaschine/ Sattelzugmaschine *) mit gefährlichen Gütern mit einer zulässigen Gesamtmasse von mehr als 3,5 t mit einem auf eine unzulässige Geschwindigkeit eingestellten Geschwindigkeitsbegrenzer. § 57c Abs. 2, § 31d Abs. 3 **), § 69a StVZO; § 24 Abs. 1, 3 Nr. 5 StVG; 223 BKat; § 3 Abs. 2, 4 BKatV	B - 1	225,00	
357615	Sie führten als Halter den KOM/den Lkw/die Zugmaschine/die Sattelzugmaschine *) mit einer zulässigen Gesamtmasse von mehr als 3,5 t, ohne den Geschwindigkeitsbegrenzer zu benutzen. § 57c Abs. 5, § 31d Abs. 3 **), § 69a StVZO; § 24 Abs. 1, 3 Nr. 5 StVG; 223 BKat; § 3 Abs. 2 BKatV	B - 1	150,00	
357616	Sie führten als Halter den KOM mit Fahrgästen/kennzeichnungspflichtigen Lkw mit gefährlichen Gütern *) mit einer zulässigen Gesamtmasse von mehr als 3,5 t, ohne den Geschwindigkeitsbegrenzer zu benutzen. § 57c Abs. 5, § 31d Abs. 3 **), § 69a StVZO; § 24 Abs. 1, 3 Nr. 5 StVG; 223 BKat; § 3 Abs. 2, 4 BKatV	B - 1	225,00	
357617	Sie führten als Halter die kennzeichnungspflichtige Zugmaschine/ Sattelzugmaschine *) mit gefährlichen Gütern mit einer zulässigen Gesamtmasse von mehr als 3,5 t, ohne den Geschwindigkeitsbegrenzer zu benutzen. § 57c Abs. 5, § 31d Abs. 3 **), § 69a StVZO; § 24 Abs. 1, 3 Nr. 5 StVG; 223 BKat; § 3 Abs. 2, 4 BKatV	B - 1	225,00	

TBNR	Bemerkungen
357612 – 357617	*) Zutreffende Fahrzeugart angeben, **) Zutreffende Rechtsgrundlage angeben

Einbau und Prüfung von Geschwindigkeitsbegrenzern - § 57d StVZO

TBNR	Tatbestandstext	FaP-Pkt	Euro	FV
357100	Sie unterließen es als Halter des Fahrzeugs, den Geschwindigkeitsbegrenzer in den vorgeschriebenen Fällen prüfen zu lassen. Der Termin für diese Prüfung war noch nicht 1 Monat überschritten. § 57d Abs. 2, § 69a StVZO; § 24 Abs. 1, 3 Nr. 5 StVG; 225.1 BKat	0	25,00	
357106	Sie führten für das Fahrzeug keine Bescheinigung über die Prüfung des vorgeschriebenen Geschwindigkeitsbegrenzers mit oder händigten diese auf Verlangen nicht aus. § 57d Abs. 2, § 69a StVZO; § 24 Abs. 1, 3 Nr. 5 StVG; 226 BKat	0	10,00	
357618	Sie unterließen es als Halter des Fahrzeugs, den Geschwindigkeitsbegrenzer in den vorgeschriebenen Fällen prüfen zu lassen. Der Termin für diese Prüfung war mehr als 1 Monat überschritten. § 57d Abs. 2, § 69a StVZO; § 24 Abs. 1, 3 Nr. 5 StVG; 225.2 BKat	0	40,00	

Halteeinrichtungen für Beifahrer auf zweirädrigen Kfz - § 61 StVZO

TBNR	Tatbestandstext	FaP-Pkt	Euro	FV
361000	Sie beförderten einen Beifahrer auf dem Kraftrad, obwohl dieses nicht mit einem vorschriftsmäßigen Haltesystem ausgerüstet war. § 61 Abs. 1, § 69a StVZO; § 24 Abs. 1, 3 Nr. 5 StVG; -- BKat	0	5,00	

Einrichtungen für Schallzeichen (Andere Straßenfahrzeuge)- § 64a StVZO

TBNR	Tatbestandstext	FaP-Pkt	Euro	FV
364100	Sie führten ein Fahrrad unter Verstoß gegen eine Vorschrift über die Einrichtungen für Schallzeichen. § 64a, § 69a StVZO; § 24 Abs. 1, 3 Nr. 5 StVG; 229 BKat	0	15,00	

TBNR   Bemerkungen

Bremsen - § 65 StVZO

TBNR	Tatbestandstext	FaP-Pkt	Euro	FV
365000	Sie führten ein Fahrrad, obwohl die bremstechnischen Einrichtungen nicht den Vorschriften entsprachen. § 65 Abs. 1, § 69a StVZO; § 24 Abs. 1, 3 Nr. 5 StVG; -- Bkat	0	10,00	

Lichttechnische Einrichtung an Fahrrädern - § 67 StVZO

367100	Sie führten das Fahrrad, obwohl die lichttechnischen Einrichtungen nicht den Vorschriften *) entsprachen. § 67, § 69a StVZO; § 24 Abs. 1, 3 Nr. 5 StVG; 230 BKat	0	20,00	

Ausnahmen - § 70 StVZO

370100	Sie führten die Urkunde über eine Ausnahmegenehmigung nicht mit. § 70 Abs. 3a, § 69a StVZO; § 24 Abs. 1, 3 Nr. 5 StVG; 231 BKat	0	10,00	
370106	Sie händigten auf Verlangen der zuständigen Person die Urkunde über eine Ausnahmegenehmigung nicht aus. § 70 Abs. 3a, § 69a StVZO; § 24 Abs. 1, 3 Nr. 5 StVG; 255 BKat	0	10,00	

Auflagen bei Ausnahmegenehmigungen - § 71 StVZO

371100	Sie führten das Fahrzeug, das nicht den Vorschriften entsprach, ohne den Auflagen *) der Ausnahmegenehmigungen nachgekommen zu sein. § 71, § 69a StVZO; § 24 Abs. 1, 3 Nr. 5 StVG; 232 BKat	0	15,00	
371600	Sie ließen zu bzw. ordneten an, dass das Fahrzeug, das nicht den Vorschriften entsprach, in Betrieb genommen wurde, ohne den Auflagen *) der Ausnahmegenehmigungen nachgekommen zu sein. § 71, § 69a StVZO; § 24 Abs. 1, 3 Nr. 5 StVG; 233 BKat	B - 1	70,00	
371606	Sie führten als Halter das Fahrzeug, das nicht den Vorschriften entsprach, ohne den Auflagen *) der Ausnahmegenehmigungen nachgekommen zu sein. § 71, § 69a StVZO; § 24 Abs. 1, 3 Nr. 5 StVG; 233 BKat	B - 1	70,00	

TBNR	Bemerkungen
367100	*) Mangel angeben
371100 – 371606	*) Auflage(n) angeben

0,5 Promille-Grenze und Berauschende Mittel - § 24 Abs. 1, 3 Nr. 5a StVG

TBNR	Tatbestandstext	FaP-Pkt	Euro	FV
424600	Sie führten das Kraftfahrzeug mit einer Atemalkoholkonzentration von 0,25 mg/l oder mehr. Die festgestellte Atemalkoholkonzentration betrug *).,.. mg/l. § 24 Abs. 1, 3 Nr. 5a Abs. 1, § 25 StVG; 241 BKat; § 4 Abs. 3 BKatV	A - 2	500,00	1 M
424601	Sie führten das Kraftfahrzeug mit einer Atemalkoholkonzentration von 0,25 mg/l oder mehr. Die festgestellte Atemalkoholkonzentrationbetrug *).,.. mg/l. - bei Eintragung von bereits einer Entscheidung nach § 24 Abs. 1, 3 Nr. 5a StVG, §§ 316 oder 315c Abs. 1 Nr. 1 Bstb. a StGB im FAER. § 24 Abs. 1, 3 Nr. 5a Abs. 1, § 25 StVG; 241.1 BKat; § 4 Abs. 3 BKatV	A - 2	1000,00	3 M
424602	Sie führten das Kraftfahrzeug mit einer Atemalkoholkonzentration von 0,25 mg/l oder mehr. Die festgestellte Atemalkoholkonzentrationbetrug *).,.. mg/l. - bei Eintragung von bereits mehreren Entscheidungen nach § 24 Abs. 1, 3 Nr. 5a StVG, §§ 316 oder 315c Abs. 1 Nr. 1 Bstb. a StGB im FAER. § 24 Abs. 1, 3 Nr. 5a Abs. 1, § 25 StVG; 241.2 BKat; § 4 Abs. 3 BKatV	A - 2	1500,00	3 M
424606	Sie führten das Kraftfahrzeug mit einer Blutalkoholkonzentration von 0,5 Promille oder mehr. Die festgestellte Blutalkoholkonzentrationbetrug *).,.. Promille. § 24 Abs. 1, 3 Nr. 5a Abs. 1, § 25 StVG; 241 BKat; § 4 Abs. 3 BKatV	A - 2	500,00	1 M
424607	Sie führten das Kraftfahrzeug mit einer Blutalkoholkonzentration von 0,5 Promille oder mehr. Die festgestellte Blutalkoholkonzentration betrug *).,.. Promille. - bei Eintragung von bereits einer Entscheidung nach § 24 Abs. 1, 3 Nr. 5a StVG, §§ 316 oder 315c Abs. 1 Nr. 1 Bstb. a StGB im FAER. § 24 Abs. 1, 3 Nr. 5a Abs. 1, § 25 StVG; 241.1 BKat; § 4 Abs. 3 BKatV	A - 2	1000,00	3 M
424608	Sie führten das Kraftfahrzeug mit einer Blutalkoholkonzentration von 0,5 Promille oder mehr. Die festgestellte Blutalkoholkonzentration betrug *).,.. Promille. - bei Eintragung von bereits mehreren Entscheidungen nach § 24 Abs. 1, 3 Nr. 5a StVG, §§ 316 oder 315c Abs. 1 Nr. 1 Bstb. a StGB im FAER. § 24 Abs. 1, 3 Nr. 5a Abs. 1, § 25 StVG; 241.2 BKat; § 4 Abs. 3 BKatV	A - 2	1500,00	3 M
424612	Sie führten das Kraftfahrzeug mit einer Alkoholmenge im Körper, die zu einer Atemalkoholkonzentration von 0,25 mg/l oder mehr geführt hat. Die festgestellte Atemalkoholkonzentration betrug *) .,.. mg/l. § 24 Abs. 1, 3 Nr. 5a Abs. 1, § 25 StVG; 241 BKat; § 4 Abs. 3 BKatV	A - 2	500,00	1 M

TBNR	Bemerkungen
424600 – 424612	*) Atemalkoholkonzentration in mg/l bzw. Blutalkoholkonzentration in Promille angeben

0,5 Promille-Grenze und Berauschende Mittel - § 24 Abs. 1, 3 Nr. 5a StVG

TBNR	Tatbestandstext	FaP-Pkt	Euro	FV
424613	Sie führten das Kraftfahrzeug mit einer Alkoholmenge im Körper, die zu einer Atemalkoholkonzentration von 0,25 mg/l oder mehr geführt hat. Die festgestellte Atemalkoholkonzentration betrug *).,.. mg/l. - bei Eintragung von bereits einer Entscheidung nach § 24 Abs. 1, 3 Nr. 5a StVG, §§ 316 oder 315c Abs. 1 Nr. 1 Bstb. a StGB im FAER. § 24 Abs. 1, 3 Nr. 5a Abs. 1, § 25 StVG; 241.1 BKat; § 4 Abs. 3 BkatV	A - 2	1000,00	3 M
424614	Sie führten das Kraftfahrzeug mit einer Alkoholmenge im Körper, die zu einer Atemalkoholkonzentration von 0,25 mg/l oder mehr geführt hat. Die festgestellte Atemalkoholkonzentration betrug *) .,.. mg/l. - bei Eintragung von bereits mehreren Entscheidungen nach § 24 Abs. 1, 3 Nr. 5a StVG, §§ 316 oder 315c Abs. 1 Nr. 1 Bstb. a StGB im FAER. § 24 Abs. 1, 3 Nr. 5a Abs. 1, § 25 StVG; 241.2 BKat; § 4 Abs. 3 BKatV	A - 2	1500,00	3 M
424618	Sie führten das Kraftfahrzeug mit einer Alkoholmenge im Körper, die zu einer Blutalkoholkonzentration von 0,5 Promille oder mehr geführt hat. Die festgestellte Blutalkoholkonzentration betrug *) .,.. Promille. § 24 Abs. 1, 3 Nr. 5a Abs. 1, § 25 StVG; 241 BKat; § 4 Abs. 3 BKatV	A - 2	500,00	1 M
424619	Sie führten das Kraftfahrzeug mit einer Alkoholmenge im Körper, die zu einer Blutalkoholkonzentration von 0,5 Promille oder mehr geführt hat. Die festgestellte Blutalkoholkonzentration betrug *) .,.. Promille. - bei Eintragung von bereits einer Entscheidung nach § 24 Abs. 1, 3 Nr. 5a StVG, §§ 316 oder 315c Abs. 1 Nr. 1 Bstb. a StGB im FAER. § 24 Abs. 1, 3 Nr. 5a Abs. 1, § 25 StVG; 241.1 BKat; § 4 Abs. 3 BKatV	A - 2	1000,00	3 M
424620	Sie führten das Kraftfahrzeug mit einer Alkoholmenge im Körper, die zu einer Blutalkoholkonzentration von 0,5 Promille oder mehr geführt hat. Die festgestellte Blutalkoholkonzentration betrug *) .,.. Promille. - bei Eintragung von bereits mehreren Entscheidungen nach § 24 Abs. 1, 3 Nr. 5a StVG, §§ 316 oder 315c Abs. 1 Nr. 1 Bstb. a StGB im FAER. § 24 Abs. 1, 3 Nr. 5a Abs. 1, § 25 StVG; 241.2 BKat; § 4 Abs. 3 BKatV	A - 2	1500,00	3 M

TBNR　　　**Bemerkungen**

424613 – 424620 *) Atemalkoholkonzentration in mg/l bzw. Blutalkoholkonzentration in Promille angeben

0,5 Promille-Grenze und Berauschende Mittel - § 24 Abs. 1, 3 Nr. 5a StVG

TBNR	Tatbestandstext	FaP-Pkt	Euro	FV
424648	Sie führten das Kraftfahrzeug unter Wirkung des berauschenden Mittels *). § 24 Abs. 1, 3 Nr. 5a Abs. 2, 3, § 25 StVG; 242 BKat; § 4 Abs. 3 BKatV	A - 2	500,00	1 M
424649	Sie führten das Kraftfahrzeug unter Wirkung des berauschenden Mittels *). - bei Eintragung von bereits einer Entscheidung nach § 24 Abs. 1, 3 Nr. 5a StVG, §§ 316 oder 315c Abs. 1 Nr. 1 Bstb. a StGB im FAER. § 24 Abs. 1, 3 Nr. 5a Abs. 2, 3, § 25 StVG; 242.1 BKat; § 4 Abs. 3 BKatV	A - 2	1000,00	3 M
424650	Sie führten das Kraftfahrzeug unter Wirkung des berauschenden Mittels *). - bei Eintragung von bereits mehreren Entscheidungen nach § 24 Abs. 1, 3 Nr. 5a StVG, §§ 316 oder 315c Abs. 1 Nr. 1 Bstb. a StGB im FAER. § 24 Abs. 1, 3 Nr. 5a Abs. 2, 3, § 25 StVG; 242.2 BKat; § 4 Abs. 3 BkatV	A - 2	1500,00	3 M

Grenzwerte (Verweisungen)

Berauschende Mittel	Substanzen	Grenzwerte im Blutserum	
Cannabis	Tetrahydrocannabinol (THC)	1 ng/ml	(0,001 mg/l)
Heroin	Morphin	10 ng/ml	(0,01 mg/l)
Morphin	Morphin (freie Form)	10 ng/ml	(0,01 mg/l)
Cocain	Cocain	10 ng/ml	(0,01 mg/l)
Cocain	Benzoylecgonin	75 ng/ml	(0,075 mg/l)
Amfetamin	Amfetamin	25 ng/ml	(0,025 mg/l)
Designer-Amfetamin	Methylendioxyamfetamin (MDA)	25 ng/ml	(0,025 mg/l)
Designer-Amfetamin	Methylendioxyethylamfetamin MDE)	25 ng/ml	(0,025 mg/l)
Designer-Amfetamin	Methylendioxymetamfetamin (MDMA)	25 ng/ml	(0,025 mg/l)
Metamfetamin	Metamfetamin	25 ng/ml	(0,025 mg/l)

TBNR Bemerkungen
424648 – 424650 *) Berauschendes Mittel angeben (s. Anlg. zu § 24 Abs. 1, 3 Nr. 5a StVG)

Alkoholverbot für Fahranfänger und Fahranfängerinnen - § 24 Abs. 1, 3 Nr. 5c StVG

TBNR	Tatbestandstext	FaP-Pkt	Euro	FV
424654	Sie haben in der Probezeit nach § 2a StVG als Führer eines Kraftfahrzeuges ein alkoholisches Getränk zu sich genommen. § 24 Abs. 1, 3 Nr. 5c Abs. 1, 2 StVG; 243 BKat	A - 1	250,00	
424660	Sie haben in der Probezeit nach § 2a StVG als Führer eines Kraftfahrzeuges die Fahrt unter der Wirkung eines alkoholischen Getränks angetreten. § 24 Abs. 1, 3 Nr. 5c Abs. 1, 2 StVG; 243 BKat	A - 1	250,00	
424666	Sie haben vor Vollendung des 21. Lebensjahres als Führer eines Kraftfahrzeuges ein alkoholisches Getränk zu sich genommen. § 24 Abs. 1, 3 Nr. 5c Abs. 1, 2 StVG; 243 BKat	A - 1	250,00	
424672	Sie haben vor Vollendung des 21. Lebensjahres als Führer eines Kraftfahrzeuges die Fahrt unter der Wirkung eines alkoholischen Getränks angetreten. § 24 Abs. 1, 3 Nr. 5c Abs. 1, 2 StVG; 243 Bkat	A - 1	250,00	

Ferienreiseverordnung

TBNR	Tatbestandstext	FaP-Pkt	Euro	FV
501000	Sie fuhren mit dem Kraftfahrzeug trotz des zu diesem Zeitpunkt bestehenden Verkehrsverbotes auf der Autobahn. § 1, § 5 Ferienreiseverordnung; § 24 Abs. 1, 3 Nr. 5 StVG; -- BKat	0	25,00	
501600	Sie fuhren mit dem Kraftfahrzeug länger als 15 Minuten trotz des zu diesem Zeitpunkt bestehenden Verkehrsverbotes. § 1, § 5 Ferienreiseverordnung; § 24 Abs. 1, 3 Nr. 5 StVG; 239 BKat	0	60,00	
501606	Sie ließen zu bzw. ordneten an, dass mit dem Kraftfahrzeug entgegen dem bestehenden Verkehrsverbot länger als 15 Minuten gefahren wurde. § 1, § 5 Ferienreiseverordnung; § 24 Abs. 1, 3 Nr. 5 StVG; 240 BKat	0	150,00	
503006	Sie haben die vorgeschriebenen Fracht- und Begleitpapiere oder die Ausnahmegenehmigung nicht mitgeführt oder auf Verlangen nicht ausgehändigt. § 3 Abs. 2, § 5 Ferienreiseverordnung; § 24 Abs. 1, 3 Nr. 5 StVG; -- BKat	0	10,00	

Pflichten des Beförderers - § 19 Abs. 2 GGVSEB

TBNR	Tatbestandstext	FaP-Pkt	Euro	FV
519500	Sie unterließen es als Beförderer (in der Funktion des Fahrzeughalters), dem Fahrzeugführer die erforderliche Ausrüstung zur Durchführung der Ladungssicherung zu übergeben. § 19 Abs. 2 GGVSEB; Unterabschnitt 7.5.7.1 ADR iVm § 37 Abs. 1 Nr. 6o GGVSEB; § 10 Abs. 1 NR. 1 GGBefG; 51 RSEB	B - 1	800,00	

TBNR   Bemerkungen

Pflichten mehrerer Beteiligter im Straßenverkehr - § 29 Abs. 1 GGVSEB

TBNR	Tatbestandstext	FaP-Pkt	Euro	FV
529500	Sie unterließen es als tatsächlicher Verlader, Versandstücke, die gefährliche Güter enthalten,/unverpackte gefährliche Gegenstände *) durch geeignete Mittel **), die in der Lage sind, die Güter im Fahrzeug oder Container zurückzuhalten, zu sichern. § 29 Abs. 1 GGVSEB; Unterabschnitt 7.5.7.1 ADR iVm § 37 Abs. 1 Nr. 21a GGVSEB; § 10 Abs.1 Nr. 1 GGBefG; 124.3 RSEB	B - 1	500,00	
529506	Sie unterließen es als tatsächlicher Verlader, bei der Beförderung von gefährlichen Gütern, die mit anderen Gütern befördert wurden, alle Güter so zu sichern oder zu verpacken, dass das Austreten gefährlicher Güter verhindert wird. § 29 Abs. 1 GGVSEB; Unterabschnitt 7.5.7.1 ADR iVm § 37 Abs. 1 Nr. 21a GGVSEB; § 10 Abs.1 Nr. 1 GGBefG; 124.3 RSEB	B - 1	500,00	
529512	Sie unterließen es als Fahrzeugführer, Versandstücke, die gefährliche Güter enthalten,/unverpackte gefährliche Gegenstände *) durch geeignete Mittel **), die in der Lage sind, die Güter im Fahrzeug oder Container zurückzuhalten, zu sichern. § 29 Abs. 1 GGVSEB; Unterabschnitt 7.5.7.1 ADR iVm § 37 Abs. 1 Nr. 21a GGVSEB; § 10 Abs.1 Nr. 1 GGBefG; 250.3 RSEB	B - 1	300,00	
529518	Sie unterließen es als Fahrzeugführer, bei der Beförderung von gefährlichen Gütern, die mit anderen Gütern befördert wurden, alle Güter so zu sichern oder zu verpacken, dass das Austreten gefährlicher Güter verhindert wird. § 29 Abs. 1 GGVSEB; Unterabschnitt 7.5.7.1 ADR iVm § 37 Abs. 1 Nr. 21a GGVSEB; § 10 Abs.1 Nr. 1 GGBefG; 250.3 RSEB	B - 1	300,00	

TBNR   **Bemerkungen**
529500, 529512   *) Zutreffendes angeben, **) Mängel angeben

Anforderung an das Inbetriebsetzen - § 2 eKFV

TBNR	Tatbestandstext	FaP-Pkt	Euro	FV
602006	Sie setzten das Elektrokleinstfahrzeug auf einer öffentlichen Straße in Betrieb, das nicht mit einer Fahrzeug-Identifizierungsnummer/einem vorschriftsmäßigen Fabrikschild *) gekennzeichnet war. § 2 Abs. 1, § 14 eKFV; § 24 Abs. 1, 3 Nr. 5 StVG; -- BKat	0	10,00	
602012	Sie ordneten die Inbetriebnahme des Elektrokleinstfahrzeugs auf einer öffentlichen Straße an, das nicht mit einer Fahrzeug-Identifizierungsnummer/einem vorschriftsmäßigen Fabrikschild *) gekennzeichnet war, bzw. ließen sie zu. § 2 Abs. 1, 4, § 14 eKFV; § 24 Abs. 1, 3 Nr. 5 StVG; -- BKat	0	10,00	
602018	Sie setzten das Elektrokleinstfahrzeug auf einer öffentlichen Straße in Betrieb, obwohl die Verzögerungseinrichtung nicht den Vorschriften entsprach *). § 2 Abs. 1, § 14 eKFV; § 24 Abs. 1, 3 Nr. 5 StVG; -- BKat	0	25,00	
602024	Sie ordneten die Inbetriebnahme des Elektrokleinstfahrzeugs auf einer öffentlichen Straße an, obwohl die Verzögerungseinrichtung nicht den Vorschriften entsprach *), bzw. ließen sie zu. § 2 Abs. 1, 4, § 14 eKFV; § 24 Abs. 1, 3 Nr. 5 StVG; -- BKat	0	25,00	
602118	Sie setzten das Elektrokleinstfahrzeug ohne gültige Versicherungsplakette auf einer öffentlichen Straße in Betrieb. § 2 Abs. 1, § 14 eKFV; § 24 Abs. 1, 3 Nr. 5 StVG; 235 BKat	0	40,00	
602124	Sie ordneten die Inbetriebnahme des Elektrokleinstfahrzeugs ohne gültige Versicherungsplakette auf einer öffentlichen Straße an, bzw. ließen sie zu. § 2 Abs. 1, 4, § 14 eKFV; § 24 Abs. 1, 3 Nr. 5 StVG; 235a BKat	0	40,00	
602130	Sie setzten das Elektrokleinstfahrzeug im öffentlichen Straßenverkehr in Betrieb, obwohl die lichttechnischen Einrichtungen nicht den Vorschriften entsprachen *). § 2 Abs. 1, § 14 eKFV; § 24 Abs. 1, 3 Nr. 5 StVG; 237 BKat	0	20,00	
602030	Sie ordneten die Inbetriebnahme des Elektrokleinstfahrzeugs im öffentlichen Straßenverkehr an, obwohl die lichttechnischen Einrichtungen nicht den Vorschriften entsprachen *), bzw. ließen sie zu. § 2 Abs. 1, 4, § 14 eKFV; § 24 Abs. 1, 3 Nr. 5 StVG; -- BKat	0	20,00	
602136	Sie setzten das Elektrokleinstfahrzeug im öffentlichen Straßenverkehr in Betrieb, obwohl die Schalleinrichtung nicht den Vorschriften entsprach *). § 2 Abs. 1, § 14 eKFV; § 24 Abs. 1, 3 Nr. 5 StVG; 237a BKat	0	15,00	
602036	Sie ordneten die Inbetriebnahme des Elektrokleinstfahrzeugs im öffentlichen Straßenverkehr an, obwohl die Schalleinrichtung nicht den Vorschriften entsprach *), bzw. ließen sie zu. § 2 Abs. 1, 4, § 14 eKFV; § 24 Abs. 1, 3 Nr. 5 StVG; -- BKat	0	15,00	

TBNR	Bemerkungen
602006, 602012	*) Zutreffendes angeben
602018 – 602036	*) Mangel angeben

Anforderung an das Inbetriebsetzen - § 2 eKV

TBNR	Tatbestandstext	FaP-Pkt	Euro	FV
602142	Sie setzten das Elektrokleinstfahrzeug im öffentlichen Straßenverkehr in Betrieb, obwohl das Fahrzeug nicht den sonstigen Sicherheitsanforderungen entsprach *). § 2 Abs. 1, § 14 eKFV; § 24 Abs. 1, 3 Nr. 5 StVG; 237b BKat	0	25,00	
602042	Sie ordneten die Inbetriebnahme des Elektrokleinstfahrzeugs im öffentlichen Straßenverkehr an, obwohl das Fahrzeug nicht den sonstigen Sicherheitsanforderungen entsprach *), bzw. ließen sie zu. § 2 Abs. 1, 4, § 14 eKFV; § 24 Abs. 1, 3 Nr. 5 StVG; -- BKat	0	25,00	
602048	Sie händigten auf Verlangen der zuständigen Person die Datenbestätigung bzw. Bescheinigung über die Einzelbetriebserlaubnis nicht oder nicht rechtzeitig aus. § 2 Abs. 1, § 14 eKFV; § 24 Abs. 1, 3 Nr. 5 StVG; -- BKat	0	10,00	
602606	Sie setzten das Elektrokleinstfahrzeug ohne die dafür erforderliche Allgemeine Betriebserlaubnis oder Einzelbetriebserlaubnis auf einer öffentlichen Straße in Betrieb. § 2 Abs. 1, § 14 eKFV; § 24 Abs. 1, 3 Nr. 5 StVG; 234 BKat	0	70,00	
602612	Sie ordneten die Inbetriebnahme des Elektrokleinstfahrzeugs ohne die dafür erforderliche Allgemeine Betriebserlaubnis oder Einzelbetriebserlaubnis auf einer öffentlichen Straße an, bzw. ließen sie zu. § 2 Abs. 1, 4, § 14 eKFV; § 24 Abs. 1, 3 Nr. 5 StVG; 234a BKat	0	70,00	
602148	Sie setzten das Elektrokleinstfahrzeug auf einer öffentlichen Straße in Betrieb, obwohl die Betriebserlaubnis erloschen war. Die Verkehrssicherheit war dadurch wesentlich beeinträchtigt *). § 2 Abs. 3, § 14 eKFV; § 24 Abs. 1, 3 Nr. 5 StVG; 236 BKat	0	30,00	
602154	Sie ordneten die Inbetriebnahme des Elektrokleinstfahrzeugs auf einer öffentlichen Straße an, obwohl die Betriebserlaubnis erloschen war, bzw. ließen sie zu. § 2 Abs. 4, § 14 eKFV; § 24 Abs. 1, 3 Nr. 5 StVG; 236a BKat	0	30,00	

TBNR   **Bemerkungen**
602142 – 602042   *) Mängel angeben
602148   *) Art der Beeinträchtigung angeben

Personenbeförderung und Anhängerbetrieb - § 8 eKFV

TBNR	Tatbestandstext	FaP-Pkt	Euro	FV
608000	Sie beförderten mit dem Elektrokleinstfahrzeug eine Person. § 8, § 14 eKFV; § 24 Abs. 1, 3 Nr. 5 StVG; -- BKat	0	10,00	
608006	Sie führten an dem Elektrokleinstfahrzeug einen Anhänger mit. § 8, § 14 eKFV; § 24 Abs. 1, 3 Nr. 5 StVG; -- BKat	0	10,00	

Zulässige Verkehrsflächen - § 10 eKFV

TBNR	Tatbestandstext	FaP-Pkt	Euro	FV
610100	Sie befuhren mit dem Elektrokleinstfahrzeug innerhalb geschlossener Ortschaften eine nicht zulässige Verkehrsfläche *). § 10 Abs. 1, § 14 eKFV; § 24 Abs. 1, 3 Nr. 5 StVG; 238 BKat	0	15,00	
610101	Sie befuhren mit dem Elektrokleinstfahrzeug innerhalb geschlossener Ortschaften eine nicht zulässige Verkehrsfläche *) und behinderten +) dadurch Andere. § 10 Abs. 1, § 14 eKFV; § 1 Abs. 2, § 49 StVO; § 24 Abs. 1, 3 Nr. 5 StVG; 238.1 BKat; § 19 OWiG	0	20,00	
610102	Sie befuhren mit dem Elektrokleinstfahrzeug innerhalb geschlossener Ortschaften eine nicht zulässige Verkehrsfläche *) und gefährdeten +) dadurch Andere. § 10 Abs. 1, § 14 eKFV; § 1 Abs. 2, § 49 StVO; § 24 Abs. 1, 3 Nr. 5 StVG; 238.2 BKat; § 19 OWiG	0	25,00	
610103	Sie befuhren mit dem Elektrokleinstfahrzeug innerhalb geschlossener Ortschaften eine nicht zulässige Verkehrsfläche *). Es kam zum Unfall. § 10 Abs. 1, § 14 eKFV; § 1 Abs. 2, § 49 StVO; § 24 Abs. 1, 3 Nr. 5 StVG; 238.3 BKat; § 19 OWiG	0	30,00	
610106	Sie befuhren mit dem Elektrokleinstfahrzeug außerhalb geschlossener Ortschaften eine nicht zulässige Verkehrsfläche *). § 10 Abs. 2, § 14 eKFV; § 24 Abs. 1, 3 Nr. 5 StVG; 238 BKat	0	15,00	
610107	Sie befuhren mit dem Elektrokleinstfahrzeug außerhalb geschlossener Ortschaften eine nicht zulässige Verkehrsfläche *) und behinderten +) dadurch Andere. § 10 Abs. 2, § 14 eKFV; § 1 Abs. 2, § 49 StVO; § 24 Abs. 1, 3 Nr. 5 StVG; 238.1 BKat; § 19 OWiG	0	20,00	
610108	Sie befuhren mit dem Elektrokleinstfahrzeug außerhalb ge-Ortschaften eine nicht zulässige Verkehrsfläche *) und gefährdeten +) dadurch Andere. § 10 Abs. 2, § 14 eKFV; § 1 Abs. 2, § 49 StVO; § 24 Abs. 1, 3 Nr. 5 StVG; 238.2 BKat; § 19 OWiG	0	25,00	
610109	Sie befuhren mit dem Elektrokleinstfahrzeug außerhalb geschlossener Ortschaften eine nicht zulässige Verkehrsfläche *). Es kam zum Unfall. § 10 Abs. 2, § 14 eKFV; § 1 Abs. 2, § 49 StVO; § 24 Abs. 1, 3 Nr. 5 StVG; 238.3 BKat; § 19 OWiG	0	30,00	

TBNR	Bemerkungen
610100 – 610109	*) nicht zulässige Verkehrsfläche angeben

Allgemeine Verhaltensregeln - § 11 eKFV

TBNR	Tatbestandstext	FaP-Pkt	Euro	FV
611000	Sie hängten sich mit dem Elektrokleinstfahrzeug an ein fahrendes Fahrzeug an. § 11 Abs. 1, § 14 eKFV; § 24 Abs. 1, 3 Nr. 5 StVG; -- BKat	0	10,00	
611006	Sie fuhren mit dem Elektrokleinstfahrzeug freihändig. § 11 Abs. 1, § 14 eKFV; § 24 Abs. 1, 3 Nr. 5 StVG; -- BKat	0	10,00	
611100	Sie fuhren mit dem Elektrokleinstfahrzeug nebeneinander. § 11 Abs. 1, § 14 eKFV; § 24 Abs. 1, 3 Nr. 5 StVG; 238a BKat	0	15,00	
611101	Sie fuhren mit dem Elektrokleinstfahrzeug nebeneinander und behinderten +) dadurch Andere. § 11 Abs. 1, § 14 eKFV; § 1 Abs. 2, § 49 StVO; § 24 Abs. 1, 3 Nr. 5 StVG; 238a.1 BKat; § 19 OWiG	0	20,00	
611102	Sie fuhren mit dem Elektrokleinstfahrzeug nebeneinander und gefährdeten +) dadurch Andere. § 11 Abs. 1, § 14 eKFV; § 1 Abs. 2, § 49 StVO; § 24 Abs. 1, 3 Nr. 5 StVG; 238a.2 BKat; § 19 OWiG	0	25,00	
611103	Sie fuhren mit dem Elektrokleinstfahrzeug nebeneinander. Es kam zum Unfall. § 11 Abs. 1, § 14 eKFV; § 1 Abs. 2, § 49 StVO; § 24 Abs. 1, 3 Nr. 5 StVG; 238a.3 BKat; § 19 OWiG	0	30,00	
611012	Sie führten das ohne Fahrtrichtungsanzeiger ausgestattete Elektrokleinstfahrzeug, ohne die Richtungsänderung durch Handzeichen anzuzeigen. § 11 Abs. 3, § 14 eKFV; § 24 Abs. 1, 3 Nr. 5 StVG; -- BKat	0	10,00	
611013	Sie führten das ohne Fahrtrichtungsanzeiger ausgestattete Elektrokleinstfahrzeug, ohne die Richtungsänderung durch Handzeichen anzuzeigen, und gefährdeten +) dadurch Andere. § 11 Abs. 3, § 14 eKFV; § 1 Abs. 2, § 49 StVO; § 24 Abs. 1, 3 Nr. 5 StVG; -- BKat; § 19 OWiG	0	20,00	
611014	Sie führten das ohne Fahrtrichtungsanzeiger ausgestattete Elektrokleinstfahrzeug, ohne die Richtungsänderung durch Handzeichen anzuzeigen. Es kam zum Unfall. § 11 Abs. 3, § 14 eKFV; § 1 Abs. 2, § 49 StVO; § 24 Abs. 1, 3 Nr. 5 StVG; -- BKat; § 19 OWiG	0	25,00	
611018	Sie befuhren mit dem Elektrokleinstfahrzeug eine Rad-verkehrsfläche +) einen schnelleren Radfahrer, indem Sie diesem das Überholen nicht ermöglichten. § 11 Abs. 4, § 14 eKFV; § 24 Abs. 1, 3 Nr. 5 StVG; -- BKat	0	20,00	

TBNR   Bemerkungen

Allgemeine Verhaltensregeln - § 11 eKFV

TBNR	Tatbestandstext	FaP-Pkt	Euro	FV
611019	Sie befuhren mit dem Elektrokleinstfahrzeug eine Rad-verkehrsfläche und gefährdeten +) einen schnelleren Radfahrer, indem Sie diesem das Überholen nicht ermöglichten. § 11 Abs. 4, § 14 eKFV; § 1 Abs. 2, § 49 StVO; § 24 Abs. 1, 3 Nr. 5 StVG; -- BKat; § 19 OWiG	0	25,00	
611020	Sie befuhren mit dem Elektrokleinstfahrzeug eine Rad-verkehrsfläche und ermöglichten einem schnelleren Radfahrer nicht das Überholen. Es kam zum Unfall. § 11 Abs. 4, § 14 eKFV; § 1 Abs. 2, § 49 StVO; § 24 Abs. 1, 3 Nr. 5 StVG; -- BKat; § 19 OWiG	0	30,00	
611024	Sie befuhren mit dem Elektrokleinstfahrzeug einen gemeinsamen Geh- und Radweg (Zeichen 240) und behinderten +) einen Fuß-gänger. § 11 Abs. 4, § 14 eKFV; § 24 Abs. 1, 3 Nr. 5 StVG; -- BKat	0	15,00	
611025	Sie befuhren mit dem Elektrokleinstfahrzeug einen gemeinsamen Geh- und Radweg (Zeichen 240) und gefährdeten +) einen Fußgänger. § 11 Abs. 4, § 14 eKFV; § 24 Abs. 1, 3 Nr. 5 StVG; -- BKat	0	20,00	
611026	Sie befuhren mit dem Elektrokleinstfahrzeug einen gemeinsamen Geh- und Radweg (Zeichen 240). Es kam zum Unfall. § 11 Abs. 4, § 14 eKFV; § 1 Abs. 2, § 49 StVO; § 24 Abs. 1, 3 Nr. 5 StVG; -- BKat; § 19 OWiG	0	25,00	

Notwendigkeit einer Zulassung - § 3 Abs. 1, 4 FZV

TBNR	Tatbestandstext	FaP-Pkt	Euro	FV
803600	Sie setzten das Fahrzeug auf einer öffentlichen Straße in Betrieb, obwohl es nicht zum Verkehr zugelassen war. § 3 Abs. 1, § 48 FZV; § 24 Abs. 1, 3 Nr. 5 StVG; BKat	A - 1	70,00	
803500	Sie ordneten die Inbetriebnahme des Fahrzeugs auf einer öffentlichen Straße an, bzw. ließen sie zu. § 3 Abs. 4, § 48 FZV; § 24 Abs. 1, 3 Nr. 5 StVG; -- Bkat	0	70,00	

Voraussetzung f. e. Inbetriebsetzung zulassungsfreier Fzg. - § 4 FZV

TBNR	Tatbestandstext	FaP-Pkt	Euro	FV
804600	Sie setzten das zulassungsfreie Fahrzeug ohne die dafür er-forderliche EG-Typgenehmigung/Einzelgenehmigung *) auf einer öffentlichen Straße in Betrieb. § 4 Abs. 1, § 48 FZV; § 24 Abs. 1, 3 Nr. 5 StVG; 175 BKat	A - 1	70,00	
804606	Sie setzten das vom Zulassungsverfahren ausgenommene Fahrzeug ohne vorgeschriebenes Kennzeichen auf einer öffentlichen Straße in Betrieb. § 4 Abs. 2, § 48 FZV; § 24 Abs. 1, 3 Nr. 5 StVG; 176 BKat	0	40,00	
804612	Sie setzten das Fahrzeug ohne gültiges Versicherungskenn-zeichen auf einer öffentlichen Straße in Betrieb. § 4 Abs. 3, § 48 FZV; § 24 Abs. 1, 3 Nr. 5 StVG; 176 BKat	0	40,00	

TBNR **Bemerkungen**
804600 *) Zutreffendes angeben

Voraussetzung f. e. Inbetriebsetzung zulassungsfreier Fzg. - § 4 FZV

TBNR	Tatbestandstext	FaP-Pkt	Euro	FV
804100	Sie führten das Fahrzeug auf einer öffentlichen Straße, ohne die erforderliche Bescheinigung *) mitzuführen. § 4 Abs. 5, § 48 FZV; § 24 Abs. 1, 3 Nr. 5 StVG; 174 BKat	0	10,00	
804106	Sie händigten auf Verlangen der zuständigen Person nicht die für das Fahrzeug erforderliche Bescheinigung *) aus. § 4 Abs. 5, § 48 FZV; § 24 Abs. 1, 3 Nr. 5 StVG; 252 BKat	0	10,00	
804500	Sie ordneten die Inbetriebnahme des vom Zulassungsverfahren ausgenommenen Fahrzeugs auf einer öffentlichen Straße an, obwohl das vorgeschriebene Kennzeichen fehlte bzw. ließen sie zu. § 4 Abs. 6, § 48 FZV; § 24 Abs. 1, 3 Nr. 5 StVG; -- BKat	0	40,00	
804506	Sie ordneten die Inbetriebnahme des vom Zulassungsverfahren ausgenommenen Fahrzeugs auf einer öffentlichen Straße an, obwohl es kein gültiges Versicherungskennzeichen führte bzw. ließen sie zu. § 4 Abs. 6, § 48 FZV; § 24 Abs. 1, 3 Nr. 5 StVG; -- BKat	0	40,00	
804512	Sie ordneten die Inbetriebnahme des zulassungsfreien Fahrzeugs auf einer öffentlichen Straße an, obwohl es nicht der Typgenehmigung entsprach bzw. ließen sie zu. § 4 Abs. 6, § 48 FZV; § 24 Abs. 1, 3 Nr. 5 StVG; -- BKat	0	70,00	
804518	Sie ordneten die Inbetriebnahme des zulassungsfreien Fahrzeugs auf einer öffentlichen Straße an, obwohl eine Einzelgenehmigung nicht ausgestellt war bzw. ließen sie zu. § 4 Abs. 6, § 48 FZV; § 24 Abs. 1, 3 Nr. 5 StVG; -- Bkat	0	70,00	

Beschränkung und Untersagung des Betriebs von Fzg. - § 5 FZV

TBNR	Tatbestandstext	FaP-Pkt	Euro	FV
805600	Sie befolgten nicht das Verbot/die Beschränkung *), das Fahrzeug in Betrieb zu setzen. § 5 Abs. 1, § 48 FZV; § 24 Abs. 1, 3 Nr. 5 StVG; 253 Bkat	B - 1	70,00	

Zuteilung von Kennzeichen - § 8 FZV

TBNR	Tatbestandstext	FaP-Pkt	Euro	FV
808100	Sie setzten das Fahrzeug mit Wechselkennzeichen ohne das/ mit unvollständigem *) Kennzeichen auf einer öffentlichen Straße in Betrieb. § 8 Abs. 1a, § 48 FZV; § 24 Abs. 1, 3 Nr. 5 StVG; 175a BKat	0	50,00	
808106	Sie stellten das Fahrzeug mit Wechselkennzeichen ohne das/ mit unvollständigem *) Kennzeichen auf einer öffentlichen Straße ab. § 8 Abs. 1a, § 48 FZV; § 24 Abs. 1, 3 Nr. 5 StVG; 177 BKat	0	40,00	

TBNR	Bemerkungen
804100, 804106	*) Art der Bescheinigung angeben
805600; 808100; 808106	*) Zutreffendes angeben

Besondere Kennzeichen - § 9 FZV

TBNR	Tatbestandstext	FaP-Pkt	Euro	FV
809100	Sie setzten das Fahrzeug mit Saisonkennzeichen außerhalb des auf dem Kennzeichen angegebenen Betriebszeitraums auf einer öffentlichen Straße in Betrieb. § 9 Abs. 3, § 48 FZV; § 24 Abs. 1, 3 Nr. 5 StVG; 175a Kat	0	50,00	
809106	Sie stellten das Fahrzeug mit Saisonkennzeichen außerhalb des auf dem Kennzeichen angegebenen Betriebszeitraums auf einer öffentlichen Straße ab. § 9 Abs. 3, § 48 FZV; § 24 Abs. 1, 3 Nr. 5 StVG; 177 Bkat	0	40,00	

Ausgestaltung und Anbringung der Kennzeichen - § 10 FZV

TBNR	Tatbestandstext	FaP-Pkt	Euro	FV
810100	Sie setzten das Fahrzeug in Betrieb, dessen hinteres amtliches Kennzeichen nicht den Vorschriften entsprach. § 10 Abs. 1, 6, 12, § 48 FZV; § 24 Abs. 1, 3 Nr. 5 StVG; 179 BKat	0	10,00	
810106	Sie setzten das Fahrzeug in Betrieb, dessen vorderes amtliches Kennzeichen nicht den Vorschriften entsprach. § 10 Abs. 1, 7, 12, § 48 FZV; § 24 Abs. 1, 3 Nr. 5 StVG; 179 BKat	0	10,00	
810112	Sie setzten das Fahrzeug in Betrieb, obwohl sich die an dem Fahrzeug angebrachten Kennzeichenschilder in keinem ordnungsgemäßen Zustand *) befanden. § 10 Abs. 2, 12, § 48 FZV; § 24 Abs. 1, 3 Nr. 5 StVG; 179 BKat	0	10,00	
810118	Sie nahmen das Fahrzeug in Betrieb, dessen Kennzeichenbeleuchtung nicht den Vorschriften entsprach. § 10 Abs. 6, 12, § 48 FZV; § 24 Abs. 1, 3 Nr. 5 StVG; 179 BKat	0	10,00	
810600	Sie nahmen das Fahrzeug in Betrieb, dessen vorgeschriebenes amtliches Kennzeichen fehlte. § 10 Abs. 5, 12, § 48 FZV; § 24 Abs. 1, 3 Nr. 5 StVG; 179a Bkat	0	60,00	
810612	Sie führten an der Rückseite des letzten zulassungsfreien Anhängers kein vorgeschriebenes Kennzeichen. § 10 Abs. 5, 8, 12, § 48 FZV; § 24 Abs. 1, 3 Nr. 5 StVG; 179a BKat	0	60,00	
810618	Sie nahmen das Fahrzeug in Betrieb, dessen amtliches Kennzeichen mit Glas, Folie oder ähnlichen Abdeckungen versehen war. § 10 Abs. 2, 12, § 48 FZV; § 24 Abs. 1, 3 Nr. 5 StVG; 179b BKat	0	65,00	
810619	Sie nahmen den zulassungsfreien Anhänger in Betrieb, obwohl dessen vorgeschriebenes Kennzeichen mit Glas, Folie oder ähnlichen Abdeckungen versehen war. § 10 Abs. 2, 8, 12, § 48 FZV; § 24 Abs. 1, 3 Nr. 5 StVG; 179b BKat	0	65,00	
810124	Sie nahmen das Fahrzeug mit einem CC-Zeichen/CD-Zeichen *) auf einer öffentlichen Straße in Betrieb, ohne dass eine Berechtigung zum Führen des Zeichens bestand/die Berechtigung zum Führen des Zeichens in der Zulassungsbescheinigung Teil I eingetragen war **). § 10 Abs. 11, § 48 FZV; § 24 Abs. 1, 3 Nr. 5 StVG; 179c BKat	0	10,00	

TBNR	Bemerkungen
810112	*) nicht ordnungsgemäßen Zustand angeben
810124	*) Zutreffendes angeben, **) Zutreffendes angeben

Zulassungsbescheinigung Teil I - § 11 FZV

TBNR	Tatbestandstext	FaP-Pkt	Euro	FV
811100	Sie führten für das Fahrzeug keine Zulassungsbescheinigung Teil I mit. § 11 Abs. 6, § 48 FZV; § 24 Abs. 1, 3 Nr. 5 StVG; 174 BKat	0	10,00	
811106	Sie händigten auf Verlangen der zuständigen Person die Zulassungsbescheinigung Teil I für das Fahrzeug nicht aus. § 11 Abs. 6, § 48 FZV; § 24 Abs. 1, 3 Nr. 5 StVG; 252 BKat	0	10,00	
811112	Sie führten kein Anhängerverzeichnis mit. § 11 Abs. 6, § 48 FZV; § 24 Abs. 1, 3 Nr. 5 StVG; 174 BKat	0	10,00	
811118	Sie händigten auf Verlangen der zuständigen Person das Anhängerverzeichnis nicht aus. § 11 Abs. 6, § 48 FZV; § 24 Abs. 1, 3 Nr. 5 StVG; 252 Bkat	0	10,00	

Mitteilungspflichten bei Änderungen - § 13 FZV

TBNR	Tatbestandstext	FaP-Pkt	Euro	FV
813006	Sie ordneten die Inbetriebnahme des Fahrzeugs auf einer öffentlichen Straße an, obwohl für das Fahrzeug ein Betriebsverbot bestand, bzw. ließen sie zu. § 13 Abs. 1, 3, 4, § 48 FZV; § 24 Abs. 1, 3 Nr. 5 StVG; -- BKat	0	40,00	
813100	Sie teilten der zuständigen Zulassungsbehörde eine mitteilungspflichtige Änderung *) nicht unverzüglich mit. § 13 Abs. 1, 3, 4, § 48 FZV; § 24 Abs. 1, 3 Nr. 5 StVG; 180 BKat	0	15,00	
813112	Sie nahmen trotz Betriebsverbots mit dem Fahrzeug am Straßenverkehr teil. § 13 Abs. 1, 3, 4, § 48 FZV; § 24 Abs. 1, 3 Nr. 5 StVG; 178a BKat	0	40,00	

Verwertungsnachweis - § 15 FZV

TBNR	Tatbestandstext	FaP-Pkt	Euro	FV
815106	Sie ließen als Halter das Fahrzeug nicht oder nicht ordnungsgemäß außer Betrieb setzen. § 15 Abs. 1, 2, § 48 FZV; § 24 Abs. 1, 3 Nr. 5 StVG; 180a BKat	0	15,00	

TBNR	Bemerkungen
813100	*) Änderung angeben

Internetbasierte Zulassung und Änderungen - § 15i FZV

TBNR	Tatbestandstext	FaP-Pkt	Euro	FV
815112	Sie brachten als Halter den Plakettenträger nicht/nicht rechtzeitig/ nicht ordnungsgemäß *) auf dem Kennzeichen- schild an. § 15i Abs. 5, § 48 FZV; § 24 Abs. 1, 3 Nr. 5 StVG; 180b BKat	0	40,00	
815600	Sie brachten den Plakettenträger auf einem Kennzeichen- schild mit einem anderen als dem zugehörigen zugeteilten Kennzeichen an. § 15i Abs. 5, § 48 FZV; § 24 Abs. 1, 3 Nr. 5 StVG; 180c BKat	0	65,00	
815606	Sie nahmen das Fahrzeug auf einer öffentlichen Straße in Betrieb, ohne dass die dafür übersandten Plakettenträger auf den Kennzeichenschildern angebracht waren. § 15i Abs. 5, § 48 FZV; § 24 Abs. 1, 3 Nr. 5 StVG; 180d BKat	0	70,00	
815612	Sie nahmen das Fahrzeug auf einer öffentlichen Straße in Betrieb, auf dessen Kennzeichenschilder Plakettenträger angebracht waren, die für ein anderes Kennzeichen aus- gegeben wurden. § 15i Abs. 5, § 48 FZV; § 24 Abs. 1, 3 Nr. 5 StVG; 180d BKat	0	70,00	
815618	Sie ordneten als Halter die Inbetriebnahme des Fahrzeugs auf einer öffentlichen Straße an, obwohl auf den Kennzeichen- schildern die übersandten Plakettenträger nicht angebracht waren, bzw. ließen sie zu. § 15i Abs. 5, § 48 FZV; § 24 Abs. 1, 3 Nr. 5 StVG; 180e BKat	0	70,00	
815624	Sie ordneten als Halter die Inbetriebnahme des Fahrzeugs auf einer öffentlichen Straße an, auf dessen Kennzeichen- schildern Plakettenträger angebracht waren, die für ein anderes Kennzeichen ausgegeben wurden, bzw. ließen sie zu. § 15i Abs. 5, § 48 FZV; § 24 Abs. 1, 3 Nr. 5 StVG; 180e BKat	0	70,00	

TBNR	Bemerkungen
815112	*) Zutreffends angeben

Prüfungs-, Probe-, Überführungsfahrten mit rotem Kennzeichen - § 16 FZV

TBNR	Tatbestandstext	FaP-Pkt	Euro	FV
816100	Sie lieferten das rote Kennzeichen/Fahrzeugscheinheft *) nicht unverzüglich ab. § 16 Abs. 3, § 48 FZV; § 24 Abs. 1, 3 Nr. 5 StVG; 181 BKat	0	10,00	
816106	Sie füllten das Fahrzeugscheinheft nicht ordnungsgemäß aus. § 16 Abs. 2, § 48 FZV; § 24 Abs. 1, 3 Nr. 5 StVG; 181 BKat	0	10,00	
816112	Sie führten das Fahrzeugscheinheft für Ihr Fahrzeug mit roten Kennzeichen nicht mit. § 16 Abs. 2, § 48 FZV; § 24 Abs. 1, 3 Nr. 5 StVG; 183a BKat	0	10,00	
816006	Sie händigten auf Verlangen der zuständigen Person das Fahrzeugscheinheft für Ihr Fahrzeug mit roten Kennzeichen nicht aus. § 16 Abs. 2, § 48 FZV; § 24 Abs. 1, 3 Nr. 5 StVG; -- BKat	0	10,00	
816118	Sie verstießen gegen die Pflicht zum Führen/Aufbewahren/Aushändigen *) von Aufzeichnungen über eine Prüfungsfahrt, Probefahrt oder Überführungsfahrt. § 16 Abs. 2, § 48 FZV; § 24 Abs. 1, 3 Nr. 5 StVG; 183 BKat	0	25,00	
816000	Sie ordneten die Inbetriebnahme des Fahrzeugs, dessen rotes Kennzeichen nicht wie vorgeschrieben ausgestaltet oder angebracht war, bei einer Prüfungsfahrt, Probefahrt oder Überführungsfahrt auf einer öffentlichen Straße an, bzw. ließen sie zu. § 16 Abs. 5, § 10 Abs 12, § 48 FZV; § 24 Abs. 1, 3 Nr. 5 StVG; -- BKat	0	10,00	
816124	Sie nahmen das Fahrzeug bei einer Prüfungsfahrt, Probefahrt oder Überführungsfahrt mit einem nicht wie vorgeschrieben ausgestalteten oder angebrachten roten Kennzeichen auf einer öffentlichen Straße in Betrieb. § 16 Abs. 5, § 10 Abs. 12, § 48 FZV; § 24 Abs. 1, 3 Nr. 5 StVG; 179 BKat	0	10,00	
816500	Sie ordneten die Inbetriebnahme des Fahrzeugs bei einer Prüfungsfahrt, Probefahrt oder Überführungsfahrt ohne rotes Kennzeichen auf einer öffentlichen Straße an, bzw. ließen sie zu. § 16 Abs. 5, § 10 Abs. 12, § 48 FZV; § 24 Abs. 1, 3 Nr. 5 StVG; 179a BKat	0	60,00	
816612	Sie nahmen das Fahrzeug bei einer Prüfungsfahrt, Probefahrt oder Überführungsfahrt ohne rotes Kennzeichen auf einer öffentlichen Straße in Betrieb. § 16 Abs. 5, § 10 Abs. 12, § 48 FZV; § 24 Abs. 1, 3 Nr. 5 StVG; 179a BKat	0	60,00	

TBNR	Bemerkungen
816100, 816118	*) Zutreffendes angeben

Probe-, Überführungsfahrten mit Kurzzeitkennzeichen - § 16a FZV

TBNR	Tatbestandstext	FaP-Pkt	Euro	FV
816130	Sie verwendeten das Kurzzeitkennzeichen für eine unzulässige Fahrt. § 16a Abs. 3, § 48 FZV; §24 StVG; 182 BKat	0	50,00	
816136	Sie verwendeten das Kurzzeitkennzeichen an einem anderen als dem im Fahrzeugschein eingetragenen Fahrzeug. § 16a Abs. 3, § 48 FZV; § 24 Abs. 1, 3 Nr. 5 StVG; 182 BK	0	50,00	
816018	Sie ordneten die Inbetriebnahme des Fahrzeugs, dessen Kurzzeitkennzeichen nicht wie vorgeschrieben ausgestaltet oder angebracht war, bei einer Probefahrt oder Überführungsfahrt auf einer öffentlichen Straße an, bzw. ließen sie zu. § 16a Abs. 3, § 10 Abs. 12, § 48 FZV; § 24 Abs. 1, 3 Nr. 5 StVG; -- BKat	0	10,00	
816160	Sie nahmen das Fahrzeug bei einer Probefahrt oder Überführungsfahrt mit einem nicht wie vorgeschrieben ausgestalteten oder angebrachten Kurzzeitkennzeichen auf einer öffentlichen Straße in Betrieb. § 16a Abs. 3, § 10 Abs. 12, § 48 FZV; § 24 Abs. 1, 3 Nr. 5 StVG; 179 BKat	0	10,00	
816506	Sie ordneten die Inbetriebnahme des Fahrzeugs bei einer Probefahrt oder Überführungsfahrt ohne Kurzzeitkennzeichen auf einer öffentlichen Straße an, bzw. ließen sie zu. § 16a Abs. 5 iVm § 16 Abs. 5, § 48 FZV; § 24 Abs. 1, 3 Nr. 5 StVG; 179a BKat	0	60,00	
816512	Sie nahmen das Fahrzeug bei einer Probefahrt oder Überführungsfahrt ohne Kurzzeitkennzeichen auf einer öffentlichen Straße in Betrieb. § 16a Abs. 5 iVm § 16 Abs. 5, § 48 FZV; § 24 Abs. 1, 3 Nr. 5 StVG; 179a BKat	0	60,00	
816154	Sie setzten das Fahrzeug mit Kurzzeitkennzeichen auf einer öffentlichen Straße in Betrieb, obwohl das auf dem Kennzeichen angegebene Ablaufdatum überschritten war. § 16a Abs. 4, § 48 FZV; § 24 Abs. 1, 3 Nr. 5 StVG; 175a BKat	0	50,00	
816012	Sie händigten auf Verlangen der zuständigen Person den Fahrzeugschein für Ihr Fahrzeug mit Kurzzeitkennzeichen nicht aus. § 16a Abs. 5, § 48 FZV; § 24 Abs. 1, 3 Nr. 5 StVG; -- BKat	0	20,00	
816142	Sie führten den Fahrzeugschein für Ihr Fahrzeug mit Kurzzeitkennzeichen nicht mit. § 16a Abs. 5, § 48 FZV; § 24 Abs. 1, 3 Nr. 5 StVG; 183b BKat	0	20,00	

TBNR   **Bemerkungen**

Fahrten zur Teilnahme an Veranstaltungen für Oldtimer - § 17 FZV

TBNR	Tatbestandstext	FaP-Pkt	Euro	FV
817000	Sie ordneten die Inbetriebnahme des Fahrzeugs, dessen rotes Oldtimerkennzeichen nicht den Vorschriften entsprach, auf einer öffentlichen Straße an, bzw. ließen sie zu. § 17 Abs. 2, § 48 FZV; § 24 Abs. 1, 3 Nr. 5 StVG; 179 BKat	0	10,00	
817100	Sie setzten das Fahrzeug auf einer öffentlichen Straße in Betrieb, obwohl das rote Oldtimerkennzeichen nicht den Vorschriften entsprach. § 17 Abs. 2, § 10 Abs. 12, § 48 FZV; § 24 Abs. 1, 3 Nr. 5 StVG; 179 BKat	0	10,00	
817112	Sie führten das Fahrzeugscheinheft für Ihr Oldtimerfahrzeug mit roten Kennzeichen nicht mit. § 17 Abs. 2, § 16 Abs. 2, § 48 FZV; § 24 Abs. 1, 3 Nr. 5 StVG; 183a BKat	0	10,00	
817006	Sie händigten auf Verlangen der zuständigen Person das Fahrzeugscheinheft für Ihr Oldtimerfahrzeug mit roten Kennzeichen nicht aus. § 17 Abs. 2, § 16 Abs. 2, § 48 FZV; § 24 Abs. 1, 3 Nr. 5 StVG; -- BKat	0	10,00	

Fahrten zur dauerhaften Verbringung eines Fzg. ins Ausland - § 19 FZV

TBNR	Tatbestandstext	FaP-Pkt	Euro	FV
819100	Sie setzten das Fahrzeug auf einer öffentlichen Straße in Betrieb, obwohl das Ausfuhrkennzeichen nicht den Vorschriften entsprach. § 19 Abs. 1, § 48 FZV; § 24 Abs. 1, 3 Nr. 5 StVG; 179 BKat	0	10,00	
819600	Sie setzten das Fahrzeug auf einer öffentlichen Straße in Betrieb, obwohl auf dem Ausfuhrkennzeichen die Gültigkeitsdauer der Zulassung abgelaufen war. § 19 Abs. 1, § 48 FZV; § 24 Abs. 1, 3 Nr. 5 StVG; 175a BKat	0	50,00	

Vorübergehende Teilnahme am Straßenverkehr im Inland - § 20 FZV

TBNR	Tatbestandstext	FaP-Pkt	Euro	FV
820106	Sie führten für das Fahrzeug keine ausländische Zulassungsbescheinigung/keinen internationalen Zulassungsschein/keine Übersetzung des ausländischen Zulassungsscheines *) mit oder händigten dieses Papier auf Verlangen nicht aus. § 20 Abs. 5, § 48 FZV; § 24 Abs. 1, 3 Nr. 5 StVG; 185 BKat	0	10,00	

TBNR	Bemerkungen
820106	*) Zutreffendes angeben

Kennzeichen und Unterscheidungszeichen - § 21 FZV

TBNR	Tatbestandstext	FaP-Pkt	Euro	FV
821100	Sie führten an dem ausländischen Kraftfahrzeug bzw. dessen Anhänger ein heimisches Kennzeichen, das nicht den Vorschriften entsprach. § 21 Abs. 1, § 48 FZV; § 24 Abs. 1, 3 Nr. 5 StVG; 185a BKat	0	10,00	
821106	Sie führten an dem ausländischen Kraftfahrzeug bzw. dessen Anhänger ein Unterscheidungszeichen, das nicht den Vorschriften entsprach. § 21 Abs. 2, § 48 FZV; § 24 Abs. 1, 3 Nr. 5 StVG; 185a BKat	0	10,00	
821600	Sie führten an dem ausländischen Kraftfahrzeug bzw. dessen Anhänger kein vorgeschriebenes heimisches Kennzeichen. § 21 Abs. 1, § 48 FZV; § 24 Abs. 1, 3 Nr. 5 StVG; 185b BKat	0	40,00	
821112	Sie führten an dem ausländischen Kraftfahrzeug bzw. dessen Anhänger kein vorgeschriebenes Unterscheidungszeichen. § 21 Abs. 2, § 48 FZV; § 24 Abs. 1, 3 Nr. 5 StVG; 185c BKat	0	15,00	

Maßnahmen und Pflichten bei fehlendem Versicherungsschutz - § 25 FZV

TBNR	Tatbestandstext	FaP-Pkt	Euro	FV
825000	Sie ließen Ihr Fahrzeug nicht außer Betrieb setzen, nachdem keine Kraftfahrzeug-Haftpflichtversicherung mehr bestand. § 25 Abs. 3, § 14 Abs. 1, § 48 FZV; § 24 Abs. 1, 3 Nr. 5 StVG; -- BKat	0	15,00	

Versicherungskennzeichen - § 26 FZV

TBNR	Tatbestandstext	FaP-Pkt	Euro	FV
826100	Sie führten das Fahrzeug, ohne die Bescheinigung über das Versicherungskennzeichen mitzuführen. § 26 Abs. 1, § 48 FZV; § 24 Abs. 1, 3 Nr. 5 StVG; 174 BKat	0	10,00	
826106	Sie händigten auf Verlangen der zuständigen Person die Bescheinigung über das Versicherungskennzeichen nicht aus. § 26 Abs. 1, § 48 FZV; § 24 Abs. 1, 3 Nr. 5 StVG; 252 BKat	0	10,00	

Ausgestaltung und Anbringung d. Versicherungskennzeichens - § 27 FZV

TBNR	Tatbestandstext	FaP-Pkt	Euro	FV
827100	Sie nahmen das Fahrzeug in Betrieb, dessen Versicherungskennzeichen nicht den Vorschriften *) entsprach. § 27 Abs. 7, § 48 FZV; § 24 Abs. 1, 3 Nr. 5 StVG; 184 BKat	0	10,00	

Versicherungsplakette - § 29a FZV

TBNR	Tatbestandstext	FaP-Pkt	Euro	FV
829000	Sie bewahrten die Bescheinigung über die Versicherungsplakette nicht auf oder händigten diese auf Verlangen der zuständigen Person nicht aus. § 29a Abs. 2, § 48 FZV; § 24 Abs. 1, 3 Nr. 5 StVG; -- BKat	0	10,00	
829100	Sie nahmen das Elektrokleinstfahrzeug in Betrieb, dessen Versicherungsplakette nicht den Vorschriften *) entsprach. § 29a Abs. 4, § 48 FZV; § 24 Abs. 1, 3 Nr. 5 StVG; 184 BKat	0	10,00	

TBNR	Bemerkungen
827100, 829100	*) Vorschriftswidrigkeit angeben

Überschreiten
– der festgesetzten Höchstgeschwindigkeit bei Sichtweite unter 50 m durch Nebel, Schneefall oder Regen

Tabellen-Nr.: (innerhalb) 703000 außerhalb 703001		mit Kraftfahrzeugen (LKW usw.) der in § 3 Abs. 3 Nr. 2 Buchstaben a oder b StVO genannten Art							
		innerhalb				außerhalb			
Tatbestand	BKat	TBNR	FaP-Pkt	FV	Euro	TBNR	FaP-Pkt	FV	Euro
Überschreitung in km/h									
bis 15	9	103635	A - 1		80,00	103647	A - 1		80,00
mehr als 5 Minuten bis 15	9.1	103633	A - 1		160,00	103645	A - 1		140,00
in mehr als 2 Fällen bis 15	9.1	103634	A - 1		160,00	103646	A – 1		140,00
von 16-20	9.1	103636	A - 1		160,00	103648	A - 1		140,00
von 21-25	9.1	103637	A - 1		175,00	103649	A - 1		150,00
von 26-30	9.1	103638	A - 2	1 M	235,00	103650	A - 1		175,00
von 31-40	9.1	103639	A - 2	1 M	340,00	103651	A - 2	1 M	255,00
von 41-50	9.1	103640	A - 2	2 M	560,00	103652	A - 2	1 M	480,00
von 51-60	9.1	103641	A - 2	3 M	700,00	103653	A - 2	2 M	600,00
über 60	9.1	103642	A - 2	3 M	800,00	103654	A - 2	3 M	700,00

Überschreiten
– der festgesetzten Höchstgeschwindigkeit bei Sichtweite unter 50 m durch Nebel, Schneefall oder Regen

Tabellen-Nr.: (innerhalb) 703002 / außerhalb 703003		mit kennzeichnungspflichtigen Kraftfahrzeugen der in § 3 Abs. 3 Nr. 2 Buchstaben a oder b StVO genannten Art mit gefährlichen Gütern oder Kraftomnibussen mit Fahrgästen							
		innerhalb				außerhalb			
Tatbestand	BKat	TBNR	FaP-Pkt	FV	Euro	TBNR	FaP-Pkt	FV	Euro
Überschreitung in km/h									
bis 10	9	103657	A - 1		80,00				
bis 15	9					103672	A - 1		80,00
von 11-15	9.2	103658	A - 1		120,00				
mehr als 5 Minuten bis 15	9.2	103659	A - 1		320,00	103670			240,00
in mehr als 2 Fällen bis 15	9.2	103660	A - 1		320,00	103671			240,00
von 16-20	9.2	103661	A - 1		320,00	103673	A - 1		240,00
von 21-25	9.2	103662	A - 2	1 M	360,00	103674	A - 1		280,00
von 26-30	9.2	103663	A - 2	1 M	480,00	103675	A - 2	1 M	400,00
von 31-40	9.2	103664	A - 2	2 M	640,00	103676	A - 2	1 M	560,00
von 41-50	9.2	103665	A - 2	3 M	800,00	103677	A - 2	2 M	700,00
von 51-60	9.2	103666	A - 2	3 M	900,00	103678	A - 2	3 M	800,00
über 60	9.2	103667	A - 2	3 M	950,00	103679	A - 2	3 M	900,00

Überschreiten
- der festgesetzten Höchstgeschwindigkeit bei Sichtweite unter 50 m durch Nebel,
Schneefall oder Regen

Tabellen-Nr.: (innerhalb) 703004 (außerhalb) 703005		mit anderen als den vorstehend aufgeführten Kraftfahrzeugen							
		innerhalb				außerhalb			
Tatbestand	BKat	TBNR	FaP-Pkt	FV	Euro	TBNR	FaP-Pkt	FV	Euro
Überschreitung in km/h									
bis 20	9	103683	A - 1		80,00	103694	A - 1		80,00
21 bis 25	9.3	103684	A - 1		115,00	103695	A - 1		100,00
von 26-30	9.3	103685	A - 1		180,00	103696	A - 1		150,00
von 31-40	9.3	103686	A - 2	1 M	260,00	103697	A - 1		200,00
von 41-50	9.3	103687	A - 2	1 M	400,00	103698	A - 2	1 M	320,00
von 51-60	9.3	103688	A - 2	2 M	560,00	103699	A - 2	1 M	480,00
von 61-70	9.3	103689	A - 2	3 M	700,00	103700	A - 2	2 M	600,00
über 70	9.3	103690	A - 2	3 M	800,00	103701	A - 2	3 M	700,00

Überschreiten
– der zulässigen Höchstgeschwindigkeit

Tabellen-Nr.:		mit Kraftfahrzeugen (LKW usw.) der in § 3 Abs. 3 Nr. 2a oder b StVO genannten Art
(innerhalb)	außerhalb)	
703006	703007	
	718000	
741003	741004	

		innerhalb				außerhalb			
Tatbestand	BKat	TBNR	FaP-Pkt	FV	Euro	TBNR	FaP-Pkt	FV	Euro
Überschreitung in km/h									
bis 10	11.1.1	103178	0		40,00	103184	0		30,00
	11.1.1					118160	0		30,00
	11.1.1	141224	0		40,00	141227	0		30,00
von 11-15	11.1.2	103715	0		60,00	103185	0		50,00
	11.1.2					118161	0		50,00
	11.1.2	141664	0		60,00	141228	0		50,00
von 16-20	11.1.4	103716	A - 1		160,00	103728	A - 1		140,00
	11.1.4					118632	A - 1		140,00
	11.1.4	141665	A - 1		160,00	141677	A - 1		140,00
von 21-25	11.1.5	103717	A - 1		175,00	103729	A - 1		150,00
	11.1.5					118633	A - 1		150,00
	11.1.5	141666	A - 1		175,00	141678	A - 1		150,00
von 26-30	11.1.6	103718	A - 2	1 M	235,00	103730	A - 1		175,00
	11.1.6					118634	A - 1		175,00
	11.1.6	141667	A - 2	1 M	235,00	141679	A - 1		175,00
von 31-40	11.1.7	103719	A - 2	1 M	340,00	103731	A - 2	1 M	255,00
	11.1.7					118635	A - 2	1 M	255,00
	11.1.7	141668	A - 2	1 M	340,00	141680	A - 2	1 M	255,00
von 41-50	11.1.8	103720	A - 2	2 M	560,00	103732	A - 2	1 M	480,00
	11.1.8					118636	A - 2	1 M	480,00
	11.1.8	141669	A - 2	2 M	560,00	141681	A - 2	1 M	480,00
von 51-60	11.1.9	103721	A - 2	3 M	700,00	103733	A - 2	2 M	600,00
	11.1.9					118637	A - 2	2 M	600,00
	11.1.9	141670	A - 2	3 M	700,00	141682	A - 2	2 M	600,00
über 60	11.1.10	103722	A - 2	3 M	800,00	103734	A - 2	3 M	700,00
	11.1.10					118638	A - 2	3 M	700,00
	11.1.10	141671	A - 2	3 M	800,00	141683	A - 2	3 M	700,00

Überschreiten
- der für Fahrzeuge mit Schneeketten geltenden Höchstgeschwindigkeit

Tabellen-Nr.: (innerhalb) 703012 (außerhalb) 703013		mit Kraftfahrzeugen (LKW usw.) der in § 3 Abs. 3 Nr. 2a oder b StVO genannten Art							
		innerhalb				außerhalb			
Tatbestand	BKat	TBNR	FaP-Pkt	FV	Euro	TBNR	FaP-Pkt	FV	Euro
Überschreitung in km/h									
bis 10	11.1.1	103214	0		40,00	103220	0		30,00
von 11-15	11.1.2	103785	0		60,00	103221	0		50,00
von 16-20	11.1.4	103786	A - 1		160,00	103798	A - 1		140,00
von 21-25	11.1.5	103787	A - 1		175,00	103799	A - 1		150,00
von 26-30	11.1.6	103788	A - 2	1 M	235,00	103800	A - 1		175,00
von 31-40	11.1.7	103789	A - 2	1 M	340,00	103801	A - 2	1 M	255,00
von 41-50	11.1.8	103790	A - 2	2 M	560,00	103802	A - 2	1 M	480,00
von 51-60	11.1.9	103791	A - 2	3 M	700,00	103803	A - 2	2 M	600,00
über 60	11.1.10	103792	A - 2	3 M	800,00	103804	A - 2	3 M	700,00

Überschreiten
- der zulässigen Höchstgeschwindigkeit

Tabellen-Nr.:	mit Kraftfahrzeugen (LKW usw.) der in § 3 Abs. 3 Nr. 2a oder b StVO genannten Art
(innerhalb) (außerhalb) 720000 720001 720006 720007 741000 741009 742000	– bei der Vorbeifahrt rechts (Schrittgeschwindigkeit) – mit eingeschaltetem Warnblinklicht (Schrittgeschwindigkeit) – in einem Fußgängerbereich (Zone) – in einem verkehrsberuhigten Bereich – in einem Bereich für Radverkehr

		innerhalb				außerhalb			
Tatbestand	BKat	TBNR	FaP-Pkt	FV	Euro	TBNR	FaP-Pkt	FV	Euro
Überschreitung in km/h									
bis 10	11.1.1	120106	0		40,00	120112	0		30,00
	11.1.1	120154	0		40,00	120160	0		30,00
	11.1.1	141212	0		40,00				
	11.1.1	141200	0		40,00				
	11.1.1	142118	0		40,00				
von 11-15	11.1.2	120617	0		60,00	120113	0		50,00
	11.1.2	120767	0		60,00	120161	0		50,00
	11.1.2	141635	0		60,00				
	11.1.2	141743	0		60,00				
	11.1.2	142605	0		60,00				
von 16-20	11.1.4	120618	A - 1		160,00	120630	A - 1		140,00
	11.1.4	120768	A - 1		160,00	120778	A - 1		140,00
	11.1.4	141636	A - 1		160,00				
	11.1.4	141744	A - 1		160,00				
	11.1.4	142606	A - 1		160,00				
von 21-25	11.1.5	120619	A - 1		175,00	120631	A - 1		150,00
	11.1.5	120769	A - 1		175,00	120779	A - 1		150,00
	11.1.5	141637	A - 1		175,00				
	11.1.5	141745	A - 1		175,00				
	11.1.5	142607	A - 1		175,00				
von 26-30	11.1.6	120620	A - 2	1 M	235,00	120632	A - 1		175,00
	11.1.6	120770	A - 2	1 M	235,00	120780	A - 1		175,00
	11.1.6	141638	A - 2	1 M	235,00				
	11.1.6	141746	A - 2	1 M	235,00				
	11.1.6	142608	A - 2	1 M	235,00				
von 31-40	11.1.7	120621	A -	1 M	340,00	120633	A -	1 M	255,00
	11.1.7	120771	A -	1 M	340,00	120781	A -	1 M	255,00
	11.1.7	141639	A -	1 M	340,00				
	11.1.7	141747	A -	1 M	340,00				
	11.1.7	142609	A -	1 M	340,00				

Tabellen-Nr.:		mit Kraftfahrzeugen (LKW usw.) der in § 3 Abs. 3 Nr. 2a oder b StVO genannten Art
(innerhalb)	(außerhalb)	– bei der Vorbeifahrt rechts (Schrittgeschwindigkeit)
720000	720001	– mit eingeschaltetem Warnblinklicht (Schrittgeschwindigkeit)
720006	720007	– in einem Fußgängerbereich (Zone)
741000		– in einem verkehrsberuhigten Bereich
741009		– in einem Bereich für Radverkehr
742000		

Überschreitung in km/h		innerhalb				außerhalb			
von 41-50	11.1.8	120622	A - 2	2 M	560,00	120634	A - 2	1 M	480,00
	11.1.8	120772	A - 2	2 M	560,00	120782	A - 2	1 M	480,00
	11.1.8	141640	A - 2	2 M	560,00				
	11.1.8	141748	A - 2	2 M	560,00				
	11.1.8	142610	A - 2	2 M	560,00				
von 51-60	11.1.9	120623	A - 2	3 M	700,00	120635	A - 2	2 M	600,00
	11.1.9	120773	A - 2	3 M	700,00	120783	A - 2	2 M	600,00
	11.1.9	141641	A - 2	3 M	700,00				
	11.1.9	141749	A - 2	3 M	700,00				
	11.1.9	142611	A - 2	3 M	700,00				
über 60	11.1.10	120624	A - 2	3 M	800,00	120636	A - 2	3 M	700,00
	11.1.10	120774	A - 2	3 M	800,00	120784	A - 2	3 M	700,00
	11.1.10	141642	A - 2	3 M	800,00				
	11.1.10	141750	A - 2	3 M	800,00				
	11.1.10	142612	A - 2	3 M	800,00				

Überschreiten
- der zulässigen Höchstgeschwindigkeit,

Tabellen-Nr.:		mit kennzeichnungspflichtigen Kraftfahrzeugen der in § 3 Abs. Nr. 2a oder b StVO genannten Art mit gefährlichen Gütern oder raftomnibussen mit Fahrgästen
(innerhalb)	(außerhalb)	
703008	703009	
	718001	
741005	741006	

		innerhalb				außerhalb			
Tatbestand	BKat	TBNR	FaP-Pkt	FV	Euro	TBNR	FaP-Pkt	FV	Euro
Überschreitung in km/h									
bis 10	11.2.1	103736	0		70,00	103748	0		60,00
	11.2.1					118640	0		60,00
	11.2.1	141687	0		70,00	141700	0		60,00
von 11-15	11.2.2	103737	A - 1		120,00	103749	0		70,00
	11.2.2					118641	0		70,00
	11.2.2	141688	A - 1		120,00	141701	0		70,00
von 16-20	11.2.4	103740	A - 1		320,00	103752	A - 1		240,00
	11.2.4					118644	A - 1		240,00
	11.2.4	141689	A - 1		320,00	141702	A - 1		240,00
von 21-25	11.2.5	103741	A - 2	1 M	360,00	103753	A - 1		280,00
	11.2.5					118645	A - 1		280,00
	11.2.5	141690	A - 2	1 M	360,00	141703	A - 1		280,00
von 26-30	11.2.6	103742	A - 2	1 M	480,00	103754	A - 2	1 M	400,00
	11.2.6					118646	A - 2	1 M	400,00
	11.2.6	141691	A - 2	1 M	480,00	141704	A - 2	1 M	400,00
von 31-40	11.2.7	103743	A - 2	2 M	640,00	103755	A - 2	1 M	560,00
	11.2.7					118647	A - 2	1 M	560,00
	11.2.7	141692	A - 2	2 M	640,00	141705	A - 2	1 M	560,00
von 41-50	11.2.8	103744	A - 2	3 M	800,00	103756	A - 2	2 M	700,00
	11.2.8					118648	A - 2	2 M	700,00
	11.2.8	141693	A - 2	3 M	800,00	141706	A - 2	2 M	700,00
von 51-60	11.2.9	103745	A - 2	3 M	900,00	103757	A - 2	3 M	800,00
	11.2.9					118649	A - 2	3 M	800,00
	11.2.9	141694	A - 2	3 M	900,00	141707	A - 2	3 M	800,00
über 60	11.2.10	103746	A - 2	3 M	950,00	103758	A - 2	3 M	900,00
	11.2.10					118650	A - 2	3 M	900,00
	11.2.10	141695	A - 2	3 M	950,00	141708	A - 2	3 M	900,00

Überschreiten
– der für Fahrzeuge mit Schneeketten geltenden Höchstgeschwindigkeit und

Tabellen-Nr.: (innerhalb) (außerhalb) 703014 703015		mit kennzeichnungspflichtigen Kraftfahrzeugen der in § 3 Abs. Nr. 2a oder b StVO genannten Art mit gefährlichen Gütern oder raftomnibussen mit Fahrgästen							
		innerhalb				außerhalb			
Tatbestand	BKat	TBNR	FaP-Pkt	FV	Euro	TBNR	FaP-Pkt	FV	Euro
Überschreitung in km/h									
bis 10	11.2.1	103808	0		70,00	103820	0		60,00
von 11-15	11.2.2	103809	A - 1		120,00	103821	0		70,00
von 16-20	11.2.4	103810	A - 1		320,00	103822	A - 1		240,00
von 21-25	11.2.5	103811	A - 2	1 M	360,00	103823	A - 1		280,00
von 26-30	11.2.6	103812	A - 2	1 M	480,00	103824	A - 2	1 M	400,00
von 31-40	11.2.7	103813	A - 2	2 M	640,00	103825	A - 2	1 M	560,00
von 41-50	11.2.8	103814	A - 2	3 M	800,00	103826	A - 2	2 M	700,00
von 51-60	11.2.9	103815	A - 2	3 M	900,00	103827	A - 2	3 M	800,00
über 60	11.2.10	103816	A - 2	3 M	950,00	103828	A - 2	3 M	900,00

Überschreiten
- der zulässigen Höchstgeschwindigkeit

Tabellen-Nr.:	mit kennzeichnungspflichtigen Kraftfahrzeugen der in § 3 Abs. 3 Nr. 2a oder b StVO genannten Art mit gefährlichen Gütern oder Kraftomnibussen mit Fahrgästen
(innerhalb) (außerhalb)	
720002 720003	– bei der Vorbeifahrt rechts (Schrittgeschwindigkeit)
720008 720009	- mit eingeschaltetem Warnblinklicht (Schrittgeschwindigkeit)
741001	– in einem Fußgängerbereich (Zone)
741010	– in einem verkehrsberuhigten Bereich
742001	- in einem Bereich für Radverkehr

		innerhalb				außerhalb			
Tatbestand	BKat	TBNR	FaP-Pkt	FV	Euro	TBNR	FaP-Pkt	FV	Euro
Überschreitung in km/h									
bis 10	11.2.1	120640	0		70,00	120652	0		60,00
	11.2.1	120788	0		70,00	120800	0		60,00
	11.2.1	141643	0		70,00				
	11.2.1	141751	0		70,00				
	11.2.1	142616	0		70,00				
von 11-15	11.2.2	120641	A - 1		120,00	120653	0		70,00
	11.2.2	120789	A - 1		120,00	120801	0		70,00
	11.2.2	141644	A - 1		120,00				
	11.2.2	141752	A - 1		120,00				
	11.2.2	142617	A - 1		120,00				
von 16-20	11.2.4	120642	A - 1		320,00	120654	A - 1		240,00
	11.2.4	120790	A - 1		320,00	120802	A - 1		240,00
	11.2.4	141645	A - 1		320,00				
	11.2.4	141753	A - 1		320,00				
	11.2.4	142618	A - 1		320,00				
von 21-25	11.2.5	120643	A - 2	1 M	360,00	120655	A - 1		280,00
	11.2.5	120791	A - 2	1 M	360,00	120803	A - 1		280,00
	11.2.5	141646	A - 2	1 M	360,00				
	11.2.5	141754	A - 2	1 M	360,00				
	11.2.5	142619	A - 2	1 M	360,00				
von 26-30	11.2.6	120644	A - 2	1 M	480,00	120656	A - 2	1 M	400,00
	11.2.6	120792	A - 2	1 M	480,00	120804	A - 2	1 M	400,00
	11.2.6	141647	A - 2	1 M	480,00				
	11.2.6	141755	A - 2	1 M	480,00				
	11.2.6	142620	A - 2	1 M	480,00				

Fortsetzung
Überschreiten
- der zulässigen Höchstgeschwindigkeit

Tabellen-Nr.:	mit kennzeichnungspflichtigen Kraftfahrzeugen der in § 3 Abs.
(innerhalb) (außerhalb)	3 Nr. 2a oder b StVO genannten Art mit gefährlichen Gütern oder Kraftomnibussen mit Fahrgästen
720002 720003	– bei der Vorbeifahrt rechts (Schrittgeschwindigkeit)
720008 720009	– mit eingeschaltetem Warnblinklicht (Schrittgeschwindigkeit)
741001	– in einem Fußgängerbereich (Zone)
741010	– in einem verkehrsberuhigten Bereich
742001	– in einem Bereich für Radverkehr

		innerhalb				außerhalb			
Tatbestand	BKat	TBNR	FaP-Pkt	FV	Euro	TBNR	FaP-Pkt	FV	Euro
Überschreitung in km/h									
von 31-40	11.2.7	120645	A - 2	2 M	640,00	120657	A - 2	1 M	560,00
	11.2.7	120793	A - 2	2 M	640,00	120805	A - 2	1 M	560,00
	11.2.7	141648	A - 2	2 M	640,00				
	11.2.7	141756	A - 2	2 M	640,00				
	11.2.7	142621	A - 2	2 M	640,00				
von 41-50	11.2.8	120646	A - 2	3 M	800,00	120658	A - 2	2 M	700,00
	11.2.8	120794	A - 2	3 M	800,00	120806	A - 2	2 M	700,00
	11.2.8	141649	A - 2	3 M	800,00				
	11.2.8	141757	A - 2	3 M	800,00				
	11.2.8	142622	A - 2	3 M	800,00				
von 51-60	11.2.9	120647	A - 2	3 M	900,00	120659	A - 2	3 M	800,00
	11.2.9	120795	A - 2	3 M	900,00	120807	A - 2	3 M	800,00
	11.2.9	141650	A - 2	3 M	900,00				
	11.2.9	141758	A - 2	3 M	900,00				
	11.2.9	142623	A - 2	3 M	900,00				
über 60	11.2.10	120648	A - 2	3 M	950,00	120660	A - 2	3 M	900,00
	11.2.10	120796	A - 2	3 M	950,00	120808	A - 2	3 M	900,00
	11.2.10	141651	A - 2	3 M	950,00				
	11.2.10	141759	A - 2	3 M	950,00				
	11.2.10	142624	A - 2	3 M	950,00				

Überschreiten
- der zulässigen Höchstgeschwindigkeit,

Tabellen-Nr.: (innerhalb) (außerhalb) 703010 703011 741007 741008		mit anderen als den vorstehend aufgeführten Kraftfahrzeugen (PKW, Kraftrad)							
		innerhalb				außerhalb			
Tatbestand	BKat	TBNR	FaP-Pkt	FV	Euro	TBNR	FaP-Pkt	FV	Euro
Überschreitung in km/h									
bis 10	11.3.1	103202	0		30,00	103208	0		20,00
	11.3.1	141236	0		30,00	141239	0		20,00
von 11-15	11.3.2	103203	0		50,00	103209	0		40,00
	11.3.2	141237	0		50,00	141240	0		40,00
von 16-20	11.3.3	103761	0		70,00	103773	0		60,00
	11.3.3	141711	0		70,00	141720	0		60,00
von 21-25	11.3.4	103762	A - 1		115,00	103774	A - 1		100,00
	11.3.4	141712	A - 1		115,00	141721	A - 1		100,00
von 26-30	11.3.5	103763	A - 1		180,00	103775	A - 1		150,00
	11.3.5	141713	A - 1		180,00	141722	A - 1		150,00
von 31-40	11.3.6	103764	A - 2	1 M	260,00	103776	A - 1		200,00
	11.3.6	141714	A - 2	1 M	260,00	141723	A - 1		200,00
von 41-50	11.3.7	103765	A - 2	1 M	400,00	103777	A - 2	1 M	320,00
	11.3.7	141715	A - 2	1 M	400,00	141724	A - 2	1 M	320,00
von 51-60	11.3.8	103766	A - 2	2 M	560,00	103778	A - 2	1 M	480,00
	11.3.8	141716	A - 2	2 M	560,00	141725	A - 2	1 M	480,00
von 61-70	11.3.9	103767	A - 2	3 M	700,00	103779	A - 2	2 M	600,00
	11.3.9	141717	A - 2	3 M	700,00	141726	A - 2	2 M	600,00
über 70	11.3.10	103768	A - 2	3 M	800,00	103780	A - 2	3 M	700,00
	11.3.10	141718	A - 2	3 M	800,00	141727	A - 2	3 M	700,00

Überschreiten (allgemein)
- der für Fahrzeuge mit Schneeketten geltenden Höchstgeschwindigkeit und

Tabellen-Nr.: (innerhalb) 703016 (außerhalb) 703017		mit anderen als den vorstehend aufgeführten Kraftfahrzeugen							
		innerhalb				außerhalb			
Tatbestand	BKat	TBNR	FaP-Pkt	FV	Euro	TBNR	FaP-Pkt	FV	Euro
Überschreitung in km/h									
bis 10	11.3.1	103238	0		30,00	103244	0		20,00
von 11-15	11.3.2	103239	0		50,00	103245	0		40,00
von 16-20	11.3.3	103833	0		70,00	103845	0		60,00
von 21-25	11.3.4	103834	A - 1		115,00	103846	A - 1		100,00
von 26-30	11.3.5	103835	A - 1		180,00	103847	A - 1		150,00
von 31-40	11.3.6	103836	A - 2	1 M	260,00	103848	A - 1		200,00
von 41-50	11.3.7	103837	A - 2	1 M	400,00	103849	A - 2	1 M	320,00
von 51-60	11.3.8	103838	A - 2	2 M	560,00	103850	A - 2	1 M	480,00
von 61-70	11.3.9	103839	A - 2	3 M	700,00	103851	A - 2	2 M	600,00
über 70	11.3.10	103840	A - 2	3 M	800,00	103852	A - 2	3 M	700,00

Überschreiten
- der zulässigen Höchstgeschwindigkeit

Tabellen-Nr.:		mit anderen als den vorstehend aufgeführten Kraftfahrzeugen
(innerhalb) (außerhalb)		bei der Vorbeifahrt rechts (Schrittgeschwindigkeit)
720004 720005		mit eingeschaltetem Warnblinklicht (Schrittgeschwindig-keit)
720010 720011		– in einem Fußgängerbereich (Zone)
741002		– in einem verkehrsberuhigten Bereich
741011		– in einem Bereich für Radverkehr
742002		

		innerhalb				außerhalb			
Tatbestand	BKat	TBNR	FaP-Pkt	FV	Euro	TBNR	FaP-Pkt	FV	Euro
Überschreitung in km/h									
bis 10	11.3.1	120130	0		30,00	120136	0		20,00
	11.3.1	120178	0		30,00	120184	0		20,00
	11.3.1	141218	0		30,00				
	11.3.1	141221	0		30,00				
	11.3.1	142130	0		30,00				
von 11-15	11.3.2	120131	0		50,00	120137	0		40,00
	11.3.2	120179	0		50,00	120185	0		40,00
	11.3.2	141219	0		50,00				
	11.3.2	141222	0		50,00				
	11.3.2	142131	0		50,00				
von 16-20	11.3.3	120665	0		70,00	120677	0		60,00
	11.3.3	120813	0		70,00	120825	0		60,00
	11.3.3	141653	0		70,00				
	11.3.3	141760	0		70,00				
	11.3.3	142629	0		70,00				
von 21-25	11.3.4	120666	A - 1		115,00	120678	A - 1		100,00
	11.3.4	120814	A - 1		115,00	120826	A - 1		100,00
	11.3.4	141654	A - 1		115,00				
	11.3.4	141761	A - 1		115,00				
	11.3.4	142630	A - 1		115,00				
von 26-30	11.3.5	120667	A - 1		180,00	120679	A - 1		150,00
	11.3.5	120815	A - 1		180,00	120827	A - 1		150,00
	11.3.5	141655	A - 1		180,00				
	11.3.5	141762	A - 1		180,00				
	11.3.5	142631	A - 1		180,00				

Fortsetzung
Überschreiten
- der zulässigen Höchstgeschwindigkeit

Tabellen-Nr.:	mit anderen als den vorstehend aufgeführten Kraftfahrzeugen

(innerhalb) (außerhalb)	bei der Vorbeifahrt rechts (Schrittgeschwindigkeit)
720004 720005	mit eingeschaltetem Warnblinklicht (Schrittgeschwindig-
720010 720011	keit)
741002	in einem Fußgängerbereich (Zone)
741011	in einem verkehrsberuhigten Bereich
742002	in einem Bereich für Radverkehr

		innerhalb				außerhalb			
Tatbestand	BKat	TBNR	FaP-Pkt	FV	Euro	TBNR	FaP-Pkt	FV	Euro
Überschreitung in km/h									
von 31-40	11.3.6	120668	A - 2	1 M	260,00	120680	A - 1		200,00
	11.3.6	120816	A - 2	1 M	260,00	120828	A - 1		200,00
	11.3.6	141656	A - 2	1 M	260,00				
	11.3.6	141763	A - 2	1 M	260,00				
	11.3.6	142632	A - 2	1 M	260,00				
von 41-50	11.3.7	120669	A - 2	1 M	400,00	120681	A - 2	1 M	320,00
	11.3.7	120817	A - 2	1 M	400,00	120829	A - 2	1 M	320,00
	11.3.7	141657	A - 2	1 M	400,00				
	11.3.7	141764	A - 2	1 M	400,00				
	11.3.7	142633	A - 2	1 M	400,00				
von 51-60	11.3.8	120670	A - 2	2 M	560,00	120682	A - 2	1 M	480,00
	11.3.8	120818	A - 2	2 M	560,00	120830	A - 2	1 M	480,00
	11.3.8	141658	A - 2	2 M	560,00				
	11.3.8	141765	A - 2	2 M	560,00				
	11.3.8	142634	A - 2	2 M	560,00				
von 61-70	11.3.9	120671	A - 2	3 M	700,00	120683	A - 2	2 M	600,00
	11.3.9	120819	A - 2	3 M	700,00	120831	A - 2	2 M	600,00
	11.3.9	141659	A - 2	3 M	700,00				
	11.3.9	141766	A - 2	3 M	700,00				
	11.3.9	142635	A - 2	3 M	700,00				
über 70	11.3.10	120672	A - 2	3 M	800,00	120684	A - 2	3 M	700,00
	11.3.10	120820	A - 2	3 M	800,00	120832	A - 2	3 M	700,00
	11.3.10	141660	A - 2	3 M	800,00				
	11.3.10	141767	A - 2	3 M	800,00				
	11.3.10	142636	A - 2	3 M	800,00				

Überschreiten
- der zulässigen Höchstgeschwindigkeit
bei Geschwindigkeitsüberschreitungen von mehr als 5 Minuten Dauer oder bei mehr als 2
Geschwindigkeitsüberschreitungen nach Fahrtantritt

Tabellen-Nr.: 703019 718005	mit Kraftfahrzeugen der in § 3 Abs. 3 Nr. 2a oder b StVO genannten Art (LKW usw.)

Tatbestand	BKat	TBNR	FaP-Pkt	FV	Euro
Überschreitung in km/h					
bis 15	11.1.3	103726	A - 1		140,00
	11.1.3	103727	A - 1		140,00
	11.1.3	118630	A - 1		140,00
	11.1.3	118631	A - 1		140,00

Überschreiten
- der zulässigen Höchstgeschwindigkeit
bei Geschwindigkeitsüberschreitungen von mehr als 5 Minuten Dauer oder bei mehr als 2
Geschwindigkeitsüberschreitungen nach Fahrtantritt

Tabellen-Nr.: 703021 718006	mit kennzeichnungspflichtigen Kraftfahrzeugen der in § 3 Abs. 3 Nr. 2a oder b StVO genannten Art mit gefährlichen Gütern oder Kraftomnibussen mit Fahrgästen

Tatbestand	BKat	TBNR	FaP-Pkt	FV	Euro
Überschreitung in km/h					
bis 15	11.2.3	103750	A - 1		240,00
	11.2.3	103751	A - 1		240,00
	11.2.3	118642	A - 1		240,00
	11.2.3	118643	A - 1		240,00

Nichteinhalten des Abstandes von einem vorausfahrenden Fahrzeug

Tabellen-Nr.: 704000 mit Kraftfahrzeugen					
bei Geschwindigkeit von **mehr als 80 km/h**					
Tatbestand	BKat	TBNR	FaP-Pkt	FV	Euro
Abstand in m weniger als .../10 des halben Tachowertes					
5/10	12.5.1	104600	A - 1		75,00
4/10	12.5.2	104601	A - 1		100,00
3/10	12.5.3	104602	A - 1		160,00
2/10	12.5.4	104603	A - 1		240,00
1/10	12.5.5	104604	A - 1		320,00

Nichteinhalten des Abstandes von einem vorausfahrenden Fahrzeug

Tabellen-Nr.: 704001	mit Kraftfahrzeugen				
	bei Geschwindigkeit von **mehr als 100 km/h**				
Tatbestand	BKat	TBNR	FaP-Pkt	FV	Euro
Abstand in m weniger als .../10 des halben Tachowertes					
5/10	12.6.1	104606	A - 1		75,00
4/10	12.6.2	104607	A - 1		100,00
3/10	12.6.3	104608	A - 2	1 M	160,00
2/10	12.6.4	104609	A - 2	2 M	240,00
1/10	12.6.5	104610	A - 2	3 M	320,00

Nichteinhalten des Abstandes von einem vorausfahrenden Fahrzeug

Tabellen-Nr.: 704002	mit Kraftfahrzeugen				
	bei Geschwindigkeit von **mehr als 130 km/h**				
Tatbestand	BKat	TBNR	FaP-Pkt	FV	Euro
Abstand in m weniger als .../10 des halben Tachowertes					
5/10	12.7.1	104612	A - 1		100,00
4/10	12.7.2	104613	A - 1		180,00
3/10	12.7.3	104614	A - 2	1 M	240,00
2/10	12.7.4	104615	A - 2	2 M	320,00
1/10	12.7.5	104616	A - 2	3 M	400,00

Nichteinhalten des Abstandes von einem vorausfahrenden Fahrzeug

Tabellen-Nr.: 704003	mit kennzeichnungspflichtigen Kraftfahrzeugen mit gefährlichen Gütern/Kraftomnibussen mit Fahrgästen *)				
	bei Geschwindigkeit von **mehr als 80 km/h**				
Tatbestand	BKat	TBNR	FaP-Pkt	FV	Euro
Abstand in m weniger als .../10 des halben Tachowertes					
5/10	12.5.1	104618	A - 1		112,50
4/10	12.5.2	104619	A - 1		150,00
3/10	12.5.3	104620	A - 1		240,00
2/10	12.5.4	104621	A - 1		360,00
1/10	12.5.5	104622	A - 1		480,00

Nichteinhalten des Abstandes von einem vorausfahrenden Fahrzeug

Tabellen-Nr.: 704004	mit kennzeichnungspflichtigen Kraftfahrzeugen mit gefährlichen Gütern/Kraftomnibussen mit Fahrgästen *)					
	bei Geschwindigkeit von **mehr als 100 km/h**					
Tatbestand		BKat	TBNR	FaP-Pkt	FV	Euro
Abstand in m weniger als .../10 des halben Tachowertes						
5/10		12.6.1	104624	A - 1		112,50
4/10		12.6.2	104625	A - 1		150,00
3/10		12.6.3	104626	A - 2	1 M	240,00
2/10		12.6.4	104627	A - 2	2 M	360,00
1/10		12.6.5	104628	A - 2	3 M	480,00

Nichteinhalten des Abstandes von einem vorausfahrenden Fahrzeug

Tabellen-Nr.: 704005	mit kennzeichnungspflichtigen Kraftfahrzeugen mit gefährlichen Gütern/Kraftomnibussen mit Fahrgästen *)					
	bei Geschwindigkeit von **mehr als 130 km/h**					
Tatbestand		BKat	TBNR	FaP-Pkt	FV	Euro
Abstand in m weniger als .../10 des halben Tachowertes						
5/10		12.7.1	104630	A - 1		150,00
4/10		12.7.2	104631	A - 1		240,00
3/10		12.7.3	104632	A - 2	1 M	360,00
2/10		12.7.4	104633	A - 2	2 M	480,00
1/10		12.7.5	104634	A - 2	3 M	600,00

Halten und Parken
- § 12 Abs. 1 StVO

Tabellen-Nr.: 712001	Sie hielten/parkten an einer engen/unübersichtlichen *) Straßenstelle				
Tatbestand		**BKat**	**TBNR**	**FaP-Pkt**	**Euro**
Halten		51	112100	0	20,00
– mit Behinderung		51.1	112101	0	35,00
Parken		51b	112102	0	35,00
– mit Behinderung		51b.1	112103	0	55,00
– länger als 1 Stunde		51b.2	112104	0	55,00
– länger als 1 Stunde mit Behinderung		51b.2.1	112105	0	55,00

Halten und Parken
- § 12 Abs. 1 StVO

Tabellen-Nr.: 712002	Sie hielten/parkten im Bereich einer scharfen Kurve				
Tatbestand		**BKat**	**TBNR**	**FaP-Pkt**	**Euro**
Halten		51	112110	0	20,00
– mit Behinderung		51.1	112111	0	35,00
Parken		51b	112112	0	35,00
– mit Behinderung		51b.1	112113	0	55,00
– länger als 1 Stunde		51b.2	112114	0	55,00
– länger als 1 Stunde mit Behinderung		51b.2.1	112115	0	55,00

Halten und Parken
- § 12 Abs. 1 StVO

Tabellen-Nr.: 712012	Sie hielten/parkten vor oder in einer amtlich gekennzeichneten Feuerwehrzufahrt				
Tatbestand		**BKat**	**TBNR**	**FaP-Pkt**	**Euro**
Halten		51	112210	0	20,00
– mit Behinderung		51.1	112211	0	35,00
Parken		53	112210	0	55,00
– mit Behinderung		53.1	112612	B-1	100,00

Halten und Parken
- § 12 Abs. 3 StVO

Tabellen-Nr.: 712019	Sie parkten weniger als 5 Meter vor der Kreuzung/Einmündung *)				
Tatbestand		**BKat**	**TBNR**	**FaP-Pkt**	**Euro**
Parken		54	112262	0	10,00
– mit Behinderung		54.1	112263	0	15,00
– länger als 3 Stunden		54.2	112264	0	20,00
– länger als 3 Stunden mit Behinderung		54.2.1	112265	0	30,00

Halten und Parken
- § 12 Abs. 3 StVO

Tabellen-Nr.: 712019	Sie parkten weniger als 8 Meter vor der Kreuzung/Einmündung *), obwohl in Fahrtrichtung rechts neben der Fahrbahn ein Radweg baulich angelegt ist.				
Tatbestand		BKat	TBNR	FaP-Pkt	Euro
Parken		54	112266	0	10,00
– mit Behinderung		54.1	112267	0	15,00
– länger als 3 Stunden		54.2	112268	0	20,00
– länger als 3 Stunden mit Behinderung		54.2.1	112269	0	30,00

Halten und Parken
- § 12 Abs. 3 StVO

Tabellen-Nr.: 712020	Sie parkten weniger als 5 Meter hinter der Kreuzung/Einmündung *)				
Tatbestand		BKat	TBNR	FaP-Pkt	Euro
Parken		54	112272	0	10,00
– mit Behinderung		54.1	112273	0	15,00
– länger als 3 Stunden		54.2	112274	0	20,00
– länger als 3 Stunden mit Behinderung		54.2.1	112275	0	30,00

Halten und Parken
- § 12 Abs. 3 StVO

Tabellen-Nr.: 712021	Sie parkten verbotswidrig und verhinderten dadurch die Benutzung gekennzeichneter Parkflächen				
Tatbestand		BKat	TBNR	FaP-Pkt	Euro
Parken		54	112282	0	10,00
– mit Behinderung		54.1	112283	0	15,00
– länger als 3 Stunden		54.2	112284	0	20,00
– länger als 3 Stunden mit Behinderung		54.2.1	112285	0	30,00

Halten und Parken
- § 12 Abs. 3 StVO

Tabellen-Nr.: 712022	Sie parkten im Bereich einer Grundstückseinfahrt bzw. -ausfahrt				
Tatbestand		BKat	TBNR	FaP-Pkt	Euro
Parken		54	112292	0	10,00
– mit Behinderung		54.1	112293	0	15,00
– länger als 3 Stunden		54.2	112294	0	20,00
– länger als 3 Stunden mit Behinderung		54.2.1	112295	0	30,00

Halten und Parken
- § 12 Abs. 3 StVO

Tabellen-Nr.: 712023	Sie parkten auf einer schmalen Fahrbahn gegenüber einer Grundstückseinfahrt/Grundstücksausfahrt*)				
Tatbestand		BKat	TBNR	FaP-Pkt	Euro
Parken		54	112302	0	10,00
– mit Behinderung		54.1	112303	0	15,00
– länger als 3 Stunden		54.2	112304	0	20,00
– länger als 3 Stunden mit Behinderung		54.2.1	112305	0	30,00

Halten und Parken
- § 12 Abs. 3 StVO

Tabellen-Nr.: 712025	Sie parkten auf einem Gehweg, auf dem das Parken erlaubt ist, verbotswidrig über einem Schachtdeckel oder sonstigen				
Tatbestand		BKat	TBNR	FaP-Pkt	Euro
Parken		54	112322	0	10,00
– mit Behinderung		54.1	112323	0	15,00
– länger als 3 Stunden		54.2	112324	0	20,00
– länger als 3 Stunden mit Behinderung		54.2.1	112325	0	30,00

Halten und Parken
- § 12 Abs. 3 StVO

Tabellen-Nr.: 712029	Sie parkten vor einer Bordsteinabsenkung				
Tatbestand		BKat	TBNR	FaP-Pkt	Euro
Parken		54	112372	0	10,00
– mit Behinderung		54.1	112373	0	15,00
– länger als 3 Stunden		54.2	112374	0	20,00
– länger als 3 Stunden mit Behinderung		54.2.1	112375	0	30,00

Halten und Parken
- § 12 Abs. 4, 4a StVO

Tabellen-Nr.: 712030	Sie hielten/parkten verbotswidrig auf der linken Fahrbahnseite/dem linken Seitenstreifen *).				
Tatbestand		BKat	TBNR	FaP-Pkt	Euro
Halten		--	112040	0	10,00
– mit Behinderung		--	112041	0	15,00
Parken		--	112042	0	15,00
– mit Behinderung		--	112043	0	25,00
– länger als 1 Stunde		--	112044	0	25,00
– länger als 1 Stunde mit Behinderung		--	112045	0	35,00

Halten und Parken
- § 12 Abs. 4, 4a StVO

Tabellen-Nr.: 712031	Sie hielten/parkten verbotswidrig auf einem Gehweg			
Tatbestand	**BKat**	**TBNR**	**FaP-Pkt**	**Euro**
Halten	--	112050	0	50,00
– mit Behinderung	--	112051	0	55,00
– mit Gefährdung	--	112552	0	70,00
– mit Unfall	--	112553	0	90,00
Parken	52a	112454	0	55,00
– mit Behinderung	52a.1	112655	B – 1	70,00
– länger als 1 Stunde	52a.2	112656	B – 1	70,00
– länger als 1 Stunde mit Behinderung	52a.2.1	112657	B – 1	80,00
– mit Gefährdung	52a.3	112658	B – 1	80,00
– mit Unfall	52a.4	112659	B – 1	100,00

Halten und Parken
- § 12 Abs. 4 StVO

Tabellen-Nr.: 712032	Sie hielten/parkten nicht am rechten Fahrbahnrand			
Tatbestand	**BKat**	**TBNR**	**FaP-Pkt**	**Euro**
Halten	--	112060	0	10,00
– mit Behinderung	--	112061	0	15,00
Parken	--	112062	0	15,00
– mit Behinderung	--	112063	0	25,00
– länger als 1 Stunde	--	112064	0	25,00
– länger als 1 Stunde mit Behinderung	--	112065	0	35,00

Halten und Parken
- § 12 Abs. 4 StVO

Tabellen-Nr.: 712033	Sie hielten/parkten unzulässig in der zweiten Reihe			
Tatbestand	**BKat**	**TBNR**	**FaP-Pkt**	**Euro**
Halten	51a	112460	0	55,00
– mit Behinderung	51a.1	112661	B – 1	70,00
– mit Gefährdung	51a.2	112662	B – 1	80,00
– mit Unfall	51a.3	112663	B – 1	100,00
Parken	58	112464	0	55,00
– mit Behinderung	58.1	112665	B – 1	80,00
– länger als 15 Minuten	58.2	112666	B – 1	85,00
– länger als 15 Minuten mit Behinderung	58.2.1	112667	B – 1	90,00
– mit Gefährdung	58.1.1	112668	B – 1	90,00
– mit Unfall	58.1.2	112669	B – 1	110,00

Halten und Parken
- § 12 Abs. 4 StVO

Tabellen-Nr.: 712034	Sie hielten/parkten im Fahrraum von Schienenfahrzeugen			
Tatbestand	**BKat**	**TBNR**	**FaP-Pkt**	**Euro**
Halten	59	112426	0	20,00
– mit Behinderung	59.1	112427	0	30,00
Parken	60	112428	0	55,00
– mit Behinderung	60.1	112618	0	70,00

Halten und Parken
- § 12 Abs. 4a StVO

Tabellen-Nr.: 712035	Sie parkten bei zulässigem Gehwegparken (Zeichen 315) nicht auf dem Gehweg			
Tatbestand	**BKat**	**TBNR**	**FaP-Pkt**	**Euro**
Parken	52a	112484	0	55,00
– mit Behinderung	52a.1	112685	B – 1	70,00
– länger als 1 Stunde	52a.2	112686	B – 1	70,00
– länger als 1 Stunde mit Behinderung	52a.2.1	112687	B – 1	80,00
– mit Gefährdung	52a.3	112688	B – 1	80,00
– mit Unfall	52a.4	112689	B – 1	100,00

Halten und Parken
- § 12 Abs. 4 StVO

Tabellen-Nr.: 712036	Sie parkten bei zulässigem Gehwegparken (Zeichen 315) in einer Einbahnstraße nicht auf dem Gehweg			
Tatbestand	**BKat**	**TBNR**	**FaP-Pkt**	**Euro**
Parken	52a	112494	0	55,00
– mit Behinderung	52a.1	112695	B - 1	70,00
– länger als 1 Stunde	52a.2	112666	B - 1	70,00
– länger als 1 Stunde mit Behinderung	52a.2.1	112697	B - 1	80,00
– mit Gefährdung	52a.3	112698	B - 1	80,00
– mit Unfall	52a.4	112699	B - 1	100,00

Halten und Parken
- § 12 Abs. 4 StVO

Tabellen-Nr.: 712037	Sie hielten/parkten auf einem unbeschilderten Radweg				
Tatbestand		BKat	TBNR	FaP-Pkt	Euro
Halten		--	112070	0	50,00
- mit Behinderung		--	112071	0	55,00
- mit Gefährdung		--	112572	0	70,00
- mit Unfall		--	112573	0	90,00
Parken		52a	112474	0	55,00
- mit Behinderung		52a.1	112675	B - 1	70,00
- länger als 1 Stunde		52a.2	112676	B - 1	70,00
- länger als 1 Stunde mit Behinderung		52a.2.1	112677	B - 1	80,00
- mit Gefährdung		52a.3	112678	B - 1	80,00
- mit Unfall		52a.4	112679	B - 1	100,00

Halten und Parken
- § 41 Abs. 1 iVm Anlage 2 StVO

Tabellen-Nr.: 741015	Sie hielten/parkten auf einem Fußgängerüberweg				
Tatbestand		BKat	TBNR	FaP-Pkt	Euro
Halten		51	141290	0	20,00
- mit Behinderung		51.1	141291	0	35,00
Parken		52	141292	0	25,00
- mit Behinderung		52.1	141293	0	40,00
- länger als 1 Stunde		52.2	141294	0	40,00
- länger als 1 Stunde mit Behinderung		52.2.1	141295	0	50,00

Halten und Parken
- § 41 Abs. 1 iVm Anlage 2 StVO

Tabellen-Nr.: 741016	Sie hielten/parkten in einem Abstand von weniger als 5 Meter von einem Fußgängerüberweg				
Tatbestand		BKat	TBNR	FaP-Pkt	Euro
Halten		51	141300	0	20,00
- mit Behinderung		51.1	141301	0	35,00
Parken		52	141302	0	25,00
- mit Behinderung		52.1	141303	0	40,00
- länger als 1 Stunde		52.2	141304	0	40,00
- länger als 1 Stunde mit Behinderung		52.2.1	141305	0	50,00

461

Halten und Parken
- § 41 Abs. 1 iVm Anlage 2 StVO

Tabellen-Nr.: 741017	Sie hielten/parkten im absolutem Haltverbot (Zeichen 283)			
Tatbestand	**BKat**	**TBNR**	**FaP-Pkt**	**Euro**
Halten	51	141310	0	20,00
- mit Behinderung	51.1	141311	0	35,00
Parken	52	141312	0	25,00
- mit Behinderung	52.1	141313	0	40,00
- länger als 1 Stunde	52.2	141314	0	40,00
- länger als 1 Stunde mit Behinderung	52.2.1	141315	0	50,00

Halten und Parken
- § 41 Abs. 1 iVm Anlage 2 StVO

Tabellen-Nr.: 741018	Sie parkten unzulässig im eingeschränkten Haltverbot (Zeichen 286)			
Tatbestand	**BKat**	**TBNR**	**FaP-Pkt**	**Euro**
Parken	52	141322	0	25,00
- mit Behinderung	52.1	141323	0	40,00
- länger als 1 Stunde	52.2	141324	0	40,00
- länger als 1 Stunde mit Behinderung	52.2.1	141325	0	50,00

Halten und Parken
- § 41 Abs. 1 iVm Anlage 2 StVO

Tabellen-Nr.: 741019	Sie hielten/parkten links von einer Fahrbahnbegrenzung (Zeichen 295)			
Tatbestand	**BKat**	**TBNR**	**FaP-Pkt**	**Euro**
Halten	51	141330	0	20,00
- mit Behinderung	51.1	141331	0	35,00
Parken	52	141332	0	25,00
- mit Behinderung	52.1	141333	0	40,00
- länger als 1 Stunde	52.2	141334	0	40,00
- länger als 1 Stunde mit Behinderung	52.2.1	141335	0	50,00

Halten und Parken
- § 41 Abs. 1 iVm Anlage 2 StVO

Tabellen-Nr.: 741020	Sie hielten/parkten auf einem durch Richtungspfeile (Zeichen 297) gekennzeichneten Fahrbahnteil			
Tatbestand	**BKat**	**TBNR**	**FaP-Pkt**	**Euro**
Halten	51	141340	0	20,00
- mit Behinderung	51.1	141341	0	35,00
Parken	52	141342	0	25,00
- mit Behinderung	52.1	141343	0	40,00
- länger als 1 Stunde	52.2	141344	0	40,00
- länger als 1 Stunde mit Behinderung	52.2.1	141345	0	50,00

Halten und Parken
- § 41 Abs. 1 iVm Anlage 2 StVO

Tabellen-Nr.: 741021	Sie hielten/parkten innerhalb einer Grenzmarkierung (Zeichen 299) für ein Haltverbot			
Tatbestand	BKat	TBNR	FaP-Pkt	Euro
Halten	51	141350	0	20,00
- mit Behinderung	51.1	141351	0	35,00
Parken	52	141352	0	25,00
- mit Behinderung	52.1	141353	0	40,00
- länger als 1 Stunde	52.2	141354	0	40,00
- länger als 1 Stunde mit Behinderung	52.2.1	141355	0	50,00

Halten und Parken
- § 41 Abs. 1 iVm Anlage 2 StVO

Tabellen-Nr.: 741044	Sie parkten innerhalb einer Grenzmarkierung (Zeichen 299) für ein Parkverbot			
Tatbestand	BKat	TBNR	FaP-Pkt	Euro
Parken	--	141026	0	10,00
- mit Behinderung	--	141027	0	15,00
- länger als 3 Stunden	--	141028	0	20,00
- länger als 3 Stunden mit Behinderung	--	141029	0	30,00

Halten und Parken
- § 41 Abs. 1 iVm Anlage 2 StVO

Tabellen-Nr.: 741022	Sie hielten/parkten näher als 10 Meter vor einem Andreaskreuz (Zeichen 201)/Zeichen 205 (Vorfahrt gewähren!)/Zeichen 206 (Halt! Vorfahrt gewähren!) *) und verdeckten dieses			
Tatbestand	BKat	TBNR	FaP-Pkt	Euro
Halten	51	141360	0	20,00
- mit Behinderung	51.1	141361	0	35,00
Parken	52	141362	0	25,00
- mit Behinderung	52.1	141363	0	40,00
- länger als 1 Stunde	52.2	141364	0	40,00
- länger als 1 Stunde mit Behinderung	52.2.1	141365	0	50,00

Halten und Parken
- § 41 Abs. 1 iVm Anlage 2 StVO

Tabellen-Nr.: 741023	Sie hielten/parkten innerhalb eines Kreisverkehrs (Zeichen 215)				
Tatbestand		**BKat**	**TBNR**	**FaP-Pkt**	**Euro**
Halten		51	141430	0	20,00
- mit Behinderung		51.1	141431	0	35,00
Parken		52	141432	0	25,00
- mit Behinderung		52.1	141433	0	40,00
- länger als 1 Stunde		52.2	141434	0	40,00
- länger als 1 Stunde mit Behinderung		52.2.1	141435	0	50,00

Halten und Parken
- § 41 Abs. 1 iVm Anlage 2 StVO

Tabellen-Nr.: 741024	Sie hielten/parkten verbotswidrig im Bereich eines Taxenstandes (Zeichen 229)				
Tatbestand		**BKat**	**TBNR**	**FaP-Pkt**	**Euro**
Halten		51	141380	0	20,00
- mit Behinderung		51.1	141381	0	35,00
Parken		52	141382	0	25,00
- mit Behinderung		52.1	141383	0	40,00
- länger als 1 Stunde		52.2	141384	0	40,00
- länger als 1 Stunde mit Behinderung		52.2.1	141385	0	50,00

Halten und Parken
- § 41 Abs. 1 iVm Anlage 2 StVO

Tabellen-Nr.: 741025	Sie parkten im eingeschränkten Haltverbot (Zeichen 286/290.1, 290.2 *)) mit Zusatzzeichen „Bewoh- ner mit Parkausweis frei". Ein besonderer Parkausweis lag nicht gut lesbar aus				
Tatbestand		**BKat**	**TBNR**	**FaP-Pkt**	**Euro**
Parken		52	141392	0	25,00
- mit Behinderung		52.1	141393	0	40,00
- länger als 1 Stunde		52.2	141394	0	40,00
- länger als 1 Stunde mit Behinderung		52.2.1	141395	0	50,00

Halten und Parken
- § 41 Abs. 1 iVm Anlage 2 StVO

Tabellen-Nr.: 741026	Sie parkten im eingeschränkten Haltverbot für eine Zone (Zeichen 290.1, 290.2)			
Tatbestand	BKat	TBNR	FaP-Pkt	Euro
Parken	52	141118	0	25,00
- mit Behinderung	52.1	141119	0	40,00
- länger als 1 Stunde	52.2	141121	0	40,00
- länger als 1 Stunde mit Behinderung	52.2.1	141122	0	50,00

Halten und Parken
- § 41 Abs. 1 iVm Anlage 2 StVO

Tabellen-Nr.: 741027	Sie parkten in einem Abstand von weniger als 15 Metern von einem Haltestellenschild (Zeichen 224).			
Tatbestand	BKat	TBNR	FaP-Pkt	Euro
Parken	54.4	141402	0	55,00
- mit Behinderung	54.4.1	141818	0	70,00
- mit Gefährdung	54.4.2	141819	0	80,00
- mit Unfall	54.4.3	141820	0	100,00
- länger als 3 Stunden	54.4.4	141821	0	70,00
- länger als 3 Stunden mit Behinderung	54.4.4.1	141822	0	80,00
- länger als 3 Stunden mit Gefährdung	54.4.4.2	141823	0	80,00
- länger als 3 Stunden mit Unfall	54.4.4.3	141824	0	100,00

Halten und Parken
- § 41 Abs. 1 iVm Anlage 2 StVO

Tabellen-Nr.: 741028	Sie hielten/parkten auf einem Bussonderfahrstreifen (Zeichen 245)			
Tatbestand	BKat	TBNR	FaP-Pkt	Euro
Halten	54.3	141120	0	55,00
- mit Behinderung	54.3.1	141825	0	70,00
- mit Gefährdung	54.3.2	141826	0	80,00
- mit Unfall	54.3.3	141827	0	100,00
Parken	54.4	141125	0	55,00
- mit Behinderung	54.4.1	141828	0	70,00
- mit Gefährdung	54.4.2	141829	0	80,00
- mit Unfall	54.4.3	141830	0	100,00
- länger als 3 Stunden	54.4.4	141831	0	70,00
- länger als 3 Stunden mit Behinderung	54.4.4.1	141832	0	80,00
- länger als 3 Stunden mit Gefährdung	54.4.4.2	141833	0	80,00
- länger als 3 Stunden mit Unfall	54.4.4.3	141834	0	100,00

Halten und Parken
- § 41 Abs. 1 iVm Anlage 2 StVO

Tabellen-Nr.: 741042	Sie hielten innerhalb einer Grenzmarkierung (Zeichen 299) für ein Haltverbot im Bereich eines Bussonderfahrstreifens			
Tatbestand	BKat	TBNR	FaP-Pkt	Euro
Halten	54.3	141123	0	55,00
- mit Behinderung	54.3.1	141622	0	70,00
- mit Gefährdung	54.3.2	141623	0	80,00
- mit Unfall	54.3.3	141624	0	100,00

Halten und Parken
- § 41 Abs. 1 iVm Anlage 2 StVO

Tabellen-Nr.: 741043	Sie parkten innerhalb einer Grenzmarkierung (Zeichen 299) für ein Parkverbot im Bereich einer Haltestelle (Zeichen 224)/ eines Bussonderfahrstreifens (Zeichen 245) *)			
Tatbestand	BKat	TBNR	FaP-Pkt	Euro
Parken	54.4	141421	0	55,00
- mit Behinderung	54.4.1	141842	0	70,00
- mit Gefährdung	54.4.2	141843	0	80,00
- mit Unfall	54.4.3	141844	0	100,00
- länger als 3 Stunden	54.4.4	141845	0	70,00
- länger als 3 Stunden mit Behinderung	54.4.4.1	141846	0	80,00
- länger als 3 Stunden mit Gefährdung	54.4.4.2	141847	0	80,00
- länger als 3 Stunden mit Unfall	54.4.4.3	141848	0	100,00

Halten und Parken
- § 41 Abs. 1 iVm Anlage 2 StVO

Tabellen-Nr.: 741029	Sie parkten, obwohl zwischen Ihrem Fahrzeug und der Fahrstreifenbegrenzung (Zeichen 295/296 *)) ein Abstand von weniger als 3 Metern verblieb			
Tatbestand	BKat	TBNR	FaP-Pkt	Euro
Parken	54	141412	0	10,00
- mit Behinderung	54.1	141413	0	15,00
- länger als 3 Stunden	54.2	141414	0	20,00
- länger als 3 Stunden mit Behinderung	54.2.1	141415	0	30,00

Halten und Parken
- § 41 Abs. 1 iVm Anlage 2 StVO

Tabellen-Nr.: 741031	Sie parkten auf einem Gehweg, der durch Parkflächenmarkierung zum Gehwegparken freigegeben war, obwohl Ihr Fahrzeug mehr als 2,8 t zulässige Gesamtmasse hat			
Tatbestand	BKat	TBNR	FaP-Pkt	Euro
Parken	--	141042	0	15,00
- mit Behinderung	--	141043	0	25,00
- länger als 1 Stunde	--	141044	0	25,00
- länger als 1 Stunde mit Behinderung	--	141045	0	35,00

Halten und Parken
- § 41 Abs. 1 iVm Anlage 2 StVO

Tabellen-Nr.: 741033	Sie hielten/parkten auf einem Radweg (Zeichen 237)			
Tatbestand	**BKat**	**TBNR**	**FaP-Pkt**	**Euro**
Halten	--	141070	0	50,00
- mit Behinderung	--	141071	0	55,00
- mit Gefährdung	--	141572	0	70,00
- mit Unfall	--	141573	0	90,00
Parken	52a	141174	0	55,00
- mit Behinderung	52a.1	141775	B - 1	70,00
- länger als 1 Stunde	52a.2	141776	B - 1	70,00
- länger als 1 Stunde mit Behinderung	52a.2.1	141777	B - 1	80,00
- mit Gefährdung	52a.3	141778	B - 1	80,00
- mit Unfall	52a.4	141779	B - 1	100,00

Halten und Parken
- § 41 Abs. 1 iVm Anlage 2 StVO

Tabellen-Nr.: 741034	Sie hielten/parkten auf einem Geh- und Radweg (Zeichen 240/241)			
Tatbestand	**BKat**	**TBNR**	**FaP-Pkt**	**Euro**
Halten	--	141090	0	50,00
- mit Behinderung	--	141091	0	55,00
- mit Gefährdung	--	141592	0	70,00
- mit Unfall	--	141593	0	90,00
Parken	52a	141194	0	55,00
- mit Behinderung	52a.1	141795	B - 1	70,00
- länger als 1 Stunde	52a.2	141796	B - 1	70,00
- länger als 1 Stunde mit Behinderung	52a.2.1	141797	B - 1	80,00
- mit Gefährdung	52a.3	141798	B - 1	80,00
- mit Unfall	52a.4	141799	B - 1	100,00

Halten und Parken
- § 41 Abs. 1 iVm Anlage 2 StVO

Tabellen-Nr.: 741035	Sie hielten/parkten auf einer Fahrradstraße (Zeichen 244.1/244.2)				
Tatbestand		**BKat**	**TBNR**	**FaP-Pkt**	**Euro**
Halten		--	141020	0	50,00
- mit Behinderung		--	141021	0	55,00
- mit Gefährdung		--	141522	0	70,00
- mit Unfall		--	141523	0	90,00
Parken		--	141124	0	55,00
- mit Behinderung		--	141525	0	70,00
- länger als 1 Stunde		--	141526	0	70,00
- länger als 1 Stunde mit Behinderung		--	141527	0	80,00
- mit Gefährdung		--	141528	0	80,00
- mit Unfall		--	141529	0	100,00

Halten und Parken
- § 41 Abs. 1 iVm Anlage 2 StVO

Tabellen-Nr.: 741036	Sie hielten/parkten einem Reitweg (Zeichen 238)				
Tatbestand		**BKat**	**TBNR**	**FaP-Pkt**	**Euro**
Halten		--	141030	0	20,00
- mit Behinderung		--	141031	0	35,00
Parken		52	141442	0	25,00
- mit Behinderung		52.1	141443	0	40,00
- länger als 1 Stunde		52.2	141444	0	40,00
- länger als 1 Stunde mit Behinderung		52.2.1	141445	0	50,00

Halten und Parken
- § 41 Abs. 1 iVm Anlage 2 StVO

Tabellen-Nr.: 741037	Sie hielten/parkten im Bereich einer Feuerwehranfahrtszone/ einer Feuerwehrzufahrt/eines Rettungsweges *) (Zeichen 283 mit Zusatzzeichen)				
Tatbestand		**BKat**	**TBNR**	**FaP-Pkt**	**Euro**
Halten		--	141050	0	20,00
- mit Behinderung		--	141051	0	35,00
Parken		--	141056	0	55,00
- mit Behinderung		--	141518	0	100,00

Halten und Parken
- § 41 Abs. 1 iVm Anlage 2 StVO

Tabellen-Nr.: 741038	Sie parkten in einem Fußgängerbereich, der durch Zeichen 239/242.1, 242.2/250) gesperrt war			
Tatbestand	**BKat**	**TBNR**	**FaP-Pkt**	**Euro**
Parken	144	141184	0	55,00
- mit Behinderung	144.1	141185	0	70,00
- länger als 3 Stunden	144.2	141186	0	70,00

Halten und Parken
- § 41 Abs. 1 iVm Anlage 2 StVO

Tabellen-Nr.: 741039	Sie parkten in einem Verkehrsbereich, der durch Zeichen 250/251/253/255/260 *) gesperrt war.			
Tatbestand	**BKat**	**TBNR**	**FaP-Pkt**	**Euro**
Parken	144	141164	0	55,00
- mit Behinderung	141.1	141865	0	70,00
- länger als 3 Stunden	144.2	141866	0	70,00

Halten und Parken
- § 41 Abs. 1 iVm Anlage 2 StVO

Tabellen-Nr.: 741041	Sie parkten in einem Verkehrsbereich, der durch Zeichen 262/263/264/265/266/267 *) gesperrt war.			
Tatbestand	**BKat**	**TBNR**	**FaP-Pkt**	**Euro**
Parken	--	141378	0	20,00

Halten und Parken
- § 42 Abs. 2 iVm Anlage 3 StVO

Tabellen-Nr.: 742100	Sie parkten bei Zeichen 315 auf dem Gehweg, obwohl dies durch Zusatzzeichen *) für Sie verboten war			
Tatbestand	**BKat**	**TBNR**	**FaP-Pkt**	**Euro**
Parken	54	142202	0	10,00
- mit Behinderung	54.1	142203	0	15,00
- länger als 3 Stunden	54.2	142204	0	20,00
- länger als 3 Stunden mit Behinderung	54.2.1	142205	0	30,00

Halten und Parken
- § 42 Abs. 2 iVm Anlage 3 StVO

Tabellen-Nr.: 742101	Sie parkten auf einem Gehweg, der durch Zeichen 315 für Fahrzeuge bis zu 2,8 t zum Gehwegparken freigegeben war, obwohl Ihr Fahrzeug mehr als 2,8 t zulässiges Gesamtgewicht hat			
Tatbestand	**BKat**	**TBNR**	**FaP-Pkt**	**Euro**
Parken	54	142212	0	10,00
- mit Behinderung	54.1	142213	0	15,00
- länger als 3 Stunden	54.2	142214	0	20,00
- länger als 3 Stunden mit Behinderung	54.2.1	142215	0	30,00

Halten und Parken
- § 42 Abs. 2 iVm Anlage 3 StVO

Tabellen-Nr.: 742102	Sie parkten auf einem Gehweg entgegen der durch Zeichen 315 vorgeschriebenen Aufstellungsart			
Tatbestand	**BKat**	**TBNR**	**FaP-Pkt**	**Euro**
Parken	54	142222	0	10,00
- mit Behinderung	54.1	142223	0	15,00
- länger als 3 Stunden	54.2	142224	0	20,00
- länger als 3 Stunden mit Behinderung	54.2.1	142225	0	30,00

Halten und Parken
- § 42 Abs. 2 iVm Anlage 3 StVO

Tabellen-Nr.: 742103	Sie parkten auf einem Gehweg, auf dem das Parken durch Zeichen 315 zugelassen war, über die auf dem Zusatzzeichen angegebene Zeit hinaus			
Tatbestand	**BKat**	**TBNR**	**FaP-Pkt**	**Euro**
Parken	54	142232	0	10,00
- mit Behinderung	54.1	142233	0	15,00
- länger als 3 Stunden	54.2	142234	0	20,00
- länger als 3 Stunden mit Behinderung	54.2.1	142235	0	30,00

Halten und Parken
- § 42 Abs. 2 iVm Anlage 3 StVO

Tabellen-Nr.: 742104	Sie parkten außerhalb geschlossener Ortschaft auf einer Vorfahrtsstraße (Zeichen 306)			
Tatbestand	**BKat**	**TBNR**	**FaP-Pkt**	**Euro**
Parken	54	142242	0	10,00
- mit Behinderung	54.1	142243	0	15,00
- länger als 3 Stunden	54.2	142244	0	20,00
- länger als 3 Stunden mit Behinderung	54.2.1	142245	0	30,00

Halten und Parken
- § 42 Abs. 2 iVm Anlage 3 StVO

Tabellen-Nr.: 742105	Sie parkten auf einem Sonderparkplatz für Bewohner (Zeichen 314/315 *)) mit Zusatzzeichen für „Bewohner mit besonderem Parkausweis". Ein besonderer Parkausweis lag nicht gut lesbar aus			

Tatbestand	BKat	TBNR	FaP-Pkt	Euro
Parken	54	142252	0	10,00
- mit Behinderung	54.1	142253	0	15,00
- länger als 3 Stunden	54.2	142254	0	20,00
- länger als 3 Stunden mit Behinderung	54.2.1	142255	0	30,00

Halten und Parken
- § 42 Abs. 2 iVm Anlage 3 StVO

Tabellen-Nr.: 742106	Sie parkten auf einem Parkplatz (Zeichen 314), obwohl dies durch Zusatzzeichen *) für Sie verboten war			

Tatbestand	BKat	TBNR	FaP-Pkt	Euro
Parken	54	142262	0	10,00
- mit Behinderung	54.1	142263	0	15,00
- länger als 3 Stunden	54.2	142264	0	20,00
- länger als 3 Stunden mit Behinderung	54.2.1	142265	0	30,00

Halten und Parken
- § 42 Abs. 2 iVm Anlage 3 StVO

Tabellen-Nr.: 742107	Sie hielten verbotswidrig auf einem Schutzstreifen für den Radverkehr (Zeichen 340)			

Tatbestand	BKat	TBNR	FaP-Pkt	Euro
Halten	54a	142170	0	55,00
- mit Behinderung	54a.1	142671	B – 1	70,00
- mit Gefährdung	54a.2	142672	B – 1	80,00
- mit Unfall	54a.3	142673	B – 1	100,00

Halten und Parken
- § 42 Abs. 2 iVm Anlage 3 StVO

Tabellen-Nr.: 742108	Sie parkten in einem verkehrsberuhigten Bereich (Zeichen 325.1, 325.2) verbotswidrig außerhalb der zum Parken gekennzeichneten Flächen			
Tatbestand	**BKat**	**TBNR**	**FaP-Pkt**	**Euro**
Parken	159	142103	0	10,00
- mit Behinderung	159.1.1	142104	0	15,00
- länger als 3 Stunden	159.2	142106	0	20,00
- länger als 3 Stunden mit Behinderung	159.2.1	142107	0	30,00

Einrichtung zur Überwachung der Parkzeit
- § 13 Abs. 1, 2 StVO

Tabellen-Nr.: 713000	Sie parkten an einer abgelaufenen Parkuhr.			
Tatbestand	**BKat**	**TBNR**	**FaP-Pkt**	**Euro**
Zeitüberschreitung				
– bis 30 Minuten	63.1	113100	0	20,00
– länger als 30 Minuten	63.2	113101	0	25,00
– länger als 1 Stunde	63.3	113102	0	30,00
– länger als 2 Stunden	63.4	113103	0	35,00
– länger als 3 Stunden	63.5	113104	0	40,00

Einrichtung zur Überwachung der Parkzeit
- § 13 Abs. 1, 2 StVO

Tabellen-Nr.: 713001	Sie überschritten an einer Parkuhr die zulässige/im Bereich eines Parkscheinautomaten die auf dem Parkschein angegebene *) Parkzeit.			
Tatbestand	**BKat**	**TBNR**	**FaP-Pkt**	**Euro**
Zeitüberschreitung				
– bis 30 Minuten	63.1	113120	0	20,00
– länger als 30 Minuten	63.2	113121	0	25,00
– länger als 1 Stunde	63.3	113122	0	30,00
– länger als 2 Stunden	63.4	113123	0	35,00
– länger als 3 Stunden	63.5	113124	0	40,00

Einrichtung zur Überwachung der Parkzeit
- § 13 Abs. 1, 2 StVO

Tabellen-Nr.: 713002	Sie parkten im Bereich eines Parkscheinautomaten ohne gültigen Parkschein.			
Tatbestand	BKat	TBNR	FaP-Pkt	Euro
Zeitüberschreitung				
– bis 30 Minuten	63.1	113140	0	20,00
– länger als 30 Minuten	63.2	113141	0	25,00
– länger als 1 Stunde	63.3	113142	0	30,00
– länger als 2 Stunden	63.4	113143	0	35,00
– länger als 3 Stunden	63.5	113144	0	40,00

Einrichtung zur Überwachung der Parkzeit
- § 13 Abs. 1, 2 StVO

Tabellen-Nr.: 713003	Sie überschritten an einer nicht funktionsfähigen Parkuhr/im Bereich eines nicht funktionsfähigen Parkscheinautomaten *) bei Verwendung einer Parkscheibe (Bild 318) die zulässige Höchstparkdauer.			
Tatbestand	BKat	TBNR	FaP-Pkt	Euro
Zeitüberschreitung				
– bis 30 Minuten	63.1	113160	0	20,00
– länger als 30 Minuten	63.2	113161	0	25,00
– länger als 1 Stunde	63.3	113162	0	30,00
– länger als 2 Stunden	63.4	113163	0	35,00
– länger als 3 Stunden	63.5	113164	0	40,00

Einrichtung zur Überwachung der Parkzeit
- § 13 Abs. 1, 2 StVO

Tabellen-Nr.: 713004	Sie parkten an einer nicht funktionsfähigen Parkuhr/im Bereich eines nicht funktionsfähigen Parkscheinautomaten *), ohne eine Parkscheibe (Bild 318) von außen gut lesbar im oder am Fahrzeug angebracht zu haben.			
Tatbestand	BKat	TBNR	FaP-Pkt	Euro
Zeitüberschreitung				
– bis 30 Minuten	63.1	113180	0	20,00
– länger als 30 Minuten	63.2	113181	0	25,00
– länger als 1 Stunde	63.3	113182	0	30,00
– länger als 2 Stunden	63.4	113183	0	35,00
– länger als 3 Stunden	63.5	113184	0	40,00

Einrichtung zur Überwachung der Parkzeit
- § 13 Abs. 1, 2 StVO

Tabellen-Nr.: 713005	Sie parkten an einer nicht funktionsfähigen Parkuh/im Bereich eines nicht funktionsfähigen Parkscheinautomaten *), ohne die Parkscheibe (Bild 318) richtig eingestellt zu haben.			
Tatbestand	BKat	TBNR	FaP-Pkt	Euro
Zeitüberschreitung				
– bis 30 Minuten	63.1	113200	0	20,00
– länger als 30 Minuten	63.2	113201	0	25,00
– länger als 1 Stunde	63.3	113202	0	30,00
– länger als 2 Stunden	63.4	113203	0	35,00
– länger als 3 Stunden	63.5	113204	0	40,00

Einrichtung zur Überwachung der Parkzeit
- § 13 Abs. 1, 2 StVO

Tabellen-Nr.: 713006	Sie überschritten im Bereich eines eingeschränkten Haltverbots für eine Zone (Zeichen 290.1, 290.2) die zulässige Höchstparkdauer.			
Tatbestand	BKat	TBNR	FaP-Pkt	Euro
Zeitüberschreitung				
– bis 30 Minuten	63.1	113220	0	20,00
– länger als 30 Minuten	63.2	113221	0	25,00
– länger als 1 Stunde	63.3	113222	0	30,00
– länger als 2 Stunden	63.4	113223	0	35,00
– länger als 3 Stunden	63.5	113224	0	40,00

Einrichtung zur Überwachung der Parkzeit
- § 13 Abs. 1, 2 StVO

Tabellen-Nr.: 713007	Sie parkten im Bereich eines eingeschränkten Haltverbots für eine Zone (Zeichen 290.1, 290.2), ohne die durch Zusatzzeichen vorgeschriebene Parkscheibe (Bild 318) von außen gut lesbar im oder am Fahrzeug angebracht zu haben.			
Tatbestand	BKat	TBNR	FaP-Pkt	Euro
Zeitüberschreitung				
– bis 30 Minuten	63.1	113240	0	20,00
– länger als 30 Minuten	63.2	113241	0	25,00
– länger als 1 Stunde	63.3	113242	0	30,00
– länger als 2 Stunden	63.4	113243	0	35,00
– länger als 3 Stunden	63.5	113244	0	40,00

Einrichtung zur Überwachung der Parkzeit
- § 13 Abs. 1, 2 StVO

Tabellen-Nr.: 713008	Sie parkten im Bereich eines eingeschränkten Haltverbots für eine Zone (Zeichen 290.1, 290.2), ohne die Parkscheibe (Bild 318) richtig eingestellt zu haben.				
Tatbestand		BKat	TBNR	FaP-Pkt	Euro
Zeitüberschreitung					
– bis 30 Minuten		63.1	113260	0	20,00
– länger als 30 Minuten		63.2	113261	0	25,00
– länger als 1 Stunde		63.3	113262	0	30,00
– länger als 2 Stunden		63.4	113263	0	35,00
– länger als 3 Stunden		63.5	113264	0	40,00

Einrichtung zur Überwachung der Parkzeit
- § 13 Abs. 1, 2 StVO

Tabellen-Nr.: 713009	Sie überschritten bei Zeichen 314/315 *), mit Zusatzzeichen, die zulässige Höchstparkdauer.				
Tatbestand		BKat	TBNR	FaP-Pkt	Euro
Zeitüberschreitung					
– bis 30 Minuten		63.1	113280	0	20,00
– länger als 30 Minuten		63.2	113281	0	25,00
– länger als 1 Stunde		63.3	113282	0	30,00
– länger als 2 Stunden		63.4	113283	0	35,00
– länger als 3 Stunden		63.5	113284	0	40,00

Einrichtung zur Überwachung der Parkzeit
- § 13 Abs. 1, 2 StVO

Tabellen-Nr.: 713010	Sie parkten bei Zeichen 314/315 *), ohne die durch Zusatzzeichen vorgeschriebene Parkscheibe (Bild 318) von außen gut lesbar im oder am Fahrzeug ange- bracht zu				
Tatbestand		BKat	TBNR	FaP-Pkt	Euro
Zeitüberschreitung					
– bis 30 Minuten		63.1	113300	0	20,00
– länger als 30 Minuten		63.2	113301	0	25,00
– länger als 1 Stunde		63.3	113302	0	30,00
– länger als 2 Stunden		63.4	113303	0	35,00
– länger als 3 Stunden		63.5	113304	0	40,00

Einrichtung zur Überwachung der Parkzeit
- § 13 Abs. 1, 2 StVO

Tabellen-Nr.: 713011	Sie parkten bei Zeichen 314/315 *), ohne die durch Zusatz-zeichen vorgeschriebene Parkscheibe (Bild 318) richtig eingestellt zu haben.			
Tatbestand	BKat	TBNR	FaP-Pkt	Euro
Zeitüberschreitung				
– bis 30 Minuten	63.1	113320	0	20,00
– länger als 30 Minuten	63.2	113321	0	25,00
– länger als 1 Stunde	63.3	113322	0	30,00
– länger als 2 Stunden	63.4	113323	0	35,00
– länger als 3 Stunden	63.5	113324	0	40,00

Einrichtung zur Überwachung der Parkzeit
- § 13 Abs. 1, 2 StVO

Tabellen-Nr.: 713012	Sie parkten im Bereich eines Parkscheinautomaten, ohne den Parkschein von außen gut lesbar im oder Fahrzeug angebracht zu haben.			
Tatbestand	BKat	TBNR	FaP-Pkt	Euro
Zeitüberschreitung				
– bis 30 Minuten	63.1	113150	0	20,00
– länger als 30 Minuten	63.2	113151	0	25,00
– länger als 1 Stunde	63.3	113152	0	30,00
– länger als 2 Stunden	63.4	113153	0	35,00
– länger als 3 Stunden	63.5	113154	0	40,00

Einrichtung zur Überwachung der Parkzeit
- § 13 Abs. 1, 2 StVO

Tabellen-Nr.: 713014	Sie überschritten im Bereich einer Parkraumbewirtschaftungs-zone (Zeichen 314.1, 314.2) die zulässige Höchstparkdauer.			
Tatbestand	BKat	TBNR	FaP-Pkt	Euro
Zeitüberschreitung				
– bis 30 Minuten	63.1	113330	0	20,00
– länger als 30 Minuten	63.2	113331	0	25,00
– länger als 1 Stunde	63.3	113332	0	30,00
– länger als 2 Stunden	63.4	113333	0	35,00
– länger als 3 Stunden	63.5	113334	0	40,00

Einrichtung zur Überwachung der Parkzeit
- § 13 Abs. 1, 2 StVO

Tabellen-Nr.: 713015	Sie parkten im Bereich einer Parkraumbewirtschaftungszone (Zeichen 314.1, 314.2), ohne die durch Zusatzzeichen vorgeschriebene Parkscheibe (Bild 318) von außen gut lesbar im oder am Fahrzeug angebracht zu haben.			
Tatbestand	BKat	TBNR	FaP-Pkt	Euro
Zeitüberschreitung				
– bis 30 Minuten	63.1	113340	0	20,00
– länger als 30 Minuten	63.2	113341	0	25,00
– länger als 1 Stunde	63.3	113342	0	30,00
– länger als 2 Stunden	63.4	113343	0	35,00
– länger als 3 Stunden	63.5	113344	0	40,00

Einrichtung zur Überwachung der Parkzeit
- § 13 Abs. 1, 2 StVO

Tabellen-Nr.: 713016	Sie parkten im Bereich einer Parkraumbewirtschaftungszone (Zeichen 314.1, 314.2) ohne die Parkscheibe (Bild 318) richtig eingestellt zu haben.			
Tatbestand	BKat	TBNR	FaP-Pkt	Euro
Zeitüberschreitung				
– bis 30 Minuten	63.1	113350	0	20,00
– länger als 30 Minuten	63.2	113351	0	25,00
– länger als 1 Stunde	63.3	113352	0	30,00
– länger als 2 Stunden	63.4	113353	0	35,00
– länger als 3 Stunden	63.5	113354	0	40,00

Überladung

Tabellen-Nr.: 731000	Überschreiten des zulässigen Gesamtgewichts - bei Kraftfahrzeugen mit einem zulässigen Gesamtgewicht über 7,5 t				
	Halter				
Tatbestand	BKat	TBNR	FaP-Pkt	FV	Euro
Überladung in %					
um 2 - 5	199.1.1	331130	0		35,00
mehr als 5	199.1.2	331784	B - 1		140,00
mehr als 10	199.1.3	331785	B - 1		235,00
mehr als 15	199.1.4	331786	B - 1		285,00
mehr als 20	199.1.5	331787	B - 1		380,00
mehr als 25	199.1.6	331788	B - 1		425,00

Überladung

Tabellen-Nr.: 731001	Überschreiten des zulässigen Gesamtgewichts - bei kennzeichnungspflichtigen Kraftfahrzeugen mit gefähr- lichen Gütern mit einem zulässigen Gesamtgewicht über 7,5 t					
	Halter					
Tatbestand		BKat	TBNR	FaP- Pkt	FV	Euro
Überladung in %						
mehr als 5		199.1.2	331790	B - 1		210,00
mehr als 10		199.1.3	331791	B - 1		352,50
mehr als 15		199.1.4	331792	B - 1		427,50
mehr als 20		199.1.5	331793	B - 1		570,00
mehr als 25		199.1.6	331794	B - 1		637,50

Überladung

Tabellen-Nr.: 731002	Überschreiten des zulässigen Gesamtgewichts - bei Kraftomnibussen mit Fahrgästen mit einem zulässigen Gesamtgewicht über 7,5 t					
	Halter					
Tatbestand		BKat	TBNR	FaP- Pkt	FV	Euro
Überladung in %						
mehr als 5		199.1.2	331796	B - 1		210,00
mehr als 10		199.1.3	331797	B - 1		352,50
mehr als 15		199.1.4	331798	B - 1		427,50
mehr als 20		199.1.5	331799	B - 1		570,00
mehr als 25		199.1.6	331800	B - 1		637,50

Überladung

Tabellen-Nr.: 731003	Überschreiten der zulässigen Achslast - bei Kraftfahrzeugen mit einem zulässigen Gesamtgewicht über 7,5 t					
	Halter					
Tatbestand		BKat	TBNR	FaP- Pkt	FV	Euro
Überladung in %						
um 2 - 5		199.1.1	331148	0		35,00
mehr als 5		199.1.2	331802	B - 1		140,00
mehr als 10		199.1.3	331803	B - 1		235,00
mehr als 15		199.1.4	331804	B - 1		285,00
mehr als 20		199.1.5	331805	B - 1		380,00
mehr als 25		199.1.6	331806	B – 1		425,00

Überladung

Tabellen-Nr.: 731004	Überschreiten der zulässigen Achslast
	- bei kennzeichnungspflichtigen Kraftfahrzeugen mit gefährlichen Gütern mit einem zulässigenGesamtgewicht über 7,5 t
	Halter

Tatbestand	BKat	TBNR	FaP-Pkt	FV	Euro
Überladung in %					
mehr als 5	199.1.2	331808	B - 1		210,00
mehr als 10	199.1.3	331809	B - 1		352,50
mehr als 15	199.1.4	331810	B - 1		427,50
mehr als 20	199.1.5	331811	B - 1		570,00
mehr als 25	199.1.6	331812	B - 1		637,50

Überladung

Tabellen-Nr.: 731005	Überschreiten der zulässigen Achslast
	- bei Kraftomnibussen mit Fahrgästen mit einem zulässigen Gesamtgewicht über 7,5 t
	Halter

Tatbestand	BKat	TBNR	FaP-Pkt	FV	Euro
Überladung in %					
mehr als 5	199.1.2	331814	B - 1		210,00
mehr als 10	199.1.3	331815	B - 1		352,50
mehr als 15	199.1.4	331816	B - 1		427,50
mehr als 20	199.1.5	331817	B - 1		570,00
mehr als 25	199.1.6	331818	B - 1		637,50

Überladung

Tabellen-Nr.: 731010	Überschreiten des zulässigen Gesamtgewichts
	- bei Kraftfahrzeugen mit Anhänger mit einem zulässigen Gesamtgewicht des Anhängers über 2 t
	Halter

Tatbestand	BKat	TBNR	FaP-Pkt	FV	Euro
Überladung in %					
um 2 - 5	199.1.1	331166	0		35,00
mehr als 5	199.1.2	331820	B - 1		140,00
mehr als 10	199.1.3	331821	B - 1		235,00
mehr als 15	199.1.4	331822	B - 1		285,00
mehr als 20	199.1.5	331823	B - 1		380,00
mehr als 25	199.1.6	331824	B – 1		425,00

Überladung

Tabellen-Nr.: 731011	Überschreiten des zulässigen Gesamtgewichts
	- bei kennzeichnungspflichtigen Kraftfahrzeugen mit
	  gefährlichen Gütern mit einem zulässigen Gesamtgewicht
	  des Anhängers über 2 t					

	Halter					
Tatbestand		BKat	TBNR	FaP-Pkt	FV	Euro
Überladung in %						
mehr als 5		199.1.2	331826	B - 1		210,00
mehr als 10		199.1.3	331827	B - 1		352,50
mehr als 15		199.1.4	331828	B - 1		427,50
mehr als 20		199.1.5	331829	B - 1		570,00
mehr als 25		199.1.6	331830	B - 1		637,50

Überladung

Tabellen-Nr.: 731012	Überschreiten der zulässigen Achslast - bei Kraftfahrzeugen mit Anhänger mit einem zulässigen Gesamtgewicht des Anhängers über 2 t					
	Halter					
Tatbestand		BKat	TBNR	FaP-Pkt	FV	Euro
Überladung in %						
um 2 - 5		199.1.1	331178	0		35,00
mehr als 5		199.1.2	331832	B - 1		140,00
mehr als 10		199.1.3	331833	B - 1		235,00
mehr als 15		199.1.4	331834	B - 1		285,00
mehr als 20		199.1.5	331835	B - 1		380,00
mehr als 25		199.1.6	331836	B - 1		425,00

Überladung

Tabellen-Nr.: 731013	Überschreiten der zulässigen Achslast
	- bei kennzeichnungspflichtigen Kraftfahrzeugen mit Anhänger
	  mit gefährlichen Gütern mit einem zulässigen Gesamtgewicht
	  des Anhängers über 2 t					

	Halter					
Tatbestand		BKat	TBNR	FaP-Pkt	FV	Euro
Überladung in %						
mehr als 5		199.1.2	331838	B - 1		210,00
mehr als 10		199.1.3	331839	B - 1		352,50
mehr als 15		199.1.4	331840	B - 1		427,50
mehr als 20		199.1.5	331841	B - 1		570,00
mehr als 25		199.1.6	331842	B - 1		637,50

Überladung

Tabellen-Nr.: 731020	Überschreiten des zulässigen Gesamtgewichts - bei Kraftfahrzeugen mit einem zulässigen Gesamtgewicht bis 7,5 t					
	Halter					
Tatbestand		BKat	TBNR	FaP-Pkt	FV	Euro
Überladung in %						
mehr als 5		199.2.1	331190	0		10,00
mehr als 10		199.2.2	331191	0		30,00
mehr als 15		199.2.3	331192	0		35,00
mehr als 20		199.2.4	331844	B - 1		95,00
mehr als 25		199.2.5	331845	B - 1		140,00
mehr als 30		199.2.6	331846	B - 1		235,00

Überladung

Tabellen-Nr.: 731021	Überschreiten des zulässigen Gesamtgewichts - bei kennzeichnungspflichtigen Kraftfahrzeugen mit gefährlichen Gütern mit einem zulässigen Gesamtgewicht bis 7,5 t					
	Halter					
Tatbestand		BKat	TBNR	FaP-Pkt	FV	Euro
Überladung in %						
mehr als 20		199.2.1	331848	B - 1		142,50
mehr als 25		199.2.2	331849	B - 1		210,00
mehr als 30		199.2.3	331850	B - 1		352,50

Überladung

Tabellen-Nr.: 731022	Überschreiten des zulässigen Gesamtgewichts - bei Kraftomnibussen mit Fahrgästen mit einem zulässigen Gesamtgewicht bis 7,5 t					
	Halter					
Tatbestand		BKat	TBNR	FaP-Pkt	FV	Euro
Überladung in %						
mehr als 20		199.2.4	331852	B - 1		142,50
mehr als 25		199.2.5	331853	B - 1		210,00
mehr als 30		199.2.6	331854	B - 1		352,50

Überladung

Tabellen-Nr.: 731023	Überschreiten der zulässigen Achslast - bei Kraftfahrzeugen mit einem zulässigen Gesamtgewicht bis 7,5 t					
	Halter					
Tatbestand		BKat	TBNR	FaP-Pkt	FV	Euro
Überladung in %						
mehr als 5		199.2.1	331208	0		10,00
mehr als 10		199.2.2	331209	0		30,00
mehr als 15		199.2.3	331210	0		35,00
mehr als 20		199.2.4	331856	B - 1		95,00
mehr als 25		199.2.5	331857	B - 1		140,00
mehr als 30		199.2.6	331858	B - 1		235,00

Überladung

Tabellen-Nr.: 731024	Überschreiten der zulässigen Achslast
	- bei kennzeichnungspflichtigen Kraftfahrzeugen mit
	  gefährlichen Gütern mit einem zulässigen Gesamtgewicht
	  bis 7,5 t					

	Halter					
Tatbestand		BKat	TBNR	FaP-Pkt	FV	Euro
Überladung in %						
mehr als 20		199.2.4	331860	B - 1		142,50
mehr als 25		199.2.5	331861	B - 1		210,00
mehr als 30		199.2.6	331862	B - 1		352,50

Überladung

Tabellen-Nr.: 731025	Überschreiten der zulässigen Achslast - bei Kraftomnibussen mit Fahrgästen mit einem zulässigen Gesamtgewicht bis 7,5 t					
	Halter					
Tatbestand		BKat	TBNR	FaP-Pkt	FV	Euro
Überladung in %						
mehr als 20		199.2.4	331864	B - 1		142,50
mehr als 25		199.2.5	331865	B - 1		210,00
mehr als 30		199.2.6	331866	B - 1		352,50

Überladung

Tabellen-Nr.: 731030	Überschreiten des zulässigen Gesamtgewichts - bei Kraftfahrzeugen mit Anhänger mit einem zulässigen Gesamtgewicht des Anhängers bis 2 t					
	Halter					
Tatbestand		BKat	TBNR	FaP-Pkt	FV	Euro
Überladung in %						
mehr als 5		199.2.1	331226	0		10,00
mehr als 10		199.2.2	331227	0		30,00
mehr als 15		199.2.3	331228	0		35,00
mehr als 20		199.2.4	331868	B - 1		95,00
mehr als 25		199.2.5	331869	B - 1		140,00
mehr als 30		199.2.6	331870	B - 1		235,00

Überladung

Tabellen-Nr.: 731031	Überschreiten des zulässigen Gesamtgewichts - bei kennzeichnungspflichtigen Kraftfahrzeugen mit Anhänger mit gefährlichen Gütern mit einem zulässigen Gesamtgewicht des Anhängers bis 2 t					
	Halter					
Tatbestand		BKat	TBNR	FaP-Pkt	FV	Euro
Überladung in %						
mehr als 20		199.2.4	331874	B - 1		142,50
mehr als 25		199.2.5	331875	B - 1		210,00
mehr als 30		199.2.6	331876	B - 1		352,50

Überladung

Tabellen-Nr.: 731032	Überschreiten der zulässigen Achslast - bei Kraftfahrzeugen mit Anhänger mit einem zulässigen Gesamtgewicht des Anhängers bis 2 t					
	Halter					
Tatbestand		BKat	TBNR	FaP-Pkt	FV	Euro
Überladung in %						
mehr als 5		199.2.1	331238	0		10,00
mehr als 10		199.2.2	331239	0		30,00
mehr als 15		199.2.3	331240	0		35,00
mehr als 20		199.2.4	331880	B - 1		95,00
mehr als 25		199.2.5	331881	B - 1		140,00
mehr als 30		199.2.6	331882	B - 1		235,00

Überladung

Tabellen-Nr.: 731033	Überschreiten der zulässigen Achslast - bei kennzeichnungspflichtigen Kraftfahrzeugen mit Anhänger mit gefährlichen Gütern mit einem zulässigen Gesamtgewicht des Anhängers bis 2 t					
	Halter					
Tatbestand		**BKat**	**TBNR**	**FaP-Pkt**	**FV**	**Euro**
Überladung in %						
mehr als 20		199.2.4	331886	B - 1		142,50
mehr als 25		199.2.5	331887	B - 1		210,00
mehr als 30		199.2.6	331888	B - 1		352,50

Überladung

Tabellen-Nr.: 731040	Überschreiten des zulässigen Gesamtgewichts - bei Fahrzeugkombinationen mit einem zulässigen Gesamtgewicht über 7,5 t					
	Halter					
Tatbestand		**BKat**	**TBNR**	**FaP-Pkt**	**FV**	**Euro**
Überladung in %						
um 2 - 5		199.1.1	331248	0		35,00
mehr als 5		199.1.2	331892	B - 1		140,00
mehr als 10		199.1.3	331893	B - 1		235,00
mehr als 15		199.1.4	331894	B - 1		285,00
mehr als 20		199.1.5	331895	B - 1		380,00
mehr als 25		199.1.6	331896	B - 1		425,00

Überladung

Tabellen-Nr.: 731041	Überschreiten des zulässigen Gesamtgewichts - bei kennzeichnungspflichtigen Fahrzeugkombinationen mit gefährlichen Gütern mit einem zulässigen Gesamtgewicht über 7,5 t					
	Halter					
Tatbestand		**BKat**	**TBNR**	**FaP-Pkt**	**FV**	**Euro**
Überladung in %						
mehr als 5		199.1.2	331898	B - 1		210,00
mehr als 10		199.1.3	331899	B - 1		352,50
mehr als 15		199.1.4	331900	B - 1		427,50
mehr als 20		199.1.5	331901	B - 1		570,00
mehr als 25		199.1.6	331902	B - 1		637,50

Überladung

Tabellen-Nr.: 731042	Überschreiten der zulässigen Achslast - bei Fahrzeugkombinationen mit einem zulässigen Gesamt- gewicht über 7,5 t					
	Halter					
Tatbestand		BKat	TBNR	FaP- Pkt	FV	Euro
Überladung in %						
um 2 - 5		199.1.1	331260	0		35,00
mehr als 5		199.1.2	331904	B - 1		140,00
mehr als 10		199.1.3	331905	B - 1		235,00
mehr als 15		199.1.4	331906	B - 1		285,00
mehr als 20		199.1.5	331907	B - 1		380,00
mehr als 25		199.1.6	331908	B - 1		425,00

Überladung

Tabellen-Nr.: 731043	Überschreiten der zulässigen Achslast - mit kennzeichnungspflichtigen Fahrzeugkombinationen mit gefährlichen Gütern mit einem zulässigen Gesamtgewicht über 7,5 t					
	Halter					
Tatbestand		BKat	TBNR	FaP- Pkt	FV	Euro
Überladung in %						
mehr als 5		199.1.2	331910	B - 1		210,00
mehr als 10		199.1.3	331911	B - 1		352,50
mehr als 15		199.1.4	331912	B - 1		427,50
mehr als 20		199.1.5	331913	B - 1		570,00
mehr als 25		199.1.6	331914	B - 1		637,50

Überladung

Tabellen-Nr.: 731050	Überschreiten des zulässigen Gesamtgewichts - bei Fahrzeugkombinationen mit einem zulässigen Gesamt- gewicht bis 7,5 t					
	Halter					
Tatbestand		BKat	TBNR	FaP- Pkt	FV	Euro
Überladung in %						
mehr als 5		199.2.1	331272	0		10,00
mehr als 10		199.2.2	331273	0		30,00
mehr als 15		199.2.3	331274	0		35,00
mehr als 20		199.2.4	331916	B - 1		95,00
mehr als 25		199.2.5	331917	B - 1		140,00
mehr als 30		199.2.6	331918	B - 1		235,00

Überladung

Tabellen-Nr.: 731051	Überschreiten des zulässigen Gesamtgewichts - bei kennzeichnungspflichtigen Fahrzeugkombinationen mit gefährlichen Gütern mit einen zulässigen Gesamtgewicht bis 7,5 t					
	Halter					
Tatbestand		BKat	TBNR	FaP-Pkt	FV	Euro
Überladung in %						
mehr als 20		199.2.4	331922	B - 1		142,50
mehr als 25		199.2.5	331923	B - 1		210,00
mehr als 30		199.2.6	331924	B - 1		352,50

Überladung

Tabellen-Nr.: 731052	Überschreiten der zulässigen Achslast - bei Fahrzeugkombinationen mit einem zulässigen Gesamtgewicht bis 7,5 t					
	Halter					
Tatbestand		BKat	TBNR	FaP-Pkt	FV	Euro
Überladung in %						
mehr als 5		199.2.1	331284	0		10,00
mehr als 10		199.2.2	331285	0		30,00
mehr als 15		199.2.3	331286	0		35,00
mehr als 20		199.2.4	331928	B - 1		95,00
mehr als 25		199.2.5	331929	B - 1		140,00
mehr als 30		199.2.6	331930	B - 1		235,00

Überladung

Tabellen-Nr.: 731053	Überschreiten der zulässigen Achslast - bei kennzeichnungspflichtigen Fahrzeugkombinationen mit gefährlichen Gütern mit einem zulässigen Gesamtgewicht bis 7,5 t					
	Halter					
Tatbestand		BKat	TBNR	FaP-Pkt	FV	Euro
Überladung in %						
mehr als 20		199.2.4	331934	B - 1		142,50
mehr als 25		199.2.5	331935	B - 1		210,00
mehr als 30		199.2.6	331936	B - 1		352,50

Überladung

Tabellen-Nr.: 731060	Überschreiten der Anhängelast - bei Kraftfahrzeugen mit einem zulässigen Gesamtgewicht über 7,5 t mit Anhänger					
	Halter					
Tatbestand		BKat	TBNR	FaP-Pkt	FV	Euro
Überladung in %						
um 2 - 5		199.1.1	331296	0		35,00
mehr als 5		199.1.2	331940	B - 1		140,00
mehr als 10		199.1.3	331941	B - 1		235,00
mehr als 15		199.1.4	331942	B - 1		285,00
mehr als 20		199.1.5	331943	B - 1		380,00
mehr als 25		199.1.6	331944	B - 1		425,00

Überladung

Tabellen-Nr.: 731061	Überschreiten der Anhängelast - bei kennzeichnungspflichtigen Kraftfahrzeugen mit gefähr- lichen Gütern mit einem zulässigen Gesamtgewicht über 7,5 t mit Anhänger					
	Halter					
Tatbestand		BKat	TBNR	FaP-Pkt	FV	Euro
Überladung in %						
mehr als 5		199.1.2	331946	B - 1		210,00
mehr als 10		199.1.3	331947	B - 1		352,50
mehr als 15		199.1.4	331948	B - 1		427,50
mehr als 20		199.1.5	331949	B - 1		570,00
mehr als 25		199.1.6	331950	B - 1		637,50

Überladung

Tabellen-Nr.: 731070	Überschreiten der Anhängelast - bei Kraftfahrzeugen mit Anhänger mit einem zulässigen Gesamtgewicht des Anhängers über 2 t					
	Halter					
Tatbestand		BKat	TBNR	FaP-Pkt	FV	Euro
Überladung in %						
um 2 - 5		199.1.1	331308	0		35,00
mehr als 5		199.1.2	331952	B - 1		140,00
mehr als 10		199.1.3	331953	B - 1		235,00
mehr als 15		199.1.4	331954	B - 1		285,00
mehr als 20		199.1.5	331955	B - 1		380,00
mehr als 25		199.1.6	331956	B - 1		425,00

Überladung

Tabellen-Nr.: 731071	Überschreiten der Anhängelast
	- bei kennzeichnungspflichtigen Kraftfahrzeugen mit
	  gefährlichen Gütern mit Anhänger mit einem zulässigen
	  Gesamtgewicht des Anhängers über 2 t					

	Halter					
Tatbestand		BKat	TBNR	FaP- Pkt	FV	Euro
Überladung in %						
mehr als 5		199.1.2	331960	B - 1		210,00
mehr als 10		199.1.3	331961	B - 1		352,50
mehr als 15		199.1.4	331962	B - 1		427,50
mehr als 20		199.1.5	331963	B - 1		570,00
mehr als 25		199.1.6	331964	B - 1		637,50

Überladung

Tabellen-Nr.: 731080	Überschreiten der Anhängelast - bei Kraftfahrzeugen mit einem zulässigen Gesamtgewicht bis 7,5 t mit Anhänger					
	Halter					
Tatbestand		BKat	TBNR	FaP- Pkt	FV	Euro
Überladung in %						
mehr als 5		199.2.1	331320	0		10,00
mehr als 10		199.2.2	331321	0		30,00
mehr als 15		199.2.3	331322	0		35,00
mehr als 20		199.2.4	331968	B - 1		95,00
mehr als 25		199.2.5	331969	B - 1		140,00
mehr als 30		199.2.6	331970	B - 1		235,00

Überladung

Tabellen-Nr.: 731081	Überschreiten der Anhängelast
	- bei kennzeichnungspflichtigen Kraftfahrzeugen mit gefähr-
	  lichen Gütern mit einem zulässigen Gesamtgewicht bis 7,5 t
	  mit Anhänger					

	Halter					
Tatbestand		BKat	TBNR	FaP- Pkt	FV	Euro
Überladung in %						
mehr als 20		199.2.4	331974	B - 1		142,50
mehr als 25		199.2.5	331975	B - 1		210,00
mehr als 30		199.2.6	331976	B - 1		352,50

Überladung

Tabellen-Nr.: 734000	Überschreiten des zulässigen Gesamtgewichts - bei Kraftfahrzeugen mit einem zulässigen Gesamtgewicht über 7,5 t					
	Führer					
Tatbestand		BKat	TBNR	FaP-Pkt	FV	Euro
Überladung in %						
um 2 - 5		198.1.1	334100	0		30,00
mehr als 5		198.1.2	334600	B - 1		80,00
mehr als 10		198.1.3	334601	B - 1		110,00
mehr als 15		198.1.4	334602	B - 1		140,00
mehr als 20		198.1.5	334603	B - 1		190,00
mehr als 25		198.1.6	334604	B - 1		285,00
mehr als 30		198.1.7	334605	B - 1		380,00

Überladung

Tabellen-Nr.: 734001	Überschreiten des zulässigen Gesamtgewichts - bei kennzeichnungspflichtigen Kraftfahrzeugen mit gefährlichen Gütern mit einem zulässigen Gesamtgewicht über 7,5 t					
	Führer					
Tatbestand		BKat	TBNR	FaP-Pkt	FV	Euro
Überladung in %						
mehr als 5		198.1.2	334606	B - 1		120,00
mehr als 10		198.1.3	334607	B - 1		165,00
mehr als 15		198.1.4	334608	B - 1		210,00
mehr als 20		198.1.5	334609	B - 1		285,00
mehr als 25		198.1.6	334610	B - 1		427,50
mehr als 30		198.1.7	334611	B - 1		570,00

Überladung

Tabellen-Nr.: 734002	Überschreiten des zulässigen Gesamtgewichts - bei Kraftomnibussen mit Fahrgästen mit einem zulässigen Gesamtgewicht über 7,5 t					
	Führer					
Tatbestand		BKat	TBNR	FaP-Pkt	FV	Euro
Überladung in %						
mehr als 5		198.1.2	334612	B - 1		120,00
mehr als 10		198.1.3	334613	B - 1		165,00
mehr als 15		198.1.4	334614	B - 1		210,00
mehr als 20		198.1.5	334615	B - 1		285,00
mehr als 25		198.1.6	334616	B - 1		427,50
mehr als 30		198.1.7	334617	B - 1		570,00

Überladung

Tabellen-Nr.: 734003	Überschreiten der zulässigen Achslast - bei Kraftfahrzeugen mit einem zulässigen Gesamtgewicht über 7,5 t					
	Führer					
Tatbestand		**BKat**	**TBNR**	**FaP-Pkt**	**FV**	**Euro**
Überladung in %						
um 2 - 5		198.1.1	334118	0		30,00
mehr als 5		198.1.2	334618	B - 1		80,00
mehr als 10		198.1.3	334619	B - 1		110,00
mehr als 15		198.1.4	334620	B - 1		140,00
mehr als 20		198.1.5	334621	B - 1		190,00
mehr als 25		198.1.6	334622	B - 1		285,00
mehr als 30		198.1.7	334623	B - 1		380,00

Überladung

Tabellen-Nr.: 734004	Überschreiten der zulässigen Achslast - bei kennzeichnungspflichtigen Kraftfahrzeugen mit gefährlichen Gütern mit einem zulässigen Gesamtgewicht über 7,5 t					
	Führer					
Tatbestand		**BKat**	**TBNR**	**FaP-Pkt**	**FV**	**Euro**
Überladung in %						
mehr als 5		198.1.2	334624	B - 1		120,00
mehr als 10		198.1.3	334625	B - 1		165,00
mehr als 15		198.1.4	334626	B - 1		210,00
mehr als 20		198.1.5	334627	B - 1		285,00
mehr als 25		198.1.6	334628	B - 1		427,50
mehr als 30		198.1.7	334629	B - 1		570,00

Überladung

Tabellen-Nr.: 734005	Überschreiten der zulässigen Achslast - bei Kraftomnibussen mit Fahrgästen mit einem zulässigen Gesamtgewicht über 7,5 t					
	Führer					
Tatbestand		**BKat**	**TBNR**	**FaP-Pkt**	**FV**	**Euro**
Überladung in %						
mehr als 5		198.1.2	334630	B - 1		120,00
mehr als 10		198.1.3	334631	B - 1		165,00
mehr als 15		198.1.4	334632	B - 1		210,00
mehr als 20		198.1.5	334633	B - 1		285,00
mehr als 25		198.1.6	334634	B - 1		427,50
mehr als 30		198.1.7	334635	B - 1		570,00

Überladung

Tabellen-Nr.: 734010	Überschreiten des zulässigen Gesamtgewichts - bei Kraftfahrzeugen mit Anhänger mit einem zulässigen Gesamtgewicht des Anhängers über 2 t					
	Führer					
Tatbestand		**BKat**	**TBNR**	**FaP-Pkt**	**FV**	**Euro**
Überladung in %						
um 2 - 5		198.1.1	334136	0		30,00
mehr als 5		198.1.2	334636	B - 1		80,00
mehr als 10		198.1.3	334637	B - 1		110,00
mehr als 15		198.1.4	334638	B - 1		140,00
mehr als 20		198.1.5	334639	B - 1		190,00
mehr als 25		198.1.6	334640	B - 1		285,00
mehr als 30		198.1.7	334641	B - 1		380,00

Überladung

Tabellen-Nr.: 734011	Überschreiten des zulässigen Gesamtgewichts - bei kennzeichnungspflichtigen Kraftfahrzeugen mit gefährlichen Gütern mit Anhänger mit einem zulässigen Gesamtgewicht des Anhängers über 2 t					
	Führer					
Tatbestand		**BKat**	**TBNR**	**FaP-Pkt**	**FV**	**Euro**
Überladung in %						
mehr als 5		198.1.2	334642	B - 1		120,00
mehr als 10		198.1.3	334643	B - 1		165,00
mehr als 15		198.1.4	334644	B - 1		210,00
mehr als 20		198.1.5	334645	B - 1		285,00
mehr als 25		198.1.6	334646	B - 1		427,50
mehr als 30		198.1.7	334647	B - 1		570,00

Überladung

Tabellen-Nr.: 734012	Überschreiten der zulässigen Achslast - bei Kraftfahrzeugen mit Anhänger mit einem zulässigen Gesamtgewicht des Anhängers über 2 t					
	Führer					
Tatbestand		**BKat**	**TBNR**	**FaP-Pkt**	**FV**	**Euro**
Überladung in %						
um 2 - 5		198.1.1	334148	0		30,00
mehr als 5		198.1.2	334648	B - 1		80,00
mehr als 10		198.1.3	334649	B - 1		110,00
mehr als 15		198.1.4	334650	B - 1		140,00
mehr als 20		198.1.5	334651	B - 1		190,00
mehr als 25		198.1.6	334652	B - 1		285,00
mehr als 30		198.1.7	334653	B - 1		380,00

Überladung

Tabellen-Nr.: 734013	Überschreiten der zulässigen Achslast - bei kennzeichnungspflichtigen Kraftfahrzeugen mit gefährlichen Gütern mit Anhänger mit einem zulässigen Gesamtgewicht des Anhängers über 2 t					
	Führer					
Tatbestand		BKat	TBNR	FaP-Pkt	FV	Euro
Überladung in %						
mehr als 5		198.1.2	334654	B - 1		120,00
mehr als 10		198.1.3	334655	B - 1		165,00
mehr als 15		198.1.4	334656	B - 1		210,00
mehr als 20		198.1.5	334657	B - 1		285,00
mehr als 25		198.1.6	334658	B - 1		427,50
mehr als 30		198.1.7	334659	B - 1		570,00

Überladung

Tabellen-Nr.: 734020	Überschreiten des zulässigen Gesamtgewichts - bei Kraftfahrzeugen mit einem zulässigen Gesamtgewicht bis 7,5 t					
	Führer					
Tatbestand		BKat	TBNR	FaP-Pkt	FV	Euro
Überladung in %						
mehr als 5		198.2.1	334160	0		10,00
mehr als 10		198.2.2	334161	0		30,00
mehr als 15		198.2.3	334162	0		35,00
mehr als 20		198.2.4	334660	B - 1		95,00
mehr als 25		198.2.5	334661	B - 1		140,00
mehr als 30		198.2.6	334662	B - 1		235,00

Überladung

Tabellen-Nr.: 734021	Überschreiten des zulässigen Gesamtgewichts - bei kennzeichnungspflichtigen Kraftfahrzeugen mit gefährlichen Gütern mit einem zulässigen Gesamtgewicht bis 7,5 t					
	Führer					
Tatbestand		BKat	TBNR	FaP-Pkt	FV	Euro
Überladung in %						
mehr als 20		198.2.4	334666	B - 1		142,50
mehr als 25		198.2.5	334667	B - 1		210,00
mehr als 30		198.2.6	334668	B - 1		352,50

Überladung

Tabellen-Nr.: 734022	Überschreiten des zulässigen Gesamtgewichts - bei Kraftomnibussen mit Fahrgästen mit einem zulässigen Gesamtgewicht bis 7,5 t					
	Führer					
Tatbestand		BKat	TBNR	FaP-Pkt	FV	Euro
Überladung in %						
mehr als 20		198.2.4	334672	B - 1		142,50
mehr als 25		198.2.5	334673	B - 1		210,00
mehr als 30		198.2.6	334674	B - 1		352,50

Überladung

Tabellen-Nr.: 734023	Überschreiten der zulässigen Achslast - bei Kraftfahrzeugen mit einem zulässigen Gesamtgewicht bis 7,5 t					
	Führer					
Tatbestand		BKat	TBNR	FaP-Pkt	FV	Euro
Überladung in %						
mehr als 5		198.2.1	334178	0		10,00
mehr als 10		198.2.2	334179	0		30,00
mehr als 15		198.2.3	334180	0		35,00
mehr als 20		198.2.4	334678	B - 1		95,00
mehr als 25		198.2.5	334679	B - 1		140,00
mehr als 30		198.2.6	334680	B - 1		235,00

Überladung

Tabellen-Nr.: 734024	Überschreiten der zulässigen Achslast - bei kennzeichnungspflichtigen Kraftfahrzeugen mit gefährlichen Gütern mit einem zulässigen Gesamtgewicht bis 7,5 t					
	Führer					
Tatbestand		BKat	TBNR	FaP-Pkt	FV	Euro
Überladung in %						
mehr als 20		198.2.4	334684	B - 1		142,50
mehr als 25		198.2.5	334685	B - 1		210,00
mehr als 30		198.2.6	334686	B - 1		352,50

Überladung

Tabellen-Nr.: 734025	Überschreiten der zulässigen Achslast - bei Kraftomnibussen mit Fahrgästen mit einem zulässigen Gesamtgewicht bis 7,5 t					
	Führer					
Tatbestand		BKat	TBNR	FaP-Pkt	FV	Euro
Überladung in %						
mehr als 20		198.2.4	334690	B - 1		142,50
mehr als 25		198.2.5	334691	B - 1		210,00
mehr als 30		198.2.6	334692	B - 1		352,50

Überladung

Tabellen-Nr.: 734030	Überschreiten des zulässigen Gesamtgewichts - bei Kraftfahrzeugen mit Anhänger mit einem zulässigen Gesamtgewicht des Anhängers bis 2 t					
	Führer					
Tatbestand		BKat	TBNR	FaP-Pkt	FV	Euro
Überladung in %						
mehr als 5		198.2.1	334196	0		10,00
mehr als 10		198.2.2	334197	0		30,00
mehr als 15		198.2.3	334198	0		35,00
mehr als 20		198.2.4	334696	B - 1		95,00
mehr als 25		198.2.5	334697	B - 1		140,00
mehr als 30		198.2.6	334698	B - 1		235,00

Überladung

Tabellen-Nr.: 734031	Überschreiten des zulässigen Gesamtgewichts
	- bei kennzeichnungspflichtigen Kraftfahrzeugen mit Anhänger
	  mit gefährlichen Gütern mit einem zulässigen Gesamt-
	  gewicht des Anhängers bis 2 t					

	Führer					
Tatbestand		BKat	TBNR	FaP-Pkt	FV	Euro
Überladung in %						
mehr als 20		198.2.4	334702	B - 1		142,50
mehr als 25		198.2.5	334703	B - 1		210,00
mehr als 30		198.2.6	334704	B - 1		352,50

Überladung

Tabellen-Nr.: 734032	Überschreiten der zulässigen Achslast - bei Kraftfahrzeugen mit Anhänger mit einem zulässigen Gesamtgewicht des Anhängers bis 2 t					
	Führer					

Tatbestand		BKat	TBNR	FaP-Pkt	FV	Euro
Überladung in %						
mehr als 5		198.2.1	334208	0		10,00
mehr als 10		198.2.2	334209	0		30,00
mehr als 15		198.2.3	334210	0		35,00
mehr als 20		198.2.4	334708	B - 1		95,00
mehr als 25		198.2.5	334709	B - 1		140,00
mehr als 30		198.2.6	334710	B - 1		235,00

Überladung

Tabellen-Nr.: 734033	Überschreiten der zulässigen Achslast - bei kennzeichnungspflichtigen Kraftfahrzeugen mit Anhänger mit gefährlichen Gütern mit einem zulässigen Gesamtgewicht des Anhängers bis 2 t					
	Führer					

Tatbestand		BKat	TBNR	FaP-Pkt	FV	Euro
Überladung in %						
mehr als 20		198.2.4	334714	B - 1		142,50
mehr als 25		198.2.5	334715	B - 1		210,00
mehr als 30		198.2.6	334716	B - 1		352,50

Überladung

Tabellen-Nr.: 734040	Überschreiten des zulässigen Gesamtgewichts - bei Fahrzeugkombinationen mit einem zulässigen Gesamtgewicht über 7,5 t					
	Führer					

Tatbestand		BKat	TBNR	FaP-Pkt	FV	Euro
Überladung in %						
um 2 - 5		198.1.1	334220	0		30,00
mehr als 5		198.1.2	334720	B - 1		80,00
mehr als 10		198.1.3	334721	B - 1		110,00
mehr als 15		198.1.4	334722	B - 1		140,00
mehr als 20		198.1.5	334723	B - 1		190,00
mehr als 25		198.1.6	334724	B - 1		285,00
mehr als 30		198.1.7	334725	B - 1		380,00

Überladung

Tabellen-Nr.: 734041	Überschreiten des zulässigen Gesamtgewichts
	- bei kennzeichnungspflichtigen Fahrzeugkombinationen mit
	  gefährlichen Gütern mit einem zulässigen Gesamtgewicht
	  über 7,5 t					

	Führer					
Tatbestand		BKat	TBNR	FaP-Pkt	FV	Euro
Überladung in %						
mehr als 5		198.1.2	334726	B - 1		120,00
mehr als 10		198.1.3	334727	B - 1		165,00
mehr als 15		198.1.4	334728	B - 1		210,00
mehr als 20		198.1.5	334729	B - 1		285,00
mehr als 25		198.1.6	334730	B - 1		427,50
mehr als 30		198.1.7	334731	B - 1		570,00

Überladung

Tabellen-Nr.: 734042	Überschreiten der zulässigen Achslast - bei Fahrzeugkombinationen mit einem zulässigen Gesamt- gewicht über 7,5 t					
	Führer					
Tatbestand		BKat	TBNR	FaP-Pkt	FV	Euro
Überladung in %						
um 2 - 5		198.1.1	334232	0		30,00
mehr als 5		198.1.2	334732	B - 1		80,00
mehr als 10		198.1.3	334733	B - 1		110,00
mehr als 15		198.1.4	334734	B - 1		140,00
mehr als 20		198.1.5	334735	B - 1		190,00
mehr als 25		198.1.6	334736	B - 1		285,00
mehr als 30		198.1.7	334737	B - 1		380,00

Überladung

Tabellen-Nr.: 734043	Überschreiten der zulässigen Achslast
	- bei kennzeichnungspflichtigen Fahrzeugkombinationen mit
	  gefährlichen Gütern mit einem zulässigen Gesamtgewicht
	  über 7,5 t					

	Führer					
Tatbestand		BKat	TBNR	FaP-Pkt	FV	Euro
Überladung in %						
mehr als 5		198.1.2	334738	B - 1		120,00
mehr als 10		198.1.3	334739	B - 1		165,00
mehr als 15		198.1.4	334740	B - 1		210,00
mehr als 20		198.1.5	334741	B - 1		285,00
mehr als 25		198.1.6	334742	B - 1		427,50
mehr als 30		198.1.7	334743	B - 1		570,00

Überladung

Tabellen-Nr.: 734050	Überschreiten des zulässigen Gesamtgewichts - bei Fahrzeugkombinationen mit einem zulässigen Gesamt- gewicht bis 7,5 t					
	Führer					
Tatbestand		BKat	TBNR	FaP- Pkt	FV	Euro
Überladung in %						
mehr als 5		198.2.1	334244	0		10,00
mehr als 10		198.2.2	334245	0		30,00
mehr als 15		198.2.3	334246	0		35,00
mehr als 20		198.2.4	334744	B - 1		95,00
mehr als 25		198.2.5	334745	B - 1		140,00
mehr als 30		198.2.6	334746	B - 1		235,00

Überladung

Tabellen-Nr.: 734051	Überschreiten des zulässigen Gesamtgewichts - bei kennzeichnungspflichtigen Fahrzeugkombinationen mit gefährlichen Gütern mit einem zulässigen Gesamtgewicht bis 7,5 t					
	Führer					
Tatbestand		BKat	TBNR	FaP- Pkt	FV	Euro
Überladung in %						
mehr als 20		198.2.4	334750	B - 1		142,50
mehr als 25		198.2.5	334751	B - 1		210,00
mehr als 30		198.2.6	334752	B - 1		352,50

Überladung

Tabellen-Nr.: 734052	Überschreiten der zulässigen Achslast - bei Fahrzeugkombinationen mit einem zulässigen Gesamt- gewicht bis 7,5 t					
	Führer					
Tatbestand		BKat	TBNR	FaP- Pkt	FV	Euro
Überladung in %						
mehr als 5		198.2.1	334256	0		10,00
mehr als 10		198.2.2	334257	0		30,00
mehr als 15		198.2.3	334258	0		35,00
mehr als 20		198.2.4	334756	B - 1		95,00
mehr als 25		198.2.5	334757	B - 1		140,00
mehr als 30		198.2.6	334758	B - 1		235,00

Überladung

Tabellen-Nr.: 734053	Überschreiten der zulässigen Achslast
	- bei kennzeichnungspflichtigen Fahrzeugkombinationen mit
	  gefährlichen Gütern mit einem zulässigen Gesamtgewicht bis
	  7,5 t

	Führer

Tatbestand	BKat	TBNR	FaP-Pkt	FV	Euro
Überladung in %					
mehr als 20	198.2.4	334762	B - 1		142,50
mehr als 25	198.2.5	334763	B - 1		210,00
mehr als 30	198.2.6	334764	B - 1		352,50

Überladung

Tabellen-Nr.: 734060	Überschreiten des zulässigen Gesamtgewichts - bei Kraftfahrzeugen mit einem zulässigen Gesamtgewicht über 7,5 t
	Führer gleich Halter

Tatbestand	BKat	TBNR	FaP-Pkt	FV	Euro
Überladung in %					
um 2 - 5	198.1.1	334268	0		30,00
mehr als 5	198.1.2	334768	B - 1		140,00
mehr als 10	198.1.3	334769	B - 1		235,00
mehr als 15	198.1.4	334770	B - 1		285,00
mehr als 20	198.1.5	334771	B - 1		380,00
mehr als 25	198.1.6	334772	B - 1		425,00
mehr als 30	198.1.7	334773	B - 1		425,00

Überladung

Tabellen-Nr.: 734061	Überschreiten des zulässigen Gesamtgewichts
	- bei kennzeichnungspflichtigen Kraftfahrzeugen mit
	  gefährlichen Gütern mit einem zulässigen Gesamtgewicht
	  über 7,5 t

	Führer gleich Halter

Tatbestand	BKat	TBNR	FaP-Pkt	FV	Euro
Überladung in %					
mehr als 5	198.1.2	334774	B - 1		210,00
mehr als 10	198.1.3	334775	B - 1		352,50
mehr als 15	198.1.4	334776	B - 1		427,50
mehr als 20	198.1.5	334777	B - 1		570,00
mehr als 25	198.1.6	334778	B - 1		637,50
mehr als 30	198.1.7	334779	B - 1		637,50

Überladung

Tabellen-Nr.: 734062	Überschreiten des zulässigen Gesamtgewichts - bei Kraftomnibussen mit Fahrgästen mit einem zulässigen Gesamtgewicht über 7,5 t					
	Führer gleich Halter					
Tatbestand		BKat	TBNR	FaP-Pkt	FV	Euro
Überladung in %						
mehr als 5		198.1.2	334780	B - 1		210,00
mehr als 10		198.1.3	334781	B - 1		352,50
mehr als 15		198.1.4	334782	B - 1		427,50
mehr als 20		198.1.5	334783	B - 1		570,00
mehr als 25		198.1.6	334784	B - 1		637,50
mehr als 30		198.1.7	334785	B - 1		637,50

Überladung

Tabellen-Nr.: 734063	Überschreiten der zulässigen Achslast - bei Kraftfahrzeugen mit einem zulässigen Gesamtgewicht über 7,5 t					
	Führer gleich Halter					
Tatbestand		BKat	TBNR	FaP-Pkt	FV	Euro
Überladung in %						
um 2 - 5		198.1.1	334286	0		30,00
mehr als 5		198.1.2	334786	B - 1		140,00
mehr als 10		198.1.3	334787	B - 1		235,00
mehr als 15		198.1.4	334788	B - 1		285,00
mehr als 20		198.1.5	334789	B - 1		380,00
mehr als 25		198.1.6	334790	B - 1		425,00
mehr als 30		198.1.7	334791	B - 1		425,00

Überladung

Tabellen-Nr.: 734064	Überschreiten der zulässigen Achslast - bei kennzeichnungspflichtigen Kraftfahrzeugen mit gefährlichen Gütern mit einem zulässigen Gesamtgewicht über 7,5 t					
	Führer gleich Halter					
Tatbestand		BKat	TBNR	FaP-Pkt	FV	Euro
Überladung in %						
mehr als 5		198.1.2	334792	B - 1		210,00
mehr als 10		198.1.3	334793	B - 1		352,50
mehr als 15		198.1.4	334794	B - 1		427,50
mehr als 20		198.1.5	334795	B - 1		570,00
mehr als 25		198.1.6	334796	B - 1		637,50
mehr als 30		198.1.7	334797	B - 1		637,50

Überladung

Tabellen-Nr.: 734065	Überschreiten der zulässigen Achslast - bei Kraftomnibussen mit Fahrgästen mit einem zulässigen Gesamtgewicht über 7,5 t					
	Führer gleich Halter					
Tatbestand		BKat	TBNR	FaP-Pkt	FV	Euro
Überladung in %						
mehr als 5		198.1.2	334798	B - 1		210,00
mehr als 10		198.1.3	334799	B - 1		352,50
mehr als 15		198.1.4	334800	B - 1		427,50
mehr als 20		198.1.5	334801	B - 1		570,00
mehr als 25		198.1.6	334802	B - 1		637,50
mehr als 30		198.1.7	334803	B - 1		637,50

Überladung

Tabellen-Nr.: 734070	Überschreiten des zulässigen Gesamtgewichts - bei Kraftfahrzeugen mit Anhänger mit einem zulässigen Gesamtgewicht des Anhängers über 2 t					
	Führer gleich Halter					
Tatbestand		BKat	TBNR	FaP-Pkt	FV	Euro
Überladung in %						
um 2 - 5		198.1.1	334304	0		30,00
mehr als 5		198.1.2	334804	B - 1		140,00
mehr als 10		198.1.3	334805	B - 1		235,00
mehr als 15		198.1.4	334806	B - 1		285,00
mehr als 20		198.1.5	334807	B - 1		380,00
mehr als 25		198.1.6	334808	B - 1		425,00
mehr als 30		198.1.7	334809	B - 1		425,00

Überladung

Tabellen-Nr.: 734071	Überschreiten des zulässigen Gesamtgewichts - bei kennzeichnungspflichtigen Kraftfahrzeugen mit Anhänger mit gefährlichen Gütern mit einem zulässigen Gesamtgewicht des Anhängers über 2 t					
	Führer gleich Halter					
Tatbestand		BKat	TBNR	FaP-Pkt	FV	Euro
Überladung in %						
mehr als 5		198.1.2	334810	B - 1		210,00
mehr als 10		198.1.3	334811	B - 1		352,50
mehr als 15		198.1.4	334812	B - 1		427,50
mehr als 20		198.1.5	334813	B - 1		570,00
mehr als 25		198.1.6	334814	B - 1		637,50
mehr als 30		198.1.7	334815	B - 1		637,50

Überladung

Tabellen-Nr.: 734072	Überschreiten der zulässigen Achslast - bei Kraftfahrzeugen mit Anhänger mit einem zulässigen Gesamtgewicht des Anhängers über 2 t					
	Führer gleich Halter					
Tatbestand		BKat	TBNR	FaP-Pkt	FV	Euro
Überladung in %						
um 2 - 5		198.1.1	334316	0		30,00
mehr als 5		198.1.2	334816	B - 1		140,00
mehr als 10		198.1.3	334817	B - 1		235,00
mehr als 15		198.1.4	334818	B - 1		285,00
mehr als 20		198.1.5	334819	B - 1		380,00
mehr als 25		198.1.6	334820	B - 1		425,00
mehr als 30		198.1.7	334821	B - 1		425,00

Überladung

Tabellen-Nr.: 734073	Überschreiten der zulässigen Achslast
	- bei kennzeichnungspflichtigen Kraftfahrzeugen mit
	  gefährlichen Gütern mit einem zulässigen Gesamtgewicht
	  des Anhängers über 2 t					

	Führer gleich Halter					
Tatbestand		BKat	TBNR	FaP-Pkt	FV	Euro
Überladung in %						
mehr als 5		198.1.2	334822	B - 1		210,00
mehr als 10		198.1.3	334823	B - 1		352,50
mehr als 15		198.1.4	334824	B - 1		427,50
mehr als 20		198.1.5	334825	B - 1		570,00
mehr als 25		198.1.6	334826	B - 1		637,50
mehr als 30		198.1.7	334827	B - 1		637,50

Überladung

Tabellen-Nr.: 734080	Überschreiten des zulässigen Gesamtgewichts - bei Fahrzeugkombinationen mit einem zulässigen Gesamt- gewicht über 7,5 t					
	Führer gleich Halter					
Tatbestand		BKat	TBNR	FaP-Pkt	FV	Euro
Überladung in %						
um 2 - 5		198.1.1	334328	0		30,00
mehr als 5		198.1.2	334828	B - 1		140,00
mehr als 10		198.1.3	334829	B - 1		235,00
mehr als 15		198.1.4	334830	B - 1		285,00
mehr als 20		198.1.5	334831	B - 1		380,00
mehr als 25		198.1.6	334832	B - 1		425,00
mehr als 30		198.1.7	334833	B - 1		425,00

Überladung

Tabellen-Nr.: 734081	Überschreiten des zulässigen Gesamtgewichts - bei kennzeichnungspflichtigen Fahrzeugkombinationen mit gefährlichen Gütern mit einem zulässigen Gesamtgewicht über 7,5 t					
	Führer gleich Halter					
Tatbestand		BKat	TBNR	FaP-Pkt	FV	Euro
Überladung in %						
mehr als 5		198.1.2	334834	B - 1		210,00
mehr als 10		198.1.3	334835	B - 1		352,50
mehr als 15		198.1.4	334836	B - 1		427,50
mehr als 20		198.1.5	334837	B - 1		570,00
mehr als 25		198.1.6	334838	B - 1		637,50
mehr als 30		198.1.7	334839	B - 1		637,50

Überladung

Tabellen-Nr.: 734082	Überschreiten der zulässigen Achslast - bei Fahrzeugkombinationen mit einem zulässigen Gesamt-gewicht über 7,5 t					
	Führer gleich Halter					
Tatbestand		BKat	TBNR	FaP-Pkt	FV	Euro
Überladung in %						
um 2 - 5		198.1.1	334340	0		30,00
mehr als 5		198.1.2	334840	B - 1		140,00
mehr als 10		198.1.3	334841	B - 1		235,00
mehr als 15		198.1.4	334842	B - 1		285,00
mehr als 20		198.1.5	334843	B - 1		380,00
mehr als 25		198.1.6	334844	B - 1		425,00
mehr als 30		198.1.7	334845	B - 1		425,00

Überladung

Tabellen-Nr.: 734083	Überschreiten der zulässigen Achslast - bei kennzeichnungspflichtigen Fahrzeugkombinationen mit gefährlichen Gütern mit einem zulässigen Gesamtgewicht über 7,5 t					
	Führer gleich Halter					
Tatbestand		BKat	TBNR	FaP-Pkt	FV	Euro
Überladung in %						
mehr als 5		198.1.2	334846	B - 1		210,00
mehr als 10		198.1.3	334847	B - 1		352,50
mehr als 15		198.1.4	334848	B - 1		427,50
mehr als 20		198.1.5	334849	B - 1		570,00
mehr als 25		198.1.6	334850	B - 1		637,50
mehr als 30		198.1.7	334851	B - 1		637,50

Überladung

Tabellen-Nr.: 742300	Überschreiten der Anhängelast - bei Kraftfahrzeugen mit einem zulässigen Gesamtgewicht über 7,5 t mit Anhänger						
	Führer						
Tatbestand		**BKat**	**TBNR**	**FaP-Pkt**	**FV**	**Euro**
Überladung in %						
um 2 - 5		198.1.1	342100	0		30,00
mehr als 5		198.1.2	342600	B - 1		80,00
mehr als 10		198.1.3	342601	B - 1		110,00
mehr als 15		198.1.4	342602	B - 1		140,00
mehr als 20		198.1.5	342603	B - 1		190,00
mehr als 25		198.1.6	342604	B - 1		285,00
mehr als 30		198.1.7	342605	B - 1		380,00

Überladung

Tabellen-Nr.: 742301	Überschreiten der Anhängelast - bei kennzeichnungspflichtigen Kraftfahrzeugen mit gefährlichen Gütern mit einem zulässigen Gesamtgewicht über 7,5 t mit Anhänger						
	Führer						
Tatbestand		**BKat**	**TBNR**	**FaP-Pkt**	**FV**	**Euro**
Überladung in %						
mehr als 5		198.1.2	342606	B - 1		120,00
mehr als 10		198.1.3	342607	B - 1		165,00
mehr als 15		198.1.4	342608	B - 1		210,00
mehr als 20		198.1.5	342609	B - 1		285,00
mehr als 25		198.1.6	342610	B - 1		427,50
mehr als 30		198.1.7	342611	B - 1		570,00

Überladung

Tabellen-Nr.: 742310	Überschreiten der Anhängelast - bei Kraftfahrzeugen mit Anhänger mit einem zulässigen Gesamtgewicht des Anhängers über 2 t						
	Führer						
Tatbestand		**BKat**	**TBNR**	**FaP-Pkt**	**FV**	**Euro**
Überladung in %						
um 2 - 5		198.1.1	342112	0		30,00
mehr als 5		198.1.2	342612	B - 1		80,00
mehr als 10		198.1.3	342613	B - 1		110,00
mehr als 15		198.1.4	342614	B - 1		140,00
mehr als 20		198.1.5	342615	B - 1		190,00
mehr als 25		198.1.6	342616	B - 1		285,00
mehr als 30		198.1.7	342617	B - 1		380,00

Überladung

Tabellen-Nr.: 742311	Überschreiten der Anhängelast
	- bei kennzeichnungspflichtigen Kraftfahrzeugen mit
	  gefährlichen Gütern mit Anhänger mit einem zulässigen
	  Gesamtgewicht des Anhängers über 2 t					

	Führer					
Tatbestand		**BKat**	**TBNR**	**FaP-Pkt**	**FV**	**Euro**
Überladung in %						
mehr als 5		198.1.2	342618	B - 1		120,00
mehr als 10		198.1.3	342619	B - 1		165,00
mehr als 15		198.1.4	342620	B - 1		210,00
mehr als 20		198.1.5	342621	B - 1		285,00
mehr als 25		198.1.6	342622	B - 1		427,50
mehr als 30		198.1.7	342623	B - 1		570,00

Überladung

Tabellen-Nr.: 742320	Überschreiten der Anhängelast - bei Kraftfahrzeugen mit einem zulässigen Gesamtgewicht bis 7,5 t mit Anhänger					
	Führer					
Tatbestand		**BKat**	**TBNR**	**FaP-Pkt**	**FV**	**Euro**
Überladung in %						
mehr als 5		198.2.1	342124	0		10,00
mehr als 10		198.2.2	342125	0		30,00
mehr als 15		198.2.3	342126	0		35,00
mehr als 20		198.2.4	342624	B - 1		95,00
mehr als 25		198.2.5	342625	B - 1		140,00
mehr als 30		198.2.6	342626	B - 1		235,00

Überladung

Tabellen-Nr.: 742321	Überschreiten der Anhängelast
	- bei kennzeichnungspflichtigen Kraftfahrzeugen mit
	  gefährlichen Gütern mit einem zulässigen Gesamtgewicht bis
	  7,5 t mit Anhänger					

	Führer					
Tatbestand		**BKat**	**TBNR**	**FaP-Pkt**	**FV**	**Euro**
Überladung in %						
mehr als 20		198.2.4	342630	B - 1		142,50
mehr als 25		198.2.5	342631	B - 1		210,00
mehr als 30		198.2.6	342632	B - 1		352,50

Überladung

Tabellen-Nr.: 742330	Überschreiten der Anhängelast - bei Kraftfahrzeugen mit einem zulässigen Gesamtgewicht über 7,5 t mit Anhänger					
	Führer gleich Halter					
Tatbestand		BKat	TBNR	FaP-Pkt	FV	Euro
Überladung in %						
um 2 - 5		198.1.1	342136	0		30,00
mehr als 5		198.1.2	342636	B - 1		140,00
mehr als 10		198.1.3	342637	B - 1		235,00
mehr als 15		198.1.4	342638	B - 1		285,00
mehr als 20		198.1.5	342639	B - 1		380,00
mehr als 25		198.1.6	342640	B - 1		425,00
mehr als 30		198.1.7	342641	B - 1		425,00

Überladung

Tabellen-Nr.: 742331	Überschreiten der Anhängelast - bei kennzeichnungspflichtigen Kraftfahrzeugen mit gefährlichen Gütern einem zulässigen Gesamtgewicht über 7,5 t mit Anhänger					
	Führer gleich Halter					
Tatbestand		BKat	TBNR	FaP-Pkt	FV	Euro
Überladung in %						
mehr als 5		198.1.2	342642	B - 1		210,00
mehr als 10		198.1.3	342643	B - 1		352,50
mehr als 15		198.1.4	342644	B - 1		427,50
mehr als 20		198.1.5	342645	B - 1		570,00
mehr als 25		198.1.6	342646	B - 1		637,50
mehr als 30		198.1.7	342647	B - 1		637,50

Überladung

Tabellen-Nr.: 742340	Überschreiten der Anhängelast - bei Kraftfahrzeugen mit Anhänger mit einem zulässigen Gesamtgewicht des Anhängers über 2 t					
	Führer gleich Halter					
Tatbestand		BKat	TBNR	FaP-Pkt	FV	Euro
Überladung in %						
um 2 - 5		198.1.1	342148	0		30,00
mehr als 5		198.1.2	342648	B - 1		140,00
mehr als 10		198.1.3	342649	B - 1		235,00
mehr als 15		198.1.4	342650	B - 1		285,00
mehr als 20		198.1.5	342651	B - 1		380,00
mehr als 25		198.1.6	342652	B - 1		425,00
mehr als 30		198.1.7	342653	B - 1		425,00

Überladung

Tabellen-Nr.: 742341	Überschreiten der Anhängelast
	- bei kennzeichnungspflichtigen Kraftfahrzeugen mit
	  gefährlichen Gütern mit Anhänger mit einem zulässigen
	  Gesamtgewicht des Anhängers über 2 t					

	Führer gleich Halter					
Tatbestand		BKat	TBNR	FaP-Pkt	FV	Euro
Überladung in %						
mehr als 5		198.1.2	342654	B - 1		210,00
mehr als 10		198.1.3	342655	B - 1		352,50
mehr als 15		198.1.4	342656	B - 1		427,50
mehr als 20		198.1.5	342657	B - 1		570,00
mehr als 25		198.1.6	342658	B - 1		637,50
mehr als 30		198.1.7	342659	B - 1		637,50

Stichwortverzeichnis mit Angaben der §§

Tatbestand	TBNR	Rechtsgrundlage			
		StVO §§	FeV §§	StVZO/FZV/ eKFV/ GGVSEB §§	StVG/ Ferienreise- Verordnung

A

Tatbestand	TBNR	StVO §§	FeV §§	StVZO/FZV/eKFV/GGVSEB §§	StVG/Ferienreise-Verordnung
Abbiegen	109100-109637	9			
- entgegen Zeichen 209, 211, 214	141142-141144	41 Abs. 1			
- entgegen Zeichen 297	141251,141252, 141271,141272, 141503	41 Abs. 1			
- als Radfahrer	109177-109186	9 Abs. 2			
- entgegen Zeichen 295, 296, 298	141268-141275, 141500-141506	41 Abs. 1			
Abblenden	117112-117120	17 Abs. 2			
Abbremsen ohne zwingenden Grund	104118,104119	4 Abs. 1			
Abgas					
- Belästigung	130618	30 Abs. 1			
- übermäßige Abgasentwicklung	331042			31 Abs. 2 StVZO	
Abknickende Vorfahrtstraße	142100,142101	42 Abs. 2			
Abkommen von der Fahrbahn	101000	1 Abs. 2			
Abmessung					
Länge					
- Gesamtlänge von Fahrzeugen/Zügen überschritten	332600			32 StVZO	
- Fahrzeug mit Ladung	122130	22 Abs. 3			
	122136-122148	22 Abs. 4			
- des Fahrzeuges ohne Ladung und					
- ohne Erlaubnis	129606	29 Abs. 3			
Höhe					
- - eines Fahrzeuges mit Ladung	118112,118130 118500-118512	18 Abs. 1			
	122112	22 Abs. 2			
Breite	332600			32 StVZO	
- eines Fahrzeuges mit Ladung	118118,118136 122118-122124	18 Abs. 1 22 Abs. 2			
- - Anordnen	331660-331672			31 Abs. 2 StVZO	
Abschleppen	115100-115118	15 a			
	343100, 343600-343608			43 StVZO	
Abstellen					
- von nicht zugelassenen Fahrzeugen	132606	32 Abs. 1			

507

Tatbestand	TBNR	StVO §§	FeV §§	StVZO/FZV/ eKFV/ GGVSEB §§	StVG/ Ferienreise- verordnung
Abstand	104100-104642	4			
- beim Vorbeifahren an Haltestellen	120606,120607	20 Abs. 2			
	120720-120738	20 Abs. 4			
entgegen Zeichen 273	141208	41 Abs. 1			
Achslasten					
- Überschreiten der zulässigen Achslast	334118-334635,			34 Abs. 3 StVZO	
(734106-734111)	334148-334659,				
	334178-334692,				
	334208-334716,				
	334232-334743,				
	334256-334764,				
	334286-334803,				
	334316-334827,				
	334340-334851				
- Anordnen/Zulassen	331148-331818			31 Abs. 2 StVZO	
(731101, 731103,	331178-331842				
731105)	331208-331866				
	331238-331888				
	331260-331914				
	331284-331936				
Alkohol					
- Teilnahme am Straßenverkehr unter					
Alkoholeinfluss	424600-424620				§ 24a Abs. 1
- Alkohol für FaP	424654-424660				StVG
- Alkohol vor Vollendung des 21. Le-					
bensjahres bzw. bei Fahranfängern	424666-424672				§ 24c Abs. 1, 2 StVG
Amtliches Kennzeichen -> Kennzehen					
Andreaskreuz	119606-119608	19 Abs. 1			
	141360-141365	41 Abs. 1			
Anfahren vom Fahrbahnrand	110130,110131	10			
	110172				
- über abgesenkten Bordstein	110124,110125	10			
	110166				
- von anderem Straßenteil	110118,110119	10			
	110160				

Tatbestand	TBNR	StVO §§	FeV §§	StVZO/FZV/ eKFV/ GGVSEB §§	StVG/ Ferienreise- verordnung
Anhängelasten überschritten - Anordnen/Zulassen (742500-742503, 731106)	342100-342659 331296-331976			42 StVZO 31 Abs. 2 StVZO	
Anhängekupplung nicht vorschriftsmäßig	331036			31 Abs. 2 StVZO	
Anhänger verbotswidrig mitgeführt	342160			42 StVZO	
Anhängen an fahrendes Fahrzeug	123000	23 Abs. 3			
Anhängerschein -> Fahrzeugschein -> Zulassungsbescheinigung					
Anordnung nicht befolgt	145600 203006, 203018	45 Abs. 4	3 Abs. 1		
Anordnen Fahrzeug mit Mängel	331006-331124 331609-331632			31 StVZO 31 StVZO	
Airbag	335100-335106			35a Abs. 8 StVZO	
Anschnallpflicht	121172	21a Abs. 1			
Arbeitsmaschine, fehlende Beschriftung/ amtliches Kennzeichen	804600-804518			4 FZV	
Autotelefon -> Handy					
Auffahren, Unfall - bei zu geringem Abstand	101124-101130 104106	1 Abs. 2 4 Abs. 1			
Auflagen	146600 203006,203018 210012 223100 228100 229006 246100	46 Abs. 3	3 Abs. 1 10 Abs. 2 23 Abs. 2 28 Abs. 1 29 Abs. 1 46 Abs. 2		
Ausfahren aus Parklücke	101136	1 Abs. 2			
Ausnahmegenehmigung	370100,370106 371100-371606 146600 274100-274112	46 Abs. 3	74 Abs. 3	70 StVZO 71 StVZO	

Tatbestand	TBNR	StVO §§	FeV §§	StVZO/FZV/ eKFV/ GGVSEB §§	StVG/ Ferienreise- verordnung
Ausfahren aus Parklücke	101136	1 Abs. 2			
Ausnahmegenehmigung	370100,370106 371100-371606 146600 274100-274112	46 Abs. 3	74 Abs. 3	70 StVZO 71 StVZO	
Auspuff	347012 349100-349106			47c StVZO 49 Abs. 1 StVZO	
Ausscheren - beim Überholen - vor Hindernis usw.	105672-105673 106100-106112	5 Abs. 4 6			
Aussteigen, Sorgfaltspflichten	114100, 114106	14 Abs. 1			
Autobahn - rechtswidrig links gefahren - Ausfädelungsstreifen, Geschwindigkeit auf... - verbotswidrig befahren - außerhalb Anschlussstelle eingefahren - Wartepflicht verletzt - Überschreiten der Höchstgeschwindigkeit (718100)	102672,102673 107012-107019 118100-118606 118500-118506, 118600 118142,118612 118613 118624-118626 118160-118650	2 Abs. 2 7a Abs. 3 18 Abs. 1 18 Abs. 2 18 Abs. 3 18 Abs. 5			
- gewendet	118666-118668 118678-118680 118690-118692	18 Abs. 7			
- rückwärts gefahren	118672-118674 118684-118686 118696-118698	18 Abs. 7			
- gehalten/geparkt	118012-118706	18 Abs. 8			
- als Fußgänger betreten	118184	18 Abs. 9			
- außerhalb Anschlussstelle ausgefahren	118196	18 Abs.10			
- entgegen der Fahrtrichtung gefahren	102606-102620	2 Abs. 1			

Tatbestand	TBNR	Rechtsgrundlage			
		StVO §§	FeV §§	StVZO/FZV/ eKFV/ GGVSEB §§	StVG/ Ferienreise- verordnung

B

Tatbestand	TBNR	StVO §§	FeV §§	StVZO/FZV/ eKFV/ GGVSEB §§	StVG/ Ferienreise- verordnung
Bahnübergang mit Andreaskreuz	119624-119629	19			
- Verstoß gegen die Wartepflicht					
- Überholen am ...	105612-105617	5 Abs. 2,3			
	119612-119614	19 Abs. 1			
- nicht angepasste Geschwindigkeit	119600	19 Abs. 1			
- geschlossene Schranke	119630-119636	19 Abs. 2			
Baustelle	145606-145618	45 Abs. 6			
Beförderung von Kindern	121118-121606,	21 Abs. 1 a			
	121166-121186	21 Abs. 3			
Begleitetes Fahren ab 17 Jahre	248130, 248612		48a		
Behinderung	101106	1 Abs. 2			
- durch abgestelltes Fahrzeug	101024	1 Abs. 2			
- durch langsam Fahren	103000	3 Abs. 2			
Beifahrer -> Airbag					
-> Sicherheitsgurte					
Belästigung					
- Anderer	101100	1 Abs. 2			
- Laufen lassen des Motors/Türen schlagen/unnötiges Hin- und Her- fahren/vermeidbare Abgasbelästigung	130618-130624	30 Abs. 1			
- Schallzeichen	116100	16 Abs. 1			
- Leuchtzeichen	116106				
Beleuchtung					
- ohne Licht/falsches Licht	117100-117102	17 Abs. 1			
	117136-117138	17 Abs.2a			
- Fahrrad	367100			67 StVZO	
- verdeckte/verschmutzte Beleuchtungsein- richtung	117106-117108	17 Abs. 1			
- bei Gegenverkehr nicht abgeblendet	117112-117114	17 Abs. 2			
- verbotswidrig mit Fernlicht gefahren	117130-117132	17 Abs. 2			
- Fahren mit Standlicht	117124-117126	17 Abs. 2			
- Vorausfahrenden geblendet	117118-117120	17 Abs. 2			
- Nebelscheinwerfer missbräuchlich benutzt	117142-117144	17 Abs. 3			

Tatbestand	TBNR	StVO §§	FeV §§	StVZO/FZV/ eKFV/ GGVSEB §§	StVG/ Ferienreise- verordnung
- trotz Sichtbehinderung (Nebel) ohne Ab- blendlicht	117154-117602	17 Abs. 3			
- haltendes/parkendes Fahrzeug nicht/vorschriftswidrig beleuchtet	117160-117179	17 Abs. 4			
- missbräuchlich Suchscheinwerfer benutzt	117184-117186 122166	17 Abs. 6 22 Abs. 5			
- der Ladung	123136-123144	23 Abs. 1			
- Fahren ohne betriebsbereite Beleuchtung (Scheinwerfer usw. fehlen)	349130-349136			49a StVZO	
- im Tunnel ohne Abblendlicht	142148-142150	42 Abs. 2			
Kennzeichenbeleuchtung vorschriftswidrig	810118			10 FZV	
Berauschende Mittel	424648-424650				§ 24a Abs. 2, 3 StVG
Bereifung	331118 336000-336106			31 StVZO 36 StVZO	
Beschmutzen Anderer	101018	1 Abs. 2			
Beschmutzen der Fahrbahn	132100	32 Abs. 1			
Beschränkung					
- Führerschein zur Eintragung nicht vorge- legt	247106		47		
- der Verwaltungsbehörde nicht beachtet	317500,317506			17 Abs. 1 StVZO	
- für den Betrieb nicht beachtet	805600 329612			5 FZV 29 Abs. 7 StVZO	
Betriebserlaubnis;					
- besondere	319000			19 Abs. 4 StVZO	
- erloschen	319500-319618			19 Abs. 5 StVZO	
- Nachweis nicht abgeliefert	329024			29 Abs. 7 StVZO	
Bordstein,					
- anfahren über abgesenkten	110124-110125 110166	10			
- parken vor Bordsteinabsenkung...	112372-112375	12 Abs. 3			
Blinklicht (blau) -> Einsatzhorn					
- gelb, missbräuchlich verwendet	138106	38 Abs 3			
Breite des Fahrzeugs -> Abmessung					
Bremsen	341000-341617			41 StVZO	
- starkes Bremsen ohne zwingenden Grund -> siehe Abbremsen					
- Mängel	331024			31 Abs. 2 StVZO	
- Anordnen	331720-331734			31 Abs. 2 StVZO	
- am Fahrrad	365000			65 Abs. 1 StVZO	

Tatbestand	TBNR	StVO §§	FeV §§	StVZO/FZV/eKFV/GGVSEB §§	StVG/Ferienreise-verordnung
Bremsleuchte -> Beleuchtung					
Busspur -> Sonderfahrstreifen					

C

CD/CC- Zeichen-> Kennzeichen diplomatischer/konsularischer Vertretungen					

D

Dauerlicht (rote Schrägbalken)	137642-137650	37 Abs. 3			
Drogen -> berauschende Mittel					

Tatbestand	TBNR	StVO §§	FeV §§	StVZO/FZV/eKFV/GGVSEB §§	StVG/Ferienreise-verordnung

E

Tatbestand	TBNR	StVO §§	FeV §§	StVZO/FZV/eKFV/GGVSEB §§	StVG/Ferienreise-verordnung
Einbahnstraße	141148-141152	41 Abs. 1			
- entgegen Fahrtrichtung geparkt	112076	12 Abs. 4			
Einfahren					
- auf Fahrbahn	110100-110172	10			
- in Kreuzung bei stockendem Verkehr	111100,111101	11			
Einfahrtverbot, Zeichen 267 missachtet	141185-141190	41 Abs. 1			
Einmündungen, Parken vor/hinter	112262-112275	12 Abs. 3			
Einordnen					
- beim Abbiegen	109106-109118	9 Abs. 1			
- nach dem Überholen	105118-105126	5 Abs. 4			
- nach dem Vorbeifahren	106112	6			
Einparken, falsches Verhalten	112446	12 Abs. 5			
Einrichtungen zur Verbindung von Fahrzeugen					
- Inbetriebnahme	343000-343623			43 StVZO	
- Inbetriebnahme anordnen	331030 331738-331747			31 StVZO	
Einrichtungen zur Erhöhung der Greifwirkung von Rädern	337000			37 Abs. 1 StVZO	
Einsatzhorn	138100 138600-138602	38 Abs. 1			
Einsatzfahrzeug					
- trotz Sondersignale keine freie Bahn gemacht	138600-138602	38 Abs. 1			

Tatbestand	TBNR	Rechtsgrundlage			
		StVO §§	FeV §§	StVZO/FZV/ eKFV/ GGVSEB §§	StVG/ Ferienreise- verordnung
Einsteigen, dabei Andere					
- gefährdet	114100	14 Abs. 1			
- geschädigt	114106				
elektronische Geräte	123172-123631	23 Abs. 1			
Elektrokleinstfahrzeuge	602006-611026			2 – 11 eKFV	
Erlaubnisbescheid -> Genehmigungsbescheid					
Erlaubnis -> Ausnahmegenehmigung					
Erste-Hilfe-Material					
- mangelhaft	335118-335124			35h StVZO	
- nicht vorgezeigt	331332			31b StVZO	
- Anordnen	331106, 331112			31 Abs 2 StVZO	

F

Tatbestand	TBNR	Rechtsgrundlage			
Fahrbahn					
- als Fußgänger falsch benutzt/überquert	125100-125007	25			
Fahrbahnbenutzung	102000-102003; 102124-102125, 102606,102673 ff.	2 Abs. 1			
Fahrbahnrand, Anfahrt von	110130,110131, 110172	10			
- nicht rechts gehalten/geparkt	112060-112065	12 Abs. 4			
Fahrbahnverengung					
- Unfall	101030	1 Abs. 2			
- Vorbeifahren	106100-106112	6			
Fahrbahnverschmutzung	132100	32 Abs. 1			
Fahrgäste -> öffentliche Verkehrsmittel					
Fahrrad					
- Beförderung von Personen	121000-121186	21			
- freihändig geführt	123006	23 Abs. 3			
- Einrichtungen für Schallzeichen	364100			64a StVZO	
- bremstechnische Einrichtungen	365000			65 StVZO	
- lichttechnische Einrichtungen	367100			67 StVZO	

Tatbestand	TBNR	Rechtsgrundlage			
		StVO §§	FeV §§	StVZO/FZV/ eKFV/ GGVSEB §§	StVG/ Ferienreise- verordnung
Fahrstreifen					
- Fahrstreifenwechsel	107100-107106	7 Abs. 5			
- falsche Benutzung durch Lkw/Zug	107112-107119	7 Abs. 3c			
- falsche Benutzung beim Überholen	107124-107613	7 Abs. 3a			
- Ausfädelungsstreifen	107012-107019	7a Abs. 3			
- Begrenzung überfahren	141253,141254	41 Abs. 1			
	141259	41 Abs. 1			
	141268,141269	41 Abs. 1			
	141277,141278	41 Abs. 1			
Fahrtenbuch	331980-331992			31a StVZO	
Fahrtrichtung,					
- Fahren entgegen Zeichen 209 ff.	141142-141144	41 Abs. 1			
Fahrtrichtungsanzeiger	354000			54 StVZO	
- nicht benutzt	110154-110172	10			
Fahrtschreiber, Prüfung abgelaufen	357006			57b StVZO	
	331066			31 Abs. 2 StVZO	
Fahrstreifenbenutzung links	107112-107119	7 Abs. 3c			
- bei extrem widrigen Wetterverhältnissen	118712	18			
Fahrzeug					
- Mängel	123166	23 Abs. 2			
- Abmessung -> Abmessung					
- nicht vorschriftsmäßig	330000-330609			30 StVZO	
	330618-330634				
Fahrzeugerwerb nicht angezeigt	813100			13 Abs. 1 FZV	
Fahrzeugverkauf -> Halterwechsel					
Fahrzeugschein -> Zulassungsbescheinigung					
Fernlicht	117130-117132	17 Abs. 2			
- Überholen angekündigt u. Gegenver- kehr geblendet	105600	5 Abs. 5			
Feuerlöscher	331100			31.Abs. 2 StVZO	
- in Kraftomnibussen	335112			35g Abs. 1 StVZO	
- fristgerecht prüfen lassen	335024			35g Abs. 4 StVZO	
- nicht vorgezeigt	331332			31b StVZO	

Tatbestand	TBNR	Rechtsgrundlage			
		StVO §§	FeV §§	StVZO/FZV/ eKFV/ GGVSEB §§	StVG/ Ferienreise- verordnung
Fracht und Begleitpapiere	503006				3,5 Ferienrei- se- verordnung
Freihändig Fahren	123006 611006	23 Abs. 3		11 Abs. 1 eKFV	
Führen eines verkehrswidrigen Fahrzeuges - ohne Auflagen zu beachten - Anordnen/Zulassen	123100-123613 223100, 371100,371606 371600	23	23	71 StVZO	
Führer eines Fahrzeuges, ungeeignet - Anordnen	331000 331600-331614			31 StVZO 31 StVZO	
Führerschein - nicht mitgeführt/ausgehändigt - nicht abgeliefert - für Fahrgastbeförderung nicht mitgeführt - Verlustanzeige - abliefern bei Fahrerlaubnisentzug	204100-204106 225100 248600-248606 225106 247100-247118 248112, 248118		4 Abs. 2 25 Abs. 5 48 25 Abs. 4 47 Abs. 1 48 Abs. 10		

Fußgänger
- trotz geistiger Mängel am Verkehr teilge -
  nommen/zulassen
- Autobahn/Kraftfahrstraße betreten
- falsches Verhalten von Fußgängern
- Haltgebot/Zeichen eines Polizeibeamten
  nicht befolgt
- Fahrverkehr behindert
	202006-202012 118184-118190 125100-125007 136000-136006 142000	18 Abs. 9 25 36 Abs 1 42 Abs. 2	2 Abs. 1		

Fußgängerampel - Rotlicht missachtet	137100, 137101	37 Abs. 2			
Fußgängerbereich - Fußgängerbereich -> Parken - ausfahren aus	141154-141172 141603 142000-142601 110106,110107	41 Abs. 1 42 Abs. 2 10			
Fußgängerüberweg - falsches Verhalten als Fahrzeugführer - halten/parken vor oder auf...	126600-126614 141290-141305	26 41 Abs. 1			
Fußgängerzone -> Fußgängerbereich					

Tatbestand	TBNR	Rechtsgrundlage			
		StVO §§	FeV §§	StVZO/FZV/ eKFV/ GGVSEB §§	StVG/ Ferienreise- verordnung

G

Tatbestand	TBNR	StVO §§	FeV §§	StVZO/FZV/eKFV/GGVSEB §§	StVG/Ferienreiseverordnung
Gasse für Polizei- und Hilfsfahrzeuge	111600-111603 111606-111609	11 Abs. 2			
Gefährdung					
- anderer	101112	1 Abs. 2			
- durch Fahren auf dem Hinterrad	101500	1 Abs. 2			
- beim Überholen	105607	5 Abs. 2			
- beim Vorbeifahren an einem Hindernis	106101	6			
- durch Gerät	132118	32 Abs. 2			
- von Kindern, Hilfsbedürftigen, älteren Menschen	103708,103709	3 Abs. 2a			
Gefahrgutbeförderung	529500-529518			29 GGVSEB	
Gegenstände					
- auf Fahrbahn	132600	32 Abs. 1			
- aus Fahrzeug herausragend	122172	22 Abs. 5			
- Aushändigen/Vorzeigen verweigert	331332			31b StVZO	
Gegenverkehr, bei Zeichen 208	141139-141141	41 Abs. 1			
Gehör beeinträchtigt	123106	23 Abs. 1			
Gehweg als Kfz-Führer befahren	102100-102714 141736-141163	2 Abs. 1 41 Abs.1			
- als Radfahrer befahren	141169-141172	41 Abs.1			
- parken über Schachtdeckel	112322-112325	12 Abs. 3			
- halten/parken	112050-112659 112484-112689 112494-112699 141042-141045 141090-141799 141159-141737	12 Abs. 4 12 Abs. 4a 41 Abs. 1			
Genehmigungsbescheid	146100,146106	46 Abs. 3			
geistige Mängel -> Mängel					
Gelblicht missachtet	137000-137006	37 Abs. 2			
Gesamtgewicht, Gesamtmasse (734100-734105)	334100-334617, 334136-334647, 334160-334674, 334196-334704, 334220-334731, 334244-334752, 334268-334785, 334304-334815, 334328-334839			(31d Abs. 1 StVZO) 34 Abs. 3 StVZO	

| Tatbestand | TBNR | \multicolumn{4}{c}{Rechtsgrundlage} |
		StVO §§	FeV §§	StVZO/FZV/ eKFV/ GGVSEB §§	StVG/ Ferienreise- verordnung
- Anordnen/Zulassen (731100-731102, 731104)	331130-331800 331166-331830 331191-331854 331226-331876 331248-331902 331272-331924			31 Abs. 2 StVZO	
- Gesicht verdeckt oder verhüllt	123636	23 Abs. 4			
Geräusch -> Lärm					
Geräuschentwicklung -> Auspuff					
Geschwindigkeit					
- Höchstgeschwindigkeit überschritten (703100-703113)	103178-103780 103636-103701 103214-103852	3 Abs. 3 3 Abs. 2 3 Abs.4			
- auf Autobahnen (718100)	118160-118650	18 Abs. 5			
- entgegen Zeichen 239, 242.1 (741100)	141212-141660	41 Abs. 1			
- entgegen Zeichen 244.1, 244,3 (741120)	141200-141767	41 Abs.1			
- entgegen Zeichen 274 (741111)	141242-141727	41 Abs.1			
- Zeichen 325.1, 325.2 (742100)	142118-142636	42 Abs. 2			
- an Fußgängerüberwegen	126600, 126601	26 Abs.1			
- keine Schrittgeschwindigkeit eingehalten an Haltestellen (720100-720101, 720110-720111)	120100-120601 120106-120684 120154-120832	20 Abs.2 20 Abs.2 20 Abs. 4			
- im verkehrsberuhigten Bereich	142109	42 Abs. 2			
- zu langsam gefahren	103000	3 Abs. 2			
- als Überholter Geschwindigkeit erhöht	105142	5 Abs. 6			
- nicht angepasste	103600-103632 103854	3 Abs. 1 3 Abs. 1			
- an Bahnübergängen	119600	19 Abs. 1			
- Radweg/Gehweg	141197, 141198	41 Abs- 1			
- auf Ausfädelungsstreifen	107012-107019	7a Abs. 3			
- Geschwindigkeitsbegrenzer	331754-331768 357600-357617 357100-357618			31 Abs. 2 StVZO 57c Abs. 2 StVZO 57d Abs. 2 StVZO	
Geschwindigkeitsbeschränktes Kfz	205000-205100		5		

Tatbestand	TBNR	StVO §§	FeV §§	StVZO/FZV/ eKFV/ GGVSEB §§	StVG/ Ferienreise- verordnung
			Rechtsgrundlage		
Gespann ->Abmessungen			5		
->Fahrzeug					
gesperrte Straße befahren	141157-141178	41 Abs. 1			
	141615-141619	41 Abs. 1			
Gleitschutzeinrichtungen	337000,337006			37 StVZO	
Gurtanlegepflicht	121172	21a Abs.1			
Grenzmarkierung für Haltverbote	141352-141355	41 Abs. 1			
- Parkverbote	141026-141029	41 Abs. 1			
Grundstück					
- Ausfahren	110100,110101	10			
	110142				
- Einbiegen	109636,109637	9 Abs. 5			
Grünstreifen benutzt	102118-102732	2 Abs. 1			
Grünpfeil	137106-137112	37 Abs. 2			
	137630-137638				

H

Tatbestand	TBNR	StVO §§	FeV §§	StVZO/FZV/ eKFV/ GGVSEB §§	StVG/ Ferienreise- verordnung
Haltlinie missachtet (Z. 294)	141211	41 Abs. 1			
	141730,141731				
Halten					
- Ein-/Ausfädelungsstreifen	112120,112121	12 Abs. 1			
- an enger Straßenstelle usw.	112100,112101	12 Abs. 1			
- scharfe Kurve	112110,112111	12 Abs. 1			
- auf Gehweg	112050-112553	12 Abs. 4			
- in zweiter Reihe	112460-112663	12 Abs. 4			
- auf Gehweg und Radweg	141090-141593	41 Abs. 1			
- rechten Fahrbahnrand nicht benutzt	112060,112061	12 Abs. 4			
- auf Radweg	112070-112573	12 Abs. 4			
	141070-141573	41 Abs. 1			
- auf dem Reitweg	141030, 141031	41 Abs. 1			
- auf/vor Fußgängerüberweg	141290-141301	41 Abs. 1			
- Fußgängerzone/auf gemeinsamen Geh- und Radweg	141159-141737	41 Abs. 1			
- auf Bussonderfahrstreifen	141120-141827	41 Abs. 1			
- Feuerwehrzufahrtszone	141050-141051	41 Abs. 1			
- in Feuerwehrzufahrt	112210-112211	12 Abs. 1			
- in zweiter Reihe usw.	112460-112663	12 Abs. 4			
- im Fahrraum von Schienenfahrzeugen	112426-112427	12 Abs. 4			

Tatbestand	TBNR	Rechtsgrundlage			
		StVO §§	FeV §§	StVZO/FZV/ eKFV/ GGVSEB §§	StVG/ Ferienreise- verordnung
- nicht Platz sparend	112456	12 Abs. 6			
- auf Fahrradstraße	141020,141523	41 Abs. 1			
- verbotswidrig links	112040-112041	12 Abs. 1			
- auf Autobahn/Kraftfahrstraße	118012-118178	18 Abs. 8			
- vor Lichtzeichen/Andreaskreuz	137010,137011	37 Abs. 1			
- Haltverbot	141360,141361	41 Abs. 1			
- Grenzmarkierung f. Haltverbot	141310,141311	41 Abs. 1			
	141350-141351	41 Abs. 1			
- im Bereich eines Bussonderfahrstreifens	141123-141624	41 Abs. 1			
- links von Fahrbahn-, Fahrstreifenbegren- zung	141330,141331	41 Abs. 1			
- auf Fahrbahnteil mit Richtungspfeilen	141340,141341	41 Abs. 1			
- auf Sonderfahrstreifen	141120-141827	41 Abs. 1			
- an Taxenstand	141380,141381	41 Abs. 1			
- Nothalte-/Pannenbucht im Tunnel	142154	42 Abs. 2			
- im Kreisverkehr	141430,141431	41 Abs.1			
- Schutzstreifen für Radverkehr	142170-142673	42 Abs. 2			
Haltestelle öffentlicher Verkehrsmittel	120100-120198	20			
Halterwechsel	813100			13 Abs. 4 FZV	
Handfahrzeug unbeleuchtet abgestellt	117178,117179	17 Abs. 4			
Handy	123172-123631	23 Abs. 1a			
Hauptuntersuchung, Terminüberschreitung	329101-329610			29 Abs. 1 StVZO	
Hindernis, Vorbeifahrt	106100-106112	6			
- nicht beseitigt	132600-132606	32 Abs. 1			
Höchstgeschwindigkeit -> Geschwindigkeit					
Höhe -> Abmessung					
Höhenkontrolle	118500-118512	18 Abs. 1			

I

Tatbestand	TBNR	Rechtsgrundlage			
Inline-Skates	131100 -13114	31 Abs.1, 2			
Internetbasierte Zulassung	815112-815624			15i Abs. 5 FZV	

K

Tatbestand	TBNR	Rechtsgrundlage			
Kennzeichen					
-> Saisonkennzeichen					
-> Versicherungskennzeichen					
-> Wechselkennzeichen					
-> diplomatischer/konsularischer Vertretungen				10 Abs. 11 FZV	
- Lesbarkeit	123130	23 Abs. 1			

Tatbestand	TBNR	Rechtsgrundlage			
		StVO §§	FeV §§	StVZO/FZV/ eKFV/ GGVSEB §§	StVG/ Ferienreise- verordnung
Stilllegung	813112			13 FZV	
- rotes Kennzeichen	816100-816612			16 FZV	
- Kurzzeitkennzeichen	816130-816142			16a FZV	
- unvorschriftsmäßig	810100-810620			10 FZV	
- fehlt	810600-810612			10 Abs. 5, 8 FZV	
- abgedeckt	810618,810619			10 Abs. 2, 8 FZV	
- Oldtimer	817000-817006			17 Abs. 2 FZV	
- Ausfuhrkennzeichen	819100,819600			19 Abs. 1 FZV	
- ausländische Kennzeichen	821100,821600			21 Abs. 1 FZV	
- Unterscheidungszeichen	821106,821112			21 Abs 2 FZV	
Kennzeichen für Körperbehinderung	202018		2 Abs 3		
- verbotswidrig benutzt					
Kinderbeförderung	121600-121606, 121166	21			
Kinderrückhaltevorrichtung	335100-335109			35a Abs. 8 StVZO	
Klinik-, Kurgebiet, parken	112396-112397	12 Abs. 3a			
körperliche Mängel -> Mängel					
Kraftfahrstraße					
- verbotswidrig befahren	118100,118124 118136,118606	18 Abs. 1			
- verbotswidrig eingefahren	118148 118618-118619	18 Abs. 2			
- Wartepflicht verletzt	118624-118626	18 Abs. 3			
- betreten	118190	18 Abs. 9			
- verbotswidrig ausgefahren	118202	18 Abs. 10			
- zul. Maße überschritten	118130-118136	18 Abs. 1			
Kraftfahrzeugschein -> Fahrzeugschein					
Kraftomnibus -> Omnibus					
Kraftrad					
- abgeschleppt	115118	15a Abs. 4			
- Personenbeförderung	121100	21 Abs. 1			
- Anhängen/freihändig fahren	123000, 123006	23 Abs. 3			
- Personenbeförderung ohne Halte- system	361000			61 Abs. 1 StVZO	
- ohne Abblendlicht gefahren	117136-117138	17 Abs. 2a			
- Schutzvorrichtung für Kinder	335012			35a Abs. 9 StVZO	

Tatbestand	TBNR	Rechtsgrundlage			
		StVO §§	FeV §§	StVZO/FZV/ eKFV/ GGVSEB §§	StVG/ Ferienreise- verordnung
Kreisverkehr					
- Überfahren der Mittelinsel	141153	41 Abs. 1			
- entgegen vorgeschr. Fahrtrichtung	141148-141152	41 Abs. 1			
- Halten	141430-141431	41 Abs. 1			
- Parken	141432-141435	41 Abs. 1			
Kreuzung,					
- Einfahren trotz stockendem Verkehr	101042, 101043	1 Abs. 2			
	111100, 111101	11			
- Parken vor/hinter...	112262-112275	12 Abs. 3			
Kurzzeitkennzeichen -> Kennzeichen					
Kurvenlaufeigenschaften	332606			32d Abs. 1, 2 StVZO	
- Anordnen	331678			31 Abs. 2 StVZO	

L

Tatbestand	TBNR	StVO §§	FeV §§	StVZO/FZV/ eKFV/ GGVSEB §§	StVG/ Ferienreise- verordnung
Ladefläche, Personenbeförderung	121130-121154	21 Abs. 2			
Ladung (731100-731105)	122600-122172,	22			
	331130-331976			31 StVZO	
Länge -> Abmessung					
Lärm					
- Entwicklung	331042			31 StVZO	
	349000-349101			49 Abs.1 StVZO	
- Messung	349106			49 Abs.4 StVZO	
- unnötiger Lärm	130612	30 Abs 1			
- durch Ladung	122106	22 Abs. 1			
Langsam Fahren	103000	3 Abs. 2			
Lautsprecher verbotswidrig betrieben	133000	33 Abs. 1			
Lenkung	338000-338617			38 StVZO	
	331012			31 StVZO	
- Anordnen	331702-331716			31 StVZO	
Leitlinie -> Pfeile auf der Fahrbahn					
Leuchtzeichen missbräuchlich gegeben	116006,116106	16 Abs. 1			
Licht	117100-117602	17			
Lichthupe -> Leuchtzeichen					
Lichtbalken für Straßenbahn/Bus/Taxi	137500-137506	37 Abs. 2			

Tatbestand	TBNR	Rechtsgrundlage StVO §§	FeV §§	StVZO/FZV/ eKFV/ GGVSEB §§	StVG/ Ferienreise- verordnung
Lichttechnische Einrichtungen unzulässig	331048,331054 349130,349136 350100, 351100,351106, 351112 351118 351000 352112,352118 352000 353100 353106 353112 353118 354000			31 Abs. 2 StVZO 49a StVZO 50 StVZO 51 StVZO 51a StVZO 51b StVZO 51c StVZO 52 StVZO 52a StVZO 53 StVZO 53a StVZO 53b StVZO 53d StVZO 54 StVZO	
Lichtzeichenanlage	137000-137650	37			
Liegenbleiben - Fahrzeug nicht kenntlich gemacht	115000-115607	15			
Linksfahren	102006-102136	2 Abs. 2			
Luftverunreinigung	141621	41 Abs. 1			

M

Tatbestand	TBNR	StVO §§	FeV §§	StVZO/FZV/ eKFV/ GGVSEB §§	StVG/ Ferienreise- verordnung
Mähmesser ungeschützt mitgeführt	132118	32 Abs. 2			
Mängel - an Beleuchtung und Ladung - sonstige Mängel am Fahrzeug - körperl./geistige Mängel - nicht fristgemäß beseitigt - sonstige Mängel am Kfz	122154-122172 123166 202000-202012 329000,329124 331006	22 23 Abs. 2	2 Abs. 1	29 Abs. 1 StVZO 31 StVZO	
artinshorn	138100 138600-138602	38 Abs.1			
Mindestalter von Kfz-Führern	210000-210006		10		
Mobiltelefon -> Handy					

N

Tatbestand	TBNR	StVO §§	FeV §§	StVZO/FZV/ eKFV/ GGVSEB §§	StVG/ Ferienreise- verordnung
Namensangabe -> Personalien					
Nebelscheinwerfer - missbräuchlich benutzt - nicht vorschriftsmäßig angebracht	117142-117144 352100	17 Abs. 3		52 Abs. 1 StVZO	
Nebelschlussleuchte	117148-117150 353118	17 Abs. 3		53d StVZO	

Tatbestand	TBNR	StVO §§	FeV §§	StVZO/FZV/ eKFV/ GGVSEB §§	StVG/ Ferienreise- verordnung

O

Tatbestand	TBNR	StVO §§	FeV §§	StVZO/FZV/ eKFV/ GGVSEB §§	StVG/ Ferienreise- verordnung
Öffentliche Verkehrsmittel					
- Omnibus/Straßenbahn	120100-120198	20			
Omnibus					
- beim Anfahren behindert	120190-120198	20 Abs. 5			
- Gepäckbeförderung	334858			34a Abs. 1 StVZO	
- vorgeschriebene Feuerlöscher fehlen	335112			35 Abs. 1 StVZO	
- vorgeschriebener Verbandskasten fehlt	335118			35h StVZO	

P

Tatbestand	TBNR	StVO §§	FeV §§	StVZO/FZV/ eKFV/ GGVSEB §§	StVG/ Ferienreise- verordnung
Parken					
- auf Gehweg/Radweg	112322-112325	12 Abs. 3			
	112454-112659				
	112484-112689	12 Abs. 4a			
	112494-112699				
	141174-141779	41 Abs. 1			
- in Fußgängerzone/auf gemeinsamen Geh- und Radweg	141184-141786	41 Abs. 1			

P

Tatbestand	TBNR	StVO §§	FeV §§	StVZO/FZV/ eKFV/ GGVSEB §§	StVG/ Ferienreise- verordnung
- auf dem Reitweg	141442-141445	41 Abs. 1			
- auf Radweg	112474-112679	12 Abs. 4			
- auf Fußgängerfurt	101048	1 Abs. 2			
- Andere behindert	101060	1 Abs. 2			
- auf Verkehrsinsel	102112-102726	2 Abs. 1			
- auf enger/unübersichtlicher Straßenstelle	112102-112105	12 Abs. 1			
- Bussonderfahrstreifen	141125-141834	41 Abs. 1			
- Scharfe Kurve	112112-112115	12 Abs. 1			
- vor/hinter Kreuzungen/Einmündungen	112262-112275	12 Abs. 3			
- vor gekennzeichneten Parkflächen	112282-112285	12 Abs. 3			
- Wohn-, Sonder-, Kur-, Klinikgebiete	112396-112397	12 Abs. 3a			
- Anhänger ohne Zugfahrzeug	112398	12 Abs. 3b			
- auf Autobahn/Kraftfahrstraße	118704-118706	18 Abs. 8			
- an Lichtzeichenanlagen, Vorfahrtszeichen	137012-137015	37 Abs. 1			
	141362-141365	41 Abs. 1			
- auf/vor Fußgängerüberweg	141292-141305	41 Abs. 1			
- Feuerwehranfahrtszone	141056-141518	41 Abs. 1			
- vor/in Feuerwehrzufahrt	112216,112612	12 Abs. 3			
- Taxenstand	141382-141385	41 Abs. 1			
- entgegen Fahrtrichtung in Einbahnstr.	112076	12 Abs. 4			
- Grundstückein-/ausfahrt	112292-112305	12 Abs. 3			

524

Tatbestand	TBNR	Rechtsgrundlage			
		StVO §§	FeV §§	StVZO/FZV/ eKFV/ GGVSEB §§	StVG/ Ferienreise- verordnung
- Haltverbot	141312-141325	41 Abs.1			
	141392-141395	41 Abs.1			
- Grenzmarkierung f. Haltverbot	141352-141355	41 Abs.1			
f. Parkverbot	141026-141029	41 Abs.1			
- im Haltestellenbereich/Bussonder- fahrstreifen	141421-141848	41 Abs. 1			
- links von Fahrbahn-,	141332-141335	41 Abs.1			
- Fahrstreifenbegrenzung	141412-141415	41 Abs.1			
- auf Fahrbahnteil mit Richtungspfeilen	141342-141345	41 Abs.1			
- Andreaskreuz	141362-141365	41 Abs.1			
- nicht dem Zeichen 315 entsprechend	142212-142225	42 Abs. 2			
- auf dem Schachtdeckel	112322-112325	12 Abs. 3			
- auf Parkplatz (Z. 314)	142252-142265	42 Abs. 2			
- Fahrradstraße	141124-141529	41 Abs. 1			
- vor abgesenkten Bordsteinen	112372-112375	12 Abs. 3			
- auf Gehweg	141042-141045	41 Abs. 1			
	142202-142235	42 Abs. 2			
- nicht Platz sparend	112456	12 Abs. 6			
- an Parkuhr, -scheinautomat, -scheibe	113100-113324	13			
- auf Sonderfahrstreifen	141123-141834	41 Abs.1			
- im gesperrten Verkehrsbereich	141378	41 Abs. 1			
	141164-141866	41 Abs. 1			
- auf Sperrfläche	141245	41 Abs. 1			
- außerhalb Parkflächenmarkierung	141015-141018	41 Abs. 1			
- im verkehrsberuhigten Bereich	142103-142107	42 Abs. 2			
- verbotswidrig links	112042-112045	12 Abs. 4			
- rechten Fahrbahnrand nicht benutzt	112062-112065	12 Abs. 4			
- in zweiter Reihe	112464-112669	12 Abs. 4			
- im Fahrraum v. Schienenfahrzeugen	112428-112618	12 Abs. 4			
- vor/hinter Haltestellenschild	141402-141824	41 Abs. 1			
- auf Vorfahrtsstraße	142242-142245	42 Abs. 2			
- innerhalb der Grenzmarkierung	141421-141848	41 Abs. 1			
- Nothalte-/Pannenbucht im Tunnel	142160	42 Abs. 2			
- Kreisverkehr	141432 - 141435	41 Abs. 1			
Parklücke					
- Vorrang beim Einparken	112446	12 Abs. 5			
- Schädigung beim Fahren ein/aus	101136	1 Abs. 2			
Parkscheibe	113160-113204	13 Abs. 2			
Parkbewirtschaftungszone	113330-113354	13 Abs.1, 2			

Tatbestand	TBNR	Rechtsgrundlage			
		StVO §§	FeV §§	StVZO/FZV/ eKFV/ GGVSEB §§	StVG/ Ferienreise- verordnung
Parksonderrechte für Bewohner	141392 -141395 142252-142255	41 Abs.1 42 Abs. 2			
- Schwerbehinderte	142278				
- elektrisch betriebene Fahrzeuge	142284				
- Carsharingfahrzeuge	142290				
Parkuhr/Parkscheinautomat -> Parken					
Park-Warntafel, Parkleuchten	117160-117179 351000,351006	17 Abs. 4		51c Abs. 5 StVZO	
Parkzeit überschritten -> Parken					
Personalien	134030	34 Abs. 1			
Personenbeförderung	121001-121186 121612-121618	21 21a			
- Anordnen	331684			31 Abs. 1 StVZO	
- mehr Personen befördert	334852			34a Abs. 1	
- Wohnwagen	121112	21		StVZO	
- Zugmaschine	121106	21			
Pfeile auf Fahrbahn, - Fahren entgegen Pfeile usw.	141251,141252, 141262 141271,141272 141280,141281 141503	41 Abs. 1			
Polizeibeamte, - Zeichen/Weisungen missachtet	136000-136624	36			
Prüfbescheinigung für Mofa	205000-205106		5		
Prüfbuch/Prüfprotokoll	329042, 329054			29 StVZO	
Prüfungs-/Probe-/Überführungsfahrt mit rotem Kennzeichen	816100-816612			16 FZV	
Probe-/Überführungsfahrten mit Kurzzeit- kennzeichen	816130-816142			16a FZV	
Prüfplakette	329006-329018 329612,329030			29 StVZO	
Propaganda -> Werbung					

Tatbestand	TBNR	Rechtsgrundlage			
		StVO §§	FeV §§	StVZO/FZV/ eKFV/ GGVSEB §§	StVG/ Ferienreise- verordnung

R

Tatbestand	TBNR	StVO §§	FeV §§	StVZO/FZV/eKFV/GGVSEB §§	StVG/Ferienreiseverordnung
Radabdeckung	336012			36a StVZO	
Radarwarngeräte	123618, 123619	23 Abs. 1c			
Radfahrer					
- anhängen an Fahrzeuge/freihändig fahren	123000-123006	23 Abs. 3			
- keine Rücksicht auf Fußgänger genommen	141606	41 Abs. 1			
- gegen Rechtsfahrgebot verstoßen	102142-102145	2 Abs. 4			
nebeneinander gefahren	102167-102169	2 Abs. 4			
- Kreuzung/Einmündung überquert	109178-109186	9 Abs. 2			
- Fußgängerbereich/Verkehrsbereich benutzt	141169-141178	41 Abs. 1			
- unzulässige Fahrtrichtung	102173-102176	2 Abs. 4			
- Seitenstreifen unzulässig benutzt	102180-102182	2 Abs. 4			
- vorgeschriebene Fahrtrichtung missachtet	141142-141144	41 Abs. 1			
- Verbot der Einfahrt missachtet	141187-141190	41 Abs. 1			
Radweg					
- Halten/Parken auf Radweg	112070-112679	12 Abs. 4			
	141070-141779	41 Abs- 1			
- gemeinsamer Geh- und Radweg	141184-141799	41 Abs. 1			
linksseitiger, unzulässig benutzt	102126-102738	2 Abs. 1			
- nicht benutzt	141446-141449	41 Abs. 1			
unzulässig benutzt als Mofafahrer	102018-102021	2 Abs. 4			
als nichtberechtigter benutzt	141154-141157	41 Abs. 1			
Rechtsfahrgebot	102624-102673	2 Abs. 2			
- als Radfahrer	102142-102145	2 Abs. 4			
Rechtsüberholen -> Überholen					
Reifen	330612,330615			30 StVZO	
	331506-331512			31 Abs. 2 StVZO	
	331690,331696				
	336000-336106			36 StVZO	
Reißverschlussverfahren	101036	1 Abs. 2			
Rettungsgasse	111600-111603	11 Abs. 2			
	110606-111609				
Rollschuhe -> Inline-Skates					
Rollstuhl-Rückhalte-/	121175	21a Abs. 1			
Rollstuhlnutzer-Rückhaltesystem	331160-331164			31 Abs. 2 StVZO	
	335136-335142			35 Abs. 4a StVZO	
Rollstuhlstellplatz	331154			31 Abs. 2 StVZO	
	335130			35 Abs. 4a tVZO	

Tatbestand	TBNR	Rechtsgrundlage			
		StVO §§	FeV §§	StVZO/FZV/ eKFV/ GGVSEB §§	StVG/ Ferienreise- verordnung
Rotlicht missachtet	137000-137638	37			
- nicht an der Haltlinie gehalten	141730-141731	41 Abs. 1			
Rückhalteeinrichtung für Kinder					
-> Sicherheitsgurt					
Rückspiegel	356000			56 StVZO	
Rückscheinwerfer	349130			49a StVZO	
Rückwärtsfahren	109648,109649	9 Abs. 5			
	118672-118674	18 Abs. 7			
	118684-118686				
	118696-118698				
Rettungsfahrzeuge durch Falschparken	112600; 112606	12 Abs. 1			
- behindert	112216 -112612	12 Abs. 1			
	141518	41 Abs. 1			

S

Tatbestand	TBNR	StVO §§	FeV §§	StVZO/FZV/ eKFV/ GGVSEB §§	StVG/ Ferienreise- verordnung
Saisonkennzeichen	809100-809106			9 Abs. 3 FZV	
Seitenstreifen					
-auf Autobahnen	118678-118686	18 Abs. 7			
- verbotswidrig benutzt	102106-102720	2 Abs. 1			
- schnelleres Vorwärtskommen	102600-102602	2 Abs. 1			
- verbotswidrig geparkt -> Parken					
Sicherheitsabstand	104100 -104642	4			
Sicherheitsgurte	121172	21a Abs. 1			
Ausstattung	335000			35a StVZO	
Sicherheit					
- Abstand zu gering	104100-104642	4			
- Sicherung des Fahrzeuges	114112	14 Abs. 2			
- Sicherungsmittel nicht angebracht	115600-115607	15			
- Sicherungseinrichtungen nicht vorhanden	331018,			31 Abs. StVZO	
	338006			38a StVZO	
Sicht des Fahrzeugführers beeinträchtigt	123100	23 Abs. 1			
	129612	29 Abs. 3			
	335018			35b Abs. 2 StVZO	
Smog -> Luftverunreinigung					
Sonderrechte nicht ordnungsgemäß ausgeübt	135000	35 Abs. 8			

Tatbestand	TBNR	StVO §§	FeV §§	StVZO/FZV/ eKFV/ GGVSEB §§	StVG/ Ferienreise- verordnung
				Rechtsgrundlage	
Sonderparkplatz für - Schwerbehinderte - Bewohner	142278 142252-142255	42 Abs. 2 42 Abs. 2			
Sonderwege	141154-141157	41 Abs. 1			
Sonderfahrstreifen Halten/parken Sondergebiet, parken	109142- 109607 141202, 141203 141120-141834 112396, 112397	9 Abs. 3 41 Abs. 1 41 Abs. 1 12 Abs. 3a			
Sorgfaltspflichten	114100-114112	14 Abs. 1			
Sonntagsfahrverbot	130600-130606	30 Abs. 3			
Sperrfläche (Z. 298)	141265 141274,141275 141283,141284, 141506,141515 141256,141257	41 Abs. 1			
Straßenbahn -> öffentliche Verkehrsmittel					
Suchscheinwerfer - missbräuchlich benutzt - nicht vorschriftsmäßig - nicht vorschriftsmäßig angebracht	117184-117186 349130 352106	17 Abs. 6		 49a StVZO 52 Abs. 2 StVZO	

SCH

Schädigung Anderer	101118	1 Abs. 2			
Schalldämpferanlage -> Auspuff					
Schallzeichen Einrichtung für... - am Fahrrad - am Elektrokleinstfahrzeug	116000,116100, 116142 355000, 364100 602136 602036	16		 55 StVZO 64a StVZO 2 Abs. 1 eKFV	
Scheibenwischer	340000			40 Abs. 2 StVZO	
Schienenfahrzeug - nicht durchfahren lassen - verbotswidrig links überholt - Vorrang an Bahnübergängen - halten/parken im Fahrraum von	102148 105006 119606-119100 141732-141734 112426-112618	2 Abs. 3 5 Abs. 7 19 41 Abs. 1 12 Abs. 4			

Tatbestand	TBNR	StVO §§	FeV §§	StVZO/FZV/ eKFV/ GGVSEB §§	StVG/ Ferienreise- verordnung
Schleppen	333100			33 StVZO	
Schleudern	101006	1 Abs. 2			
Schlussleuchte -> Beleuchtung					
Schneeketten	337006			37 StVZO	
- ohne vorgeschriebene Schneekette gefahren	141006	41 Abs. 1			
Schrittgeschwindigkeit					
- in Fußgängerbereichen (741100) (Z. 239/242.1, 242.2)	141196 141212-141260	41 Abs. 1 41 Abs. 1			
- in verkehrsberuhigten Bereichen (Z. 325.1, 325.2)	142109	42 Abs. 2			
- an Haltestellen (720100, 720101, 720110, 720111)	120100-120832	20 Abs.2, 4			
- Kfz > 3,5 Tonnen beim Rechtsab- biegen	109660-109662	9 Abs. 6			
Schulbus -> öffentliche Verkehrsmittel					
Schutz der Infrastruktur	141742	41 Abs. 1			
Schutzhelm	121178-121618	21a Abs. 2			
Schutzstreifenmarkierung	102142-102145 142202-142205	2 Abs. 2 42 Abs. 2			
Schutzvorrichtung	332000			32c Abs. 2 StVZO	

St

Standlicht -> Beleuchtung					
Standortwechsel	813100			13 FZV	
Standstreifen -> Seitenstreifen					
Stilllegung eines Fahrzeuges	813006-813112			13 FZV	
Stopschild (Z. 206) missachtet	141136, 141600-141601	41 Abs. 1			
Streifen beim Vorbeifahren	101012	1 Abs. 2			
- beim Überholen	105113	5 Abs. 4			
Stützlast	344000-344606			44 StVZO	

Tatbestand	TBNR	StVO §§	FeV §§	StVZO/FZV/eKFV/GGVSEB §§	StVG/Ferienreise-verordnung

T

Tatbestand	TBNR	StVO §§	FeV §§	StVZO/FZV/eKFV/GGVSEB §§	StVG/Ferienreise-verordnung
Tagfahrleuchten	117136-117138	17 Abs. 2a			
Teilnahme am Straßenverkehr					
- trotz körperlicher/geistiger Mängel	202000- 202012		2 Abs. 1		
- trotz Verbots/entgegen Beschränkung	805600			5 FZV Abs. 1	
Tiere	128000-128006	28			
	203012,203018		3 Abs. 1		
TÜV -> Hauptuntersuchung					
Tunnel - Abblendlicht nicht benutzt	142148-142150	42 Abs. 2			
- Wendeverbot nicht beachtet	142654-142656				
- Nothalte- und Pannenbucht	142154-142160				

U

Tatbestand	TBNR	StVO §§	FeV §§	StVZO/FZV/eKFV/GGVSEB §§	StVG/Ferienreise-verordnung
Überführungsfahrt -> Prüfungsfahrt					
Überholen					
- Abstand nicht eingehalten	104124-104642	4 Abs. 2, 3			
- verbotswidrig rechts überholt	105100-105602	5 Abs. 1			
- ohne Überholstrecke übersehen zu können	105606-105644	5 Abs. 2			
- mit zu geringer Geschwindigkeit	105604,105605	5 Abs. 2			
- bei unklarer Verkehrslage	105609-105650	5 Abs. 3			
- am Bahnübergang	119612-119614	19 Abs. 1			
- durch Verkehrszeichen verboten	141627-141629	41 Abs. 1			
- ein -/mehrspuriges Fzg	105621-105623	5 Abs. 2			
	105627-105629				
- Sichtweite unter 50 m	105660-105668	5 Abs. 3a			
- ohne auf nachfolgenden Verkehr zu achten	105672,105673	5 Abs. 4			
- ohne ausreichenden Seitenabstand	105112	5 Abs. 4			
- Wiedereinordnen	105118-105126	5 Abs. 4			
- ohne rechtzeitige/deutliche Ankündigung	105130-105137	5 Abs. 4a			
- Blenden bei Ankündigung durch Fernlicht	105000	5 Abs. 5			
- Geschwindigkeit erhöht bzw. nicht ermäßigt	105142-105148	5 Abs. 6			
- abbiegendes Fahrzeug überholt, links	105154,105155	5 Abs. 7			
- Schienenfahrzeug links überholt	105006	5 Abs. 7			
- bei 3-6 Fahrstreifen für beide Richtungen	107124-107607	7 Abs. 3a			
- am Fußgängerüberweg	126612-126614	26 Abs. 3			
Überprüfen von Fahrzeuggewichten	331994, 331998			31 c StVZO	
Umherfahren, Lärm erzeugend	130612	30			
- unnützes Hin- und Herfahren	130624				

531

Tatbestand	TBNR	StVO §§	FeV §§	StVZO/FZV/ eKFV/ GGVSEB §§	StVG/ Ferienreise- verordnung
				Rechtsgrundlage	
Umweltzone -> Luftverunreinigung					
Umriss des Fahrzeuges, vorstehende Teile	330100			30 c StVZO	
Unfall -> Verkehrsunfall					
Unterfahrschutz	332100			32b Abs. 1, 2, 4 StVZO	
Unterlegkeile - nicht vorgezeigt	341006 331332			41 StVZO 31b StVZO	
Untersagung ein Fahrzeug/Tier zu führen	203000, 203012		3 Abs. 1		
Unterscheidungszeichen -> Kennzeichen					
Untersuchungsbericht	329036			29 Abs. 10	
Tatbestand	TBNR	StVO §§	FeV §§	StVZO/FZV/ eKFV/ GGVSEB §§	StVG/ Ferienreise- verordnung
				Rechtsgrundlage	

V

Tatbestand	TBNR	StVO §§	FeV §§	StVZO/FZV/ eKFV/ GGVSEB §§	StVG/ Ferienreise- verordnung
Verband/Gruppe	127000-127012 129000	27 Abs. 1, 2, 5 29 Abs. 2			
Verbandkasten	335118-335124			35h	
Verbot der Einfahrt	141185-141190	41 Abs. 1			
Verengte Fahrbahn (Z. 208)	141139-141141	41 Abs. 1			
Verkauf des Kfz. nicht angezeigt -> Halterwechsel					
Verkehrsberuhigter Bereich (742100) - Ausfahren aus	142118-142636 110112, 110113 110154	42 Abs. 2 10			
Verkehrseinrichtungen, Befahren einer abge- sperrten Straßenfläche	143100	43 Abs. 3			
Verkehrshindernis auf der Straße	132100-132118	32			
Verkehrsinsel verbotswidrig benutzt verbotswidrig geparkt -> Parken	102112-102726	2 Abs. 1			
Verkehrsunfall - Verhalten nach Unfall	134000-134112	34			

Tatbestand	TBNR	Rechtsgrundlage			
		StVO §§	FeV §§	StVZO/FZV/ eKFV/ GGVSEB §§	StVG/ Ferienreise- verordnung
Verkehrsunsicheres Fahrzeug	123112-123613	23 Abs. 1			
Verkehrsunterricht	148000	48			
Verkehrsverbot	141742 141181 141160, 141167 141739	41 Abs. 1			
- für Radfahrer, Elektrokleinstfahrzeuge	141175-141178 501000-501606				1, 5 Ferienrei- se-verordnung
Verschmutzen der Straße	132100	32 Abs. 1			
Versicherungsbescheinigung	826100-826106			26 FZV	
Versicherungskennzeichen	804612 827100			4 FZV 27 FZV	
Versicherungsschutz fehlt	825000			25 FZV	
Verwertungsnachweis	815106			15 Abs. 1 FZV	
Vorbeifahrt links - Fahrbahnverengung - Hindernis - haltendem Fahrzeug	106100-106112	6			
- entgegen Zeichen 222	141145-141147	41 Abs. 1			
Vorfahrt	108100-108613 118624-118626	8 Abs. 2 18 Abs. 3			
Vorführtermin zur Hauptuntersuchung	329101-329054			29 StVZO	
Vorstehende Außenkanten	330100			30 c StVZO	

W

Tatbestand	TBNR	Rechtsgrundlage			
Waren auf der Straße angeboten	133006	33 Abs. 1			
Warnblinkanlage - nicht sofort eingeschaltet	115000-115607	15			
- nicht eingeschaltet beim Abschleppen	115112	15a			
- missbräuchlich eingeschaltet	116136	16 Abs. 2			
- an Schulbus nicht eingeschaltet	116118, 116130	16 Abs. 2			
- an Omnibus des Linienverkehrs nicht eingeschaltet	116112, 116124	16 Abs. 2			
Warnkleidung	135100	35 Abs. 6			

Tatbestand	TBNR	StVO §§	FeV §§	StVZO/FZV/ eKFV/ GGVSEB §§	StVG/ Ferienreise- verordnung
Warndreieck/Warnleuchte					
- nicht vorhanden	353106			53a StVZO	
- nicht vorgezeigt	331332			31b StVZO	
- als Halter zugelassen	331060			31 StVZO	
Warnweste	353000			53a StVZO	
Warnzeichen -> Schallzeichen					
Wartepflicht					
- auf Feld- und Waldweg	108612, 108613	8 Abs. 2			
- auf Autobahn -> Autobahn – außerhalb ge- kennzeichneter Anschlussstelle eingefahren					
- an Bahnübergang	119618-119629 119100	19 Abs. 2			
- an Haltestellen	120612, 120613 120744-120762	20 Abs. 2 20 Abs. 4			
- bei Zeichen 208	141139-141141	41 Abs. 1			
Wechselkennzeichen	808100, 808106			8 Abs. 1a FZV	
Wechsellichtanlage nicht beachtet	137000-137650	37 Abs. 2			
Weisungen eines Polizeibeamten missachtet	136000-136624	36			
Wenden	109642, 109643 118666-118668, 118678-118680, 118690-118692 141205-141207	9 Abs. 5 18 Abs. 7 41 Abs. 1			
- entgegen Zeichen 295, 296, 297 und 298	141515	41 Abs. 1			
- im Tunnel	141277-141515 142654 -142656	41 Abs. 1 42 Abs. 2			
Werbung/ Propaganda	133012	33 Abs. 1			
Wiedereinordnen					
- nach Überholen	105118-105126	5 Abs. 4			
- nach Vorbeifahren	106112	6			
Winterreifen	102706-102709 331638	2 Abs. 3a		31 Abs. 2	
Wohnwagen, Personenbeförderung	121112	21 Abs. 1			
Wohngebiet, Parken	112396-112397	12 Abs. 3a			

Tatbestand	TBNR	Rechtsgrundlage				
		StVO §§	FeV §§	StVZO/FZV/ eKFV/ GGVSEB §§	StVG/ Ferienreise- verordnung	

Z

Tatbestand	TBNR	StVO §§	FeV §§	StVZO/FZV/ eKFV/ GGVSEB §§	StVG/ Ferienreise- verordnung
Zeichen eines Polizeibeamten missachtet	136000-136624	36 Abs. 1			
Zone, eingeschränktes Haltverbot	113220-113264	13			
Zug -> Abmessungen -> Fahrzeug					
Zugmaschine, Personenbeförderung	121106	21			

Zulassungspflicht, Verstöße
  - zulassungsfreie Fahrzeuge,
  - Voraussetzung f. Inbetriebsetzung
	803600,803500
	
	804600-804518
				3 FZV
				
				4 FZV	

Zulassungsbescheinigung
  - Änderungen nicht mitgeteilt
  - nicht mitgeführt/ausgehändigt
	820106
	813100
	811100-811118
				20 FZV
				13 FZV
				11 Abs. 5 FZV